Paulus, Apostel Jesu Christi

Festschrift für Günter Klein
zum 70. Geburtstag

herausgegeben von

Michael Trowitzsch

Mohr Siebeck

Die Deutsche Bibliothek – CIP-Einheitsaufnahme

Paulus, Apostel Jesu Christi: Festschrift für Günter Klein zum
70. Geburtstag / hrsg. von Michael Trowitzsch. – Tübingen: Mohr
Siebeck, 1998
  ISBN 3-16-146557-1

Das Buch wurde gesetzt aus der Stempel Garamond und gedruckt von Gulde-Druck in
Tübingen auf alterungsbeständigem Papier der Papierfabrik Weissenstein in Pforzheim.
Den Einband besorgte die Großbuchbinderei Heinr. Koch, Tübingen.

Vorwort

Das Evangelium Jesu Christi, leuchtend vor Anwesenheit, ist eine Macht, die Selbstvergessenheit zu vergeben hat, es erscheint, bezwingend jedesmal, als Schicksal und Seligkeit, es läßt gegenwärtig sein und macht unabhängig, es läßt aufschauen zum Herrn. Auf eigene Weise lassen die letzten Sätze einer 1971 erschienenen Sammlung von Predigten Günter Kleins in diesem Sinne *aufschauen*: „... für uns wie für den Apostel der Galater gilt: ‚Wäre ich noch Menschen zu Gefallen, so wäre ich Christi Sklave nicht.' Aber Christi Sklave zu sein und zu bleiben, das ist unser Schicksal und unsere Seligkeit. Amen."

Das Amen dieses sehr besonderen Seins und Bleibens, geistlich hell und auch verschattet vom Leben, definitiv und voller Erwartung zugleich, erfüllt ebenso von der Verborgenheit der Anfechtung wie vom hellen Ton der Gewißheit – dieses anfängliche wie auch unverrückbare Amen des Bezwungenen versucht Günter Klein zu sprechen und zu schreiben, so präzise wie möglich zu denken und als Erfüllung und Verheißung zu predigen: in ganz und gar gebundener und darin kraftvoller, in aufblickender und also freier Theologie, in einem Denken und Reden vornehmlich in der Schule des Paulus, des Apostels der Galater, des Apostels aber auch der gegenwärtigen Gemeinden Jesu Christi, im Dienst des anwesenden Herrn, des für alle Zeit Lebendigen.

Dank und Ehrerbietung, die diese Festschrift zum Ausdruck bringen möchten, gelten darum Günter Klein als einem *leidenschaftlich evangelischen* Ausleger des Neuen Testaments. In der theologischen Arbeit dieses Universitätslehrers (in Ausmessung und Vollzug der Übergänge vom Text zur Predigt), dieses Herausgebers von theologischen Schriftenreihen und Fachzeitschriften (wievielen?), dieses – auch das, weil es nötig ist – besonderen Beförderers einer akademischen Streitkultur (Florett oder Säbel), dieses Verfassers von sich zu Beginn harmlos gebenden, dann mitnehmenden, dann mitreißenden Predigtmeditationen, dieses wunderbar hochgemuten Predigers prägt sich eine Theologie aus, die sich als heraufgerufen und lebenslang zum Aufschauen provoziert versteht – eben besonders von ihm, dem Zeugen des lebendigen Herrn, von Paulus, der von sich sagt: *„Bin ich nicht frei? Bin ich nicht ein Apostel? Habe ich nicht unsern Herrn Jesus gese-*

hen? Seid ihr nicht mein Werk in dem Herrn?" (1 Kor 9,1). Zu welcher Gemeinde gehört Günter Klein? Zu einer ganz gegenwärtigen, sich wiederholenden: zu der von Rom oder von Korinth, zu einer galatischen Gemeinde oder zu der von Thessalonich. Doch heißt das nur eins: daß es jetzt, daß es je neu – am jeweiligen Ort und zur jeweiligen Zeit – Schicksal und Seligkeit bedeutet, im Leben und auch im Denken, in sorgfältigster Reflexion und im tiefen Herzen, Christi Sklave und also dem Evangelium gehorsam zu sein und zu bleiben. Schicksal und Seligkeit – um so mehr Seligkeit.

Das Evangelium Jesu Christi, wie Paulus es vor Augen malt, – das Wort vom Kreuz – hat für Günter Klein seinen primären Ort in der Predigt, Theologie ist zur Hauptsache um der Verkündigung willen da. Daß er von einer wesentlichen, widrigen Opposition zum Evangelium weiß, gibt seinen Arbeiten generell Widerstand und Schatten. Auf der Kanzel nehmen die Sätze tiefere Farben an. Schärfer bedroht ist das Ja Gottes als alles andere auf der Welt, abgewonnen ist erneut jede seiner Wiederholungen in menschlichen Worten dem Dunkel. Die Helligkeit führt ihre Bedrohung unsichtbar oder auch ausgesprochen mit sich. Wer Günter Klein jemals hat predigen hören, hat erfahren können, daß die christliche Predigt sich in vielgestaltig lebendigen, unübersehbar weiten Landschaften der Begegnung von Gott und Mensch bewegen darf, in Landschaften des hellsten Bewußtseins, doch auch der Kindheit, der Geborgenheit, der Wachheit des Zeitgenossen, der Illusionslosigkeit in der Prüfung der Zeit, daß ein tragender, strahlender Oberton in ihr hörbar werden kann, der wehrlos macht gegen die Wahrheit, der lange nachklingt, der im Leben wahrhaft anwesend sein läßt, und daß, sprachlich immer wieder ungemein prägnant, in der Vollmacht der neutestamentlichen Texte ein Portrait des Menschen ohne Retuschen entworfen werden kann, doch ein Bild, liebevoll gezeichnet, nämlich vom Sein des Menschen und nicht von seinen Werken her.

Das Heil Christi leuchtet als Schicksal und Seligkeit. Es ist ganz gegenwärtig. Es hat Freiheit zu vergeben. Man kann das Haupt erheben. Daran erinnert dieser evangelische Theologe. Salus also – Segen und Heil – auf den Wegen vom Text zur Predigt! Salut und Dank dem jetzt 70-jährigen! Salût, verehrter Kollege und Freund!

Jena, Dezember 1997   Michael Trowitzsch

Herzlich sei Herrn Georg Siebeck für die Bereitschaft zum Druck dieser Festschrift gedankt. Zu danken für namhafte Druckkostenzuschüsse ist der Evangelischen Kirche von Westfalen, der Lippischen Landeskirche sowie der Kirchenkanzlei der Evangelischen Kirche der Union.

Inhaltsverzeichnis

1. Exegetische Beiträge
a) zu paulinischen Texten

1. Exegetische Beiträge
b) zu Texten aus der paulinischen Tradition

2. Wirkungen paulinischer Theologie
und Forschungsgeschichte

3. Beiträge systematischer Theologie

4. Predigten

1. Exegetische Beiträge

a) zu paulinischen Texten

Der ruhmlose Abraham (Röm 4,2)

Nachdenkliches zu Gesetz und Sünde bei Paulus

von

ERICH GRÄSSER

I

Als wir bald nach dem Zweiten Weltkrieg im Alten Marburg studierten, war Rudolf Bultmann wegen seines Entmythologisierungsprogramms, das damals heftig diskutiert wurde, ein äußerst umstrittener Theologe. Er war dies jedoch weitaus weniger hinsichtlich seiner bahnbrechenden Untersuchungen zur Theologie des Paulus. Sein erstmals 1930 in der zweiten Auflage von „Religion in Geschichte und Gegenwart" und dann 1948 in der 1. Lieferung seiner „Theologie des Neuen Testaments" klassisch zusammengefaßtes Verständnis der paulinischen Theologie[1] fand größte Beachtung. Auch wenn sich nur sehr wenige Arbeiten ausdrücklich mit Bultmanns Paulusinterpretation beschäftigt haben[2], hat sie unser theologisches Bewußtsein doch entscheidend geprägt[3]. Vor allem die Explikation des paulinischen Ge-

---

[1] R. BULTMANN, Art. Paulus, RGG² IV 1019–1045; DERS., Theologie des Neuen Testaments (1953), 9. Aufl., durchgesehen und ergänzt von O. MERK, Tübingen 1984, 187–353. – Zu beidem vgl. G. SINN, Christologie und Existenz. Rudolf Bultmanns Interpretation des paulinischen Christuszeugnisses, 1991 (TANZ 4), 211–256.

[2] Vgl. W.G. KÜMMEL, Rudolf Bultmann als Paulusforscher, in: B. JASPERT (Hg.), Rudolf Bultmanns Werk und Wirkung, Darmstadt 1984, 174–193: 174.

[3] Man vergleiche im deutschsprachigen Bereich nur die neueren und neuesten Theologien des NT von H. CONZELMANN (⁵1992), L. GOPPELT (³1978), H. HÜBNER, Bd.2 (1993), W.G. KÜMMEL (⁴1980), E. LOHSE (⁴1989), G. STRECKER (1995), P. STUHLMACHER (1992) oder die neueren Paulusbücher von O. KUSS (1971), J. BECKER (²1992; englisch: Paul. Apostle to the Gentiles, Louisville 1993), E. LOHSE (1996) und J. GNILKA (1996). Dazu kommen noch die Galaterbrief- und Römerbriefkommentare von (z.B.) F. MUSSNER, Gal, (1974) ⁵1988 (HThK IX); H.D. BETZ, Gal, München 1988; O. KUSS, Röm, Regensburg ²1963; H. SCHLIER, Röm, (1977) ³1987 (HThK VI); E. KÄSEMANN, Röm, ⁴1980 (HNT 8a); P. STUHLMACHER, Röm, 1989 (NTD 6); W. SCHMITHALS, Röm, Gütersloh 1988. – Anders jedoch U. WILCKENS, Der Brief an die

setzes- und Sündenverständnisses galt – auch katholischerseits[4] – lange Zeit als eine exegetisch feste Burg.

Das hat sich geändert[5]. Günter Klein, dem diese Zeilen in Erinnerung an die gemeinsamen Marburger Semester und in Dankbarkeit für die dauerhafte Freundschaft gewidmet sind, konstatierte bereits 1979, daß hinsichtlich der für die Theologie des Paulus grundlegenden Hamartiologie die „im deutschsprachigen Bereich der Forschung relativ stabile Interpretationslage radikal in Zweifel gezogen ... wird"[6]. Das gilt ebenso für die damit eng verknüpfte Gesetzeslehre[7]. Und das hängt ganz offenkundig zusammen mit sehr unterschiedlichen Wertungen religionsgeschichtlicher Zusammenhänge und spitzt sich im Zuge der sogenannten „Theologie nach Auschwitz"[8] mehr und mehr auf die Frage zu, ob die paulinische Gesetzeslehre – sie und „nicht die Messiasfrage" ist zweifellos die zwischen Christen und Juden

---

Römer, ²1987/89 (EKK VI/1–3; im folgenden zitiert als I, II, III) sowie P. VON DER OSTEN-SACKEN, Evangelium und Tora. Aufsätze zu Paulus, 1987 (TB 77), bes. 157–236 und K. BERGER, Theologiegeschichte des Urchristentums. Theologie des Neuen Testaments, ²1995 (UTB.WG), 433–510, bes. 503–510. – Zur Forschungssituation vgl. O. MERK, Paulus-Forschung 1936–1985, ThR 53 (1988) 1–81, bes. 42–52. Zu Bultmanns Interpretation des paulinischen Christuszeugnisses insgesamt vgl. SINN (s. o. Anm. 1) 147–256, bes. 194ff.

[4] Im Gegensatz zu U. WILCKENS, Was heißt bei Paulus: „Aus Werken des Gesetzes wird kein Mensch gerecht"?, in: EKK.V 1, 1969, 51–77 (= DERS., Rechtfertigung als Freiheit. Paulusstudien, Neukirchen-Vluyn 1974, 77–109) ist z. B. ganz „protestantisch" J. BLANK, Warum sagt Paulus: „Aus Werken des Gesetzes wird niemand gerecht"?, ebd. 79–95 (= DERS., Paulus. Von Jesus zum Christentum, München 1982, 42–68). Vgl. aber auch K. KERTELGE, „Rechtfertigung" bei Paulus. Studien zur Struktur und zum Bedeutungsgehalt des paulinischen Rechtfertigungsbegriffs, ²1967 (NTA NF 3); DERS., Grundthemen paulinischer Theologie, Freiburg i.Br. 1991; H. SCHLIER, Grundzüge einer paulinischen Theologie, Freiburg i.Br. 1978 (mit Imprimatur!); J. GNILKA, Theologie des Neuen Testaments, 1994 (HThK.S 5), für den „die gesetzeskritische Interpretation Blanks den Vorzug" vor Wilckens „verdient" (70 Anm. 67).

[5] Die Wende skizziert und kritisiert H. HÜBNER, Was heißt bei Paulus „Werke des Gesetzes"?, in: E. GRÄSSER/O. MERK (Hg.), Glaube und Eschatologie. FS W.G. Kümmel, Tübingen 1985, 123–133 (= DERS., Biblische Theologie als Hermeneutik. Gesammelte Aufsätze. Zum 65. Geburtstag hrsg. von A. und M. LABAHN, Göttingen 1995, 166–174). Vgl. auch F.W. HORN, Paulusforschung, in: DERS. (Hg.), Bilanz und Perspektiven gegenwärtiger Auslegung des Neuen Testaments, 1995 (BZNW 75), 30–59: 56–59. – Zum neuen Diskussionsstand s. auch H. LICHTENBERGER, Paulus und das Gesetz, in: M. HENGEL/U. HECKEL (Hg.), Paulus und das antike Judentum, 1991 (WUNT 58), 361–378.

[6] G. KLEIN, Sündenverständnis und theologia crucis bei Paulus, in: C. ANDRESEN/G. KLEIN (Hg.), Theologia crucis – signum crucis. FS E. Dinkler, Tübingen 1979, 249–282: 249.

[7] Vgl. G. KLEIN, Ein Sturmzentrum der Paulusforschung, VF 33 (1988) 40–56; s. ferner H. HÜBNER, Paulusforschung seit 1945. Ein kritischer Literaturbericht, in: ANRW II 25.4 (1987), 2649–2840; MERK, Paulus-Forschung (s. o. Anm. 3) 1–81. – Zum neuesten Diskussionsstand vgl. J.D.G. DUNN (Hg.), Paul and the Mosaic Law, 1996 (WUNT 89). Darin u. a. R.B. HAYS, Three Dramatic Roles: The Law in Romans 3–4 (151–164).

[8] Einen Eindruck von der diffusen Diskussionslage dieser Theologie hinsichtlich der Exegese des NT vermitteln die Themenhefte „Jüdisch-christliches Bibelgespräch" (EvTh 51 [1991], Heft 5) und „Jesus Christus zwischen Juden und Christen" (EvTh 55 [1995], Heft 1).

zentral strittige Frage[9] – noch sachgemäß zur Sprache kommt, wenn sie als Kritik an der „Selbstmächtigkeit" (ἰδία δικαιοσύνη Röm 10,3; vgl. Phil 3,9)[10] bzw. am „Geltungsbedürfnis" ausgelegt wird[11], als Versuch also, eine „Leistungsideologie" zum Einsturz zu bringen, „für welche die Legitimation des Daseins in die Zuständigkeit des Menschen fällt"[12]. Solche Hybris oder besser: unsägliche Selbstbelastung wird von Paulus zwar an der adamitischen Menschheit allgemein, also an Juden und Heiden, exemplifiziert. Aber in Frage gestellt wird heute, daß ihm dabei der Jude als der „Repräsentant des dem Gesetz verpflichteten, des ‚gesetzlichen' Menschen" in besonderer Weise als „Paradigma" dient, sofern dieser eben glaubt, durch Gesetzeswerke Gerechtigkeit erlangen zu können[13]. Für Bultmann zeigt sich in solcher Gesetzesfrömmigkeit, daß die Juden „sowohl die Sünde als einzelnes Werk betrachten, das auch unterlassen werden und das jedenfalls kompensiert werden könnte, wie auch, daß sie den Gesetzesgehorsam als die Leistung einzelner Werke verstehen, die sie zu ihrem Ruhme vor Gott vorweisen könnten, d.h. aber: sie stehen gar nicht im echten Gehorsam"[14].

Für manche ist das nur falsche Exegese: Davon, daß für Paulus „jegliche Existenz aus Gesetzeswerken vor Gott verflucht" sei (Gal 3,10a)[15], könne gar keine Rede sein. Denn unter dem Fluch stehe nur der *unvollständige* Gesetzesdienst, was besage, daß der Apostel den jüdischen Grundsatz von der Rechtfertigung des im Handeln Gerechten nicht aufgegeben habe. Mit dem Gegensatz von Gerechtigkeit aus Glauben und Gerechtigkeit aus Gesetzeswerken wolle Paulus lediglich sicherstellen, „daß *Sünder* aufgrund des *Gesetzes* keinerlei Rechtfertigung zu erwarten haben, *eben weil* das Gesetz nur denjenigen als Gerechten dem Leben zuspricht, der es *getan* hat ([Röm] 10,5 vgl. Gal 3,12), jedoch unwiderruflich jeden dem Verderben zuspricht,

---

[9] W. SCHRAGE, Ja und Nein – Bemerkungen eines Neutestamentlers zur Diskussion von Christen und Juden, EvTh 42 (1982) 126–151: 149; ihm folgt G. KLEIN, „Christlicher Antijudaismus". Bemerkungen zu einem semantischen Einschüchterungsversuch, ZThK 79 (1982) 411–450: 449. Anders freilich L. BAECK, Paulus, die Pharisäer und das Neue Testament, Frankfurt a.M. 1961, 26: „Es ging nicht um das ‚Gesetz', sondern um den Messias, seine tatsächliche Gegenwart."

[10] So z.B. SCHLIER, Grundzüge (s.o. Anm. 4) 87. – Anders BERGER (s.o. Anm. 3) 505–507.

[11] So R. BULTMANN, Christus das Ende des Gesetzes (1940), in: Glauben und Verstehen II, Tübingen ⁵1968, 32–58, bes. 38–41. – Anders VON DER OSTEN-SACKEN (s.o. Anm. 3) 179.

[12] G. KLEIN, Art. Gesetz III. Neues Testament, TRE 13 (1984) 58–75: 69,19f.

[13] SCHLIER, Grundzüge (s.o. Anm. 4) 83 versteht Paulus so.

[14] BULTMANN, Paulus (s.o. Anm. 1) 1037. – Zu dieser und anderen Positionen in der Gesetzesfrage vgl. J. LAMBRECHT SJ, Gesetzesverständnis bei Paulus, in: K. KERTELGE (Hg.), Das Gesetz im Neuen Testament, 1986 (QD 108), 88–127: 94–108.

[15] So KLEIN, Sündenverständnis (s.o. Anm. 6) 270.

‚der nicht bleibt in allem, was geschrieben ist im Buch des Gesetzes, um es zu tun' (Gal 3,10)"[16].

Solchen Dissens deuten manche jedoch nicht bloß als das Widereinander von falscher und richtiger (besserer) Exegese, sondern als das Widereinander von versöhnungsbereiter Hinwendung zum Judentum und ungerechtfertigtem „christlichem Antijudaismus". Und unter Antijudaismusverdacht gerät heute leicht, wer die Gesetzeslehre des Paulus – wie etwa Bultmann und andere – im Sinne der reformatorischen Tradition interpretiert[17]. Die entsprechende Anklage kann dahingehend gesteigert werden, daß von *Beraubung* der Juden gesprochen wird: Ihnen werde ihr Gott und ihre Tora „weggenommen"[18]. Als ob es keine *theologisch berechtigte Kritik* am

---

[16] WILCKENS I (s. o. Anm. 3) 132f; auch H. MERKLEIN, Paulus und die Sünde, in: H. FRANKEMÖLLE (Hg.), Sünde und Erlösung im Neuen Testament, 1996 (QD 161), 123–163. Kritisch jedoch KLEIN, Gesetz (s. o. Anm. 12) 71, der mit F. HAHN, Das Gesetzesverständnis im Römer- und Galaterbrief, ZNW 67 (1976) 29–63: 36 daran festhält, daß für Paulus „Gesetzeswerke, unabhängig von der Frage nach ihrer Verwirklichung, grundsätzlich keine Rechtfertigung hergeben …, weil es nämlich in der Begegnung des Menschen mit dem Gesetz kraft des Vorsprungs der Sünde mit Notwendigkeit zur ἐπίγνωσις ἁμαρτίας kommt (Röm 3,20)". Wenn STUHLMACHER (s. o. Anm. 3) 342 das mit dem Hinweis kritisiert, man dürfe „den Gegensatz von Rechtfertigung aufgrund von Werken des Gesetzes und allein aus Glauben" nicht gleichsetzen „mit dem Bemühen um Erfüllung des Gesetzes einerseits und Verzicht auf solche Bemühung andererseits", weil dadurch das Verständnis von Röm 8,4–14 und der Zugang zur paulinischen Ethik „völlig verbaut" würde, redet er an KLEIN völlig vorbei. Als wäre das Bemühen um die eigene Gerechtigkeit mittels der ἔργα νόμου nicht die ausgezeichnete Weise des κατὰ σάρκα ζῆν (Röm 8,12), das in radikalem Gegensatz zum περιπατεῖν κατὰ πνεῦμα steht (Röm 8,4), sofern dieses sich als Erfüllung des νόμος τοῦ Χριστοῦ (Gal 6,2), also als Ethik zeitigt, und zwar aus „Dankbarkeit für gewährtes" und nicht aus „Sorge um ausstehendes Heil", womit das „Gesetz der Sünde und des Todes" (Röm 8,2) gesprengt ist (KLEIN, aaO 71,33f).

[17] Schon H.-J. SCHOEPS, Paulus. Die Theologie des Apostels im Lichte der jüdischen Religionsgeschichte (1959), Darmstadt 1972, 206f hielt letzteres für einen Irrweg und lobte die angeblich mit W. WREDE (gemeint ist dessen Paulus-Buch von 1904) begonnene „Entlutherisierung Pauli". Sie zu vollenden beansprucht E.P. SANDERS, Paul and Palestinian Judaism. A Comparison of Patterns of Religion, Philadelphia 1977 (deutsche Übersetzung von J. WEHNERT, Paulus und das palästinische Judentum, 1985 [StUNT 17]); DERS., Paul, the Law, and the Jewish People, Philadelphia 1983; DERS., Jesus, Paul, and Judaism, ANRW II 25.1, 390–450. Seine These: Die paulinisch-reformatorische Sicht der jüdischen Religion als einer Gesetzes- und Verdienstreligion sei zu korrigieren hin zu der übergeordneten Perspektive des Bundes, dem die Tora zugeordnet sei. Vgl. dazu HORN (s. o. Anm. 5) 55–59. Eine Rehabilitation der Paulusdeutung Luthers versucht S. WESTERHOLM, Israel's Law and the Church's Faith, Grand Rapids 1988, 104–116. 122–134. – Zur Einschätzung der gegenwärtigen Situation vgl. auch E. LOHSE, Rezension zu J. BASSLER, Pauline Theology, ThLZ 118 (1993) 512: „Man hat den Eindruck, daß man unter allen Umständen aus dem großen Schatten heraustreten wollte, den Luthers Paulusinterpretation bis heute auf jeden Versuch wirft, die Theologie des Apostels zu verstehen."

[18] So J. SEIM, Zur christlichen Identität im christlich-jüdischen Gespräch, EvTh 51 (1991) 458–467: 465. – Vgl. den leidenschaftlichen Widerspruch gegen diese „grotesk(e)" und „kaltschnäuzig(e)" Behauptung Seims von E. KÄSEMANN, Protest!, EvTh 52 (1992) 177–178: 177 und H. TRAUB, Nein, Herr Seim!, ebd. 178–185: 179.181.

Ἰουδαϊσμός (Gal 1,13f; 2Makk 2,21; 8,1; 14,38; 4Makk 4,26) geben dürfe, welchen Ignatius dem Χριστιανισμός gegenüberstellt (Phld 6,1; Magn 10,3) und von dem er ganz im Sinne des Paulus (Gal 5,4) sagt: εἰ γὰρ μέχρι νῦν κατὰ Ἰουδαϊσμὸν ζῶμεν, ὁμολογοῦμεν χάριν μὴ εἰληφέναι (Magn 8,1)[19]. Solchen Anti-Ἰουδαϊσμός dem Paulus abzusprechen hieße, ihn um seine Identität zu bringen: er ist bekehrter Apostel und Zeuge für die „Wahrheit des Evangeliums" (Gal 2,5.14), d.i. die eschatologische Offenbarung der Gottesgerechtigkeit im Evangelium, die Juden wie Heiden gegenüber nach paulinischer Auffassung insofern die „Signatur der Intoleranz" besitzt, „als mit ihr zugleich die Krisis menschlicher Selbstbehauptung in Erscheinung tritt". Dies in bezug auf den Juden in der Form, daß er sich vorhalten lassen muß, „die ihm verliehenen Privilegien von Gesetz und Beschneidung in Heilsgarantien verkehrt und als Hebel der Rechtfertigung aufgrund eigener Leistung mißbraucht zu haben (vgl. Röm 2,1–3,20)"[20]. Daß dieser christlich-theologisch essentielle Antijudaismus[21] politisch, gesellschaftlich und auch kirchlich-theologisch mit schrecklichen Folgen für das Judentum *mißbraucht* wurde, ist unbestritten. Diesen *Mißbrauch* gilt es auszumerzen, aber doch nicht um den Preis, daß die paulinische Rechtfertigungstheologie so verbogen wird, daß sie nicht mehr bleibt, was sie ist: an die adamitische Menschheit gerichtete Botschaft der Befreiung von der unheilvollen Trias Gesetz, Sünde, Tod (1Kor 15,56f), deren Zusammenspiel jene Selbstüberhebung des Menschen zeitigt, mit der er sich „zum Bürgen seines und allen Lebens" meint aufschwingen zu können[22]. Gegen solche Verblendung gilt es in Verkündigung und Forschung an der „Rechtfertigung als Freiheit"[23] festzuhalten.

Als Beispiel dafür, wie undifferenziert der Vorwurf des christlichen Antijudaismus daherkommen kann[24], sei auf Klaus Wengst verwiesen. Er hält „der[!] Paulusexege-

---

[19] Vgl. H. LIETZMANN, Notizen, ZNW 32 (1933) 93–95: 94; W. BAUER/H. PAULSEN, Die Briefe des Ignatius von Antiochien und der Polykarpbrief, 1985 (HNT 18), 54.64f.83.

[20] W. HARNISCH, „Toleranz" im Denken des Paulus? Eine exegetisch-hermeneutische Vergewisserung, EvTh 56 (1996) 64–82: 67.

[21] Er wird als solcher mit Recht verteidigt von U. WILCKENS, Das Neue Testament und die Juden. Antwort auf David Flusser, EvTh 34 (1974) 602–611; vgl. auch E. GRÄSSER, Antijudaismus bei Bultmann? Eine Erwiderung, WPKG 67 (1978) 419–429 (= DERS., Der Alte Bund im Neuen. Exegetische Studien zur Israelfrage im Neuen Testament, 1985 [WUNT 35], 201–211: 201f).

[22] KLEIN, Gesetz (s.o. Anm. 12) 73,45–49 mit dem Zusatz: „In solcher Verblendung muß er das, was Menschen tun können, vergötzen, als hinge daran das Heil. So steht und fällt er mit seinen Werken. Derart permanent überfordert, ruiniert er sich und seine Welt. Diesen Bann bricht Christus, das Ende des Gesetzes."

[23] Dem Titel der Aufsatzsammlung von WILCKENS (s.o. Anm. 4) entnommen.

[24] Als „teilweise in unübersichtlicher Gemengelage" sich darbietendes Wortfeld ist er längst

se" vor, daß in ihr „unter Ignorierung des jüdischen Selbstzeugnisses ‚der Jude' immer noch als Vertreter der ‚Leistung' im Gegensatz zur Gnade herhalten muß"[25].
Als ob er das bei sachgemäßer Paulusexegese, also beim Verständnis der „ohne
(rechte) Erkenntnis" erstrebten ἰδία δικαιοσύνη (Röm 10,2f), d.i. die sich der Eigenleistung verdankende Gerechtigkeit, nicht tatsächlich müßte, jedenfalls solange wir
uns nicht auf die antipaulinische Seite des Festus schlagen, der gesagt hat: „Paulus,
du rasest! Das viele Studieren in den (heiligen) Schriften treibt dich zum Wahnsinn"
(Apg 26,24)[26]. Für Paulus ist rechtfertigungstheologisch, d.h. in solchen Zusammenhängen, in denen er Gesetz und Gnade als Antithese behandelt (z.B. Röm 4,15f
u.ö.), ὁ Ἰουδαῖος tatsächlich nicht Repräsentant der Gnade, sondern des Gesetzes[27].
Aber das ist er nicht als „der Jude" schlechthin, so, als hätten Paulus oder die ihn
schlecht interpretierenden Exegeten jenes Judesein abseits der Christusoffenbarung
als empirische Analyse jüdischen Verhaltens entwickelt[28]. Sondern aufdeckend,

---

enttarnt von KLEIN, „Christlicher Antijudaismus" (s.o. Anm. 9), 412. Daß dieser „damit fak-
tisch von der eigentlichen Sache ablenkt" (so G. LÜDEMANN, Das Unheilige in der Heiligen
Schrift. Die andere Seite der Bibel, Stuttgart 1996, 79), ist – wenn man den ganzen Aufsatz von
KLEIN gelesen hat – ein mir völlig unverständliches Urteil.

[25] K. WENGST, Anmerkungen zur Situation des jüdisch-christlichen Dialogs in Deutschland, EvTh 56 (1996) 388–391: 390. Vgl. dazu auch VON DER OSTEN-SACKEN (s.o. Anm. 3)
159–161.

[26] Um Mißverständnissen vorzubeugen: Wir reden nicht jenen alten Klischees das Wort,
welche die „altjüdische Religion" als „eine Religion völligster Selbsterlösung" erscheinen lassen (so z.B. Bill. IV/1,6). Neuere Arbeiten zum frühjüdischen Gesetzesverständnis konnten
zeigen, daß die Annahme verfehlt ist, mit der Toraobservanz sei ausschließlich auf Verdienst-
erwerb abgehoben, obschon – wie syrBar 57,2; 4QMMT C 25–32 (= 4Q 398 Frg. 14 Kol. II)
mit der dort belegten Anschauung der Werke zur Gerechtigkeit beweisen – die Rabbinen das
ewige Leben „durchaus als eine Vergeltungsfolge menschlichen Handelns" verstehen konnten
(F. AVEMARIE, Tora und Leben. Untersuchungen zur Heilsbedeutung der Tora in der frühen
rabbinischen Literatur, 1996 [TSAJ 55], 581f; STUHLMACHER [s.o. Anm. 3] 326.341). Vgl. ferner
E. SJÖBERG, Gott und die Sünder im palästinischen Judentum, Stuttgart 1939, bes. 23f.188f; J.
MAIER, „Gesetz" und „Gnade" im Wandel des Gesetzesverständnisses der nachtalmudischen
Zeit, Jud. 25 (1969) 64–176; H. LICHTENBERGER, Das Tora-Verständnis im Judentum zur Zeit
des Paulus. Eine Skizze, in: DUNN (s.o. Anm. 7), 7–23. Allerdings finde ich in den genannten
Untersuchungen nichts – 4QMMT C 25–32 vielleicht ausgenommen (s. LICHTENBERGER, aaO
16) –, was den Abstand der paulinischen Gesetzesauffassung vom zeitgenössischen Judentum
merklich verkleinern könnte. Nein! Es geht um das Verständnis der „Wahrheit des Evangeliums" (Gal 2,5.14), also um die paulinische *Entgegensetzung* von „Gerechtigkeit aus Werken
des Gesetzes" und „Gerechtigkeit aus Glauben", die „jüdischem Denken stets unverständlich
geblieben [ist]", weil für diese beide Gerechtigkeiten bzw. ‚Verdienste' „gleichwertig nebeneinander[stehen]" (SCHOEPS [s.o. Anm. 17] 212).

[27] SCHLIER, Grundzüge (s.o. Anm. 4) 83.

[28] Vgl. dazu G. EICHHOLZ, Die Theologie des Paulus im Umriß, Neukirchen-Vluyn (1972)
[7]1991, 63f: „Was Paulus über den Menschen sagt, ist freilich weder beim Menschen der Völkerwelt noch beim Juden das Ergebnis einer phänomenologischen Analyse seiner Existenz. Eher
ist von einer prophetischen Apokalypse menschlicher Existenz im Sinn einer prophetischen
Dechiffrierung ihrer Chiffren zu sprechen. Deshalb ist – nicht ohne Paradoxie – zu sagen, daß
die faktische Wirklichkeit des Menschen[!] zur Sprache kommt, wie sie dem Menschen selbst
so nicht durchsichtig wird." Eine solche „Apokalypse" des menschlichen Wesens wird erst
durch das Evangelium möglich gemacht. Man sieht: Die paulinische Rechtfertigungslehre

„was ohne die Christusoffenbarung undurchdringlich bleibt", stellt uns Paulus den Juden typisierend als denjenigen vor Augen, in dessen Antlitz er „der Züge Adams und damit der gesetzlichen Verfassung der Menschheit im ganzen gewahr wird"[29]. Solange wir nicht in dieser Weise distinktiv-sachlich diskutieren, kommen wir nicht weiter. Es darf doch nicht – wie neben anderen auch dem Autor widerfahren[30] – einer allein schon deswegen in die Gegnerschaft zum Judentum gerückt werden, weil er sich seiner christlichen Identität vergewissert[31]. Daß und wie Paulus solches für sich selber tut (z.B. Phil 3,2–11), läßt jüdischem Urteil keine Wahl: Der Apostel ist ein Apostat[32] oder zumindest doch jemand, der „einfach am jüdischen Selbstverständnis vorbeiredet"[33] bzw. der „über das Wesen und den Zweck des Thoragebotes als Instrument des jüdischen Bundesvertrages … ein völliges Zerrbild" entwirft[34].

Nun, wie immer es damit steht: Den alten liberalen Ladenhüter von der zweimaligen Stiftung des Christentums – einmal jüdisch durch Jesus und ein andermal unjüdisch durch Paulus (W. Wrede) – sollten wir wirklich hinter uns haben. Aber wenn das mit einer bestimmten Paulusexegese so weitergeht, werden wir – weil es angeblich kein „Neues", sondern nur ein „Zweites Testament" gibt – vielleicht gezwungen sein, die törichte Frage erneut zu diskutieren, ob „wir heute noch alle Juden (sind)"[35].

drängt von ihrem Wesen her „über den Horizont einer nur jüdischen Adressatenschaft" *hinaus* (ebd. 226). So auch F. Mussner, „Christus (ist) des Gesetzes Ende zur Gerechtigkeit für jeden, der glaubt" (Röm 10,4), in: M. Barth u.a., Paulus – Apostat oder Apostel? Jüdische und christliche Antworten, Regensburg 1977, 31–44: 41 Anm. 21. Daß es Paulus nicht um empirische Analysen geht, sagt auch L. Goppelt, Christologie und Ethik. Aufsätze zum Neuen Testament, Göttingen 1968, 173.

[29] Klein, Gesetz (s.o. Anm. 12) 69,41f; vgl. auch Grässer, Der Alte Bund im Neuen (s.o. Anm. 21) 202; Käsemann (s.o. Anm. 3): „Die paulinische Beweisführung [in Röm 1,18–3,20] sieht jüdische Wirklichkeit exemplarisch für den Menschen schlechthin".

[30] So z.B. der Tendenz nach E. Zenger, Das Erste Testament. Die jüdische Bibel und die Christen, Düsseldorf ³1993, 31f.93f. – Vielsagend ist auch folgendes: Mohr Siebeck (Tübingen) und ein amerikanischer Verlag waren übereingekommen, mein Buch „Der Alte Bund im Neuen" (s.o. Anm. 21), 1–134 auch in englischer Sprache erscheinen zu lassen. Aufgrund eines aus Deutschland kommenden Einspruchs zog der amerikanische Verlag sein Angebot zurück.

[31] So richtig J. Moltmann, Rückblick auf Heft 6/1990, EvTh 51 (1991) 400–401: 401.

[32] Wenn wir die bekannte Mischna im Traktat *Aboth* III.15 auf Paulus beziehen, dann wurde er „sicher von den frühen Rabbinen als Apostat *stricto sensu* betrachtet" (R.J. Zwi Werblowsky, Paulus in jüdischer Sicht, in: Barth u.a., Paulus – Apostat oder Apostel? (s.o. Anm. 28) 135–146: 135; vgl. auch Stuhlmacher (s.o. Anm. 3) 263. Anders freilich Baeck, Paulus (s.o. Anm. 9) 28.

[33] Zwi Werblowsky (s.o. Anm. 32) 141.

[34] Schoeps (s.o. Anm. 17) 210; vgl. auch 196: die „Ohnmacht des mosaischen Gesetzes zu statuieren", gilt „im biblischen Verstande als eine Irrlehre"; ähnlich Schalom Ben-Chorin, Paulus. Der Völkerapostel in jüdischer Sicht, München 1970, 212: „Die Geschichte des Paulus ist, vom Judentum her gesehen, die Geschichte einer tragischen Verfehlung." Vgl. auch ebd. 85: durch „die Entwertung des Gesetzes" ist Paulus „in den unlösbaren Konflikt mit der Synagoge geraten". – „Jüdische Gesamtdarstellungen" des Paulus bespricht Merk, Paulus-Forschung (s.o. Anm. 3) 66–69. Zur Diskussion vgl. jetzt S. Meissner, Die Heimholung des Ketzers. Studien zur jüdischen Auseinandersetzung mit Paulus, 1996 (WUNT II/87).

[35] W. Eltester, Notizen, ZNW 43 (1950/51) 264–280: 275. – Zur Sache vgl. den sehr ausgewogenen Art. von J.T. Pawlikowski, Judentum und Christentum, TRE 17 (1988) 386–403 (Lit.!).

II

Der Meinung ist H. Merklein mit Sicherheit nicht, wenn er – wie manch anderer – das Sünden- und Gesetzesverständnis des Paulus erneut auf den Prüfstand stellt und dabei die These vertritt, daß der Apostel trotz der gemäß seiner christologischen Perspektive vorgenommenen Dekomposition des für die jüdische Überlieferung selbstverständlichen Heilszusammenhangs von Gerechtigkeit, Glaube und Gesetz insofern „seinen überkommenen jüdischen Denkstrukturen" verhaftet bleibt, als er prinzipiell an einer Gerechtigkeit aus dem bzw. im Gesetz festhält (Röm 10,5; Gal 3,12; hier wie da Berufung auf Lev 18,5 LXX)[36]. Zwar wird in diesem Zusammenhang Bultmann bescheinigt, daß er hinsichtlich der Hermeneutik des paulinischen Sündenbegriffs „das in sich stimmigste Modell" vorgelegt hat[37]. Aber gerade das, was dessen Stimmigkeit ausmacht, das Verständnis der Sünde als „eigenmächtiges Selbstseinwollen", das vor allem im καυχᾶσθαι zum Ausdruck kommt[38], verfällt dem Verdikt, „exegetisch" nicht mehr haltbar zu sein[39]. Grund dieser Verwerfung dürfte sein, daß Bultmann Paulus angeblich zu weit vom Judentum abrückt[40], nämlich so: „gerade im Streben des Menschen, durch seine Werke Gerechtigkeit von Gott zu erringen, steckt die Ursünde. Denn in ihm kommt zum Vorschein, daß *der Mensch sich vor Gott ‚rühmen' will*, daß er meint, aus eigener Kraft leben und seine Geltung vor Gott gewinnen zu können"[41].

---

36 Paulus und die Sünde (s. o. Anm. 16) 160. – Zu Röm 10,5 vgl. jedoch A. LINDEMANN, Die Gerechtigkeit aus dem Gesetz. Erwägungen zur Auslegung und zur Textgeschichte von Römer 10,5, ZNW 73 (1982) 231–250, der zeigt, daß Paulus sich auf den *Widerspruch* zwischen Gesetz und Glaube bezieht und erklärt, „daß dieser Widerspruch bereits von der Schrift selbst bezeugt sei" (240): Die aus dem Gesetz kommende Gerechtigkeit, die an das „Tun" gebunden ist, ist – das sagt die Schrift – „nicht Gottes Gerechtigkeit; und zwar deshalb nicht, weil Gottes Gerechtigkeit allein eine Gerechtigkeit aus Glauben ist" (250). – Zur kontroversen Diskussion vgl. H.-J. ECKSTEIN, Verheißung und Gesetz. Eine exegetische Untersuchung zu Gal 2,15–4,7, 1996 (WUNT 86).

37 MERKLEIN, aaO 160.

38 BULTMANN, Theologie (s. o. Anm. 1) 242.

39 MERKLEIN (s. o. Anm. 16) 161. Schade, daß er sich nicht mit KLEINs Aufsatz „Sündenverständnis" (s. o. Anm. 6) auseinandersetzt, der genau die Texte analysiert, die auch MERKLEIN heranzieht, dabei jedoch zu genau gegenteiligen Ergebnissen kommt!

40 Ich schließe das daraus, daß MERKLEIN am Schluß seines großen, mit äußerster Sorgfalt gearbeiteten Aufsatzes resümieren kann, es zeige sich, „daß Paulus in der Rechtfertigungslehre und insbesondere im dazugehörigen Sündenverständnis weit jüdischer denkt, als dies die kontroverstheologisch geprägte abendländische Rezeption üblicherweise wahrgenommen hat" (aaO 160).

41 R. BULTMANN, Das Urchristentum im Rahmen der antiken Religionen, Zürich 1949, 204. – Aus Röm 3,27f schlußfolgert BULTMANN ganz mit Recht: „Es gehört also zusammen die Gerechtigkeit aus den Werken und *das Rühmen*. Indem die Werke ausgeschlossen werden, wird

Im Gegensatz zu Merklein u.a. meine ich, daß diese pointiert auf das καύχημα als die „Ursünde" zugespitzte Hamartiologie die stärkste Bastion der Bultmannschen Paulusinterpretation ist, aus der er schwerlich vertrieben werden kann. Ich nenne dafür drei Gründe.

1. Der sprachliche Grund

Durch die paulinische Wortverbindung „*Werke* des Gesetzes" ist m.E. von vornherein und ganz bewußt die in den eigenen Möglichkeiten und Kräften gründende *Leistung* als semantisches Merkmal mitgesetzt[42]. Denn ἔργον und das davon abgeleitete ἐργάζεσθαι bezeichnen ganz allgemein eine „Werktätigkeit jeder Art". Sie stehen in der griechischen Bibel für die hebräischen Wurzeln עָשָׂה, פָּעַל, עָבַד, מְלָאכָה bzw. ihre Derivate, alles Wörter, die „ein *Tun, Handeln, Arbeiten, Leisten*" bedeuten[43]. Ein solches ἔργον meint aber „nicht nur das Geleistete, sondern auch das zu Leistende"[44]. „Werk" heißt jedes menschliche Handeln in Vergangenheit, Gegenwart und Zukunft; „es umspannt darum die Gesamtheit des menschlichen Lebens und Daseins"[45]. Wie steht es unter dieser Rücksicht mit der Wortverbindung „Werke des *Gesetzes*"? Nun: Die den ἔργα νόμου grammatisch vergleichbaren Genetivverbindungen wie z.B. ἔργα τῆς σκηνῆς oder τῆς λειτουργίας oder τῆς θυσίας (z.B. Ex 35,21.24; Num 3,7; 4,47; 7,5; 8,15; 1Chr 9,19.31; 23,24.28) machen deutlich, daß das „Gesetzeswerk" nicht mehr nur an eine einmalig vollzogene, sondern „an eine immer neu zu vollziehende Leistung" denken läßt[46]. Um was für ein Werk es sich genauer handelt, ist für den Juden beantwortbar aus der Tora, wobei ein Zweifel, im Werk das Gesetz zu erfüllen, jüdisch unmöglich ist[47]. Jedenfalls bezeichnet ἔργον „eine Aufgabe, der ein einzelner durch sein Handeln genügt – und die Tat, die diese Aufgabe erfüllt, wird deshalb durch ein besonderes Verbum wie ποιεῖν oder ἐργάζεσθαι bezeichnet"[48]. Daß Paulus genau in diesem Sin-

---

auch der Selbstruhm des Menschen ausgeschlossen" (Gnade und Freiheit [1948], in: DERS., Glauben und Verstehen II, Tübingen ⁵1968, 149–161: 151).

[42] Vgl. dazu M. BIERWISCH, Zur Klassifizierung semantischer Merkmale, in: F. KIEFER (Hg.), Semantik und generative Grammatik, 1972 (Linguistische Forschungen 1/I), 69–99.

[43] G. BERTRAM, Art. ἔργον κτλ., ThWNT II 631–653 (die Zitate 632,6 u. 633,17f).

[44] E. LOHMEYER, Probleme paulinischer Theologie, ZNW 28 (1929) 177–207: 181.

[45] Ebd. 187.

[46] Ebd. 181.

[47] Ebd. 191. Zur Sache vgl. auch F. AVEMARIE, Art. ἔργον κτλ. II, TBLNT² (1997) 57–59.

[48] Ebd. 181 mit Verweis auf Num 3,7.8; 4,43; 8,26 u.ö. – Anders die nicht ganz neue These von M. BACHMANN, Rechtfertigung und Gesetzeswerke bei Paulus, ThZ 49 (1993) 1–33: „Paulus meint mit dem Ausdruck ‚Werke des Gesetzes' nicht etwas, was auf der durch das Tun

ne die ἔργα νόμου versteht, beweist exakt Röm 4,1ff, *das* Paradigma für die Rechtfertigung χωρὶς ἔργων νόμου, dem wir uns näher zuwenden, wenn wir unten nach dem exegetischen Grund fragen, der es rechtfertigt, im καύχημα die „Ursünde" (Bultmann) zu sehen.

2. Der traditionsgeschichtliche Grund

Überraschend ist, daß abgesehen von syrBar 57,2 und 4QMMT C 27 (=4Q 398 Frg. 14 Kol. ii), wo die *opera praeceptorum* bzw. die ‚Taten des Gesetzes' (מעשי התורה = „precepts of the Torah")[49] dem paulinischen Sprachgebrauch *formell* nahekommen, die Begriffsbildung ἔργα νόμου nicht belegt ist[50]. Sie ist also tatsächlich „eine Besonderheit paulinischen Sprechens und Denkens"[51]. Im Neuen Testament hat sie nur Paulus (Jak 2,14ff spricht lediglich allgemein von „Werken"). Der LXX ist der Ausdruck ebenso fremd

---

[49] Vgl. dazu E. QIMRON/J. STRUGNELL u.a. (Hg.), Qumran Cave 4. V, *Miqsat Maʿase ha-Torah*, 1994 (DJD X), 62f. – J. MAIER, Die Qumran-Essener: Die Texte vom Toten Meer. Bd. II. Die Texte der Höhle 4, 1995 (UTB 1863), 375 übersetzt: „Torah-Praktiken". Man könnte hier allerdings auch mit „Gebote" (vgl. QIMRON/STRUGNELL, aaO 139) oder „Lehren" übersetzen (vgl. LICHTENBERGER [s.o. Anm. 26] 15 Anm. 22). – In 4QMMT sieht BACHMANN (s.o. Anm. 48) „die einzige gesicherte Parallele zum paulinischen Ausdruck". Vgl. auch J.D.G. DUNN, 4QMMT and Galatians, NTS 43 (1997) 147–153: 150f.

[50] Entgegen R. HEILIGENTHAL, Werke als Zeichen. Untersuchungen zur Bedeutung der menschlichen Taten im Frühjudentum, Neuen Testament und Frühchristentum, 1983 (WUNT II/9), 281; STUHLMACHER (s.o. Anm. 3) 260 und ECKSTEIN (s.o. Anm. 36) 25f ist 4QFlor 1,7 (= 4Q 174 Frg. 1) kein Beleg. Die Lesart מעשי תורה mußte inzwischen der Lesart מעשי תודה „Werke des Dankes" weichen. Vgl. dazu A. STEUDEL, Der Midrasch zur Eschatologie aus der Qumrangemeinde (4QMidr Eschat^{a.b}). Materielle Rekonstruktion, Textbestand, Gattung und traditionsgeschichtliche Einordnung des durch 4Q 174 („Florilegium") und 4Q 177 („Catena A") repräsentierten Werkes aus den Qumranfunden, 1994 (StTDJ 13), 31; MAIER, Die Qumran-Essener (s.o. Anm. 49) 104. – H. LÖHR danke ich für seine Hilfe bei meiner Qumran-Recherche.

[51] LOHMEYER (s.o. Anm. 44) 180. – Ἔργα νόμου wäre hebr. mit מעשי תורה, aram. mit עובדי אוריתא wiederzugeben. „Diese Wendungen kennen die rabbinischen Gelehrten nicht" (Bill. III 160), wohl aber „Werke der Gebote" (מעשי מצוה) oder einfach „Werke der Gebotserfüllung" (מעשים), Ausdrücke, die aber nie zu einer allgemein gebrauchten Bezeichnung für Gesetzeswerke geworden sind. T.t. dafür ist מצוה = ἐντολαί (Bill. III 160f). Der Befund gibt der These recht: „Die unverkennbare persönliche Eigenart des Paulus spiegelt sich auch in seinem Sprachgebrauch wider" (H. RÄISÄNEN, Sprachliches zum Spiel des Paulus mit ΝΟΜΟΣ, in: DERS., The Torah and Christ. Deutsche und englische Aufsätze zur Gesetzesproblematik im Urchristentum, 1986 (SESJ 45), 119–147: 147. – Weitere Literatur zu ἔργα νόμου bei MERKLEIN (s.o. Anm. 16) 127 Anm. 14. Zur Klärung des Terminus vgl. jetzt auch ECKSTEIN (s.o. Anm. 36) 21–26; WOLTER, Ethos (s.o. Anm. 48) 432f.

wie den Apostolischen Vätern und den Apologeten, was in der Exegese viel zu wenig beachtet wird. Statt von מַעֲשִׂים schlechthin oder von מַעֲשֵׂי מִצְוֹה zu sprechen, spricht Paulus pointiert von ἔργα νόμου[52] und meint solche auch dort, wo er bloß die Abbreviatur ἔργα gebraucht (Röm 4.2.6; 9,12; 11,6) oder nur vom νόμος spricht (z.B. Röm 10,4f; Gal 2,21; 3,11; 5,4; Phil 3,6.9). Damit ist nun wahrlich keine bloß *formelle* Differenz zur rabbinischen Sprechweise angezeigt, sondern ein radikaler Dissens in der Sache: Schon durch die Begriffswahl zeigt Paulus an, daß er die „Werke des Gesetzes" als „Gesetzes*leistungen*" versteht[53]. Sie aber sind der *falsche* Weg! Und das nicht bloß deshalb, weil dieser Weg infolge der Übertretungen nicht zum Ziel führt[54], „sondern weil seine *Richtung* eine verkehrte ist"[55]. Gesetzes*leistungen* sind die Bausteine, mit denen οὐ κατ᾽ ἐπίγνωσιν (!) die ἰδία δικαιοσύνη (Röm 10,2f; vgl. Phil 3,9) aufgerichtet wird, die der Gerechtigkeit Gottes entgegengesetzt ist. Sie „erscheint, von außen her gesehen, durchaus als Gesetzeserfüllung, also als gerechte Tat. Aber sie ist es, von innen her gesehen und also ihrem Wesen nach, nicht, sie ist bei aller äußeren Gesetzeserfüllung nur scheinbarer Gehorsam, in Wahrheit aber Ungehorsam"[56]. Denn

---

[52] Gegen LOHMEYER, aaO 183, der behauptet: „Dem paulinischen Begriff ἔργα νόμου entspricht allein der Ausdruck *miswoth*". Dazu findet sich eine handschriftliche Randnotiz von Bultmann in dessen ZNW-Exemplar: „nein! *misw.* = ἐντολαί". Zum Unterschied beider Begriffe vgl. jetzt D. FLUSSER, Die Gesetzeswerke in Qumran und bei Paulus, in: H. LICHTENBERGER (Hg.), Geschichte – Tradition – Reflexion. FS Martin Hengel, Bd. 3. Frühes Christentum, Tübingen 1996, 395–403.

[53] Den Begriff gebraucht SCHLIER (s.o. Anm. 4) 88, jedoch ohne Kursivierung. Mit „Werken des Gesetzes" geht es Paulus jedenfalls nicht ausschließlich um die jüdischen „identy markers" (Beschneidung, Speisegebote und Sabbat), sondern „um die grundsätzliche Beurteilung der ganzen Tora" (mit STRECKER [s.o. Anm. 3] 152 Anm. 50 und HORN [s.o. Anm. 5] 56–58 gegen J.D.G. DUNN, The New Perspective on Paul, in: DERS., Jesus, Paul and the Law. Studies in Mark and Galatians, London 1990, 183–214: 194). Daß Paulus mit den ἔργα νόμου nicht nur die einzelnen Gebotserfüllungen meint, sondern umfassend die Befolgung der Tora, betont O. HOFIUS, „Rechtfertigung des Gottlosen" als Thema biblischer Theologie, in: DERS., Paulusstudien (1989) ²1994 (WUNT 51), 121–147: 127 Anm. 35; DERS., Das Gesetz des Mose und das Gesetz Christi, in: DERS., Paulusstudien 50–74: 68; ihm folgt ECKSTEIN (s.o. Anm. 36) 22f.

[54] Das wäre etwa der Gedanke des 4Esra. Vgl. W. MUNDLE, Das religiöse Problem des 4. Esrabuches, ZAW 6 (1929) 222–249; BULTMANN, Christus des Gesetzes Ende (s.o. Anm. 11) 34f. – Daß es nicht angeht, „die soteriologische *Ohnmacht* der Gesetzeswerke aus der *Übermacht* der Gesetzes*übertretungen*" abzuleiten, zeigt KLEIN, Sündenverständnis (s.o. Anm. 6) 261.

[55] BULTMANN, Theologie (s.o. Anm. 1) 268; DERS., Römer 7 und die Anthropologie des Paulus, in: DERS., Exegetica. Aufsätze zur Erforschung des Neuen Testaments, Tübingen 1967, 198–209: Die Richtung des Gesetzesweges ist deswegen verkehrt, „weil er seinen Sinn darin hat, daß er zur ἰδία δικαιοσύνη führen will (Röm 10,3; Phil 3,9)" (200).

[56] SCHLIER, Grundzüge (s.o. Anm. 4) 88. – Anders HEILIGENTHAL (s.o. Anm. 50) 279–315: Es gehe Paulus *nicht* „um die Disqualifikation menschlicher Leistungen angesichts der Rechtfertigung aus Gnade" (303). Und nicht erst das Christusereignis ermögliche die *iustificatio impii*, sondern „bereits das Gesetz" (ebd.). Nimmt man das ernst, bleibt nur die Feststellung: Paulus *meint* das genaue Gegenteil von dem, was er sagt. Das glaube, wer mag!

die „aus Eigenem" vollzogene „Leistung gegenüber dem Gesetz" ist „in einem fundamentalen Sinn" verstanden „Selbstgerechtigkeit". Die aber ist, „weil versteckte und getarnte, desto gefährlichere Form der verfehlten Gerechtigkeit, der Sünde"[57]. Es ist also in der Tat so, daß mit der als Antithese zum Gesetz verstandenen Gnade ein ganz neuer Gesichtspunkt hinsichtlich der Heilstat Gottes gefunden bzw. ein „neues Prinzip" aufgerichtet wurde, das dem Apostel δι' ἀποκαλύψεως Ἰησοῦ Χριστοῦ zukam[58]. Zwar kennt auch das rabbinische Schrifttum das Verhältnis von Gnade und Werken als zentrales Problem[59]. Es gilt der Grundsatz: „Lohn empfängt man nur für eine Tat" (MEx 1,5 zu 12,6 [p 14,12f])[60]. Ebenda heißt es dann: „Gnade ist es, was du an uns getan hast, weil in unseren Händen keine guten Werke waren" (MEx 3,9 zu 15,13 [p 145,15]). Pesiqta rabbati 98b stellt „hinsichtlich des von Paulus getadelten ‚Rühmens' ob der guten Werke"[61] fest: „Auch wenn wir unsere frommen Werke betrachten, sind wir beschämt über ihre Geringfügigkeit im Verhältnis zu Gottes Wohltaten an uns". Das besagt, daß die Gnade nur dort eintritt, wo die Werke fehlen oder gering sind[62]. Daran ändert die Tatsache nichts, daß von der Angewiesenheit auf Gnade sehr deutlich die Rede ist: „Tu Gnade an meinem Herrn Abraham (Gn 24,12). ...RChaggai hat im Namen des RJizchaq gesagt: Alle bedürfen der Gnade; auch Abraham, um dessentwillen die Gnade in der Welt waltet, bedurfte der Gnade" (Gn r 60,2 zu 24,12)[63]. Aber daß der Gnadengedanke dennoch „grundsätzlich im Schema des Gesetzes eingefangen" bleibt[64], ist richtig. Im Verständnis der Gnade führt demnach entgegen der These von H.-J. Schoeps[65] „von der Synagoge keine Linie zum Neuen Testament. Das Judentum kann die Alternative ‚Werke oder Gnade' nicht annehmen"[66], mit der umgekehrt die Theologie des Paulus steht und fällt. „Werke", das be-

[57] SCHLIER, Grundzüge (s. o. Anm. 4) 88f.

[58] Gegen SCHOEPS (s. o. Anm. 17) 217. Zur „rigorosen Umwertung aller bisherigen Werte und Ideale (Phil 3,7–11)" bei Paulus vgl. M. HENGEL, Der vorchristliche Paulus, in: DERS./U. HECKEL (Hg.), Paulus und das antike Judentum, 1991 (WUNT 58), 177–293: 290. Anders HORN (s. o. Anm. 5) 46. – WEDER (s. u. Anm. 70) spricht mit Recht von einem „qualitativen Sprung"; ihm folgt STUHLMACHER (s. o. Anm. 3) 264.

[59] Zum folgenden vgl. H. CONZELMANN, Art. χάρις κτλ., ThWNT IX 378f.

[60] Bill. III 201.

[61] So SCHOEPS (s. o. Anm. 17) 217.

[62] CONZELMANN (s. o. Anm. 59) 378 mit Hinweis auf weitere Belege bei SCHOEPS (s. o. Anm. 17) 217.

[63] CONZELMANN, aaO 378f.

[64] Ebd. 379,2f mit Verweis auf Bill. IV 490: „Die alte Synagoge hat die Idee des Gnadenlohnes nicht festgehalten. Das hatte seinen Grund darin, daß ihre Lohnlehre in völlige Abhängigkeit von ihrer Rechtfertigungslehre geriet."

[65] S. o. Anm. 17.

[66] CONZELMANN (s. o. Anm. 59) 379,3–5.

deutet für den Apostel, daß an die Stelle des allein gültigen καυχᾶσθαι: ὁ καυχώμενος ἐν κυρίῳ καυχάσθω (1Kor 1,31; 2Kor 10,17) das καυχᾶσθαι ἐν νόμῳ (Röm 2,23) tritt, das ist die eifrige Erfüllung des Gesetzes mit der Absicht, dadurch die *eigene* Gerechtigkeit vor Gott zu erringen. Mit ihr aber heimst sich der von der Sünde mittels der Gebote getäuschte Mensch (Röm 7,11) nur den Tod ein. Denn es ist das *Gesetz*, das der Sünde ihre Kraft verleiht, die *Sünde* aber ist der Stachel des *Todes* (1Kor 15,56)[67]. Gemäß der christologischen Perspektive des Paulus gehört demnach das im Gegensatz zum πνεῦμα als tötendes γράμμα qualifizierte Mose-Gesetz in die Sphäre der σάρξ (2Kor 3,6; Röm 2,29; 7,6). Die διακονία des Mose ist ihm eine διακονία τοῦ θανάτου (2Kor 3,7). Aus dieser Erkenntnis heraus weiß Paulus, daß nicht nur niemand aus Gesetzeswerken gerechtfertigt wer-den *kann*, sondern auch gar nicht gerechtfertigt werden *soll*, weil niemand „wähnen darf, aus eigener Kraft sein Heil beschaffen zu können; er kann ja sein Heil nur dann finden, wenn er sich in seiner Abhängigkeit von Gott, dem Schöpfer, versteht"[68]. So, wie Abraham!

3. Der exegetische Grund

Ihr exegetisch festes Fundament hat Bultmanns Zuspitzung der paulini-schen Hamartiologie auf das leistungsgestützte καύχημα neben anderen Texten vor allem in Röm 4,1–8. Mit Abraham, dem ersten *sola gratia* ge-rechtfertigten Gottlosen, dessen אֱמוּנָה nach jüdischem Verständnis ein Akt der Gesetzestreue ist und auf dessen Verdienst die Welt steht (Gen. rabb. Par. 35)[69], begründet Paulus die Antithese von Gnade und Gesetz – ein für das Judentum schlechterdings unannehmbarer Gedanke![70]

---

[67] An diesem Zusammenhang ist festzuhalten, auch wenn Paulus im 1Kor anders als in Phil 3, im Gal und im Röm die „spezifisch rechtfertigungstheologische Herleitung der Gesetzeskri-tik" tatsächlich vermissen lassen sollte. So TH. SÖDING, „Die Kraft der Sünde ist das Gesetz" (1Kor 15,56), ZNW 83 (1992) 74–84: 81 (= DERS., Das Wort vom Kreuz. Anmerkungen zum Hintergrund und zur Pointe einer gesetzeskritischen Deutung des Paulus, in: DERS., Studien zur paulinischen Theologie, 1997 [WUNT 93], 93–103: 100).

[68] BULTMANN, Theologie (s.o. Anm. 1) 265; vgl. auch E. KÄSEMANN, Paulinische Perspekti-ven, Tübingen ³1993, 272. Wie man dagegen meinen kann, beim Thema Nomos bei Paulus sei „ein hermeneutisches Modell im Sinne von ‚Gesetz contra Evangelium'… völlig entbehrlich", ist mir unerfindlich (gegen G.S. OEGEMA, Versöhnung ohne Vollendung? Römer 10,4 und die To-ra der messianischen Zeit, in: AVEMARIE/LICHTENBERGER [s.u. Anm. 70]229–261:233 Anm. 20).

[69] SCHOEPS (s.o. Anm. 17) 211f. – Zur überragenden Größe Abrahams in der jüdischen Tra-dition vgl. F.E. WIESER, Die Abrahamvorstellungen im Neuen Testament, 1987 (EHS.T 317), 166 (§ 17).

[70] Mit Hinweis auf den „Bundes- und Erwählungsgedanken" kann das nicht bestritten wer-den. Denn obwohl im „Bundesnomismus" (das Stichwort hat SANDERS, Paulus [s.o. Anm. 17]

Grundsatz ist: Niemand kann Gott gegenüber Ruhm geltend machen. Als Bedingung für das Heil scheidet er wie jede andere menschlich *geleistete* Vorgabe aus. Auf diesem Felde zählt allein die Gnade! Insofern ist dann auch Abraham, der Stammvater aller Glaubenden, *ruhmlos*. Röm 4,2 läßt sich sowohl als Realis wie auch als Irrealis verstehen. Interpretiert man im ersteren Sinn, dann macht Paulus seinen Gegnern, die der Überzeugung sind, daß Abraham *vor Gott und den Menschen* Ruhm hat (Jub 24,11; Sir 44,19–21), eine *eingeschränkte* Konzession: er hat wohl Ruhm – *coram hominibus* (V 2a), jedoch nicht *coram Deo* (V 2b)! Denn was seinen Ruhm vor Gott begründet hätte – Rechtfertigung aufgrund von Werken –, schließt die Schrift aus (V 3)[71] . Andererseits legt der Zusammenhang, in dem die eben genannte Einschränkung keine Funktion hat, vielleicht doch das Verständnis von V 2 als Irrealis näher. Dann wäre ἀλλ᾽ οὐ πρὸς θεόν „verstärkte Verneinung"[72]: Seinen Gegnern gegenüber bestritte Paulus dann dem Abraham *jegliches* Rühmen. V 2 sagt dann: „Wäre Abraham aufgrund von Werken (= *aus Erfüllung* des Gesetzes) gerechtfertigt worden, hätte er Grund zum Ruhm gehabt. Aber vor Gott kann man sich nicht rühmen"[73].

---

222 in die Debatte eingeführt; es wird zu Recht kritisiert von STUHLMACHER [s.o. Anm. 3] 255) der Indikativ vor dem Imperativ rangiert und das Gesetz selbst tatsächlich Sühnemittel für den Übertreter bereithält, finden wir „Glaube und Werke just in jener Kombination, gegen die der Apostel ankämpft" (KLEIN, Sturmzentrum [s.o. Anm. 7] 56 im Anschluß an H. WEDER, Gesetz und Sünde: Gedanken zu einem qualitativen Sprung im Denken des Paulus, NTS 31 [1985] 357–376: 359 mit Anm. 20, 373). Zur Sache vgl. jetzt den Sammelband von F. AVEMARIE/H. LICHTENBERGER (Hg.), Bund und Tora. Zur theologischen Begriffsgeschichte in alttestamentlicher, frühjüdischer und urchristlicher Tradition, 1996 (WUNT 92), darin bes. H.-M. RIEGER, Eine Religion der Gnade. Zur „Bundesnomismus"-Theorie von E.P. Sanders, 129–161. Überhaupt: Welchen Rang haben übereinstimmende „Denkstrukturen" bei absolut divergenten Denk*inhalten* (zu MERKLEIN [s.o. Anm. 16] 160)? Ist denn das „umfassendere Heils- und Gnadengeschehen", von dem abhängig Paulus das Gesetz denkt, nicht *Christus* als das *Ende* des Gesetzes für jeden, der glaubt (Röm 10,4)? Es kommt doch darauf an, „nach den genuin[!] christlichen *Kriterien* zu fragen: ‚Wo und wie führen sie zu Modifikationen, ja Gegensätzen'"? (H. CONZELMANN, Heiden – Juden – Christen. Auseinandersetzungen in der Literatur der hellenistisch-römischen Zeit, 1981 [BHTh 62], 222). Neben der Messiasfrage ist ein zentraler Kristallisationspunkt eben die paulinische Antithese von Gnade und Gesetz, die für jeden Juden unannehmbar ist.

[71] So z.B. WILCKENS I (s.o. Anm. 3) 261f; SCHLIER, Grundzüge (s.o. Anm. 4) 123; entgegen früherer Annahme (s. folgende Anm.) jetzt auch KLEIN, Sündenverständnis (s.o. Anm. 6) 276f.

[72] R. BULTMANN, Art. καυχάομαι κτλ., ThWNT III 649 Anm. 36, dem G. KLEIN früher mit guten Gründen gefolgt ist: Es wäre „einigermaßen komisch, wenn Paulus zunächst in 3,27 prinzipiell jegliches Rühmen als durch das Christusgeschehen erledigte Grundsünde abqualifizieren würde, um alsbald durch die indirekte Konzession eines Ruhmes coram hominibus eben diese Haltung auf einer minderen Stufe neu zu legalisieren" (Römer 4 und die Idee der Heilsgeschichte, in: DERS., Rekonstruktion und Interpretation. Gesammelte Aufsätze zum Neuen Testament, 1969 [BEvTh 50], 145–169: 152 Anm. 26).

[73] Übersetzung SCHMITHALS (s.o. Anm. 3) 132; vgl. 136; ferner KLEIN, Sündenverständnis (s.o. Anm. 6) 261.

Der Streit geht letzten Endes jedoch ins Leere. Denn im einen (Realis) wie im anderen Fall (Irrealis) ändert sich das, was Paulus eigentlich sagen will, überhaupt nicht. Man mag Abraham hypothetisch[74] oder realiter ein καύχημα *coram hominibus* konzedieren oder nicht – dem Stande der Gottlosigkeit ist er weder so noch so enthoben[75]. Anders gesagt: Demjenigen, der die Werke tut, gereicht das so wenig zur Rechtfertigung wie demjenigen, der sie nicht tut[76]. Im einen wie im andern Fall gilt, was Luther (1524) exakt als Aussageabsicht des Paulus auf den Punkt gebracht hat:

,Vor dir niemand sich rühmen kann,
des muß dich fürchten jedermann
und deiner Gnade leben'[77].

Diese strikte Verwerfung des Rühmens gilt natürlich unbeschadet des legitimen καυχᾶσθαι ἐν κυρίῳ (1Kor 1,31; 2Kor 10,17; Röm 5,11; 15,17; Phil 1,26; 2,16; 3,3), weil bei *diesem* Rühmen ja gerade alle Maßstäbe menschlicher Größe zerbrochen sind – man denke bloß an das zentrale Kerygma vom Χριστὸς ἐσταυρωμένος (1Kor 1,23)! –, während sie dem jüdischen καυχᾶσθαι ἐν κυρίῳ (Röm 2,23) ebenso wie dem heidnischen καυχᾶσθαι ἐν σοφίᾳ (1Kor 1,18–31) gerade als „sündig-eigenmächtige Haltung" eigentümlich sind[78].

---

[74] So KÄSEMANN (s. o. Anm. 3) 100.

[75] KLEIN, Sündenverständnis (s. o. Anm. 6) 277.

[76] So richtig H. HÜBNER, Das Gesetz bei Paulus. Ein Beitrag zum Werden der paulinischen Theologie, ³1982 (FRLANT 119), 99f. Vgl. auch BULTMANN, Christus des Gesetzes Ende (s. o. Anm. 11) 41: „Nach Paulus bedarf der Gnade der Erfüller wie der Übertreter des Gesetzes, ja, der Erfüller erst recht. Denn dieser handelt, indem er seine eigene Gerechtigkeit aufrichten will, *grundsätzlich* gegen Gott, während der Übertreter *jeweils* Gottes Forderung übertritt". Insofern gilt: „Der Mensch ist also, mag er das Gesetz erfüllen oder übertreten, ein Sünder" (ebd. 47).

[77] EG 299,2. Von SCHMITHALS (s. o. Anm. 3) 136 zitiert.

[78] Mit BULTMANN, Theologie (s. o. Anm. 1) 242 gegen MERKLEIN (s. o. Anm. 16) 126 Anm. 8, der die καύχημα-Interpretation des ersteren für „ein grundsätzliches Mißverständnis des paulinischen Gesetzes- und Sündenverständnisses" hält (ebd.). Er geht aber bei seinem Versuch, den jüdischen Gesetzesruhm zu rehabilitieren, gar nicht darauf ein, daß Paulus denselben mit dem heidnischen Weisheitsruhm parallelisieren kann, was es m.E. unmöglich macht, Röm 3,27 allein auf den speziellen Status der Juden gezielt sein zu lassen statt auf den eingeborenen menschlichen Stolz überhaupt (so richtig BULTMANN, aaO 241f und E. SCHWEIZER, Rezension zu E.P. SANDERS, Paul, the Law, and the Jewish People, ThLZ 109 [1984] 666–668: 668). Im übrigen hätte ich – von Paulus herkommend – große Schwierigkeiten, mit dem unbestreitbaren περισσόν des Juden (Röm 3,1) die Kritik des Paulus am καύχημα zu relativieren (so MERKLEIN, aaO). Sehr bedacht spricht Paulus eben vom περισσόν und nicht vom καύχημα, auch nicht Röm 9,1–5! Und wo er in bezug auf die jüdische Vorzüge tut, z.B. Röm 2,17.23, da ist es vorwurfsvoll gemeint. – Zur Sache vgl. den Exkurs „Das Sichrühmen des Juden und des Heiden und das Sichrühmen des Glaubenden, des Apostels und seiner Gegner" bei KUSS, Röm (s. o. Anm. 3) 219–224; D. ZELLER, Tyrann oder Wegweiser? Zum paulinischen Verständnis des Gesetzes, BiKi 48 (1993) 134–140: 134.

Ob man Röm 4,2 nun konzessiv versteht oder nicht, deutlich ist jedenfalls, daß Paulus in *einer* Hinsicht *keinerlei* Konzession macht, nämlich bei
der auf Lohn (μισθός) zielenden Werkleistung (ἐργάζεσθαι), mit der man
sich als Gerechten erweisen zu können glaubt[79]. Denn damit bliebe die
Gnade nicht, was sie ist: souveränes, von keinen Bedingungen abhängiges
und keinen Vorgaben verpflichtetes freies Schenken Gottes. Wollte man
hier Konzessionen machen, so bedeutete das die Ungültigkeitserklärung des
λογίζεσθαι von Gen 16,5: Abraham wurde die Gerechtigkeit nicht als dem
bemühten Gesetzestäter, sondern als dem gehorsam Glaubenden *zuerkannt*[80]. Die klare These des Paulus ist diese: „Weil das πιστεύειν schlechthin göttliche Gabe und kein verdienstliches ἔργον ist, stellt das ἐλογίσθη
den reinen Gnadenakt der göttlichen Schenkung heraus"[81].

Leistung und Lohn sind also ausgeschlossen und der Tun-Ergehen-Zu-
sammenhang wird annulliert. Das zeigen V 4f mit wünschenswerter Klarheit allein schon dadurch, daß Paulus sich jetzt auf das Wortfeld der Han-
dels- und Arbeitswelt begibt, um χάρις und ὀφείλημα einander gegenüber-
zustellen. Ganz untheologisch-profan heißt es in V 4: „Dem, der Werkleistung erbringt (ἐργαζόμενος)[82], wird der Lohn nicht aus Gnade (sondern
gemäß dem, was er zu beanspruchen hat) gutgeschrieben"[83]. Der Ton liegt
auf dem Gegensatz χάρις – ὀφείλημα. Es geht also nicht um die Frage, wer
überhaupt Lohn empfängt, sondern um die werkimmanente Bemeßbarkeit
desselben[84]. Statt nun das gegenläufige Bildwort V 5 antithetisch-parallel
durchzuführen[85], flicht Paulus sogleich das *tertium* des Vergleichs mit ein
und kommt so zu einem sprachlich, teilweise auch sachlich veränderten
Satz: „Dem aber, der keine Werkleistung erbringt (μὴ ἐργαζόμενος = keine
eigene Leistung vorweist), sondern dem glaubt, der den Gottlosen rechtfertigt[86], dem wird sein Glaube als Gerechtigkeit zuerkannt." Μὴ ἐργαζό-

---

[79] Vgl. H. HÜBNER, Rez. zu H. RÄISÄNEN, Paul and the Law, ThLZ 110 (1985) 894–896:
895. Dabei ist zu beachten: Gottes rechtfertigende Gnade ist *allen* menschlichen ‚Werken',
nicht nur den Gesetzeswerken, vorgeordnet (so richtig LAMBRECHT [s. o. Anm. 14] 126).

[80] Zu λογίζεσθαι als Ausdruck göttlicher Gnade sei verwiesen auf K. BARTH, KD IV/1 686f.

[81] G. SCHRENK, Art. δίκη κτλ., ThWNT II 180–229: 210, 22–24; ihm folgt HOFIUS, „Rechtfertigung des Gottlosen" (s. o. Anm. 53) 129f mit Anm. 45.

[82] Von SCHMITHALS (s. o. Anm. 3) paraphrasiert: „wer seine eigene Leistung vorweist" (132).

[83] W. BAUER, Griechisch-deutsches Wörterbuch …, Berlin/New York ⁶1988, 965 (1.a.). –
Zu der entsprechenden allgemeinen Regel vgl. Lk 10,7; Mt 10,10 v.l.; 1Tim 5,18; Num 18,31;
2Chr 15,7.

[84] So richtig KLEIN, Sündenverständnis (s. o. Anm. 6) 277 Anm. 141.

[85] Dann müßte V 5 heißen: „Dem μὴ ἐργαζόμενος dagegen wird der Lohn κατὰ χάριν zu-
gemessen."

[86] Vor allem dieser einzigartige Zusatz macht deutlich, daß Paulus die Wendung des Zitates
V 3 durch einen die eigene Formulierung in 3,26 fin aufnehmenden Gedanken interpretiert (so
SCHMITHALS [s. o. Anm. 3] 138).

μενος ist nicht Prädikat desjenigen, der „die Werke des Gesetzes schuldhaft nicht getan hat"[87], sondern Prädikat eines *jeden*, der nicht aufgrund *eigener* Werke Rechtfertigung beansprucht, sondern sich dieselbe im Gehorsam des Glaubens zuteilen läßt. Ebenso ist ἀσεβής nicht das Prädikat des Gesetzes-übertreters, sondern des „natürlichen" Menschen überhaupt, der um Selbst-rechtfertigung vor Gott bemüht ist, dem dann aber als dem Glaubenden, d.h. als dem, der auf die ἰδία δικαιοσύνη im Gehorsam des Glaubens ver-zichtet, von Gott die Gerechtigkeit κατὰ χάριν *zugeteilt* wird, so daß sein Glaube ihn „in den Stand des Gerechten versetzt und ihn aus der Macht der Sünde und Gottlosigkeit befreit"[88].

III

Wir fassen zusammen: Im Herrschaftsbereich des Nomos gilt das eherne Gesetz des Tun-Ergehen-Zusammenhangs. Ihm zufolge bemißt sich der Lohn streng nach der Leistung. Und Leistungsparameter ist sehr wohl das Gesetz bzw. die von ihm geforderten ἔργα νόμου. Dagegen ἐν Χριστῷ, im Herrschaftsbereich des Christus also, empfange ich nicht, was meine Taten wert sind, sondern was Christus für mich am Kreuz getan hat[89]. Wie radikal für Paulus dadurch das Leistungsdenken durchgestrichen ist, zeigt neben vielen anderen Stellen besonders charakteristisch 1Kor 15,10: Mehr als alle anderen Apostel hat er sich abgemüht, stellt aber sofort richtig: „vielmehr nicht ich, sondern die Gnade Gottes zusammen mit mir". Das liegt natür-lich ganz in der Konsequenz seiner Rechtfertigungstheologie! Ich darf mich durch die δύναμις des Evangeliums (Röm 1,16) im Glauben als das *Ge-schöpf* verstehen, das nichts hat, was es nicht empfangen hätte und sich des-halb und ausschließlich nur noch des Herrn rühmen kann (1Kor 1,31; 2Kor 10,17). Ein καύχημα vor Gott geltend zu machen, ist also *a limine* ausge-schlossen. Das aber nicht, „weil das Gesetz übertreten wurde"[90], sondern weil es wegen des Vorsprungs der Sünde umgekehrt als Gesetzeserfüllung

---

[87] So aber WILCKENS I (s.o. Anm. 3) 263; HEILIGENTHAL (s.o. Anm. 50) 302; MERKLEIN (s.o. Anm. 16) 125f u.a. Zur Kritik an dieser Position vgl. KLEIN, Sündenverständnis (s.o. Anm. 6) 276f.

[88] SCHMITHALS (s.o. Anm. 3) 138. – Zum Verhältnis von πίστις und δικαιοῦσθαι vgl. die Exkurse bei KUSS, Röm (s.o. Anm. 3) 121–154 sowie KÄSEMANN (s.o. Anm. 3) 106f, vor allem aber HOFIUS (s.o. Anm. 53) 128–132.

[89] Zum im NT gewandelten, weil vom Verdienstgedanken gelösten Lohnverständnis vgl. G. BORNKAMM, Der Lohngedanke im Neuen Testament (1946), in: DERS., Studien zu Antike und Urchristentum. Gesammelte Aufsätze Bd. II, 1963 (BEvTh 28) 69–92.

[90] So aber MERKLEIN (s.o. Anm. 16) 125.

in versteckter Form eine Weise des πεποιθέναι ἐν σαρχί (Phil 3,3f), des Vertrauens auf das selbstsüchtige Fleisch ist, eine Weise der „Selbstgerechtigkeit" und der „Selbstglorifizierung" also. Das verschafft dem Menschen ein καύχημα, einen Ruhm – „aber nicht vor Gott" (Röm 4,2b)[91]. Es ist also tatsächlich nicht erst die Gesetzesübertretung, die das Rühmen ausschließt. Es ist ausgeschlossen, weil es an sich schon Sünde ist[92].

Merklein bestreitet das mit dem Argument: „Nicht das Gesetz oder die Erfüllung bzw. das Erfüllen-Wollen des Gesetzes ist für Paulus das Problem, sondern der Mensch, der das Gesetz übertritt"[93]. Dem kann man zustimmen. Nur: Heilseffizient sind weder die guten noch die bösen Werke, sondern allein der sich aller Werke entschlagende Gehorsam des Glaubens. Oder hätte entgegen Röm 4,2 derjenige, der die Werke *nicht* gegen sich hat, Ruhm bei Gott? Hier rächt sich m.E., daß Merklein auf die Frage: „Was ist Sünde?" als erstes antwortet: *„Sünde* ist ‚Übertretung'"[94]. Müßte die Antwort nicht *zunächst* und vor allem lauten: ἁμαρτία – von Paulus im Singular gebraucht (der Plural findet sich nur in Anlehnung an die Tradition) und von παραπτώματα unterschieden (Röm 4,25; 5,16; 2Kor 5,19) – bezeichnet nicht mehr wie im Judentum „die einzelne Verfehlung gegen das einzelne Gebot, sondern eine transsubjektive Macht"[95], stellt also „eine bewußte

---

[91] SCHLIER, Grundzüge (s.o. Anm. 4) 89. Er fährt fort: „Die Menschen staunen immer über Leistung und bewundern sie; und sie ist auch zu bewundern, wenn sie sachlich, das heißt, wenn sie selbstlos ist. Aber nun ist das Eigentümliche dies, daß eben die Leistung des Menschen gegenüber der moralischen Anforderung, wenn er darauf eingeht, eben im geheimen nicht selbstlos ist, sondern selbstsüchtig – so versteht Paulus den Menschen. Damit versteht er sogar die Tiefe der Sünde, das Unheimliche der Sünde, damit versteht er die Seinsweise des Menschen so, daß sie als eine Expektoration der Sünde erscheint."

[92] BULTMANN (s.o. Anm. 1) 242. Vgl. auch DERS., Christus des Gesetzes Ende (s.o. Anm. 11) 42: „Die Worte des Paulus gegen das Sich-rühmen machen ganz deutlich, daß die eigentliche Sünde des Menschen die in diesem Sich-rühmen zutage kommende Superbia ist". – ECKSTEIN (s.o. Anm. 36) 24f kritisiert diese Position, obwohl auch er daran festhält, daß nach paulinischem Verständnis die Tora *„grundsätzlich"* als Heilsweg ausscheidet (ebd. 130).

[93] S.o. Anm. 16, 126.

[94] Ebd. 124.159.

[95] CONZELMANN, Theologie (s.o. Anm. 3) 217. Den „übersummativen Charakter" der Sünde „als herrschende Macht" bestreitet MERKLEIN natürlich nicht, läßt ihn aber nicht als Verhängnis gelten, sondern schiebt ihn der Verantwortung des Menschen zu (aaO 145f). Aber daß die Sünde auf dem „Wählen" des Menschen beruht, ist z.B. qumranisch (vgl. CD 2,15; 3,2; LICHTENBERGER [s.o. Anm. 26] 11–13), nicht aber paulinisch. Denn „der Mensch ist von Paulus garnicht(!) primär als bewußtes Subjekt gesehen; die Tendenzen seines Wollens und Tuns, die dem Menschen seinen Charakter geben, sind garnicht die Strebungen seiner Subjektivität. Das menschliche Sein transzendiert vielmehr nach Paulus die Sphäre seiner Bewußtheit." Er will und handelt „entweder unter der Herrschaft der σάρξ oder des πνεῦμα" (z.B. Röm 8,5ff.12ff; Gal 5,16ff); „tertium non datur" (BULTMANN, Römer 7 [s.o. Anm. 55] 201). – Zur Sache vgl. G. RÖHSER, Metaphorik und Personifikation der Sünde, 1987 (WUNT II/25).

Neukonzeption" dar[96] und ist, „anthropologisch gesehen, eine verkehrte Grundeinstellung zum eigenen Leben und zur Wirklichkeit überhaupt (Röm 7,10; 8,5)"[97]. Ist das Leben ἐν σαρκί oder κατὰ σάρκα (z. B. Röm 7; 8; Gal 4,21–31; 5,13–6,16) nicht doch als *ontologische* Bestimmung aufzufassen, die das Wesen des Menschen vor oder unabhängig von seinem Tun bestimmen lassen? Sagt Bultmann nicht ganz im Sinne des Paulus: „Nicht erst die bösen Werke, die Übertretungen des Gesetzes, sind es, die den Juden vor Gott verwerflich machen, sondern schon die Absicht, durch Gesetzeserfüllung vor Gott gerecht zu werden, ist die Sünde, die an den Übertretungen zu Tage kommt. Und daß sie zu Tage kommen, das ist der göttliche Zweck des Gesetzes, das die Sünde reichlich machen soll (Röm 5,20f; Gal 3,19.21–24; vgl. Röm 4,13–16). Die ἐπίγνωσις ἁμαρτίας, die durch das Gesetz kommt (Röm 3,20), besteht darin, daß der Mensch durch das Gesetz in die konkrete Sünde geführt wird; daran erweist sich, daß der Mensch sündigt, weil er ein Sünder *ist*. Denn es steht nicht umgekehrt, daß er erst zum Sünder würde, weil er sündigt"[98]. Für Merklein jedoch steht es umgekehrt: „Das Tun macht das Wesen aus. Der Mensch *ist*, was er *tut*"[99]. Sogar „für den gerechtfertigten Menschen" soll „selbstverständlich" gelten, „daß er das *ist*, was er *tut*"[100]. Ich denke, daß ich καινὴ κτίσις nicht bin, weil ich das „Gesetz des Christus" (Gal 6,2) erfülle, sondern weil ich neues Geschöpf bin, erfülle ich das Gesetz des Christus. Wäre es anders, wäre das verhängnisvoll. Denn – so der treffende Einwand von Klein –: „Wenn des Menschen Taten über sein Sein entscheiden, mag man im Gedanken an die Erlösung tatsächlich nur noch vor der Wahl stehen, sich mit ‚Verzeihung' aufgelaufener Schuld zu begnügen oder aber ‚das angerichtete Böse' durch stellvertretende Sühne ‚aus der Welt geschafft' werden zu lassen. Wie aber, wenn des Menschen Sein seine Taten hervorbringt? Dann wäre das Unheil durch keinerlei Eingriff in einen Tat-Ergehen-Zusammenhang, sondern nur durch eine Umwandlung des Menschen selbst an der Wurzel getroffen"[101]. – Ich will gewiß nicht in einen Disput über *De servo arbitrio* eintreten, aber doch

---

[96] CONZELMANN, aaO 217.

[97] So BECKER (s. o. Anm. 3) 409.

[98] BULTMANN, Römer 7 (s. o. Anm. 55) 200.

[99] MERKLEIN, aaO 147. Anders KLEIN, Gesetz (s. o. Anm. 12) 71, 30f: „Niemals sind es die Taten, die über das Sein entscheiden, vielmehr bringt des Menschen Sein allemal seine Taten hervor (L. E. KECK: FS Käsemann, 1976, 206ff)".

[100] Ebd. 160. Aber geht das soteriologische Unvermögen des Gesetzes nicht dem konkreten Verhalten des Menschen zu ihm voraus? Und zwar deshalb, „weil der Mensch, auf den es trifft, nicht erst durch sein Fehlverhalten zum Sünder wird, sondern längst vor allem Verhalten der Sündenmacht anheimgegeben ist" (so KLEIN, Sündenverständnis [s. o. Anm. 6] 273 mit Verweis auf Gal 3,22)?

[101] Sündenverständnis (s. o. Anm. 6) 281 (Zitate im Zitat von WILCKENS I [s. o. Anm. 3] 243).

wenigstens an zwei Thesen aus Luthers erster Disputation über Röm 3,28 vom 11.9. 1535 erinnern. Sie lauten: „35. Und gleichwie gute Früchte nicht einen guten Baum machen, also machen die guten Werke die Person nicht gerecht." „36. Sondern die guten Werke geschehen von einer Person, die schon zuvor gerecht ist worden durch den Glauben, gleichwie die guten Früchte von einem Baum kommen, der schon zuvor gut ist von Natur"[102].

Das Gesetz des Glaubens läßt die Werke des Gesetzes (Leistungen) und damit den Ruhm durchgestrichen sein. Das lehrt mich das Beispiel des nicht unrühmlichen, aber ruhmlosen, weil glaubenden Abraham, zu dem alle gehören, die glauben wie er[103] und deshalb auch „gesegnet werden wie er" (Gal 3,9; vgl. 3.14.16)[104]. Denn in der Tat: „Der δικαιῶν τὸν ἀσεβῆ (Röm 4,5) ist der δικαιῶν τὸν ἐκ πίστεως Ἰησοῦ (Röm 3,26)! *Das* ist das Neue der paulinischen Rechtfertigungsbotschaft"[105]. Und just das wird von Bultmann auf den Punkt gebracht, wenn er feststellt: „Was des Menschen Geltung und Selbstvertrauen begründen kann, das ist alles *Gottes Geschenk*; und sein Empfang fordert die radikale Preisgabe des Selbstvertrauens, den radikalen Verzicht, durch die eigene Leistung Geltung vor Gott gewinnen zu wollen. Des Menschen Existenz steht auf Gnade, nicht auf Leistung"[106]. „Wo der Mensch nichts ist, da ist die Gnade Gottes mächtig"[107].

Die *Summe* alles Gesagten läßt sich folglich mit Gal 2,21b ziehen: „Wenn durch das Gesetz Gerechtigkeit (möglich ist), dann ist Christus umsonst gestorben."

---

[102] WA XXXIX/1 44ff. Zitiert nach E. Hirsch, Hilfsbuch zum Studium der Dogmatik. Die Dogmatik der Reformatoren und der altevangelischen Lehrer quellenmäßig belegt und verdeutscht, Berlin 1951, 122. In der fünften Disputation über Röm 3,28 (1.6. 1537) hat Luther sich auch zu den „Werken" geäußert: „Denn ‚tun' und ‚wirken zur Seligkeit' und ‚nötig sein' schließen alsogleich Verdienst und Schuldigkeit in sich, und das ist nicht zu dulden. Darum mahne ich: enthaltet euch solcher Vokabeln" (Hirsch, aaO 126).

[103] Vgl. dazu M. Wolter, Rechtfertigung und zukünftiges Heil. Untersuchungen zu Röm 5,1–11, 1978 (BZNW 43), 28f.

[104] Daß dies allein von der Erfüllung in Christus her begründbar ist, „nicht aber aus dem Duktus der alttestamentlichen Verheißungstexte selbst (Gen 22,18; vgl. Sir 44,21)", versteht sich (vgl. Eckstein [s.o. Anm. 36] 254.256). – Zu den systematischen Konsequenzen einer ökumenischen Theologie (Verhältnis Kirche-Judentum) vgl. den sehr ausgewogenen Aufsatz von U. H. J. Körtner, Volk Gottes – Kirche – Israel. Das Verhältnis der Kirchen zum Judentum als Thema ökumenischer Kirchenkunde und ökumenischer Theologie, ZThK 91 (1994) 51–79.

[105] Hofius (s.o. Anm. 53) 147.

[106] Bultmann, Christus des Gesetzes Ende (s.o. Anm. 11) 40f.

[107] Bultmann, ebd. 43. Daß die Verteidigung der Position Bultmanns kein Nachhutgefecht an einer zusammenbrechenden Front ist, hat der Jubilar jüngst eindrucksvoll gezeigt: G. Klein, Rudolf Bultmann – ein unerledigtes theologisches Vermächtnis, ZThK 94 (1997) 177–201, bes. 196.200; vgl. auch E. Gräßer, Notwendigkeit und Möglichkeiten heutiger Bultmannrezeption, ZThK 91 (1994) 272–284.

Das Herrenmahl bei Paulus

von

Ferdinand Hahn

Im 1. Korintherbrief und nur dort äußert sich Paulus über das κυριακὸν δεῖπνον. Er tut es an drei verschiedenen Stellen in einem jeweils speziellen thematischen Zusammenhang. Unabhängig von Erörterungen über die mögliche Zugehörigkeit dieser Aussagen zu unterschiedlichen literarischen Schichten ist zu klären, wie diese Texte aufeinander zu beziehen sind[1]. Da die drei Texte eine je eigene Aussageintention erkennen lassen, ist zunächst nach den Einzelabschnitten zu fragen. Es empfiehlt sich, dabei von 1Kor 11,17–34 auszugehen, weil hier ein eindeutiger Bezug auf vorpaulinische Tradition vorliegt, dann die beiden Stellen in 1Kor 10,(1f)3f und 10,16f zu besprechen, und im Anschluß daran ihre wechselseitige Beziehung zu erörtern.

1. In *1Kor 11,17–34* heben sich drei Unterabschnitte deutlich voneinander ab: Paulus geht in V. 17–22 auf Mißstände bei der korinthischen Herrenmahlspraxis ein, verweist dann in V. 23–26 auf die urchristliche Tradition und läßt in V. 27–32 eine Warnung folgen; in V. 33f schließt er mit einem Rückgriff auf V. 17–22 seine Ausführungen ab.

1.1 Die Berufung auf die Herrenmahlsparadosis in *1Kor 11, 23–26* hat eine regulative Funktion. Dabei geht es dem Apostel vor allem um die Einheit der Mahlfeier, die nicht auseinandergerissen werden darf. Er steht hier in einer Tradition, bei der die spezifischen Elemente der christlichen Mahlfeier

---

[1] Es ist m. E. davon auszugehen, daß die Kapitel 1Kor 8–10 eine Einheit darstellen, daß aber 1Kor 11,17–34 einem früheren Schreiben des Apostels zugehört (vgl. Anm.7). Dazu H. von Soden, Sakrament und Ethik bei Paulus. Zur Frage der literarischen und theologischen Einheitlichkeit von 1Kor 8–10, in: K. H. Rengstorf (Hg.), Das Paulusbild in der neueren deutschen Forschung (WdF 24), Darmstadt 1964, S. 338–379. Zur Diskussion über die literarische Einheitlichkeit des 1. Korintherbriefs vgl. U. Schnelle, Einleitung in das Neue Testament (UTB 1830), Göttingen ²1996, S. 83–86.95f, zum Grundsätzlichen W. Schmithals, Methodische Erwägungen zur Literarkritik der Paulusbriefe, in: ZNW 87 (1996) S. 51–87.

mit einem Gemeinschaftsmahl fest verbunden sind. Die Wendung μετὰ τὸ δειπνῆσαι weist darauf hin, daß die Sättigungsmahlzeit ein integraler Bestandteil ist und nicht beliebig herausgelöst werden kann[2].

Was bei diesem Einsetzungsbericht zunächst auffällt, ist die Einleitungswendung in V. 23b mit ihrer Bezugnahme auf den κύριος Ἰησοῦς und die Nacht, in der er ausgeliefert wurde. Auffällig ist ferner das paulinische Interpretament in V. 26, womit der Apostel die Funktion der Feier erläutert und mit ἄχρι οὗ ἔλθῃ den eschatologischen Ausblick, wie er in den Parallelfassungen von Mk 14,25/Mt 26,29/Lk 22,18 enthalten ist, in freier Form wiedergibt. Mit diesen beiden Rahmenelementen wird das Herrenmahl in 1Kor 11,23–26 als gottesdienstliche Feier für die Zeit zwischen Jesu Tod und seiner Wiederkunft gekennzeichnet.

Für Paulus ist die Identität des irdischen κύριος mit dem himmlischen und wiederkommenden κύριος wesentlich. Jeder Versuch, die Wendung παραλαμβάνειν ἀπὸ τοῦ κυρίου in V. 23a alternativ entweder auf den Irdischen oder auf eine Offenbarung des Erhöhten zu beziehen, ist im Sinn des Apostels abwegig[3]. Der gegenwärtige Herr, der seine Gaben darreichen läßt, ist der am Kreuz gestorbene und von Gott auferweckte und erhöhte κύριος, der dereinst wiederkommen wird.

Für Paulus ist mit dieser Mahlfeier nach V. 26 im besonderen das καταγγέλλειν τὸν θάνατον τοῦ κυρίου verbunden. Dabei ist die Frage, ob es sich bei καταγγέλλετε um einen Indikativ oder einen Imperativ handelt, von untergeordneter Bedeutung, weil in jedem Fall die Proklamation des Todes Jesu und die Mahlfeier als Vergegenwärtigung seines Todes unlösbar zusammengehören. Entscheidend ist dabei das τοῦτο ποιεῖτε εἰς τὴν ἐμὴν ἀνάμνησιν, das in der paulinischen Fassung des Einsetzungsberichts zweimal vorkommt[4]. Dieses Erinnern geschieht durch das Wort *und* durch die Handlung. Im Sinne des alttestamentlichen *zikkaron* bedeutet ἀνάμνησις die Erinnerung als Vergegenwärtigung. Die aktualisierende Erinnerung an die Person Jesu gibt es nicht anders als durch das Sich-Erinnern an seinen Tod und dessen heilstiftende Funktion.

---

[2] Diese Bedeutung von μετὰ τὸ δειπνῆσαι wird gelegentlich bestritten, ist aber aufgrund des Kontextes in 1Kor 11,17–22.33 und der Begriffe δεῖπνον, δειπνῆσαι schwerlich anders zu verstehen. Dazu ausführlich O. Hofius, Herrenmahl und Herrenmahlsparadosis. Erwägungen zu 1Kor 11,23b–26, in: Ders., Paulusstudien, Tübingen 1989, S. 203–240, dort S. 208–216.

[3] Vgl. dazu die Ausführungen von B. Kollmann, Ursprung und Gestalten der frühchristlichen Mahlfeiern, Göttingen 1990, S. 43–46.

[4] Das unterscheidet den Einsetzungsbericht in 1Kor 11 von Lk 22,19f, wo die Anamnesis-Formel nur einmal vorkommt, und erst recht von Mk 14,22–25 und Mt 26,26–29, bei denen sie fehlt. Zu der Wendung εἰς τὴν ἐμὴν ἀνάμνησιν vgl. H.-J. Klauck, Herrenmahl und hellenistischer Kult. Eine religionsgeschichtliche Untersuchung zum ersten Korintherbrief (NTA NF 15), Münster 1982, S. 314–318, ferner Hofius, aaO. S. 230–237.

Unter dieser Voraussetzung sind die beiden Einsetzungsworte in der von Paulus übernommenen und weitergegebenen Fassung zu verstehen. Im vorliegenden Zusammenhang braucht weder die Frage nach der Gestalt des Abschiedsmahls Jesu noch die nach dem Verhältnis zur markinisch-matthäischen Fassung behandelt zu werden[5]. Es genügt, die von Paulus rezipierte Fassung zu berücksichtigen. Das gebrochene Brot, über dem ein Dankgebet gesprochen ist, wird durch τοῦτό ἐστιν gleichgesetzt mit τὸ σῶμα τὸ ὑπὲρ ὑμῶν. „Der Leib für euch" ist der am Kreuz hingegebene Leib des Herrn, der eine sühnewirkende Kraft hat, die jedem zuteil wird, der an der Mahlfeier partizipiert und damit die Erinnerung an den Tod Jesu als Vergegenwärtigung seiner Hingabe erfährt. Entsprechend wird nach dem Sättigungsmahl der dargereichte Kelch durch τοῦτο...ἐστίν gleichgesetzt mit ἡ καινὴ διαθήκη ἐν τῷ ἐμῷ αἵματι: Es ist der durch Jesu Blutvergießen gestiftete neue Bund, an dem der Mitfeiernde beim Empfang des Kelches Anteil erhält[6]. In diesem Bund sind alle zusammengeschlossen, die die Sühnkraft des Todes Jesu erfahren haben. Das, was jeder Einzelne zur Erneuerung seines Lebens empfängt, stellt ihn hinein in die Gemeinschaft derer, die zu Jesus als κύριος gehören. Es ist zu beachten, daß in dieser Fassung der Herrenmahlsparadosis jedes der beiden Einsetzungsworte eine spezifische Bedeutung besitzt, im Blick auf Befreiung von der Macht der Sünde einerseits und die Teilhabe am neuen Bund andererseits, was mit jeder Feier wieder bekräftigt wird.

1.2 Der einleitende Abschnitt in *1Kor 11,17–22* handelt von der rechten Gestalt der Herrenmahlsfeier. Paulus hat von Mißständen bei der Mahlfeier der korinthischen Gemeinde gehört. Er weiß auch, daß es deshalb bereits zu σχίσματα gekommen ist. Zwar sieht er in solchen σχίσματα oder αἱρέσεις – die beiden Begriffe werden hier unterschiedslos gebraucht und besitzen noch keine abwertende Konnotation – einen positiven Aspekt, sofern sich

---

[5] Die Rückfrage nach Jesu Abschiedsmahl betrifft im wesentlichen die Kurzform des Brotwortes und die Frage, ob Mk 14,25 das ursprüngliche Kelchwort gewesen sein kann. Hinsichtlich der nachösterlichen Interpretamente ist festzustellen, daß sowohl in der markinisch-matthäischen Fassung als auch in der lukanisch-paulinischen das Sühnemotiv und der Bundesgedanke vorkommen, allerdings unterschiedlich zugeordnet sind. Vgl. meine Aufsätze zum urchristlichen Herrenmahl in: Exegetische Beiträge zum ökumenischen Gespräch (Ges. Aufs. I), Göttingen 1986; ferner H. MERKLEIN, Erwägungen zur Überlieferungsgeschichte der neutestamentlichen Abendmahlstraditionen, in: DERS., Studien zu Jesus und Paulus (WUNT 43), Tübingen 1987, S. 157–180.

[6] Es geht nicht um das Blut als Opfergabe oder als heilstiftende Substanz, sondern gemäß alttestamentlicher Tradition um das Blutvergießen im Sinn des gewaltsamen Todes Jesu, wodurch der neue Bund gestiftet wird.

dabei Klärungen vollziehen können und diejenigen, die sich bewähren, erkennbar werden[7].

Haben die in 11,18f als vorläufig angesehenen Spaltungen noch eine gewisse positive Funktion, so erweckt der Anlaß selbst höchste Bedenken: Das Herrenmahl ist in seinem wahren Charakter nach V. 20 in Frage gestellt; denn das Zusammenkommen dient nicht mehr dem Aufbau der Gemeinde, sondern ihrer Destruktion, wie aus οὐκ εἰς τὸ κρεῖσσον ἀλλὰ εἰς τὸ ἧσσον συνέρχεσθε in V. 17 deutlich hervorgeht. Eine Praxis, wie sie sich in Korinth durchgesetzt hat, führt nach V. 22b zum καταφρονεῖν der Gemeinde als ἐκκλησία τοῦ θεοῦ und zur Beschämung derer, die nichts haben[8]. Es war offensichtlich üblich geworden, Speisen und Getränke im voraus zu verzehren, wenn noch gar nicht alle anwesend waren, und nur die rituellen Akte bis zum Schluß aufzuschieben; davon waren insbesondere die armen Gemeindeglieder, die als Abhängige lange arbeiten mußten, betroffen[9]. Aber es gilt nicht nur, wie es in V. 33 heißt, aufeinander zu warten, es darf auch nicht dazu kommen, daß einige schwelgen und andere darben müssen. Im Blick darauf kann Paulus die Gemeinde nicht loben, sondern muß sie tadeln.

1.3 Der zweifellos schwierigste Teil von 11,17–34 ist der dritte Unterabschnitt in *1Kor 11,27–34*. Nach dem abschließenden V. 34 geht es dem Apostel darum, daß die Gemeinde nicht zum Gericht zusammenkomme. Er muß sie daher im Blick auf ihre falsche Praxis nicht nur tadeln, sondern warnen. An Leib und Blut Christi kann man schuldig werden: Das ἔνοχος εἶναι τοῦ σώματος καὶ τοῦ αἵματος τοῦ κυρίου in V. 27b ist der Leitgedanke dieses Textabschnitts. Es geht dem Apostel dabei sowohl um den Grund wie um die Folge solchen Schuldigwerdens.

Der Grund für das Schuldigwerden wird in V. 27a unmißverständlich mit ἀναξίως benannt: Es betrifft das „unangemessene" Essen des Brotes und Trinken des Kelches. Nicht die Würdigkeit im Sinn einer persönlichen Vor-

---

[7] Die Art und Weise, wie Paulus hier von den σχίσματα bzw. αἱρέσεις redet, ist m. E. der stärkste Grund dafür, 1Kor 11,(2–16)17–34 dem 5,9 erwähnten Vorbrief zuzuweisen, da das in 1,10–4,21 erörterte Problem der σχίσματα doch sehr andere Konturen und Dimensionen hat. Natürlich geht es hier und dort um ganz verschiedene Sachzusammenhänge, doch können sie in einem gewissen Zusammenhang gestanden haben. Vgl. H. PAULSEN, Schisma und Häresie. Untersuchungen zu 1Kor 11,18.19, in: ZThK 79 (1982) S. 180–211.

[8] Die Existenz der Gemeinde als ἐκκλησία τοῦ θεοῦ hängt mit der gottesdienstlichen Feier unmittelbar zusammen. Bei der Mahlfeier verwirklicht sich die Gemeinschaft als „Kirche Gottes". Vgl. H.-J. KLAUCK, Eucharistie und Kirchengemeinschaft bei Paulus, in: DERS., Gemeinde – Amt – Sakrament, Würzburg 1989, S. 331–347.

[9] Vgl. die immer noch richtungsweisende Studie von G. BORNKAMM, Herrenmahl und Kirche bei Paulus, in: DERS., Studien zu Antike und Urchristentum, München 1963, S. 138–176, auch in: DERS., Studien zum Neuen Testament, München 1985, S. 270–308; dazu ferner KLAUCK, Herrenmahl S. 287–292.

aussetzung steht dabei zur Diskussion, sondern die Angemessenheit im Sinn der Respektierung der Gaben. Unter dieser Voraussetzung wird in V. 28 zur Selbstprüfung aufgerufen, was für Paulus nur heißen kann, sich des eigenen Angewiesenseins auf die Gaben des Heils bewußt zu sein[10]. Die Entscheidung fällt nach V. 29 an dem διακρίνειν τὸ σῶμα, an der rechten Beurteilung des σῶμα. Dabei hat Paulus offensichtlich mit Absicht diese sehr offene Formulierung gewählt, da der hier gemeinte „Leib" ebenso den Todesleib Jesu Christi, an dessen heilstiftender Kraft wir in den Gaben des Mahles teilbekommen, bezeichnet als auch den durch ihn konstituierten Leib der Gemeinde[11].

Im Blick auf die Folgen, von denen Paulus in V. 30–32 spricht, ist ausschlaggebend, daß ebenso wie das Heil auch das Gericht bereits gegenwärtig wirksam ist. Wie Heilungen Hinweise auf Heil sind, so sind umgekehrt nach V. 30 Krankheit, Leiden und Tod Hinweise auf Unheil, ohne daß das im Sinn einer individuellen Schuld und Strafe aufgerechnet werden kann. Das bedeutet aber nach V. 31f zugleich, sich selbst im Fall von Krankheit und Leiden bereitwillig dem Gericht zu unterstellen, um vom Herrn eine Zurechtweisung zu erfahren und seinem Urteil über die Welt zu entgehen[12].

2. Der Textabschnitt *1Kor 10,(1f)3f* ist Teil des komplexen Zusammenhangs von 8,1–11,1. Es ist jedoch nicht erforderlich, diesen Abschnitt des Briefes literarkritisch aufzuteilen. Es handelt sich um einen durchaus sinnvollen Gedankengang: Die Frage des Umgangs mit Götzenopferfleisch ist der Rahmen in 8,1–13 und 10,23–11,1. Da es um den rechten Gebrauch der Freiheit geht, hat Paulus einerseits den auf seinen eigenen Dienst bezogenen Abschnitt 9,1–27 eingeschaltet; und da die Gefahr eines Mißbrauchs dieser Freiheit besteht, hat er andererseits die beiden Abschnitte 10,1–13 und 10,14–22 hinzugefügt[13]. Bei der Frage des Götzenopferfleisches geht es in

---

[10] Das ἀναξίως verweist auf einen relationalen Sachverhalt: Es geht sowohl um die rechte Beurteilung und Respektierung der Gaben als auch um die eigene Bereitschaft zum rechten Empfang.

[11] Die ekklesiologische Komponente des σῶμα-Begriffs geht zwar nicht unmittelbar aus dem Textzusammenhang von 1 Kor 11,17–34 hervor, ist aber für Paulus vorauszusetzen, zumal er in 11, 22 von der ἐκκλησία τοῦ θεοῦ spricht.

[12] Ein Zusammenhang von Krankheit und Schuld wurde in urchristlicher Zeit durchaus vorausgesetzt, wie auch aus Joh 9,1–3 hervorgeht. Für Paulus steht die Bereitschaft, sich dem Gericht zu unterstellen, in Verbindung mit dem Motiv des Mitleidens mit Christus, der seinerseits durch sein Leiden und Sterben Schuld auf sich genommen hat. Vgl. dazu KLAUCK, Herrenmahl S. 323–332.

[13] Mit diesem Textabschnitt habe ich mich ausführlich befaßt in meinem Beitrag: Teilhabe am Heil und Gefahr des Abfalls. Eine Auslegung von 1 Ko 10,1–22, in: L. DE LORENZI (Hg.), Freedom and Love (1 Co 8–10; Rm 14–15), Rom 1981, S. 149–171. Vgl. ferner die eingehende Analyse von W. SCHRAGE, Der erste Brief des Paulus an die Korinther (1Kor 6,12–11,16) (EKK VII/2), Zürich-Neukirchen 1995, S. 380–460.

den beiden Rahmenstücken nicht nur um den durchaus erlaubten Kauf von
rituell geschlachtetem Fleisch auf dem Markt (10,25f), sondern ebenso um
das Verhalten in einem heidnischen Haus (10,27f) sowie um die nicht statt-
hafte Teilnahme an einem Götzenopfermahl in einem Tempel (8,10f)[14]. Abgesehen von der unerläßlichen Rücksicht auf die Schwachen im Glauben
(8,7–9.12f; 10,29f), gibt es in jedem Fall klare Grenzen für die christliche
Freiheit, weil diese andernfalls preisgegeben ist (10,31f).

2.1 Wenn Paulus am Anfang von 10,1–13 von Taufe und Herrenmahl
spricht, dann tut er das im Rahmen einer Typologie. Was Typologie für ihn
beinhaltet, sagt er ausdrücklich in V. 11: Was einst in der Geschichte Israels
geschehen ist, hat τυπικῶς Bedeutung für diejenigen, auf die die τέλη τῶν
αἰώνων gekommen sind. Die Frühzeit des Handelns Gottes in der Geschichte des Volkes Israel hat ihr Korrelat in der Endzeit, und das heißt: in
dem gegenwärtigen, von dem anbrechenden Heil geprägten Geschehen[15].
So wird von Paulus der Durchzug durch das Rote Meer unter Mose auf die
Taufe (V. 1f), die Mannaspeisung und die Felsentränkung auf das Herrenmahl bezogen (V. 3f). Entsprechend ist das Murren und der Abfall vieler Is-
raeliten während der Wüstenzeit ein Hinweis auf die Gefahr eines Abfalls
vom Glauben (V. 5–10). Wie der Durchzug durch das Meer und die Mannaspeisung und Tränkung aus dem Felsen auf die Heilszuwendung in der
Gegenwart ausgerichtet sind, so dient umgekehrt der Abfall einer aktuellen
Warnung; denn die Heilsgabe ist kein unverlierbarer Besitz. Wo die Bereitschaft fehlt, das widerfahrene Heil im Glauben festzuhalten, geht der
Mensch des Heiles verlustig[16]. Doch Paulus will im Zusammenhang mit dieser Warnung auch Zuspruch geben. Wenn er abschließend ermahnt: „Deshalb, wer meint zu stehen, der sehe zu, daß er nicht falle" (V. 12), so verbindet er das mit der Verheißung, daß die Anfechtung nicht über menschliches

---

[14] Diese drei Aspekte in der Argumentation des Paulus sind zu beachten. Die Erlaubnis zum
Kauf von Fleisch, das auf dem Markt angeboten wird und bei dem mit einem heidnischen
Schlachtritus zu rechnen ist, wird in 10,25f damit begründet, daß dem Herrn die Erde gehört
und was sie erfüllt. Die ebenfalls gestattete Teilnahme an einem Mahl in einem heidnischen
Haus wird in 10,27f davon abhängig gemacht, daß damit kein heidnisches Ritual verbunden ist.
Im Blick auf eine Mahlfeier in einem Tempel ist nach 8,10f die Situation eindeutig; eine Beteili-
gung kann daher nicht mit der Freiheit der Glaubenden von den Götzen begründet werden
(vgl. 10,19–22).

[15] In entsprechender Weise wird in Röm 4 die Typologie auf Abraham als Glaubenden und
die an Christus Glaubenden bezogen. Während Abraham nach 4,17b an Gott glaubt, der die
Toten lebendig macht und das Nichtseiende ins Sein ruft, glauben die Christen nach 4,23–25 an
Gott, der Jesus von den Toten bereits auferweckt hat.

[16] Hier besteht ein enger Zusammenhang mit den Aussagen von 1Kor 11,27–32.34a.
Während es dort die Mißachtung der christlichen Gemeinschaft ist, die zum Verlust des Heiles
führt, ist es hier der mangelnde Glaube selbst als Vertrauen auf Gott, der die Heilsteilhabe fraglich werden läßt.

Vermögen hinausgeht, daß vielmehr Gott den Bedrängten beisteht und für sie einen Ausweg aus der Anfechtung schafft, „damit ihr sie bestehen könnt" (V. 13).

2.2 In den Ausführungen über Taufe und Herrenmahl in 10,1–4 fällt zunächst die Betonung des πάντες auf. „Alle", die durch das Meer gezogen und „auf Mose getauft" worden sind, und „alle", die während der Wüstenwanderung Speise und Trank empfingen, haben die Zuwendung Gottes erfahren. Entsprechend gilt, daß keiner, der sich Christus zugewandt und mit der christlichen Gemeinde den Weg durch die Zeit angetreten hat, von der Güte und Gnade Gottes ausgeschlossen ist. „Alle" haben das Siegel der Taufe erhalten und empfangen immer wieder das Mahl[17].

Durchzug durch das Meer, Mannaspeisung und Tränkung aus dem Felsen haben so ihre typologische Entsprechung. Bei der Felsentränkung wird nun aber noch eine nähere Begründung dafür gegeben, daß und warum dieses Geschehen eine Vorausdarstellung von Taufe und Herrenmahl ist: Der Fels ist der „nachfolgende geistliche Fels; der Fels aber war der Christus" (V. 4b). Ist mit der Auffassung von der ἀκολουθούσα πέτρα eine jüdische Auslegungstradition aufgenommen[18], so ist mit der Kennzeichnung des Felsens als einer πνευματικὴ πέτρα und deren Identifikation mit ὁ Χριστός ein genuin christliches Interpretament hinzugefügt. Dieses beinhaltet eine christologische wie eine pneumatologische Komponente: Die christologische setzt das Wirken des Präexistenten in der Geschichte des alten Bundes[19] wie des Postexistenten in der christlichen Gemeinde voraus; die pneumatologische Komponente enthält einen Hinweis auf den Geist als konkrete Wirkungsmacht sowohl des präexistenten als auch des erhöhten Christus.

Von da aus ergibt sich dann, daß die Speise und der Trank als πνευματικὸν βρῶμα und als πνευματικὸν πόμα gekennzeichnet werden. Diese pneumatologische Deutung der Gaben des Herrenmahls überrascht, weil sonst in der urchristlichen Abendmahlsüberlieferung die unmittelbar christologische Dimension eine entscheidende Rolle spielt. Wenn hier die pneumatologische Komponente hinzutritt, so dient sie der soteriologischen Ex-

---

[17] Mit πάντες sind hier wie im gesamten Kontext die Glieder der Gemeinde gemeint. Es geht um einen paränetischen Zusammenhang. So wie das alttestamentliche Gottesvolk in besonderer Weise erwählt war, so gilt das entsprechend für diejenigen, die als Getaufte an den Gottesdiensten der christlichen Gemeinde teilnehmen.

[18] Die Verbindung von Mannaspeisung und Felsentränkung liegt schon in Ps 105,40b.41 vor. Bei der Vorstellung vom „nachfolgenden Felsen" handelt es sich um eine sekundäre Verbindung der beiden Erzählungen von der Felsentränkung Ex 17,1–7 und Num 20,1–11 in frühjüdischer Tradition; vgl. dazu BILLERBECK III, S. 406–408.

[19] Vgl. Joh 12,41, wo die Gottesschau des Propheten Jesaja als Schau des präexistenten Christus verstanden wird.

plikation. Es wird damit zum Ausdruck gebracht, daß die Gaben des Mahles durch das von dem erhöhten Herrn ausgehende πνεῦμα als sein für uns hingegebener Leib und als der Kelch des neuen Bundes qualifiziert und unter uns wirksam werden.

3. Der dritte Textabschnitt in *1Kor 10,16f* steht in einem Kontext, der direkt an 10,1–13 anschließt: Mit V. 14f wird der Gedanke von V. 5–13 weitergeführt und mit V. 16f wird auf V. 3f zurückgegriffen. Nach den Ausführungen über das Herrenmahl wird in V. 18 und V. 19f die Mahnung von V. 14f erläutert; in V. 21f wird dann die Konsequenz gezogen, daß Herrenmahl und Götzenopfer sich gegenseitig ausschließen.

3.1 Unter Rückgriff auf 8,10f wird vor jeder Teilnahme an Götzendienst gewarnt: φεύγετε ἀπὸ τῆς εἰδωλολατρίας (V. 14b). Das war zwar mit dem Motiv des πορνεύειν in 10,8 auch angedeutet, aber in 10,5–13 ging es generell um Anfechtung und möglichen Abfall, hier geht es nun speziell um das Problem einer von den Starken offensichtlich als problemlos angesehenen Teilnahme an Götzenopfermahlen. Denn wo Opfer dargebracht werden, entsteht eine Form von Anerkennung und Zugehörigkeit. Das gilt ebenso für die Opfer, die das „Israel nach dem Fleisch" darbringt (V. 18), als auch für die Opfer, die heidnischen Göttern dargebracht werden (V. 19f)[20]. Nach 8,4–6 gibt es zwar für den christlichen Glauben keine anderen Götter und damit keine Götzen, nur den einen Gott, gleichwohl können aber dämonische Mächte im Spiel sein. Der jeweilige Altar stiftet Gemeinschaft und erfordert Unterordnung. Die Teilhabe am „Tisch der Dämonen" und am „Tisch des Herrn" schließen sich daher gegenseitig aus (V. 21f).

3.2 Wenn Paulus in diesem Zusammenhang vom Herrenmahl spricht, dann geht es um das für den ganzen Abschnitt maßgebende Stichwort „Teilhabe"[21]. Das wird daran besonders deutlich, daß κοινωνία/κοινωνοί mit dem Verbum μετέχειν aufgenommen wird. Der Begriff der κοινωνία bezeichnet sehr viel mehr als nur „Gemeinschaft"; es geht um Partizipation, und zwar im Sinn des Anteilempfangens und Anteilhabens; dazu kommt in bestimmten Fällen noch das Anteilgeben. Von Gemeinschaft kann nur gesprochen werden im Blick auf die durch gemeinsames Anteilempfangen und

---

[20] Damit wird das Opfer des Ἰσραὴλ κατὰ σάρκα nicht mit dem heidnischen Opfer gleichgesetzt. Es geht lediglich um eine dreifache Parallelisierung des κοινωνία-Gedankens: die christliche κοινωνία τοῦ σώματος καὶ τοῦ αἵματος τοῦ Χριστοῦ, die κοινωνία τοῦ θυσιαστηρίου des alten Gottesvolkes und die κοινωνία τῶν δαιμονίων bei den heidnischen Kulten.

[21] Dazu verweise ich auf meinen Beitrag: Die Einheit der Kirche und Kirchengemeinschaft in neutestamentlicher Sicht, in: Exegetische Beiträge zum ökumenischen Gespräch S. 116–158, bes. S. 120–124.

Anteilhaben konstituierte Zusammengehörigkeit, die zugleich ein wechsel-seitiges Anteilgeben impliziert.

Das gilt gerade auch für V. 16f. Einige Besonderheiten gegenüber den bis-her besprochenen Texten sind hier zu beachten. Die Umstellung der Rei-henfolge von Kelch und Brot in V. 16 hängt mit der Weiterführung des Brotmotivs in V. 17 zusammen, läßt daher nicht sofort auf eine andere Ord-nung der Mahlfeier schließen. Wohl aber gibt es in V. 16 noch zwei andere Hinweise auf eine von 1Kor 11,23–25 abweichende Tradition: Einmal taucht das Verbum εὐλογεῖν anstelle von εὐχαριστεῖν auf; sodann werden nicht „mein Leib" und „Kelch" als Zeichen des „neuen Bundes" paralleli-siert, sondern „Leib" und „Blut Christi". Nur so erklären sich die Wendun-gen κοινωνία τοῦ σώματος τοῦ Χριστοῦ und κοινωνία τοῦ αἵματος τοῦ Χριστοῦ[22]. Es geht um die Teilhabe an Leib und Blut Christi in dem Sinn, daß die heilstiftende Kraft seines Todes in den Gaben wirksam und der er-höhte Herr darin gegenwärtig wird.

V. 17 führt diesen Gedanken in einer echt paulinischen Weise weiter: Wie nur ein einziges Brot bei der Mahlfeier gebrochen wird, so sind die vielen als Gemeinschaft ein einziger Leib, weil sie an dem einen gebrochenen Brot Anteil haben: ὅτι εἷς ἄρτος, ἓν σῶμα οἱ πολλοί ἐσμεν, οἱ γὰρ πάντες ἐκ τοῦ ἑνὸς ἄρτου μετέχομεν. Neben dem Gedanken der Partizipation an der heil-stiftenden Kraft von Leib und Blut Christi geht es um die eine Heilsgemein-schaft als „Leib Christi", die hier für Paulus wesentlich ist. Damit nimmt er die ekklesiologische Thematik von Kap. 12 vorweg und bringt sie in einen Begründungszusammenhang mit dem Herrenmahl.

4. Fragt man jetzt nach dem *inneren Zusammenhang dieser Texte*, so sind die Spezifica der einzelnen Abschnitte zu berücksichtigen.

4.1 Nach 1Kor 11,23–26 geht es um die Identität des irdischen, erhöhten und wiederkommenden Herrn, der das Mahl eingesetzt hat und bei der Mahlfeier seine Gegenwart erweist. Durch die „Erinnerung" an ihn wird die sühnewirkende und gemeinschaftsstiftende Kraft seines Todes je neu erfah-ren. Es ist das Mahl der christlichen Gemeinde, das zwischen Karfreitag und Wiederkunft gefeiert wird. Mit dieser Paradosis ist fundamental die theolo-gia crucis begründet, die für Paulus selbst von zentraler Bedeutung ist, wie der Zusatz V. 26 zeigt[23].

---

[22] Aus diesem Grund ist zu fragen, ob Paulus nicht eine andere, mit Mk 14,22–24(25) ver-wandte Fassung des Einsetzungsberichtes gekannt hat. Ihm liegt natürlich, wie 1Kor 11,17–34 zeigt, an der engen Verbindung des Herrenmahls mit einem Sättigungsmahl. Paulus konnte diese andere Tradition berücksichtigen, weil sie in der zentralen Aussage mit der Fassung des Einsetzungsberichtes in 11,23–26 durchaus konvergiert.

[23] Der Text steht damit in enger Beziehung zu 1Kor 1,18–2,5, wo das Thema der theologia crucis grundsätzlich entfaltet wird. Dazu ausführlich W. SCHRAGE, Der erste Brief an die Ko-

Da die Mahlfeier eine heilsvermittelnde Funktion hat, bedarf es nach
11,17–22 und 11,27–34 einer angemessenen Praxis, für die das διακρίνειν τὸ
σῶμα sowohl im christologischen wie im ekklesiologischen Sinn entscheidend ist. Für diese gemeinsame Feier wesentlich ist die Rücksichtnahme auf
alle Glieder der Gemeinde. Wo das nicht geschieht, wird das Herrenmahl in
einer unangemessenen Weise gefeiert, wovor die Gemeinde gewarnt wird.
Denn wie das Mahl in der Gegenwart Heil gewährt, so konfrontiert es uns
auch in der Gegenwart bereits mit dem Gericht.

4.2 Die Herrenmahlsparadosis setzt die repraesentatio des am Kreuz verwirklichten Heils voraus. Wenn Paulus im Zusammenhang damit in 1Kor
10,16f den κοινωνία-Gedanken und das Motiv des Leibes Christi aufgreift,
dann interpretiert er auf diese Weise das ἐστίν der Einsetzungsworte. Die
Identifizierung des Brotes und des Kelches mit Jesu Hingabe und seiner
Stiftung des neuen Bundes dient dazu, die Teilhabe an seiner Person und an
seinem rettenden Wirken aktuell zu ermöglichen. Wie Paulus das ἐστίν mit
κοινωνία bzw. μετέχειν aufnimmt, so das Motiv des neuen Bundes mit
σῶμα Χριστοῦ. Partizipation an diesem heilstiftenden Mahl bedeutet nach
10,14f.19–22 eine klare Absage an jede Form eines heidnischen Opfermahls
und einer damit verbundenen Anerkennung anderer Mächte, unterscheidet
die christliche Feier nach V. 18 aber auch von den Mahlfeiern des Ἰσραὴλ
κατὰ σάρκα.

4.3 In 1Kor 10,3f spricht Paulus von der Heilsgabe für alle und warnt in
10,5–13 zugleich vor der Gefahr des Abfalls. Dabei verwendet er im Blick
auf das Herrenmahl pneumatologische Kategorien. Geht es sonst um die
unmittelbare Gegenwart des Herrn in seinen Gaben, so hier um dessen Wirken durch den Geist. Das scheint in Spannung zu stehen sowohl zu der vorpaulinischen Paradosis als auch zu den paulinischen Aussagen in 1Kor
11,17–34 und 10,16f. Für Paulus ist aber die Pneumatologie noch nicht gegenüber der Christologie verselbständigt, wie das erstmals unverkennbar im
4. Evangelium vorliegt[24]. Das Wirken des Geistes ist ganz unmittelbar als
das eigene Wirken des erhöhten Christus verstanden. Der Geist ist Medium
und Modus seiner Gegenwart. Bezeichnet κοινωνία die heilgewährende
Partizipation am Tode Jesu Christi, so ermöglicht der Geist eine lebendige
Kommunikation mit dem erhöhten Herrn.

---

rinther (1,1–6,11) (EKK VII/1), Zürich-Neukirchen 1991, S. 165–238. Vgl. auch G. KLEIN,
Sündenverständnis und theologia crucis bei Paulus, in: Theologia crucis – Signum crucis (Festschrift für Erich Dinkler), Tübingen 1979, S. 249–282.

[24] Das gilt vor allem für die Abschiedsreden in Joh 14–16 und die dort rezipierte Tradition
vom Geist als παράκλητος, der als der „andere Beistand" das Wirken des irdischen Jesus fort-
führt und im Auftrag des erhöhten Christus handelt.

4.4 Die drei Texte stellen somit ein Gefüge dar, das einheitlich ist und sich mit den verschiedenen Aspekten wechselseitig ergänzt. Es wird jeweils eine andere Dimension ein und desselben Geschehens berücksichtigt. Die Feier des Herrenmahls wird in ihrer heilgewährenden und Kommunikation ermöglichenden Funktion bestimmt, wobei die Beziehung zu Christus als dem erhöhten Herrn und die Einbindung in die Heilsgemeinschaft des Leibes Christi zusammengehören. Von spezieller Bedeutung ist noch die Zuordnung von 1Kor 10,3f zu V. 1f: Die Taufe begründet die Zugehörigkeit zu Christus und schafft grundlegend Anteil an dem von ihm verwirklichten Heil. Das Herrenmahl ist die stete Erneuerung und Verlebendigung dieser Teilhabe. Wie das Mahl die Feier der Gemeinde in der Zeit zwischen Jesu Tod und seiner Wiederkunft ist, so sind Brot und Wein als „geistliche Speise" und „geistlicher Trank" die Wegzehrung für die Getauften. Ist die Taufe nach Röm 6,3–5 das in der Gegenwart erfahrene Mitsterben mit Christus in Erwartung des künftigen Mitauferwecktwerdens und insofern ein unabgeschlossenes Geschehen, so schlägt das Herrenmahl die Brücke von der Taufe zur Vollendung des Heils. Was im Leben der Glaubenden „mit Christus" begonnen ist und „mit Christus" seine Erfüllung finden wird, das wird „in Christus" erneuert und bewahrt[25]. Trotz der noch ausstehenden Vollendung ist nach 2Kor 5,17 „in Christus", nämlich „im Leibe Christi" als der irdischen Heilsgemeinschaft, die „neue Schöpfung" bereits verwirklicht. Gerade das Herrenmahl ist Zeichen und lebendige Kraft der angebrochenen Wirklichkeit der καινὴ κτίσις[26].

---

[25] Es ist zu beachten, daß die Wendung σὺν Χριστῷ bei Aussagen über die Taufe einschließlich des Mitleidens- und Mitsterbens vorkommt, ferner bei Aussagen über die Heilsvollendung (vgl. nur Röm 6,3–5.8 und 1Thess 4,17b; 5,10). Im Blick auf die Gegenwart des Heils verwendet Paulus die Wendung ἐν Χριστῷ was bisweilen instrumentale Funktion hat, in der Regel aber eine ekklesiologische Bedeutung als Kurzform für ἐν τῷ σώματι Χριστοῦ besitzt.

[26] Ich widme diesen Aufsatz meinem Kollegen und Freund Günter Klein, mit dem ich gemeinsame Jahre an der Universität Kiel zu Beginn unserer akademischen Tätigkeit verbracht habe. Für ihn stand und steht die paulinische Theologie stets im Vordergrund, wie das beispielhaft in seinem Artikel über das Gesetz zum Ausdruck kommt (TRE 13, S. 58–75). So mag dieser Beitrag über das paulinische Verständnis des Herrenmahls mit seinem Bezug zur theologia crucis ein Zeichen enger Verbundenheit in Grundsatzfragen sein, auch wenn wir exegetisch teilweise eigene Wege gegangen sind.

„Seid unanstößig für Juden und für Griechen und für die Gemeinde Gottes" (1Kor 10,32)

Christliche Identität im μάκελλον in Korinth und bei Privateinladungen

von

Dietrich-Alex Koch

Am Ende seiner Ausführungen zum Umgang mit sog. Götzenopferfleisch in 1Kor (8,1–13) 10,23–11,1 formuliert Paulus in 10,32 eine grundsätzliche Weisung: „Seid unanstößig für Juden und für Griechen und für die Gemeinde Gottes." Diese Aufforderung überrascht und versetzt – wenn sie in Analysen von 1Kor 8–10 nicht ohnehin völlig übergangen wird – regelmäßig in Verlegenheit.[1] Denn: Wie soll eine christliche Gemeinde in einer solchen Frage eine für Juden und Griechen gleichermaßen akzeptable Verhaltensweise entwickeln können, wenn gerade hier die Differenz zwischen Juden und Griechen besonders stark war? Wird hier nicht eine doppelte und in

---

[1] Charakteristisch ist hier das weitgehende Schweigen der an sich sehr problembewußten Untersuchung von H.-J. Klauck, Herrenmahl und hellenistischer Kult. Eine religionsgeschichtliche Untersuchung zum ersten Korintherbrief (NTA.NF 15), 1986[2], 278f, der nur sehr allgemein vom ‚Dastehen der Gemeinde in der Welt' redet; ebenso kurz H. Conzelmann, Der erste Brief an die Korinther (KEK 5), 1981[2], 219, der auf das in 10,32 angesprochene Außenverhältnis überhaupt nicht eingeht; dagegen diskutiert W. Schrage, Der erste Brief an die Korinther. 2. Teilband. 1Kor 6,12–11,16 (EKK 7/2), 1995, 474f den Text ausführlicher und interpretiert ihn von 1Kor 9,22 her als „Adaption um des Evangeliums willen bzw. der Rettung anderer willen". Ähnlich schon J. Weiss, Der erste Korintherbrief (KEK 5), 1910 (2. Nachdruck 1977), 266 und ebenso F. Lang, Die Briefe an die Korinther (NTD 7), 1986, 132f. Der Verweis auf 1Kor 9,20–22 ist durchaus beachtlich, zumal Paulus ja 10,33 auf sich selbst ausdrücklich verweist – doch das beantwortet ja nicht die Frage: Gibt es in den in 10,23ff angesprochenen Situationen ein Verhalten, das für Juden und Griechen (und auch für die Gemeinde selbst!) gleichermaßen „unanstößig" ist, und wie sah das konkret aus?

sich auch noch völlig widersprüchliche Anpassung verlangt?[2] Andererseits:
Hat Paulus nicht kurz zuvor, nämlich in 1Kor 10,28 eine konkrete Anweisung gegeben, die den Christen zwingt, sich in einem bestimmten Konflikt-
fall sehr deutlich von der Praxis seiner nichtchristlichen Umwelt (dem Verzehr von ausdrücklich als solchem qualifizierten Opferfleisch) öffentlich zu
distanzieren?

Die Fragen, die sich hier ergeben, betreffen zunächst die innere Kohärenz
der Argumentation des Paulus in 1Kor 10,23–11,1. Dabei ist es unumstritten, daß 1Kor 10,23–11,1 nur auf dem Hintergrund und als Teil von Kap.
8–10 insgesamt beurteilt werden kann, da in 10,23–11,1 ganz offensichtlich
der Abschluß und auch Zielpunkt der 1Kor 8,1 einsetzenden Erörterung
über die εἰδωλόθυτα vorliegt. Da die Ausführungen des Paulus dabei sowohl direkte Handlungsanweisungen (10,14.25.27.28) als auch generelle
Handlungsorientierungen (10,23f.31–33; 11,1; indirekt auch 8,13) enthalten,
ist zugleich nach einem angemessenen Verständnis der sozialen Problemlage zu fragen, auf die Paulus sich mit seinen Ausführungen bezieht. Die verschiedenen Situationen, die Paulus in 1Kor 8–10 benennt, machen deutlich:
Es handelt sich bei der Frage nach dem Verzehr von sog. Götzenopferfleisch um ein zentrales Problem der Interaktion der christlichen Gemeinde
mit ihrer nichtchristlichen Umwelt. Da zugleich dieses Problem innerhalb
der Gemeinde offenbar schroff gegensätzlich beurteilt wird, steht hier beides gleichzeitig auf dem Spiel: das Außenverhältnis der Gemeinde und der
Fortbestand ihrer inneren Einheit.[3] Wenn nun Paulus, der Gründungsapo-
stel der Gemeinde, dieses Problemfeld aufgreift, dann stellt sich die Frage,
ob es ihm gelingt, die unterschiedlichen Beurteilungen des Außenverhältnisses (und die dementsprechend divergierende Praxis) miteinander so zu
vermitteln, daß die innere Einheit der Gemeinde nicht verloren geht. Kurz:
es geht in 1Kor 8–10 um nichts weniger als um die Identität der christlichen

---

[2] M. M. MITCHELL, Paul and the Rhetoric of Reconciliation. An Exegetical Investigation of
the Language and Composition of 1 Corinthians (HUTh 28), 1991, hat eindrucksvoll gezeigt,
daß Paulus nicht nur in 1Kor 1–4, sondern auch in 8–11 in der Tradition der politischen Rhetorik steht, die sich um die Durchsetzung eines übergeordneten Gemeinschaftsinteresses gegenüber der Durchsetzung von Gruppeninteressen („factionalism") bemüht (bes. 126–149; vgl.
auch 237–258). Gerade in 1Kor 9,22 (und 10,33) präsentiere sich Paulus als „non-factionalist"
(133, vgl. 147f). Doch beantwortet der Hinweis auf die rhetorische Funktion des Prinzips πᾶσιν ἀρέσκειν (im Gegenüber zum Parteienwesen) noch nicht die Frage nach dessen konkreter
Realisierung – zumal, wenn Paulus diesen Grundsatz in 10,32 als Handlungsanweisung an die
Gemeinde formuliert, und dies auch noch gegenüber Außenstehenden.

[3] Wie sehr Paulus in 1Kor grundlegend mit dem Problem der inneren Einheit der Gemeinde
befaßt ist und dies auch die rhetorische Gestalt des Briefes fundamental bestimmt, hat MIT-
CHELL (s. Anm. 2) überzeugend gezeigt (vgl. 126–149 zu 1Kor 8–10).

Gemeinde im unauflöslichen Ineinander von Binnen- und Außenverhältnis[4].

Dabei sind die paulinischen Missionsgemeinden – und die in Korinth besonders – als personell und institutionell noch sehr instabile Gruppierungen
anzusehen, die sich erst schrittweise zu formieren beginnen und so immer
wieder ihre Identität neu klären müssen. Zusätzlich zu bedenken ist, daß
zumindest der Apostel selbst, aber auch ein gewisser Teil der Gemeindemit-
glieder nach Herkunft und Sozialisation ursprünglich Diasporajuden und
wohl auch bewußte Mitglieder der jüdischen (Diaspora-)Synagogengemein-
de gewesen sind, denen deshalb die Probleme der Abgrenzung gegenüber
der paganen Umwelt (jedenfalls in bestimmten Bereichen) und der (gleichwohl notwendigen) Interaktion mit ihr hinreichend vertraut waren[5].

Zu klären sind daher folgende Fragen: 1. Welche Situation(en) setzt Paulus voraus? Zu berücksichtigen ist dabei, daß Paulus die Erörterung des
Problemfeldes bereits in 1 Kor 8,1 beginnt und bereits in 8,10 und 10,21 auf
bestimmte Situationen anspielt, bei denen zu fragen ist, wie sie sich zu den
in 10,25.27 angesprochenen Situationen verhalten.

2. Welche Argumentationsziele verfolgt Paulus in 1 Kor 8–10 insgesamt
und wie sind insbesondere Aufbau und Argumentation von 1 Kor
10,23–11,1 zu bestimmen? Und: Sind die Vorschläge und Anweisungen des
Paulus zur konkreten Regelung des Außenverhältnisses – einschließlich des
generellen Grundsatzes von 10,32 – in sich konsistent?

3. Sind die konkreten Handlungsanweisungen des Paulus und seine prinzipiellen Handlungsorientierungen geeignet, für die in einem dynamischen
Wachstumsprozeß sich befindende Gemeinde in Korinth tatsächlich iden-
titätssichernd zu wirken?

4. Nicht uninteressant dürfte es sein, auch danach zu fragen, wie sich der
Lösungsvorschlag des Paulus zur Problemlösung im Bereich des (hellenistischen) Diasporajudentums verhält – zumal Paulus selbst ja in 1 Kor 10,32
das Außenverhältnis auch zu den Juden bewußt anspricht.

---

[4] Zum Zusammenhang von Identität, Abgrenzung und Außenverhältnis vgl. W. A. MEEKS,
Urchristentum und Stadtkultur. Die soziale Welt der paulinischen Gemeinden, 1993 (zuerst
engl. „The First Urban Christians", 1983), 180–225.

[5] Von einer starken Verschränkung der innerchristlichen Probleme in Korinth mit denen
der jüdischen Synagogengemeinde geht K.-W. NIEBUHR, Identität und Interaktion. Zur Situation paulinischer Gemeinden im Ausstrahlungsfeld des Diasporajudentums (in: J. MEHLHAU-
SEN [Hg.], Pluralismus und Identität, 1995, 339–359) aus, der auf 341–350 die Problematik jüdischer Identität in der Diasporasituation informativ darstellt (mit weiterer Literatur).

II

Paulus benennt viermal Situationen, in denen sich das Problem der εἰ-δωλόθυτα ergeben konnte:

1. Εἰδωλολατρία (10,14–22), d. h. Teilnahme an paganen Opfer- und Kultmahlen (bes. deutlich: 10,21: die τράπεζα der Dämonen); dabei kann sowohl an gemeinschaftlichen Verzehr von Fleisch im Anschluß an Schlachtopfer im Tempelareal gedacht sein[6] wie auch an spezielle Kultmahle, etwa von Dionysosvereinen[7] oder Sarapis-Kultgemeinschaften[8]. Hieran teilzunehmen ist mit der Zugehörigkeit zum κύριος Ἰησοῦς Χριστός grundsätzlich unvereinbar, weil im Mahl jeweils Gemeinschaft hergestellt wird, und das bedeutet: Der Teilnehmende unterstellt sich entweder dem κύριος – oder den „Dämonen".

2. Ein Christ nimmt an einem Gastmahl in einem „Götzenhaus" teil und ißt dort (notwendigerweise) εἰδωλόθυτα (1Kor 8,10). Dies wird von Paulus im Blick auf den Bruder, dessen συνείδησις schwach ist, in 1Kor 8,10–12 zwar äußerst kritisch beurteilt, aber nicht (oder: noch nicht?)[9] verboten.

Dabei ist es durchaus möglich, hierin eine Situation zu sehen, die von den eindeutigen Kult- und Opfermahlzeiten, die in 10,14–22 im Blick sind, zu unterscheiden.[10]

---

[6] Zuweilen konnte auch ein anderer Platz Ort des anschließenden Festmahls sein, so in Athen der weiträumige Bereich des Dipylon am Kerameikos, wo noch zahlreiche Pfostenlöcher auf dort aufgestellte Festzelte schließen lassen; auch fand sich im nördlich angrenzenden Graben als „Füllung eine Unmenge von Rinderknochen, die wohl mit Recht für Abfall von der großen, am Panathenäenfest teilweise im Kerameikos verzehrten Hekatombe gehalten werden" – so U. KNIGGE, Der Kerameikos von Athen. Führung durch Ausgrabungen und Geschichte (hg. vom Deutschen Archäologischen Institut Athen), 1988, 78 (vgl. auch 68f zu den Pfostenlöchern).

[7] Ein besonders eindrucksvolles Beispiel ist der sog. ‚Podiensaal' bzw. ‚Bankettsaal' im Bereich der Stadtgrabung von Pergamon, der in seinem Endzustand Platz für etwa 70 Teilnehmer bot, in der Mitte einen Altar aufwies und durch ein Altarfragment und Reste der Wandbemalung als Kultsaal eines Dionysosvereins identifiziert werden konnte; die jetzige Gestalt des ‚Podiensaals' wird von den Ausgräbern (in verschiedenen Stufen) dem 2. bis 4. Jh. n. Chr. zugewiesen, doch zeigt der Fund eines Fragments eines Dionysos-Altars aus augusteischer Zeit, daß die Anlage selbst bis ins erste Jh. n. Chr. zurückreichen dürfte; vgl. W. RADT: Pergamon. Geschichte und Bauten, Funde und Erforschung einer antiken Metropole, 1988, 224–228.

[8] Vgl. die Hinweise auf Sarapis-Mähler bei KLAUCK (s. Anm. 1), 132–136.

[9] Falls nämlich Paulus hier faktisch εἰδωλολατρία im Blick hat, diese hier aber als solche noch nicht diskutieren will; so G. HEINRICI: Der erste Brief an die Korinther (KEK V), 1896[8], 251. Doch siehe gleich im Text; s. auch Anm. 37.

[10] Anders H. MERKLEIN, Die Einheitlichkeit des ersten Korintherbriefes (ZNW 75, 1984, 153–183), 167, der der Ansicht ist, daß 1Kor 8,1–13 (also auch 8,10) und 10,1–22 „im wesentlichen *auf den gleichen Fall* abzielen: auf die Teilnahme an (kultischen) Mählern im Tempel" (Hervorhebungen im Orginal). Ebenso KLAUCK (s. Anm. 1), 272, der daher (anders als MERKLEIN) 8,1–13 und 10,1–22 auf zwei verschiedene Briefe verteilt.

Die Formulierung von H. Conzelmann, der vom „Tempelrestaurant" spricht,[11] ist zwar recht nonchalant, aber durchaus zutreffend: Kultbezirke wie der der Demeter und Kore in Korinth umfaßten auch Bankettsäle[12]; selbständige Anlagen von Banketträumen befinden sich im direkten Anschluß an das Asklepieion von Korinth[13] und im Bereich des Heraion nördlich von Argos[14]. Derartige Bankettsäle konnten ja auch außerhalb der großen Kultfeierlichkeiten benutzt werden, und sicher nicht nur von Kultvereinen, sondern sowohl von anderen Vereinigungen als auch von Einzelpersonen bei privaten Festanlässen[15].

3. Fleischverkauf im μάκελλον (1 Kor 10,25); das μάκελλον stellt eine für die römische Stadtkultur charakteristische Gebäudeform dar, die von einer ἀγορά, die ja ebenfalls dem Handel dienen konnte, zu unterscheiden ist[16]. Es handelt sich um eine vor allem auf Fleisch, aber auch auf Fisch, also besonders hochwertige Güter, spezialisierte Verkaufsanlage. Paulus setzt dabei voraus, daß das dort zum Verkauf angebotene Fleisch sowohl aus kultischen als auch aus unkultischen Schlachtungen kommen konnte[17]. In die-

---

[11] CONZELMANN (s. Anm. 1) 184; aufgenommen von SCHRAGE (s. Anm. 1), 263.

[12] Zu den Banketträumen des Demeter-Kore-Heiligtums vgl. die Literaturhinweise bei M. KLINGHARDT, Gemeinschaftsmahl und Mahlgemeinschaft. Soziologie und Liturgie frühchristlicher Mahlfeiern (TANZ 13), 1996, 71f (dort auch eine kurze Zusammenfassung des Gesamtbefundes).

[13] Zum Asklepieion von Korinth und dem westlich (KLINGHARDT [s. Anm. 12] 70 irrtümlich: östlich) anschließenden Gästehaus (im Anschluß an Pausanias II 4,5 ‚Lerna' genannt) mit drei gut erhaltenen Banketträumen vgl. C. ROEBUCK, Corinth. Results of Excavations, Vol. XIV. The Asklepieion and Lerna, 1951.

[14] Vgl. A. FRICKENHAUS, Griechische Bänketthäuser (JdI 32, 1917, 114–133); zu Argos 121–130.

[15] Dies kann man z. B. mit guten Gründen für die Banketträume des Pompeion in Athen (86 v. Chr. zerstört) annehmen. Für dieses Gebäude (zwischen Dipylon und Heiligem Tor gelegen) ist der gleiche Zweck vorauszusetzen wie für den Nachfolgebau aus dem 2. Jh. n. Chr., der nach Pausanias I 2,4 der ‚Herrichtung der Festzüge' diente; hier wurde vermutlich auch das Schiff der großen Prozession des Panathenäenfestes aufbewahrt. Da im Bereich von Dipylon und Pompeion ohnehin das große Kultmahl der Panathenäenfestes abgehalten wurde (vgl. Anm. 6), ist für die sechs Banketträume des Pompeion der gleiche Zweck vorauszusetzen. Genauso ist aber auch anzunehmen, daß diese Banketträume auch außerhalb dieses einmal jährlich stattfindenden Festes benutzt wurden (und damit auch eben für private Zwecke), zumal das Pompeion gleichzeitig auch als Gymnasium diente; vgl. insgesamt KNIGGE (s. Anm. 6) 79–82.

[16] Zur Unterscheidung von Agora und *macellum* vgl. R. MARTIN, Recherches sur l'agora grecque. Études d'histoire et d'architecture urbaines (BEFAR 174), 1951, 518–522.

[17] Dies wird zum Teil in Abrede gestellt. So geht G. SELLIN, Hauptprobleme des Ersten Korintherbriefes (ANRW II 25,4, 1987, 2940–3044), 3004, Anm. 327 selbstverständlich davon aus, daß „fast alles auf dem Markt angebotene Fleisch aus kultischen Schlachtungen stammte"; diese Sicht findet sich schon bei WEISS (vgl. Anm. 1), 263, der zur Begründung auf das *macellum* von Pompeji verweist. Dieses *macellum* enthält in der Tat eine Kultstätte des Kaiserkultes und vermutlich auch eine dazugehörige Opfervorrichtung. Der Verweis auf Pompeji findet sich (zusätzlich mit einem Grundriß) auch bei H. LIETZMANN, An die Korinther I.II (HNT 9), 1949⁴, 51f. Der alleinige Verweis auf das *macellum* von Pompeji bei WEISS und LIETZMANN hat dazu geführt, daß z. B. bei KLAUCK (s. Anm. 1), 274 und SCHRAGE (s. Anm. 1), 465 das *macel-*

sem Fall, so Paulus, braucht der Christ nicht Erkundigungen einzuziehen, ob es sich um Opferfleisch handelt oder nicht.

4. Die private Einladung (1 Kor 10,27–30); hier erfolgt zunächst die gleiche Freigabe wie im Falle des Fleischkaufs im μάκελλον: Auch in diesem Falle braucht der Christ nicht zu prüfen, ob Opferfleisch zum Verzehr kommt oder nicht. Erst wenn er ausdrücklich darauf hingewiesen wird, ist eine neue Situation gegeben. Diese läßt dann allerdings dem Christen auch keinen Spielraum mehr. Hier gilt ohne Einschränkung: μὴ ἐσθίετε (10,28). Für Paulus ist es also ganz offenkundig nicht die Qualität des Fleisches selbst, die zur Stellungnahme zwingt, sondern die von Menschen qualifizierte Situation: Die von Menschen begangene Verehrung von Göttern ist für den Christen der Fall, an dem er sich schlechterdings nicht beteiligen kann (Fall 1); im Falle der Privateinladung (Fall 4) ist aus der rein sozialen Kommunikation in dem Moment eine kultische Situation *geworden*, in dem das Fleisch öffentlich als Opferfleisch deklariert wird[18].

III

1 Kor 8,1–11,1 ist ein Beispiel dafür, wie Paulus konkrete Probleme nicht durch sofortige pragmatische Regulierungen[19], sondern durch Rückgriff auf die Glaubensgrundlagen der Gemeinde einer Klärung näherzubringen versucht, wobei er zugleich bestrebt ist, die Gemeinde bzw. die beteiligten Gruppen innerhalb der Gemeinde in diesen Klärungsprozeß einzubinden.

In 1 Kor 8 thematisiert Paulus zunächst offen die prinzipielle Differenz, die in der Gemeinde in Korinth besteht – und stellt dabei schon die ersten Weichen: Einerseits gibt er zu erkennen, daß er die Position der ‚Starken'[20]

---

lum von Pompeji als das Grundmuster eines *macellum* überhaupt fungiert. Doch ist damit der Gesamtbefund eindeutig verzeichnet. Ich hoffe, in anderem Zusammenhang diese Frage ausführlicher behandeln zu können.

[18] Nach M. WOLTER, Art. Gewissen II. Neues Testament, TRE 13, 1984, 213–218, dort 215 bezieht sich der Bedingungssatz 10,28 (samt der anschließenden Begründung in V. 29) sowohl auf V. 27 als auch auf V. 25, also auf die Situation bei der Privateinladung genauso wie beim Einkauf im μάκελλον. Das ist grundsätzlich möglich, und wenn ein Christ im μάκελλον einen Hinweis analog zu dem von V. 28 erhielte, müßte er sich – im Sinne des Paulus – in der Tat analog verhalten. Nur scheint es kein Zufall zu sein, daß Paulus die Möglichkeit eines ausdrücklichen Hinweises τοῦτο ἱερόθυτόν ἐστιν erst beim zweiten Fall, der Privateinladung mit ihrer viel intensiveren persönlichen Kommunikation bespricht.

[19] Eine analoge Vorgehensweise liegt bei der Behandlung des Problems der σχίσματα in 1 Kor 1,10–4,21 vor.

[20] SELLIN (s. Anm. 17), 3004, Anm. 331 schlägt vor, in Bezug auf 1 Kor 8 die Begrifflichkeit von ‚Starken' und ‚Schwachen' zu vermeiden, nämlich um eine Vermischung der Problemlagen von 1 Kor 8 mit Röm 14f auszuschließen. SELLIN redet statt dessen von ‚Schwachen' und ‚Wis-

– jedenfalls in Bezug auf ihr konkretes Verhalten – durchaus teilt; gleichzeitig macht er deutlich, daß ihre Argumentation erheblich zu kurz greift. Denn die theoretische Position „es gibt gar kein εἴδωλον" (8,4) verkennt, daß die ‚Götzen' gleichwohl überall dort reale Macht ausüben, wo der Mensch ihnen Macht einräumt. Auf dieser Basis kann Paulus die Position der ‚Schwachen' stärken, ihre Situation[21] und das dieser Situation entsprechende ‚schwache' Gewissen voll akzeptieren und von den ‚Starken' verlangen, daß sie diese Situation (samt dem darin enthaltenen Gefahrenpotential für die ‚Schwachen') als Gegebenheit zu respektieren haben. Paulus spitzt diesen Gesichtspunkt soweit zu, daß dieser Respekt – jedenfalls für ihn selbst – zum Verzicht auf Fleischverzehr überhaupt führen könne (8,13).

Paulus hat damit allerdings zunächst nur auf der Ebene der Prinzipienklärung die grundsätzliche Notwendigkeit der Respektierung der Situation der ‚Schwachen' begründet. Eine konkrete Handlungsanweisung erfolgt von hier aus dagegen nicht. Die Schlußfolgerung in 8,13 ist offenbar ganz bewußt im Ich-Stil formuliert, und eine Übertragung auf die Gemeinde (etwa: „Werdet auch hierin meine Nachahmer" – vgl. 11,1!) erfolgt gerade nicht. Offenbar liegt in 1Kor 8,1–13 noch keine ausreichende Basis für einen für die gesamte Gemeinde tragfähigen Lösungsvorschlag vor. Denn eine direkt an 8,13 anschließende konkrete Anweisung könnte ja nur in der direkten Anwendung der Position von 8,13 auf die Gesamtgemeinde bestehen[22]. Das würde bedeuten: Das Verhalten der Gesamtgemeinde wird ausschließlich an die Situation einer Teilgruppe, der ‚Schwachen', gebunden, und die ‚Starken' würden vor die Alternative gestellt, entweder ihre eigene Position (die Paulus grundsätzlich ja anerkennt) zu verleugnen oder die Gemeinschaft der *einen* ἐκκλησία aufzukündigen. Gerade diese Alternative

---

senden'. Das ist formal textnäher, doch ist es völlig sachgemäß, diejenigen, die γνῶσις besitzen, im Gegenüber zu der anderen Gruppe, deren Kennzeichen die ‚schwache' συνείδησις ist, als ‚Starke' zu bezeichnen. Faktisch liegt in Röm 14f eine Weiterentwicklung der Begrifflichkeit von 1Kor 8 vor. Daß man beide Problemlagen soweit wie möglich getrennt analysieren sollte, ist allerdings völlig richtig.

[21] Nämlich, daß für sie der Verzehr von Götzenopferfleisch aufgrund ihrer früheren, jetzt aber noch nachwirkenden religiösen Sozialisation (vgl. das Stichwort συνήθεια in 8,7) die erneute Unterstellung unter die Macht der εἴδωλα bedeuten würde; zum Problem vgl. ausführlich SCHRAGE (s. Anm. 1), 254–256.

[22] Meist wird nach der Anwendbarkeit von 1Kor 8,13 und der Vereinbarkeit mit der Anweisung von 1Kor 10,25 überhaupt nicht gefragt. Eine Ausnahme macht hier H.-J. ECKSTEIN, Der Begriff Syneidesis bei Paulus. Eine neutestamentlich-exegetische Untersuchung zum ‚Gewissensbegriff' (WUNT II/10), 1983, 261: Der Gesichtspunkt von 8,7 (die Gefahr für die συνείδησις des ‚Schwachen') spielt in 10,25f „wohl (!) deshalb" keine Rolle, weil beim privaten Verzehr des im μάκελλον eingekauften Fleisches „nicht mit der Gegenwart eines schwachen Bruders gerechnet werden muß". Diese ‚Lösung' zeigt nur das Dilemma. Denn der Einkauf im μάκελλον ‚ohne nachzufragen' ist genauso öffentlich wie das ‚Liegen im εἰδωλεῖον' (8,10).

will Paulus offenkundig vermeiden. Es zeigt sich also: Auch die rhetorisch sehr eindrucksvoll formulierte Forderung nach bedingungsloser Respektierung der Position der ‚Schwachen' stellt noch nicht die endgültige Lösung dar, sondern bildet offenbar nur einen Teilaspekt der Gesamtproblematik.

Auf diesem Hintergrund sind die Ausführungen von 1Kor 9,1–10,22 als Versuch zu werten, weitere Gesichtspunkte zu erarbeiten, um dann abschließend in 1Kor 10,23–11,1 einen für alle Teile der Gemeinde akzeptablen Lösungsvorschlag vorlegen zu können. Im Blick auf diesen Lösungsvorschlag haben die Ausführungen von 1Kor 9,1–10,22 durchaus eine notwendige Funktion. In 1Kor 9 setzt Paulus zunächst die argumentative Linie von 8,7–13 fort: Er entfaltet an seinem eigenen Beispiel, daß Freiheit und Rechtsverzicht durchaus zusammenpassen, ja daß Rechtsverzicht durchaus sachgemäßer Ausdruck von ἐξουσία sein kann[23]. Paulus macht damit den ‚Starken' deutlich: Die eigene ἐξουσία ist nicht letztgültiger Maßstab, sondern anderen Maßstäben nachgeordnet (9,19–23.24–27).

In 1Kor 10,1–22 führt Paulus einen weiteren Gesichtspunkt in die Debatte ein. Auch völlig unabhängig von der Frage nach den Folgen für die Situation des ‚schwachen' Mitchristen gibt es auch für die Position der ‚Starken' eine objektive Grenze: die Teilnahme am Götzenopfer*kult*. Diese Möglichkeit ist als solche ausgeschlossen. An diesem Punkt gibt Paulus damit der Position der ‚Schwachen' auch inhaltlich recht (während er in 1Kor 8 nur die Respektierung ihrer Position als Gegebenheit gefordert hat), insofern er feststellt, daß durch γνῶσις nicht einfach jede Situation gemeistert werden kann. Auch für den ‚Starken' mit all seiner γνῶσις, die ihm zu Gebote steht, gibt es objektive Grenzen. Denn als Vorgang, der Gemeinschaft mit Dämonen herstellt, schließen sich εἰδωλολατρία und Zugehörigkeit zum κύριος (exemplarisch dargestellt an der Teilnahme am Herrenmahl) aus. In dieser Diskussion entwickelt Paulus die Unterscheidung zwischen εἰδωλόθυτον und εἴδωλον, genauer gesagt, zwischen dem Verzehr einer Substanz und dem Vorgang der Teilnahme an einem kultischen Ablauf, in dem sich der Teilnehmende der Macht des Dämons unterstellt.

Nach diesen Vorklärungen, die nur scheinbar Umwege sind, kann Paulus in 1Kor 10,23–11,1 seinen endgültigen Lösungsvorschlag mit einiger Aussicht auf Akzeptanz vorlegen.

---

[23] Die Funktion von 1Kor 9 als Beispiel für die übergeordnete Thematik von 1Kor 8–10 insgesamt betonen sehr nachdrücklich MITCHELL (s. Anm. 2), 243–250 und SCHRAGE (s. Anm. 1), 211–215.

IV

Der Abschnitt 1Kor 10,23–11,1, der die Probleme der εἰδωλόθυτα endgültig klären soll[24], ist von Paulus mit erheblicher Sorgfalt aufgebaut:

– Zu Beginn formuliert Paulus aufs neue die grundsätzlichen Rahmenbedingungen für seine Entscheidung (und für die Gemeinde, die seine Entscheidungen ja akzeptieren soll): Einerseits nimmt Paulus mit πάντα ἔξεστιν (10,23a) die Position der ‚Starken' auf, andererseits ordnet er sie aber dem übergeordneten Gesichtspunkt der οἰκοδομή (10,23b) unter und verschärft diese Unterordnung in 10,24 noch, wenn er hier den Gesichtspunkt der οἰκοδομή durch den personalen Aspekt des Nutzens für den ἕτερος ergänzt (10,24)[25].

– Dem breiten Rahmen zu Beginn entspricht eine noch breitere Rahmung am Schluß (10,31–11,1), die sich ringförmig auf 10,23f zurückbezieht.

– In den Rahmen dieser von grundsätzlichen Gesichtspunkten getragenen Ein- und Ausleitung fügt Paulus jetzt zwei konkrete Fallregulierungen ein:

a) Zunächst den offenbar einfacheren Fall des Fleischkaufs im μάκελλον, der eine eindeutige Regulierung erfährt, nämlich die Freigabe des Einkaufs ohne die Notwendigkeit einer Nachprüfung, ob es sich um Opferfleisch handelt oder nicht;

b) den deutlich schwierigeren Fall der Privateinladung, bei dem zwei Unterfälle in Betracht gezogen werden:

α) der Fall ohne weitere ‚Komplikationen', d. h. (wie die Fortsetzung zeigt) ohne Hinweis auf den Charakter des Fleisches als ἱερόθυτον; hier ist der Fall genau so wie beim Einkauf im μάκελλον, d. h. von sich aus ist der Christ nicht genötigt, Nachforschungen anzustellen;

β) der Fall, daß das zum Verzehr angebotene Fleisch ausdrücklich als ἱερόθυτον qualifiziert wird. Dies verändert die Situation offenbar prinzipiell, jedenfalls ist jetzt der Verzehr nicht mehr möglich.

---

[24] Zumeist wird überhaupt nicht die Frage gestellt, ob 1Kor 8,7–13 und 10,23–11,1 in gleicher Weise Handlungsanweisungen für die Gemeinde darstellen – und wenn ja: wie sich beide eigentlich zueinander verhalten würden. Fragt man so, dann zeigt sich, was auch aus kompositorischen Gründen naheliegt: Die konkrete Handlungsanweisung steht am Schluß und 8,7–13 dient (wie unumstritten 8,1–6) zunächst der Grundsatzklärung. Auch SCHRAGE (s. Anm. 1), 461 ist noch zu unscharf, wenn er zu 10,23–11,1 schreibt, daß Paulus hier „zu den mehr grundsätzlichen Erörterungen von Kap. 8 zurückkehrt und diese bilanzierend an konkreten Paradigmen verdeutlicht". Doch sind die Anweisungen von 10,25.27f mehr als nur „Paradigmen".

[25] Im ἕτερος ist der Bruder von 8,7–13, dessen συνείδησις schwach ist, präsent, wenn auch in sprachlich neutraler Form. Das ergibt sich auch daraus, daß V. 24 die Fortführung der kritischen Eingrenzung der Position der ‚Starken' von V. 23 ist.

Wichtig zu sehen ist, daß Paulus nach der eindeutigen Stellungnahme von
1Kor 10,1–22 zur Teilnahme an der εἰδωλολατρία nun auch für die Frage
des Verzehrs von Götzenopferfleisch außerhalb eindeutiger Kulthandlun-
gen eine generelle Regulierung zu treffen versucht, die von allen Gruppen
der Gemeinde getragen werden kann. Dafür spricht schon der Beginn in
10,23f. Anders als in 1Kor 8,7 setzt Paulus hier nicht mit der Gegenüberstellung konträrer Positionen ein, sondern mit übergreifenden und ihrer Gesamtheit konsensfähigen Kritierien. Auf diese Weise will Paulus offensichtlich die Diskussionslage objektivieren. Allerdings spiegeln die prinzipiellen
Gesichtspunkte von 10,23f die Spannung zwischen den beiden Positionen
durchaus (wenn auch abgemildert) noch wider – einerseits (in Entsprechung
zu 8,13) der ohne jede Einschränkung formulierte Bezug auf den ἕτερος,
der isoliert betrachtet überhaupt keinen Raum für eine Geltendmachung der
eigenen ἐξουσία offen läßt; auf der anderen Seite die Anerkennung des
Grundsatzes πάντα ἔξεστιν, der durch den Gesichtspunkt der οἰκοδομή
zwar prinzipiell begrenzt, aber in dieser Eingrenzung doch legitim ist. Angesichts dieser zwar abgemilderten, aber keineswegs aufgelösten Spannung
kann man fragen, ob Paulus überhaupt in der Lage ist, einen überzeugenden
Lösungsvorschlag zu entwickeln. Doch zeigen die konkreten Regulierungen des Paulus in 10,25f.27–30, daß er inzwischen einen einheitlichen Lö-
sungsansatz entwickelt hat.

Das einheitliche Sachkriterium, das hinter den unterschiedlichen Regulierungen von 10,25.27f steht und hier zur Anwendung kommt, ist dabei bereits in 10,19–21 entwickelt worden[26], nämlich die Unterscheidung zwischen εἰδωλόθυτον und εἴδωλον genauer: zwischen den Substanzen und
den Situationen, in denen Menschen durch die Anteilhabe an den kultisch
qualifizierten Substanzen selbst zu Dienern von Götzen werden[27]. Daraus

---

[26] Und 10,19–21 greift seinerseits auf 8,4–6 zurück. Dabei zeigt sich in 10,19–21 (wie auch
schon in 8,5), daß Paulus in den εἴδωλα bzw. λεγόμενοι θεοί durchaus reale, den Menschen bedrohende Mächte sieht. Der Unterschied besteht nicht zwischen einer stärker aufgeklärten
bzw. reflektierten Position in 8,4f und einer stärker dämonologischen (so KLAUCK [s. Anm. 1],
272; anders übrigens aaO. 245) Sicht, sondern zwischen einer eher beschreibenden Formulierung (καὶ γὰρ εἴπερ εἰσὶν … ἀλλ᾽ ἡμῖν …) und der daraus als Konsequenz sich ergebenden
Handlungsanweisung: οὐ θέλω (10,20b).

[27] Anders P. J. TOMSON, Paul and the Jewish Law: Halakha in the Letters of the Apostle to
the Gentiles (CRINT 3/1), 1990; TOMSON kann zwar auch gelegentlich formulieren „The power of idolatry is not in the food, but in the pagan's mind" (217), doch will er nachweisen, daß
die Anweisungen des Paulus (deshalb?) durchaus in halachischer Weise die Substanzen selbst
betreffen. So faßt er 1Kor 10,1–22 in den Satz zusammen „idol food (!) should not be eaten"
(202) – und das nach 10,19f! Für 10,25–29 will TOMSON zeigen, daß hier ein halachaartiges Spe-
zialproblem vorliegt: „10:25–29 deal with food of unspecified nature in a pagan setting" (208).
Doch sind die halachischen Analogien, die er heranzieht, nicht stichhaltig:
a) Der Grundsatz, daß Verkauf von ursprünglich kultischen Gegenständen ihren kultischen

ergibt sich für 10,25–30 ein einheitlicher Gesichtspunkt: Die Substanzen als solche sind gleichgültig; da braucht man nicht nachzufragen[28]. Überhaupt nicht gleichgültig ist die Situation, in der der Mensch die Macht der Götzen anerkennt und diese damit über sich oder andere Gewalt gewinnen läßt[29]. In dieser Perspektive gelesen meinen die prinzipiellen Gesichtspunkte von 10,23f: Sachkriterium kann nur ein personaler Gesichtspunkt sein, nämlich das, was dem ἕτερος nützt und so der οἰκοδομή der Gemeinde als Ganzer dient. Von dorther kann, solange eben der ἕτερος nicht tangiert und die οἰ-κοδομή nicht in Frage gestellt ist, das Problem der Substanzen ganz im Sinne der ‚Starken' beantwortet werden – denn: „Des Herrn ist die Erde und ihre Fülle" (10,26).

Mit der Unterscheidung zwischen den Substanzen selbst und der Situation, in der es um den Verzehr der Substanzen geht, hat Paulus einen Gesichtspunkt entwickelt, der zwar die unterschiedlichen Standpunkte nicht ablöst, sie aber doch so stark relativiert, daß die Gesamtgemeinde keinen Schaden nimmt.

Äußerlich befaßt sich Paulus in den beiden Regulierungen von 10,25f.27–30 nur mit der Position der ‚Starken', deren Praxis er (nach 1Kor 10,1–22) nochmals eine Grenze setzt. Faktisch wird aber auch die Position

---

Zweck aufhebt, so daß sie für Juden erlaubt sind (217), kommt hier gerade nicht zur Anwendung. Denn dann hätte Paulus in 10,25 schreiben können: „Alles was im μάκελλον verkauft wird, könnt ihr kaufen, auch wenn euch jemand sagt: Dies ist Opferfleisch."

b) Für μηδὲν ἀνακρίνοντες διὰ τὴν συνείδησιν verweist TOMSON, 214 (vgl. auch 218) auf Regelungen, nach denen ein jüdischer Verkäufer sich nicht erkundigen muß, ob z. B. ein bei ihm gekaufter Hahn zum Opfer benutzt oder direkt privat verspeist werden soll (es sei denn, es ist ein weißer Hahn, der für solche Opfer besonders typisch war). Doch liegt in 10,25 gerade der umgekehrte Fall vor.

c) Erst recht paßt das Beispiel von dem herrenlosen Gut in der Nähe einer Götterstatue nicht (209).

[28] Wie sehr TOMSON (s. Anm. 27) die paulinische Intention verfehlt, zeigt sich 209, wenn er dort die Fragestellung (in seinem Sinne) zu präzisieren versucht, auf die Paulus in 1Kor 10,25 angeblich antwortet: „what should a Christian who subscribes to the prohibition of idol food do with food of wich he does not know the status in a pagan environment? If he has heard with certainty that it came from a pagan temple or celebration, he would consider it prohibited. But what if this is not clear and nobody is there to ask?" Als wenn das ausgerechnet für die Situation im μάκελλον gelten könnte! Im übrigen hätte Paulus dann genau umgekehrt formulieren müssen: „Im μάκελλον müßt ihr euch ganz genau erkundigen, ob es Götzenopferfleisch ist oder nicht. Ausnahmsweise dürft ihr aber auch solches Fleisch kaufen, dessen Herkunft sich nicht mit letzter Sicherheit ermitteln läßt."

[29] So auch KLAUCK (s. Anm. 1), 248, der zu 1Kor 8,1–13 feststellt: „Man gewinnt nicht den Eindruck, als sei Opferfleisch eine unheilige Substanz. Es gewinnt seine Mächtigkeit erst da, wo es in das Wechselspiel zwischen Personen hineingezogen wird." Daher kann Paulus, sofern ‚Personen nicht hineingezogen sind' (d. h. in den Situationen von 10,25.27), die „Möglichkeit (sc. des Verzehrs von Götzenopferfleisch) bewußt in Kauf (nehmen)" (aaO. 275). Gegen KLAUCK, ebd. ist aber festzustellen, daß hier keineswegs eine Spannung zu 10,20f besteht, da es dort um die κοινωνία von Personen mit den Dämonen geht.

der ‚Schwachen' relativiert. Zwar kommen die ‚Schwachen' in den abschließenden Anweisungen des Paulus formal gar nicht vor, doch sind sie
davon ebenfalls betroffen. Zwar können die ‚Schwachen' selbstverständlich
bei ihrer bisherigen Praxis einer sehr restriktiven Haltung gegenüber Opferfleisch (auch solchem, das nur potentiell als solches zu qualifizieren ist) bleiben. Keineswegs müssen sich die ‚Schwachen' den Regulierungen von
10,25.27 anschließen. Die Anweisungen von 10,25.27–30 markieren die
Grenze, bis zu der ein ‚Starker' gehen kann, und stellen natürlich kein Gebot dar und auch kein Fernziel gegenseitiger innergemeindlicher „Erzie-
hung". Die ‚Starken' haben also weiterhin die Praxis der ‚Schwachen' zu respektieren. Umgekehrt bedeuten die Anweisungen des Paulus in 10,25 und
10,27 (auch unter Einschluß von V. 28), daß Paulus zwar das Verhalten der
‚Starken' eingrenzt – in dieser Eingrenzung aber ausdrücklich legitimiert.
Insofern das Verhalten der ‚Starken' den Grundsätzen von 10,25.27f entspricht, ist es damit auch der möglichen Kritik der ‚Schwachen' entzogen.
Die (wohl nicht nur theoretische) Möglichkeit, aus Rücksicht auf die Situation der ‚Schwachen' auf Fleischverzehr überhaupt verzichten zu müssen
(oder eben die Einheit der Gemeinde zu gefährden), ist damit vom Tisch.
Auch den sog. ‚Schwachen' wird somit zugemutet, in dieser Frage innerhalb
der Gemeinde ein abweichendes Verhalten mitzutragen. Im Blick auf die
Interaktion innerhalb der Gemeinde wird man sagen können: Paulus verrin-
gert den Spielraum beider Gruppen, ohne den Versuch einer gewaltsamen
Vereinheitlichung zu unternehmen. Er gibt zu verstehen, wieweit jede
Gruppe die andere in ihrem abweichenden Verhalten zu akzeptieren hat
und gibt der Gemeinde insgesamt (einschließlich aller Gemeindmitglieder,
die möglicherweise zwischen den beiden Flügeln stehen) eine konkrete Orientierung, die aus den sich gegenseitig blockierenden Positionen hinaus-
führt: Das Gewissen des Christen wird nicht von den Substanzen beansprucht, sondern vom κύριος[30] und dem (schwachen) Bruder.

Da es sich hier um eine generell gemeinte Weisung, und zwar im Sinne der (regulier-
ten) Freigabe handelt, ist es auch am sinnvollsten, unter διὰ τὴν συνείδησιν in
10,25.27 jeweils das je eigene Gewissen zu verstehen[31]. Dafür spricht auch, daß dort,
wo Paulus von der Bindewirkung eines anderen Gewissens spricht (10,28f), er dies
ganz ausdrücklich sagt.

---

[30] Vgl. die Warnungen in 1Kor 10,9.22!
[31] Vgl. CONZELMANN (s. Anm. 1), 216, der διὰ τὴν συνείδησιν interpretiert: „Man soll
nicht meinen, das Gewissen (absolut! D.-A.K.) fordere Nachforschung"; positiv aufgenommen
von KLAUCK (s. Anm. 1), 275; vgl. auch ECKSTEIN (s. Anm. 22), 261; anders WOLTER (s. Anm.
18), 215 und SCHRAGE (s. Anm. 1), 466, die auf V. 29 verweisen. Doch ist aus der Tatsache, daß
der Bezug auf den ἕτερος erst in V. 29 hergestellt wird, eher der umgekehrte Schluß zu ziehen.

Auch wenn damit die Zielrichtung der Argumentation des Paulus hinreichend deutlich ist, so ist die konkrete Anwendung der grundsätzlichen Gesichtspunkte von 1 Kor 10,19f.23f für Paulus doch z. T. mit erheblichen Schwierigkeiten verbunden. Dies gilt vor allem für den zweiten Unterfall des zweiten Problemkreises, d. h. die Privateinladung, sofern hier öffentlich auf den Charakter der angebotenen Speise als Opferfleisch hingewiesen wird. Paulus will deutlich machen, daß dieser Fall als εἰδωλολατρία zu bewerten ist, und zwar objektiv, auch wenn ein ‚Starker' dies im Blick auf seine eigene Person bestreiten würde. Zugleich will er den Gesichtspunkt der Rücksicht auf den ‚schwachen' Bruder (vgl. 8,7–13) bzw. den ἕτερος (10,24) zu Geltung bringen, der von einer solchen (faktischen) εἰδωλολατρία mit Recht betroffen wäre.

In 1Kor 10,28b.29a sprechen gute Gründe dafür,

1. in dem μηνύσας und dem ἕτερος zwei verschiedene Personen zu sehen[32];

2. dabei in dem μηνύσας einen beim Mahl anwesenden ἄπιστος zu sehen; dies wird dem Leser durch die (in 1Kor 8–10 einmalige!) Verwendung von ἱερόθυτον deutlich signalisiert[33];

und 3. den Hinweis auf den ἕτερος als einen bewußten Rückgriff auf 10,24 zu verstehen[34]. Damit bezieht sich Paulus über 10,24 auf die Argumentation von 8,7–13 zurück. Er meint also dezidiert das Gewissen eines möglicherweise ‚schwachen'

---

[32] Vgl. KLAUCK (s. Anm. 1), 276f; dies zeigt die umständliche Argumentation, die zunächst mit einer mißverständlichen Formulierung in 10,28b beginnt, die dann ihrerseits in 10,29a eine Klarstellung erforderlich macht. Verständlich ist das nur, wenn der ἕτερος, auf den Paulus in 10,29a zusteuert, nicht mit dem μηνύσας identisch ist, sondern von ihm erst zusätzlich eingebracht werden muß; so m. R. LIETZMANN (s. Anm. 17), 51.

[33] Hierin besteht die größte Schwierigkeit für diejenigen, die die συνείδησις τοῦ ἑτέρου von 10,29a als συνείδησις αὐτοῦ (sc. τοῦ μηνύσαντος ...) interpretieren, wie sich besonders bei SCHRAGE (s. Anm. 1), 470 (mit Anm. 532) zeigt.

[34] Bei der Gleichsetzung des μηνύσας mit dem ἕτερος ergeben sich dagegen drei andere Interpretationsmöglichkeiten:

a) ECKSTEIN (s. Anm. 22), 264: der μηνύσας bzw. ἕτερος ist ein beim Mahl anwesender ‚schwacher' Bruder; der ‚Starke' hat ausschließlich aus Rücksicht auf dessen Gewissen zu verzichten; eine Bekenntnissituation gegenüber einem Heiden ist nicht im Blick; so auch SCHRAGE (s. Anm. 1), 469–471; doch s. die vorige Anm. und Anm. 36.

b) CONZELMANN (s. Anm. 1), 218: Der μηνύσας bzw. ἕτερος ist ein Heide; durch seinen Hinweis ist die Situation jetzt kultisch qualifiziert und so für den Christen der status confessionis eingetreten; doch wäre der Wechsel im Bezug von συνείδησις (nach 8,7–13) sehr überraschend. Auch müßte dann beim Verständnis von ἕτερος in 10,29a die Rahmung durch 10,24 ausgeblendet werden.

c) C. WOLFF, Der erste Brief des Paulus an die Korinther. Zweiter Teil; Auslegung der Kapitel 8–16 (ThHK VII/2), 1982², 61: Der μηνύσας bzw. ἕτερος ist ein Heide, und der Christ ist aus Respekt vor dessen Gewissen gehalten, auf den Verzehr von ἱερόθυτον zu verzichten; WOLFF: Der Christ soll (nach Paulus!) „der besonderen Bedeutung des Opferfleisches (sc.: für den Heiden) ... dadurch Rechnung (tragen), daß er es nicht ißt". Angesichts von 1Kor 8,4–6; 10,19f und 12,2 eine ganz abwegige Lösung.

Bruders, der sich von der ‚emanzipierten' Handlungsweise des ‚Starken' im Sinne von 8,11f betroffen fühlen könnte[35].

Die Analyse von 10,28b.29a zeigt also, daß es für Paulus zwei voneinander unabhängige Gründe für den Verzicht auf den Verzehr von (öffentlich ausdrücklich so qualifiziertem) Götzenopferfleisch gibt: Die Rücksicht auf den möglichen Anstoß für die ‚schwache' συνείδησις eines Mitchristen – und „um des hinweisenden (Nichtchristen) willen". Inwiefern kann dieser aber selbst ein Grund sein, der schon für sich allein den Verzicht auf die Mahlteilnahme erfordert?

Die Antwort kann nur lauten: Weil durch diesen Hinweis sich die Situation selbst grundsätzlich gewandelt hat. Die Substanz ist zwar die gleiche, aber der Vorgang wäre ein anderer. Der Christ würde Opferfleisch als Opferfleisch verzehren und würde damit öffentlich und auch gerade dem gegenüber, der diesen ‚Hinweis' gegeben hat, Gott verleugnen[36].

Für Paulus gibt es also in dieser gesellschaftlich durchaus verfänglichen Situation einen doppelten Grund, hier strikt den Verzehr von ausdrücklich so deklariertem Opferfleisch zu verweigern, und zwar jenseits der Frage, ob man selbst diese Situation als Gefährdung betrachte oder nicht:

– die objektive Lage selbst, die jetzt das Essen zu einem kultischen Essen machen würde

– und die Rücksichtnahme auf das (schwache) Gewissen eines Bruders, das sich – so Paulus – hier zu Recht tangiert fühlen würde[37].

---

[35] Dabei ist es nicht notwendig vorauszusetzen, daß der ‚schwache' Bruder von Paulus als beim Mahl anwesend gedacht ist. Es genügt die Annahme, daß der ‚Schwache' bei einer an ihn ergehenden Einladung mit dem Beispiel eines kürzlich stattgefundenen ‚besseren' Verhaltens eines (starken) Mitchristen konfrontiert werden kann.

[36] Anders SCHRAGE (s. Anm. 1), 470, Anm. 534, der bestreitet, daß Paulus hier den status confessionis im Blick habe und fragt, inwiefern denn aus dem status confessionis die Forderung auf Verzicht auf das Essen resultiere: „Aber warum könnte das Essen gegenüber einem heidnischen μηνύσας nicht gerade die christliche Freiheit bezeugen?" Die Frage läßt sich beantworten: In einer prinzipiell polytheistischen Situation, in der die Teilnahme an Kultmahlen verschiedener Gottheiten den Normalfall bildete, war eine Praxis, die dies bruchlos fortsetzte, nun wirklich nicht als Ausdruck einer spezifisch christlichen Freiheit (nämlich der von den Dämonen) erkennbar. Einen auch für Außenstehende nachvollziehbaren Zusammenhang zwischen (gewandelter) Glaubensgrundlage und konkretem Verhalten gab es in diesem Kontext nur in der Gestalt des Verzichts.

[37] Von hier aus fällt rückblickend auch Licht auf den an sich noch unerledigten Fall von 1Kor 8,10, die Teilnahme an einem Mahl in einem Bankettraum innerhalb eines Tempelbezirks – auch wenn es sich nicht um ein Kultmahl handeln sollte. In diesem Falle bedarf es eigentlich keines ‚μηνύσας', um das zum Verzehr angebotene Fleisch als ἱερόθυτον zu identifizieren. D. h. dieser Fall wäre in Analogie zu 1Kor 10,28 zu beurteilen.

V

Die Schlußrahmung von 1Kor 10,23–11,1 in 10,31ff bringt einen verallgemeinernden Abschluß, der z. T. ringförmig 10,23f aufnimmt, zugleich aber weiter ausgreift. Als Orientierungsmaßstäbe nennt Paulus

a) die δόξα θεοῦ

b) das Außenverhältnis zu Juden und (!) Griechen

c) die ἐκκλησία τοῦ θεοῦ

d) das Vorbild des Apostels selbst

Mit dem – an erster Stelle genannten! – Orientierungsmaßstab der „Ehre Gottes" (10,31) unterstreicht Paulus nochmals, daß in den Fragen des Verzehrs von Götzenopferfleisch nicht nur das Verhältnis zwischen Christen untereinander tangiert ist, sondern daß hier auch das Verhältnis des einzelnen und der Gesamtgemeinde zu Gott auf dem Spiel steht[38].

In 10,32 spricht Paulus nochmals das heikle Außenverhältnis der Gemeinde an – jetzt sogar als Orientierungsmaßstab! Von diesem Außenverhältnis war zwar bisher auch schon durchgängig die Rede, allerdings nur im Blick auf die (nichtjüdischen) ἄπιστοι. Jetzt wird der Blick ausgeweitet, eben weil das Außenverhältnis noch erheblich komplizierter ist. Da es aber um eine Erweiterung des Blickfeldes geht, nennt Paulus οἱ Ἰουδαῖοι vor den Ἕλληνες an erster Stelle – und fügt als weitere Orientierungsgröße noch die ἐκκλησία τοῦ θεοῦ an. Ist das Gefälle der Argumentation erkannt, kann es sich bei der Aufforderung ἀπρόσκοποι ... γίνεσθε nicht darum handeln, den beiden genannten Gruppen gleichermaßen (oder vielleicht auch nacheinander) zu entsprechen – was gerade bei diesem Thema auch der Quadratur des Kreises gleichkäme[39]. Im Blick auf die Ἕλληνες ist ja durch 1Kor 10,21 und 10,25 auch ein tatsächliches πάντα πᾶσιν ἀρέσκειν (vgl. 10,33) ausgeschlossen[40]. Auch gegenüber den Juden kann die von Paulus geforderte Problemlösung nicht darin bestehen, die jüdische Praxis zu übernehmen. Dann hätte sich Paulus seine ganze umständliche Argumentation sparen können.

---

[38] Sicher nicht nur, insofern an das Problem des Götzenopferfleisches auch das des Götzenopferdienstes mindestens angrenzt. Die δόξα θεοῦ ist positive Orientierung, nicht nur Grenzmarkierung.

[39] So zutreffend SCHRAGE (s. Anm.1), 475; gleichwohl tendiert er dazu, die Anweisung des Paulus in Richtung einer (fallweisen) Adaption, d. h. an Juden oder (!) Griechen (und zwar in missionarischer Perspektive) zu interpretieren.

[40] Daher ist auch eine direkte Parallelisierung zwischen dem in 1Kor 10,33 herangezogenen eigenen Verhalten des Paulus (in seiner Aufgabe als Apostel – vgl. 9,19–23) und dem Verhalten der Korinther im Problemfeld des Verzehrs von εἰδωλόθυτον nicht möglich. Ebensowenig ist der Gesichtspunkt des ἵνα σωθῶσιν von 10,33 in 10,32 einzutragen, zumal er in 10,23–30 (und auch vorher, z. B. in 8,7–13 oder 10,1–22) nirgends relevant war; anders SCHRAGE (s. Anm. 1), 475.

Die jüdische Praxis[41] – gerade auch in der Diaspora – war geprägt von der Forderung einer konsequenten Vermeidung jeder Tischgemeinschaft mit Nichtjuden, und zwar weil sich die Speisegebote nicht auf die Ablehnung einzelner Fleischsorten beschränkten, sondern alle nichtrituell zubereiteten Speisen, insbesondere nichtrituell geschlachtetes Fleisch überhaupt betrafen[42]. Dabei handelt es sich nicht nur um eine theoretische Forderung, sondern diese bestimmte durchaus die Praxis des Diasporajudentums. Jedenfalls nahm es die nichtjüdische Umwelt sehr genau (und kritisch!) wahr, daß es jüdisches Gesetz ist, μηδενὶ ἄλλῳ ἔθνει τραπέζης κοινωνεῖν („mit keinem anderen Volk Tischgemeinschaft zu halten")[43]. Dies ist der Kern des antiken Vorwurfs der ἀμιξία, d. h. der Verweigerung der Gemeinschaft mit anderen Völkern[44], und daraus resultierend der Anlaß für den Vorwurf der Menschenfeindlichkeit[45] – auf den jüdische Apologeten zwar zu reagieren versuchen, jedoch ohne den Grundsatz der Absonderung des Judentums aufzugeben[46].

Für das Diasporajudentum konnte also das in 1Kor 8,1–11,1 diskutierte Problem so gar nicht entstehen. Das gilt nicht nur für die in 1Kor 10,27 angesprochene Einla-

---

[41] Vgl. zum Folgenden G. DELLING, Die Bewältigung der Diasporasituation durch das hellenistische Judentum, 1987, 12f.

[42] Modellhaft dargestellt im Bekehrungsroman Joseph und Asenath 7,1: Ἰωσὴφ ... οὐ συνήσθιε μετὰ τῶν Αἰγυπτίων, ὅτι βδέλυγμα ἦν αὐτῷ τοῦτο („Joseph ... aß nicht gemeinsam mit den Ägyptern, weil ihm das ein Greuel war"); vgl. auch den die Diasporasituation bewußt reflektierenden Aristeasbrief: Die Jerusalemer Delegation erhält beim Gastmahl mit dem Ptolemäerkönig ihr eigenes, von einem „zuverlässigen Mann" zubereitetes Essen (Arist 181–183.186).

[43] Diodor von Sizilien, Bibl.Hist. 34,1,2.

[44] Der Vorwurf basiert auf der Verweigerung der Tischgemeinschaft und dem strikten Verbot der Eheschließung mit Nichtjuden (vgl. hierzu die Hinweise bei M. STERN, Greek and Latin Authors on Jews and Judaism II, 1980, 40); zum Vorwurf selbst vgl. Philo, Virt 141: Die Verleumder des jüdischen Volkes werfen diesem vor, die jüdischen Gesetze würden Trennung und Absonderung befehlen (τοὺς νόμους ὡς ἄμικτα καὶ ἀκοινώνητα παραγγέλοντας).

[45] Zum Vorwurf der μισανθρωπία vgl. ebenfalls Philo, Virt 141; außerdem Josephus, Ap II 148; 291; Ant XI 212 – und Tacitus, Hist V 5,2: den zum Judentum Übergetretenen werde gleich zu Beginn beigebracht, „die Götter zu verachten, das Vaterland zu verleugnen sowie Eltern, Kinder und Brüder gering zu schätzen".

[46] Philo und Josephus reagieren sehr sensibel auf die Vorwürfe der ἀμιξία und μισανθρωπία, vgl. Philo, Virt 141; Josephus, Ap II 145–150; 255–268. Doch hat an dieser Stelle ein jüdischer Apologet einen ausgesprochen schweren Stand. Wenn Josephus apologetisch auf Absonderungstendenzen bei anderen Völkern (etwa den Spartanern) hinweist (Ap II 259–261), sind seine Beispiele nicht besonders überzeugend. Wenn die Apologeten auf die grundsätzliche φιλανθρωπία der jüdischen Gesetzgebung verweisen (so z. B. Josephus, Ap II 146; 211–214 und Philo, Virt 51–174 insgesamt), dann bezieht sich das faktisch auf diejenigen „Vorschriften der Tora, die zunächst das Zusammenleben innerhalb des Volkes im Auge haben" (DELLING [s. Anm. 39], 17). Als echtes Argument bleibt nur der Verweis darauf, daß der Proselyt (!) vorbehaltlos ins eigene Volk aufgenommen wird (Josephus, Ap II 209f; 261; s. auch Philo, Virt 102–104) – nur damit wird ja letztlich die bestehende Kritik unfreiwillig bestätigt. Auch für Josephus bleibt unverrückbar, „daß wir diejenigen, die in anderen Ansichten über Gott befangen sind, nicht aufnehmen noch mit denjenigen Gemeinschaft haben wollen, die eine andere Lebensweise bevorzugen" (Ap II 258); dem entspricht die programmatische Feststellung in Arist 139: „der Gesetzgeber ... umgab ... uns mit undurchdringlichen Wällen und eisernen Mauern, damit wir uns mit keinem Volk irgendwie vermischen".

dung durch einen Heiden[47], sondern auch für den Kauf im μάκελλον (1 Kor 10,25). Ein Diasporajude kam, bei Beachtung seiner eigenen Grundsätze, gar nicht in die Situation, unabsichtlich εἰδωλόθυτον zu kaufen, weil schon ‚normales' Fleisch für ihn als ‚Ersticktes' (πνικτόν) tabu war[48].

Die Orientierung an der Maxime, sich weder für Juden noch für Griechen anstößig zu verhalten, kann also in keinem der beiden Fälle dahingehend verstanden werden, sich der jeweiligen (extrem entgegengesetzten) Haltung gegenüber dem Götzenopferfleisch anzuschließen[49], zumal ja gleichzeitig auch noch jeder Anstoß für die ἐκκλησία τοῦ θεοῦ genauso vermieden werden soll. Mit dem Hinweis auf die ἐκκλησία wird nach der Außenorientierung jetzt wieder die Gemeinde selbst als Gesamtrahmen des Verhaltens in Erinnerung gebracht (im Sinne von 1 Kor 10,23b). Doch ist damit die Orientierung in inhaltlicher Hinsicht keineswegs klarer geworden. Vielmehr kann die Aufforderung von 1 Kor 10,32 aufgrund ihrer Widersprüchlichkeit auf inhaltlicher Ebene beim Leser eher Ratlosigkeit hervorrufen. Offenkundig deshalb fügt Paulus abschließend einen durchaus breit formulierten Hinweis auf sein eigenes Verhalten an (1 Kor 10,33;11,1). Das eigene Verhalten des Apostels ist inhaltlich von analogen Gesichtspunkten geprägt (πάντα πᾶσιν ἀρέσκειν, τὸ σύμφορον τῶν πολλῶν), wie dies für die Gemeinde gelten soll[50]; und diese Gesichtspunkte sind ihrerseits Ausdruck der prinzipiellen christologischen Orientierung der apostolischen Tätigkeit

---

[47] Vom „Liegen im εἰδωλεῖον" (1 Kor 8,10) ganz zu schweigen!

[48] Vgl. das Verbot des ‚Erstickten' im sog. Aposteldekret von Apg 15,20.29. Diese Regelung, die – vermutlich zeitgleich mit dem Wirken des Paulus im ägäischen Raum – in die jüdisch/nichtjüdisch gemischten christlichen Gemeinden Syriens und Kilikiens (vgl. Apg 15,23) gehört, zeigt, daß auch in der jüdischen Diaspora der Verzehr von ‚normalem' Fleisch grundsätzlich nicht möglich war.

[49] Das gilt auch für die jüdische Problemlösung, die Paulus überhaupt nicht diskutiert. Das Problem in Korinth ist auch nicht dadurch relevant geworden, „daß Grundsätze jüdischer Lebensgestaltung in der paulinischen Gemeinde bestimmend blieben bzw. für die ehemals heidnischen Glieder erst bestimmend wurden" (so NIEBUHR [s. Anm. 5], 358). Denn – nach Paulus – ist nicht eine neue Orientierung an jüdischer Lebenspraxis bei den „Schwachen" leitend, sondern deren noch wirksame συνήθεια an ‚den Götzen' (1 Kor 8,7). Erst recht geht es weder der Gesamtgemeinde noch den ‚Schwachen' darum, „jüdische Identitätsmerkmale gegenüber ihrer heidnischen Umwelt zu bewahren" (NIEBUHR, ebd.), und auch nicht darum, daß etwa Paulus seine ‚jüdische Identität' der Gemeinde in Korinth gar aufprägen wollte. In all diesen Fällen wäre dies ja auch nur ein kläglicher Rest jüdischer Identität gewesen. Natürlich gibt es eine fundamentale Gemeinsamkeit: die Ablehnung der εἰδωλολατρία. Aber daß trotz dieses grundsätzlich gleichen Interesses ein völlig eigenständiger Lösungsweg gesucht wird, zeigt, daß zugleich auch eine fundamentale Differenz besteht. Die Grundlage, auf der das gleiche Problem in Korinth diskutiert und von Paulus geklärt wird, ist eben eine andere geworden.

[50] Die Rückbezüge von 1 Kor 10,33 auf 10,23f sind mehr als deutlich, bis hin in die Terminologie (συμφέρειν, ζητεῖν).

(11,1). Gerade in dieser Ausrichtung ist das Verhalten des Paulus Modell und sollen die Korinther μιμηταί des Apostels werden.

Eingespannt in diesen Rahmen einer Orientierung an der δόξα θεοῦ und an dem christologisch ausgerichteten Beispiel des Apostels kann die Forderung der ‚Unanstößigkeit‘ nur bedeuten: Die Gemeinde hat sich so an der δόξα θεοῦ zu orientieren, daß sie nach außen keinen (nach diesem Maßstab!) berechtigten Anstoß bieten kann. Unanstößigkeit und klare, vom κύριος her bestimmte Identität schließen sich für Paulus offenkundig nicht aus, und insofern sind auch Identität und positives Außenverhältnis miteinander vereinbar[51]. Für Paulus existiert die ἐκκλησία *in* der Welt (vgl. 1Kor 5,10 Ende), und das nicht nur notgedrungen. Vielmehr ist die Welt der Ort, an dem die Gemeinde zur Ehre Gottes existieren kann und für die Ehre Gottes durch ein in sich stimmiges Verhalten vor Juden und Griechen auch positiv Zeugnis ablegen kann. Dabei sind sowohl gegenüber ‚Juden‘ wie auch gegenüber ‚Griechen‘ jeweils erhebliche Anstöße auch tatsächlich ausgeräumt. Gegenüber den ‚Griechen‘ ist der mögliche Vorwurf der Verweigerung der Tischgemeinschaft, der gegenüber den Juden zum Vorwurf der ἀμιξία, der prinzipiellen Absonderung führte, insofern vermieden, als die Annahme einer Einladung durch einen ἄπιστος grundsätzlich möglich ist[52] (1Kor 10,27)[53].

Gegenüber den Juden ist umgekehrt der Anstoß einer Teilnahme an der εἰδωλολατρία vermieden. Gleichzeitig hat das ‚Vermeiden eines Anstoßes‘ aber auch jeweils seine Grenze: Gegenüber den Griechen, wenn es sich darum handelt, den Götzen im Mahlvorgang tatsächlich Macht einzuräumen. Dann gilt nicht: „Seid unanstößig", sondern: „Flieht den Götzendienst" (1Kor 10,14) und: „Eßt nicht" (1Kor 10,28). Ebenso hat die Maxime „seid unanstößig" gegenüber Juden ihre Grenze, nämlich wenn die Substanz des Fleisches selbst zum Kriterium für das eigene Verhalten wird. Dann gilt:

---

[51] Das gilt auch für 1 Thess 4,12, der nächsten Sachparallele zu 1Kor 10,32 (vgl. Röm 13,13). Doch ist zugleich der Unterschied nicht zu übersehen: In 1 Thess 4,12 werden damit Weisungen (nämlich die in 4,11 genannten) begründet, bei denen Paulus von einem inhaltlichen Konsens zwischen Christen und Nichtchristen ausgehen kann, was beim Problem des Götzenopferfleisches gerade nicht der Fall war. Zum Problem des „partiellen ethischen Konsensus", der in 1 Thess 4,12 und (noch stärker) in Phil 4,8 deutlich wird, vgl. W. Schrage, Ethik des Neuen Testaments (GNT 4), 1982, 191f.

[52] Im sog. Aposteldekret (s. Anm. 48) liegt übrigens eine Problemlösung vor, die auf die Außenbeziehung der Gemeinde (jedenfalls zu den „Griechen") überhaupt keine Rücksicht nimmt und ausschließlich an dem Binnenverhältnis (zwischen Christen jüdischer und nichtjüdischer Herkunft) orientiert ist.

[53] Daß dann doch der Vorwurf der μισανθρωπία sehr schnell auch auf die Christen übertragen wurde (Tacitus, Ann 15,44,4: odium humani generis) widerspricht dem nicht, sondern zeigt, daß sich das frühe Christentum eben nicht konfliktfrei in das bestehende Miteinander der Kulte und Religionen einfügen ließ.

„Des Herrn ist die Erde und ihre Fülle" (1 Kor 10,26) – und die Substanz selbst bedarf keiner Nachfrage (1 Kor 10,25.27).

Die komplizierte Verhältnisbestimmung von identitätsstiftender Orientierung an der δόξα θεοῦ (1 Kor 10,31) einerseits (in deren konkreter Auslegung in 8,1–6; 10,1–22) und Berücksichtigung des komplexen Außenverhältnisses (1 Kor 10,32) andererseits verweist auf ein Grundproblem frühchristlicher Missionsgemeinden überhaupt, sofern diese die Grenze des Judentums überschritten hatten. Die Gemeinden, die bewußt den Grundsatz ‚weder Jude noch Grieche' (1 Kor 12,13) praktizierten, mußten plötzlich für viele Fragen der sozialen Lebensgestaltung erst ihre eigenen Antworten suchen. Dabei konnten diese Fragen der praktischen Lebensgestaltung (nicht nur in dem hier diskutierten Bereich) je nach Situation durchaus zu einer grundsätzlichen, die Identität der Gemeinde insgesamt betreffenden Angelegenheit werden. Die Forderung des ἀξίως τοῦ εὐαγγελίου τοῦ Χριστοῦ πολιτεύεσθαι (Phil 1,27) impliziert ja die konkrete, auch sozial sichtbare Realisierung. Dabei zeigt sich immer wieder, daß die konkrete Gestalt einer solchen christlichen Lebensgestaltung von den frühchristlichen Missionsgemeinden erst selbst gefunden werden mußte[54]. Paulus kann nicht von Anfang an auf fertige, längst erprobte Handlungsmuster verweisen, die er den neu gegründeten Gemeinden an die Hand geben kann[55]. Das erklärt, warum die materiale Ethik bei Paulus häufig hinter der Diskussion der Grundlagen des christlichen Handelns überhaupt zurücktritt[56].

Diese Grundlagen versucht Paulus zu klären, und zwar um so die Gemeinden instand zu setzen, selbst konkrete Lösung zu entwickeln. Wenn Paulus die Gemeinde in Rom aufruft, zu prüfen, „was der Wille Gottes ist, das Gute, das Wohlgefällige, das Vollkommene ist" (Röm 12,2), dann hat

---

[54] Das unterscheidet die Gründung einer christlichen Gemeinde von der Bildung einer jüdischen Gemeinde an einem beliebigen Ort des Römischen Reiches, an dem eine solche bisher noch nicht existierte. Fand sich an einem solchen Ort eine hinreichende Anzahl von Juden zusammen, so waren sie alle längst jüdisch sozialisiert und brauchten ihr Judentum nicht erst an Ort und Stelle neu zu ‚erfinden'. Genau in dieser Situation befanden sich aber die frühchristlichen Missionsgemeinden.

[55] Da sich die paulinischen Missionsgemeinden noch alle in der Gründungs- bzw. (ersten) Wachstumsphase befinden, kann Paulus auch fast nirgends auf eine bereits stabilisierte Praxis anderer christlicher Gemeinden verweisen. Ein solcher Verweis fehlt in 1 Kor 8,1–11,1 völlig. Auch in anderen Zusammenhängen begegnen derartige Hinweise selten. Sie liegen im strengen Sinne eigentlich nur in 1 Kor 11,16 (ausgerechnet!) und in dem (in seiner Echtheit allerdings umstrittenen) Abschnitt 1 Kor 14,33b–36 (V. 33b) vor. Man kann allenfalls noch auf 1 Kor 4,17, eher schon auf 1 Kor 7,17 verweisen.

[56] Vgl. die (nicht zufälligen) Proportionen in der Darstellung der paulinischen Ethik bei SCHRAGE, (s. Anm. 51). Die Darstellung der materialen Ethik umfaßt 18 Seiten, die der Begründungsstrukturen und Kriterien dagegen 53 Seiten!

das diesen sehr praktischen Hintergrund (vgl. auch 1Thess 5,21 und Phil 4,8).

In 1Kor 8–10 beläßt Paulus es dagegen nicht bei der Klärung der Handlungsgrundlagen, sondern gibt – nach der notwendigen Grundlagendiskussion – doch definitive Weisungen. Dies hängt sicher mit der spezifischen Situation in Korinth zusammen. Aber auch diese konkreten Problemlösungen sind nur unter der Voraussetzung verständlich, daß es an diesem Punkt noch kein vorgegebenes Modell für eine angemessene Praxis gab, sondern diese erst gefunden werden mußte.

Was Paulus materialiter als Lösungsmodell entwickelt, kann rein äußerlich auch wie ein pragmatischer Kompromiß zwischen einer konsequent jüdischen Vermeidung jeden Kontakts mit Götzenopferfleisch auf der einen Seite und paganer ‚Freiheit‘ auf der anderen Seite wirken. Bezieht man die Begründungsstrukturen mit ein, dann zeigt sich jedoch, daß hier ein in sich einheitliches und damit auch in positiver Weise identitätsstiftendes Gesamtverständnis wirksam ist: die Orientierung an der Ehre Gottes, der sich in seinem Sohn so der Welt zugewandt hat, daß seine ἐκκλησία allen Ansprüchen der sog. ‚Götter und Herren‘ enthoben ist (8,4–6), was aber zur Folge hat, daß jede Gemeinschaft mit diesen Mächten Gottes Ehre verletzen würde (10,1–22), dessen Zuwendung aber auch die Welt mit ihren Gaben als Herrschaftsbereich des κύριος erfahren läßt (10,26), so daß diese Gaben in Freiheit und mit Dank (vgl. 10,30) entgegengenommen werden können.

Auf diese Weise bringt Paulus das alle Gruppen der Gemeinde verbindende, weil ihre Existenz als Gemeinde konstituierende Grundbekenntnis zum εἷς θεός und εἷς κύριος (1Kor 8,6) in einer konkreten Problemlage so zur Geltung, daß es selber identitätsstiftend wirken kann[57]. Von hier aus eröffnet sich sowohl ein sinnvolles Miteinander von ‚Starken‘ und ‚Schwachen‘ innerhalb der ἐκκλησία τοῦ θεοῦ als auch ein verantwortbares und damit in der Sache unanstößiges Außenverhältnis gegenüber Juden und Griechen.

---

[57] Die Konsequenz ist, daß Paulus in 1Kor 10,32 die ἐκκλησία τοῦ θεοῦ als neue, und damit dritte Größe neben ‚Juden‘ und ‚Griechen‘ nennt; hierauf weist auch NIEBUHR (s. Anm. 5), 359 hin.

Paulus als Zeuge der Auferstehung Jesu Christi

von

ANDREAS LINDEMANN

I.

In der neuerdings wieder sehr intensiv, teilweise geradezu heftig geführten Debatte über den historischen Grund und den theologischen Sinn des christlichen und dabei speziell des neutestamentlichen Redens von der Auferstehung Jesu von den Toten spielen die paulinischen Texte eine wesentliche, ja, sogar eine entscheidende Rolle. Denn der Apostel Paulus ist der einzige, von dem wir Selbstzeugnisse über seine Begegnung mit dem auferstandenen Christus besitzen[1]. Im folgenden soll versucht werden, die Aussagen des Paulus über sein „Sehen" des Auferstandenen zu interpretieren, wobei sowohl nach dem möglicherweise erkennbaren realen Geschehen wie auch

---

[1] Versuche, die im Neuen Testament verhältnismäßig breit bezeugte *Ersterscheinung* des auferstandenen Christus vor dem Jesusjünger Simon Petrus möglicherweise psychologisch zu „erklären" (vgl. G. LÜDEMANN, Die Auferstehung Jesu. Historie, Erfahrung, Theologie, 1994, 99–111), sind m.E. schon deshalb fruchtlos, weil wir sowohl von dieser Ersterscheinung wie auch von der nach LÜDEMANN diese Vision psychologisch hervorrufenden „Verleugnung" Jesu durch Petrus nur literarische Fremdberichte oder Formeln kennen. Wenn LÜDEMANN feststellt, er halte es für einen „erstaunliche(n) Sachverhalt ...", daß die paulinische Ostererfahrung – ebenso wie die des Petrus eine Originaloffenbarung – ähnlich wie die petrinische strukturiert ist" (G. LÜDEMANN, Zwischen Karfreitag und Ostern, in: H. VERWEYEN [Hg.], Osterglaube ohne Auferstehung? Diskussion mit Gerd Lüdemann [QD 155], 1995, 13–46, hier: 32), dann ist dieser wichtige Sachverhalt in methodisch unzulässiger Weise ausgeklammert. Wir *wissen* historisch durchaus nichts darüber, ob Petrus tatsächlich „Schuldgefühle" hatte, die er dann durch seine „Visionen" erfolgreich zu verarbeiten vermochte. Die in sorgfältiger Analyse von G. KLEIN, Die Verleugnung des Petrus. Eine traditionsgeschichtliche Untersuchung, in: DERS., Rekonstruktion und Interpretation. Gesammelte Aufsätze zum Neuen Testament (BEvTh 50), 1969, 49–90 (mit einem Nachtrag 90–98) herausgearbeiteten Argumente gegen die Annahme der Historizität der Verleugnungstradition sind m.E. unverändert überzeugend. Die Gegenthese von LÜDEMANN, Auferstehung, 123 („man wird demgegenüber den alten Vorschlag von Martin Dibelius wieder ins Gespräch bringen müssen, nach dem Petrus selbst von seiner Verleugnung erzählt habe") ist unbegründet.

nach der von Paulus den jeweiligen Adressaten direkt oder indirekt gegebenen Deutung zu fragen sein wird. Textbasis sind zunächst die Hinweise des Apostels auf seine Christusbegegnung, die sich im Ersten Korintherbrief (9,1; 15,8) und im Galaterbrief (1,15f.) finden. Da aber in der Diskussion auch Phil 3,8 und 2 Kor 4,6 sowie neuerdings insbesondere auch Röm 7 beigezogen werden, müssen auch diese Texte auf ihren möglichen Aussagegehalt für unser Thema hin befragt werden[2].

II.

Überaus auffallend ist die Tatsache, daß Paulus in 1 Kor 15,8 der von ihm in V. 3b-7 zitierten und als εὐαγγέλιον bezeichneten Formel von Christi Tod, Begräbnis, Auferweckung und Erscheinungen[3] sich selbst als Empfänger einer Erscheinung hinzufügt, wobei der betonte Anschluß von ἔσχατον δὲ πάντων (V. 8a) an τοῖς ἀποστόλοις πᾶσιν (V. 7b) offenbar sicherstellen soll, daß Paulus aufgrund der ihm zuteilgewordenen Erscheinung jedenfalls zu den Aposteln zu zählen ist[4]. Die Frage, wie das ὤφθη in V. 5–7 und dementsprechend dann auch in V. 8 konkret zu verstehen (bzw. „vorzustellen") ist, läßt sich nicht beantworten, was unmittelbar damit zusammenzuhängen scheint, daß auch das ἐγήγερται in V. 4b nicht näher zu konkretisieren ist. Die Formel hat offensichtlich weder ein Interesse daran, daß das „auferweckt" vorstellungsmäßig präzisiert wird, noch will sie das „Wie" der Erscheinung(en) oder gar das „Wie" des Erschienenen exakt beschreiben[5]. G. Lüdemann hat zu Recht betont, daß in der Formel auf das ἐτάφη im Zu-

---

[2] Vgl. dazu jetzt vor allem B. Heininger, Paulus als Visionär. Eine religionsgeschichtliche Studie (HBS 9), 1996, 182–211. Das Kapitel trägt die Überschrift „Die Geburtsstunde eines Visionärs".

[3] Zur Analyse vgl. etwa H. Conzelmann, Der erste Brief an die Korinther (KEK V), ²1981, 305–309 und G. Lüdemann, Auferstehung (s. Anm. 1), 53–55. Die Aussagen in V. 6 über die Erscheinung vor den „mehr als fünfhundert Brüdern" und in V. 7 über die Erscheinung vor Jakobus und „allen Aposteln" dürften jedenfalls nachträglich mit der ursprünglichen Formel V. 3b-5 verbunden worden sein. Daß V. 7 auf eine mit V. 5 konkurrierende Aussage zielt, durch die die besondere Stellung des Jakobus in der Jerusalemer Gemeinde legitimiert werden sollte, ist nicht sicher, aber durchaus möglich.

[4] Insofern liegt hier zweifellos ein apologetisches Motiv vor; vgl. Heininger (s. Anm. 2), 191. Es fällt auf, daß in der sich anschließenden weiteren Argumentation des Paulus das ὤφθη κἀμοί faktisch keine Rolle mehr spielt.

[5] Heininger (s. Anm. 2), 192f. betont zu Recht den Traditionscharakter des ὤφθη. „Ohne die Traditionsvorgabe … hätte Paulus kaum so formuliert." Daraus folge, daß man „die 'Erscheinung' des Paulus nach ihrer Erfahrungsseite hin nicht so ohne weiteres mit den vorher genannten Erscheinungen vergleich kann, zumal auch diese eine gewisse Disparatheit (Einzel- und Massenphänomene) erkennen lassen".

sammenhang des ἐγήγερται ein Hinweis auf Jesu Verlassen des Grabes nicht folgt, daß also die Formel (und offensichtlich auch Paulus selber) die Tradition des leeren Grabes nicht kennt; wenn Lüdemann dann allerdings behauptet, Paulus habe sich die Auferweckung Jesu gleichwohl „körperlich" vorgestellt[6], dann kann er dafür, abgesehen von allgemeinen religionsgeschichtlichen „Analogien", textliche Belege nicht nennen. Offenbar ist die Rede von der Auferweckung des gekreuzigten Jesus sowohl in der in 1 Kor 15,3ff. zitierten Formel wie auch im Denken des Paulus nicht darauf angewiesen, daß sie durch die Vorstellung eines in irgendeiner Weise wiederbelebten Leichnams und eines daraus resultierenden leeren Grabes näher expliziert wird[7].

Zuvor hatte Paulus im Ersten Korintherbrief schon in 9,1 die Adressaten daran erinnert, daß er „Jesus, unseren Herrn, gesehen" habe. Der Apostel formuliert diese Aussage im Rahmen von vier rhetorischen Fragen, die zeigen, daß der Apostel meint, ein grundsätzliches Wissen der Leser in Bezug auf die von ihm erwähnten Punkte voraussetzen zu können; aus, wie V. 2 zeigt, sehr konkreten Gründen sieht er sich veranlaßt, die Korinther ausdrücklich daran zu erinnern. Was Paulus mit der Formulierung „ich habe den Herrn gesehen" konkret meint, d.h. in welcher Gestalt Jesus ihm, der aufgrund seines „Sehens" zum Apostel wurde, begegnete, sagt er nicht[8]. Es ist deshalb unmöglich, die Feststellung zu treffen, daß Paulus in 1 Kor 9,1 „den subjektiven Aspekt des Geschehens durchaus angemessen wieder[ge-

---

[6] LÜDEMANN, Auferstehung (s. Anm. 1), 69: „Einerseits kennt Paulus keine Zeugnisse für das leere Grab, andererseits stellt er sich die Auferstehung Jesu körperlich vor, was das Hervorgehen des Leibes Jesu aus dem leeren Grab zu verlangen scheint." LÜDEMANN fährt dann freilich auffallend vage formulierend fort: „Dies gilt wohl auch, wenn Jesus das Grab mit verklärtem Leibe verlassen hat, denn das Schicksal des physischen Leibes Jesu *dürfte trotz 1 Kor 15,50 für Paulus nicht ohne Belang gewesen sein*" (Hervorhebung von mir). Ähnlich aaO 73: „Die Ausführungen über den zukünftigen Auferstehungsleib der Christen (1 Kor 15,35–49) dürften auch für den Auferstehungsleib Christi in Anspruch genommen werden, um so mehr, als für Paulus gilt: wie Christus so die Christen (vgl. 1 Kor 15,49; Phil 3,21)."

[7] LÜDEMANN, Auferstehung (s. Anm. 1), 73 hält es für „sicher, daß der Apostel hier [sc. in 1 Kor 15,8] an eine Schau Jesu in seiner pneumatisch-verwandelten Auferstehungsleiblichkeit denkt. Sonst wäre schwer verständlich, warum sich Paulus für die Gewißheit der leiblichen Auferstehung auf ophthe (1 Kor 15,4ff.) berufen kann". Aber damit trägt LÜDEMANN in das ὤφθη des Bekenntnisses einen apologetisch-rationalistischen Zug ein, der diesem tatsächlich fehlt; Paulus „beruft" sich durchaus nicht auf das „erschienen", um eine „Gewißheit der leiblichen Auferstehung" aussagen zu können.

[8] LÜDEMANN, Auferstehung (s. Anm. 1), 74 bestreitet, daß man die Wendung τὸν κύριον ἡμῶν ἑόρακα als bloße Formel apostolischer Selbstlegitimation auffassen dürfe. Das wird richtig sein. Aber immerhin begegnet dieselbe Wendung als Aussage der Maria Magdalena in Joh 20,18 (ἑώρακα τὸν κύριον) und als Aussage der Jünger in Joh 20,25 (ἑωράκαμεν τὸν κύριον); daß geprägte Sprache vorliegt, wird man also kaum bezweifeln dürfen. Zu ἑώρακα/ἑόρακα vgl. BLASS-DEBRUNNER-REHKOPF § 68,4.

be]"[9], denn wir wissen schlechterdings nicht, auf welches „Geschehen" sich Paulus bezieht[10].

Ausführlicher ist der von Paulus in Gal 1 gegebene Bericht von seiner Christusbegegnung. Schon in 1,12 erklärt der Apostel, daß das von ihm verkündigte εὐαγγέλιον nicht auf menschliche Tradition oder Belehrung zurückgeht; vielmehr verdanke es sich einer ἀποκάλυψις Jesu Christi. Was er damit im einzelnen meint, erläutert Paulus in V. 13–17[11]: Es gefiel Gott, dem, der die Kirche Gottes zu vernichten versucht hatte, seinen Sohn zu „offenbaren", damit er ihn den Völkern verkündige. Paulus sagt nicht ausdrücklich, daß die ἀποκάλυψις Jesu Christi bzw. Gottes ἀποκαλύψαι τὸν υἱὸν αὐτοῦ sich ihm in einem „Sehen" des Auferstandenen manifestiert habe. Zwar ist es schon von 1 Kor 9,1; 15,8 her überhaupt nicht auszuschließen, daß Paulus dies gemeint hat; aber immerhin fällt auf, daß er dann zumindest keinen Anlaß gesehen hat, den Adressaten in Galatien dies definitiv zu vermitteln. Die vom Apostel den Galatern gegebene Information lautet, daß Gott dem Verfolger der ἐκκλησία durch die ἀποκάλυψις seines Sohnes den Auftrag zur Heidenmission gegeben hat; und Paulus betont in diesem Zusammenhang mit großem Nachdruck, daß er diesem Auftrag unverzüglich (V. 16b: εὐθέως) nachgekommen sei[12].

Natürlich kann man fragen, auf welches reale Geschehen sich Paulus mit seinen Aussagen in Gal 1,12.15 f. bezieht. Aber eine Antwort darauf ist nicht möglich; denn wir können nur das wissen, was Paulus uns – bzw. richtiger: den Galatern – in seinem Brief mitzuteilen bereit war. Bemerkenswert ist ja bereits, daß nach der Aussage des Paulus bei dem, was von Gal 1,17b her zweifellos mit „Damaskus" in Verbindung zu bringen ist, nicht der ihm „er-

---

[9] So aber LÜDEMANN, Auferstehung (s. Anm. 1), 74.

[10] HEININGER (s. Anm. 2), 187 verweist als Parallelen auf prophetische und apokalyptische Visionsberichte im Alten Testament und in späterer jüdischer Literatur und stellt dann fest: „Die mit ἑόρακα eingeleitete Visionsschilderung – wenn dieser Begriff hier überhaupt am Platz ist – fällt im Vergleich mit den atl Vorgaben und den Visionsberichten apokalyptischer Provenienz allerdings ausgesprochen kurz aus." AaO 189: „Als unmittelbare Wiedergabe dessen, was Paulus vor Damaskus sah bzw. ihm widerfuhr, wird man 1 Kor 9,1 also schon deshalb nicht lesen dürfen, weil die Wahl der Sprachform offenbar unter pragmatischen Gesichtspunkten erfolgt ist." Vgl. dazu oben Anm. 8.

[11] Ähnlich wie in 1 Kor 9,1 erinnert Paulus auch in Gal 1,12.13 f. die Adressaten an etwas ihnen bereits Bekanntes (ἠκούσατε γὰρ …).

[12] HEININGER (s. Anm. 2), 197 verweist auf eine strukturelle Nähe von Gal 1,15 f. zu Lk 10,21 f/Mt 11,25–27 Q. Er vermutet von daher, daß Paulus mit seinen Aussagen indirekt das Selbstverständnis der in Galatien tätigen antipaulinischen Missionare aufnimmt: „Wie die Boten der Logienquelle ihre Sendung auf eine Apokalypsis des Sohnes zurückführen, so beziehen die in Galatien eingedrungenen Gegner ihr apostolisches Sendungsbewußtsein möglicherweise ebenfalls aus einer 'Enthüllung' Jesu Christi, sprechen eine solche aber Paulus ab."

scheinende" Christus als der Handelnde vorzustellen ist, sondern Gott[13]. Paulus will nun sicherlich nicht sagen, er habe vor Damaskus eine Gottesvision gehabt. Es kommt ihm aber offensichtlich darauf an, zu zeigen, daß sowohl seine „Vorgeschichte" wie auch seine Berufung bzw. Bekehrung ganz im Horizont seiner Gottesbeziehung gesehen werden müssen: Paulus war Verfolger der Kirche *Gottes* gewesen (1,13f.); aber es „gefiel" Gott, der ihn schon „von Mutterleib an ausgesondert und durch seine Gnade berufen" hatte (1,15), „(in) mir"[14] seinen Sohn zu offenbaren (1,15f.). Es liegt Paulus in Gal 1 wie offenbar im ganzen Galaterbrief daran, die Kontinuität des Gotteshandelns zu betonen[15]. Die dem Paulus zuteilgewordene Selbstoffenbarung Christi, die „Erscheinung" des Auferstandenen, ist im Galaterbrief kein Thema; es wäre deshalb exegetisch wie hermeneutisch falsch, diese Thematik gegen den Wortlaut in den Brief einzutragen[16].

III.

Zu den authentischen paulinischen Texten, die vom „Damaskuserlebnis" sprechen, werden gelegentlich auch Phil 3,8 und vor allem 2 Kor 4,6 gerechnet. G. Lüdemann meint, in Phil 3 liege, ähnlich wie in Gal 1, „eine theologische Ausdeutung" des Damaskusgeschehens vor; der Text enthalte allerdings „nur eine spärliche Beschreibung dessen, was damals *wirklich* geschah"[17]. Das ist zutreffend; doch es muß zugleich betont werden, daß wir über das Verhältnis des paulinischen Textes zu dem, was vor Damaskus „wirklich geschah", überhaupt nichts sagen können. Wir vermögen nicht einmal sicher die Frage zu beantworten, ob Paulus in Phil 3,7.8 tatsächlich das Damaskuserlebnis und die daraus für ihn sich ergebenden Konsequenzen darstellen will. Deutlich unterscheidet er zwar seine vorchristliche Exi-

---

[13] Auf diesen m.E. bedeutsamen Sachverhalt geht LÜDEMANN in seiner Interpretation (Auferstehung, 74f.) gar nicht ein.

[14] Zur Frage, ob das ἐν ἐμοί als einfacher Dativ („mir") oder aber im präzisen Sinn („in mir") zu deuten ist, vgl. HEININGER, (s. Anm. 2), 200. Nach seinem Urteil sprechen Gal 2,20 und Gal 4,6 eher für das dezidierte „in mir": „Paulus charakterisiert dann in Gal 1,15f. jenes Erlebnis bei Damaskus als einen inneren Vorgang, bei dem ihm Gott seinen 'Sohn' enthüllte, um ihn unter den Heiden zu verkündigen."

[15] Diese Betonung der Kontinuität im Gotteshandeln ist ja beispielsweise auch charakteristisch für das Verständnis der Gerechtigkeit Gottes und des Gesetzes innerhalb der Argumentation in Gal 3.

[16] Ist es Zufall, daß im Galaterbrief außer in 1,1 nirgends von Jesu Auferweckung bzw. Auferstehung die Rede ist, während vom (Kreuzes-)Tod Jesu sehr häufig und in unterschiedlicher Interpretation gesprochen wird? Dabei liegt auch in Gal 1,1, ebenso wie in 1,15f., eine Aussage über das Handeln *Gottes* an Jesus vor.

[17] LÜDEMANN, Auferstehung (s. Anm. 1), 76; Hervorhebung im Original.

stenz (3,4–6) von seiner christlichen (3,7 ff.); aber es fällt dabei auf, daß er in 3,7 sein Verwerfungsurteil über das, was ihm einst „Gewinn" gewesen war, im Perfekt formuliert (ἥγημαι), in der daran anknüpfenden Wiederholung in V. 8 dann aber das Präsens gebraucht (ἡγοῦμαι); es scheint also von einem in der Vergangenheit liegenden bestimmten Zeitpunkt des Wechsels seines Urteils gar nicht die Rede zu sein[18].

Auch in 2 Kor 4,6 sieht die Exegese nicht selten einen Reflex des Damaskuserlebnisses[19]. G. Lüdemann meint, daß also – wenn diese Interpretation richtig sein sollte – Paulus „bei seiner Bekehrung Christus in einer Lichtgestalt gesehen" hat; überdies sei dann auch anzunehmen, daß er „seine Schau Christi mit der Lichtwerdung am Schöpfungsmorgen parallelisiere"[20]. Aber wieder darf nicht übersehen werden, daß Paulus in 2 Kor 4,6 vom Handeln *Gottes* spricht und nicht von einer Selbstoffenbarung des auferstandenen Christus; überdies steht V. 6 in enger Beziehung zu der Aussage von V. 4 (ὁ θεὸς τοῦ αἰῶνος τούτου ἐτύφλωσεν τὰ νοήματα τῶν ἀπίστων), d.h. Paulus spricht hier im umfassenden Sinn von der „Erleuchtung" der bisher durch ihren Unglauben „Blinden"[21]. Das Aufstrahlen eines „Lichtes" im Zusammenhang des Damaskusgeschehens erwähnen die lukanischen Berichte (Apg 9,3; 22,6.11; 26,13); aber es ist methodisch falsch, diese zur Erklärung der eigenen Aussagen des Paulus beizuziehen oder gar das von Paulus Gesagte von dorther zu interpretieren[22].

---

[18] LÜDEMANN ebd. urteilt, daß es „an der Sache historisch vorbei" gehe, wenn man meine, in Phil 3 fehle „das visionäre Element"(so aber D. LÜHRMANN, Das Offenbarungsverständnis bei Paulus und in paulinischen Gemeinden [WMANT 16], 1965, 74); entscheidend sei allein die Frage, ob jenes Element hier *„ausgeschlossen"* sei, und davon könne keine Rede sein. Mit solcher Argumentation wird aber der tatsächliche Textbefund beiseite geschoben.

[19] Vgl. die Literaturhinweise bei HEININGER (s. Anm. 2), 201 Anm. 95.

[20] LÜDEMANN, Auferstehung (s. Anm. 1), 76.

[21] Vgl. dazu V.P. FURNISH, II Corinthians (AncB 32A), 1984, 250f. und HEININGER (s. Anm. 2), 14. HEININGER meint zu 2 Kor 4,6, hier beschreibe Paulus die ihm zuteilgewordene Offenbarung als „innere Erleuchtung" (aaO 209).

[22] LÜDEMANN, Auferstehung (s. Anm. 1), 92 hält es demgegenüber durchaus für sachgemäß, die paulinischen Aussagen mit den Angaben in Apg 9 zu verbinden: „Die Lk vorliegende Tradition des Damaskusgeschehens ist m.E. eine Berufungsgeschichte, die im wesentlichen mit den paulinischen Eigenzeugnissen übereinstimmt." „Die Berichte der Apostelgeschichte bereichern unser historisches Wissen um die Christusvision des Paulus. Die von Lk verarbeitete Tradition dürfte auf einen *Eigenbericht des Apostels* zurückgehen." (Hervorhebung von mir) LÜDEMANN beruft sich für seine These auf das Paulus-Buch von SCHALOM BEN-CHORIN.

IV.

B. Heininger macht mit Blick auf die bisher interpretierten Texte darauf aufmerksam, daß „Paulus an keiner Stelle ganz und gar freiwillig auf seine persönliche Ostererfahrung zu sprechen kommt, sondern stets mehr reagiert als agiert"[23]. Nun bezieht sich aber G. Lüdemann in der Debatte über das Auferstehungszeugnis des Paulus neuerdings nachdrücklich auch auf Röm 7,7–25[24], und hier ist der von Heininger aufgewiesene Zusammenhang zweifellos nicht vorhanden. Lüdemann meint, in Röm 7 beschreibe Paulus „den unbewußten Konflikt", den er vor seiner Bekehrung „ausgetragen" habe[25]. Zwar spreche der Apostel im ersten Abschnitt (V. 7–12) tatsächlich „in starker Verallgemeinerung" von der „Urgeschichte des Ich". Doch bedeute dies keineswegs, daß ein biographischer Bezug damit ausgeschlossen sei: Gerade weil die „Erzählung" in V. 8–11 „keine kognitiven Elemente" enthalte, bleibe „die Annahme eines unbewußten Konflikts" als Hintergrund der Aussage durchaus „eine Möglichkeit"[26]. Die Aussagen in Röm 7,7–25, vor allem im zweiten Abschnitt (V. 14–25), sprechen nach Meinung Lüdemanns von dem zunächst noch unbewußten, dann jedoch (V. 21 ff.) immer mehr ins Bewußtsein rückenden Konflikt, den der vorchristliche Paulus mit dem jüdischen Gesetz gehabt habe. Vor seiner Bekehrung bzw. Berufung habe Paulus diesen Konflikt aber nicht thematisieren können; deshalb brauche die von ihm in Phil 3,6 ff. beschriebene positive Beurteilung der eigenen früheren Gesetzesfrömmigkeit keineswegs als unzutreffend bezeichnet zu werden, denn der Apostel gebe dort „die ihm vor der Bekehrung eigene, bewußte Einstellung" wieder[27]. In Wahrheit aber habe Paulus schon und gerade als Verfolger der Kirche „in seinem Unbewußten eine starke Strömung zu Christus hin" aufgewiesen – ja, man könne geradezu

---

[23] HEININGER (s. Anm. 2), 210. „Inwieweit dabei konkrete Anwürfe von gegnerischer Seite eine Rolle spielen, bleibt im Einzelfall sicher diskutabel. Doch dürfte noch erkennbar sein, daß die Frage nach dem Apostelstatus immer irgendwie mitschwingt, und er sich infolgedessen an gewissen Vorgaben, die dafür als maßgeblich erachtet werden, orientiert."

[24] Vgl. LÜDEMANN, in: Osterglaube (s. Anm. 1), 33–40 und DERS., Ketzer. Die andere Seite des frühen Christentums, 1995, 78–80.

[25] LÜDEMANN, Osterglaube (s. Anm. 1), 33. DERS., Ketzer (s. die vorige Anm.), 78: „Meine These lautet, daß der in Röm 7 geschilderte Konflikt zu echt, zu ʻerfahrungsgeladenʼ, zu lebendig ist, als daß Paulus ihn z.B. im Rückblick auf die jüdische Existenz rein theoretisch entworfen haben könnte." Wenn man mit R. BULTMANN (Römer 7 und die Anthropologie des Paulus, in: DERS., Exegetica. Aufsätze zur Erforschung des Neuen Testaments, 1967, 198–209) Röm 7 als Beschreibung der jüdischen Existenz des Paulus ansehen dürfe, dann sei – gegen BULTMANN – nicht plausibel zu machen, warum dieser Text nicht „aus den persönlichen Erfahrungen des Apostels entstanden sein" soll.

[26] LÜDEMANN, Osterglaube (s. Anm. 1), 37 f.

[27] LÜDEMANN, aaO 39.

von einer „unbewußten Christlichkeit" des Paulus sprechen. „Die vehement ablehnende aggressive Haltung des Paulus gegen die Christen, sein Eifer, mag damit zusammenhängen, daß die Grundelemente der christlichen Predigt und Praxis ihn unbewußt angezogen haben. Jedoch aus Angst vor seinen unbewußten Strebungen hat er diese auf die Christen projiziert, um sie dort um so ungestümer attackieren zu können."[28]. Durch die Vision Christi sei dann der durch seine Verfolgertätigkeit „aufgestaute Schuldkomplex" abgelöst worden durch „die Gewißheit, in Christus zu sein"[29].

Man wird die Möglichkeit und das Recht einer „psychologischen Interpretation" von Röm 7 nicht von vornherein bestreiten dürfen[30]. Aber der Versuch, den zunächst in V. 7–24 geschilderten inneren Konflikt des „Ich" und die dann in V. 25a ausgesprochene Lösung dieses Konflikts unmittelbar mit dem „Damaskusgeschehen" zu identifizieren, bereitet doch erhebliche Probleme. Paulus deutet durch nichts an, daß er mit der Schilderung der „Geschichte des ἐγώ" tatsächlich seine eigene Vergangenheit beschreibt; entsprechende Hinweise fehlen im Gegenteil völlig. Gegen diese Beobachtung wird man kaum einwenden dürfen, Paulus rede hier doch von dem ihm „Unbewußten"; denn es ist schwerlich vorstellbar, daß Paulus lange Jahre nach seiner Bekehrung bzw. Berufung als Christusverkündiger einen von uns heute aus seinem Text (!) zu gewinnenden Eindruck selber nicht wahrgenommen haben sollte. Im Gegenteil scheint insbesondere der Tempuswechsel von der Vergangenheitsform (V. 7–13) zum Präsens (V. 14–25)[31] zu zeigen, daß Paulus jedenfalls im zweiten Textabschnitt ein Strukturproblem menschlichen Handelns beschreibt, das zwar *auch* im Leben des Paulus vorkommen kann (und tatsächlich vorkommt), das aber keineswegs unmittel-

---

[28] LÜDEMANN ebd. LÜDEMANN wendet sich hier gegen die von G. THEISSEN (Psychologische Aspekte paulinischer Theologie [FRLANT 131], 1983, 238) getroffene Feststellung, er müsse „gestehen, über eine unbewußte Christlichkeit des vorchristlichen Paulus nichts aussagen zu können". Auch THEISSEN meint (aaO 244), daß Phil 3,4–8 und Röm 7 miteinander verbunden werden müßten: „Der demonstrative Gesetzesstolz des Pharisäers Paulus war Reaktionsbildung auf einen unbewußten Gesetzeskonflikt, in dem das Gesetz zum angstauslösenden Faktor geworden war. Paulus konnte sich damals sein Leiden unter dem Gesetz nicht eingestehen. Als aber durch die Begegnung mit Christus die Hülle von seinem Herzen fiel, erkannte er die Schattenseiten seines Gesetzeseifers. Röm 7 ist das Ergebnis einer langen rückblickenden Bewußtmachung eines ehemals unbewußten Konflikts." THEISSEN betont allerdings m.R., daß Paulus diesen Konflikt für „allgemein menschlich" hält, da er ja sogar bei den Heiden vorkomme (Röm 2,14f.).

[29] LÜDEMANN, aaO 40.

[30] Vgl. THEISSEN (s. Anm. 28), 181–268. THEISSEN betont einleitend, er wolle „nicht nachweisen, daß der Text biographisch gemeint sei, wohl aber, daß er einen biographischen Hintergrund habe" (182).

[31] LÜDEMANN, Osterglaube (s. Anm. 1), 34 hält den Tempuswechsel für „auffällig"; er zieht daraus aber keine weiteren Konsequenzen.

bar auf sein (obendrein: vorchristliches) Leben zu beziehen und womöglich nur von daher zu verstehen ist[32]. Wollte man versuchen, zunächst Röm 7,14–24 auf die vorchristliche Existenz des Paulus und V. 25a dann auf das „Damaskuserlebnis" zu beziehen, so wäre im übrigen gerade die Konsequenz zu ziehen, daß man dem Text die betonte Aussage zu entnehmen hätte, daß die in V. 25a erwähnte „Bekehrung" durch überhaupt nichts vorbereitet war – denn die Antwort auf den Verzweiflungsruf von V. 24 kommt in V. 25a „von außen"! Eine Exegese, die versuchen wollte, in V. 14–24 die „unbewußte Christlichkeit" des die Kirche verfolgenden Paulus zu entdecken, müßte behaupten, daß dem Apostel selbst noch bei der Abfassung von Röm 7 seine einstige geheime Christusbindung nach wie vor nicht bewußt war. Sollte es dann wirklich möglich sein, daß *wir* sie in dem Text des Paulus zu entdecken vermögen?

V.

Paulus sieht sich selber als einen Zeugen der Auferstehung Jesu von den Toten. Aber die Aussagen des Apostels tragen nicht dazu bei, die moderne Frage nach der „historischen" Basis des Auferstehungsglaubens zu beantworten. Denn es gibt in den uns erhaltenen Briefen des Paulus nur einen einzigen Text, in dem der Apostel seine Zeugenschaft ausdrücklich als solche erwähnt – 1 Kor 15,8. Hier aber expliziert er das „Wie" seiner Begegnung mit dem Auferstandenen in keiner Weise, und ebensowenig spricht er hier von der Gestalt dessen, der ihm „erschienen" ist. Es ist ein Mißverständnis der Aussagen in 1 Kor 15,3–8, wenn man meint, Paulus wolle mit der mehrfachen Erwähnung des ὤφθη die Auferstehung Jesu womöglich „beweisen"[33]. Das ὤφθη hat, wie die Aussagen zum eigenen Apostolat des Paulus in V. 9–11 zeigen, die Funktion, die Wahrheit der Verkündigung derer, denen Christus erschienen ist, zu legitimieren (οὕτως κηρύσσομεν), es bestätigt damit zugleich den Glauben derer, die dieser Verkündigung gefolgt sind (οὕτως ἐπιστεύσατε). Für Paulus steht es dabei außer Frage, daß

---

32 H. Lichtenberger, Studien zur paulinischen Anthropologie in Römer 7 (HabSchr. Tübingen), 1985 hat gezeigt, daß das „Ich" sowohl in 7,7–13 wie auch in 7,14–24 der biblische Adam von Gen 2.3 ist – freilich so, daß Adams „Ich" ein „jeweiliges adamitisches 'Ich'" erklärt: „Doch in 14–25 ist es nicht mehr Adam, der spricht, sondern jeweiliges geschichtliches 'Ich' erkennt seine Gefangenschaft unter der Sünde im Lichte von Adams Sünd- und Todesverfallenheit" (177).

33 Leider spricht auch K.M. Fischer, Das Ostergeschehen (AVTRW 71), 1978, 56 in seiner ansonsten wertvollen Studie davon, Paulus führe durch die Reihe der Zeugen in V. 5ff. den „Beweis" bzw. den „Nachweis, daß Christus auferstanden ist".

die Auferstehung Christi von den Toten *verkündigt* wird (V. 12), d.h. er denkt nicht an ein ihm durch seine Vision bestätigtes „historisches Faktum", sondern Jesu Auferweckung durch Gott ist für ihn Gegenstand des Glaubens.

Das Präskript des Römerbriefes als theologisches Programm

von

EDUARD LOHSE

Der Eingang des Römerbriefes unterscheidet sich von den Präskripten aller anderen Paulusbriefe sowohl durch seinen ungewöhnlichen Umfang wie auch durch seinen schwer befrachteten Inhalt. Paulus folgt stets dem ihm vorgegebenen Briefformular, das er aus überkommener Überlieferung des alten Orients aufnahm und in hellenisierter, zugleich aber verchristlichter Gestalt verwendete. Zunächst werden Absender und Adressaten aufgeführt, wobei die einen wie die anderen durch schmückende Prädikate des näheren charakterisiert werden können. Und dann wird der Gruß ausgerichtet, indem nach altem Brauch Friede zugewünscht, diesem Begriff aber der der Gnade vorangestellt wird. Damit wird auf die Erfüllung der Verheißungen hingewiesen, die durch Gottes friedenstiftende Tat in der Sendung des Christus geschehen ist. Die beiden Begriffe werden daher zumeist mit der Angabe verknüpft, daß die mit ihnen bezeichnete Wirklichkeit durch Gott den Vater und den Herrn Jesus Christus heraufgeführt worden ist. In zwei oder höchstens drei Versen ist damit alles gesagt, was zur Eröffnung des jeweiligen Schreibens auszusprechen ist.

Abgesehen vom Römerbrief macht freilich auch der Galaterbrief von der sonst üblichen Gestalt des Briefeingangs eine beachtenswerte Ausnahme. Dabei sind Absender und Empfänger nur mit wenigen hinzugefügten Worten genauer bezeichnet. Der Gruß jedoch hat eine ausführlichere Gestalt erhalten, indem eine knappe Wendung des christologischen Bekenntnisses aufgenommen und eine abschließende Doxologie hinzugefügt sind: Gnade und Friede von Gott unserem Vater und dem Herrn Jesus Christus – „der sich selbst für unsere Sünden dahingegeben hat, daß er uns errette von dieser gegenwärtigen, bösen Welt nach dem Willen Gottes, unseres Vaters; dem sei Ehre von Ewigkeit zu Ewigkeit. Amen." (Gal. 1,4f.) Mit diesen

Worten ist gleich zu Beginn unüberhörbar darauf hingewiesen, daß das Heil ausschließlich und allein durch Christus bewirkt ist und nur durch ihn zuteil wird, so daß in seinem – und keines anderen – Namen Gott die Ehre zuzuerkennen ist. Ehe der Apostel in eine scharfe Auseinandersetzung mit jenen Lehrern des Gesetzes eintritt, die die Gemeinden in Verwirrung gestürzt haben, betont er mit dem gemeinchristlichen Bekenntnis auf das nachdrücklichste, daß der Christusglaube keinerlei Zusätze oder Ergänzungen verträgt, wie sie durch Gesetzeslehre und ihr entsprechende Observanz vorgenommen würden. Wer solchen Gedanken nachhängen wollte, würde der Wahrheit des Evangeliums zuwiderhandeln und die eine Frohbotschaft, von deren Zuspruch alle Christen leben, in ihr Gegenteil verkehren.

I.

Im Römerbrief ist – wie sonst üblich – der Gruß kurz und knapp gehalten: „Gnade sei mit euch und Friede von Gott, unserm Vater, und dem Herrn Jesus Christus." (V. 7b) Doch ehe der Apostel sich an die Adressaten wendet und ihnen den Gruß zuspricht, stellt er in sechs vollen Versen, die nur einen einzigen überlangen Satz in sich aufnehmen, sich selbst den Lesern und Hörern seines Briefes vor. Wie er es immer zu handhaben pflegte, setzt er an den Anfang seinen Namen „Paulus", dessen er sich als hellenistischer Jude in der griechisch-römischen Umwelt bediente. Doch der Name allein genügt nicht, um sich eindeutig zu legitimieren. Daher werden nähere Charakterisierungen hinzugefügt, aus denen entnommen werden soll, wer dieser Paulus ist, der sich an die Christen in Rom wendet, denen er bis dahin noch nicht persönlich hat begegnen können.

Die sorgfältig gewählten Ausdrücke lassen darauf schließen, daß Paulus offensichtlich damit rechnen muß, daß die Empfänger seines Schreibens bereits die eine oder andere Nachricht über ihn erhalten haben werden – möglicherweise nicht nur gut klingende Mitteilungen, in denen von der erfolgreichen Missionstätigkeit des Paulus berichtet wurde, sondern vielleicht auch kritische Äußerungen, die insbesondere seine Stellung gegenüber dem Gesetz Israels und der Frage betrafen, ob es auch von seiten junger Christen, die aus den Völkern gewonnen wurden, zu befolgen sei oder nicht[1]. Paulus legt jedenfalls Wert darauf, gleich in der „bedachtsam formulierten

---

[1] Vgl. J. D. G. Dunn, Romans 1–8, Dallas/Texas 1988, 22: „He felt the need to define the terms of his apostolic commissioning in order to refuse any suspicion or criticism which might cause the reader to ‚turn off' too soon."

Grußüberschrift"[2] mit aller Klarheit und Eindeutigkeit darzulegen, welcher Verkündigung er sich verpflichtet weiß und wie er diese ausrichtet. Die Empfänger seines Briefes sollen jeder Sorge enthoben werden, als könne man ihm nicht trauen oder müsse Bedenken haben, ihn in seinem Wirken zu begleiten und zu unterstützen.

Um seinen Namen in gebotener Weise von dem Dienst her zu erläutern, den er zu verrichten hat, werden drei Erklärungen hinzugesetzt, deren letzte mit besonderer Betonung versehen ist: Sklave Christi Jesu – berufen zum Apostel – ausgesondert, zu predigen das Evangelium Gottes. Der Begriff des Apostels, den Paulus in den Briefeingängen regelmäßig mit durchaus spürbarer Betonung zu verwenden pflegt, ist in die Mitte gestellt und von den beiden anderen Kennzeichnungen eingerahmt, die ihn entsprechend genauer bestimmen und interpretieren. Eingesetzt wird mit dem Hinweis auf den Dienstcharakter seines Predigens. Das geradezu befremdlich klingende Wort „Sklave" wird zuerst genannt, um nicht mit dem Anspruch autoritativer Stellung und der Forderung zu beginnen, ihr müsse in gehöriger Weise entsprochen werden. Einen Sklaven, wie es deren in der Hauptstadt des Weltreiches ungezählte gab, kann man leicht übersehen oder meinen, man brauchte ihm nicht zuzuhören. Doch hier tritt ein Sklave ganz besonderer Art den Christen in Rom entgegen und wirbt um ihr Vertrauen[3]. Denn es geht weder um seine Person noch um einen Anspruch, der der Anerkennung eines herausgehobenen Amtes gelten sollte, sondern es kommt allein auf die Sache Christi Jesu an, die Absender und Empfänger des Briefes gleicherweise betrifft. Ihm dienen zu dürfen, macht daher den besonderen Rang des apostolischen Wirkens aus, wie Paulus es an vielen Orten versehen hat und künftig in noch weiter gespanntem Rahmen ausüben möchte.

Von diesem Verständnis des Dienstes, der Christus Jesus erwiesen und in seinem Namen vollzogen wird, ist daher der an die zweite Position gesetzte Aposteltitel inhaltlich bestimmt. Wie nach altorientalischem Botenrecht gilt, daß ein bevollmächtigter Gesandter uneingeschränkt seinen Auftraggeber vertritt und daher gleiches Ansehen wie dieser zu beanspruchen hat, so versteht sich Paulus als Gesandter an Christi Statt, der nichts anderes vorzutragen hat, als an seiner Stelle und in seinem Namen die Botschaft von der Versöhnung zu Gehör zu bringen (2. Kor. 5,19f). Nicht für ein in jeder Hinsicht außergewöhnliches und außerordentliches Amt als solches hat Paulus daher Geltung und Anerkennung einzufordern, sondern es kommt allein

---

[2] P. STUHLMACHER, Der Brief an die Römer, Göttingen 1989, 20.
[3] Vgl. U. WILCKENS, Der Brief an die Römer 1–5, Neukirchen 1978, 62: Daß Paulus sich als Sklave Christi Jesu einführt, ist „zweifellos darin begründet, daß er an eine Gemeinde schreibt, die er nicht selbst missioniert hat".

auf die Botschaft an, die er weiterzugeben hat. Ist er doch „ausgesondert, zu predigen das Evangelium Gottes".

Mit diesen Worten bringt Paulus ein geradezu prophetisches Verständnis des ihm aufgetragenen Dienstes zum Ausdruck – schon im Mutterleib wurde er von Gott zur Erfüllung des Auftrags erwählt, dem er nun treu zu dienen hat (Jes. 49,1; Jer. 1,5). Anders als in allen anderen Briefen stellt Paulus seinem Namen nicht den eines oder mehrerer anderer Mitarbeiter an die Seite. Diese nennt er sonst, um auf die Solidarität der Dienstgemeinschaft hinzuweisen, in der sie miteinander stehen; doch in seinem nach Rom gerichteten Brief tritt er ganz allein für den Inhalt der Botschaft ein, die er darin entfaltet. Denn er und kein anderer hat sich für die Verkündigung zu verantworten, die ihm unverwechselbar und unvertretbar aufgegeben ist: die frohe Kunde vom Sohn Gottes auszubreiten (Gal. 1,16), die allein im Glauben angemessen aufgenommen werden kann, der auf die Gerechtigkeit vertraut, „die von Gott dem Glauben zugerechnet wird" (Phil. 3,9).

Das Evangelium, das sonst nirgendwo in einem paulinischen Briefpräskript genannt, hier aber gleich im ersten Vers betont herausgestellt wird, bleibt „dem Apostolat vorgeordnet, es setzt diesen aus sich heraus"[4]. Denn die Proklamation der frohen Botschaft, wie sie dem Apostel aufgetragen ist, weist von seiner Person fort und deutet mit aller Klarheit auf den Inhalt der Verkündigung, der er zu dienen hat[5].

II.

Im Unterschied zu allen anderen Briefen bringt Paulus „den Begriff des Evangeliums bereits dort ins Spiel, wo dieser sonst durchweg fehlt: im Präskript"[6]. Damit weist er auf die zentrale Bedeutung hin, die diesem Begriff sowohl grundsätzlich als auch konkret im Blick auf das Verhältnis des Apostels zu den Christen in Rom zukommt[7]. Paulus hat das Wort wie auch den mit ihm bezeichneten Inhalt aus der urchristlichen Verkündigung übernommen und kann sich daher wiederholt auf Formulierungen beziehen, die als

---

[4] E. KÄSEMANN, An die Römer, Tübingen 1973, ³1974, 4.

[5] Vgl. C. E. B. CRANFIELD, The Epistle to the Romans I, Edinburgh 1975, 5. repr. 1987, 52: Der Begriff Apostel „is thus a very humble word and also at the same time expressive of the most august authority". Daher gilt: „The apostle's function is indeed to serve the gospel by an authoritative and normative proclamation of it." (53)

[6] G. KLEIN, Der Abfassungszweck des Römerbriefes, in: Rekonstruktion und Interpretation. Gesammelte Aufsätze zum Neuen Testament, BEvTh 50, München 1969, 142.

[7] Vgl. KLEIN, aaO., 134. Aus dieser zutreffenden Beobachtung muß jedoch nicht der Schluß gezogen werden, als betrachte Paulus die Christen in Rom als Leute, die erst durch das von ihm ausgerichtete apostolische Evangelium zur rechten Gemeinde gemacht werden müßten.

Aussagen des Bekenntnisses in fest geprägte Sätze gefaßt wurden. Daran zeigt sich, daß Paulus „nicht der Schöpfer, sondern der Fortsetzer einer urchristlichen Theologie" war[8]. So erinnert er die Korinther daran, daß sie wie auch er selbst an das Evangelium gebunden sind. Er hatte es schon übernommen und es ihnen einst gebracht, als die Gemeinde gegründet wurde. Seine Botschaft aber verkündigt den gekreuzigten und auferstandenen Christus, in dem die Verheißungen der Schriften erfüllt worden sind und der von den Seinen als der Lebendige bezeugt wird (1. Kor. 15,1–5). Sowohl der Parallelismus membrorum, in dem die Aussagen gehalten sind, wie auch der Sprachgebrauch, der von der sonst üblichen paulinischen Redeweise deutlich abweicht, lassen eindeutig erkennen, daß es sich um eine vorpaulinische Aussage handeln muß[9], die in die frühesten Anfänge der Christenheit zurückreicht[10].

Im Eingang des Römerbriefes führt Paulus nicht eine bekenntnisartige Wendung an, die von Tod und Auferstehung Christi handelt, sondern bezieht er sich auf formelartige Aussagen, die von der irdischen Existenz und der himmlischen Erhöhung des Herrn handeln. Deren Zitat leitet der Apostel ein, indem er auf die Erfüllung der in den Schriften verbürgten Verheißungen aufmerksam macht (V. 2). Die gedrängte Rede, die ohne Verwendung eines Artikels von heiligen Schriften spricht, nimmt vorgegebene Ausdrucksweise auf, in der das spezifisch urchristliche Verständnis der Schriften hervorgehoben wird. Denn nicht von der Thora, sondern von den prophetischen Verheißungen her wird die Fülle der in den Büchern des Alten Testaments zusammengefaßten Aussagen aufgeschlossen. Das Evangelium gründet sich auf die schon „zuvor" von den Propheten verkündigten Verheißungen Gottes, in denen angesagt wurde, was nun verwirklicht ist. Die von ihnen vorgegebene Sprache bestimmt daher nun auch die Art und Weise, in der von der Erfüllung gehandelt wird, die in Christus gekommen ist.

Der Apostel teilt dieses urchristliche Verständnis christologischer Schriftauslegung und weiß sich mit allen Glaubenden einig im Christusbe-

[8] E. LOHMEYER, Briefliche Grußüberschriften, in: Probleme paulinischer Theologie, Darmstadt 1954, 29.

[9] Der schlüssige Nachweis für den vorpaulinischen Charakter der Paradosis 3b–5 ist von J. JEREMIAS, Die Abendmahlsworte Jesu, Göttingen ⁴1967, 95–97 erbracht worden.

[10] Der semitisierende Sprachcharakter der Sätze erlaubt keine sichere Schlußfolgerung, ob ein hebräisches bzw. aramäisches Original zugrundeliegt oder aber die Aussage in einer durch die LXX geprägten Redeweise formuliert worden ist. Wenn daher auch ungewiß bleibt, ob Jerusalem oder aber Antiochia der Ort ihrer Entstehung war, so kann doch kein Zweifel über das hohe Alter der Paradosis bestehen. Vgl. H. CONZELMANN, Zur Analyse der Bekenntnisformel 1. Kor. 15,3–5, EvTh 25 (1965) 1–11 = Theologie als Schriftauslegung, BEvTh 65, München 1974, 131–141.

kenntnis, das sie miteinander verbindet. Es redet „von dem, der geboren wurde aus Davids Samen nach dem Fleisch, eingesetzt zum Sohn Gottes in Kraft nach dem Geist der Heiligkeit seit der Auferstehung von den Toten" (V. 3f.). Das übernommene Zitat dürfte diesem Umfang entsprechen. Die Einleitung durch ein einführendes „von", der deutlich erkennbare Parallelismus membrorum, der Partizipialstil, sonst bei Paulus nicht gebräuchliche Ausdrücke wie „einsetzen" oder „Geist der Heiligkeit" und vor allem der Inhalt der Aussage deuten darauf hin, daß hier vorpaulinische Wendungen aufgenommen worden sind. Zwei Sphären werden einander gegenübergestellt: die irdische und die himmlische. Die erste bezeichnet der Begriff des Fleisches, der den Menschen in seiner Vorfindlichkeit und Hinfälligkeit charakterisiert; die zweite dagegen wird durch die hebraisierende Wortverbindung „Geist der Heiligkeit" benannt. Dabei liegt nicht die spezifisch paulinische Begrifflichkeit von Fleisch und Geist vor, die der Apostel häufig in seiner Anthropologie verwendet[11]. Sondern hier werden im Unterschied zu dieser Redeweise zwei Bereiche voneinander unterschieden, die als „unten" und „oben" einander gegenüberstehen, wie es auch in anderen vergleichbaren urchristlichen Sätzen der Fall ist: „offenbart im Fleisch/gerechtfertigt im Geist" (1. Tim. 3,16; vgl. auch 1. Petr. 3,18; 4,6)[12].

Jesu irdische Existenz ist – wie im Corpus Paulinum nur noch 2. Tim. 2,8 – als Davidssohnschaft bestimmt. Dabei ist gewiß nicht nur daran gedacht, daß eine Angabe über seine Herkunft und Abstammung gemacht werden sollte. Sondern der Sohn Davids wurde, jüdischer Erwartung entsprechend, als der Träger der Verheißungen betrachtet, der seinem Volk Rettung und Erlösung bringt. Daher findet sich in Wundergeschichten der Evangelien wiederholt die Anrufung Jesu als Davidssohn, um von ihm Heilung zu erbitten[13]. Als Sohn Davids erfüllte Jesus die Verheißungen der Schrift und der Hoffnung Israels. Aber dem hoheitsvollen Ausdruck „aus dem Samen Davids" steht die Würde, die der Auferstandene empfing, gegenüber und überbietet ihn. Denn er wurde „eingesetzt zum Sohn Gottes", wie es in der zweiten, stärker betonten Zeile des Bekenntnisses heißt.

Der Titel „Sohn Gottes" wird in einigen alttestamentlichen Sätzen verwendet, um auf die unvergleichliche Würde des von Gott eingesetzten Herrschers hinzuweisen: „Du bist mein lieber Sohn, heute habe ich dich ge-

---

[11] Auf den vorpaulinischen Charakter der Formel hat R. BULTMANN, Theologie des Neuen Testaments, Tübingen 1953, 81980, 52 aufmerksam gemacht. Doch vermutet er, daß die Begriffe Fleisch/Geist auf paulinische Redaktion zurückgehen.

[12] Vgl. E. SCHWEIZER, Röm. 1,3f. und der Gegensatz von Fleisch und Geist vor und bei Paulus, EvTh 15 (1955) 563–571 = Neotestamentica, Zürich 1963, 180–189.

[13] Vgl. E. LOHSE, ThWB VIII, 489f.

zeugt." (Ps. 2,7; vgl. auch 2. Sam. 7,14) Dabei ist der Begriff des Gottessohnes als Ausdruck der Legitimation des Herrschers durch Gott verstanden. Doch im antiken Judentum wahrte man diesem Titel gegenüber große Zurückhaltung, um das Mißverständnis zu vermeiden, als wäre von einer physischen Gottessohnschaft die Rede. Weil in mancherlei synkretistischen Vorstellungen der damaligen Umwelt von vielen Göttersöhnen erzählt wurde, die aus der himmlischen Sphäre auf die Erde kamen, hielt man im Judentum Abstand von solchen Gedanken und verwendete deshalb nur in ausdrücklichen Zitaten der messianischen Verheißungen den Titel „Sohn Gottes", vermied jedoch im übrigen diese Bezeichnung des Messias[14].

Urchristliche Verkündigung, die die Schriften im Zeichen erfüllter Verheißungen deutete, konnte unbefangener verfahren, unmittelbar auf Worte der Schrift zurückgreifen und daher davon sprechen, daß Gott den auferstandenen Christus in seine herrscherliche Würde als Sohn Gottes eingesetzt habe. Durch Gottes Kraft zu seiner Hoheit erhoben, ist er der lebendige Herr[15], zu dem die Seinen sich bekennen. Paulus nimmt dieses Bekenntnis, das eindeutig judenchristlichen Ursprungs ist, auf und stimmt in seine kraftvollen Aussagen ein. Doch wertet er die überkommenen Sätze nicht als heilige Formel, die unverändert bleiben und in fester Gestalt bewahrt werden müßte. Vielmehr interpretiert er ihre Bedeutung, indem er den Nachdruck des christologischen Bekenntnisses verstärkt.

In der hellenistischen Christenheit traten die Titel „Sohn Gottes" und „Herr" in den Vordergrund der Christusverkündigung, um anzuzeigen, daß alle Hoffnungen und alle Erwartungen, mit denen man sich in der alten Welt nach Rettung und Heil ausgestreckt hatte, in Erfüllung gegangen sind – nicht nur die des alten Israel, sondern auch diejenigen der Völker. In Übereinstimmung mit dem Bekenntnis der hellenistischen Gemeinden stellt der Apostel darum dem übernommenen Zitat den Hinweis auf Christus als den Gottessohn voran und schließt es mit der vollklingenden Aussage ab: „Jesus Christus unser Herr." Dadurch wird das judenchristlicher Überlieferung entnommene Zitat von dem Bekenntnis der hellenistischen Christenheit umklammert und interpretiert. Denn mit ihr spricht auch Paulus unbefangen nicht nur vom irdischen (Röm. 8,32), sondern auch vom präexistenten Christus als dem Sohn, den Gott in die Welt sandte, „als die Zeit erfüllt war" (Gal. 4,4). Er ist zum Kyrios eingesetzt worden, um als der lebendige

---

[14] Vgl. E. LOHSE, ThWB VIII, 361.

[15] „In Kraft" wird zum Text der Vorlage zu rechnen, „seit der Auferstehung der Toten" als knapper Ausdruck zu verstehen sein, der auf Christi Auferweckung als den Beginn seiner Hoheit als Gottessohn hinweist.

Herr den Namen zu führen, der über alle Namen ist, und von allen Zungen die Akklamation zu empfangen: „Herr ist Jesus Christus." (Phil. 2,9–11)

Indem Paulus auf diese Weise die ältere Aussage mit dem geläufigen Bekenntnis der weltweiten Christenheit verbindet, läßt er die gewisse Spannung, die durch die verschiedenen Aussagen über Beginn und Reichweite der Gottessohnschaft gegeben ist, stehen, ohne sich darum zu bekümmern. Denn es kommt ihm darauf an, die einzigartige Hoheit des Christus als den Inhalt der allerorten ausgerufenen frohen Botschaft zu beschreiben, indem die Hoheitstitel unterschiedlicher Herkunft zusammengefaßt werden zum gemeinchristlichen Bekenntnis des „solus Christus". Der Bezug auf dieses Bekenntnis dient ihm dazu, „die gemeinsame Grundlage des Glaubens mit den Römern herzustellen"[16]. Diese Gemeinsamkeit ist nicht auf einen einzigen unveränderlichen Wortlaut der Aussagen des Glaubens bezogen, sondern es kann durchaus Unterschiede der Formulierungen geben, ohne daß diese in eine ausgleichende, einheitliche Fassung gebracht werden müßten. Unterschiede, „die sich in den verschiedenen christologischen Entwürfen zeigen, beeinträchtigen nicht die Einheit des Evangeliums, sondern variieren das konstante Kerygma im Verständnis der jeweiligen Hörer und im Wandel der Zeiten und Kulturen"[17]. Hieraus darf gefolgert werden: „Zur Einheit der Gemeinde gehört die eine Botschaft, nicht die einheitliche Theologie bzw. Christologie."[18]

Der Apostel führt sich auf diese Weise bei den Christen in Rom als Bote des einen Evangeliums ein, das ihnen und ihm gemeinsam ist und dem sie miteinander zu dienen haben. Seine Person tritt dabei hinter diesem Auftrag zurück, der Inhalt und Wahrnehmung seines Amtes bestimmt. Sie ist daher „nur insofern im Blick, als er Träger des Evangeliums ist, das universale Geltung beansprucht und den Verkünder zum Missionsdienst im gesamten bewohnten Erdkreis verpflichtet. Das Thema des Briefes ist daher eben dieses Evangelium und nicht die Person des Apostels."[19]

Denkt der Apostel vom Evangelium her[20], so ist er dabei doch nicht von Voraussetzungen geleitet, wie sie in der Umwelt des Urchristentums die inhaltliche Füllung dieses Begriffes ausmachten[21]. Zwar faßt Paulus den welt-

---

[16] KÄSEMANN, aaO., 11.

[17] W. SCHMITHALS, Der Römerbrief, Gütersloh 1988, 51.

[18] SCHMITHALS, ebd.

[19] H. KÖSTER, Einführung in das Neue Testament, Berlin/New York 1980, 575. Vgl. auch S. PEDERSEN, Theologische Überlegungen zur Isagogik des Römerbriefes, ZNW 76 (1985) 64 Anm. 48.

[20] Vgl. P. STUHLMACHER, Theologische Probleme des Römerbrief-Präskripts, EvTh 27 (1967) 374–389.378.

[21] An apokalyptische Voraussetzungen denkt Stuhlmacher, wenn er erklärt: „Weil das

weiten Horizont ins Auge, den die Proklamation der frohen Botschaft eröffnet, aber er begründet diese Perspektive weder aus apokalyptischen Vorstellungen, die von einem äonenhaften Gebilde handeln mochten[22], noch aus Zusammenhängen, wie sie im antiken Herrscherkult gegeben waren[23]. Vielmehr verwendet er den Begriff durchgehend in der Prägung, die ihm die urchristliche Verkündigung durch den festen Bezug auf das Christusbekenntnis gegeben hatte. Denn im Evangelium wird der gekreuzigte und auferstandene Christus, der erniedrigte und erhöhte Gottessohn und Kyrios als der Herr ausgerufen, in dessen Namen allein Rettung und Heil zuteil werden.

III.

Nach Zitat und Interpretation der überkommenen Bekenntnisaussage, die die übereinstimmende Überzeugung aller Glaubenden angibt, lenkt Paulus wieder zurück zu dem ihm gestellten Auftrag: „Durch ihn haben wir empfangen Gnade und Apostelamt, in seinem Namen Gehorsam des Glaubens aufzurichten unter allen Völkern." (V. 5) Die apostolische Sendung, die ihm erteilt worden ist, wird von Paulus als Erweis der Barmherzigkeit Gottes begriffen. Durch nichts anderes als durch die Gnade des Gottes, der ihn berufen hat, ist er, was er ist (1. Kor. 15,10). In seinem apostolischen Wirken soll das Angebot der göttlichen Gnadenzuwendung, wie sie in Christus geschehen ist, aller Welt gemacht werden. Nennt Paulus bereits an dieser Stelle alle Völker als Adressaten seiner Predigt, so präludiert er gleich zu Beginn seines umfangreichen Schreibens die Überzeugung, daß das Evangelium Juden zuerst und ebenso Griechen zu bezeugen ist (1,16).

In keinem anderen Paulusbrief begegnen die Wörter „alle", „jeder" oder auch negativ „keiner" so häufig wie in dem an die Römer[24]. Adressat der apostolischen Predigt ist demnach die Welt und zugleich jeder einzelne, der eingeladen wird, die frohe Botschaft im vertrauenden Glauben anzunehmen. Die Christen in der Welthauptstadt sollen sich dieses universalen Charakters des Evangeliums bewußt sein, das ausgerufen wird, um Gehorsam

---

Evangelium Wort ist, kann es also, die Zukunft verkörpernd und in sich aufnehmend, die Parusie des Christus schon in die Gegenwart des Redens und Hörens der Gemeinde hereinziehen." (ebd. 377) Vgl. auch DERS., Das paulinische Evangelium I, FRLANT 95, Göttingen 1969, 83: „das Evangelium als apokalyptische Gottesmacht".

[22] Vgl. P. STUHLMACHER, Evangelium, 107f. u. ö.

[23] Belege bei G. FRIEDRICH, ThWB II, 721f.

[24] Vgl. G. BORNKAMM, Der Römerbrief als Testament des Paulus, in: Glaube und Geschichte II, Gesammelte Aufsätze IV, BEvTh 53, München 1971, 135; ferner: H. S. HWANG, Die Verwendung des Wortes „πᾶς" in den paulinischen Briefen, Diss. theol. Erlangen 1985.

des Glaubens zu wecken. Der als Genetivus epexegeticus angehängte Begriff erläutert, was mit dem Gehorsam gemeint ist, auf den die Verkündigung zielt. Denn in der bejahenden Antwort, die im Glauben gegeben wird, wird dem Namen des Kyrios die ihm geschuldete Ehre erwiesen.

Der Begriff des Evangeliums, der so betont an den Anfang des Römerbriefes gestellt ist, wird im folgenden wieder aufgenommen und sowohl hinsichtlich seiner Empfänger wie auch seines Inhalts erläutert. Auf der einen Seite hebt der Apostel noch einmal seinen Dienst hervor, wie er ihn am Evangelium versieht (1,9); denn diese Botschaft gilt auch den Christen in Rom, mit denen der Apostel um seines Auftrags willen Verbindung sucht. Mit aller gebotenen Behutsamkeit weist er auf diesen Zusammenhang hin, um Interesse und Sympathie von seiten der Christen in Rom[25] zu gewinnen. Auf der anderen Seite aber versieht der Apostel den Begriff des Evangeliums mit einer programmatischen Erläuterung, die wie eine Überschrift über alle folgenden Ausführungen des Römerbriefes gesetzt ist: „Denn ich schäme mich des Evangeliums nicht; denn es ist Kraft Gottes zur Rettung für jeden, der glaubt, Juden zuerst und auch Griechen. Denn Gottes Gerechtigkeit wird darin offenbar aus Glauben zum Glauben, wie geschrieben steht: Der Gerechte wird aus Glauben leben." (1,16f.)

Sich nicht zu schämen bedeutet positiv: sich zu bekennen. Dazu steht Paulus vor Gott und den Menschen. Denn er hat für die Wahrheit des Evangeliums einzutreten (Gal. 2,5.14). Diese Wahrheit beinhaltet die einzig angemessene Konsequenz, die aus der Christusverkündigung zu ziehen ist. Paulus nennt daher die Lehre von der Rechtfertigung als diese Folgerung, die sich notwendig aus dem Evangelium ergibt. Mit dieser Bestimmung der Evangeliumspredigt, die in der Verkündigung von der Rechtfertigung aus Glauben ausgerichtet wird, unterstreicht Paulus, daß diese Lehre von ihm nicht als eine theologische Einsicht begriffen wird, wie nur er sie als seine Erkenntnis gewonnen hat. Vielmehr will Paulus dieses Verständnis des Evangeliums als allein sachgerecht und dem Gehalt der frohen Botschaft entsprechend verstanden wissen, wie es allen Zeugen der guten Nachricht aufgetragen ist. Theologische Unterweisung, wie Paulus sie darbietet, hat daher keine andere Aufgabe zu erfüllen, als das eine Evangelium auszulegen, durch das die Kirche begründet wurde und von dem sie allein Leben und Bestand empfängt[26].

---

[25] Die Ortsangabe fehlt in einigen wenigen Handschriften und ist in ihnen ohne Zweifel nachträglich getilgt worden, um den Brief des Apostels im Gottesdienst als Botschaft an die ganze Christenheit zu Gehör zu bringen.

[26] Vgl. E. LOHSE, Εὐαγγέλιον θεοῦ – Paul's Interpretation of the Gospel in His Epistle to the Romans, Biblica 76 (1995) 127–140.

Mit dieser „propositio principalis"[27] ist das Thema angegeben, das in den langen Ausführungen des Römerbriefs zur Entfaltung gelangt. Die ersten Verse, die im Präskript auf die Proklamation des Evangeliums hinweisen, sind daher in engstem Zusammenhang mit der thematischen Angabe in den Versen 16 und 17 zu sehen. Als Knecht Christi Jesu hat der Apostel diese Botschaft zu bezeugen, deren Wahrheit sich als so überwältigend erwiesen hat, daß der frühere Verfolger der Christen zum Boten des Evangeliums unter den Völkern geworden ist. Deren Verkündigung aber zeugt nicht nur vom Heilsgeschehen, sondern ist selbst Ereignis des Heils[28]. Denn jeder, der es im Gehorsam des Glaubens annimmt, wird der Verlorenheit entrissen und empfängt Rettung und Leben, die kein Tod zu vernichten vermag. Indem Paulus auf diese Auslegung des Evangeliums verweist, kann er gewiß sein, daß die Empfänger seines Briefes in Rom begreifen werden, wie er im Auftrag des in Christus handelnden Gottes seinen Dienst versieht und daher ihr Bruder in Christus ist.

IV.

Als Apostel, der das Evangelium zu den Völkern zu bringen hat, spricht Paulus die Christen in Rom an, gehören doch auch sie zur Welt der Völker als Berufene Jesu Christi (V. 6). Mit diesem Satz gewinnt Paulus den Übergang, um sich nach der inhaltsreichen Erläuterung, die er zu Begriff und Inhalt der frohen Botschaft gegeben hat, nun den Adressaten seines Briefes zuzuwenden. Zu allen, die in Rom als von Gott Geliebte und berufene Heilige leben, möchte er sprechen. Mit dem Hinweis auf „alle" wird der weltweite Rahmen, wie ihn die Predigt der guten Nachricht ausfüllt, nun in seiner konkreten Bedeutung des näheren bestimmt: wie diese allen Völkern gilt, so möchte der Apostel allen Christen in Rom gleichsam in einer Summe des Evangeliums darlegen, wie er dessen Auslegung vollzieht[29]. In den Prädikaten, die die Empfänger des Briefes als „Berufene", „Geliebte" und „Heilige" bezeichnen, sind alttestamentliche Begriffe aufgenommen, die die Christen als Glieder des Gottesvolkes charakterisieren, die sich dessen bewußt sind, durch Gottes rettendes Handeln als die Seinen zusammenzugehören. Alle miteinander werden sie vom Apostel angeredet, damit sie sei-

---

[27] J.-N. ALETTI, Comment Dieu est-il juste? Clefs pour interpréter l'épître aux Romains, Paris 1991, 249f.

[28] Vgl. G. FRIEDRICH, ThWB II, 729.

[29] Vgl. E. LOHSE, Summa Evangelii – zu Veranlassung und Thematik des Römerbriefes, NAWG PH 1993/3, Göttingen 1993.

nen Gruß mit dem „Amen" ihrer zustimmenden Antwort versehen möchten.

Mit dieser kurzen Angabe der Empfänger des Briefes und des ihnen geltenden Grußes ist der Bogen gerundet, der vom Anfang bis zum Ende des Präskripts gespannt wurde. Er schließt programmatische Angaben in sich, die nicht nur auf die Thematik dieses Briefes gerichtet sind, sondern die Theologie des Apostels überhaupt in knappen Worten kennzeichnen. Wie in einem kurzen Kompendium ist in diesen wenigen Versen eine stattliche Reihe von Begriffen aufgeführt, denen in der paulinischen Theologie große Bedeutung zukommt. Das gilt auf der einen Seite für die christologischen Hoheitstitel „Sohn Gottes" und „Kyrios", die der Apostel immer wieder aufgreift, um das Bekenntnis der Christenheit in seiner umfassenden Bedeutung zu interpretieren. Der ausschließlich judenchristliche Titel „Sohn Davids" spielt dagegen keine Rolle mehr in der hellenistischen Christenheit. Auf der anderen Seite aber werden mehrere Begriffe genannt, die Zuspruch und Anspruch des Evangeliums im Leben der Glaubenden beschreiben[30] – wie: Geheiligt-Sein – von Gott berufen, um sich dieser Berufung entsprechend zu verhalten (1. Kor. 7,15–22) – von ihm Geliebte (Röm. 8,28). Sie sind von Gottes gnädigem Ruf getroffen, haben ihn gehört und sich ihm im Gehorsam zugewandt, so daß sie nun leben als diejenigen, die berufen, ja gerechtgemacht sind, um an der Herrlichkeit Gottes teilzubekommen (Röm. 8,30).

Von Gnade und Friede, wie sie im Satz des Grußes genannt sind, ist das Leben der Glaubenden getragen und erfüllt. Hat Gott doch seinen Frieden, der alles Begreifen übersteigt (Phil. 4,7), denen gegeben, die er zum Frieden berufen hat (1. Kor. 7,15). Und seinen Gnadenerweis hat er in der Erlösung sichtbar gemacht, die durch Christus Jesus geschehen ist (Röm. 3,24), so daß die Glaubenden nunmehr als die Gerechtfertigten Frieden mit Gott haben durch den Kyrios Jesus Christus (Röm. 5,1). Wie Gottes Gnade Paulus zum Apostel bestimmt hat (V. 5), so spricht und handelt er kraft dieser Gnade (Röm. 12,3). Durch den Kyrios aber haben die Seinen „den Zugang im Glauben zu dieser Gnade, in der wir stehen, und rühmen uns der Hoffnung der zukünftigen Herrlichkeit, die Gott geben wird" (Röm. 5,2).

Die mancherlei Begriffe, deren voller Klang im Präskript des Römerbriefes intoniert wird, sind allesamt dem des Evangeliums zugeordnet, mit dem gleich im ersten Vers die dem Apostel aufgetragene Botschaft bezeichnet wird. Der Inhalt dieser guten Nachricht kann von Paulus in unterschiedli-

---

[30] Vgl. J. FITZMYER, Romans, New York 1993, 228: „Paul expands his opening formula . . . by the use of terms that foreshadow major ideas in the body of the letter: gospel, grace, apostolate, commitment of faith, the Scriptures, the role of Christ Jesus."

chen Formulierungen ausgesagt werden, doch stets wird der feste Bezug auf das Christusgeschehen herausgestellt. Vom frühesten bis zum letzten seiner Briefe vertritt der Apostel diese schlechthin bestimmende Bedeutung des Evangeliums. Das Wort fehlt in keinem seiner Schreiben, auch nicht im kurzen Philemonbrief. An der Häufigkeit und Stetigkeit, mit der Paulus vom Evangelium spricht, läßt sich daher ablesen, welch hohen Rang er ihm in seinem Denken und Reden gab.

Im Rückblick auf sein Wirken, durch das er die Gemeinde in Thessalonich gründete, sagt Paulus, seine Predigt sei zu den jungen Christen „nicht allein im Wort, sondern auch in der Kraft und im heiligen Geist und in großer Gewißheit" gekommen (1. Thess. 1,5). Im Galaterbrief wird aus der Wahrheit des Evangeliums, die Paulus zu verteidigen hat (2,5.14), gefolgert, daß alle diejenigen, die einer Predigt des Gesetzes als Weg zum Heil zu folgen geneigt sind, vom Evangelium abfallen und seine Wahrheit in ihr Gegenteil verfälschen (1,6).

Im 1. Korintherbrief wird die Evangeliumspredigt als Verkündigung des Kreuzes Christi vollzogen. Dabei betont Paulus, er befinde sich geradezu unter einem Zwang, diese Botschaft bezeugen zu müssen. „Denn daß ich das Evangelium predige, dessen darf ich mich nicht rühmen; denn ich muß es tun. Und wehe mir, wenn ich das Evangelium nicht predige." (1. Kor. 9,16) Wo aber der Bote des gekreuzigten Herrn verachtet und seine Predigt zurückgewiesen wird, da wendet man sich einem anderen Evangelium zu, durch das die Wahrheit der Verkündigung untergraben wird (2. Kor. 11,4). Wer sich jedoch ihrem Wort öffnet, der tritt in die Gemeinschaft mit den Leiden Christi ein und muß bereit sein, um seinetwillen auch Verfolgung und Gefangenschaft zu erdulden. Paulus erinnert daher die Gemeinde in Philippi daran, daß sie von der Gründung an „Gemeinschaft am Evangelium" empfangen und bewährt hat (Phil. 1,5), und gibt auch seinem Leiden einen positiven Sinn, weil es dazu dient, das Evangelium zu verkündigen und zu verteidigen (Phil. 1,7).

Wie zu Beginn des Römerbriefes bezieht Paulus sich auch in den weit ausholenden Ausführungen seines Schreibens immer wieder auf vorgegebene urchristliche Bekenntnisformulierungen, in denen ausgesagt ist, was zentraler Inhalt von Verkündigung und Glaube ist – angefangen von den gleich im Briefeingang zitierten Wendungen, die den Inhalt des Evangeliums aufführen (1,3f.), über die Bestimmung der Offenbarung von Gottes Gerechtigkeit, die bereits im vorpaulinischen Judenchristentum getroffen wurde (3,24f.), den Hinweis auf die Heilsbedeutung von Tod und Auferstehung Christi (4,25), die Bezugnahme auf urchristliche Tauftheologie (6,3f.), sowie die wiederholte Aufnahme von Sätzen über Sendung und Hingabe des

Gottessohnes (8,3.32.34) bis zur zusammenfassenden Feststellung, nach der
das Bekenntnis zum Kyrios Jesus gleichbedeutend ist mit der Aussage:
„Gott hat ihn von den Toten auferweckt." (10,9) Da sich, wie an einem
durchlaufenden roten Faden aufgereiht, immer wieder überlieferte formel-
hafte Aussagen über den Inhalt christlichen Bekenntnisses finden, kann man
mit guten Gründen den Römerbrief in weiten Teilen geradezu als einen
Kommentar zu überkommenen Glaubensformeln bezeichnen[31]. Hebt
Paulus gleich im Präskript des Römerbriefes den Begriff des Evangeliums
hervor, so ist dessen programmatischer Charakter auf das deutlichste herausgestellt. Geht es doch darum, daß Apostel und Empfänger des Briefes
sich miteinander „auf die kirchengründende Proklamation des Evangeliums" beziehen[32], die sie in der ungeteilten Gemeinschaft der ganzen Christenheit in Glauben, Hoffnung und Liebe zusammenschließt.

---

[31] Vgl. H. CONZELMANN, Paulus und die Weisheit, in: Theologie als Schriftauslegung (siehe
oben Anm. 10), 178.
[32] Vgl. KLEIN, aaO., 142 und oben zu Anm. 6.

Gottes universaler Heilswille
und der kommunikative Gottesdienst
Exegetische Anmerkungen zu Röm 12,1–2

von

ANGELIKA REICHERT

Der Einschätzung von Röm 12,1f. als „Motto und Überschrift"[1] zum zweiten Hauptteil des Röm ist selten widersprochen worden[2]. Trotz der damit verbundenen Gewichtung ist die Exegese des Passus bislang umstritten. Zwei Fragen seien im folgenden herausgegriffen.

1. Wie schließt die Einleitung zum zweiten Hauptteil des Röm an den vorangehenden Kontext an? – Auch zwischen den Extrempositionen, von denen die eine mit 12,1f. „nicht einmal eine andere Seite" in demselben „Buch" aufgeschlagen sieht[3] und die andere den Abschnitt einem neuen Buch, nämlich einem zweiten Schreiben des Paulus an die Römer, zurechnet[4], zeichnet sich in der Sekundärliteratur Meinungsvielfalt ab[5]. Um der Klarheit willen sei die Frage nach dem Zusammenhang präzisiert: Es geht

---

[1] W. SCHRAGE, Die konkreten Einzelgebote in der paulinischen Paränese. Ein Beitrag zur neutestamentlichen Ethik, 1961, 165.

[2] S. aber: C. J. BJERKELUND, Parakalô. Form, Funktion und Sinn der parakalô-Sätze in den paulinischen Briefen (BTN 1), 1967, 171f.; C. EVANS, Romans 12.1–2: The True Worship (in: L. DE LORENZI [Hg.], Dimensions de la vie chrétienne [Rm 12–13] [SMBen.BE 4], 1979, 7–33), 33.

[3] K. BARTH, Der Römerbrief, 10. Abdr. der neuen Bearb., 1967, 412.

[4] W. SCHMITHALS, Der Römerbrief. Ein Kommentar, 1988, 417–420: Röm 12,1f. eröffnet den erhaltenen Hauptteil eines zweiten Schreibens, das zum ersten, i. W. in Röm 1–11 enthaltenen Schreiben im Verhältnis einer „literarischen und inhaltlichen Beziehungslosigkeit" steht (ebd. 420).

[5] Vgl. z. B. C. E. B. CRANFIELD, A Critical and Exegetical Commentary on the Epistle to the Romans in Two Volumes (ICC), Bd. II, 1979 (4. Nachdr. 1989), 596: Anknüpfung an den ganzen vorangehenden Brief; C. K. BARRETT, The Epistle to the Romans (BNTC), Rev. Ed. 1991, 212: Anknüpfung an den ganzen vorangehenden Brief, bes. an cap. 9–11; H. SCHLIER, Der Römerbrief (HThK 6), 1977, 349: Anknüpfung an cap. 1–8, bes. an cap. 5–8; U. WILCKENS, Der Brief an die Römer. 3. Teilbd. (EKK VI/3), 1982, 2: Anknüpfung bes. an 11,30–32 und 6,12ff.

um den Textzusammenhang in linearer Hinsicht, also nicht um thematische Konvergenzen oder Wiederaufnahmen, die 12,1f. mit verschiedenen Passagen aus Röm 1–11 verbinden.

2. Was heißt λογικὴ λατρεία? – Auch im Blick auf die alte Frage, ob Paulus von einer „vernünftigen"[6] oder einer „geistlichen"[7] oder einer „wahren" und „eigentlichen"[8] λατρεία spricht, läßt sich in der neueren Diskussion kein Konsens erkennen. Vermittlungsvorschläge, wie z. B.: der „„geistliche', ‚logosgemäße' Gottesdienst der Christen, also ihre wahre, angemessene, sachgemäße, richtige Gottesverehrung"[9], signalisieren eher das Problem als eine Lösung, zumal in Begleitung der Auskunft, Paulus habe die Wendung λογικὴ λατρεία benutzt „..., ohne mit ihr eine bestimmte Deutung zu verbinden ..."[10].

Die Bearbeitung der beiden Detailfragen (II. III.) basiert auf Beobachtungen zur Struktur von 12,1f. unter textpragmatischem Gesichtspunkt (I.). Die abschließenden Bemerkungen (IV.) benennen zwei Fragen, die im Anschluß an die Überlegungen zu 12,1f. weiterzuverfolgen wären.

I.

12,1a setzt ein mit einer Aussage *über die Kommunikation* zwischen Adressant und Adressaten: παρακαλῶ οὖν ὑμᾶς, ἀδελφοί, διὰ τῶν οἰκτιρμῶν τοῦ θεοῦ[11]. Dieser metakommunikative Einleitungssatz[12] thematisiert: 1. die beiden entscheidenden Faktoren der Kommunikationssituation, nämlich den Adressanten und die Adressaten (ich – euch, Brüder); 2. die Art des

---

[6] Vgl. bes. EVANS (s. Anm. 2), 19; außerdem: H. D. BETZ, Das Problem der Grundlagen der paulinischen Ethik (Röm 12,1–2) (ZThK 85, 1988, 199–218), 212; P. STUHLMACHER, Der Brief an die Römer (NTD 6), 1. (14.) Aufl. 1989, 167f.

[7] Vgl. bes. E. KÄSEMANN, An die Römer (HNT 8a), 4., durchg. Aufl. 1980, 313.316f.; außerdem: H. SCHLIER, Vom Wesen der apostolischen Ermahnung. Nach Römerbrief 12,1–2 (in: DERS., Die Zeit der Kirche. Exegetische Aufsätze und Vorträge, 3. Aufl. 1962, 74–89), 86; H. BALZ, Art. λατρεύω, λατρεία (EWNT II, 848–852), 852.

[8] Vgl. bes. WILCKENS (s. Anm. 5), 6; W. STRACK, Kultische Terminologie in ekklesiologischen Kontexten in den Briefen des Paulus (BBB 92), 1994, 297f.

[9] SCHMITHALS (s. Anm. 4), 429.

[10] Ebd.

[11] Hinsichtlich der syntaktischen Zuordnung der διά-Wendung besteht weitreichender Konsens darüber, daß sie zu παρακαλῶ, nicht zu παραστῆσαι, zu ziehen ist (vgl. z. B. CRANFIELD [s. Anm. 5], 596 mit Anm. 1, wo auf die vergleichbaren Wendungen in Röm 15,30; 1Kor 1,10; 2Kor 10,1 verwiesen wird).

[12] Der Ausdruck ist verwendet nach E. GÜLICH/W. RAIBLE, Linguistische Textmodelle. Grundlagen und Möglichkeiten (UTB 130), 1977, 27f.

nun folgenden Sprechakts (Ermahnung[13]); 3. die Instanz, auf die sich der Adressant bei diesem Sprechakt beruft[14] (Gottes Erbarmen).

12,1b.2a.b benennen die *Inhalte der Ermahnung:* Übereignung der Leiber als lebendiges, heiliges, Gott wohlgefälliges Opfer; Verwandlung aufgrund der Neuschöpfung des νοῦς im Gegensatz zur Anpassung an diesen Äon. Anders als 12,1b sind die Aufforderungssätze in 12,2a.b nicht mehr von παρακαλῶ abhängig, sondern setzen syntaktisch neu an[15].

12,1c.2c kommentieren die zuvor im Aufforderungsmodus benannten Inhalte: 12,1c definiert in einer angehängten Satzapposition die Selbstübereignung der Adressaten an Gott als „eure λογικὴ λατρεία"[16]; 12,2c bestimmt die auf der Neuschöpfung des νοῦς beruhende Verwandlung auf ihr Ziel hin; es liegt in der selbständigen Wahrnehmung des Gotteswillens durch die Adressaten.

Aus der Unterscheidung zwischen metakommunikativem Einleitungssatz, eigentlichen Aufforderungssätzen und Kommentarsätzen ergibt sich folgende Gliederung für 12,1f.:

---

[13] Gegen die bes. von SCHLIER ([s. Anm. 7], 75f.) vertretene, aus den unterschiedlichen Bedeutungs- und Verwendungsmöglichkeiten von παρακαλεῖν gewonnene These, nach der in Röm 12,1a die Bedeutungsmöglichkeiten „ermahnen" und „trösten" zusammen realisiert sind, spricht der in 12,1b angeschlossene Infinitiv, der παρακαλεῖν hier als Aufforderungsverb ausweist. Vgl. außerdem die Kritik von CRANFIELD (s. Anm. 5), 597f.

[14] Vgl. z. B. KÄSEMANN (s. Anm. 7), 314. Gottes Erbarmen ist also als wirkende Ursache des παρακαλεῖν gedacht. Zur Begründung dieser kausalen Auffassung vgl. SCHLIER (s. Anm. 7), 78–80. Von den dort genannten Belegen erscheint Röm 12,3a besonders überzeugend, weil die διά-Wendung in diesem Fall kein anderes als ein kausales Verständnis zuläßt. – Nur bei kausaler Interpretation des διὰ τῶν οἰκτιρμῶν τοῦ θεοῦ ist übrigens die Entscheidung über Zugehörigkeit zu παρακαλῶ oder zu παραστῆσαι inhaltlich von Belang. Demgegenüber macht es bei instrumentalem Verständnis (in dieser Richtung vgl. z. B. BETZ [s. Anm. 6], 208f.) kaum einen Unterschied, ob nun der Adressant vermittels oder angesichts des Erbarmens Gottes (also unter Hinweis auf das Motiv für das geforderte Adressatenverhalten) ermahnt oder ob er das Erbarmen Gottes als Motiv des geforderten παραστῆσαι τὰ σώματα nennt.

[15] Zum textkritischen Problem s. CRANFIELD (s. Anm. 5), 605 Anm. 2. Die Frage nach der Funktion der Teilsätze, um die es hier geht, ist von der textkritischen Entscheidung aber nicht berührt; in jeder der vier bei NESTLE/ALAND, 27. Aufl., angegebenen Lesarten sind beide Teilsätze in 12,2a.b als Aufforderungen ausgewiesen, entweder durch Abhängigkeit von παρακαλῶ oder durch eigenes Imperativ-Signal oder durch vorangehenden Imperativ.

[16] Zu 12,1c als Satzapposition vgl. z. B. CRANFIELD (s. Anm. 5), 601. Zur Funktion solcher Satzappositionen vgl. R. KÜHNER/B. GERTH, Ausführliche Grammatik der griechischen Sprache. II. Teil: Satzlehre, Bd. 1, 3. Aufl. 1898 (Nachdr. 1966), 284: Zum ganzen Satz oder zu mehreren Wörtern tritt eine Apposition im Nominativ oder Akkusativ (je nachdem, welcher Kasus vorangeht), „... wenn die Apposition ein *Urteil* ausspricht; ...". Dazu fügt sich die Auffassung von 12,1c als einer 12,1b kommentierend nachgestellten Definition. Vgl. auch die Übersetzung mit: das ist (oder: das sei) eure λογικὴ λατρεία, in vielen Kommentaren (z. B.: KÄSEMANN [s. Anm. 7], 313; WILCKENS [s. Anm. 5], 1; STUHLMACHER [s. Anm. 6], 167).

1a Παρακαλῶ οὖν ὑμᾶς, ἀδελφοί, διὰ τῶν οἰκτιρμῶν τοῦ θεοῦ
1b   παραστῆσαι τὰ σώματα ὑμῶν θυσίαν ζῶσαν ἁγίαν εὐάρεστον
       τῷ θεῷ,
1c   τὴν λογικὴν λατρείαν ὑμῶν·
2a καὶ μὴ συσχηματίζεσθε τῷ αἰῶνι τούτῳ,
2b   ἀλλὰ μεταμορφοῦσθε τῇ ἀνακαινώσει τοῦ νοὸς
2c   εἰς τὸ δοκιμάζειν ὑμᾶς τί τὸ θέλημα τοῦ θεοῦ, τὸ ἀγαθὸν
       καὶ εὐάρεστον καὶ τέλειον.

II.

Mit dem einleitenden Satz *über* die Kommunikation zwischen Adressant
und Adressaten (12,1a) ist zweifellos ein Neuansatz gegeben, der sich im
Verhältnis zum unmittelbar vorangehenden Abschnitt (11,33–36) hart aus-
nimmt. Dieser mit einer nicht den Adressaten geltenden Anrede (ὦ βάθος
πλούτου) einsetzende Passus hat als ganzer Ausrufscharakter[17]; die Adressaten kommen hier weder explizit noch implizit vor. Genauso deutlich wie
der Neuansatz ist durch οὖν allerdings irgendeine Art von Rückbezug signalisiert[18]. Dieser Rückbezug läßt sich präzisieren, wenn man sich an den
drei oben aufgezählten Einzelelementen des metakommunikativen Einlei-
tungssatzes in 12,1a orientiert. Zusammengesehen zeigen diese Elemente,
daß das in 11,13–32 geführte und in 11,33–36 unterbrochene Gespräch des
Adressanten mit seinen Adressaten in 12,1 wieder aufgenommen wird[19].

1. Thematisierung von Adressant und Adressaten (ich – ihr): 11,13–32 gehört zu den verhältnismäßig wenigen Passagen des ersten Hauptteils des
Röm (1,16–11,36), die dialogisch gehalten sind (6,11–23; 8,9–15)[20].

Auch dieser Abschnitt setzt ein mit einem metakommunikativen Satz:
ὑμῖν δὲ λέγω τοῖς ἔθνεσιν (11,13a). Er betont die Rolle, in der die Adressaten angesprochen werden, nämlich als Heidenchristen. Daß an dieser Stelle
keineswegs eine Aufteilung der Adressatenschaft und eine Hinwendung zu

---

[17] Vgl. Th. Zahn, Der Brief des Paulus an die Römer (KNT 6), 3. Aufl., durchg. v. F.
Hauck, 1925, 530.

[18] Anders z. B. H. Lietzmann (An die Römer [HNT 8], 3. Aufl. 1928), 107: οὖν ist „nur
äußerliche Ueberleitungspartikel"; vgl. Käsemann (s. Anm. 7), 314; Evans (s. Anm. 2), 12.

[19] Anders hielt Zahn (s. Anm. 17) eine „engere Verbindung gerade mit der letzten Erörterung 11,13–32" für „geradezu ausgeschlossen" (533). Wenn man anders als Zahn 11,13–32
nicht nur an einen heidenchristlichen Teil der Adressatenschaft gerichtet sieht und den Abschnitt nicht, bzw. nicht primär, als „Erörterung" auffaßt (s. u. im Text zu 1. und 2.), kann man
zur genau gegenläufigen Konsequenz gelangen, wie im folgenden gezeigt werden soll.

[20] Abgesehen von diesen Abschnitten findet sich direkte Adressatenanrede, also 2. Pers. Pl.
und/oder anredendes ἀδελφοί, innerhalb von 1,16–11,36 nur: 6,3; 7,1.4; 10,1; 11,2.

einem heidenchristlichen Teil von ihr stattfindet[21], zeigt sich an der dem Einleitungssatz folgenden Selbstbezeichnung des Adressanten als Heidenapostel (11,13b): Unter Voraussetzung einer Teilanrede hätte sich der Adressant mit dieser Selbstbezeichnung als nur teilweise für seine Adressaten zuständig erklärt. Die direkte Wendung des Heidenapostels an seine heidenchristlichen Adressaten scheint zunächst nur bis 11,16 zu reichen; ab 11,17 wird sie durch die bis 11,24 reichende Wendung an ein Typus-Du ersetzt. Das auf den ersten Blick nicht ganz eindeutige Verhältnis des Typus-Du in 11,17–24 zum Adressaten-Ihr in 11,13ff. läßt sich freilich einleuchtend erklären[22]: Das Du, mit dem sich der Adressant auseinandersetzt, fungiert als Modell, das die Adressaten vermeiden sollen. In diesem warnenden Sinn ist die Auseinandersetzung des Adressanten mit dem Typus-Du in das Gespräch des Heidenapostels mit seinen heidenchristlichen Adressaten eingelagert. Die Fortsetzung dieses direkten Gesprächs wird wiederum durch einen metakommunikativen Satz eingeleitet (11,25a.b), der neben Adressant und Adressaten auch den Inhalt und die Wirkabsicht des nun folgenden Sprechakts thematisiert.

Analog dazu fungiert die Thematisierung von Adressant und Adressaten in 12,1a: Wie in 11,25a.b nach dem eingelagerten Gespräch mit dem Typus-Du, so wird in 12,1a nach dem eingelagerten Abschnitt mit Ausrufscharakter (11,33–36) die direkte Kommunikation zwischen Adressant und Adressaten wiederhergestellt.

2. παρακαλεῖν: Auch hinsichtlich der in 12,1a explizit gekennzeichneten Textfunktion der Ermahnung besteht Kontakt mit 11,13–32. Der Abschnitt ist durchgängig von einer paränetischen Tendenz geprägt[23].

Diese Tendenz tritt besonders deutlich im eingelagerten Gespräch mit dem sich dem ungläubigen Israel gegenüber überhebenden Typus-Du zutage (11,17–24), auf dessen warnende Funktion schon hingewiesen wurde. Explizit formuliert wird diese paränetische Tendenz in dem ebenfalls schon erwähnten metakommunikativen Einleitungssatz 11,25a.b: οὐ γὰρ θέλω

---

[21] So z. B. F. SIEGERT (Argumentation bei Paulus, gezeigt an Röm 9–11 [WUNT 34], 1985), der eine bis 11,32 geltende Teilanrede annimmt (166), dann aber nicht zeigt, wo und wie die Teilanrede aufgehoben wird. Anders hatte ZAHN (s. Anm. 17), der ebenfalls mit einer Teilung der Adressatenschaft in 11,13 rechnete (507), sich zwar um einen entsprechenden Nachweis bemüht, war dabei aber in Schwierigkeiten geraten: ZAHN sah 12,1 aus inhaltlichen Gründen wieder an die gesamte Adressatenschaft gerichtet, obwohl hier keine Erweiterung des Adressatenkreises angezeigt ist. Der umfassende Sinn des ἀδελφοί in 12,1 wird seiner Meinung nach nachträglich, nämlich in 12,3 (παντὶ τῷ ὄντι ἐν ὑμῖν), festgelegt (533).

[22] Vgl. dazu S. K. STOWERS, The Diatribe and Paul's Letter to the Romans (SBL.DS 57), 1981, 115.

[23] Das hat H.-M. LÜBKING (Paulus und Israel im Römerbrief. Eine Untersuchung zu Römer 9–11 [EHS.T 260], 1986) im einzelnen gezeigt (108–118).

ὑμᾶς ἀγνοεῖν, ἀδελφοί, τὸ μυστήριον τοῦτο, ἵνα μὴ ἦτε [παρ'] ἑαυτοῖς
φρόνιμοι. Die Weitergabe des μυστήριον soll die Adressaten vor einem
„Bei-sich-selbst-Klugsein" bewahren. Mit diesem Selbstklugsein kann nur
die vom Typus-Du aus 11,17–24 repräsentierte Einstellung gemeint sein,
der die gegenwärtige Heilsferne des ungläubigen Israel genauso als festgeschrieben gilt wie das eigene Sein im Heil[24]. Diese selbstkluge Einstellung,
die für ein künftiges Handeln Gottes keinen Platz läßt, sucht der Adressant
mit der durch Offenbarung empfangenen Einsicht (μυστήριον) in eine endzeitliche Rettung Israels bei den Adressaten zu verhindern. Die im metakommunikativen Einleitungssatz von 11,25a.b explizit gemachte, gegen ein
Selbstklugsein gerichtete Wirkabsicht ist auch in 11,28–32, besonders in V.
30f., noch greifbar. Den Adressaten, die – 11,13a entsprechend – in ihrer
Rolle als Heidenchristen angeredet werden, wird verdeutlicht, daß beides –
das dem Adressanten gewisse, künftige Heil Israels und das von den Adressaten erfahrene Heil – derselben Art ist bzw. denselben Grund hat: Beides
ist Erfahrung des Erbarmens Gottes (11,30f.). Folglich impliziert das Selbstklugsein, das über Israel die Akten geschlossen sieht und das der Adressant
bei seinen Adressaten verhindern will, eine Täuschung über die eigene Exi-
stenzgrundlage, sofern es „... Gottes χάρις und ἔλεος als Konstitutiva der
eigenen christlichen Existenz nicht ... ernst zu nehmen"[25] bereit ist.

3. Das Erbarmen Gottes als Berufungsinstanz: Das in 11,13 einsetzende
Gespräch des Adressanten mit seinen heidenchristlichen Adressaten mündet
zunächst (11,30f.) in eine Gegenüberstellung der zeitlich versetzten Abfolge
von Ungehorsam und Erfahrung von Gottes Erbarmen bei den Adressaten
einerseits und bei der ungläubigen Mehrheit Israels andererseits. Dabei wird
jüdischem Ungehorsam eine positive Funktion für das von den heidenchristlichen Adressaten erfahrene Erbarmen beigemessen und umgekehrt diesem
eine positive Funktion für jüdischen Ungehorsam, der seinerseits durch das
von Gott intendierte Erbarmen überwunden werden soll. Die wechselseitige
Beziehung der Gruppen aufeinander fügt sich zur eben erwähnten paränetischen Tendenz von 11,13ff.: Den heidenchristlichen Adressaten wird verdeutlicht, daß Israels Ungehorsam ihnen zugute gekommen ist und daß umgekehrt das von ihnen erfahrene Erbarmen innerhalb einer über sie selbst
hinausgreifenden und Israel einbeziehenden Absicht Gottes steht[26].

---

[24] Das Typus-Du konstatiert in bezug auf Israel das Herausgebrochensein und, damit be-
zweckt, in bezug auf sich selbst das Eingepfropftsein (11,19). Vom Adressanten werden diese
Behauptungen nicht verneint, wohl aber wird festgehalten, daß es dabei nicht um die Beschreibung von Zuständen geht, die man unter Ausklammerung von Gottes Macht definitiv setzen
könnte (11,20ff.).

[25] LÜBKING (s. Anm. 23), 108.

[26] Vgl. LÜBKING (s. Anm. 23), 116.132.

Der Schlußsatz (συνέκλεισεν γὰρ ὁ θεὸς τοὺς πάντας εἰς ἀπείθειαν, ἵνα τοὺς πάντας ἐλεήσῃ [V. 32]) führt über V. 30f. in doppelter Hinsicht hinaus: 1. wird die erneut aufgegriffene Abfolge Ungehorsam – Erbarmen nunmehr für eine grundsätzliche Charakterisierung des Gotteshandelns genutzt. Sein Ziel liegt in der Verwirklichung seines Erbarmens, und solches Erbarmen geschieht grundsätzlich als Überwindung menschlichen Ungehorsams[27]. 2. wird mit dem doppelten τοὺς πάντας die universale Ausrichtung des Gotteshandelns hervorgehoben[28]. Gottes Erbarmen, das die heidenchristlichen Adressaten erfahren haben und das ganz Israel erfahren wird, will *alle* – und d. h. auch die nichtchristlichen Heiden – erreichen[29]. Die dem Adressanten gewisse Hoffnung auf Rettung ganz Israels wird auf diese Weise eingeordnet in den umfassenderen Horizont des universalen Heilswillens Gottes, der sich in der Weise der Rechtfertigung der Gottlosen verwirklicht.

Mit der im engeren Sinn theologischen Perspektive, die V. 32 zum Zuge bringt, und mit der Hervorhebung des „allen" geltenden Erbarmungswillens Gottes bildet V. 32 zugleich den Auslöser für den doxologischen Abschnitt (11,33–36), mit dem der Adressant aus der direkten Kommunikation mit seinen Adressaten ausschert.

---

[27] KÄSEMANN (s. Anm. 7) hat m. E. zutreffend 11,32 als „konzentrierte[n] Ausdruck der paulinischen Rechtfertigungslehre" bezeichnet (306) und interpretiert: Paulus argumentiert „im Rückblick auf seine und aller Christen Erfahrung" (307). „Der soteriologisch handelnde Gott bleibt stets creator ex nihilo, ..., arbeitet ... unablässig mit dem nach menschlichem Urteil unbrauchbaren Material, also mit Gottlosen" (ebd.). Vgl. auch R. BULTMANN, Theologie des Neuen Testaments (UTB 630), 9. Aufl., hg. v. O. MERK, 1984, 282f. Völlig anders, nämlich mehr im Sinn einer spekulativen Erläuterung des Gotteshandelns, ist der Satz bei BETZ (s. Anm. 6), 210f. verstanden.

[28] Dabei liegt kein Grund vor, τοὺς πάντας abzuschwächen, wozu mehrere Ausleger – wohl in Abgrenzung gegen eine Interpretation auf der Linie der apokatastasis panton – tendieren. In Anbetracht der Wiederholung läßt es sich kaum als „verhältnismäßig unbetont" auffassen (E. KÜHL, Der Brief des Paulus an die Römer, 1913, 399; vgl. LÜBKING [s. Anm. 23], 264 Anm. 933) und auch nicht unter Hinweis auf einen im Artikel enthaltenen Rückverweis auf „*die ebengenannten alle*" eingrenzen (KÜHL [s. diese Anm.], 399; vgl. auch D. ZELLER, Juden und Heiden in der Mission des Paulus. Studien zum Römerbrief [FzB], 1973, 264; U. WILCKENS, Der Brief des Paulus an die Römer. 2. Teilbd. [EKK VI/2], 1980, 262 Anm. 1177; LÜBKING [s. Anm. 23], 133). Unmittelbar zuvor genannt sind ja nur die ὑμεῖς, also Heidenchristen, und οὗτοι, die für den gegenwärtig noch nicht gläubigen Teil Israels stehen. Wenn man dennoch, wie alle eben genannten Ausleger, πάντες in V. 32 zutreffend und über die in V. 30f. genannten Gruppen hinausgehend auf Juden und Heiden und entsprechend auf die für Paulus dadurch repräsentierte Menschheit bezieht, ergibt die Argumentation mit dem rückverweisenden Artikel keinen Sinn; in V. 32 wird von Ungehorsam – Erbarmen als zeitlichen und bei beiden Gruppen nicht synchronen Phasen (V. 30f.) ja gerade abstrahiert.

[29] Vgl. G. KLEIN: „Der Hoffnung auf endzeitliche Rettung ‚Ganz-Israels' entspricht im Zusammenhang von Röm 11 die Hoffnung auf die Rettung der ganzen Heidenwelt (πλήρωμα τῶν ἐθνῶν V. 25; πάντες V. 32), ..." („Christlicher Antijudaismus". Bemerkungen zu einem semantischen Einschüchterungsversuch [ZThK 79, 1982, 411–450], 432).

Es liegt nahe, den Hinweis auf das Erbarmen Gottes, auf das sich der Adressant bei der Wiederaufnahme der direkten Kommunikation mit den Adressaten in 12,1a als Grund und treibende Kraft seines παρακαλεῖν beruft, von 11,30–32 her zu interpretieren.

Kritisch dazu könnte man zwar nicht die Pluralformulierung in 12,1a (διὰ τῶν οἰκτιρμῶν)[30], wohl aber den Wechsel im Ausdruck geltend machen (11,30–32: ἐλεέω, ἔλεος). Dieser Hinweis wird freilich durch die Verwendung von ἐλεέω und οἰκτίρω als Synonyme in Röm 9,15 erheblich relativiert[31]. Möglicherweise ist der Wechsel zum synonymen Ausdruck durch die Einbindung von ἐλεέω, ἔλεος in den Zusammenhang der Israel-Thematik bedingt, die in 12,1 nicht wieder aufgenommen wird.

Bei der Interpretation der οἰκτιρμοὶ τοῦ θεοῦ ist zunächst von der Konsequenz aus der grammatischen Zuordnung der Wendung[32] auszugehen: Das Erbarmen Gottes wird als provozierende Kraft des sprachlichen Handelns des Adressanten geltend gemacht, und nicht als ein den Adressaten vorgehaltenes Motiv, das diese zu einem der Ermahnung entsprechenden Verhalten bewegen soll[33]. Aus dem Rückbezug auf 11,30–32 läßt sich sodann der Sinn der διά-Wendung inhaltlich präzisieren. Die Adressaten haben das Erbarmen Gottes bereits erfahren, Gottes Heilswille hat sich an ihnen schon verwirklicht (11,30b). Weil diese Erfahrung aber kein vergangenheitlich ab-

---

[30] Zum einen ist die Verwendung des Plurals für den Singular bei Abstrakta auch sonst belegt (vgl. F. BLASS/A. DEBRUNNER, Grammatik des neutestamentlichen Griechisch, bearb. v. F. REHKOPF, 14., völlig neubearb. und erw. Aufl. 1976, § 142), wobei durchaus nicht immer der Gedanke „konkreter Erscheinungsformen" (ebd.) zur Geltung kommt (vgl. z. B. 2Kor 9,6; Gal 5,20; Eph 2,3; Jak 2,1). Zum andern dürfte die im Neuen Testament überwiegend gebrauchte Plural-Form von οἰκτιρμός (Röm 12,1; 2Kor 1,3; Phil 2,1; Hebr 10,28; Singular nur: Kol 3,12) durch den Sprachgebrauch der LXX erklärbar sein: Zwar findet sich hier gelegentlich der Singular οἰκτιρμός (Sir 5,6; Zach 1,16; 7,9; 12,10; Bar 2,27; Dan [Th] 1,9; 9,18; 4Makk 6,24), weitaus häufiger aber der Plural οἰκτιρμοί (31 Belege), der dem dabei meistens zugrundeliegenden hebräischen (רחמים) bzw. aramäischen (Dan 2,18: רחמין) Äquivalent entspricht (vgl. R. BULTMANN, Art.: οἰκτίρω κτλ. [ThWNT V, 161–163], 161f.).

[31] οἰκτίρω begegnet im Neuen Testament nur Röm 9,15, und hier im Zitat von LXX Ex 33,19. Zur Synonymität der Ausdrücke in der LXX s. BULTMANN (s. Anm. 30): „Ein Unterschied zwischen οἰκτίρειν u ἐλεεῖν oder zwischen οἰκτιρμοί u ἔλεος ist nicht wahrzunehmen; ..." (162; Belege ebd. Anm. 17). Auch außerhalb der LXX sind die Ausdrücke als Synonyme belegt (vgl. ebd. 161 Anm. 7).

[32] S. o. Anm. 11 und 14.

[33] Darum fügt sich der Text nicht zu der z. B. von BETZ (s. Anm. 6) angenommenen Abgrenzung der διά-Wendung als des „Indikativ" vom übrigen Satz („Imperativ") (209), die ihn dazu führt, den in der Antike verbreiteten „Gedanke[n] des freiwilligen Selbstopfers als Dankesgabe an die Gottheit" (211) in Röm 12,1 ausgedrückt zu sehen. Zum theologischen Problem, das sich bei diesen Ausführungen gerade in Anbetracht der betonten „Freiwilligkeit" auftut, vgl. in anderem Zusammenhang G. KLEIN, Rudolf Bultmann (1884–1976) (in: Theologen des Protestantismus im 19. und 20. Jahrhundert II [UB 285], hg. v. M. GRESCHAT, 1978, 400–419), 415.

geschlossenes Datum darstellt, sondern eine bleibende Abhängigkeitsbeziehung von dem sich erbarmenden Gott eröffnet[34], darum kann der Adressant seine Adressaten in 12,1a vom Erbarmen Gottes her ansprechen[35]. Sein παρακαλεῖν besteht demnach in der Aufforderung zum Bleiben in der durch Gottes Heilswillen gestifteten Relation. Darüber hinaus hat die Interpretation der διά-Wendung im Rückbezug nun aber auch dem argumentativen Schlußpunkt in 11,32 Rechnung zu tragen: Das Erbarmen Gottes, das die Adressaten erfahren haben und das auch Israel erfahren wird (11,31b), hat seinem Wesen nach eine universale, nämlich auf „alle" gerichtete, Tendenz. Das bedeutet für 12,1a: Das sprachliche Handeln des Adressanten, das in der Autorität des so gekennzeichneten Erbarmens Gottes stattfindet, will die Adressaten in diese Tendenz mit hineinnehmen. Mit der Relation zum sich erbarmenden Gott, in der der Adressant seine Adressaten behaften will, verbindet sich notwendig die Öffnung nach außen, andernfalls wäre der auf alle ausgreifende Richtungssinn von Gottes Erbarmen verkannt.

Fazit: Der Anschluß von 12,1 an den vorangehenden Kontext erscheint unter pragmatischem Gesichtspunkt erheblich enger, als es bei einer rein auf die Textthematik konzentrierten Betrachtungsweise der Fall ist. Das paränetische Gespräch des Heidenapostels mit seinen heidenchristlichen Adressaten (11,13–32) wird in 12,1a wieder aufgenommen, wobei die mehr warnende Tendenz durch die der positiven Ermahnung abgelöst wird. Die Warnung mündet in den Lobpreis Gottes (11,33–36), der sein Erbarmen gegen menschlichen Ungehorsam universal durchsetzen will (11,32). Dieser universale Heilswille Gottes, der bei den Adressaten bereits zum Zuge gekommen ist, wird als treibende Kraft hinter der Ermahnung des Adressanten geltend gemacht.

III.

Über den Sinn des in 12,1b angeschlossenen Aufforderungsinhalts kann kaum Zweifel bestehen: Er zielt auf die ganzheitliche Selbstübereignung der Adressaten an Gott, wobei diese als σώματα, also hinsichtlich ihrer Leiblichkeit, ihrer Einbindung ins Irdisch-Weltliche[36], ins Auge gefaßt sind. Das

---

[34] In diese Richtung zielt vor allem das warnende Gespräch mit dem Typus-Du (11,17–24).
[35] Vgl. die prägnante Formulierung bei Barth (s. Anm. 3), 414: Es geht um das „... Geltend*machen* der *Gnade* als Forderung, ...".
[36] Vgl. Käsemann (s. Anm. 7), 315. In ähnlicher Richtung, z. T. im Anschluß an Käsemann, vgl. unter vielen anderen: K.-A. Bauer, Leiblichkeit, das Ende aller Werke Gottes. Die

Ergebnis solcher Übereignung wird abschließend ins Bild des „lebendigen, heiligen, Gott wohlgefälligen" Opfers gefaßt[37]. Grundlegend für das Verständnis der angeschlossenen Satzapposition, τὴν λογικὴν λατρείαν ὑμῶν (12,1c), ist deren oben gekennzeichnete Funktion. Es verhält sich nicht so, daß der Gedanke der leiblichen Selbstübereignung erläutert, was die λογικὴ λατρεία ausmacht, sondern umgekehrt: die leibliche Selbstübereignung der Adressaten ist das Thema, zu dem V. 1c eine Aussage („eure λογικὴ λατρεία") formuliert. Diesem funktionalen Verhältnis zu V. 1b kann man dann kaum Rechnung tragen, wenn man die Wendung λογικὴ λατρεία auf dem gängigen traditions- bzw. motivgeschichtlichen Weg[38] zu interpretieren versucht. In aller Regel ergibt sich auf diesem Weg nämlich die Annahme, die Formulierung λογικὴ λατρεία lasse eine vorgegebene Vorstellung anklingen, die ihrerseits durch die Verbindung mit V. 1b kritisch interpretiert werde[39]. Auf diese Weise gerät gleichsam unter der Hand und gegen das Gefälle des Textes V. 1c in die Rolle der kommentierten und V. 1b in die Rolle der kommentierenden Aussage[40]. Eine zweite Schwierigkeit des gängigen Weges kommt hinzu: Weder läßt sich die ganze Wendung λογικὴ λατρεία als „Formel" behaupten[41], noch läßt sich der Ausdruck λογικός als

---

Bedeutung der Leiblichkeit des Menschen bei Paulus (StNT 4), 1971, 179; WILCKENS (s. Anm. 5), 3; EVANS (s. Anm. 2), 32; J. D. G. DUNN, Romans 9–16 (Word Biblical Commentary 38B), 1988, 709. Deutlich anders interpretieren SCHMITHALS ([s. Anm. 4], 428) und BETZ ([s. Anm. 6], 211), die die Erwähnung der σώματα aus dem in 12,1b verwendeten Bild des Opfers heraus verstehen möchten. Der Vergleich mit den parallelen Aussagen in Röm 6,13a.b.c.16.19b.c, die in Röm 12,1b wieder aufgegriffen werden (vgl. WILCKENS [s. Anm. 5], 3), zeigt aber Flexibilität in der Wahl der Bilder – von dem der Waffen (6,13) über das der Sklaven (6,16) zu der daran noch anklingenden Bildlichkeit in 6,19 – und läßt gegen die Schwergewichtung des Opferbildes in 12,1b skeptisch werden.

[37] Auch „lebendig" und „heilig" – in 12,1b Kennzeichnungen des Opfers – klingen in dem von 12,1b aufgegriffenen Zusammenhang 6,12ff. schon an (6,13b.19c).

[38] Der traditions- bzw. motivgeschichtliche Weg setzt bei der Sichtung des „Hintergrundes" der Wendung λογικὴ λατρεία an (vgl. die entsprechenden Materialsammlungen z. B. bei LIETZMANN [s. Anm. 18], 108f.; KÄSEMANN [s. Anm. 7], 316f.; CRANFIELD [s. Anm. 5], 602–605; WILCKENS [s. Anm. 5], 4–6; EVANS [s. Anm. 2], 17–21; STRACK [s. Anm. 8], 294–298). Als Hintergrund wird dabei meist ein mehrschichtiger Vorstellungskomplex angenommen, dessen Thema das eigentliche, wahre Opfer im Unterschied zum materiellen Opfer ist.

[39] D. h. der Gedanke der Leiblichkeit bildet das entscheidende paulinische Interpretament bei der Rezeption des in λογικὴ λατρεία anklingenden Vorstellungshintergrundes, vgl. bes. KÄSEMANN (s. Anm. 7), 317; WILCKENS (s. Anm. 5), 6; STRACK (s. Anm. 8), 298.301f.

[40] Deutlich greifbar wird die Umkehrung des Textgefälles in der Paraphrase von W. RADL, Kult und Evangelium bei Paulus (BZ NF 31, 1987, 58–75), 62: „Sein [erg.: Paulus'] Anliegen in Röm 12,1 ist es gerade, den Begriff der λογικὴ λατρεία umzudeuten und neu zu füllen. ‚Das soll euer geistiger Kult sein', schließt Paulus den Vers ab. Was nämlich? Das ‚Darbringen des Leibes'".

[41] Zu KÄSEMANN (s. Anm. 7), 316. Die Wendung λογικὴ λατρεία ist m. W. vorpaulinisch bislang überhaupt nicht belegt. Die Belege in nachpaulinischer Zeit sind äußerst spärlich: Auf der Textbasis der TLG CD-Rom D unter Verwendung des Suchprogramms L-Base 6.05 erga-

ein in einen bestimmten Vorstellungs- bzw. Motivzusammenhang einge-
bundener Terminus aufweisen[42]. D. h.: es gibt keine wirkliche Handhabe
zur Bestimmung eines Vorstellungshintergrundes, von dem sich die paulinische Verwendung von λογικὴ λατρεία abheben ließe.

Es liegt darum näher, sich dem Verständnis der Wendung direkter, nämlich über die Frage nach den Bedeutungsmöglichkeiten des von Paulus sonst
nicht verwendeten Ausdrucks λογικός, zu nähern.

Diskutiert werden gegenwärtig vor allem drei Antwortmöglichkeiten[43], mit denen
sich aber jeweils Schwierigkeiten verbinden. 1. Gegen die Bedeutung „vernünftig"
spricht: Die durch λογικὴ λατρεία definierte Sache, also die völlige Übereignung der
irdischen Existenz an Gott, ist nach den von 12,1b wieder aufgenommenen Ausführungen in 6,12ff. keine Angelegenheit der Vernunft, sondern Konsequenz aus der
durch die Teilhabe an Tod und Auferweckung Christi bewirkten Befreiung aus der
Sündenherrschaft (6,1–11). Außerdem: Die unproblematische Erwähnung eines
„vernünftigen" Gottesdienstes stünde in eigentümlich ungeklärtem Verhältnis zu
der dann nachträglich erwähnten Erneuerung des νοῦς in 12,2. 2. Gegen die Bedeutung „geistlich" spricht: Die Verwendung von λογικός läge dann quer zum Sprachgebrauch des Paulus, der normalerweise den Ausdruck πνευματικός in diesem Sinn
verwendet[44]. Davon abgesehen läßt sich „geistlich" als vorpaulinische Bedeutungsmöglichkeit von λογικός nur unter Voraussetzung einer sehr gewagten traditionsgeschichtlichen Hypothese postulieren[45]. 3. Auch die Annahme, nach der λογικός im
abgrenzenden Sinn („wahr", „eigentlich") verwendet ist, also überhaupt keine Ei-
genschaft der λατρεία benennt, bietet keinen plausiblen Ausweg: Zum einen läßt der
Kontext nicht deutlich werden, wovon eigentlich abgegrenzt werden soll[46], zum an-

---

ben sich für das 1. und 2. Jh. n. Chr. neben Röm 12,1 nur sechs Belege für λογικὴ λατρεία
(Irenaeus, Fragmenta deperditorum operum 36; Athenagoras, Legatio 13,4; Origenes, Commentarii in Romanos 12.2; Commentarii in evangelium Joannis 13.25.148; Selecta in Ezechie-
lem 13.785.44; Fragmenta in Lucam 123.4). Abgesehen vom Beleg aus Origenes' Röm-Kom-
mentar bietet auch der Irenaeus-Beleg ein völlig eindeutiges Zitat von Röm 12,1.

[42] Auf der Grundlage der o. Anm. 38 erwähnten Materialsammlungen ergeben sich nur fünf
Belege für die Verwendung von λογικός im direkten Zusammenhang mit der Vorstellung vom
eigentlichen im Unterschied zum materiellen Opfer (TestLev 3,6; Philo, SpecLeg I 277;
CorpHerm I 31; XIII 18.21), von denen zumindest die letzten drei aus Datierungsgründen problematisch sind.

[43] Exemplarische Literaturhinweise o. Anm. 6.7.8.

[44] Vgl. z. B. Röm 1,11; 7,14; 1Kor 10,3f.; 15,44.

[45] Ausgangspunkt dieser Hypothese ist die Verwendung von λογικός in CorpHerm I 31;
XIII 18–21; dort läßt sich im Zusammenhang mit der entsprechenden Verwendung von λόγος
(vgl. bes. XIII 18) der Sinn von „geistlich" belegen. Dieser „mystische" Sinn von λογικός wird
dann für den zeitlich schon näheren Beleg 1Petr 2,2 in Anschlag gebracht. Als vorpaulinische
Bedeutungsmöglichkeit kommt der „mystische" Sinn von λογικός für die Vertreter der Hypothese deshalb in Betracht, weil sie in 1Petr 2,2ff. alte, vorpaulinische Tradition aufgenommen
sehen. – Die Hypothese hängt also in hohem Maß am Verständnis von λογικός = πνευματικός
in 1Petr 2,2; zum λογικὸν γάλα an dieser Stelle vgl. aber u. im Text.

[46] Die Abgrenzung von allen andern λατρεῖαι ist in ὑμῶν ausgedrückt.

dern stellt sich auch bei dieser Lösung die Frage nach den Belegen für eine entsprechende Bedeutungsmöglichkeit von λογικός[47]. – Da sich λογικὴ λατρεία nicht als Formel, und λογικός nicht als Terminus innerhalb eines in Röm 12,1 vorausgesetzten Vorstellungskomplexes nachweisen läßt, die Wendung folglich als paulinische Bildung wahrscheinlich[48] ist, bleibt im Blick auf alle drei Vorschläge außerdem anzumerken: Keiner von ihnen fügt sich zur Verwendung des zugehörigen Nomens bei Paulus, der λόγος beinahe durchweg in einem auf „Sprache", „Sprechen", „Wort" bezogenen Sinn[49], jedenfalls nicht i. S. von „Vernunft", „Geist" oder „Wahrheit", gebraucht.

Die in allen drei Vorschlägen vorausgesetzte Divergenz zum paulinischen Gebrauch von λόγος lenkt auf die den drei Vorschlägen zugrundeliegende gemeinsame, von Cranfield explizit formulierte Prämisse: „..., the fact (as it surely is) that the word ... is here used with reference to λόγος in its sense of ‚reason' rather than to λόγος in its sense of ‚word', ..."[50]. Die folgenden Hinweise versuchen zu zeigen: 1. Die zweite, also die auf λόγος im kommunikativen Sinn bezogene, Bedeutung von λογικός kommt in sprachlicher Hinsicht als Möglichkeit durchaus in Betracht. 2. Die entsprechend aufgefaßte Wendung τὴν λογικὴν λατρείαν ὑμῶν (V. 1c) läßt sich – auch hinsichtlich ihrer Funktion – im Kontext verständlich machen.

1. Unter dem Gesichtspunkt der sprachlichen Frage ist zunächst der einzige weitere neutestamentliche Beleg des in der LXX und den Apostolischen Vätern nicht verwendeten Ausdrucks λογικός heranzuziehen: ὡς ἀρτιγέννητα βρέφη τὸ λογικὸν ἄδολον γάλα ἐπιποθήσατε, ἵνα ἐν αὐτῷ αὐξηθῆτε εἰς σωτηρίαν (1Petr 2,2). Die Bedeutung von λογικός läßt sich hier aus dem Zusammenhang mit dem im engeren Kontext verwendeten Nomen erschließen[51]. Die den Abschnitt 1,22–2,3[52] einleitende Aufforderung zur Bruderliebe wird motiviert durch den Hinweis auf die Wiedergeburt, die durch das Wort Gottes bewirkt wurde (διὰ λόγου ζῶντος θεοῦ

---

[47] Als einziger Beleg für λογικός i. S. von „wahr", „eigentlich" wird von STRACK ([s. Anm. 8], 294) TestLev 3,6 angeführt. Demgegenüber hat EVANS ([s. Anm. 2], 22 Anm. 53) überzeugend gezeigt, daß sich wegen der Verbindung mit ἀναίμακτος auch hier für λογικός der Sinn von „vernünftig" nahelegt.

[48] Mit EVANS (s. Anm. 2), 23.

[49] Ausnahmen: Röm 14,12; Phil 4,15.17; vgl. dazu W. BAUER, Griechisch-deutsches Wörterbuch zu den Schriften des Neuen Testaments und der frühchristlichen Literatur, 6., völlig neu bearb. Aufl., hg. v. K. und B. ALAND, 1988, s. v. λόγος 2α.β., 971.

[50] AaO (s. Anm. 5), 605 Anm. 1.

[51] Zu 1Petr 2,2 vgl. bes. D. G. MCCARTNEY, λογικός in 1Peter 2,2 (ZNW 82, 1991, 128–132), 130.

[52] Zur Abgrenzung und Struktur des Abschnitts vgl. A. REICHERT, Eine urchristliche praeparatio ad martyrium. Studien zur Komposition, Traditionsgeschichte und Theologie des 1. Petrusbriefes (BET 22), 1989, 114–116, allerdings ohne den durch die Struktur nahegelegten Rückschluß auf die Bedeutung von λογικός.

καὶ μένοντος). 1,24.25a demonstriert im Zitat die Unvergänglichkeit des Wortes, und 1,25b identifiziert explizit das unvergängliche Wort als das von den Adressaten empfangene Wort der Evangeliumsverkündigung. Die Anrede als „eben geborene Kinder" (2,2) nimmt den Hinweis auf die Wiedergeburt (1,23) wieder auf, und entsprechend korrespondiert das λογικὸν ἄδολον γάλα, nach dem die Adressaten als „eben geborene Kinder" streben sollen, dem λόγος, der ihre Wiedergeburt bewirkte. D. h.: λογικὸν ἄδολον γάλα steht für das Wort der Verkündigung, das mit der von ihm bewirkten Wiedergeburt nicht überholt ist, sondern seine Empfänger in bleibende Abhängigkeit von seinem weitergehenden Wirken (2,2b) stellt; λογικός bezieht sich auf dieses weitergehende Wirken des bildlich durch γάλα ausgedrückten Wortes. Noch näher als die von mehreren Exegeten vorgeschlagene, im Prinzip in dieselbe Richtung zielende Übersetzung mit „Milch des Wortes"[53] liegt darum, aber auch wegen der Parallelität zwischen λογικόν und ἄδολον, ein Verständnis i. S. von „sprechende, truglose[54] Milch".

Der Seitenblick auf 1Petr 2,2 ist für Röm 12,1 natürlich nur dann relevant, wenn der Ausdruck λογικός die auf λόγος im kommunikativen Sinn bezogene Bedeutung nicht erst im Kontext von 1Petr 2,2 annimmt, sondern diese Bedeutung als Möglichkeit in den Kontext hinein mitbringt[55]. Dafür kann man eine Reihe von Belegen anführen[56].

---

[53] S. die Literaturhinweise bei McCartney (s. Anm. 51), 128; vgl. auch die Hinweise auf alternative Übersetzungsvorschläge (128f.) und die – m. E. überzeugende – Kritik daran (130f.).

[54] Statt der gängigen Übersetzung von ἄδολος mit „unverfälscht" hatte J. M. Usteri (Wissenschaftlicher und praktischer Commentar über den ersten Petrusbrief, 1887) unter Hinweis auf δόλος in 2,1 das mehr aktivische „truglos" vorgeschlagen (85). Der Bezug beider Attribute auf die mit dem Bild (Milch) gemeinte Sache (Wort der Verkündigung) kommt so noch klarer zum Ausdruck.

[55] McCartney (s. Anm. 51) ist dieser Frage nachgegangen und zu folgendem Ergebnis gelangt: Die auf λόγος im kommunikativen Sinn bezogene Bedeutung von λογικός in 1Petr 2,2 hat im vorausliegenden Sprachgebrauch einen Anknüpfungspunkt. Zwar wird das Wort in der Regel i. S. von „vernünftig" gebraucht, aber „... the very common meaning of ‚rational' was often closely tied to the facility of speech" (132). Die enge Verbindung beider Bedeutungskomponenten wird an exemplarisch herausgegriffenen Belegen (Dionysios von Halicarnass, CompVerb 11,119; 14,108 [im Vergleich mit der Epitome z.St.]; Philo, Op 119,5; All I 10) aufgewiesen (131f.). – M. E. kann man in der von McCartney eingeschlagenen Richtung noch einen Schritt weitergehen: Es gibt auch Belege für λογικός, bei denen, ähnlich wie in 1Petr 2,2, die auf „Sprechen", „Sprache", „Wort" bezogene Bedeutungskomponente eindeutig dominiert.

[56] Die folgenden exemplarischen Hinweise beziehen sich z. T. auf das bei H. G. Liddell/R. Scott (A Greek-English Lexicon. Rev. and Augmented by H. S. Jones with the Assistance of R. McKenzie, 9. Aufl. 1940 [Nachdr. 1978]), s.v. λογικός I („ *of* or *for speaking* or *speech*"), 1056, zusammengestellte Material; ergänzend wurde eine auf der Textgrundlage der TLG CD-Rom D beruhende Konkordanz zu λογικός vom 2. Jh. v. Chr. bis zum 1. Jh. n. Chr. benutzt.

Eindeutig ist zunächst Plutarchs Erwähnung der zum Sprechen notwendigen Teile (μέρη λογικά) des Körpers (Coriol 38,2)[57]. Auch bei der Gegenüberstellung der λο– γική zur μουσική bei Dionysios von Halicarnass (CompVerb 11) ist nicht auf die Verbindung von *„rationality* and *verbal articulation"*[58] abgehoben, sondern λογική bedeutet einfach „Sprache"[59]. Entsprechend kommt das Wort in literaturwissen- schaftlichen Zusammenhängen vergleichsweise häufig vor[60], es ist aber nicht darauf beschränkt. So ist z. B. bei Plutarch (Marc 14,5) im Zusammenhang der Geometrie von der καὶ λογικὴ καὶ γραμμικὴ ἀπόδειξις die Rede. Das Nebeneinander (καί ... καί ...) zeigt, daß zwei Beweisarten gemeint sind, die auf einer Ebene liegen; die Übersetzung „proof by word and diagram"[61] gibt dies zutreffend wieder. Vereinzelt ist der auf „Sprechen", „Sprache" bezogene Gebrauch von λογικός auch bei Philo belegt. Im Zusammenhang der Auslegung der Moseberufung wird der an der eige- nen Redegewandtheit und der menschlichen Redegabe zweifelnde Mose (VitMos I 83) von Gott darauf hingewiesen, daß er selbst dem Menschen den Mund gegeben und ihm Zunge, Luftröhre καὶ τὴν ἅπασαν λογικῆς φωνῆς ὀργανοποιίαν geschaf- fen habe (84[62]). Die Übersetzung „all the organism of reasonable speech"[63] macht wenig Sinn, weil nicht der Inhalt, sondern die Kommunikation der Mose aufgetra- genen Rede zur Debatte steht. Es geht um das ganze Instrumentarium für sprachli- che Äußerung[64], mit dem Gott den Menschen ausgestattet hat. Entsprechend legt sich der auf Kommunikation bezogene Sinn von λογικός vom jeweiligen Kontext her auch für Philo, Som I 106[65] und Praem 2[66] nahe.

---

[57] εἰ μηδὲ τὴν ψυχὴν καὶ τὸν θεὸν ἄνευ σώματος ὀργανικοῦ καὶ διηρμοσμένου μέρεσι λογικοῖς γέγονεν ἠχεῖν καὶ διαλέγεσθαι (Text: B. PERRIN, Plutarch's Lives. Bd. IV [LCL], 1916 [Nachdr. 1959], 212).

[58] MCCARTNEY (s. Anm. 51), 131.

[59] Vgl. die Übersetzung von S. USHER, Dionysius of Halicarnassus. The Critical Essays in Two Volumes. Bd. II (LCL), 1985, 83: „speech".

[60] Vgl. z. B. Diodorus Siculus 26.1; Dionysios von Halicarnass, Demosthenes 24; De imita- tione 31.VI. Vgl. auch die technische Verwendung von λογικός zur Bezeichnung jener Teilgat- tung der Chreia, deren Zielpunkt in einem Wort (und nicht in einer Handlung oder einer Mi- schung von beidem) liegt, bei Theon, Progymnasmata (in: E. SPRENGEL [Hg.], Rhetores Grae- ci. Bd. II, 1854 [Nachdr. 1966], 96.18–106.3), 97.11–13; 97.16; 98.21; 99.4; 101.24.30; 102.8.

[61] B. PERRIN, Plutarch's Lives. Bd. V (LCL), 1917 (Nachdr. 1961), 471.

[62] Text: L. COHN/P. WENDLAND (Hg.), Philonis Alexandrini opera quae supersunt. Bd. IV, 1902, 139.

[63] F. H. COLSON, Philo. Bd. VI (LCL), 1935 (Nachdr. 1959), 319.

[64] Vgl. ähnlich die Übersetzung „die ganze Einrichtung der Sprachorgane" (Philo von Alex- andria. Die Werke in deutscher Übersetzung, hg. v. L. COHN u. a., Bd. I, 2. Aufl. 1962, 241).

[65] Som I 103f. erwähnt den λόγος als eine von Gott zu verschiedenen Zwecken gegebene Gabe, die allerdings auch mißbraucht werden kann (105–107). Zu den Arten des Mißbrauchs gehört auch der Kampf gegen sein natürliches Wachsen: πόλεμος οὖν ἐστιν ἐνίοις ἄσπονδος καὶ ἀκήρυκτος πρὸς τὴν λογικὴν φύσιν (106; Text: COHN/WENDLAND [s. Anm. 62], Bd. III, 1898, 227). Daß hier der Kampf gegen „das natürliche Wachsen der Sprache" (Philo von Alex- andria [s. Anm. 64], Bd. VI, 2. Aufl. 1962, 195) gemeint ist, ergibt sich vor allem aus dem fol- genden Kontext (Som I 108).

[66] Während der spezielle Teil des Gesetzgebungswerks durch die Propheten verkündet wurde, ereignete sich der Überlieferung nach die Kommunikation des allgemeinen Teils, der zehn κεφάλαια, auf wunderbare Weise: κεφάλαια μὲν δέκα, ἅπερ λέγεται κεχρησμῳδῆσθαι

2. Wenn man die Wendung λογικὴ λατρεία i. S. der erwogenen Bedeutungsmöglichkeit von λογικός[67], also i. S. von „sprechender" Gottesdienst, versteht, dann ergeben sich drei für die Interpretation von 12,1f. wichtige Gesichtspunkte.

Erstens: Die leibliche Selbstübereignung der Adressaten an Gott ist als ein Geschehen begriffen, dem von sich aus Mitteilungskraft eignet. Auf diesen Punkt zielt der auf V. 1b zurückbezogene, definierende Kommentarsatz in V. 1c. Diese Selbstübereignung geschieht nicht nur im Bereich des Irdisch-Weltlichen, sondern sie betrifft diesen Bereich unmittelbar, sofern sie ihm gleichsam Weltsegmente[68] (σώματα) entzieht und zum „heiligen, lebendigen, Gott wohlgefälligen Opfer" zusammenfügt, diese also auch nach außen hin nicht das bleiben läßt, was sie vorher waren. Die Übereignung der Leiber, die kollektiv das „Opfer" bilden[69], kann sich darum nicht unmerklich, sondern nur als „sprechender" Gottesdienst vollziehen, der sich Außenstehenden gegenüber bemerkbar macht. Nimmt man 12,1 als funktionales Satzgefüge ernst, dann geht es hier nicht primär um Kultkritik[70] oder um

---

οὐ δι'ἑρμηνέως, ἀλλ'ἐν τῷ ὑψώματι τοῦ ἀέρος σχηματιζόμενα καὶ ἄρθρωσιν ἔχοντα λογικήν (Text: COHN/WENDLAND [s. Anm. 62], Bd. V, 1906, 336). ἄρθρωσις λογική verweist hier auf die sprachliche Artikulierung (vgl. die Übersetzung „articulate speech" bei F. H. COLSON, Philo. Bd. VIII [LCL], 1939 [Nachdr. 1960], 315) i. S. der kommunikativen Kraft, die den ἑρμηνεύς nicht benötigt.

[67] Auch O. MICHEL (Der Brief an die Römer [KEK IV], 3. (12.) Aufl. 1963) scheint bei der Übersetzung „dem Wort gemäßer Gottesdienst" (290) an eine auf λόγος = Sprechen, Sprache, Wort bezogene Bedeutung von λογικός zu denken, tatsächlich gemeint ist aber auch bei MICHEL nicht die kommunikative Kraft, sondern das offenbarungsgemäße Wesen der λατρεία (vgl. ebd. 292).

[68] Die Formulierung knüpft an E. KÄSEMANNs Analyse der Bedeutung von σῶμα bei Paulus an (vgl. bes.: Zur paulinischen Anthropologie [in: Paulinische Perspektiven, 2. Aufl. 1972, 9–60], 36–46; DERS. [s. Anm. 7], 168ff.), die sich gerade im Fall von Röm 12,1f. als ausgesprochen tragfähig zeigt.

[69] Die Ablösung des Plural (σώματα) durch den Singular (θυσίαν) wird selten wahrgenommen (s. aber EVANS [s. Anm. 2], 24f.), ist aber im Vergleich mit den inhaltlich und sprachlich parallelen Aussagen in Röm 6,13a.c.16a.19b.c auffällig. Zwar sind in der Aufforderung in 12,1b die Adressaten individuell, und nicht „as a single community", angeredet (zu EVANS, ebd. 25), τὰ σώματα ὑμῶν meint sie „einzeln in ihrer jeweils persönlichen, leiblichen Existenz" (WILCKENS [s. Anm. 5], 3). Das Ergebnis des ihnen vom Adressanten nahegelegten Handelns wird aber unter einen kollektiven Gesichtspunkt gerückt, der sich in der singularischen Fassung des Opferbildes niederschlägt. Unter diesem kollektiven Gesichtspunkt steht dann natürlich auch 12,1c (τὴν λογικὴν λατρείαν ὑμῶν).

[70] In dieser Richtung wird Röm 12,1f. bekanntlich in der grundlegenden und einflußreichen Interpretation von E. KÄSEMANN (Gottesdienst im Alltag der Welt. Zu Römer 12 [in: Exegetische Versuche und Besinnungen II, 3. Aufl. 1970, 198–204], bes. 201; DERS. [s. Anm. 7], 315–317) verstanden: Die Definition der Hingabe der σώματα als Gottesdienst liegt quer zu jeder Abgrenzung eines sakralen Bereichs von dem Profanität. – Zweifellos ist damit eine wichtige gedankliche Voraussetzung bzw. ein *Implikat* des Textes getroffen; verstanden als Entfaltung dieses Implikats scheinen mir die Ausführungen von KÄSEMANN keiner weiteren Absicherung zu bedürfen und keine Abschwächung zu vertragen (zu: SCHLIER [s. Anm. 5],

Verteidigung des kultlosen Gottesdienstes[71] (auch nicht um ein intentional
anzusteuerndes „Tatzeugnis"), sondern um den Gesichtspunkt, den man
schon in der Formulierung von 12,1b angedeutet sehen kann[72], der sich jedenfalls der Sache nach vom Aufforderungsinhalt nicht trennen läßt: die der
Welt kommunikativ zugewandte Seite gemeindlicher Existenz.

Zweitens: Wenn damit der Zielgedanke von 12,1 zutreffend bestimmt ist,
liegt der inhaltliche Zusammenhang[73] mit der folgenden, erst negativ, dann
positiv formulierten Aufforderung (V. 2a.b) auf der Hand. Die Warnung
vor Gleichstellung mit „diesem Äon", der Appell zum „Sich-verwandeln-
Lassen" durch die Neuschöpfung des νοῦς[74] halten die Besonderheit des
der Welt zugewandten, kommunikativen Gottesdienstes fest, der nur
scheinbar paradox an beizubehaltende Weltdistanz gebunden ist.

Drittens ergibt sich ein inhaltlicher Zusammenhang zwischen der leiblichen Selbstübereignung, zu der ermahnt wird, und dem Erbarmen Gottes
als der Autorität, in der diese Ermahnung geschieht. Wenn die Selbstübereignung der Adressatenschaft, die das Erbarmen Gottes bereits erfahren hat
(11,30b), als ein der Welt zugewandter, „sprechender" Gottesdienst interpretiert wird, dann teilt sie den Richtungssinn von Gottes Erbarmen, das alle ergreifen will (11,32).

Fazit: Die kommunikative λατρεία ist die wahrnehmbare Außenseite der
Gemeinde, die von Gottes Erbarmen überwunden und geprägt ist und die
für dessen Tendenz auf „weiteren Raumgewinn in der Welt"[75] in Anspruch
genommen wird.

358; WILCKENS [s. Anm. 5], 6f.; STRACK [s. Anm. 8], 303). Nur: Der Text *zielt* nicht auf Kultkritik.

[71] Zu N. WALTER (Christusglaube und heidnische Religiosität in paulinischen Gemeinden
[NTS 25, 1979, 422–442]), der in 12,1 „ein (scheinbares) Defizit" (437) durch Paulus erklärt
sieht: „Auch für uns Christen gibt es eine Form von λατρεία. Kultische Handlungen der euch
Heiden geläufigen Art sind sinnlos, von Gott selbst überholt. Unser ‚sinnvoller Gottesdienst'
... vollzieht sich ... durch uns alle ‚im Alltag der Welt', ..." (437f.). In dieser Interpretation wird
wieder das o. S. 88 und Anm. 40 gekennzeichnete Problem greifbar: Unter der Hand wird der
Satzapposition V. 1c das Thema („Gottesdienst") entnommen und die Aussage über dieses
Thema aus 12,1b erschlossen.

[72] „Im Verbum παριστάναι ... schwingt ja die Bedeutung des öffentlichen [!] und Augenfäl-
ligen mit, welche durch den Verweis auf τὰ σώματα ὑμῶν als Objekte des Opfers eigens herausgestellt wird" (BAUER [s. Anm. 36], 179).

[73] Zum Problem s. EVANS (s. Anm. 2), 25.

[74] Wenn man die ἀνακαίνωσις τοῦ νοός vor dem Hintergrund der im vorangehenden Röm
enthaltenen Gegenbilder, 1,28 (im Kontext von 1,18–32) und 7,23 (im Kontext von 7,14–25a),
interpretiert, liegt es nahe, ἀνακαίνωσις (z. B. mit W. SCHRAGE, Zum Verhältnis von Ethik
und Vernunft [in: Neues Testament und Ethik. FS für R. Schnackenburg, hg. v. H. MERKLEIN,
1989, 482–506], 498) i. S. von „Neuschöpfung" zu verstehen.

[75] G. KLEIN, Der Friede Gottes und der Friede der Welt. Eine exegetische Vergewisserung
am Neuen Testament (ZThK 83, 1986, 325–355), 340.

IV.

Die vorangehenden Überlegungen provozieren eine Reihe von Anschlußfragen, aus denen zwei hervorgehoben seien[76].

1. Unter Voraussetzung des vorgeschlagenen Verständnisses von λογικὴ λατρεία in 12,1 ergibt sich eine auffallende Parallele zur Umschreibung des eigenen Wirkens des Adressanten im Briefeingang: ... ὁ θεός, ᾧ λατρεύω ἐν τῷ πνεύματί μου ἐν τῷ εὐαγγελίῳ τοῦ υἱοῦ αὐτοῦ, ... (1,9). Vor dem Hintergrund der Verwendung von λατρεύω/λατρεία bei Paulus[77] wird man zumindest festhalten: Der in der Evangeliumsverkündigung bestehende Gottesdienst des Adressanten und der in der leiblichen Selbstübereignung bestehende, kommunikative Gottesdienst der Adressaten haben in irgendeiner Weise miteinander zu tun. Eine genauere Klärung des Verhältnisses zwischen beidem führt unmittelbar zur Frage nach der Wirkabsicht, die der Adressant in seinem Schreiben an die römischen Christen verfolgt.

2. Wenn die Überschrift zum zweiten Hauptteil des Schreibens an die Römer den kommunikativ auf Welt bezogenen Charakter hervorhebt, der der Adressatenschaft vom universalen Heilswillen Gottes her zukommt, dann ist zu vermuten, daß dieser Gesichtspunkt auch in den angeschlossenen, in ihrem Zusammenhang und ihrer Ausrichtung schwer durchschaubaren Ausführungen (12,3–15,13) eine Rolle spielt. Sollte sich die Vermutung als zutreffend erweisen lassen, dann wäre auch dies von Belang für die „Romans Debate", in die sich G. Klein[78] gleich zu Beginn maßgeblich eingeschaltet hat.

---

[76] Auf beide Fragen möchte ich in anderem Zusammenhang zurückkommen.

[77] λατρεύω/λατρεία wird bei Paulus außerhalb des Röm nur noch Phil 3,3 verwendet (λατρεύω dort in bezug auf das ganze Leben der Glieder der christlichen Gemeinde im Gegensatz zu den als κακοὶ ἐργάται gekennzeichneten Gegnern). Innerhalb des Röm findet sich λατρεύω in 1,25 (im Zusammenhang der Kennzeichnung des heidnischen Gottesdienstes, der statt des Schöpfers dem Geschöpf gilt) und λατρεία in 9,4 (im Zusammenhang der Gaben Gottes an Israel [9,4.5a]). Von einem λατρεύειν bzw. einer λατρεία von Christen ist im Röm nur in 1,9 und 12,1 die Rede. Daß dem Gottesdienst beider, des Adressanten und der Adressatenschaft, kommunikative Ausrichtung zugeschrieben wird, fällt auf.

[78] Der Abfassungszweck des Römerbriefes (in: G. KLEIN, Rekonstruktion und Interpretation. Gesammelte Aufsätze zum Neuen Testament [BEvTh 50], 1969, 129–144; engl. in: The Romans Debate. Revised and Expanded Edition, hg. v. K. P. DONFRIED, 1991, 29–43).

Was bleibt und was fällt

Zur Eschatologie in 1Kor 13,8–13

von

WOLFGANG SCHRAGE

Die paulinische Eschatologie ist bekanntlich kein systematischer Entwurf. Schon die Dialektik von Gegenwarts- und Zukunftsaussagen läßt erkennen, daß Paulus verschiedene Aspekte und Linien in seine Eschatologie integriert hat. Eine andere Spannung besteht in den eschatologischen Gegenwartsaussagen zwischen den Kategorien der *renovatio* und des *novum*, die beide ihren Ort im paulinischen Denken haben, auch wenn im Verhältnis von Alt und Neu gewiß das *novum* dominiert[1]. Im Blick auf die Zukunftshoffnung des Paulus lassen sich ebenfalls verschiedene Momente konstatieren. Dabei soll jetzt nach dem gefragt werden, was „bleibt" und was „hinfällt", anders ausgedrückt, nach Kontinuität und Diskontinuität zwischen „Stückwerk" und „Vollkommenem". Wird in der eschatologischen Vollendung das gegenwärtig gegebene Fragmentarische komplettiert bzw. nur der unvollkommene Modus des schon Gegebenen überholt? Oder wird es grundsätzlich vom Kommenden abgelöst, so daß hier ein ähnlich radikaler Bruch zwischen Alt und Neu anzunehmen ist wie beim Übergang vom vorchristlichen zum christlichen Leben?

Undiskutierte Voraussetzung und umfassende Klammer alles Bleibenden ist das μένειν Gottes, denn auch für Paulus ist gewiß vorauszusetzen: ὁ

---

[1] Nicht, daß die „neue Schöpfung" (2Kor 5,17; Gal 6,15) eine Schöpfung und nicht, daß der neue Bund (1Kor 11,25; 2Kor 3,6) ein Bund ist, sondern daß beides ganz und gar neu ist, steht hier im Vordergrund. Gilt doch: „Das Alte ist vergangen" (2Kor 5,17b) bzw. „der alte Bund wird in Christus außer Geltung gesetzt" (καταργεῖται 2Kor 3,14); vgl. J. BEHM, ThWNT III 451: „καινός ist der Inbegriff des ganz Anderen, Wunderbaren, das die Endheilzeit bringt". Zugleich bleibt aber erkennbar, daß Gott kein solcher ist, der *tabula rasa* macht und seine Geschöpfe auslöscht (vgl. ἀνακαίνωσις Röm 12,2 und ἀνακαινοῦσθαι 2Kor 4,16). Das Neue steht vielmehr in Beziehung zu dem, was er geschaffen hat und geschöpfliches Leben ausmacht, so daß selbst für die gesamte Schöpfung eine „Befreiung" erwartet wird (Röm 8,21).

κύριος εἰς τὸν αἰῶνα μένει (Ps 9,8)[2]. Allerdings ist es symptomatisch, daß neben dem alttestamentlichen Zitat aus Ps 111,9LXX in 2Kor 8,9 (ἡ δικαιοσύνη αὐτοῦ μένει εἰς τὸν αἰῶνα)[3] der einzige auf Gott selbst bezogene Beleg von μένειν von der κατ' ἐκλογὴν πρόθεσις τοῦ θεοῦ spricht (Röm 9,11), also allein Gottes verläßlicher Heilsratschluß dasjenige ist, was sich von aller menschlichen Wandelbarkeit und Veränderlichkeit abhebt und bleibt. Dasselbe wird negativ so umschrieben, daß der λόγος τοῦ θεοῦ nicht hingefallen ist (ἐκπέπτωκεν Röm 9,6) bzw. daß Gottes πίστις nicht durch die ἀπιστία der Menschen unwirksam wird (καταργήσει Röm 3,3). Dabei bezeichnet dieses μένειν schon in der LXX nicht einfach die zeitliche Dauer, so sehr dieses Moment eingeschlossen ist[4], sondern stellt zugleich seine Geltung und Kraft heraus. Μένειν wird z. B. in 1Esr 4,38 so interpretiert: ἡ δὲ ἀλήθεια μένει καὶ ἰσχύει εἰς τὸν αἰῶνα καὶ ζῇ καὶ κρατεῖ εἰς τὸν αἰῶνα τοῦ αἰῶνος[5]. Die paulinischen *opposita* πίπτειν, παύεσθαι und καταργεῖν spielen in der LXX dagegen kaum eine theologische Rolle. Καταργεῖν kommt überhaupt nur viermal vor[6], und wo παύεσθαι theologische Bedeutung hat, wird vom Aufhören von Gottes Zorn gesprochen (Jos 4,26) oder darum gebeten[7]. Bei πίπτειν kann es dagegen ähnlich wie in Röm 9,6 heißen οὐκ ἔπεσεν bzw. διέπεσεν εἷς λόγος ἀπὸ πάντων τῶν λόγων ὧν εἶπεν κύριος ὁ θεὸς ὑμῶν[8].

1Kor 13,8–13 gilt allgemein als dritter Teil des Kapitels, in dem Paulus durch zahlreiche Antithesen die Unvergänglichkeit der Agape mit den vergänglichen Charismen konfrontiert und durch die eschatologischen Aussagen den Geistenthusiasmus der Korinther korrigiert. Nur die Zugehörigkeit von V. 8a zum dritten Teil ist strittig. Vor allem W. Michaelis hat die These vertreten, daß ἡ ἀγάπη οὐδέποτε πίπτει formal gut zu V 4–7 passe, wo die Liebe Subjekt ist und ebenfalls Präsenssätze stehen[9]. Πίπτειν stünde dann

---

[2] Vgl. auch Ps 101 (102) 12; Dan 6,27; 1QH 13,12f.

[3] Vgl. auch das Bleiben von Gottes βουλή (Ps 32 [33] 11; Jes 14,24; Prov 19,21; 1QH 4,13 u. ö.), seinem Wort (Jes 40,6; vgl. 4Esr 8,22), seiner Herrschaft (Dan 4,26 ϑ; 6,27 ϑ), seiner Gerechtigkeit (Ps 111 [112] 3.9; 1QH 8,2), seiner Wahrheit (Ps 116 [117] 2; 1Esr 4,38) u. a.

[4] Vgl. das oft hinzugefügt εἰς τὸν αἰῶνα τοῦ αἰῶνος oder εἰς τὸ αἰῶνα χρόνον (Jes 14,20); vgl. auch syrBar 44,11f: „Es gibt eine Zeit, die nicht vergeht, und es kommt eine Periode, die ewig bleibt".

[5] Vgl. Jes 66,22, wo μενεῖ parallel steht zu στήσεται, und Koh 7,15, wo es Oppositum zu ἀπολλύναι ist.

[6] 2Esr 4,21.25; 5,3; 6,8.

[7] Ex 32,12; Hi 14,13; Ps 36 (37) 8.

[8] Jos 23,14; vgl. auch 1Βασ 3,19; 4Βασ 10,10: unerfüllt bleiben. Zum eschatologisch geprägten πίπτειν bei Paulus vgl. z. B. Th. SÖDING, Das Liebesgebot bei Paulus, 1995 (NTA 26), 130 Anm. 115.

[9] W. MICHAELIS, „Η ΑΓΑΠΗ ΟΥΔΕΠΟΤΕ ΠΙΠΤΕΙ", in: Paulus – Hellas – Oikomene, Athen 1951, 135–140; vgl. DERS., ThWNT VI 166.

wie Röm 11,22 und 1Kor 10,12 im Sinne von ungehorsam sein, in der Versuchung zu Fall kommen, der die Liebe nicht bzw. niemals erliegt[10]. Die dafür genannten Argumente sind aber nicht stark genug. Ein formaler Grund gegen diese Zuordnung und damit zugleich ein Argument für eine Einleitung des letzten Abschnittes durch V. 8a ist die *inclusio* zu μένειν in V. 13, das vom Nichtaufhören der Liebe spricht. Aussagen über die Unvergänglichkeit der Liebe umrahmen damit die über die Vergänglichkeit der Charismen. Zudem könnte eine Aussage darüber, daß die Liebe nicht zu Fall kommt, nach den ohnehin kaum noch überbietbaren vierfachen πάντα-Sätzen im vorangehenden V. 7 fast banal erscheinen. Daß πίπτει hier eschatologisch zu verstehen ist, bestätigt endlich das adversative δέ in V. 8a, das ohne Anbindung an das Vorhergehende keine Erklärung fände[11] (vgl. auch die Wiederholung des Subjekts ἡ ἀγάπη). Πίπτει ist also synonym mit κατ-αργηθήσονται (V. 8b.d) und παύσονται (V. 8c)[12] und hat wie dieses futurischen Sinn[13]. Doch auch wenn οὐ πίπτει im präsentischen Sinn gefaßt wird, reicht es wie μένειν über die Zeit des Stückwerks dieser Welt hinaus und wird nie überholt.

Noch umstrittener als V. 8a ist allerdings V. 13, und zwar schon, ob man νυνί logisch (12,18; 15,20 u. ö.) oder zeitlich (2Kor 8,11; 22 u. ö.) faßt. Selbst wenn von den vorhergehenden Zeitbestimmungen her (vgl. ἄρτι/τότε) ein temporales Verständnis angenommen wird, darf das nicht so interpretiert werden, daß nur in der bis zum τέλειον dauernden Jetztzeit Glaube, Liebe und Hoffnung bleiben[14]. An eine bloße Fortdauer der Trias im Sinne eines

---

[10] So schon Severian (K. STAAB, Pauluskommentare aus der griechischen Kirche, Münster ²1983) 266 und Photius (ebd.) 573, in neuerer Zeit z. B. E. LEHMANN/A. FRIDRICHSEN, 1Kor. 13. Eine christlich-stoische Diatribe, ThStKr 94 (1922), 55–95, hier 90: „tut keinen Fehltritt"; W. MARXSEN, Das „Bleiben" in 1. Kor 13,13, in: FS O. Cullmann, hg. v. H. BALTENSWEILER u. a., Zürich/Tübingen 1972, 223–229, hier 229: „nicht von der Ewigkeit, sondern der Stetigkeit der Liebe ist hier die Rede"; manche kombinieren auch, so C. Spicq, Agapè dans le Nouveau Testament II, Paris 1959, 93; vgl. auch O. WISCHMEYER, Der höchste Weg. Das 13. Kapitel des 1. Korintherbriefes, 1981 (StNT 13), 118–120.

[11] So auch MICHAELIS selbst, ThWNT VI 166.

[12] Für diese Parallelität schon Chrysostomus (PG 61) 281, Theodoret (PG 82) 336, Luther („höret nimmer auf"; vgl. auch WA 17 II 169: „verfellt nymer mehr', das ist, sie bleybt ewiglich"); C. F. G. HEINRICI, Der erste Brief an die Korinther, ⁸1896 (KEK V), 402; J. WEISS, Der erste Korintherbrief, ⁹1910 (KEK V), 317; H. CONZELMANN, Der erste Brief an die Korinther, ²1981 (KEK V), 275; CH. WOLFF, Der erste Brief des Paulus an die Korinther II, ²1982 (ThHK 7 II), 125; F. LANG, Die Briefe an die Korinther, ¹⁶1986 (NTD 7), 186 u. a.; G. O. FEE, The First Epistle to the Corinthians, 1987 (NIC), 643 will beides kombinieren: „Perhaps Paul's intent is to be found in the very ambiguity of such figurative language, so that both are in view".

[13] Vgl. zum futurischen Gebrauch des Präsens F. BLASS – A. DEBRUNNER – F. REHKOPF, Grammatik des neutestamentlichen Griechisch, Göttingen ¹⁴1976, § 323.

[14] So z. B. E. MIGUENS, 1Cor 13:8–13 Reconsidered, CBQ 37 (1975), 76–97, hier 94f: „Paul is not thinking about *final* eschatology but about the present situations of the community"; J.

bleibenden Wertes während der Dauer dieser Weltzeit bis zur Parusie[15] kann Paulus aber kaum denken, da bis dahin auch die Charismen bleiben und der Gegensatz zwischen ihnen und der Trias verschwände. Gewiß zielt Paulus auch am Schluß des Kapitels gegenüber dem Enthusiasmus in den Alltag[16], was der nächste Vers (14,1) bestätigt, aber eben der wird in das Licht des Eschatologischen und damit schlechthin Gültigen und Bleibenden gerückt. Das μένειν ist ein endgültiges und erstreckt sich in die Zeit des τέλειον hinein[17], so wie 2 Kor 3,11 τὸ μένον als Antonym von τὸ καταρ-γούμενον erscheint und es auch die *opposita* an unserer Stelle (πίπτει, κα-ταργηθήσονται, παύσονται) nahelegen[18]. Die Liebe ist nicht nur der Weg über alle Wege (12,31), sondern auch das Ziel über alle Ziele. Auf die Trias kann hier nicht näher eingegangen werden. Nur das Bleiben von Glaube und Hoffnung bedarf einer Erklärung, denn der berechtigte Hinweis auf ei-ne von Paulus übernommene oder schon vorher (vgl. 1Thess 1,3) konzipier-te Formel reicht zur Erklärung nicht aus, zumal Paulus sie durch die Her-aushebung der Liebe verändert. Vor allem das Verhältnis von 2Kor 5,7 und Röm 8,24 ist nicht zufällig immer als besonders schwierig empfunden und als Argument gegen eine eschatologische Bedeutung von μένειν angeführt worden. Das eschatologische Bleiben von Glauben und Hoffnung ist aber auch nicht unverständlich, wenn das „Schauen" den Glauben nicht in allen seinen Aspekten ausschließt und die Vollendung nicht das Hoffen[19]. Ver-mutlich kann Paulus sich auch im τέλειον den Menschen nur als einen sol-chen vorstellen, der beständig auf Gott ausgerichtet, angewiesen und für ihn geöffnet bleibt[20].

LAMBRECHT, The Most eminent Way. A Study of 1Corinthians 13, in: DERS., Pauline Studies, 1994 (BEThL 115), 79–103, hier 102: „In 1 Cor 13,13a Paul most probably deals with the pre-sent-day Christian life"; WISCHMEYER, aaO. (Anm. 10), 155 u. a.

[15] So z. B. J. A. BENGEL, Gnomon Novi Testamenti, ³1773 (Nachdruck Berlin 1860), 427: Nicht eigentlich *de duratione*, sondern *de valore*.

[16] Vgl. MARXSEN, aaO. (Anm. 10), 229, der aber selbst hinzufügt, daß es Paulus darum gehe, „daß der eschatologische Bezug des gelebten Christenlebens im Alltag erhalten bleibt".

[17] Vgl. schon Photius, aaO. (Anm. 10), 573 und weiter etwa H. A. W. MEYER, Kritisch-exe-getisches Handbuch über den ersten Brief an die Korinther, 1870 (KEK V), 372; HEINRICI, aaO. (Anm. 12), 406f; F. DREYFUS, Maintenant la fois, l'espérance et la charité demeurent tou-tes les trois (1Cor 13,13), AnBib 17–18 (1963), 403–412, hier 403.405; J. HEISE, Bleiben. Menein in den Johanneischen Schriften, 1967 (HUTh 8), 35f.

[18] Vgl. auch F. HAUCK, ThWNT IV 579f; G. BORNKAMM, Der köstlichere Weg. 1. Kor 13, in: DERS., Das Ende des Gesetzes, Gesammelte Aufsätze I, München ⁵1966, 93–112, hier 103f u. a.

[19] Daß man im einzelnen differenzieren muß, ergibt sich schon aus πίστις, die im Sinne des wundertätigen Glaubens von 1Kor 12,9 zu den Charismen zählt, die wie die anderen von V. 8f genannten dahinfallen. Man könnte erwägen, unter πίστις die *fides quae creditur* und unter ἐλπίς die *spes quae speratur* zu verstehen, doch paßt das kaum zur ἀγάπη und ihren Prädikaten.

[20] Vgl. z. B. R. BULTMANN, ThWNT VI 223 („die πίστις als die Bezogenheit auf Gottes

Im Blick auf das Folgende ist damit vom Rahmen her zunächst festzuhalten: Was nicht fällt, ist allemal bedeutsamer, als das, was fällt. Das „Bleiben" der Liebe umschließt das „Dahinfallen" der Charismen. Die eschatologische Verheißung ist die Klammer auch um die Endlichkeitsaussagen. Nicht, weil die Verheißung solcher Folie bedürfte, um überhaupt aussagbar zu werden, sondern weil auch sonst das Nein immer vom Ja umschlossen ist und selbst in den Gerichtsaussagen der positive Skopus des endgültigen Heils im Vordergrund steht (vgl. z. B. 1Kor 5,5). Zugleich ist damit deutlich, daß die Kategorie des *totaliter aliter* für die eschatologische Zukunft zumindest an unserer Stelle nicht adäquat ist. Das, was nicht fällt, sondern bleibt, ist im Jetzt begründet und die zentrale Dimension des schon angebrochenen Eschatons. Das Kommende ist nicht *in toto* neu, sondern die Liebe als Vorwegereignung der Vollendung verknüpft das „Jetzt" und das „Dann" und kann durch nichts überholt und überboten werden. Darf man daraus schließen, daß „jedes ‚Dann' nur die alles einschließende Auswirkung" des Beginns ist, „aber nicht inhaltlich etwas anderes sein kann als das ‚Jetzt'"[21]? In gewisser Weise ist das durchaus richtig, nur schließt die „Auswirkung" des Beginns durchaus neue Momente gegenüber dem „Jetzt" ein, z. B. den Wegfall bestimmter Phänomene, und zwar sowohl negativ besetzter wie der Sterblichkeit oder des Seufzens und Stöhnens der Schöpfung (vgl. Röm 8,18f) als an unserer Stelle auch positiver wie der Charismen (vgl. das Folgende).

Darf so die eschatologische Verklammerung des Abschnittes V. 8–13 mit seinen positiven μένειν-Aussagen als gesichert gelten, taucht die am Anfang angesprochene Spannung nun in den dazwischen stehenden Versen auf. Zunächst kündigt V. 8b–d stellvertretend für die anderen Gnadengaben der Prophetie, der Glossolalie und der Gnosis ein καταργεῖσθαι bzw. παύεσ–θαι an, wobei zwischen den Passiv- bzw. Medialformen kaum Unterschiede bestehen dürften[22]. Klar ist erst recht, daß die Verben nicht auf eine bloß innerzeitliche Zukunft blicken, als ob Paulus eine Zeit ins Auge faßte, wenn sich der Glaube überall ausgebreitet haben wird und die genannten Charis-

---

Gnade" werde „auch in der eschatologischen Vollendung nicht erledigt sein") und ebd. II, 529 (die ἐλπίς bleibe, „weil die ἐλπίς … das von sich in der Welt absehende Vertrauen auf Gott ist"); vgl. weiter auch MEYER, aaO. (Anm. 17), 373; HEINRICI, aaO. (Anm. 12), 407; F. GODET, Kommentar zu dem ersten Brief an die Korinther, Teil 2, Hannover 1888, 148 („die ewigen Güter gleichen ja wirklich nicht einem Sack voll Goldes, welchen man ein für allemal empfängt"); A. SCHLATTER, Paulus, der Bote Jesu, Stuttgart ⁴1970, 366f; BORNKAMM, aaO. (Anm. 18), 108f; HEISE, aaO. (Anm. 17), 35f; Th. SÖDING, Die Trias Glaube, Hoffnung, Liebe bei Paulus. Eine exegetische Studie, 1992 (SBS 150), 136–139.

[21] So etwa HEISE, aaO. (Anm. 17), 35.

[22] Gegen solche Überinterpretation vgl. die Kritik von D. A. CARSON, Showing the Spirit: A Theological Exposition of 1 Corinthians 12–14, Grand Rapids 1987, 66f.

men überflüssig werden[23]. Ebensowenig aber wird man hier und im folgenden nur den unvollkommenen Modus der genannten Charismen abgetan finden, der im τέλειον einer vollkommenen Form Platz machen wird, denn in der Zeit der eschatologischen Vollendung bedarf es weder der Prophetie noch der Glossolalie, aber offenbar auch nicht der Gnosis[24]. Es kann jedenfalls keine Rede davon sein, daß die γνῶσις in V. 8 nur als „unvollkommene Art"[25] oder „intermittierende und partikulare Funktion und Begabung" abgetan wird[26]. Es heißt eben nicht, daß die lückenhaften oder unzulänglichen Erscheinungsformen der genannten Charismen aufhören, sondern sie selbst finden ein Ende, und zwar ohne jede Differenzierung zwischen den drei exemplarisch genannten. Eine komplettierte Erkenntnis ergäbe im übrigen noch Sinn (V. 12d formuliert aber anders), eine vervollständigte Prophetie bleibt jedoch unvorstellbar. Dieses generelle Aufhören der Charismen begründet V. 9 (γάρ) mit ihrem Stückwerkcharakter. Charismen sind eben keineswegs Zeichen der Vollendung, wie die Korinther offenbar annehmen[27], sondern prinzipiell dem Stückwerk zugeordnet[28]. Und von diesem Fragmentarischen gilt insgesamt, daß es zunichte werden wird (V. 10).

Man sollte darum aus dem ἐκ μέρους, das abgetan wird, nicht eo ipso auf ein dazu komplementäres Ganzes schließen, das zu erwarten ist. Das in Antithese zum τέλειον (V. 10) stehende ἐκ μέρους wird als das „Unvollkommene, Endliche" gern so verstanden, daß es „nur Stückweises von der grossen Ganzheit" enthalte, „welche uns als solche vor der Parusie verhüllt bleibt"[29]. Das mag durchaus mitschwingen und ist auch von der Opposition

---

[23] So aber z. B. Chrysostomus (PG 61) 287 und Theophylakt (PG 124) 729.732, aber auch BENGEL aaO. (Anm. 15), 426 oder J. S. SEMLER, Paraphrasis in Prismam Pauli ad Corinthios Epistolam, Halle/Magdeburg 1770, 341f.

[24] Anders z. B. schon Theophylakt (PG 124), 732, der fragt, ob man das Abtun der γνῶσις so zu verstehen habe, daß wir einst in ἀγνωσία leben werden, und er antwortet so, daß Paulus περὶ τῆς ἐκ μέρους γνώσεως spricht, aber die τελεία γνῶσις kommen werden (ähnlich Chrysostomus [PG 61], 287; Oecumenius [PG 118], 836). Die Verlegenheit gegenüber dem Vergehen der γνῶσις dokumentiert auch die sekundäre Lesart des Plurals in den Handschriften.

[25] So aber LEHMANN/FRIDRICHSEN aaO. (Anm. 10), 91. Nach Calvin (Auslegung der Heiligen Schrift Bd. 16, hg. v. O. WEBER, Neukirchen 1960, 434) soll man über die Frage, „ob alle Gottesgaben im Reich Gottes aufhören werden und ob die Wissenden dann den Unwissenden gleich sein werden", „nicht grübeln".

[26] So aber PH. BACHMANN, Der erste Brief des Paulus an die Korinther, ⁴1936 (KNT 7), 401. Vgl. auch GODET, aaO. (Anm. 20), 143 im Anschluß an Rückert: „Nur die verschiedenen Bruchstücke von Erkenntnis" sollen aufhören.

[27] Vgl. CONZELMANN, aaO. (Anm. 12), 275: Charismen sind „nicht die Erscheinung des Ewigen in der Zeit, sondern die Manifestation des Geistes in der Weise der Vorläufigkeit".

[28] Ἐκ μέρους „does not carry the connotation of ‚temporary' oder ‚relative'; that comes from the context and the language ‚now … then' in V. 12. But the implication is there. It is ‚partial' because it belongs only to this age" (FEE, aaO. [Anm. 12], 645).

[29] So z. B. MEYER, aaO. (Anm. 17), 369, der allerdings durchaus „den Wegfall dessen, was

in Röm 11,25f (ἀπὸ μέρους/πᾶς) durchaus begründet. Und doch darf auch so der Schärfe des καταργηθήσεται nicht die Spitze abgebrochen und aus dem Ende eher ein zu ergänzender Anfang werden, als ob die Teile im τέλειον nur vervollständigt würden. Nicht von einem ἐποικοδομεῖν (1Kor 3,12) Gottes ist hier die Rede, der eine jetzt noch vorenthaltene Ganzheit komplettiert oder eine jetzt verhüllte offenbar macht. Das gleiche ἐκ μέρους in 1Kor 12,27 darf also nicht dazu verführen, Stückwerk und Vollkommenes in einem ähnlich komplementären Verhältnis zueinander zu sehen wie die einzelnen Glieder bzw. Charismen des Leibes Christi, die sich als Teile nicht für das Ganze halten sollen, sondern ergänzen. Im Vordergrund steht vielmehr eindeutig die Diskontinuität zwischen dem Teil und dem „Vollkommenen"[30]. Das kommende „Vollkommene" ist erst recht nicht ein außer- oder gar innerweltliches Entwicklungsstadium, sondern das absolut und definitiv Vollkommene, das in Analogie zu den τότε-Sätzen in V. 12 zu begreifen ist.

Man hat diese scharfe Polemik des Apostels und seine radikale Begrenzung der Charismen gewiß primär von der Hochschätzung und Überbewertung bestimmter Geistesgaben als Manifestation des Eschaton in Korinth her zu verstehen[31]. Sie entspricht aber zugleich der Beobachtung, daß Paulus auch sonst von einer radikalen Diskontinuität zwischen „Jetzt" und „Dann" ausgeht (vgl. nur 1Kor 15,42ff). Gleichzeitig aber zeigt sich bei einem Vergleich mit dem μένειν in den Rahmenversen dieses Abschnitts, daß Paulus an einer präzisen Abgrenzung der Kategorien *novum* und *renovatio* bzw. *perfectio* nicht gelegen zu sein scheint. Das bestätigt sich in V. 12. War bisher davon die Rede, daß die Charismen und nicht nur ihre unvollkommenen Formen mit dem τέλειον vergehen, so wird in V. 12 wieder ein ande-

---

nur etwas Teilweises ist", betont; vgl. auch Weiss, aaO. (Anm. 12), 318: τέλειον bezeichne „das Ganze mit Einschluß aller Teile"; C. K. Barrett, A Commentary on the First Epistle to the Corinthians, ²1971 (BNTC), 306: „not perfection (in quality) but *totality* – in particular the whole truth about God".

[30] Vgl. Wischmeyer, aaO. (Anm. 10), 127, die ebd. 125 Anm. 384 aber trotz V. 10 auch eine temporale Spezifizierung fernhalten will. Auch der Vergleich in V. 11, ein beliebter Topos der antiken Rhetorik, verdeutlicht mit seinen zwei Phasen noch einmal den Kontrast von Stückwerk und Vollkommenem, aber eben auch das Ende des Stückwerks (κατήργηκα), und auch hier wäre es völlig verfehlt, von einer allmählichen bzw. graduellen Veränderung auszugehen (so aber z. B. Godet, aaO. [Anm. 20], 142; Miguens, aaO. [Anm. 14], 87–89: „the gradual development of the Christian life"; 87). Richtig schon Ambrosiaster (CSEL 81), 149: *In hac ergo vita parvuli sumus ad comparationem futurae vitae.*

[31] Zwar ist auch in apokalyptischen Texten vom Zugrundegehen oder der Vernichtung des Unrechts der Gottlosen (äthHen 1,9), der Ungerechtigkeit (äthHen 50,4), der Sünde (äthHen 92,5), des Bösen (4Esr 6,27) u. ä. die Rede, doch eben nicht vom Ende solcher geistbestimmten Phänomene, wie sie Paulus hier erwähnt. Eher vergleichbar wäre 4Esr 7,31, wonach die Vergänglichkeit selber, oder syrBar 44,9, wonach alles Verwesliche vergehen wird.

rer Akzent sichtbar, der in Spannung zu dem eben genannten steht. Nach V.
12 steht es nämlich so, daß auch im Eschaton mindestens von γινώσκειν die
Rede ist, aber auch offenbar von einem als Kontinuum verstandenen, aber
im Modus differenten βλέπειν. Man darf diese Spannung auch hier kaum so
lösen, daß man die vorhergehenden Sätze von vornherein restriktiv versteht
bzw. beide Aussagen harmonisiert. Man darf also von V. 12 her auch
nachträglich in V. 8b–d die Charismen nicht durch ἐκ μέρους abschwächen,
als ob dort nur von dem fragmentarischen Modus der Charismen gesprochen würde, und ebensowenig in V. 10 umgekehrt das umfassende τὸ ἐκ
μέρους durch die Charismen. Auch καταργεῖσθαι in seiner Bedeutung von
abgetan bzw. zunichte werden in Frage zu stellen[32], ist ein untauglicher Versuch, unausgeglichen bleibende Vorstellungen zu systematisieren. Man sollte auch die Charismen nicht von vornherein relativieren, etwa im Sinn einer
grundsätzlichen Skepsis z. B. gegenüber den Möglichkeiten der Erkenntnis,
auch wenn ihr „das Ganze im Zusammenhang" vorenthalten bleibt. Auch
für Paulus steht fest, daß Charismen φανέρωσις τοῦ πνεύματος (1Kor 12,7)
sind, weshalb sie nicht *a se* nur einen relativen Wert haben. Sie hören vielmehr erst dann und darum auf, wenn und weil das Vollkommene kommt.
Erst im Vergleich damit wird ihre Zugehörigkeit zum Vorläufigen und Vorletzten und damit ihre Grenze deutlich: „Weil die *Sonne* aufgeht, *darum* erlöschen alle Lichter"[33]. Das aber tun sie nach Paulus tatsächlich und radikal.

In V. 12 wird nun aber eben die andere Seite der Medaille sichtbar. Auch
hier wird zunächst der Unterschied zwischen dem „Sehen" im Spiegel in der
Gegenwart und dem „Schauen von Angesicht zu Angesicht" in der Zukunft
herausgestellt. Dabei wird in chiastischer Umkehr der Reihenfolge von Erkenntnis und Prophetie in V. 9 und entsprechend zu derjenigen in V. 8b der
erste Teil in V. 12a nicht auf die Erkenntnis gehen[34] – das tut allein V. 12c –,

---

[32] So z. B. K. BARTH, KD IV 2,949f (vgl. auch ebd. 936), der auf das ἀλλαγησόμεθα in 1Kor
15,51f verweist. Inwiefern können aber Prophetie und Zungenrede verwandelt bzw. „aufgehoben" werden „in eine neue, höhere Gestalt"?

[33] So der berühmte Satz von K. BARTH, Die Auferstehung der Toten, Zürich [4]1953, 45 (kur-
siv im Original gesperrt); ebs. BORNKAMM, aaO. (Anm. 18), 104 und FEE, aaO. (Anm. 12), 646;
vgl. schon J. L. v. MOSHEIM, Erklärung des Ersten Briefes des Hl. Apostels Pauli an die Gemeinde zu Corinthos, Flensburg [2]1762, 395: „Wozu dienet das Licht, das die Finsterniß er-
leuchtet hat, wenn die Sonne am höchsten gestiegen?"; MEYER, aaO. (Anm. 17), 369 und HEIN-
RICI, aaO. (Anm. 12), 403: „Mit dem Eintritt des Absoluten hört das unvollkommene Endliche
zu bestehen auf, wie nach dem Sonnenaufgang die Morgenröthe schwindet".

[34] So aber etwa A. HARNACK, Das hohe Lied des Apostels Paulus von der Liebe (I. Cor. 13)
und seine religionsgeschichtliche Bedeutung, SBAW.PH 1911, 132–163, hier 148.156; ähnlich
LAMBRECHT, aaO. (Anm. 14), 94; auch WISCHMEYER, aaO. (Anm. 10), 131, will einen *parallelismus membrorum* finden. Daß man es den Worten des Apostels anfühle, „wie tief schmerzlich
ihm die Einsicht ist, daß unser Wissen unvollkommen und daher auch der Dauer nicht fähig
ist" (so HARNACK ebd. 148f), ist im übrigen eingetragen.

sondern die Prophetie ins Auge gefaßt[35]. Wenngleich das Bild vom Spiegel[36] das charismatisch-prophetische Tun ἐκ μέρους im Gegenüber zu πρόσω–πον πρὸς πρόσωπον auslegt und vermutlich besagt, daß Gott und seine Wahrheit jetzt nur indirekt und gebrochen als unklares Abbild zu erkennen ist, wird nun doch in V. 12b auch für die Zukunft ein βλέπειν vorausgesetzt, was im Anschluß an die alttestamentliche Redeweise[37] die Direktheit des Sehens Gottes meinen wird. Damit aber wird deutlich, daß Paulus in dem Augenblick, wo er die Zukunft nicht mehr *per negationem* von der Gegenwart abhebt, sondern zu positiven Aussagen anhebt, hier auch für die Zukunft auf dieselben Vorstellungen zurückgreift wie für die Gegenwart bzw. nur steigernd und überbietend von dieser Zukunft reden kann. Hier ist also tatsächlich das zu beobachten, was für V. 8–11 zu bestreiten war.

Noch eine andere Nuance wird in 12d sichtbar. V. 12c stellt durch die Wiederholung von V. 9a noch einmal sicher, daß auch das Erkennen zum Vorletzten im ἄρτι gehört, doch fährt Paulus in V. 12d auffallenderweise nicht fort „dann werde ich vollkommen erkennen", sondern „dann werde ich erkennen, wie ich erkannt bin". Zunächst wird ἐπιγνώσομαι das γινώσκω aufnehmen[38], doch selbst wenn im Kompositum ein intensivierendes Moment mitschwingen mag, kann schon wegen V. 8f darauf nicht der Akzent liegen, so daß man mit G. Bornkamm vom Kontext her nur urteilen kann, daß Paulus diese volle Erkenntnis „der einfachen γνῶσις als etwas – ja wirklich *toto coelo* – anderes" gegenüberstellt[39]. Die eigentliche Pointe aber bringt erst der καθώς-Satz: Unser ἐπιγινώσκειν wird in Analogie zum Er-

---

[35] So mit Recht GODET, aa. (Anm. 20), 144f; G. KITTEL, ThWNT I 177.179; G. DAUTZENBERG, Urchristliche Prophetie, ihre Forschung, ihre Voraussetzungen im Judentum und ihre Struktur im ersten Korintherbrief, 1975 (BWANT 104), 159–225; Chr. WOLFF, aaO. (Anm. 12), 127. Die Wahl des Verbums βλέπειν ist dabei aber von V. 12b gesteuert und macht die Propheten noch nicht primär zu Visionären, auch wenn solche visionären Erfahrungen dazugehören. Ob ἐν αἰνίγματι die prophetische Audition andeutet, bleibe hier dahingestellt.

[36] Die uferlose Literatur dazu braucht in unserem Zusammenhang nicht genannt zu werden; vgl. nur G. KITTEL, ThWNT I 177–179 und II 693f sowie N. HUGEDÉ, La méthaphore du miroir dans les Epîtres de Saint Paul aux Corinthiens, Neuchâtel/Paris 1957.

[37] Vgl. E. LOHSE, ThWNT VI 772.776. Die eschatologische Vollendung wird auch sonst im NT überwiegend als sehen und nicht als hören beschrieben (Mt 5,8; 1Joh 3,2f; Offb 2,24 und Kittel, ThWNT I 221). LANG, aaO. (Anm. 12), 187 hält im Anschluß an DAUTZENBERG (aaO. [Anm. 35]) Nu 12,6–8 für den Hintergrund der paulinischen Aussage, daß Gott also zu den Propheten in Visionen und Träumen redet, mit Mose aber „von Mund zu Mund".

[38] Ob das Kompositum tatsächlich keinen Unterschied zum Simplex markiert (so R. BULTMANN, ThWNT I 703: „rein rhetorisch"), ist allerdings nicht sicher; vgl. BACHMANN, aaO. (Anm. 26), 405; BARRETT, aaO. (Anm. 29), 306; MIGUENS, aaO. (Anm. 14), 83, im Anschluß an Sullivan: „an intensification of the simple *ginoskein*, it expresses the idea of ,having a better, deeper, clearer gnosis'".

[39] BORNKAMM, aaO. (Anm. 18), 105 Anm. 34; vgl. auch WISCHMEYER, aaO. (Anm. 10), 138 Anm. 440.

kanntsein durch Gott stehen. Erkanntwerden meint dabei auch hier nicht Mystik, sondern in alttestamentlicher Sprache anerkannt und erwählt werden[40]. Neben dieser Begründung besteht dabei trotz des bleibenden Prae der Gnadenwahl Gottes (Röm 8,29) zugleich eine Korrespondenz[41]: Das menschliche ἐπιγινώσκειν wird dem göttlichen entsprechen und ein ganz von der Liebe geprägtes und nicht mehr durch Vermittlung gebrochenes Erkennen und Anerkennen sein[42].

Im Vordergrund der eschatologischen Aussagen von 1Kor 13,8–13 stehen also einerseits die Verheißungen über das Bleiben von Glaube, Liebe und Hoffnung, vor allem der Liebe, die das „Jetzt" und das „Dann" übergreifen. Das heißt nicht, daß die Ekklesiologie bei Paulus unmittelbar in die Eschatologie einmündet, die endgültige Neuschöpfung evolutionär erreicht werde oder gar mit der Liebe ein ewiges sittliches Ideal die Zeiten überdauert. Wohl aber heißt es, daß die eschatologische Wirklichkeit der Agape inklusive Glaube und Hoffnung keine geschichtliche Grenze hat. Daneben aber treten Aussagen über das radikale Ende der pneumatisch-charismatischen Phänomene, die einen unübersehbaren Bruch mit aller Gegenwart markieren; positiv gewendet: Das kommende „Vollkommene" ist ein Neuanfang nach einer Zäsur, keine Ergänzung oder Vollendung dessen, was hier und jetzt schon fragmentarisch gegeben ist.

Unmittelbar daneben aber ist Paulus offenbar zu Abstrichen gezwungen, weil die pneumatischen Erscheinungen als Manifestationen des endzeitlichen Geistes wie das Pneuma selbst als ἀπαρχή und ἀρραβών des Kommenden festgehalten werden können[43], zugleich aber von der Zukunft offenbar nur in Analogie zur eschatologischen Gegenwartserfahrung gesprochen werden kann, auch wenn zugleich eine Überbietung und Steigerung erkennbar wird[44]. Man darf diese Art der Extrapolation sicher nicht

---

[40] Vgl. W. SCHRAGE, Der erste Brief an die Korinther (EKK VII, 2), 234f zu 1Kor 8,3.

[41] Vgl. z. B. MIGUENS, aaO. (Anm. 14), 93: „primarily comparative, but also causative"; SPICQ, aaO. (Anm. 10), 102f; WISCHMEYER, aaO. (Anm. 10), 141.

[42] Vgl. H. SCHLIER, Über die Liebe – 1 Kor. 13, in: DERS., Die Zeit der Kirche. Exegetische Aufsätze und Vorträge, Freiburg [4]1966, 186–193, hier 192; SPICQ, aaO. (Anm. 10), 103; WISCHMEYER, aaO. (Anm. 10), 148.

[43] Vgl. K. ERLEMANN, Der Geist als ἀρραβών (2Kor 5,5) im Kontext der paulinischen Eschatologie, ZNW 83 (1992), 202–223. Auch der Geist bürgt damit einerseits für die eschatologische Vollendung, andererseits aber steht auch der Geist unter eschatologischem Vorbehalt; vgl. z. B. J. Ch. BEKER, Der Sieg Gottes. Eine Untersuchung zur Struktur des paulinischen Denkens, 1988 (SBS 132), 27.88.

[44] Vielleicht verrät sich hier auch das Wissen um die grundsätzliche Inadäquatheit menschlicher Sprache mit Bezug auf das τέλειον (vgl. 4Esr 4,11 u. a.). Wenn schon Engelsprachen vergehen, um wieviel mehr die irdischen. Auch wenn man sich vor einer Überinterpretation der einzelnen Begriffe von V. 11 (λαλεῖν, φρονεῖν, λογίζεσθαι) hüten wird, deuten doch auch sie

verabsolutieren, denn die Einbeziehung anderer Texte würde zeigen, daß auch in den Zukunftsaussagen das „ganz Andere" seine Rolle spielt und im scharfen Kontrast zur Gegenwart zur Sprache gebracht wird (vgl. nur Röm 8,12–23 und 1Kor 15,42–49), so daß angesichts dieses uneingelösten Verheißungsüberschusses einer grundlegenden Verwandlung aller Dinge keine Rede davon sein kann, daß über die der Gegenwart gewährte pneumatische Existenz hinaus inhaltlich nichts mehr gesagt werden kann. Jedenfalls überschneiden und verschränken sich schon in diesem kleinen Abschnitt verschiedene Linien, die nicht leicht auf einen Nenner zu bringen sind. Insofern bestätigt sich auch an unserem Text die These, daß die paulinische Eschatologie „nicht systematisch ausgeformt" ist, wobei die Fortführung dieses Satzes, daß sie „erstmals konsequent als ‚Integration des christologischen Kerygmas' durchgeführt" wurde[45], hier allenfalls indirekt dadurch angedeutet ist, daß das primäre und eigentliche Subjekt der Liebe in 1Kor 13 zwar nicht Christus ist[46], aber andererseits die impliziten christologischen Momente auch nicht gut zu übersehen sind. In der Tat konnte Paulus nur von der als eschatologischer Liebestat verstandenen Selbsthingabe Jesu Christi her die Lebensweise der Christen so eindrücklich wie in 1Kor 13 charakterisieren, so daß implizit auch die eschatologischen Sätze in V. 8–13 von daher mitbestimmt werden[47].

---

an, daß alles Reden, Streben und Urteilen dieser Weltzeit sich, von hinten her gesehen, wie das der Kinderzeit herausstellen wird.

[45] G. KLEIN, Art. Eschatologie IV, TRE 10,279; das mit einfachen Anführungsstrichen Zitierte stammt von H. CONZELMANN, RGG [3]2,669.

[46] So BARTH, aaO. (Anm. 33), 48 sowie KD I 2,362 und IV 2,939; besser G. BORNKAMM, GPM 5 (1950/51), 72: eine „in Jesus Christus uns erschlossene Möglichkeit", eine „uns umgreifende Wirklichkeit", „das Schon-jetzt-gegenwärtig sein des neuen Äons, die Gegenwart Christi selbst in seiner Gemeinde"; vgl. auch WISCHMEYER, aaO. (Anm. 10), 114: „Die ἀγάπη verhält sich wie Christus. Mehr noch: Gott handelt ἐν ἀγάπη".

[47] Vgl. dazu trotz aller Überspitzung S. PEDERSEN, Agape – der eschatologische Hauptbegriff bei Paulus, in: DERS. (Hg.), Die paulinische Literatur und Theologie, 1980 (Teologiske Studies 7), 159–186.

Leibliche Auferstehung?

Zur Frage der Hellenisierung der Auferweckungshoffnung bei Paulus[1]

von

Nikolaus Walter

Wer den Satz „Nach Paulus darf der Glaubende die Auferweckung des Leibes erhoffen" in Frage stellt, stellt eine *communis opinio* der Paulusexegese zur Diskussion. Daher soll gleich zuerst gesagt werden, daß es mir im Folgenden um eine Frage der Terminologie geht, nicht um das Problem der Auferweckungshoffnung als solcher. Auch ich werde dabei bleiben, daß Paulus die Hoffnung der Auferweckung der Toten in Christus als Hoffnung auf einen Neuschöpfungsakt Gottes versteht. Aber ich meine, daß Paulus in 2Kor 5,1–10 bewußt davon abgeht, von einem σῶμα der Auferstehung zu sprechen. Und ich denke, daß er damit hellenistischem Denken ein Stück weit entgegenkommt, aber ohne dabei das Besondere der in Christus begründeten Lebenshoffnung preiszugeben.

I.

Je länger, je mehr erweist sich in der Gedankenbildung des Paulus zu Fragen der Eschatologie (soweit wir deren Entwicklung verfolgen können[2]) das

---

[1] Der mit der vorliegenden Festschrift geehrte Kollege hat mir 1983 – also noch mitten in der DDR-Zeit – einen ungewöhnlichen Vertrauensbeweis gegeben. Hier möchte ich ihm – über all das hinaus, was ich fachlich von ihm lernen konnte (vgl. z.B. sogleich in Anm. 2) – auch dafür meinen bleibenden Dank bezeugen. – Der Beitrag wurde in einem Seminar beim 51. General Meeting der SNTS in Strasbourg (August 1996) zur Diskussion gestellt. Ich möchte damit einen schon vorgelegten Versuch (N. WALTER, Hellenistische Eschatologie bei Paulus? Zu 2Kor 5,1–10, ThQ 176, 1996, 53–64) durch z.T. ganz anders ansetzende Überlegungen noch ein Stück weiterführen.

[2] Bei dieser Untersuchung beziehe ich mich auf die allgemein als echt angesehenen Paulus-

Problem der „Leibhaftigkeit" der Auferstehung als ein Kernproblem, zu dem er sich immer wieder neu Gedanken machen – und sie zum Ausdruck bringen – muß.

Im 1. Thessalonicherbrief (4,13–17) muß sich Paulus wohl zum ersten Mal vor „heidnischen" Lesern zur Frage der Hoffnung der Glaubenden über den Tod hinaus äußern. Hier spielt das Wort σῶμα (noch?) keine Rolle. Es geht wesentlich um die Frage, wie es sich vorstellen läßt, daß Christen, die als Getaufte verstorben sind, mit denen, die bei der Parusie noch leben, die gleiche Hoffnung auf ein bleibendes „Sein mit Christus" haben.[3] In bezug auf die Verstorbenen legt Paulus – gewiß mit Vorstellungsmitteln der Apokalyptik (V. 16), die aber erst durch die Auferweckung Christi gewissermaßen „legitimiert" werden (V. 14) – dar, daß Gott die in Jesus Entschlafenen[4] „mit ihm" (d. h. mit Jesus) „führen" wird. Dieses „(mit-)führen" ist in Verbindung mit V. 16 so zu deuten, daß die Gestorbenen und dann bereits Auferweckten den himmlischen Kyrios bereits begleiten, wenn Gott

---

briefe in folgender (mutmaßlich) chronologischer Reihenfolge: 1 Thess – 1 Kor – Phil – Philem – Gal – 2 Kor – Röm. Diese Reihenfolge wird natürlich „aufgesprengt", wenn man – wie ich – mindestens bei Phil und 2 Kor mit der redaktionellen Zusammensetzung aus mehreren Einzelbriefen rechne. – Zu der vielverhandelten Frage der „Entwicklung" der paulinischen Theologie, hier speziell: der Eschatologie, möchte ich nur kurz meine Meinung skizzieren, ohne sie jetzt näher zu begründen. Daß von einer Variation der paulinischen Gedankenbildung im Rahmen der uns bekannten Briefe zu reden ist, scheint mir unzweifelhaft. Dabei spielen die jeweiligen Anlässe und Situationen der einzelnen Briefe eine Rolle. Aber ich denke auch, daß von einer Entwicklung in einer bestimmten Richtung zu sprechen ist, wie ich das in diesem Aufsatz zeigen möchte. Insgesamt sollte man jedoch nicht versuchen, bei Paulus ein in sich geschlossenes System von Eschatologie aufzuweisen. Es ist zu bedenken, daß nach jüdischer Sichtweise die Themen der Eschatologie nicht unter dogmatisch-systematischen Gesichtspunkten ausgearbeitet werden müssen, sondern eher zur „narrativen" und damit durchaus variablen Seite der Theologie gehören, im Unterschied zu den Halachot, die durch „Lehre" bzw. „Forschung" (*midrasch*) zur Eindeutigkeit gebracht werden müssen.

[3] Bewußt vermeide ich hier den Begriff „Auferstehungshoffnung" und die Wendung „Hoffnung auf ein ewiges Leben". Die Wendung ζωὴ αἰώνιος begegnet bei Paulus erst in Gal 6,8 und Röm 2,7; 5,21; 6,22.23; in 1 Thess wird das Entsprechende noch mit πάντοτε σὺν κυρίῳ ἐσόμεθα ausgedrückt, während etwa die Wendung εἰς τοὺς αἰῶνας τῶν αἰώνων bei Paulus nur in doxologischen Zusammenhängen, also auf Gott bezogen, vorkommt. Und den Begriff einer „Auferstehungshoffnung" scheint sich Paulus im Gespräch mit den Thessalonichern gerade erst zu „erarbeiten". Ich beziehe mich für diese Sicht auf Günter Kleins Aufsatz „Apokalyptische Naherwartung bei Paulus", in: H. D. Betz – L. Schottroff (Hrsg.), Neues Testament und christliche Existenz (FS Herbert Braun), Tübingen 1973, 241–262 (hier bes. 247–250), der mit Recht auf eine genaue Differenzierung der „apokalyptischen" Anschauungen des Paulus (bei gleichbleibender Parusieerwartung) auch zwischen 1 Thess 4 und 1 Kor 15 drängt.

[4] Die Bedeutung der Wendung διὰ τοῦ Ἰησοῦ ist schwer eindeutig zu klären. Nimmt man den Genitiv genau, dann entfällt die Möglichkeit, an „Märtyrer um Jesu willen" zu denken. Bei der Beziehung der Wendung auf das Verb ἄξει entsteht eine „gewisse Überfrachtung" des Verbs, auf das „Jesus" nun zweimal zu beziehen wäre. Daher soll die Wendung wohl die Begründung der Auferstehungshoffnung „durch (das Ostergeschehen an) Jesus" ausdrücken. Vgl. T. Holtz, Der erste Brief an die Thessalonicher (EKK XIII), Zürich/Neukirchen 1986, 193.

die zu jener (gar nicht fernen) Zeit noch lebenden Glaubenden zur Begegnung mit dem Herrn „in die Luft" entrückt. Unmittelbar an das den Satzschluß bildende εἰς ἀέρα schließt sich an: „So werden wir (alle miteinander) beständig mit dem Herrn (zusammen) sein" (V. 17c). Das ist kaum anders zu verstehen als so, daß der eschatologische Aufenthalt der Glaubenden mit Christus in der *himmlischen* Welt sein wird; denn daß der Kyrios mit ihnen *auf die Erde* kommen und dort bleiben werde, ist im Text durch nichts angedeutet.[5] Aber ebenso wenig hören wir darüber, in welcher Art von „Leibhaftigkeit" die mit Christus Lebenden nun vorzustellen sind. Insbesondere sagt Paulus hier noch nichts von einer „Verwandlung" der Leiber der bei der Parusie Lebenden; das Problem der *Art* der „Leibhaftigkeit", in der beide Gruppen von Glaubenden mit Christus zusammensein werden, scheint sich ihm im Gespräch mit den Thessalonichern noch nicht gestellt zu haben.

Dagegen kann man erwägen, ob nicht Paulus die Vorstellung vom (leibhaftigen) Auferwecktwerden der vor der Parusie verstorbenen Christen eben doch hier den Christen in Thessalonich gegenüber zum ersten Mal klar ausspricht. Denn in 1Thess 4,13ff lautet die eigentliche Frage ja nicht: „Was geschieht mit den bei der Parusie noch Lebenden?", sondern: „Wie können die schon vorher, gewissermaßen ‚vorfristig', Verstorbenen mit den ‚Normalfällen', also den dann noch Lebenden (zu denen sich Paulus hier ja noch ganz selbstverständlich dazurechnet), zu gleichem Heil gelangen?". Antwort: Gott wird sie auferwecken. Aber darüber, in welcher Weise das vorzustellen sei, stellt Paulus hier (noch) keine Erörterungen an;[6] im Gespräch mit den Thessalonichern kam es ihm nur darauf an, klarzustellen, daß die zur Zeit der Parusie bereits Verstorbenen denselben Anteil am Heil haben werden wie die zu der Zeit noch Lebenden. Ob Paulus dabei an eine andere „Sorte" von Leib bei den auferweckten Verstorbenen und demnach an eine

---

[5] Gegen HOLTZ (ebd. 203) u.a., also entgegen der von vielen Autoren für überzeugend gehaltenen Annahme, mit ἀπάντησις sei hier auf den Ritus der feierlichen „Einholung … hochgestellter Personen von der Bürgerschaft der Stadt" in dieselbe hinein angespielt (E. PETERSON, ThWNT I, 380,14f). Im übrigen war der geläufige hellenistische terminus technicus für diesen Ritus nicht ἀπάντησις, sondern vielmehr πομπή; vgl. M. LATTKE, EWNT I, 1980, 275.

[6] Anders dann in 1Kor. 15; dort sieht Paulus die vor der Parusie Sterbenden als den „Normalfall" an, über den hier zu sprechen ist (da es um die Denkbarkeit der Auferweckung geht), so daß die Frage (im Zusammenhang von 1Kor 15 eine Nebenfrage!) nun lautet: „Wie können die dann noch Lebenden auch in den Genuß der neuartigen (!) Auferstehungsleiblichkeit gelangen?" Antwort: Gott wird die sterblichen Leiber der dann noch Lebenden in diese neue, unsterbliche Art von Leiblichkeit „verwandeln"; das Stichwort μυστήριον in 1Kor 15,51 besagt wohl (u.a.), daß Paulus hier einen auch für ihn selbst neuen Gedanken entwickelt (ähnlich m.E. auch in Röm 11,25). Die klarere Differenzierung zwischen der Gesprächssituation in 1Thess 4 und in 1Kor 15 habe ich wiederum bei GÜNTER KLEIN (s. oben Anm. 3, hier: 250–256) gelernt.

„Verwandlung" der Leiber der noch Lebenden denkt, läßt sich in 1 Thess 4 noch nicht erkennen.[7]

Anders verhält es sich dann im 1. Korintherbrief.[8] Hier muß sich Paulus bekanntlich mit der Anschauung von „einigen" in Korinth auseinandersetzen, die behaupten, daß es eine Auferstehung der Toten überhaupt nicht gebe (15,12b). Freilich ist nicht deutlich, was diese These genauer besagte – ob also nach der Meinung dieser Gemeindeglieder eine Auferstehungserwartung überflüssig sei, weil man ja bereits an der Auferstehung Christi Anteil habe (als Getaufter; vgl. Röm 6,3–8, wo Paulus, in Korinth schreibend, eine solche ihm offensichtlich bekannte Anschauung modifiziert[9]), oder ob die Vorstellung einer (leibhaften) Auferstehung überhaupt – da mit einem „Leib" verbunden – den Korinthern als absurd und unerwünscht erschien. Diese zweite Auffassung legt sich angesichts der bekannten Vorbehalte gegenüber dem „Leib" in der hellenistischen Welt und angesichts der ausführlichen Apologetik des Paulus, die in diese Richtung zielt, nahe.[10] Speziell geht es um das „Wie" einer denkbaren Auferstehung (V. 35a); und für Paulus steht hier – offensichtlich entgegen der Meinung der Gegenseite – noch fest, daß die Auferstehung *nur* in einem *Leib* denkbar sei.

Freilich – so gibt Paulus zu erkennen – ist damit noch nicht genau genug gesprochen. Es scheint ihm jetzt vielmehr nötig, verschiedene *Arten* von Leibern zu *unterscheiden*; wenn man das in der nötigen Weise tut, dann – so meint Paulus – sollten auch die Korinther sich mit dem Gedanken an eine leibliche Auferstehung anfreunden können. Schon der Bauer weiß (und wer

---

[7] Wir können ja noch nicht einmal mit Gewißheit sagen, ob Paulus sich auch in Bezug auf die „Leibhaftigkeit" der Auferweckung Christi schon genauere Vorstellungen gebildet hat. Daß Christus von Gott aus den Toten auferweckt worden sei, hat er den Thessalonichern – wie den Korinthern – ganz gewiß schon bei seinem missionarischen Erstaufenthalt an beiden Orten verkündet; vgl. 1 Thess 1,10 und vor allem 1 Kor 15,1–3a. Auch das ἑόρακα von 1 Kor 9,1 setzt für Paulus gewiß eine Art von Leibhaftigkeit des κύριος voraus. Aber die in 1 Kor 15,3b-5 zitierte Traditionsformel sagt über die Art dieser Leiblichkeit des Auferstandenen ebensowenig aus wie über die Frage, ob das Grab Jesu (V. 4a!) am „Ostermorgen" leer gewesen sei.

[8] Im 1 Kor findet sich bekanntlich das Wort σῶμα am häufigsten in allen (echten) Paulusbriefen: 46 mal von insgesamt 74 Vorkommen bei Paulus. Überhaupt ist es ja so, daß das Wort nur in den Paulusbriefen (jetzt einschließlich Kol und Eph) wirkliches theologisches Gewicht erhält. Vgl. E. SCHWEIZER, ThWNT VII, 1054,24 f.

[9] Von dieser Voraussetzung gehe ich für Röm 6,3–8 nach wie vor aus, trotz der an sich beachtenswerten Arbeit von A. J. M. WEDDERBURN, Baptism and Resurrection (WUNT 44), Tübingen 1987.

[10] Denkbar ist durchaus, daß beide kritischen Anfragen verbunden waren: Die von Paulus gepredigte Auferweckung Christi wurde als ein pneumatisch-himmlisches Geschehen verstanden, das die Vorstellung einer Leiblichkeit – nach hellenistischer Sichtweise – völlig ausschloß; analog dachte man auch die Jenseitshoffnung der Glaubenden als ein pneumatisches Geschehen. Vgl. etwa Ch. WOLFF, Der erste Brief des Paulus an die Korinther, Neubearbeitung (ThHNT 7), Berlin 1996, 421–426.

es nicht weiß, der ist töricht; V. 36), daß der „Leib" der Pflanze ein anderer ist als der des Samens, aus dem sie wächst – und doch besteht eine „organische" Verbindung zwischen beiden, über das „Sterben" des Samenkorns hinweg. Auch hinsichtlich der σάρξ gibt es verschiedene Arten; Menschen, Schlachtvieh, Vögel, Fische haben je ihre Art von „Fleisch" (V. 39). Der Gedanke wird nicht weiter verfolgt.[11] Aber was nun wieder die „Leiber" angeht, so gibt es außer den irdischen auch himmlische Arten von „Leibern" (V. 40), und die sind ganz anders, wie jedermann an den „Himmelskörpern" sehen kann. Sonne, Mond und Sterne sind unvergänglich und haben je ihre verschiedene „Herrlichkeit", ihren „Glanz"; die Sterne sind sogar untereinander in dieser Hinsicht noch verschieden (V. 41).[12] Für wie „überzeugend" wir heute diese Klassifizierungsversuche halten, steht nicht zur Debatte; Paulus versucht jedenfalls, seine Leser zu überzeugen. Das heißt, daß es sich für ihn um einen in dieser Gesprächslage wichtigen Punkt handelt. Und wenn es *eine* differenzierte Art von Leib gibt, dann muß es auch noch (mindestens) *eine andere* geben: nicht nur einen vergänglichen, sondern auch einen unvergänglichen Leib (V. 43), nicht nur einen „psychischen", sondern auch einen „pneumatischen" Leib (V. 44), von denen der „psychische" zuerst da ist, während der „pneumatische" erst zu zweit in Erscheinung tritt, aber dafür eine höhere „Qualität" besitzt (V. 46).[13]

Summa: Außer dem (im Wortsinne) „irdischen" Menschen gibt es auch einen „himmlischen" Menschen; sie beide sind „leibhaftig" (was nicht noch einmal ausdrücklich gesagt wird; für Paulus stand das – hier noch – außer Frage), und „wir" – die Glaubenden – tragen jetzt und hier noch das „Bild" des irdischen Adam, dann und dort aber werden wir das Bild des himmli-

---

[11] Man versteht nicht ganz, was der Übergang von „Leib" auf „Fleisch" hier soll; „Fleisch" ist hier anscheinend als der „Stoff" gesehen, aus dem Leiber gemacht sind. Soll die Reflexion über die verschiedenen Fleischsorten sagen: „Wenn sich schon irdische Leiblichkeit in so vielen verschiedenen Sorten darstellt, wie grundsätzlich anders als sie alle ist dann erst die himmlische Leiblichkeit zu denken!"? Oder soll damit der Gedanke an verschiedene Sorten von *himmlischen* Leibern (mit verschiedenen Glanz-Arten; V. 41) vorbereitet werden? Paulus selbst scheint der naturkundlichen Betrachtung von V. 39 jedenfalls keine besondere Bedeutung beizumessen; sofort kehrt er zum Stichwort „Leib" zurück. Aber man sollte wohl nicht einfach sagen: „σάρξ (V. 39) ist hier parallel zu σῶμα V. 38. 40) gebraucht" (CH. WOLFF [s. vorige Anm.], 404).

[12] Bei den verschiedenen „Glanz-Sorten" sieht Paulus anscheinend eine Analogie zu den verschiedenen „Fleisch-Sorten" gemäß V. 39. Vgl. die vorige Anm.

[13] Es ist gut denkbar, daß Paulus dabei mit der betonten Polemik gegen die Meinung, der „pneumatische" Leib müsse der erste in der göttlichen Schöpfungsordnung sein (V. 46), die „Rangordnung" der Leiber nach der aus Alexandrien bezogenen Anschauung der Korinther (vgl. Philons Anschauung von den zwei Urmenschen, dem „pneumatischen" = noetischen und dem „physischen", s. folgende Anm.) ganz bewußt auf den Kopf stellt, d.h. aus dem „pneumatischen" Menschen den „eschatologischen" Menschen (= Christus) macht.

schen Christus tragen (V. 49). Vorausgesetzt ist dabei, daß derselbe Gott neuschöpferisch an uns tätig sein wird, der schon an Christus eschatologisch-schöpferisch tätig war (vgl. schon 1 Kor 6,14 sowie die „Gegenprobe" 1 Kor 15,15–20 und dann Röm 8,11; zu dieser Stelle s. weiter unten). Und das, was die Identität der Glaubenden vor und nach ihrem Tode durchhält, ist das ihnen von Gott (in der Taufe) geschenkte πνεῦμα.

Eigenartig ist, daß beim Fortgang über V. 35–44 hinaus nun das Stichwort σῶμα allmählich aus der Darstellung ausgeblendet wird. Geschieht das absichtlich? Etwa um den strittigen Begriff nun doch lieber zu vermeiden? Aber jedenfalls hatte Paulus schon ein ganz wesentliches Zugeständnis an hellenistische Denkweise gemacht:[14] er hatte von einem (irdisch-)vergänglichen und von einem (himmlisch-)unvergänglichen Leib gesprochen. Die erste und die zweite Schöpfung gehören also fundamental verschiedenen „Kategorien" an, so daß die eschatologische Neuschöpfung nicht mehr als eine irdische begreifbar ist. Was Paulus in der Situation von 1 Thess 4 den Adressaten gesagt haben würde, wenn sie ihm die Frage nach dem „Wie" der Auferstehung gestellt hätten, können wir nicht wissen. Aber für 1 Kor 15 besteht kein Zweifel mehr, wie Paulus jetzt denkt: Die neue Existenz wird sich nicht mehr im Rahmen des Irdischen vollziehen; der Auferweckungsleib wird kein irdischer Leib sein. Zum neuralgischen Punkt in der Diskussion wird nun jedenfalls die Frage, ob an der Rede von einem „Leib" der Auferstehung festgehalten werden kann (und dann auch muß) oder nicht; und diese Frage stellt sich für die Gegenseite so: ob man überhaupt von einer den Tod hinter sich lassenden Auferstehung (Christi und der in Christus Seienden) sprechen kann und soll. Noch meint Paulus, den Ausdruck σῶμα in diesem Zusammenhang benutzen zu können bzw. zu müssen, freilich erst nach einer mühsamen apologetischen Differenzierung zwischen zwei tiefgreifend verschiedenen Kategorien von „Leibern". Die Mühe, die er sich gibt, zeigt, daß Paulus der gegenüberstehenden Ansicht eine ziemlich große Plausibilität zugestehen muß. So muß er denn nun in V. 51 die offensichtlich

---

[14] Vgl. zu der Gesprächslage zwischen Paulus und den Korinthern besonders G. SELLIN, Der Streit um die Auferstehung der Toten (FRLANT 138), Göttingen 1986. Daß Sellin die Position der korinthischen „Gegenfront" als von der alexandrinischen Weisheitsspekulation nach der Art Philons, vermittelt etwa durch Apollos, hergeleitet ansieht, halte ich für sehr plausibel (zum Thema der vorigen Anm. vgl. überzeugend SELLIN, 90–189). Ähnlich sieht auch TH. HECKEL, Der Innere Mensch. Die paulinische Verarbeitung eines platonischen Motivs, Tübingen 1993 (WUNT II 53), die Berührungen paulinischer Terminologie (vom ἔσω ἄνθρωπος, zuerst in 2 Kor 4,16!) mit platonischer Tradition als durch die korinthischen Gesprächspartner (bzw. Apollos) an Paulus vermittelt an. Zurückhaltender gegenüber der Vermutung einer direkten Traditionsvermittlung an Paulus ist CH. MARKSCHIES, Die platonische Metapher vom ‚inneren Menschen': eine Brücke zwischen antiker Philosophie und altchristlicher Philosophie, ZKG 105, 1994, 1–17.

auch für ihn selbst neue[15] Vorstellung einer „Verwandlung" der einen Leiblichkeit in die andere einführen, durch die den bei der Parusie noch lebenden Glaubenden die gleiche neue, unverwesliche Leiblichkeit zuteil wird, die den bereits Verstorbenen durch Gottes Auferweckungstat geschenkt wird; es ist eine Leiblichkeit ohne „Fleisch und Blut" (V. 50).

Ganz sicher ist sich Paulus dessen schon nicht mehr, daß er das Beharren auf der „Leiblichkeit" der Auferstehung wird durchhalten können; er gebraucht in den auf V. 50 folgenden Versen das Stichwort „Leib" nicht mehr. Vielmehr stellt sich zum Schluß der apologetischen „Abhandlung" plötzlich noch ein neues Bild ein: das Bild von der eschatologischen „Neu-Einkleidung" (V. 53), das die „Verwandlung" (V. 52) verdeutlichen soll, indem es den Gedanken der Ersetzung eines irdischen „Gewandes" durch ein himmlisches (kaum den einer „Überkleidung", unter dem das alte Gewand erhalten bliebe; das Neue „verschlingt" vielmehr das Alte; vgl. V. 55a) wachruft. Dieses Bild wird uns in 2Kor 5 weiter ausgebaut begegnen. Aber schon in 1Kor 15 verschiebt sich die Aussage: der „Personalkern" des Menschen bleibt der gleiche, so daß eigentlich die Rede von der „Verwandlung" des σῶμα, eben dieses „Kerns", schon nicht mehr passend ist. Stattdessen wandelt sich das „Äußere". Wirklich „nur das Äußere"? Das meint Paulus natürlich nicht. Denn gewiß meint das Bild vom „Gewand" nicht *etwas Äußerliches am* (irdischen bzw. himmlischen) Menschen, sondern diesen jeweiligen Menschen als ganzen, genauso wie bisher der Begriff σῶμα.[16]

Die nächste – und für unseren Zusammenhang letzte – Stufe der gedanklichen Entwicklung tritt uns nun im 2. Korintherbrief (Kap. 4 und vor allem 5) entgegen.[17] Hier hat Paulus die Möglichkeit, von „Leib" in zwei kategorial verschiedenen Formen zu sprechen, ganz beiseitegelassen. In der Exegese wird das aber eigenartigerweise kaum gesehen, jedenfalls nicht konsequent gedeutet.

---

[15] Vgl. schon oben Anm. 5.

[16] Wie sich dazu das Bild vom „Eingekleidetwerden" in den Christus (wie in ein neues Gewand; Gal 3,27) verhält, ist hier nicht näher zu erörtern; dort hat das Bild wohl einen kollektivischen, die Glaubenden in Einem zusammenfassenden Sinn. – Überhaupt ist es natürlich schwierig, den Übergang einer Rede von der Benutzung von Sach-Begriffen zur Benutzung von Metaphern bzw. zum Ausbau solcher Metaphern zu einer insgesamt metaphorischen Rede genau zu markieren (und hermeneutisch angemessen zu interpretieren); darauf hat Hendrikus Boers in der Diskussion in Strasbourg (s. oben Anm. 1) mit Recht hingewiesen.

[17] Es ist eigentümlich, daß Jürgen Becker in seiner schönen Studie zur „Auferstehung der Toten im Urchristentum" ([SBS 82], Stuttgart 1976) zwar ausführlich auf Texte wie 1Thess 4,13ff oder 1Kor 15 und Phil 3,20f eingeht, aber 2Kor 5 ganz übergeht, ohne das auch nur zu begründen. Ähnlich verfährt Jörg Baumgarten, Paulus und die Apokalyptik (WMANT 44), Neukirchen 1975, 85–88, wo er aus unserem Abschnitt nur V. 10 näher behandelt. Aber gehört nicht auch die kritische Distanzierung des Paulus von apokalyptischen Vorgaben in den Bereich des Themas „Paulus und die Apokalyptik" hinein?

Im 2. Korintherbrief begegnet das Wort σῶμα insgesamt 10 mal: zweimal
in 4,10, je einmal in 5,6. 8. 10 und 10,10, und je zweimal in 12,2 und 3. An allen diesen Stellen benutzt Paulus das Wort „ein-deutig", ohne Differenzierung, zur Bezeichnung dessen, was nach 1Kor 15 als das *irdische, vergängliche* σῶμα zu bezeichnen gewesen wäre – und zwar auch und gerade in dem
eschatologischen Zusammenhang von 2Kor 5,1–10. „Leib" ist nun kein Begriff mehr, der die irdische *und* die himmlische Seinsweise des Glaubenden
übergreifend bezeichnen könnte, und damit entfällt auch die Hilfsvorstel-
lung einer „Umwandlung" (der einen Leiblichkeit in eine andere, neue).
Daß σῶμα nur noch den *irdischen* Menschen bezeichnet, trifft nun auch für
den christologischen Gebrauch des Wortes zu, ganz eklatant gegen 1Kor 15.
Das σῶμα Jesu mit seiner νέκρωσις nach 2Kor 4,10 kann nur das des *irdischen* Jesus sein, und das gilt dann entsprechend auch für „unseren Leib", an
dem sich die ζωὴ τοῦ ᾽Ιησοῦ erweisen soll (vgl. nur Röm 6,4b-c), was durch
die parallele Aussage in V. 11 eindeutig gemacht wird: statt ἐν τῷ σώματι
ἡμῶν steht hier nun ἐν τῇ θνητῇ σαρκὶ ἡμῶν – also gewissermaßen „Klar-
text".[18]

Ganz ebenso meint nun in 2Kor 5,6 + 8 auch der „Leib" (ohne differen-
zierendes Attribut) das *irdische* σῶμα und nur dieses; die Rede vom „Daheimsein im Leibe" und dem damit identischen „Fernsein vom Herrn" (V.
6) meint die irdische Existenz, so wie umgekehrt das „vom Leibe Fernsein"
mit dem „Daheimsein bei dem Herrn" von der himmlischen Existenz des
Auferweckten spricht.[19] Es wird also nun der irdischen Existenz „im Leibe"
die himmlische Existenz „bei dem Herrn" gegenübergestellt, ohne daß aber
für die letztere noch von einem „Leib" gesprochen würde, wie es Paulus in
1Kor 15 noch mit Mühe durchgehalten hatte. Paulus kann also von der Auf-
erstehungsexistenz jetzt nicht mehr als von einer „leibhaften" Existenz
sprechen. Stattdessen redet er nur noch in der stärker bildhaften Sprache
von dem „neuen Gewand" oder von der „nicht mit (menschlicher) Hand
verfertigten ewigen Wohnung", die „vom Himmel her" stammt (5,1–2). Die
Bilder gehen ineinander über, am auffälligsten und in keiner Bildlogik mehr
unterzubringen in V. 2, wo gesagt wird, daß der noch im irdischen „Haus"

---

[18] Vgl. CH. WOLFF, 2Kor (ThNT 8), Berlin 1989, 93: „σῶμα bezeichnet also die in der Welt,
in der Kommunikation mit ihr wahrnehmbare Existenz des Apostels", wie es dem vorangehenden „Peristasenkatalog" entspricht.

[19] Daß dasselbe auch für die Formulierung in 2Kor 12,2–4 gilt, wird meist nicht beachtet.
Aber Paulus stellt sich dort die Frage – auf die er keine Auskunft weiß –, ob er seine Audition
„im Leibe", also als Irdischer, oder aber „außerhalb des Leibes", also als ein (für kurze Zeit)
„Entleibter", im Himmel erlebt hat. Jedenfalls sollte man schon im Blick auf diese Stelle nicht
sagen, Paulus könne sich eine menschliche Existenz ohne Leib schlechterdings „nicht vorstellen".

befindliche und angefochtene Mensch sich seufzend danach sehnt, die „vom Himmel (stammende) Behausung" „übergezogen" zu bekommen – wie ein Gewand (und eben nicht wie ein Haus). Natürlich möchte man fragen: *Wem* wird denn dieses himmlische Gewand übergezogen? Die Antwort ist: „uns", und dabei denkt Paulus ganz offensichtlich an eine personale Kontinuität über die Todeslinie hinweg. Aber diese Kontinuität stellt sich nicht an einem „Leibe" dar, der ja – so nach 1Kor 15 – zugleich auch „verwandelt werden" müßte. Vielleicht ist es gerade diese Notwendigkeit, von der „Verwandlung" des Leibes sprechen zu müssen, die ihm die Benennung des Kontinuierenden mit dem Wort „Leib" nun nicht mehr als möglich erscheinen läßt. Dann doch lieber das Bild vom Wohnungs- oder Gewandwechsel, das eben nicht eine Diskontinuität im „Kern" assoziieren läßt. Aber dieser Kern läßt sich nicht mehr benennen, obwohl er in der Durchgängigkeit des „wir" und „unser" vorausgesetzt ist, eben als ziemlich abstrakter „personaler Kern", an dem sich Gottes eschatologische Neuschöpfung vollzieht. Denn das wird niemand hier heraushören wollen, daß Paulus eben diese Neuschöpfung „nur" auf etwas so „Äußerliches" wie ein Gewand, ein Haus beziehen wollte.[20] Hatte Paulus in 1Kor 15 noch gemeint, diese (nunmehrige) Leerstelle mit einem Sachbegriff „Leib" ausfüllen zu können, so gibt er das jetzt auf und wechselt ganz auf die sich in 1Kor 15,53f schon andeutende Bildsprache über. M. E. ist das nicht anders zu deuten als so, daß sich Paulus je länger je mehr in dieser ihn stark beschäftigenden Diskussion auf die Gedankenwelt der ihm gegenüberstehenden (glaubenden!) Korinther einläßt. Es wird nachher gezeigt werden, daß der Gedanke, man könne in dieser Sache nur in bildlicher Weise reden, hellenistisch bereits „vorgedacht" worden ist.

Bemerkenswert ist natürlich, daß sich für Paulus als Bezeichnung des Sich-Durchhaltenden auch der hellenistische Begriff „Seele" (ψυχή) *nicht* anbietet. Das würde nun von einer anderen Seite her mit seiner Terminologie unvereinbar sein. Daß „psychisch" für Paulus gerade ein Attribut des Leibes, und zwar des *irdisch-stofflichen* Leibes ist, sahen wir in 1Kor 15,44–46; dem stand dort die Kategorie des σῶμα πνευματικόν gegenüber. Aber diese Begrifflichkeit gebraucht er in 2Kor 5 nicht (mehr); offenbar erschien es ihm (oder wurde ihm von den Diskussionspartnern vorgehalten), daß das doch ein „hölzernes Eisen" sei. So hat er die Rede von einem Auferstehungs-*Leib* nun preisgegeben. Hingegen bleibt das (göttliche!) πνεῦμα als Begriff, der zur Benennung des „Durchhaltenden" brauchbar sein moch-

---

[20] Theoretisch wäre freilich auch das möglich, wenn man etwa annehmen wollte, daß Paulus hier gnostische bzw. gnosisartige Gedanken zum Ausdruck bringen wollte.

te, in Gebrauch, sogar noch verdeutlicht durch die (innerhalb der Paulusbriefe jetzt neue) metaphorische Rede vom „Angeld", das dem Glaubenden
jetzt schon gegeben ist und das dann gewissermaßen eschatologisch vervollständigt werden wird (V. 5). Aber dieses πνεῦμα ist jetzt schon ein Angeld
des *Eschaton*, keine Größe der irdischen Welt, und es ist *Gottes* und nicht
des Menschen „Geist" (oder gar „Seele"); es ist nicht das Kontinuum, sondern das „Durchhaltende" (im transitiven Sinn, unterschieden von einem
„Sich-Durchhaltenden"). Vielleicht liegt hier sogar ein positiver Grund, der
Paulus den Verzicht auf den „Leib"-Begriff plausibel machen konnte: das
σῶμα als dem Menschen von „Natur" her Gegebenes könnte ja bei der Benutzung dieses Begriffs für Kontinuitäts-Aussagen zu der Annahme führen,
der Mensch besäße schon irdisch den „Kern" dessen, was in die himmlische
Existenz eingehen könnte (wogegen Paulus schon in 1Kor 15,50 eine Abgrenzung intendiert hatte, die aber vielleicht noch nicht eindeutig genug
ausgefallen war). Dagegen schließt die streng theologische Benutzung des
Begriffs πνεῦμα sowie das Bild vom „Überkleidetwerden" ein solches
Mißverständnis eindeutiger aus.

Es bleibt also auch bei meiner Auffassung dabei, daß Paulus von einer
„unsterblichen Seele" nicht zu reden weiß; und da sich das vom hellenistischen Denken her sehr nahegelegt hätte (und auch von den nächsten Gene-
rationen der frühen Christenheit sehr bald aufgenommen worden ist[21]),
müssen wir wohl annehmen, daß hier eine bewußte Entscheidung des Paulus vorliegt. Zu anders ist für ihn das Wort ψυχή inhaltlich offenbar vom
Hebräischen her geprägt; Eduard Schweizer hat wohl recht: Paulus „denkt
weder so stark griechisch, daß er die hellenistische Seelenlehre übernehmen,
noch so stark ungriechisch, daß er über die Tatsache hinwegsehen könnte,
daß ψυχή im griechischen Kulturbereich etwas anderes bedeutet als נֶפֶשׁ".[22]

Quasi anhangsweise ist hier nun aber noch auf den Sprachgebrauch in den
späteren Paulusbriefen einzugehen;[23] ob der Philipperbrief (oder einzelne
Teile desselben) später liegt als der 2. Korintherbrief, kann man verschieden
sehen; für den Römerbrief gilt dies auf jeden Fall.

---

[21] Schon im 1. Petrusbrief (E. SCHWEIZER, ThWNT IX, 653,24ff; 656,18ff), auch bei Lukas
(ebd. 646f) und in gewissem Sinne sogar ausgerechnet in der Offb. (ebd. 654,16ff), sodann bei
den Apologeten des 2.Jh.

[22] E. SCHWEIZER, ThWNT IX, 647,23–26. Im übrigen vgl. zu ψυχή den ganzen Artikel
SCHWEIZERS (ebd. 635–657), dem eine Darstellung zu „ψυχή im Griechischen" von A. DIHLE
(605–614) und ein sehr nützlicher Überblick zur Terminologie der alttestamentlichen Anthropologie insgesamt (über das Stichwort נֶפֶשׁ hinaus!) von E. JACOB (614–629) vorangehen.

[23] Dies wurde mit vollem Recht in der Diskussion in Strasbourg (s. oben Anm. 1) eingefor-
dert, besonders nachdrücklich auch von MARGARET E. THRALL, die auf mein Referat respon-
dierte; sie hat mir liebenswürdigerweise das Manuskript ihres Beitrags in Kopie zur Verfügung
gestellt; s. unten Anm. 38.

In Phil 1,20 gebraucht Paulus das Wort σῶμα für den eigenen, und zwar eindeutig für den *irdischen* Leib. „Jetzt" soll an diesem Leib – und zwar: sei es durch Leben, also durch ein Wieder-Freikommen aus dem Gefängnis, oder durch Tod, also Getötetwerden – Christus verherrlicht werden; über das, was hinter der Todesgrenze liegt, sagt Paulus hier zunächst noch nichts. Darauf blickt er erst in den folgenden Versen (21–24), wo er zwischen der Möglichkeit, irdisch weiterzuleben, und der anderen Möglichkeit, jetzt sterben zu müssen mit der festen Erwartung, dann „mit Christus" zu sein, abwägt. Der Begriff „Leib" wird in diesem Zusammenhang nicht gebraucht. Ob in Phil 1,21–24 im übrigen eine noch weitergehende „Hellenisierung" der Zukunfterwartung des Paulus vorliegt, lasse ich hier offen. Der entscheidende Grund, daß Paulus hier anders spricht als sonst, liegt hier bei Paulus selbst (resultiert also nicht aus Diskussionen mit anderen), nämlich in seiner Gefängnissituation mit ungewissem Ausgang.

Anders steht es freilich in Phil 3,21. Hier ist nun kein Einwand gegen die Auffassung möglich, daß Paulus in diesem Vers vom irdischen und vom himmlischen σῶμα im Sinne der Kontinuität spricht, wobei der „Leib der Niedrigkeit" durch Gottes Wirkmacht nun in den dem „Herrlichkeitsleib Christi" gleichgestalteten „Leib" „verwandelt" wird.[24] Das entspricht sehr genau der Position von 1Kor 15. Man könnte nun versuchen, zu sagen: Phil 1,20ff wird von Paulus aus dem Gefängnis in Ephesus geschrieben,[25] somit *vor* dem 2Kor, der ja auf die Lebensbedrohung „in der Asia" (2Kor 1,8f) schon zurückblickt. Stellen Phil 1–4 einen in sich geschlossenen Brief dar, dann gilt auch für Phil 3,20: der Brief liegt zwischen 1Kor (15) und 2Kor (4–5), weist also schon deshalb noch nicht die Weiterentwicklung der Gedanken des Paulus im 2Kor auf. Da nun m.E. die These, es handele sich im Phil um eine spätere Zusammenfügung aus (2 oder) 3 Briefen, keineswegs als erledigt anzusehen ist (wobei dann weiter zu fragen wäre, ob Phil 3 früher oder später als Phil 1–2 geschrieben wurde), muß auch die für mich im hier gegebenen Zusamenhang schwierigste Variante in Betracht bleiben: auch *nach* 2Kor 5 konnte Paulus in einschlägigen Zusammenhängen vom

---

[24] Nebenbei – im Rückblick auf 1Thess 4,16–17 (s. oben bei Anm. 4) gesagt: In Phil 3,20f liegt es eindeutig so, daß der ankommende Kyrios „vom Himmel her" (ἐξ οὗ ...) erwartet wird, daß aber das ewige „Mit-ihm-Sein" sich wieder im Himmel vollzieht, für den „wir" ja jetzt schon das Bürgerrecht haben, das „wir" dann endgültig wahrnehmen dürfen.

[25] Über die Problematik des Abfassungsortes des Phil orientieren die Einleitungen bzw. Kommentare; für mich ist „Ephesus" nach wie vor die plausibelste Lösung. Wer stark an einem (geradlinigen!) Wandel der eschatologischen Vorstellungen des Paulus interessiert ist, pflegt Phil (wegen 1,20–24) an die spätest mögliche Stelle zu rücken: in die Zeit der Gefangenschaft in Rom. So z.B. W. WIEFEL, Die Hauptrichtung des Wandels im eschatologischen Denken des Paulus, ThZ 30, 1974, 65–81.

sich durchhaltenden, verwandelten σῶμα des Menschen sprechen. Da dies im Römerbrief ohnehin der Fall ist, kommt es aber auf den Beleg aus Phil 3 nicht entscheidend an.

Im Römerbrief liegt dagegen auf jeden Fall diese „ältere" Redeweise, nach der Art von 1Kor 15, vor. Von den Belegen für σῶμα müssen wir die eindeutig auf die irdische Leiblichkeit des Menschen bezogenen Stellen ebensowenig näher betrachten wie den christologisch-ekklesiologischen Gebrauch des Ausdrucks in Röm 12,4f (analog zu 1Kor 12,12–27). Da, wo zu σῶμα Attribute wie τοῦ θανάτου oder θνητόν beigefügt sind (Röm 7,24; 8,11), könnte man an sich noch fragen, ob es sich um eine Tautologie (der Leib *ist* eben sterblich...) oder aber um eine Differenzierung (außer dem sterblichen gibt es auch einen unsterblichen Leib, wie 1Kor 15,44 bzw. 53f sagt) handelt. Aber eindeutig liegt der Fall in 8,11: Wenn Gott „eure sterblichen Leiber lebendig machen wird kraft seines in euch wohnenden Geistes", dann ist wohl nicht zu leugnen, daß an die „Anverwandlung" der Leiber der Glaubenden an den „Leib" des von Gott auferweckten Christus (8,11c!) gedacht ist. Und so wird es auch in 8,23 gemeint sein, wenn mit der Offenbarung der υἱοθεσία die Hoffnung auf die ἀπολύτρωσις τοῦ σώματος ἡμῶν gleichgesetzt wird (also nicht die „Erlösung *vom* Leibe" oder „aus dem Leibe", sondern die heilvolle *Verwandlung* der Leiber).

Wenn dieser Sachverhalt nicht zu bezweifeln ist, dann muß man versuchen, eine Erklärung für ihn zu geben. Ich meine, man kann daran, daß Paulus eine einmal erreichte Gedankenbildung nicht unbedingt beibehält, sehen, daß sich seine Gedanken in einem spezifischen Eingehen auf die jeweiligen Gesprächspartner bilden. So kann er an die Philipper oder an die Römer auch nach dem 2Kor noch in der Weise schreiben, die er im 1. Korintherbrief entwickelt hatte. Aber den (platonisch-philonisch beeinflußten) Korinthern selbst mußte er in einem neuen Anlauf auf noch andere Weise antworten. Denkt man noch einmal daran,[26] daß es hier nicht um ausgefeilte und dann dogmatisch gültige Lehrsätze, sondern um ein lebendiges Gespräch über wichtige Themen des Glaubens und der Hoffnung geht, dann kommt es für Paulus zuerst darauf an, den *jeweiligen* Gesprächspartner so anzusprechen, daß er sich verstanden fühlen kann und dann auch eher bereit sein wird, etwas Neues aufzunehmen.[27] Ich denke, daß jeder Lehrende Er-

---

[26] Vgl. oben Anm. 2 gegen Ende.

[27] Auf eine ähnliche Sicht in dieser Sache kommt auch P. HOFFMANN in seinem Artikel „Auferstehung I/3: Neues Testament" (TRE IV, 1979, 450–467, hier: Abschnitt 4.6, 458 unten) hinaus, auch wenn er vielleicht stärker als ich an eine Art „Aussagen-Fundus" des Paulus denkt, aus dem er für einen Anlaß dieses, für einen anderen Anlaß etwas anderes schöpft, während ich meine, daß Paulus in jeder Situation neu nachdenkt und dabei auch Gedanken entwickelt, die ihm bisher noch nicht gekommen waren.

fahrungen dieser Art machen kann. Nur sind wir bei kanonischen Texten (immer noch) eher geneigt, „gültige" Aussagen zu suchen, statt einem Gespräch, einer Diskussion (von der wir leider nur die eine Seite direkt hören können) beizuwohnen.

II.

In welchem Umfeld denkt Paulus über diese Dinge nach? Hierzu möchte ich kein irgendwie komplettes Bild der einschlägigen Vorstellungen in der hellenistischen und hellenistisch-jüdischen Umwelt des Paulus entwerfen, sondern nur auf einige Texte eingehen, an denen sich bestimmte Beobachtungen machen lassen, die – mit einiger Wahrscheinlichkeit – auch für Paulus eine Rolle gespielt haben dürften. Dabei setze ich nicht generell voraus, daß er gerade die hier genannten Texte direkt gekannt hätte, spreche also nicht vom „Einfluß" dieses oder jenes bestimmten Autors auf Paulus. Nur in dem sogleich zuerst zu nennenden Fall halte ich direkte Bekanntschaft des Paulus mit dem Text für wahrscheinlich. Setzen wir bei Paulus' engerem geistesgeschichtlichen Kontext ein: beim hellenistischen Diasporajudentum.

Hier fällt uns zuerst die Sapientia Salomonis ins Auge. Daß Paulus diese Schrift gekannt hat, scheint mir sicher zu sein. Aber er hat sie nicht als eine der „(heiligen) Schriften" gelesen (und dementsprechend zitiert), sondern als eine „moderne" Schrift seiner (oder einer wenig früheren) Zeit, die ihn einesteils anregt, andernteils aber auch zum Widerspruch herausfordert.[28] Für den Römerbrief ist m. E. sicher damit zu rechnen; aber dasselbe könnte sehr gut auch schon für den 2. Korintherbrief gelten.

In der Sapientia tritt uns eine Schrift entgegen, die der hellenistischen anthropologischen Betrachtungsweise jedenfalls näher steht, als es Paulus tut; A. Dihle kann sogar sagen, sie sei in dieser Hinsicht „durchweg griech[isch] bestimmt".[29] Der Mensch besteht aus σῶμα und ψυχή sowie dem (göttlichen) πνεῦμα. Der „vergängliche Leib" ist eine Last für die Seele (9,15); für ihn kann (ebd.) auch das Bild des „erdhaften Zeltes" stehen (vgl. 2Kor 5!).

---

[28] Etwas näher begründet habe ich diese Ansicht in meinen Anmerkungen zu dem Aufsatz „Sapientia Salomonis und Paulus. Bericht über eine Hallenser Dissertation von Paul-Gerhard Keyser aus dem Jahre 1971", in: H. Hübner (Hrsg.), Die Weisheit Salomos im Horizont Biblischer Theologie, Neukirchen 1993 (BThSt 22), 83–108. M. E. gehört die Auseinandersetzung des Paulus mit der SapSal in den Zusammenhang der Auseinandersetzung mit den „Weisheitsfreunden" in Korinth, also in die Zeit des Ephesusaufenthaltes von Apg 19 (vgl. dazu etwa G. Sellin, oben Anm. 13). Hatte zum Beispiel Apollos die Schrift von Alexandrien nach Ephesus (vgl. Apg 18,24–28) und dann weiter zu den Korinthern mitgebracht?

Seele und Leib stehen zueinander wie Höheres und Niederes. Aber dennoch ist nicht der Leib schlechthin „böse" oder „schlecht" und die Seele schlechthin „gut", sondern beide kommen rein aus der Hand des Schöpfers (8,19f) und stehen zwischen Gut und Böse (vgl. 1,4ff). Doch im Jenseits, in der „Hand Gottes", leben nur die Seelen (!) der Gerechten weiter (3,1–8), sie empfangen Lohn und auch ein wenig Strafe (3,5) – während die Frevler denken, daß mit dem Tode alles aus sei, daß sogar das Pneuma sich auflöse wie ein Lufthauch und auch der Name – Metapher für die personale Kontinuität – in Vergessenheit gerate (2,1–4).

Auch bei Philon von Alexandrien, dem wohl etwas älteren Zeitgenossen des Paulus, wird der Mensch in seiner irdischen Existenz als aus Leib und Seele bestehend gesehen; *beides zusammen* bildet die geschöpfliche Einheit des irdischen Menschen.[30] Aber nicht die Seele ist das schon an sich Göttliche im Menschen, sondern der νοῦς bzw. das πνεῦμα (die Terminologie kann bei Philon wechseln). Andererseits findet sich bei Philon aber auch die noch deutlicher hellenistische *Entgegensetzung* von Leib und Seele: der Leib ist das Gefängnis oder auch Grab der Seele, die daher in der irdischen Existenz des Menschen an den Leib gebunden bleibt, im Tode aber von ihm frei wird und aus der Zweiheit von Seele und Leib in die Einheit vor Gott zurückkehrt. Wie bei Platon[31] kann daher der Zustand des „Nacktseins" der Seele (oder des νοῦς) als erwünscht bzw. angestrebt erscheinen (während das für Paulus auch noch in 2Kor 5 eine schauderhafte Vorstellung ist); es ist der Zustand, in dem man der Gottesschau würdig wird.[32] So legt Philon auch den Befehl Gottes an Abraham: „Gehe weg aus deiner Erde …" (Gen 12,1) als die Aufforderung an die Seele aus, den Körper zu verlassen.[33]

Der einige Jahrzehnte jüngere Josephus, der nur „über eine bescheidene philosophische Bildung" verfügt,[34] sieht den Menschen aus σῶμα und ψυχή zusammengesetzt, deutlich in dichotomischem Sinne; für ihn ist die Seele ein unmittelbares Geschenk Gottes. „Die Leiber sind bei allen Menschen sterblich, aus vergänglicher Materie hergestellt; aber in den Leibern wohnt die für immer unsterbliche Seele, ein Stück (μοῖρα) Gottes" (bell. III,

---

[29] A. DIHLE, ThWNT IX, 631,41f(-632,15).

[30] Dazu generell E. SCHWEIZER, ThWNT VII, 1049–1051, wo die einschlägigen Belege gegeben werden.

[31] Platon, Crat. 403b; vgl. 403d/404a. Auf Gorg. 523b-524a werden wir noch zu sprechen kommen.

[32] Philon, Leg.All. II, 22. 53–59. Neben dieser „vortrefflichen Nacktheit" gibt es freilich auch die schändliche, sinnlich-unzüchtige Nacktheit, ebd. 60ff.

[33] Migr.Abr. 1–18; vgl. 192.

[34] So A. DIHLE, ThWNT IX, 632,30 (er charakterisiert dort den Autor des Ps.-Aristeas-Briefes und Josephus in dieser Weise).

371 f.)[35]; sich selbst töten hieße Leib und Seele (die hier sogar als „eng miteinander befreundet" bezeichnet werden) auseinanderreißen (bell. III 362). Solche Sicht steht einem (populären) Platonismus noch näher als die Philons.

Es ist jedenfalls festzustellen, daß Paulus solche gewissermaßen „in der Luft liegende" anthropologische Terminologie nicht oder nur teilweise übernommen hat; vor allem gilt das für den Verzicht auf das Wort ψυχή als Bezeichnung eines Teiles des Menschen, als positives Gegenüber zum (negativ bewerteten) σῶμα. Aber mit der Benutzung des Begriffes σῶμα zur Benennung des Menschen als „Person", der zugleich damit auch das Vergängliche am Menschen benennt, geht er in der Übernahme hellenistischen Sprachgebrauchs weit über andere neutestamentliche Autoren hinaus. Diesen Begriff versteht er so sehr als Ausdruck für die Individualität des Menschen, daß er, wie wir sahen, im 1. Korintherbrief eigens deshalb die Vorstellung eines eschatologisch neugeschaffenen zweiten „Leibes" bzw. der Verwandlung des alten Leibes in einen neuen entwickeln muß – eine Terminologie, die ihn freilich auf die Dauer auch nicht befriedigt zu haben scheint, wie wir im 2Kor sahen. Andererseits verbindet die Benutzung des Ausdrucks πνεῦμα für das im Menschen wirkende Göttliche Paulus mit der Sapientia und mit Philon, freilich mit dem schon genannten Unterschied, daß für Paulus das πνεῦμα nicht das dem Menschen naturhaft „Mitgegebene" ist, sondern die Gabe der Taufe.

Warum läßt sich Paulus hinsichtlich des „Leib"-Begriffes auf eine terminologische Veränderung ein? M. E. muß man an die weitergehende Debatte mit den Korinthern denken, denen der Gedanke an einen „ewigen" Leib ebenso entsetzlich vorkam wie dem Paulus die Vorstellung einer eschatologischen „Nacktheit". Paulus hätte dann an diesem Punkte nachgegeben und auf das Wort σῶμα verzichtet, ohne aber den anderen populären Begriff für das „Innere", den sozusagen „wertvolleren, ewigen Teil" des Menschen, eben ψυχή, zu verwenden, während doch etwa die Sapientia Salomonis oder Philon keinerlei Bedenken hatten, die Zweiteilung des Menschen in „Leib und Seele" aus dem hellenistischen Alltagssprachgebrauch zu übernehmen. Für Paulus dürfte dabei der ihm von den „Schriften" her vertraute Gebrauch des Wortes ψυχή für den Lebensodem, der im Tode ja doch gerade verlöscht, maßgeblich gewesen sein. Könnten auch andere Überlegungen dazu geführt haben?

Auch für griechisches Denken ist die mit dem Tode eintretende „Nackt-

---

[35] Auch bei der Darstellung der Lehren der Essener und der Pharisäer spricht Josephus von der unsterblichen Seele: bell. II, 155–158 sowie ebd. 162 f.; vgl. auch VII, 340. 344–347.

heit" der Seele keineswegs *nur* erstrebenswert; das wird meistens übersehen. In einem klassischen Text Platons (Gorg. 523b-524a) wird die Sache so vorgestellt, daß die „ungerechten und gottlosen" Menschen an dem Tag, an dem sie sterben sollen, in den Tartaros kommen und dem Gericht zugeführt werden. Dieses Gericht halten aber „Lebende über die Lebenden"; d.h. die Angeklagten sind „eingehüllt" in ihren – möglicherweise unverhältnismäßig „schönen" – Leib, aber auch die Richtenden sehen wegen der auch sie umgebenden Leibeshülle nicht klar; sie richten ungerecht. So beschließt Zeus, daß die Sterbenden ihren Tod künftig nicht schon vorher wissen sollen, daß sie vielmehr erst nach dem Sterben, also entblößt vom Leibe, gerichtet werden sollen; und auf der anderen Seite sollen künftig drei Söhne des Zeus – nachdem sie gestorben sein werden, also ebenso als Unverhüllte – das Gericht halten, bevor die Toten entweder zur Insel der Seligen gelangen oder in den Tartaros abgehen. Auch das Nacktsein hat also seine Probleme: man steht dem Auge des göttlichen Richters ungeschützt gegenüber, man wird „durchschaut". – Aber vielleicht gehört doch noch eine andere Überlegung in diesen Zusammenhang.

Im Dialog „Phaidros" läßt Platon den Sokrates innerhalb einer längeren Ausführung über die Seele sagen: „Von ihrer [scil.: der Seele] Unsterblichkeit nun sei dieses genug; von ihrem Wesen aber müssen wir dieses sagen, daß, wie es *an sich* beschaffen sei, jedenfalls auf jede Weise eine göttliche und weitreichende [scil.: dem Menschen nicht zugängliche] Untersuchung ist; womit es [scil.: das Wesen der Seele] sich aber *vergleichen* läßt, dies <ist> eine menschliche und leichtere. Auf diese Art also müssen wir davon reden."[36] Über das Wesen der Seele kann nur der Gott zutreffende Aussagen machen wie auch über den „überhimmlischen Ort" überhaupt;[37] der

---

[36] PLATON, Phaidros 246a (der Kontext reicht von 245b bis 249b); vgl. noch 250b. Ich zitiere die Übersetzung SCHLEIERMACHERS nach der Ausgabe von G. EIGLER, Platon. Werke in acht Bänden, griechisch und deutsch, Sonderausgabe Darmstadt 1990, Bd. V, 71.

[37] PLATON, ebd. 247b. Natürlich wäre hier auch der Dialog „Phaidon" heranzuziehen (vgl. auch die folgende Anm.); darin muß „Sokrates" ja seine Meinung von der Unsterblichkeit der Seele gegen die populärere Ansicht verteidigen, daß die Seele, „wenn sie vom Leibe getrennt ist, nirgends mehr ist, sondern an jenem Tage umkommt und untergeht, an welchem der Mensch stirbt …" (70a). Die ausführliche Argumentation des platonischen Sokrates dagegen endet (übrigens nach einer Aussage wie dieser über das Schicksal der Seelen nach dem Tode: „Welche nun unter diesen durch Weisheitsliebe sich schon gehörig gereinigt haben, diese leben für alle künftigen Zeiten gänzlich ohne Leiber und kommen in noch schönere Wohnungen als diese, welche weder leicht wären zu beschreiben, noch würde die Zeit für diesmal zureichen" [114b-c]) mit der Feststellung: „Daß sich nun dies alles gerade so verhalte, wie ich es auseinandergesetzt habe, das ziemt sich wohl einem vernünftigen Mann nicht zu behaupten; daß es jedoch, sei es nun diese oder eine ähnliche Bewandtnis haben muß mit unsern Seelen und ihren Wohnungen, wenn doch die Seele offenbar etwas Unsterbliches ist, dies, dünkt mich, zieme sich gar wohl und lohne auch zu wagen, daß man glaube, es verhalte sich so" (114d). Auch Platon ist

menschliche Verstand kann davon nur in Metaphern reden. Das konnte ja auch zur Folge haben, daß man, wenn sich das Wort ψυχή schon aus anderen Gründen nicht nahelegte, dann lieber gar keinen festen Terminus dafür in Gebrauch nahm, sondern daß man stattdessen metaphorisch – mit den beiden, im Grunde schon geläufigen Bildern vom Haus und vom Gewand bzw. vom Wohnen (in dem himmlischen, nicht von Menschenhand gemachten Haus) und vom Bekleidetwerden (mit einem neuen Gewand) – von diesem „Kern" des Menschseins nur noch andeutend redete. Und wenn denn das Wort „Seele" für Paulus einen zu „flüchtigen" Inhalt hatte, um es zu benutzen, dann galt für „Leib" das Gegenteil: das Wort ließ zu sehr an Irdisch-Massives denken und war zudem bei den Gesprächspartnern noch mit negativen Beiklängen besetzt; so tat man besser daran, es aus der Terminologie für Überirdisch-Unvergängliches ebenfalls zurückzuziehen. Das Überraschendste an diesem Vorgang ist eigentlich, daß er so nebenbei und quasi selbstverständlich vor sich ging, daß Paulus nicht einmal andeutungsweise erkennen läßt, daß er jetzt anders formuliert als früher (und das in einem Brief an dieselbe korinthische Gemeinde, der er nicht lange zuvor das Kapitel 15 des 1Kor geschrieben hatte!). Aber ich meine dennoch, daß der Vorgang von der Exegese nicht übergangen werden darf.

Ich möchte noch einmal darauf hinweisen, daß es nach meiner Ansicht nicht darauf ankommt, sagen zu können, ob und wieviel Paulus an Dialogen Platons, aber auch an Traktaten seines alexandrinischen Glaubens- und Zeitgenossen Philon selbst gelesen haben mag.[38] Aber Gedanken Platons (und anderer „höherer" Philosophie) erreichten ja in der Zeit des vorgnostischen, sog. mittleren Platonismus weite Kreise. So konnte schon in der 1. Hälfte des 3.Jh. v. Chr. der Sokratiker Bion von Borysthenes, einer der „Väter" der sog. Diatribe, davon sprechen, daß das Ich des Menschen beim

---

sich dessen bewußt, daß gewiß nicht jedermann diese spekulative Rede von der „Unsterblichkeit der Seele" einleuchten wird; man könnte ja auch die Konsequenz daraus ziehen, solches Philosophieren überhaupt für unangemessen zu halten, zumal, wenn man – wie Paulus – ein recht distanziertes Verhältnis zur platonisch-philonischen „Weisheitsliebe" = Philosophie = σοφία hat (vgl. 1Kor 1,18 – 2,16).

38 Weitere Hinweise auf Anklänge an platonische Gedanken in 2Kor 5 gab übrigens M. E. THRALL in Strasbourg (s. oben Anm. 23); ich zitiere: „If we assume that in 2Cor 5.1–10 Paul is considering the prospect of death before the Parousia, some of the vocabulary in these verses can be seen to have a hellenistic background: The verb θαρρέω occurs in Greek philosophy in relation to death. The Philosopher, according to Plato (Phaedo 63E), is able to be of good courage (= θαρρεῖν), when about to die. And Epictetus refers to θάρσος ‚confidence' toward death (Diss. II 1.14). Plato, like Paul here, also speeks of death as a change of residence, using the noun ἀποδημία and the verb ἀποδημέω (Apol. 40E-41A; Phaedo 67B). And then idea that at death one will go to be with the gods is also present in Plato (Phaedo 63B)."

Sterben aus dem σωμάτιον auszieht wie aus einem Haus.[39] Daß diese generelle Bekanntschaft mit platonischen (oder platonisierenden) Gedanken auch für das Diasporajudentum gilt, dafür sind Philon oder die Sapientia Salomonis die besten Belege (und das bekanntlich keineswegs nur in dem von uns betrachteten Zusammenhang).

* * *

Nach dem uns geläufigen Verständnis von σῶμα in der paulinischen Anthropologie bezeichnet dieser Begriff die individuelle Identität, das Personsein des Menschen (was Rudolf Bultmann in dem klassischen Satz formuliert hat: „Der Mensch *hat* nicht ein σῶμα, sondern er *ist* σῶμα"[40]) und damit zugleich die Fähigkeit dieser Person, Kontakt, Kommunikation zu anderen Personen und zur „Welt" hin aufnehmen und halten zu können, also in ein Verhältnis zu Mitmenschen und Welt und darin – nicht zuletzt! – immer auch zu sich selbst treten zu können.[41] Man wird aber doch einmal fragen müssen, wie eine solche Bestimmung des „Begriffs" σῶμα sich auf den unvergänglichen Leib der Auferstehung übertragen läßt. Jedenfalls ist der (zumindest zeitweilige) Verzicht des Paulus auf dieses Wort für seine eschatologische Terminologie ein einschneidender Vorgang, sofern er deutlich macht: Was das Evangelium hinsichtlich eines Seins jenseits der Todeslinie zu sagen hat, läßt sich nicht nur und ausschließlich mit der Vorstellung einer eschatologischen Verwandlung des irdischen Leibes in einen himmlischen Leib aussagen; vielmehr gibt es auch andere, metaphorische Möglichkeiten, von der Hoffnung auf ein personhaftes Sein jenseits des Todes zu sprechen. Das Bild vom „Gewand" (nicht in jener korporativen Bedeutung, die in Gal 3,27f doch wohl vorliegt) kann diesem Erfordernis offenbar genügen, und auch das Bild von der „Behausung" ist wohl im Sinne eines *individuellen* Gehäuses zu verstehen (vgl. die „vielen μοναί" = Unterkünfte in Joh 14,2). Und andererseits geht bei solcher Redeweise in den aus der eschatologischen Terminologie ausgeklammerten Begriff „Leib" nun die Konnotation von „irdisch, vergänglich", die Paulus in 1Kor 15 zur Unterscheidung vom „unvergänglichen Leib" noch mit Attributen zum Ausdruck bringen mußte, unmittelbar ein, so daß es in 2Kor 5 einer solchen Apposition nicht mehr bedarf.

Summa: Was Paulus in 1Kor 15 bereits angedacht hat, nämlich den Gedanken einer begrifflichen Trennung von „irdischem" und „himmlischem" Leib des Menschen, das führt ihn in 2Kor 5 zu einer Ausblendung des Be-

---

[39] Zitiert nach E. SCHWEIZER, ThWNT VII, 1032,9f.

[40] R. BULTMANN, Theologie des Neuen Testaments, (3.=) 8. Aufl. Tübingen 1980, 195.

[41] So – nach E. KÄSEMANN – vor allem E. SCHWEIZER, ThWNT VII, 1063f; vgl. auch H. WEDER, in: M. KRIEG / H. WEDER, Leiblichkeit, Zürich 1983 (ThSt 128), 40f.

griffes „Leib" aus eschatologischen Zusammenhängen; vermutlich im Zuge eines gewissen Entgegenkommens an seine (jüdisch-)hellenistisch geprägten Gemeindeglieder in Korinth wagt er jetzt nicht mehr, von einem „Auferstehungs-Leib" zu sprechen. Dafür setzt er nun metaphorische Umschreibungen ein (diejenige vom „Anlegen" eines neuen Gewandes zeigte sich angedeutet schon in 1Kor 15,53f; die Metapher von der „Wohnung" ist innerhalb der Paulusbriefe in 2Kor 5 neu; aber beide sind hellenistisch Denkenden in diesem Zusammenhang durchaus vertraut) – Umschreibungen für etwas Unbeschreibbares, tastende Umschreibungsversuche, die um so mehr dem *totaliter aliter* der ewigen Herrlichkeit entsprechen.

Die Normativität der Freiheit
Eine Überlegung zu Gal 5,1.13–25

von

HANS WEDER

Die folgenden Überlegungen zu Galater 5 konzentrieren sich auf die Grundfrage, welche Normativität die Freiheit als solche habe. Wie lässt sich Freiheit denken, so dass man das in den Blick bekommt, was sie als Freiheit den Freien gebietet? Hat Freiheit überhaupt eine Normativität? Oder ist sie in Wahrheit das, was man sich in der Neuzeit weithin unter ihr vorstellt: Frei ist, wer keiner Norm mehr zu gehorchen braucht, frei ist, wer tun und lassen kann, was er will, frei ist, wer durch keine Begrenzungen mehr eingeschränkt ist. Wenn Freiheit diese Unbeschränktheit ist, dann müsste jede Norm, jeder νόμος als Einschränkung der Freiheit verstanden werden. Dann wäre der νόμος gleichsam der Gegenspieler der ἐλευθερία. Diese Zuordnung von Freiheit und Normativität ist in der Neuzeit – jedenfalls dort, wo die Freiheit unwillkürlich in Anspruch genommen wird – weithin selbstverständlich geworden, nicht zuletzt in der Theologie, die es eigentlich anders wissen müsste.

Der Text in Gal 5,1.13–25 stellt eine andere Frage: Spricht die Freiheit von sich aus ein Gebot aus, gebietet die Freiheit also als solche etwas, das nicht ihrer Einschränkung, sondern ihrer Verwirklichung, ihrer Pflege, ihrer Kultur dient? Welches ist die Norm, die aus der Freiheit selbst kommt? Was wäre in diesem Sinne als Gesetz der Freiheit zu denken? Günter Klein, dem die folgenden Überlegungen in Dankbarkeit gewidmet sind, hat wie kaum ein anderer Theologe dieses Jahrhunderts die evangelische Freiheit des Denkens und sachgemässen Urteilens hochgehalten, nicht zuletzt gegen Einschüchterungsversuche, die im Trend der Zeit liegen.[1]

---

[1] G. KLEIN, „Christlicher Antijudaismus". Bemerkungen zu einem semantischen Einschüchterungsversuch, ZThK 79(1982)411–450.

1 Die Lebensgrundlage der Freiheit (Gal 5,1)

„Zur Freiheit hat uns Christus befreit. Also steht fest und nehmt nicht wieder ein Joch der Knechtschaft auf euch." Der Dativ τῇ ἐλευθερίᾳ wird meistens mit „zur Freiheit" als Dativ des Zieles[2] beziehungsweise als Dativ der Bestimmung[3] übersetzt. Der Dativ drückt indessen in seiner Grundbedeutung eine Beziehung aus: Das befreiende Handeln des Christus stand in einer und genau einer Relation, nämlich in der Relation zur Freiheit. Seine Befreiung soll zu nichts anderem eine Beziehung haben als zur Freiheit, sie ist also nicht Befreiung zum Gesetzesgehorsam, nicht Befreiung zur Selbstverwirklichung, nicht Befreiung zum politischen Kampf. Alle diese konkret ausgeführten Beziehungen, die sich als Dative des Zieles oder der Bestimmung verstehen lassen, instrumentalisieren die Befreiung durch Christus; sie machen die Freiheit zu einem blossen Durchgangsstadium zu einer andern, nicht mehr durch Freiheit geprägten Lebensweise. Genau dies ist auch bei den Galatern der Fall, vgl Gal 5,2ff. Paulus behauptet ihnen gegenüber eine „Alternative, wo für das Judentum keine besteht", denn Gesetzesgehorsam bedeutet dort „Realisierung von Freiheit".[4] Paulus jedoch zeigt, dass Gesetzesgehorsam gerade eine Alternative zur Freiheit ist. Immer wenn Freiheit ein anderes Ziel hat (und sei dies gar der Gehorsam gegenüber dem Gesetz), wird sie verspielt, instrumentalisiert. Verspielt an ein Gesetz[5], das mein Leben einschränkt, verspielt an das Ich, unter dessen Herrschaft ich plötzlich gerate, verspielt an den Kampf, der keine Freien erstehen lässt, sondern Feinde und Tote.

Der Aorist ἠλευθέρωσεν macht auf das Ereignis der Befreiung aufmerksam,[6] Freiheit ist eine Erfahrung mit Christus. Hier kommt zunächst etwas zum Vorschein, das bis heute zur Freiheit gehört: Freiheit ist eine Erfahrung

---

[2] So F. MUSSNER, Der Galaterbrief, Freiburg 1974 (HThK 9), 342; vgl auch Gal 5,13: ἐπ' ἐλευθερίᾳ und Röm 8,24: τῇ ἐλπίδι ἐσώθημεν.

[3] So H. D. BETZ, Der Galaterbrief. Ein Kommentar zum Brief des Apostels Paulus an die Gemeinden in Galatien, übersetzt von S. Ann, München 1988, 437. Zur Freiheit als „Ziel der Erlösertat Christi" vgl F. MUSSNER, Theologie der Freiheit nach Paulus, 1976 (CGD 79), 14.

[4] D. LÜHRMANN, Der Brief an die Galater, Zürich 1978 (ZBK NT 7), 81.

[5] Nach S. VOLLENWEIDER, Freiheit als neue Schöpfung. Eine Untersuchung zur Eleutheria bei Paulus und in seiner Umwelt, Göttingen 1989 (FRLANT 147), 309 ist die „Tiefendimension paulinischer Reflexion" erst dann „ausgelotet, wenn das Gesetz als eine universale anthropologische – und möglicherweise gar kosmologische – Größe und nicht nur als jüdisches Spezifikum, das der Apostel erst noch gründlich mißverstanden hätte, in den Blick gerät". Diese Einsicht gebietet geradezu die Auslegung des vorliegenden Gedankens im Blick auf die Normativität schlechthin.

[6] Er „schaut auf das historische Kreuzesgeschehen zurück" (MUSSNER, Gal [siehe oben Anm 2] 343). Es geht um das „geschichtliche Ereignis des Kreuzes Jesu" (H. SCHLIER, Der Brief an die Galater, [13]1965 (KEK 7), 230.

des Menschen, nicht etwa sein Produkt. Im Europa der letzten Jahre haben Millionen von Menschen ihre Freiheit neu gewonnen. Diese geschichtliche Erfahrung ist Grund zur Dankbarkeit – bei denen, die Freiheit gewonnen haben, und nicht weniger bei denen, deren Freiheit nun nicht mehr im gleichen Masse bedroht ist wie früher. Es kommt alles darauf an, die Freiheit als eine Erfahrung festzuhalten, als eine Erfahrung, bei der man zwar vieles mitgetan hat, aber die selbst nicht als Produkt des Menschen, sondern viel eher als gnädiges Geschick zu verstehen ist. Charakteristisch für die neuzeitliche Freiheit ist, dass sie weithin als *Produkt des Menschen* vorgestellt wird. Sie wird vorgestellt als etwas, das durch Menschenhände erarbeitet und erkämpft, verteidigt und gesichert wird. An dieser Vorstellung mag richtig sein, dass die neuzeitliche Freiheitsgeschichte den Menschen durchaus auch als Handlungssubjekt kennt. Doch es wäre eine Abstraktion, wollte man verkennen, dass neben allem Handeln und Wirken der günstige Zufall eine wichtige Rolle mitgespielt hat, theologisch gesprochen das gnädige Geschick, so dass es angemessener ist, den Menschen nicht bloss – einseitig – als Handlungssubjekt in der Geschichte der Freiheit zu thematisieren, sondern – mehrdimensional – als Referenzsubjekt.[7] Die Vorstellung, Freiheit sei das Produkt des Menschen, bedroht ihrerseits die Freiheit. Denn die selbstgemachte Freiheit droht unter das Diktat eben jenes Selbst zu geraten, das sich als ihr Macher versteht. Dieser Bedrohung ist entgegenzutreten durch die Erinnerung daran, dass Freiheit stets eine Erfahrung des Menschen ist.

Paulus spricht freilich nicht nur von irgend einer Erfahrung, sondern von einer Erfahrung mit dem Christus.[8] Damit entdeckt Paulus die Freiheit als ein Phänomen, das in und von der Beziehung zum Christus lebt. Mit dem Christus benennt Paulus nicht nur den *einstigen* Ursprung der Freiheit. Im Brennpunkt steht vielmehr der Hinweis, dass Freiheit überhaupt nur in Beziehung zu diesem Ursprung existieren kann. Der Christus steht für die schöpferische Macht Gottes, für die göttliche Kreativität, welche im Leben der Glaubenden vorkommt als πνεῦμα, als schöpferische Geistkraft,[9] und

---

[7] Zur Unterscheidung von Handlungs- und Referenzsubjekt vgl H. WEDER, Das Kreuz Jesu bei Paulus. Ein Versuch, über den Geschichtsbezug des christlichen Glaubens nachzudenken, Göttingen 1981 (FRLANT 125), 75–81.

[8] Befreiend ist seine Tat insofern, als sie auf die Frage nach der Identität des Menschen antwortet (vgl LÜHRMANN, Gal [siehe oben Anm 4] 80). Paulus hat offenbar Christus als „den grossen Befreier" erlebt und gesehen (MUSSNER, Gal [siehe oben Anm 2] 343).

[9] Die Freiheit, die hier für „das ganze Anliegen der paulinischen Konzeption" steht, umfasst damit auch den Geistbesitz, vgl Gal 3,2.14; dazu J. BECKER / H. CONZELMANN / G. FRIEDRICH, Die Briefe an die Galater, Epheser, Philipper, Kolosser, Thessalonicher und Philemon, Göttingen [14]1976 (NTD 8), 59. Zu vergleichen ist auch Gal 5,25 und vor allem 2Kor 3,17, wo Geist und Freiheit dasselbe sind (BETZ, Gal [siehe oben Anm 3] 438).

welche im Leben aller Menschen vorkommt als jene Kraft, die Lebendigkeit und Wahrheit austeilt. Freiheit ist demnach immer verdanktes Dasein. Dieses verdankt sich dem Gott, der den Menschen Lebendigkeit und Wahrheit gewährt. Jede Freiheit ist angewiesen auf den Freiraum, in welchem sie existieren kann. Allein schon die menschliche Bewegungsfreiheit ist ein Indiz für diesen Sachverhalt: Wären dem Menschen nicht die freien Räume des Landes, des Meeres, der Luft gegeben, wäre Bewegungsfreiheit ein blosser Traum.

Und jetzt kommt der erste Imperativ im Text: Στήκετε οὖν ... „steht also fest". Wir begegnen hier einer ersten, grundlegenden Norm, welche die Freiheit als solche hat. Sie gebietet den Freien, zu stehen, aufrecht zu stehen. Beides ist zu betonen.[10] Die Freiheit gebietet es, dass der Mensch auf ihrem Boden steht. Sie geht sogleich verloren, wenn er die Freiheit nur als Durchgangsgebiet, nur als Brücke zu einem andern Land versteht. Der Freiraum, den der Mensch erhalten hat, stellt an ihn den Anspruch, in ihm zu bleiben, auf seinem Boden zu stehen. Zu betonen ist ferner das aufrechte Stehen. Im Unterschied zu jedem Joch, und sei dieses Joch gar der Mensch selbst und seine Ansprüche an sich und andere, im Unterschied zu jedem Joch, das den Rücken beugt, ist die Freiheit ein Raum, der aufrechtes Stehen erlaubt. Aufrechtes Stehen, aufrechter Gang ist Freiheit, und weil die Freiheit diese Aufrichtigkeit erlaubt, verpflichtet sie den Menschen auch dazu. Unter der Normativität der Freiheit ist also das zu verstehen, was die Freiheit um ihrer selbst willen gebietet. Sie gebietet nichts anderes, als dass der Mensch in ihr lebe.

Auf dem Boden der Freiheit sollen die Galater stehen, damit sie nicht wieder unter ein Joch einer δουλεία kommen. Jeder Schritt weg von diesem Boden führt unter ein Joch. Die δουλεία ist das produktive Arbeiten für einen andern Herrn als Christus, mag dieser Herr das Gesetz sein (so Gal 5,2–14), mag er die Elemente sein, die in Galatien verehrt wurden (vgl Gal 4,1ff), mag er die hehren Ziele sein, die wir uns und unserer freien Welt setzen, oder mag jener Herr gar das eigene Ich sein (eben das alles korrumpierende „Fleisch", vgl Gal 5,13–24). Im Raum des Christus jedoch wird nicht für fremde Herren produktiv gearbeitet, da herrscht kein πνεῦμα τῆς δουλείας, sondern da wird von den Gaben Gottes gelebt, da wirkt das πνεῦμα τῆς υἱοθεσίας (Röm 8,15; vgl Gal 4,5). Nicht ein Arbeitsverhältnis hat der Mensch zu Gott, Knechtschaft, sondern ein Lebensverhältnis: Kindschaft.

---

10 „Στήκειν hat intensiven Sinn", wie SCHLIER, Gal (siehe oben Anm 6) 230 mit Recht festhält, freilich ohne dass für ihn darin „der Gedanke an ein 'Aufrechtstehen' ... enthalten zu sein braucht". Doch legt der Gegensatz zum Nacken-Beugen, dem ζυγῷ δουλείας ἐνέρχεσθαι, die Annahme dieser Bedeutungsnuance nahe.

Eben dies ist die konkrete Freiheit vom Zwang zum Produzieren. Es ist die Freiheit, von fremden Gaben zu leben. Zur Kultur der Freiheit gehört die Erinnerung daran, dass Freiheit im Freiraum eines Lebensverhältnisses zu Gott existiert. Dieser Raum ist ein dynamisches Feld, aufgespannt durch den göttlichen Geist, in welchem der Mensch gleichsam ständig vom Knecht zum Sohn Gottes befördert wird. Die Dynamik des Freiraums besteht darin, dass der Mensch ständig befreit wird von einem Arbeitsverhältnis zu einem Lebensverhältnis, von einem Verhältnis, das ihn in den Bann seines Produzierens schlägt, zu einem Verhältnis, das ihn von den Gaben des Schöpfers leben lässt. Zur Kultur der Freiheit gehört die Erinnerung daran, dass Freiheit auf einen Raum angewiesen ist, in welchem sie leben kann, weil sie – als Freiheit vom Zwang zum Produzieren – gerade nicht selbst ein Produkt des Menschen ist.

Die Freiheit wurde in der Neuzeit prinzipiell als Produkt des Menschen verstanden. Sie hat sich konstituiert als Aufbruch aus selbstverschuldeter Abhängigkeit von der Autorität jeder Tradition, auch der heiligen Schrift. Gegen diesen Aufbruch ist nicht das Geringste einzuwenden. Doch die dem Aufbruch eigene Dynamik hat nicht selten dazu geführt, dass an die Stelle der selbstverschuldeten Abhängigkeit die selbstverschuldete Unabhängigkeit von allem Gegebenen trat. Damit wurde aber die Verbindung zum freimachenden Stoff verloren, zur externen Lebensgrundlage der Freiheit, und die Freiheit musste im Subjekt selbst lokalisiert werden. Wird aber die Freiheit im Subjekt angesiedelt, wird sie sofort beherrscht von der Unabhängigkeit eben dieses Subjekts. So verstandene Freiheit führt mit Notwendigkeit dazu, dass jede Rücksicht auf das Gegebene, jede Zuwendung zum andern als Beschränkung der Freiheit erscheint. Und dabei wird die Freiheit des Geistes Christi an die Alleinherrschaft des Subjekts verspielt.

Wer Freiheit versteht als Unabhängigkeit des Subjekts, der ist der Norm zur ständigen Ausdehnung der Grenzen unterworfen. Dies führt zum Zwang, ein unbegrenztes Leben zu führen, ein Leben, das sich gegen seine eigene geschöpfliche Gestalt dauernd durchzusetzen hat. Daraus ergibt sich eine paradoxe Beschränktheit, sofern der Mensch beschränkt ist auf die Ausdehnung des Handlungsspielraums, was – namentlich in Zeiten grosser Handlungsmacht – fatale Folgen für die Gegebenheiten der Welt hat. Diese Vorstellung von Freiheit schafft einen Zwiespalt zwischen vorgestellter Unabhängigkeit und dem faktischen Angewiesensein des Menschen. Denn wenn die wirklich konkrete Erfahrung betrachtet wird, ist unschwer zu erkennen, dass der Mensch nicht aus sich selbst lebt, sondern vielmehr ausgestattet mit mancherlei Gaben der Natur, sich bewegend auf einem Erdboden, der ihn trägt, und angewiesen auf Mitgeschöpfe, die ihm zugewandt

sind. Im Rahmen der Selbstbegründung wird die Endlichkeit und Bedingtheit des Lebens unversehens zur grossen Provokation für die Durchset-
zungskraft des Subjekts. Unter Freiheit versteht dieses dann, sich gegen alles
und jedes durchsetzen zu können, wodurch ein verhältnisloses Leben entsteht. Wie verhältnislos solches Leben ist, erkennt man an seinem unverhält-
nismässigen Verbrauch von Dingen und Menschen.

Die Freiheit gebietet, dass sie gelebt wird als Angewiesensein auf das Gegebene. Im Glauben an die Befreiung durch Christus ist die Erinnerung an
eine Freiheit lebendig, die per definitionem nicht im autonomen Subjekt
selbst angesiedelt ist. Insofern gehört es zur Kultur der Freiheit, die Auto-
nomie des Subjekts zu überwinden und den Ausgang aus der Abhängigkeit
so zu Ende zu denken, dass er einmündet in das Leben in Angewiesenheit.
Das Problem an der neuzeitlichen Vorstellung von individueller Freiheit ist
nicht die (ihr auch von theologischer Seite oft zu Unrecht angekreidete)
Konzentration auf den Einzelnen, sondern die Verankerung der Freiheit im
individuellen, ohne Beziehungen gedachten Subjekt. Darin ist der Keim zur
Knechtschaft unter dem verhältnislosen Subjekt schon gelegt.

2 Eine Aktionsbasis für das Fleisch

V.13: „Denn ihr seid zur Freiheit gerufen, Brüder. Nur (nehmt)[11] nicht die
Freiheit als Ausgangsbasis für das Fleisch, sondern durch die Liebe dient
einander." Die Erinnerung an erfahrene Befreiung wird von Paulus aufgeboten gegen die Gefahr, dass die Freiheit zur „Aktionsbasis für das
Fleisch"[12] wird. Mit „Fleisch" ist ein bestimmter Aspekt des Menschseins
bezeichnet. Fleisch nennt Paulus die irdische Wirklichkeit des Menschen,
seine geschöpfliche und zerbrechliche Existenz.[13] Das „Leben nach dem
Fleisch" ist dann ein auf die Möglichkeiten der irdischen Statur bauendes
und insofern darauf beschränktes Menschsein. Fleischlich ist ein Leben, das
nicht an die fremde Kraft göttlichen Geistes denkt und deshalb für alles

---

[11] Die vorliegende Übersetzung nimmt an, dass ein Verb wie „machen" oder „betrachten
als" zu ergänzen ist, wofür die beiden Akkusative sprechen. Freilich ist diese Ergänzung nicht
zwingend, da nicht unbedingt eine Ellipse vorliegen muss, sondern auch ein abwertendes μή
ohne Verb angenommen werden kann (SCHLIER, Gal [siehe oben Anm 6] 242; MUSSNER, Gal
[siehe oben Anm 2] 368). MUSSNER diagnostiziert „leidenschaftliche Erregtheit der Formulierung" (ebd).

[12] ’Αφορμή ist „eigentlich der Ausgangs- und Stützpunkt einer Expedition, dann allgemein
der Inbegriff der Mittel zur Durchführung eines Unternehmens ..., in unserer Literatur der Anlaß, der Vorwand, die Gelegenheit für etwas ..." (BAUER, Wb 231f).

[13] Dazu J. ROHDE, Der Brief des Paulus an die Galater, Berlin 1989 (ThHK 9), 228. Der
Ausdruck meint in den vorangehenden Kapiteln vorwiegend die menschliche Leiblichkeit.

selbst aufkommen muss. Inwiefern ein solches, auf die eigenen Möglichkeiten beschränktes Menschsein wie von selbst in die ἐπιθυμία, das besitzergreifende Verlangen, hineingerät, wird vor allem in Gal 5,16–24 ausgeführt werden. Das Verlangen findet seinen Nährboden genau darin, dass der Mensch für sich selbst aufkommen und insofern alles für sich selbst einsetzen muss. Dies wiederum führt zu einem Menschsein, das sich alles einverleibt.

Das Fleisch hat ein Verlangen, das gegen den Geist gerichtet ist (vgl 5,17). Das auf das Natürliche beschränkte Menschsein widerstrebt, weil es für sich selbst aufkommt und genau darin, dass es für sich selbst aufkommt, dem Geist, der schöpferischen Macht, die Lebendigkeit gewährt. Das Fleisch schlägt, weil es sich seine eigene Lebendigkeit erschafft, die gewährte Lebendigkeit aus. Wer nach dem Fleisch lebt, lebt beschränkt auf Selbstwirksamkeit, beschränkt auf Eigenkreativität. Zur Aktionsbasis für das Fleisch wird – wenn es erlaubt ist, den Gedanken des Paulus etwas weiter zu denken – die Freiheit auch dann, wenn sie als Werk des einzelnen Subjekts verstanden wird. Dann wirft sie dieses Subjekt wieder auf das zurück, was es sonst noch aus sich selbst machen kann. Und dabei geht die Freiheit zum Beziehungsreichtum verloren, die Freiheit zum Leben.

Gegen diesen Verlust hat Paulus nichts anderes aufzubieten als die Erinnerung an *erfahrene* Freiheit (Gal 5,1.13). Dies hat seinen sachlichen Grund darin, dass der Zwang zum Produzieren nicht dadurch unterbunden werden kann, dass man die Produkte für untauglich erklärt – ein solcher Aufweis würde höchstens zur Perfektion des Produzierens anstacheln. Die Beschränkung des Menschen auf sein eigenes Wirken kann nur unterbrochen werden durch die Erinnerung an Dinge, die er nicht erwirken muss, weil sie schon gegeben sind.[14] Zu ihnen gehört die Freiheit, zu der Christus die Glaubenden befreit hat. Die Beschränktheit des Menschen kann nicht dadurch überwunden werden, dass man sie als verlorenes Leben kritisiert; sie kann nur dadurch überwunden werden, dass man an die kreativen Kräfte erinnert, von denen jedes Leben getragen ist (eben an den Geist, der Lebendigkeit schafft). Wer immer die Defizite eines selbstbeschränkten Lebens aufzeigt, wird dieses Leben nur dazu zwingen, noch mehr aus sich selbst machen zu wollen. In hermeneutischer Hinsicht zeigt sich hier, dass eine

---

[14] Die galatische Position hätte eben das Gesetz gegen das Verlangen des Fleisches aufgeboten; empfohlen wird „die Orientierung am Gesetz". Doch genau damit wäre „dem Wesen der Freiheit Abbruch getan". Denn Freiheit ist eine Erfahrung, nicht ein Produkt der Glaubenden: „Freiheit versteht sich für Paulus somit als die Begabung der Glaubenden, infolge der Präsenz des Geistes über sich selbst verfügt sein zu lassen"; mit W. Harnisch, Einübung des neuen Seins. Paulinische Paränese am Beispiel des Galaterbriefs, ZThK 84(1987)290.

verfehlte Konstruktion von Wirklichkeit, wie sie sich in der Verkehrung der Freiheit in eine Aktionsbasis für das Fleisch zeigt, nicht dadurch überwunden werden kann, dass ihr eine andere Konstruktion entgegengesetzt wird, etwa eine christologisch begründete Theorie des Menschseins. Vielmehr können Konstruktionen von Wirklichkeit nur dadurch als falsch eingesehen werden, wenn die Wirklichkeit selbst gegen sie aufgeboten wird, in unserem Falle: wenn die erfahrene Freiheit gegen die Konstruktion aufgeboten wird, als könne Freiheit ein Produkt des Fleisches sein.

Die Entdeckung des Paulus wirft ein interessantes Licht auf das Freiheitsproblem der Neuzeit. Die Schwäche der neuzeitlichen Freiheit besteht darin, dass sie als Werk des menschlichen Subjekts verstanden wird. Dadurch wird sie zur Gelegenheit für das Fleisch. Die Freiheit der Kinder Gottes verkehrt sich in die Beschränktheit der Knechte auf die eigene Wirkungsmacht. Sie werden in den Bann ihres eigenen Wirkens geschlagen. Die Schwäche der Aufklärung ist, dass sie den Menschen zum Urheber des Guten, auch der Freiheit, machen muss. Damit hat die Aufklärung die neu gewonnene Freiheit von vornherein in den Sog der Selbstvernichtung gestellt. Der wirksamste Einspruch gegen Selbstwirksamkeit des Subjekts ist die Entdeckung fremder, tragender Wirklichkeit.

3 Die Normativität der Freiheit

Schon im vorher zitierten Vers 5,13 nannte Paulus einen Gegenbegriff zu der auf sich selbst beschränkten Aktivität des Menschen: „sondern dient einander durch[15] die Liebe". Das δουλεύειν, das produktive Arbeiten, kommt jetzt nicht mehr einem fremden Herrn zugute, sei es dem gesetzgebenden Gott, sei es dem mich selbst herausfordernden Ich. Produktiv gearbeitet wird jetzt, im Raum der Freiheit, für die andern. Gestaltet, geformt, bewirkt wird diese Arbeit durch die ἀγάπη, die unbedingte Zuwendung. Die beiden Ergänzungen, das Dativobjekt ἀλλήλοις und die Modalbestimmung διὰ τῆς ἀγάπης qualifizieren das δουλεύειν, das bisher (vgl 4,8.9.25) immer negativ gebraucht worden ist,[16] so dass in diesem Kontrast das radikal Neue besonders sichtbar wird.[17]

---

[15] Zu beachten ist das διὰ τῆς ἀγάπης; das διά mit Genetiv bezeichnet nicht etwa den Urheber, sondern vielmehr den Vermittler: das Dienen geht durch die Liebe hindurch, das Dasein für andere ist vermittelt durch die Gestalt der Liebe, der unbedingten Zuwendung.

[16] Dazu MUSSNER, Gal (siehe oben Anm 2) 368 f.

[17] Vgl den ähnlich positiven Gebrauch von δουλεύειν in Röm 7,6, ebenfalls mit einer qualifizierenden Ergänzung (ἐν καινότητι πνεύματος).

Zwischen der Freiheit und der Agape besteht ein innerer, sachlicher Zusammenhang. Denn die Freiheit ist der Raum, in welchem der Mensch dem Arbeitsverhältnis entkommen ist, dem Arbeitsverhältnis, das er zum gesetzgebenden Gott oder zum herausfordernden Ich hat. Sie ist der Raum, in welchem der Mensch nicht mehr nach dem schielen muss, was er seiner Gerechtigkeit vor Gott schuldig ist, nicht mehr schielen muss nach dem, was er seiner eigenen Glaubwürdigkeit schuldig ist.[18] In eben diesem Raum sind ungeheure produktive Kräfte des Menschen freigesetzt, freigelassen für ihren Einsatz zugunsten der Menschen und der Welt. Deshalb muss man sagen: Die Liebe ist die Normativität der Freiheit, die Normativität also, welche die Freiheit von sich aus hat. Unbedingte Zuwendung zu dem, was die Menschen und die Welt nötig haben, ist der Anspruch, den der gewährte Freiraum des Lebens an mich stellt. Denn dieser Freiraum ist durch Zuwendung entstanden, durch die Zuwendung, die aus allem gnädig Gegebenen hervorleuchtet. Eben deshalb gebietet er nichts anderes als wiederum Zuwendung. Darum kann es im Raum der ἐλευθερία keinen anderen νόμος als die Liebe geben.

In diesem Zusammenhang ist auf eine elementare Asymmetrie in der evangelischen Freiheit hinzuweisen. Freiheit besteht hier nicht in der Möglichkeit, frei zu wählen zwischen der Liebe und dem Hass,[19] frei im wahren Sinne des Wortes ist nur die Wahl der Liebe. Es wäre unsachgemäss anzunehmen, die Liebe sei die notwendige Beschränkung der Freiheit.[20] Diese Sicht verkennt die genannte Asymmetrie. Wer in Freiheit lebt, lebt in einem Freiraum, wo er vom Zwang befreit ist, für sich selbst zu produzieren. In eben diesem Freiraum entsteht eine neue Normativität. Die Freiheit, nicht für sich selbst produzieren zu müssen, stellt an den Menschen den Anspruch, für andere dazusein. Deshalb ist die Liebe nicht etwa die Beschränkung menschlicher Freiheit, sondern vielmehr ihr konsequenter Vollzug. Von einem Freitod also könnte Paulus niemals sprechen, wie dies im Rahmen der neuzeitlichen Vorstellung von Freiheit geschehen ist. Denn frei kann für ihn nur die Wahl des Lebens sein.[21] Eine Entscheidung für den

---

[18] Vgl BECKER, et al Gal (siehe oben Anm 9) 68: „Freiheit ist ... ihrem Wesen nach definiert als Möglichkeit von sich frei zu sein, um den anderen zu dienen ...". SCHLIER, Gal (siehe oben Anm 6) 244: „Die Liebe ... ist die reale Ablösung von sich selbst." MUSSNER, Gal (siehe oben Anm 2) 369: „In der Übung der ἀγάπη wird die Freiheit erst ganz frei, weil sie vom Ich sich loslöst, befreit von allen falschen Bindungen. Der liebende Mensch ist der freie Mensch."

[19] Gegen BETZ, Gal (siehe oben Anm 3) 465f, der die Freiheit als solche Wahlmöglichkeit versteht.

[20] Zu diesem Missverständnis vgl die klärenden Bemerkungen von S. VOLLENWEIDER, Gesetz (siehe oben Anm 5) 314f. Auch BETZ, Gal (siehe oben Anm 3) 468 scheint auf die einschränkende Macht der Liebe hinzuweisen, die unter schwierigen Bedingungen zu üben ist.

Tod führt ja überall hin, nur nicht in die Freiheit; deshalb darf sie niemals frei genannt werden.

4 Die Erfüllung des Gebotenen

„Denn das ganze Gesetz ist in einem Wort erfüllt, in dem ‚Liebe deinen Nächsten wie dich selbst'" (5,14). Das Gesetz steht hier als Inbegriff dessen, was der Wille des heiligen Gottes ist, als Inbegriff des Gebotenen überhaupt. Ähnlich wie vorher das δουλεύειν wird hier mit νόμος ein früher negativ gebrauchter Begriff neu verstanden und neu qualifiziert, hier durch die radikale, kritische Interpretation des Gesetzes auf das Liebesgebot hin,[22] eine Interpretation, die man mit Fug und Recht als Konzentration auf das Entscheidende betrachten kann. Auf der Aktionsbasis des Fleisches wird das Gesetz zur Grundlage für den Tatbeweis meines Lebens, zur Grundlage eines Tuns, das an die Adresse Gottes gerichtet ist und mit dem sich der Täter Respekt verschafft vor Gott. Das Gesetz dient dem Täter als Grundlage, an seine eigene Gerechtigkeit vor Gott heranzukommen, oder weniger paulinisch gesagt: die Wahrheit mit eigener Arbeit zu erwirken. In diesem Fall kann man von einem Tun, statt von einer Erfüllung des Gesetzes sprechen.

Wenn aber das Gesetz eingespannt ist in diese Eigenproduktivität, kann es gar nicht das sein, wozu es Gott selbst bestimmt hatte. Es kann nicht Inbegriff des Willens Gottes sein, sondern es ist (wie die im Bann des Fleisches wahrgenommene Freiheit) ebenfalls Aktionsbasis des Fleisches. Wenn dagegen die Produktionsverhältnisse geändert sind, wie dies im Raum der Freiheit der Fall ist, dann wird auch das Gesetz zu seinem wahren Wesen befreit. Es formuliert dann den Anspruch, den das gegebene Leben an die Menschen stellt. Und zugleich wird das Gesetz konzentriert auf eine einzige Bewegung: auf die Bewegung der Zuwendung, des produktiven Arbeitens für andere, auf die Liebe.[23] Und nun wird die Liebe zum kritischen

---

[21] "Freiheit ist so gesehen eine Lebenssphäre, innerhalb derselben die Verneinung so real und gleichzeitig so absurd ist wie etwa der Verzicht auf das Atmen", mit VOLLENWEIDER, Freiheit (siehe oben Anm 5) 315.

[22] Vgl MUSSNER, Gal (siehe oben Anm 2) 369f, der unterstreicht, dass darin gerade nicht eine Wiederaufrichtung des Gesetzes liegt, sondern eine „überdeutliche Kritik am andern 'Evangelium'" der Gegner (370). Freilich müsste genauer überlegt werden, ob die Konzentration auf das Liebesgebot nicht dennoch eine Aufrichtung des Gesetzes im Sinne von Röm 3,31 wäre.

[23] Hier liegt eine Parallele zur kritischen Gesetzesinterpretation Jesu vor. Zur Frage der Beziehung mit Gal 5,14 zur jesuanischen und allenfalls jüdischen Zusammenfassung des Gesetzes im (Doppel-) Gebot der Liebe vgl BETZ, Gal (siehe oben Anm 3) 470ff; LÜHRMANN, Gal (siehe oben Anm 4) 87; MUSSNER, Gal (siehe oben Anm 2) 371ff; SCHLIER, Gal (siehe oben Anm 6) 249.

Auslegungsprinzip, nach dem alles Gebotene beurteilt werden muss. Wer sich jetzt an das Gebotene hält, tut immer die Liebe. Und eben dies bedeutet nach Paulus nicht mehr das *Tun* des Gesetzes, sondern das *Erfüllen* des Gesetzes,[24] das Erfüllen deshalb, weil das Wesen des Gebotenen zur vollen Entfaltung kommt (πληροῦν ist insofern ein interessantes Verbum, denn es meint ein Ausfüllen einer Sache, das durch nichts mehr gesteigert werden kann und dennoch kein Superlativ ist; es ist vom Gefäss her gedacht, als Entsprechung zum Gefäss, nicht vom Inhalt her, der zuerst zuwenig ist und dann bis zur Fülle gesteigert wird). Deshalb kann man sagen, das Gebot der Liebe konzentriere alles, was jemals an göttlichem Gesetz zur Erfahrung gekommen war, auf dessen wesentliche Wahrheit.

Der Arbeit für die andern steht die Arbeit für sich selbst diametral entgegen. Wenn der Mensch für sich produktiv arbeitet, setzt er die Welt und die Menschen für sich ein. Er verzehrt sie, verbraucht sie. Und wenn er sie verzehrt, arbeitet er mit an einer Welt des Fressens und des Gefressen-Werdens. Worauf eine solche Welt hinausläuft, macht Paulus hier klar: „Wenn ihr aber einander beisst und fresst, gebt acht, dass ihr nicht voneinander vernichtet werdet" (5,15). Das wahre Gesicht einer Welt des Fressens ist die Vernichtung. An ihrer Verbreitung arbeiten alle mit, die sich am Verzehr der Menschen beteiligen. Diese Welt, so sehr sie sich mit Wörtern wie Radikalität, Konfliktfreudigkeit oder Streitkultur selbst schmücken mag, ist in Wirklichkeit schlechthin nihilistisch.

Mit der neuzeitlichen Begründung der Freiheit im Subjekt hängt es direkt zusammen, dass die Aussenwelt von vornherein als Beschränkung der Freiheit in den Blick kommt. Dies zeigt sich im bürgerlichen Freiheitsbegriff, wonach die Freiheit einer Person so weit geht, als die Freiheit der andern nicht tangiert wird. Das führt mit Notwendigkeit dazu, dass jede Rücksicht auf andere und auf die Gegebenheiten der Welt (der sogenannten „Umwelt") schon als Verzicht auf Freiheit erscheint.

Im Neuen Testament erscheint der Christus als Inbegriff der göttlichen Zuwendung zur Welt. Wenn Christus der Lebensgrund der Freiheit ist, dann ist erkennbar, dass die Freiheit ihr Dasein der Zuwendung verdankt. Deshalb ist die Zuwendung dann der Anspruch, den die gegebene Freiheit an die Menschen stellt. Deshalb ist das Gesetz der Freiheit in der Zuwen-

---

24 Zur sorgfältigen Unterscheidung des Paulus zwischen Tun und Erfüllen des Gesetzes vgl VOLLENWEIDER, Gesetz (siehe oben Anm 5) 313, der darauf aufmerksam macht, dass das Verbum πληροῦν dort verwendet wird, wo es um die „eschatologische Erfüllung des Liebesgebotes" geht; BETZ, Gal (siehe oben Anm 3) 469f. Diese ist für Paulus fundamental, gegen SCHLIER, Gal (siehe oben Anm 6) 244f, der die Unterscheidung nicht macht und πληροῦν im Sinne von ‚tun' versteht.

dung erfüllt. Und deshalb ist die Liebe (die ihr Wesen in der Zuwendung hat) der *Vollzug* und niemals die Einschränkung freien Lebens. Dass Paulus den Menschen mit dem Gebotenen konfrontiert, steht nicht im Widerspruch zur Freiheit, im Gegenteil. Denn das Gebotene zu kennen ist eine Wohltat, die den Menschen konkret befreit davon, sich die Normen selbst zu geben (auch ein souveränes Volk darf sich – philosophisch gesehen – ja nicht jedes Gesetz geben wollen, obwohl es – politisch gesehen – der einzige Gesetzgeber ist). Deshalb ist es eine wichtige Aufgabe von Kirche und Theologie, das Gebotene in Erinnerung zu halten. Denn diese Erinnerung wirkt dem Zwang entgegen, sich selbst alles gebieten zu müssen und damit unter dem Gesetz des Ichs gefangen zu sein.

5 Das Verlangen des Fleisches

Schon mehrfach ist angeklungen, dass die Freiheit zerstört wird, wenn sie zu einer Aktionsbasis für das Fleisch wird. Paulus bringt die Charakteristik des Fleisches auf den Begriff des Verlangens, der Begierde (ἐπιθυμία; 5,16). Bei diesem Begriff denkt man zuerst an Dinge wie Sexualität und Libido. Gewiss ist dies mitgemeint, ist doch gerade die Sexualität ein Phänomen, an welchem die zerstörerische Kraft des besitzergreifenden Verlangens gut beobachtet werden kann. Gerade hier zeigt sich, wie die ἐπιθυμία Menschen zu Material verkommen lässt, wie sie sie verbraucht und verzehrt. Dennoch wäre es zu harmlos, würde das Verlangen auf Sexualität eingeschränkt.[25] Paulus hat hier etwas Umfassenderes im Blick. Mit Fleisch meint er den auf sich selbst beschränkten Menschen. Dieser ist gezwungen, seine eigene Lebendigkeit, seine eigene Wahrheit selbst zu erschaffen. Und dafür setzt er nicht nur sein eigenes Können ein, sondern er beansprucht alles, was er sich greifen kann. Und eben so gerät er ins Verlangen hinein. So ergreift er Besitz von Dingen und Menschen um ihn her, um sie zum Tatbeweis seiner Lebendigkeit einzusetzen. Alles verleibt er sich ein, weil alles seiner Wahrheit zu Diensten sein muss. Alles muss er besitzen, weil für die eigene Lebendigkeit kein Einsatz zu hoch ist. Eben dadurch kommt er ins Fressen hinein und erschafft eine Welt des Fressens und Gefressen-Werdens.

Man könnte am Lasterkatalog in 5,19–21 zeigen, inwiefern solche Verhaltensweisen eine Folge davon sind, dass der Mensch gleichsam auf das Sich-Einverleiben aller Dinge fixiert ist. Man würde dann freilich über den ver-

---

[25] Dagegen wenden sich auch BETZ, Gal (siehe oben Anm 3) 474 mit Anm 59 und LÜHR-MANN, Gal (siehe oben Anm 4) 89; vgl auch F. BÜCHSEL, Art. Θυμός, ἐπιθυμία., in: ThWNT III 167–173.

breiteten common sense hinausgehen, wonach Paulus in den Lasterkatalo-
gen bloss die „konventionelle Moral"[26] widerspiegle und wonach die Lasterkataloge „kaum … eine besondere Akzentuierung"[27] enthielten. Man
müsste dann Abschied nehmen von der Vorstellung, als sei Paulus „in das
Schema der Lasterkataloge geraten"[28] und als füge er „im Lasterkatalog un-
besehen Laster aus seiner griechischen Umwelt und ihrer Sprache dem traditionellen Inhalt spätjüdischer Kataloge"[29] hinzu. So sehr Paulus manches
Geläufige übernommen haben mag, so sehr müsste man versuchen, die Lasterkataloge als Dokumente der reflektierten paulinischen Anthropologie
zu verstehen. In „Hurerei, Verunreinigung und Ausschweifung" dehnt der
Mensch sein Ich unbotmässig aus, im „Götzendienst" und in der „Zaube-
rei" sucht er sich göttliche und dämonische Mächte dienstbar zu machen,
„Feindschaften, Streit, Eifersucht, Wutausbrüche, Intrigen, Zwistigkeiten,
Parteiungen und Neidgefühle" entstehen, weil es dem Ich ausschliesslich
um die Durchsetzung eigener Macht geht, exzessive „Saufereien und Fresse-
reien" schliesslich machen vollends klar, inwiefern der absolute Selbstbezug
den Menschen zum Verzehr zwingt. Freiheit kann nur in Beziehungen leben, in der Beziehung zum befreienden Christus, in der Angewiesenheit auf
Menschen und Welt. Wenn sie zur Aktionsbasis für das Fleisch wird, so
wird die Freiheit in die beziehungslose Willkür verwandelt, die sich alles
einverleibt. So gerät der Mensch in die Gefangenschaft des Verlangens, das
ihn wiederum dazu führt, den Stoff seiner Freiheit zu verzehren, den Le-
bensraum seiner Freiheit zu verbrauchen und damit seine Freiheit selbst zu
vernichten.

Deshalb gilt auch auf dem Gebiet des Handelns die grundlegende Asymmetrie der Freiheit. Zwischen Liebe und Hass, zwischen Tugend und Laster
sich entscheiden zu können, ist nicht schon Freiheit. Denn dies wäre immer
noch die „Freiheit" eines beziehungslos und also abstrakt gedachten Subjekts. Freiheit ist es, sich für die Liebe zu entscheiden. Denn was die Liebe
gebietet, ist eben die Normativität, welche die Freiheit als solche hat. Sie hat
diese Normativität, weil ihre Existenz nicht mit dem Subjekt selbst, sondern
mit dessen Lebensbeziehungen gegeben ist.

---

[26] So BETZ, Gal (siehe oben Anm 3) 482.
[27] So LÜHRMANN, Gal (siehe oben Anm 4) 90.
[28] So SCHLIER, Gal (siehe oben Anm 6) 255.
[29] So S. WIBBING, Die Tugend- und Lasterkataloge im NT und ihre Traditionsgeschichte
unter besonderer Berücksichtigung der Qumrantexte, Berlin 1959 (BZNW 25), 106.

6 *Werke des Fleisches – Frucht des Geistes*

Im Zusammenhang des genannten Lasterkataloges erscheint bei Paulus ein fundamentaler Gegensatz, der Gegensatz zwischen den ἔργα τῆς σαρκός auf der einen, und dem καρπὸς τοῦ πνεύματος auf der andern Seite. Dieser Gegensatz widerspiegelt erneut den Gegensatz zwischen unfreiem und freiem Leben. Paulus nennt die Laster „Werke des Fleisches", und er zeigt damit an, dass sie ihren Ursprung im Fleisch haben. Sie werden produziert durch die auf sich selbst beschränkte Person. Eben diese Beschränktheit ist es, die den Menschen dazu zwingt, solche Produkte hervorzubringen; es sind Produkte, wie wir oben gesehen haben, mit denen das Ich seine eigene Wirklichkeit zu erschaffen und auf alle Welt auszudehnen sucht.

Diesen Produkten stellt Paulus die Frucht des Geistes gegenüber, die Tugenden. Mit der Metapher „Frucht" zeigt er an, dass solche Verhaltensweisen nicht Produkte[30] des Selbst sind, sondern dass sie gleichsam auf dem Boden des Geistes wachsen;[31] sie verdanken sich nicht dem Wirken, sondern dem Wachsen. Der Geist ist jene göttliche Kraft, welche die Menschen lebendig macht. Also sind die Produkte überflüssig, mit denen sich das Fleisch Lebendigkeit zu erwirken hofft. Der Geist ist jene schöpferische Kraft, die das Leben zu seiner Wahrheit bringt. Also sind die Produkte überflüssig, mit denen das Fleisch seine Wirklichkeit zu erringen sucht. Der Geist macht frei vom Produzieren und insofern macht er frei zum Leben. Was auf dem Boden des Geistes wächst, ist ein Verhalten, in welchem die Freiheit der Person zur Auswirkung kommt. Da wächst die „Liebe", in welcher sich die freimachende Zuwendung des Christus auf freie Weise fortsetzt, es wächst die Freude an der Welt und den Menschen, es wächst der Friede, welcher dem fressenden Kampf zuvorkommt, es wächst Geduld, welche die Interessen des Ichs zurückstellt, es wächst Freundlichkeit, die ein Auge für das Wohlergehen der andern hat, Güte, die das gnädig Gewährte weitergibt, Treue, die zu den Beziehungen und zum gegebenen Wort steht,

---

[30] Mit HARNISCH, Einübung (siehe oben Anm 14) 292: „Für die verwirrende Vielzahl der sarkischen Produkte ist charakteristisch, daß sie der Mensch aktiv ins Werk setzt."

[31] Dass die unterschiedliche Formulierung in der Gegenüberstellung von „Werken" des Fleisches und „Frucht" des Geistes nicht zufällig oder eine blosse Variation ist, wird in den Kommentaren häufig vermerkt. Paulus spricht nie von den „Werken der Geister" oder den „Früchten des Fleisches" (vgl allerdings die Rede vom „guten Werk" Röm 2,7; 13,3; 2Kor 9,8; Phil 1,6 und von der „Frucht" im Zusammenhang von Sünde und Tod, Röm 6,21; 7,5), siehe SCHLIER, Gal (siehe oben Anm 6) 255f; MUSSNER, Gal (siehe oben Anm 2) 384f. Über den Gegensatz von ἔργον und καρπός als Gabe hinaus wird in den entsprechenden Kommentaren auch die chaotische Vielzahl der Werke des Fleisches der inneren Einheit der Frucht des Geistes gegenübergestellt, siehe Betz, Gal (siehe oben Anm 3) 487; SCHLIER, aaO 256; MUSSNER, aaO 385; A. OEPKE, Der Brief des Paulus an die Galater, Berlin ⁴1979 (ThHK 9).

Sanftmut, die jede Durchsetzungsmacht unterläuft, und schliesslich ἐγϰράτεια, Zurückhaltung oder Selbstbeherrschung, in welcher das dreiste Fressen überwunden ist.[32] Die Frucht des Geistes ist ein Verhalten, das der Freiheit würdig ist, weil es auf ihrem Boden gewachsen ist.

Man könnte versucht sein, dieses Verhalten einfach zu fordern, zu gebieten. Doch dann hätte man verkannt, dass solches Verhalten eine Frucht ist, eine Frucht, die nur auf dem guten Boden des Geistes gedeihen kann. Deshalb gehört es zur Kultur der Freiheit, diesem Boden grosse Aufmerksamkeit zu schenken. Wer freies Verhalten will, muss den Boden bereiten, auf dem die Freiheit gedeihen kann. Doch dieser Boden kann nicht vom Menschen geschaffen werden. Der Geist ist nicht in der Reichweite des menschlichen Produzierens und Wirkens, vielmehr gilt es, ihn zu entdecken, zu identifizieren und wahrzunehmen. Zur Kultur der Freiheit gehört es also, aufmerksam zu machen auf die schöpferische Macht, die das menschliche Leben und das ganze Universum durchzieht. Denn eben diese schöpferische Macht ist es, die dem Menschen Freiheit zuspielt.

7 Zum Schluss: Der Anspruch des Lebensraumes

„Wenn wir im Geist leben, so lasst uns auch im Geist wandeln". So kennt man den grundlegenden Satz Gal 5,25. Die Übersetzung könnte allerdings zu Missverständnissen führen. Das Leben im Geist als Indikativ, als göttliche Vorgabe, der Wandel im Geist dagegen als Imperativ, als Aufgabe, die dem Menschen zu erfüllen bleibt.[33] Die Übersetzung muss revidiert werden. Zuerst zum Vordersatz: πνεύματι kann grammatikalisch verschieden aufgelöst werden. Der Dativ bringt in seiner Grundbedeutung eine Bezie-

---

[32] Die meisten Ausleger erkennen in diesem „Tugendkatalog" – im Unterschied zur ungeordneten Aufzählung der Laster – eine klare Gliederung. Häufig wird ein „Triadenschema" mit drei mal drei Begriffen angenommen (so SCHLIER, Gal [siehe oben Anm 6] 256). Besonderes Gewicht kommt der zuerst genannten Liebe als einer Grundlage aller nachfolgenden Tugenden zu (BETZ, Gal [siehe oben Anm 3] 488f; LÜHRMANN, Gal [siehe oben Anm 4] 93; U. BORSE, Der Brief an die Galater, Regensburg 1984 [RNT 9], 202; MUSSNER, Gal [siehe oben Anm 2] 385; ROHDE, Gal [siehe oben Anm 13] 245f; SCHLIER, aaO 256f). Für BETZ, aaO 488ff ist daneben auch das letzte Glied, die Enthaltsamkeit, von besonderer Bedeutung. Der Begriff bedeutet „im vorliegenden Kontext ... den Anspruch, daß die christliche Ethik nicht nur die Erfüllung der Tora ..., sondern auch der zentralen Forderung griechischer Ethik ist".

[33] So – trotz manchen Bemühungen, über das Schema hinauszukommen – auch noch SCHLIER, Gal [siehe oben Anm 6] 264ff und MUSSNER, Gal [siehe oben Anm 2] 391. Deutlich spricht sich dieses Verständnis bei Betz, Gal [siehe oben Anm 3] 498ff aus, für den die Apodosis der „paradoxen Gnome" nach dem „Indikativ" der Erlösung in der Protasis einen „Appell" darstellt.

hung[34] zum Ausdruck: „wenn wir in der Beziehung zum Geist leben"; er kann aber auch instrumental verstanden werden; dies ergibt: „wenn wir durch den Geist leben"; ferner ist die Artikellosigkeit bei πνεύματι zu beachten; dies ergibt: „wenn wir durch Geistkraft leben". Schliesslich heisst ζῶμεν nicht einfach ʻlebenʻ, sondern ʻlebendig sein, Lebendigkeit habenʻ (im Unterschied zum βίος, der die biologische Tatsache des Lebens meint, bedeutet ζωή in vielen Fällen die Lebendigkeit, das qualifizierte Leben, das diesen Namen verdient);[35] das ergibt: „wenn wir durch Geistkraft Lebendigkeit haben". Jetzt der Nachsatz: στοιχῶμεν wird zwar hier oft als ʻwandelnʻ übersetzt, aber ʻwandelnʻ müsste περιπατεῖν[36] heissen. Demgegenüber ist die Wortbedeutung von στοιχεῖν eine andere: „in Übereinstimmung sein", „im Einklang sein mit".[37] Dazu passt der Dativ πνεύματι sehr gut: im Einklang sein mit Geistkraft. Die Form von στοιχῶμεν ist ein Konjunktiv Durativ, hat also eine adhortative Bedeutung; das ergibt für den Nachsatz: „wir wollen mit Geistkraft im Einklang sein". Damit haben wir jetzt den ganzen Satz zusammen: „Wenn wir durch Geistkraft Lebendigkeit haben, wollen wir auch mit Geistkraft im Einklang sein." Gal 5,25 wird häufig im Sinne des Theorie-Praxis-Modells missverstanden: das Leben im Geist ist gleichsam die Theorie, die der Mensch in seiner Lebenspraxis zu verwirklichen hat.[38] Der Indikativ bezeichnet gleichsam das Sein des Menschen, der Adhortativ hingegen das Tun. Angesichts der philologischen Einsichten, die ich soeben skizziert habe, ist dieses Verständnis problematisch. Denn der Adhortativ bezieht sich gerade nicht auf die Praxis, auf den Lebenswandel, sondern auf das Sein des Menschen.[39] Der zweite Satzteil fordert dazu auf, das Sein im Einklang mit der Geistkraft, dem Ursprung der menschlichen

---

[34] So Bl-Debr-R § 197.5; 159.

[35] Ζωή kann auch das natürliche Leben bezeichnen (R. BULTMANN, Art. ζάω, κτλ., in: ThWNT II 862f), βίος allerdings nicht das Leben als Heilsgut (H. J. RITZ, Art. βίος/βιοτικός, in: EWNT I 525). Die alte Unterscheidung ist: vita quam vivimus = βίος; vita qua vivimus = ζωή. Zum ganzen vgl R. BULTMANN, et alii, Art. ζάω, κτλ., in: ThWNT II 833–877; RITZ, aaO 525f.

[36] So in Gal 5,16, einer Parallele zu unserer Stelle, die aber anders geformt ist, vgl G. DELLING, Art. στοιχέω κτλ., in: ThWNT VII 668f.

[37] Diese Deutung wird zu Recht übernommen von DELLING, aaO (siehe oben Anm 36) 666–687, denn einerseits ist sie – anders als jene mit ʻwandelnʻ – für die ausserneutestamentliche Gräzität nachzuweisen und andererseits legt sie sich auch an den neutestamentlichen Stellen, wo στοιχεῖν erscheint, nahe (DELLING 666–669). Von den Kommentaren wird sie meist nicht übernommen; eine Ausnahme ist MUSSNER, Gal (siehe oben Anm 2) 391.

[38] So besonders BETZ, Gal (siehe oben Anm 3) 499: Die Teilhabe des Christen am göttlichen Leben „muß sich ... in seinem täglichen Leben manifestieren".

[39] Mit W. HARNISCH, Einübung (vgl oben Anm 30) 288. Die Paränese (der Imperativ) zielt eigentlich auf den Indikativ des neuen Seins. „Von da her gesehen, verweist der Imperativ auf die Sache des Indikativs."

Lebendigkeit zu gestalten.[40] Dazu kommt noch, dass das Verbum στοιχεῖν Auskunft gibt darüber, wie diese Übereinstimmung zu denken ist; sie ist als Einklang mit etwas Bewegendem zu denken, gleich dem Tanz, der sich im Einklang mit bewegender Musik befindet. Der Satz fordert dazu auf, das menschliche Dasein als Mitspielen zu gestalten, er fordert dazu auf, der Bewegung, die von der Geistkraft ausgeht, nicht im Wege zu stehen, sie wirken zu lassen im ganzen Dasein.

Der Freiraum des Menschen ist durch Christus geschaffen und wird durch Geistkraft tagtäglich verwirklicht. Dieser Freiraum ist die Lebensgrundlage von Freiheit, von Lebendigkeit. Und dieser Freiraum stellt einen Anspruch an den Menschen: er stellt den Anspruch, dass des Menschen Dasein im Einklang sei mit diesem Raum. Aber er stellt den Anspruch nicht als Forderung, er stellt den Anspruch in der Gestalt einer bewegenden Wirklichkeit, einer bewegenden Kraft. Der Anspruch des Freiraums ist vergleichbar mit der Musik, die zum Tanz auffordert. Und dem Tanze vergleichbar ist die Liebe, in welcher das menschliche Sein im Einklang mit der Freiheit ist. Die Normativität der Freiheit ist die Liebe, und diese Normativität richtet sich nicht nur auf das Tun, sondern gerade auch auf das Sein des Menschen. Der Raum der Freiheit bewegt mich zum Sein in der Liebe und insofern auch zur Praxis der Liebe. Wie anders könnte Liebe geboten werden denn in der Gestalt der Musik, die den Tanz nur insofern gebietet, als sie ihn erschafft?

---

[40] Wesentliche Einsichten zu diesem Problem verdanke ich einer Akzessarbeit von Pascale Rondez, einer Studentin an der Theologischen Fakultät der Universität Zürich.

1. Exegetische Beiträge

b) zu Texten aus der paulinischen Tradition

Literarkritische Analyse des Kolosserbriefs

von

Walter Schmithals

Daß der Kolosserbrief hinsichtlich seiner Authentizität nach wie vor umstritten ist, liegt an seinem Doppelcharakter. Er schaut janusköpfig mit vielen seiner theologischen Ausführungen auf den deuteropaulinischen Epheserbrief, mit seiner brieflichen Situation aber ganz auf den paulinischen Philemonbrief. Er weist zahlreiche Stilmerkmale auf, die ihn von den authentischen Paulusbriefen deutlich unterscheiden, zugleich aber bewegt sich sein Stil über weite Strecken durchaus in paulinischen Bahnen. Darum macht ebenso derjenige sich selbst und anderen etwas vor, der versichert, es spräche „alles dafür", daß der Kolosserbrief als paulinisch anzusehen ist[1], wie derjenige, der behauptet, Paulus könne „weder als direkter noch als indirekter Autor des Kolosserbriefes angesehen werden"[2]. „Solange die Forschung nur über die paulinische oder nichtpaulinische Verfasserschaft diskutiert, muß sie entweder die theologischen den historischen oder die historischen den theologischen Beobachtungen zum Opfer bringen"[3], und zwar nötigen unter dieser Voraussetzung die starken deuteropaulinischen Passagen dazu, die authentisch erscheinenden Teile als Imitation anzusehen, wie es heute auch in der Regel geschieht.

Indessen bleibt in Wahrheit die Janusköpfigkeit des Kolosserbriefes ein schwer zu lösendes Rätsel, und das Urteil von Sodens aus dem Jahre 1885 ist auch heute noch richtig: „Die Behauptung . . ., daß der Kolosserbrief in seiner heutigen Gestalt ein so einheitliches Schriftstück sei, daß er nur *einen* Verfasser haben könne, entweder Paulus oder einen Späteren, wird durch die Geschichte dieses Briefes widerlegt."[4] So fragt Bowen[5] mit gutem

---

[1] W. G. Kümmel, Einleitung in das Neue Testament, [17]1973, 305.
[2] E. Lohse, Die Briefe an die Kolosser und Philemon, 1968, 254.
[3] W.-H. Ollrog, Paulus und seine Mitarbeiter, 1979, 241.
[4] H. v. Soden, Der Kolosserbrief, JPTh 11, 1885, (320–368. 497–542. 672–702) 321.

Grund, wieso die Rahmenstücke des Kolosserbriefes keinerlei Hinweis auf
dessen wesentlichen Inhalt, die Bekämpfung der Irrlehrer, geben, wenn sie
von demselben Autor stammen, der die Irrlehre bekämpft (192ff); ein Vergleich mit dem Galaterbrief läßt erkennen, wie unwirklich dies Verfahren
des Autors des Kolosserbriefes erscheinen muß. Bowen bezweifelt deshalb
die literarische Integrität des Kolosserbriefes, und in der Tat ist seit dem vorigen Jahrhundert die Voraussetzung keineswegs unbestritten, daß der Kolosserbrief von *einer* Hand stammt und deshalb *entweder* paulinisch *oder*
unpaulinisch sein muß[6].

I

Schon Weisse[7] und Hitzig[8] haben den Kolosserbrief unter der freilich recht
flüchtig vorgetragenen Voraussetzung erklärt, daß ihm ein von zweiter
Hand bearbeiteter echter Brief des Apostels zugrunde liegt. Ausführlich hat
sodann Holtzmann[9] zu erweisen versucht, daß Paulus den Kolosserbrief in
einer kürzeren Fassung zusammen mit dem Philemonbrief geschrieben und
expediert und daß der Verfasser des Epheserbriefs den authentischen Kolosserbrief ergänzt und veröffentlicht hat. Holtzmann geht dabei von einem
Vergleich der Parallelen beider Briefe aus und zeigt auf, daß teils der Kolosserbrief, teils der Epheserbrief die ältere Fassung dieser Parallelen bieten[10].

---

[5] C. R. BOWEN, The Original Form of Paul's Letter to the Colossians, JBL43, 1924,
177–206.

[6] *Einen* Autor setzen auch diejenigen Forscher voraus, die annehmen, der Kolosserbrief sei
im Auftrag des Paulus von einem Sekretär (P. BENOIT, Rapports littéraires entre les épîtres aux
Colossiens et Éphésiens, in: Neutestamentliche Aufsätze, Festschrift J. Schmid, 1963, 11–22),
vielleicht von Epaphras (A. SUHL, Paulus und seine Briefe, 1975, 168; J. LÄHNEMANN, Der Kolosserbrief, 1971, 181f) oder (mit Blick auf 1,1) von Timotheus (H. EWALD, Die Sendschreiben
des Apostels Paulus, 1857, 11.467–469; E. SCHWEIZER, Der Brief an die Kolosser, 1976, 25–27;
OLLROG, s. Anm. 3, 236–242) geschrieben worden. Der Autor deutet dergleichen jedoch nicht
an (im Gegenteil: 1,23; 2,1.5), und das *Nebeneinander* paulinischer und unpaulinischer Passagen bliebe bei dieser Annahme ebenso unerklärt wie der *nach*paulinische Charakter der letzteren.

[7] CHR. H. WEISSE, Philosophische Dogmatik, Band 1, 1855, 146; ders., Beiträge zur Kritik
der paulinischen Briefe, 1867, 59–65.

[8] F. HITZIG, Beiträge zur Kritik der paulinischen Briefe, 1870, 22.26.

[9] H. J. HOLTZMANN, Kritik der Epheser- und Kolosserbriefe, 1872; DERS., Einleitung in das
Neue Testament, ²1886, 291–297.

[10] „In jedem der beiden Briefe laufen Merkmale des Ursprünglichen und des Secundären nebeneinander her und durcheinander hin, so daß man sich auf eine Hypothese verwiesen sieht,
der zufolge gegenseitige Abhängigkeit denkbar erscheint" (HOLTZMANN, s. Anm. 9, 1872, 295).

Holtzmanns Vorschlag hat Beifall bei Hausrath gefunden[11], und v. Soden[12] zeigt sich bei freilich leicht schwankendem Urteil zumindest überzeugt, daß einzelne Passagen des im übrigen authentischen Kolosserbriefs interpoliert seien. Pfleiderer stimmt mit Vorbehalten zu, hält aber den Interpolator des Kolosserbriefes nicht für den Autor des Epheserbriefes[13]. Soltau[14] unterscheidet, den verlorenen Brief nach Laodizea (4,16) phantasievoll einbeziehend, *zwei* authentische Quellen, aus denen der Bearbeiter schöpfte. Auch Weiss[15] möchte die Lösung der Problematik des Kolosserbriefs in der von Holtzmann eingeschlagenen Richtung suchen, moniert allerdings zu Recht, daß Holtzmann „über der etwas mechanischen Ausscheidung mit dem Hebel der Vergleichung von Eph den exegetischen Nachweis sehr vernachlässigt hat." Gould[16] hält die christologischen und die antihäretischen Abschnitte des Kolosserbriefs für nachpaulinische Zusätze. Bowen[17] weiß Holtzmanns Verdienst zu rühmen und zitiert einleitend dessen rekonstruierten Text des paulinischen Originals in extenso, und wenn er auch selbst eine präzise Literarkritik, „by which the interpolated passages are to be precisely distinguished from the original text"[18], nicht für möglich hält, so beendet er dennoch seine eigene Analyse gleichfalls mit einem vollständigen Rekonstruktionsversuch des originalen Briefes. Bonnard[19] erklärt den Kolosserbrief, indem er den von Holtzmann gewiesenen Weg verfolgt, freilich „toute différente de celle qu'avait suivie Holtzmann, et en toute indépendance"[20]. Auch Knox[21] und Harrison[22] sowie Steinmetz[23] halten den Kolos-

---

[11] A. Hausrath, Der Apostel Paulus, ²1872, 461; ders., Neutestamentliche Zeitgeschichte. Die Zeit der Apostel ²1875, Band 3, 358f.

[12] v. Soden (s. Anm. 4) hält nur 1,15–20; 2,10.15.18 für nachpaulinisch; vgl. ders., Die Briefe an die Kolosser, Epheser, Philemon, ²1893, 32–34; ders., Urchristliche Literaturgeschichte, 1905, 51–53. Vgl. schon W. Hönig, Über das Verhältnis des Epheserbriefes zum Briefe an die Kolosser, ZWTh 15, 1872, 63–87.

[13] O. Pfleiderer, Der Paulinismus, 1873, 370f; zögerlich in ders., Das Urchristenthum, 1887, 682f; zuversichtlicher ²1902, Band 1, 190f; auch W. Brückner, Zur Zeitlage der Briefe an die Kolosser und Epheser, PrM 22, 1918, 68–83.130–138.163–181 folgt Holtzmann unter der Voraussetzung, daß der Epheserbrief von einer *dritten* Hand stammt.

[14] W. Soltau, Die ursprüngliche Gestalt des Kolosserbriefs, ThStKr 78, 1905, 521–562.

[15] J. Weiss, ThLZ 24, 1900, 555; vgl. ders., Das Urchristentum, 1917, 108f.

[16] E. P. Gould, Biblical Theology of the New Testament, 1901, 134f.

[17] S. Anm. 5.

[18] AaO. 186.

[19] P. Bonnard, L'Épîtres aux Philippiens, 1950.

[20] AaO. 86.

[21] J. Knox, Jesus, Lord and Christ, 1958, 158.

[22] P. N. Harrison, Onesimos and Philemon, AThR 32, 1950, (268–294) 271–274. 282; Ders., The Author of Ephesians, StEv II/I, 1964, (595–604) 598.

[23] F.-J. Steinmetz, Protologische Heils-Zuversicht. Die Strukturen des soteriologischen und christologischen Denkens im Kolosser- und Epheserbrief, 1969, 13 (‚hat einiges für sich').

serbrief für ein nachpaulinisch überarbeitetes Schreiben, Weinel[24] zeigt sich
dieser Theorie gegenüber nicht ablehnend, und Sanders[25], der mit dieser literarkritischen Analyse gleichfalls sympathisiert, urteilt 1966 sogar, diese
Sicht „seems to be gaining ground"[26].

Das ist nun freilich schwerlich eine richtige Einschätzung der Forschungssituation. Zwar begegnet häufig die Klage, der Literarkritik des Kolosserbriefs werde zu wenig Aufmerksamkeit geschenkt, nachdem schon
Weiss[27] 1900 die fehlende Überprüfung der Thesen Holtzmanns bedauert
hatte. Aber außer Masson hat kein Kommentator die Probleme des Kolosserbriefs literarkritisch zu lösen versucht, und wenn auch Schenke von einer
„sehr interessanten Theorie" spricht[28], hat sich, von Holtzmann abgesehen,
kein Autor einer ‚Einleitung' für sie entschieden[29]. Dabei verspricht diese
Theorie nicht nur, das Verhältnis von Kolosser- und Epheserbrief zueinander in der einfachsten Weise zu klären[30], sondern sie vermag auch den an-
dauernden Streit um den paulinischen oder den nachpaulinischen Ursprung
des Kolosserbriefes zu schlichten und außerdem dessen innere Spannungen
verständlich zu machen, zu denen nicht zuletzt die Beobachtung gehört,
daß der Brief einerseits in 2,16.21 vor einem genuin jüdisch-gesetzlichen Ri-

---

[24] R. KNOPF/H. LIETZMANN/H. WEINEL, Einführung in das Neue Testament, [5]1949, 91.

[25] E. P. SANDERS, Literary Dependence in Colossians, JBL 85, 1966, 28–45.

[26] AaO. 28.

[27] S. Anm. 15.

[28] H.-M. SCHENKE/K. M. FISCHER, Einleitung in die Schriften des Neuen Testaments, Band
1, 1978, 169.

[29] J. GNILKA (Der Kolosserbrief, 1980) zufolge scheitert die literarkritische Analyse des Kolosserbriefs daran, „daß die gedankliche Entwicklung klar vom Kolosser- zum Epheserbrief
hin gegangen ist" und daß „der älteste Kolosserbrief dann nur jene Stücke enthalten haben"
müßte, „die im Epheserbrief keine Parallele besitzen" (20). Indessen setzt die zuerst genannte
Entwicklung gerade voraus, wer aus dem Kolosserbrief einen originalen Brief des Paulus re-
konstruiert, und der zweite Einwand ist ganz unverständlich; denn warum sollten parallele
Passagen des Epheserbriefs nicht auf eine authentische Vorlage zurückgehen können?

[30] Da es üblich wurde, die Kommentierung des Kolosserbriefes und des Epheserbriefes verschiedenen Bearbeitern anzuvertrauen, kann jeder von ihnen relativ leicht den entsprechenden
Problemen aus dem Wege gehen. So z. B. zieht LOHSE (s. Anm. 2) die Parallelen des Epheserbriefes bei seiner Auslegung des Kolosserbriefes gebührend heran, weil jener „sich strecken-
weise wie ein erster Kommentar zum Kolosserbrief liest" (31), erörtert aber nicht, ob die
„weitgehende(n) Gemeinsamkeiten" beider Schreiben nicht möglicherweise wechselnde Prioritäten beobachten lassen und dieselbe Hand verraten. Der Kommentar von M. WOLTER (Der
Brief an die Kolosser, 1993) berücksichtigt den Epheserbrief in keiner Weise mehr, was zwar
bequem, aber wissenschaftlich nicht unbedenklich ist. Die heute bevorzugte und unter der
Voraussetzung des literarisch einheitlichen Kolosserbriefes auch konsequente Lösung setzt das
singuläre Phänomen voraus, daß ein deuteropaulinischer Brief zur Vorlage eines tritopaulini-
schen avancierte. Das ist schon aus zeitlichen Gründen nicht leicht vorstellbar und verwundert
erst recht, wenn bereits vom Verfasser des Kolosserbriefes gelten sollte: „Die Briefe des Paulus", nämlich die Briefe unserer paulinischen Briefsammlung, „sind ihm zweifellos bekannt
. . ." (Lohse, s. Anm. 2, 256).

tualismus warnt, sich andererseits aber gegen Vertreter einer esoterischen hellenistischen Weisheitslehre wendet. Es trifft ja keineswegs zu, daß der Verdacht einer „interpolierenden Bearbeitung gegen den ohne Anstöße und Lücken in ruhigem Fluß verlaufenden Col-Brief nicht erhoben worden wäre, wenn man nicht den Epheserbrief daneben hätte"[31]; der Kolosserbrief bietet selbst genügend Anlaß, seine Integrität infrage zu stellen. Und wenn Kümmel „von der Unwahrscheinlichkeit einer solchen Bearbeitung"[32] spricht, erhebt er lediglich sein Vorurteil gegen jegliche Literarkritik im Corpus Paulinum zu einem (unsachlichen) Argument, ein Verfahren, das bei Wolter[33] noch weitergetrieben wird und dazu führt, daß dem Leser seines Kommentars jede Information über die literarkritischen Versuche zum Kolosserbrief vorenthalten werden, während Schnelle sogar mit der lapidaren Mitteilung überrascht: „Die literarische Integrität des Kol ist in der Forschung unbestritten"[34], ein Urteil, das freilich nicht auf Unkenntnis beruht[35], wohl aber der Bevormundung des Lesers dient[36].

II

Der Kolosserbrief enthält in 4,2–18 einen brieflichen Schluß, der in einem unbestrittenen Paulusbrief anstandslos als authentisch gelten würde. Er beginnt in 4,2–6[37] mit der *Schlußparänese*, die meist vom Briefkorpus zum

---

[31] A. Jülicher, Einleitung in das Neue Testament, [5+6]1906, 120; vgl. auch Kümmel (s. Anm. 1), 304.

[32] S. Anm. 1, 304.

[33] S. Anm. 30. Schon Lohse (s. Anm. 2) und A. Lindemann (Der Kolosserbrief, 1983) unterlassen es, den Leser ihrer Kommentare mit dem Vorschlag bekannt zu machen, die Probleme des Kolosserbriefs mit Hilfe der Literarkritik zu lösen.

[34] U. Schnelle, Einleitung in das Neue Testament, 1994, 339.

[35] Vgl. aaO. 329.

[36] Man beruft sich in neuerer Zeit gerne auf die eindrückliche Arbeit von W. Bujard, Stilanalytische Untersuchungen zum Kolosserbrief als Beitrag zur Methodik von Sprachvergleichen, 1973, um den nachpaulinischen Charakter des Kolosserbriefs außer allen Zweifel zu stellen; denn deren Ergebnisse „lassen keinen anderen Schluß zu, als daß Paulus und der Verf. des Kol zwei verschiedene Personen sind" (Wolter, s. Anm. 30, 30; vgl. W. Schenk, Der Kolosserbrief in der neueren Forschung (1945–1985), ANRW II 25/4, 1987, 3327–3364). Freilich ist bereits problematisch, daß Bujard bei seinen statistischen Vergleichen bestimmter Stilkriterien im Corpus Paulinum Septuaginta-Zitate, vorpaulinische Texte, paulinische Lehrtexte, Diatriben, Stücke des Briefformulars, unmittelbar Briefliches usw. unterschiedslos durchzählt. Vor allem aber weist er von vornherein die Möglichkeit einer literarischen Scheidung innerhalb des Kolosserbriefs ab; denn solche Versuche „haben sich nicht durchsetzen können" (21). So richtig diese Feststellung ist, so wenig darf gerade eine stilkritisch verfahrende Untersuchung, die den Autor einer Schrift ermitteln will, darauf verzichten, ggf. auch auf stilistische Differenzen *innerhalb* der Schrift zu achten (vgl. unten Anm. 80).

[37] ἐν εὐχαριστίᾳ am Ende von 4,2 (vgl. 2,7) ist vermutlich sekundär; vgl. Anm. 54.

Briefschluß überleitet und im vorliegenden Fall wie in Röm 15,30 mit der *Bitte um Fürbitte* verbunden ist, die nur in den paulinischen *Briefschlüssen* begegnet (1Thess 5,25; 2Thess 3,1; vgl. Phm 22). Dann folgen in 4,7–9 die *persönlichen Bemerkungen.* Daran schließen sich in 4,10–18a die *Grüße* an, und zwar in einer auch 1Kor 16,19–21 begegnenden Reihenfolge zunächst die Grüße aus dem Umkreis des Absenders (4,10–14), dann die den Empfängern aufgetragenen Grüße (4,11–17), die wie auch sonst (Röm 16,3ff) mit einschlägigen Bemerkungen angereichert werden, schließlich der persönliche Gruß des Paulus (4,18a). Der stereotype Schlußgruß beendet in üblicher Weise in 4,18b das Schreiben. Es fehlt in diesem Zusammenhang des Briefschlusses nur der Friedenswunsch (fürbittender Segenswunsch; Benediktion), der sich indessen schon in 3,15 findet und möglicherweise durch einen redaktionellen Einschub vom Briefschluß abgetrennt wurde (s. unten).

Wer diesen Briefschluß für den integrierenden Bestandteil eines durchgehend deuteropaulinischen Briefes hält, kann 4,2–18 nur die Funktion zuschreiben, dem ganzen Schreiben „den Eindruck von Authentizität zu vermitteln"[38]. Indessen gibt es m. W. in der gesamten antiken Pseudepigraphie keine Analogie zu einem solchen Verfahren. Wie wenig sich ein Pseud-Autor genötigt sieht, die Authentizität seines Schreibens durch einen derartigen Echtheitsbeweis zu gewährleisten, zeigt zur Genüge der Verfasser des Epheserbriefs, der sich für dessen Briefschluß mit wenigen aus dem Kolosserbrief genommenen Wendungen begnügt. Verweist Wolter als Analogie zu 4,2–18 auf 2Tim 4,9ff und Tit 3,12ff[39], so widerlegt schon der 1. Timotheusbrief, der ohne Zweifel von demselben Verfasser wie die beiden anderen Pastoralbriefe stammt, die Ansicht, dieser Autor habe es für erforderlich gehalten, die Authentizität seiner deuteropaulinischen Briefe durch paulinisierende Briefschlüsse zu sichern, und es spricht deshalb alles für die Ansicht, daß ihm kleine ‚Billets' von der Hand des Paulus zur Verfügung gestanden haben, die er mit seinen eigenen deuteropaulinischen Entwürfen verband (‚Fragmentenhypothese')[40]. Auch der Schluß des 1. Petrusbriefes geht nicht über das hinaus, was sein Autor der Form des Briefes schuldig war[41]. Wir begegneten in 4,2–18 also einem analogielosen Phänomen, wenn

---

[38] WOLTER (s. Anm. 30), 217.

[39] AaO.

[40] Vgl. z. B. P. N. HARRISON, The Problem of the Pastoral Epistles, 1921, 87–135.

[41] Der den Paulusbriefen nachgebildete Schluß des Hebräerbriefes liegt zum Vergleich am nächsten, bildet aber einen Sonderfall, weil sein Autor eine ältere Schrift, ohne diese zu einem Brief zu stilisieren und Paulus in einem Briefeingang als Verfasser namhaft zu machen, nachträglich unter die Autorität des Apostels zu stellen versucht; vgl. W. SCHMITHALS, Der Hebräerbrief als Paulusbrief, in: D. WYRWA u.a. (Hg.), Die Weltlichkeit des Glaubens in der Alten Kirche (FS Wickert), 1997, 319–337.

dieser Briefabschnitt zum Erweis der Authentizität des Kolosserbriefes fingiert wurde.

Eine solche Fiktion ist indessen auch aus sachlichen Gründen so gut wie ausgeschlossen. Wer 4,2–18 für deuteropaulinisch hält, interpretiert diesen Abschnitt als erweiterte Imitation von Phm 22–25. Indem der Verfasser „die Grußliste des Philemonbriefes benutzt und diese anschaulicher ausgestaltet, trägt er dafür Sorge, daß sein Brief als Äußerung des Paulus Gehör findet"[42]. Unter dieser Voraussetzung müßte er freilich die Nachrichten des Philemonbriefes nicht nur „durch Informationen ergänzt haben . . ., die aus einer selbständigen Mitarbeitertradition stammen"[43], sondern er müßte vor allem auch eine präzise Kenntnis der formalen Regeln besessen haben, die Paulus beim Abschluß seiner Gemeindebriefe beachtete, also eine Kenntnis, die ihm durch Phm 22–25 nicht vermittelt worden sein kann. Dem nachpaulinischen Verfasser von 4,2–18 müßten folglich authentische Paulusbriefe bekannt gewesen sein[44]. Davon gibt aber der Kolosserbrief im übrigen nichts zu erkennen. Sein Verfasser scheut sich keineswegs, vorgeprägte Traditionen aufzugreifen (Hymnus; Lasterkatalog; Haustafel usw.)[45]; Paulusbriefe benutzt er dagegen in keiner ersichtlichen Weise, obschon er doch seine Schrift als Paulusbrief ausweisen möchte[46]. Er kennt also zwar anscheinend keine paulinischen Briefe, müßte aber mit der Gestalt des paulinischen Briefformulars vertraut gewesen sein. Hätte er jedoch Paulusbriefe gekannt, würde er die von ihm seiner Imitation in 4,2–18 zugrunde gelegten authentischen Briefschlüsse auf deren *formale Strukturen* zurückgeführt und sich peinlich gehütet haben, über dies allgemein Briefliche hinaus auch inhaltliche Anleihen bei seinen Vorlagen zu machen. Er hätte sich also bei der Abfassung von 4,2–18 im einzelnen zwar an Phm 22–25 und ggf. an mündliche

---

[42] LOHSE (s. Anm. 2), 248.

[43] WOLTER (s. Anm. 30), 217.

[44] „Daß der Verf. des Kol authentische Paulusbriefe gekannt hat, steht außer Frage. Dies erweist sich darin, daß die brieflichen Formalia mit denjenigen übereinstimmen, die für die paulinischen Briefe typisch sind" (WOLTER, aaO. 33).

[45] SANDERS (s. Anm. 25; vgl. SCHENK, s. Anm. 36, 3341f) stützt sich im wesentlichen auf solches *traditionelle* Gut, wenn er den Nachweis versucht, daß der Kolosserbrief von den Briefen unseres Corpus Paulinum literarisch abhängig sei; dieser Nachweis kann schon deshalb nicht gelingen (vgl. M. KILEY, Colossians as Pseudepigraphy, 1986, 69ff; WOLTER, s. Anm. 30, 32f). Wieso freilich die Untersuchung von Sanders den Lösungsweg verbietet, im Kolosserbrief „die nachträgliche Überarbeitung eines echt-paulinischen Kol zu sehen (SCHENK, aaO. 3342), ist um so weniger verständlich, als Sanders seine Ergebnisse ausdrücklich im Sinne Holtzmanns auszuwerten empfiehlt, „in principle at least" (aaO. 45).

[46] „Die Briefe des Paulus sind ihm zweifellos bekannt; aber er schreibt nicht unter ständiger Benützung der anderen Briefe, um aus ihnen Einzelheiten zu übernehmen", heißt es bei LOHSE (s. Anm. 2), 256. Der zweite Satz beobachtet zutreffend; der erste ist darum aber eine unbegründete Behauptung.

Überlieferungen angeschlossen, das übrige literarische Erbe des Apostels aber zugunsten freier Inventionen verachtet, sich mit diesen Inventionen jedoch zugleich kongenial gänzlich in paulinischen Bahnen bewegt[47] und seinen eigenen Standort[48] mit keinem Wort verraten; denn es gibt keine begründeten Einwände gegen einen paulinischen Ursprung von 4,2–18 im einzelnen oder im ganzen[49]. Das alles ist um so weniger plausibel oder auch nur nachvollziehbar, als ein Sinn in solchem Verfahren nicht zu erkennen wäre[50]. 4,2–18 ist nur unter der Voraussetzung paulinischer Autorschaft verständlich[51], nämlich als authentischer und situationsgerechter Briefschluß von der Hand eines Autors, der weder die Form noch den Inhalt seines Eschatokolls imitieren mußte.

Dann stellt sich zunächst die Frage, ob es sich bei 3,15a um den regelmäßig zum paulinischen Briefschluß gehörenden *fürbittenden Friedenswunsch* handelt (vgl. Röm 16,20; Phil 4,7.9b; 1Thess 5,23; 2Thess 3,16a u. ö.). Er begegnet gegen Ende des mit einer indirekten Anrede eröffneten Abschnitts 3,12–15, der sich nach Stil, Wortschatz und Gedanken im wesentlichen genuin paulinisch darstellt. Zu ἐνδύσασθε οὖν (3,12) mit folgender Paränese vergleiche man Röm 13,12.14; Gal 3,27; 1Thess 5,8; zu den folgenden Anreden Röm 1,1; 8,37; 16,13; 1Thess 1,4; 2Thess 2,13; zum Tugendkatalog Phil 2,1.3; Gal 5,22f; 6,1; 2Kor 6,6. Die Aufforderung, sich gegenseitig anzunehmen (3,13), begegnet bei Paulus in unterschiedlichen Wendungen z. B. Röm 12,10.16; 14,19; 15,5.7; 1Kor 4,12; 11,33; Gal 5,13; Phil 2,3, und um die Weitergabe der empfangenen Vergebung geht es dem

---

[47] Man vgl. z. B. 4,3a mit 1Kor 16,9; 2Kor 2,12; 2Thess 3,1; 4,3b mit Phil 1,7.13; 4,4 mit 1Kor 9,16; 4,5 mit 1Kor 5,12f; 10,32; 1Thess 4,12; 4,5b mit 1Kor 7,29; Gal 6,10; 4,7 mit Phil 1.12; 4,8 mit 1Thess 3,2; 4,12a mit Röm 1,1; Phil 1,1; Gal 1,10; 4,12b mit Röm 12,2; 1Kor 15,58.

[48] Allerdings begegnen Versuche, wenigstens in 4,18 eine spezifisch nachpaulinische Intention zu entdecken. Aber wie eine Angabe, der zufolge schon Paulus selbst für die Verbreitung seines Briefes nach Kolossä sorgte, dazu dienen kann, dem Leser „sein nachträgliches Auftauchen in der Gemeinde der faktischen Adressaten zu begründen" (WOLTER, s. Anm. 30, 221), bleibt unerfindlich.

[49] Allerdings soll sich in 4,3f (λαλῆσαι τὸ μυστήριον τοῦ Χριστοῦ ... ἵνα φανερώσω αὐτό) der deuteropaulinische Autor verraten, weil Paulus stets vom ‚Evangelium Christi' spreche und seine Verkündigung nicht mit dem Begriff ‚offenbaren' beschreibe (WOLTER, aaO. 210) – eine unbillige Beckmesserei angesichts von Stellen wie 1Kor 2,1.7; 4,1; 2Kor 2,14.

[50] Es bliebe übrigens auch unverständlich, wieso einem derart raffiniert handelnden Imitator der Lapsus unterlaufen konnte, in 4,10 Aristarch als Mitgefangenen des Paulus zu nennen, wo doch Paulus selbst diese Rolle in Phm 23 Epaphras zuschreibt. Ob diese beiden Mitarbeiter sich in freiwilliger Mitgefangenschaft ablösten oder ob sie, was das Nächstliegende ist, beide zugleich mit Paulus im Gefängnis saßen, sei dahingestellt; daß der Verfasser von 4,2–18 die vorliegende Unklarheit mit Bedacht fingierte, kann man indessen unmöglich annehmen.

[51] Vgl. auch J. ERNST, Die Briefe an die Philipper, an Philemon, an die Kolosser, an die Epheser, 1974, 149, der im übrigen dahin tendiert, den Kolosserbrief für nachpaulinisch zu halten.

Apostel auch in 2Kor 2,7–10; Röm 15,7; zum imperativischen Gebrauch des
Partizips in 3,13a bietet Röm 12,9ff reichliche Parallelen. Die Liebe stellt
Paulus wie in 3,14a auch sonst gern als die umfassende ‚Tugend' heraus; vgl.
z. B. Röm 13,8–10; 1Kor 13; 16,14; Gal 5,13f.22. Wären die betrachteten
Stellen deuteropaulinisch, müßten sie in so geschickter Weise aus den paulinischen Briefen ausgezogen worden sein, daß sie jeden Charakter als Zitat
abgelegt hätten und ihre Herkunft im einzelnen nicht mehr zu erkennen geben. Das ist wenig wahrscheinlich, zumal der Kolosserbrief auch sonst nirgendwo eindeutig zu erkennen gibt, daß sein Verfasser die uns bekannten
Paulusbriefe benutzt hat. Wir stoßen in 3,12–15 insoweit also auf die Hand
des Paulus selbst, eine Einsicht, die ein Vergleich mit den unzweifelhaft
deuteropaulinischen Parallelen in Eph 4,2f und 4,32–5,2, die sich als Zitat
von 3,12–15 deutlich zu erkennen geben, zur Evidenz erhebt und die durch
die Beobachtung bestätigt wird, daß der Abschnitt 3,12–15 offensichtlich
zwei sekundäre Erläuterungen enthält, nämlich 3,14b und 3,15b. Bei ὅ ἐστιν
σύνδεσμος τῆς τελειότητος (3,14b) fällt zunächst die Wendung ὅ ἐστιν auf,
mit der im Kolosserbrief in einer für die zweite Hand dieser Schrift typischen Weise mehrfach Erläuterungen eingeführt werden[52]; sodann finden
sich σύνδεσμος und τελειότης nicht bei Paulus, σύνδεσμος wohl aber in
Kol 2,19 und Eph 4,3; und schließlich besagt die vorliegende Erläuterung,
daß die Liebe „die Glieder der Gemeinde, die in der Einheit des σῶμα Χρι–
στοῦ leben, zusammen"bindet und „so die τελειότης in der Gemeinschaft
des einen Leibes" schafft[53] (vgl. auch 2,2). 3,14b steht also in sachlicher Verbindung mit der Erläuterung in 3,15b: εἰς ἣν καὶ ἐκλήθητε ἐν ἑνὶ σώματι[54],
und in beiden Fällen kommt der zentrale Gesichtspunkt des Epheserbriefes
sprachlich und sachlich zum Ausdruck: Die Einheit der Gemeinde von Ju-
den- und Heidenchristen.
Nicht selten schließt Paulus an den fürbittenden Segenswunsch (schluß)-
paränetische Ausführungen an (vgl. Phil 4,7–9; Röm 15,5–7), so daß insoweit kein Bedenken besteht, 3,16–17 mit 3,12–14a. 15a unmittelbar zu verbinden. Sprache und Gedanken der erbaulichen Mahnungen in 3,16–17 entsprechen auch tatsächlich durchaus dem, was wir in seinen Briefen von Paulus selbst erfahren, und zwar wiederum in einer authentischen Weise, die
den Gedanken an ein Zitat (ganz anders als Zitat Eph 5,19f!) nirgendwo aufkommen läßt; man vergleiche z. B. 1,3; Röm 1,8; 1Kor 10,31; 14,15f.26; Phil

---

[52] Vgl. noch 1,24; 2,10.17.22.23.
[53] LOHSE (s. Anm. 2), 214.
[54] Auch das angehängte καὶ εὐχάριστοι γίνεσθε dürfte von derselben nachpaulinischen
Hand stammen, die auch sonst den Lesern die Mahnung zur Dankbarkeit gern einschärft (Eph
1,16; 5,4.20: Kol 1,12; 2,3; 4,2).

2,10; 1Thess 1,8; 4,15; 5,14.18. Das νουθετεῖν καὶ διδάσκειν ἐν πάσῃ σοφίᾳ, das der Bearbeiter des Kolosserbriefs in 1,28 als Aufgabe der *Apostel* ansieht, befiehlt offensichtlich Paulus selbst in 3,16 (vgl. 1Thess 5,14) der *Gemeinde* an.

Da die Haustafel in 3,18–4,1 nach wohlbegründeter Ansicht nicht von Paulus stammt und mit ihrer Anrede an die einzelnen Stände die an die ganze Gemeinde gerichtete Paränese deutlich unterbricht, ergibt sich als erstes Ergebnis der Analyse, daß der Schluß des originalen Briefes nach Kolossa 3,12–14a.15a.16–17; 4,2–18 umfaßt.

III

Ist ein authentischer Briefschluß vorhanden, dürfte sich auch der entsprechende Briefeingang erhalten haben. In der Tat gibt es keinerlei Bedenken gegen den paulinischen Ursprung des Präskripts 1,1–2, wohl aber gegen die Annahme, daß ein paulinischer Christ in nachpaulinischer Zeit, der im übrigen keine Bekanntschaft mit den Gemeindebriefen des Paulus erkennen läßt, ein so authentisches Präskript wie 1,1–2 abgefaßt haben könnte.

Weniger eindeutig fällt das Urteil über die briefliche Danksagung 1,3–8 aus. Sie wird in 1,3 formgerecht eingeleitet (vgl. 1Thess 1,2; Phm 4 u. ö.) und in 1,4a wie sonst (z. B. Röm 1,8; 1Kor 1,4) mit dem Heilsstand der Adressaten begründet. Die in diesem Zusammenhang begegnende Trias πίστις, ἐλπις, ἀγάπη ist paulinisch (1Kor 13,13; 1Thess 5,8) und findet sich auch in 1Thess 1,3 (vgl. 2Thess 1,3; Phm 4) innerhalb der brieflichen Danksagung zur Beschreibung des Heilsstandes der Briefempfänger. Bedenken hat freilich erregt, daß in 1,4f die drei Begriffe nicht parallelisiert werden, sondern daß Paulus mit διὰ τὴν ἐλπίδα τὴν ἀποκειμένην ὑμῖν ἐν τοῖς οὐρανοῖς die Hoffnung bzw. das himmlische Hoffnungsgut als Ursache von Glaube und Liebe einführt. Nun kann freilich auch sonst bei Paulus ἐλπίς das *Hoffnungsgut* bezeichnen, und in Röm 4,18; 5,2; 8,20. 24f; 12,12; 1Kor 9,10; 2Kor 3,12; Gal 5,5; 1Thess 4,13; 5,8 zeigt sich, wie wenig Paulus unsere Trennung von irdischem Hoffen und himmlischem Hoffnungsgut empfindet, so daß oft nur schwer zu entscheiden ist, wie man übersetzen soll. Da Paulus zudem auch in 1Kor 1,7f; Phil 1,6 und 1Thess 1,3 im Rahmen der Danksagung die Erwartung des zukünftigen Heilsgutes anspricht, das auch nach 2Kor 5,1f (vgl. Phil 3,20) ἐν τοῖς οὐρανοῖς bereit liegt, und er auch in 1Thess 5,8 die Hoffnung von Glaube und Liebe absetzt, erscheint es kleinlich, ihm 1,5a abzusprechen. Die besondere Gedankenfolge in 1,3–5a hat übrigens zur Folge, daß die *Liebe* der Kolosser ,zu allen Heiligen' besonders hervorgehoben wird, ein Motiv, das sich in 1,8.10a; 3,14; 4,17 fortsetzt und dessen Betonung in 1,4b offenbar beabsichtigt ist[55].

Anders steht es mit dem Satzgebilde 1,5b–6, dessen Umständlichkeit bereits auf die Hand des nachpaulinischen Autors hinweist, der seine Gedanken innerhalb des paulinischen Satzgefüges unterzubringen versucht und dabei syntaktische Ungeschicklichkeiten in Kauf nimmt. Wir haben formal eine Ringkomposition vor uns: die Sätze 5b und 6b sind Dubletten von 1,7; sie erinnern die Gemeinde an die anfängliche Verkündigung der ‚Wahrheit‘ und umschließen die Aussage in 6a, daß diese ‚Wahrheit des Evangeliums‘ sich wie in Kolossä so in aller Welt fruchtbar ausbreitet. Der logische Anschluß dieses Satzgebildes an den Begriff ‚Hoffnung‘ in 5a ist künstlich, da es dem Autor von 1,5b–6 nicht speziell um die Verkündigung der Hoffnung, sondern um ‚das Wort der Wahrheit des Evangeliums‘ in seiner ganzen Fülle geht. Dieses Wort, das die Gemeinde anfänglich gehört hat (vgl. 1Joh 1,1), ist also das wie in aller Welt so auch in ihr fruchtbringende und sich vermehrende Wort, wobei der Autor die Gegenwart dieses Wortes in der angeschriebenen Gemeinde in 6a doppelt hervorhebt (παρόντος εἰς ὑμᾶς, καθὼς καὶ ἐν παντὶ). Seine Intention ist deutlich: Er will ähnlich wie in 1,23 (vgl. auch 1,28; 3,11), wo der Autor auf die vorliegende ‚Danksagung‘ zurückgreift und ausdrücklich vom *Bleiben* im Evangelium des Glaubens und der Hoffnung spricht, die Gemeinde auf die in der ‚katholischen‘ Christenheit geltende Botschaft des Anfangs verpflichten[56]; er bereitet also in der brieflichen Danksagung stilgerecht ein wesentliches Anliegen seines Briefes vor. Er schließt sich dabei an 1,7 an, wo aber das Motiv des προ–ακούειν nicht begegnet, und nimmt begrifflich teilweise 1,9f vorweg.

Im paulinischen Originalbrief schließt die durchaus paulinische Passage 1,7–8 unmittelbar und passend an 1,5a an. Das einleitende καθώς bezieht

---

[55] Es liegt nahe, die διακονία, die Archippus, von Paulus συστρατιώτης genannt (Phm 2), persönlich übernommen hat (4,17), auf die von Paulus veranstaltete Kollektensammlung zu beziehen, die im Zeichen der Liebe steht (2Kor 8,6f) und in 2Kor 8,4.19f; 9,1.12f; Röm 15,25.31 διακονία genannt wird (vgl. W. MICHAELIS, Die Gefangenschaft des Paulus in Ephesus, 1925, 152–154). Durch seine *captatio benevolentiae* in 1,4.8, die Paränesen in 1,10a; 3,14 und die Bitte in 4,17, Archippus an seine Aufgabe zu erinnern, wirbt Paulus indirekt unter den Adressaten (vgl. Gal 2,10; 6,9f) für die in Gang befindliche Sammlung; denn diese können nicht gut den Auftrag des Paulus ausführen, ohne zugleich Archippus bei seiner Aufgabe zu unterstützen. Vgl. dazu W. SCHMITHALS, Die Kollekten des Paulus für die Christen in Jerusalem, in: E. AXMACHER und K. SCHWARZWÄLLER (Hg.), Belehrter Glaube (FS Wirsching), 1994, 231–252.

[56] „Implizit ist damit gesagt, daß sie in den Status vor ihrer Bekehrung zurückfallen, wenn das damals als wahr Erkannte für sie nicht mehr uneingeschränkt gilt“ (WOLTER, s. Anm. 30, 53). „Die Häresie hat ein partikuläres Sonderevangelium, das die Ökumene zerspaltet“ (GNILKA, s. Anm. 29, 35). Die *captatio benevolentiae*, mit der Paulus in Röm 1,8 und 1Thess 1,8f rühmt, daß man überall in der Welt vom Glauben der Christen in Rom bzw. Thessalonich spricht (vgl. 2Thess 1,4), ist deshalb keine Parallele zu 1,6a.

sich auf den ganzen Inhalt der Danksagung in 1,3–5a. Von der geistgewirk-
ten Liebe spricht Paulus z. B. auch Röm 15,30; Gal 5,22. Wir erfahren, daß
Epaphras, σύνδουλος und διάκονος, die christliche Botschaft nach Kolossä
gebracht und Paulus darüber berichtet hat. Anscheinend liegt er gegenwärtig mit Paulus gefangen (Phm 23; vgl. 4,12f), so daß dieser den Tychikus,
gleichfalls διάκονος und σύνδουλος, mit der Überbringung des Briefes und
der persönlichen Nachrichten beauftragt (4,7f).

In 1,9–11 „wird der besondere Stil des Kolosserbriefes sichtbar: Die einzelnen Aussagen sind nicht klar voneinander abgegrenzt, sondern gehen
fließend ineinander über"[57]. So richtig diese Beobachtung ist, so wenig empfiehlt es sich, dem daraus gezogenen Ratschlag zu folgen: „Welchen Sinn
und welchen besonderen Inhalt die einzelnen Begriffe haben, braucht man
gar nicht in jedem Fall zu fragen."[58] Schon die in den Kommentaren regelmäßig begegnende Ausgrenzung von 1,9–11 als eigener Abschnitt ist fragwürdig. 1,9 nimmt das πάντοτε περὶ ὑμῶν προσευχόμενοι von 1,3 auf und
gibt den Inhalt der Fürbitte wie in Phil 1,9 und 2Thess 1,11 in einem ἵνα-
Satz an (vgl. Röm 1,9f; 1Thess 1,2f; Phm 4), von dessen finalen Infinitiv
περιπατῆσαι (1,10) vier Partizipien abhängen, an dessen letztes (εὐχαριστοῦντες; 1,12) drei Relativpronomen angehängt sind (1,13.14.18b), so
daß in 1,9–20 eine durchgehende Satzkonstruktion vorliegt[59]. Dieser syntaktische Sachverhalt führt die Ausleger in der Regel dazu, mit 1,9 einen
neuen Briefteil beginnen zu lassen, obschon die Fürbitte in den Eingängen
der Paulusbriefe stets fest mit der Danksagung verbunden ist[60], und zwar in
Phil 1,9 und 2Thess 1,11 (ursprünglich m. E. in direktem Anschluß an
2Thess 1,4a[61]) wie im vorliegenden Fall in Wiederaufnahme des schon zuvor
genannten Motivs der Danksagung. Nun beobachtet man, daß der Verfasser
des sekundären Einschubs 1,5b–6 in starkem Maße die Begrifflichkeit von
1,9f aufgegriffen hat[62], daß er dies aber tut, indem er die aufgenommenen
Begriffe inhaltlich anders auffaßt[63]. Dann aber muß die entsprechende Pas-

---

[57] LINDEMANN (s. Anm. 33), 20.
[58] AaO.
[59] Vgl. WOLTER (s. Anm. 30), 57f.
[60] Vgl. LOHSE (s. Anm. 2), 55.
[61] Vgl. W. SCHMITHALS, Die Briefe des Paulus in ihrer ursprünglichen Form, 1984, 112.
[62] Vgl. LOHSE (s. Anm. 2), 55.
[63] ἀφ᾽ ἧς ἡμέρας gibt in 1,9 den Zeitpunkt an, zu dem Paulus vom Glauben der Kolosser erfahren hat, in 1,6 den Zeitpunkt, zu dem den Kolossern das Evangelium verkündigt wurde.
Dementsprechend wird ἀκούειν in 1,9 von Paulus ausgesagt, in 1,5 und 1,6 von den Kolossern.
καρποφορεῖν und αὐξάνειν bezieht sich in 1,10 auf das fruchtbare Wachsen der Kolosser in jedem guten Werk, in 1,6 auf das fruchtbare Wachsen des Evangeliums in aller Welt. ἐπίγνωσις
bezeichnet in 1,9 die Erkenntnis des zu guten Werken führenden Willens Gottes, ἐπιγινώσκειν
in 1,6 die wahrhafte Erkenntnis der Gnade Gottes, wozu schon H. VON SODEN (Die Briefe an

sage in 1,9–10 noch der Danksagung des Originalbriefes angehören, und es ist auch leicht zu sehen, daß die zweite Hand die ungefüge und auch inhaltlich nachpaulinische Fortsetzung der Fürbitte bis 1,20 dadurch angefügt hat, daß sie mit τῇ ἐπιγνώσει am Ende von 1,10 das paulinische τὴν ἐπίγνωσιν von 1,9 wiederaufnimmt, diesen Begriff aber nicht mehr auf den Willen Gottes ‚zu allem guten Werk‘, sondern wie schon in 1,6b und in dem bis 1,20 folgenden hymnischen Lobpreis auf die Gnadengabe bezieht, die Gott der Welt mit Christus geschenkt hat; bereits in 1,11 beginnt mit der Häufung gleichsinniger Wörter der für den Epheserbrief und die parallelen Passagen des Kolosserbriefs bezeichnende Stil. 1,9–10 (bis αὐξανόμενοι) gehört dagegen durchaus der paulinischen Sprach- und Gedankenwelt an; zu 1,9a vgl. Phil 1,9; 2Thess 1,11; Röm 1,9f; 1Thess 1,2f; Phm 4; zu 1,9b vgl. Phil 1,9; Phm 6; Kol 4,12; Röm 12,2; 1Thess 4,3; zu 1,10a vgl. Phil 1,9.27; 1Thess 2,12 (ἀρεσκεία ist Hapaxlegomenon im NT, ἀρέσκειν dagegen gut paulinisch, begegnet aber nicht im Kolosser- und Epheserbrief); zu 1,10b vgl. 2Kor 9,8; Phil 1,11; 2Thess 2,17. Allerdings dürfte die zweite Hand schon am Ende von 1,9 ἐν πάσῃ σοφίᾳ καὶ συνέσει πνευματικῇ angefügt haben; denn diese nähere Bestimmung der ἐπίγνωσις τοῦ θελήματος Θεοῦ bereitet offensichtlich deren christologische Interpretation in 1,11ff (vgl. Eph 1,7f; 3,4) vor und gehört auch sprachlich deutlich der zweiten Hand an (vgl. 1,28; 2,2f.23; Eph 1,7f.17; 3,4.10).

Es ergibt sich als weiteres Ergebnis der Analyse, daß uns in 1,1–5a. 7–8.9a. 10a der Eingang des paulinischen Originalbriefes nach Kolossä erhalten ist.

IV

Schwieriger als die Rekonstruktion des Briefrahmens stellt sich die Aufgabe dar, das originale Briefkorpus aus dem noch nicht analysierten Mittelteil 1,21–3,11 herauszuschälen. Eine methodische Hilfe ist mit den bisherigen Beobachtungen gegeben, daß einerseits die Hand des Bearbeiters anscheinend den Originalbrief bewahrt, ihn aber sowohl durch größere Abschnitte wie die Haustafel 3,18–4,1 und den Lobpreis 1,12–20 als auch durch kleinere Ergänzungen und Erläuterungen erweitert, daß andererseits der Bearbeiter bei seinen Ergänzungen auf die originale Vorlage zurückgreift, so daß ‚Dubletten‘ entstehen.

---

die Kolosser, Epheser, Philemon; Die Pastoralbriefe, ²1893, 23) richtig bemerkt, daß beides nicht „identificirt werden" darf.

In 2,1 findet sich mit θέλω γὰρ ὑμᾶς εἰδέναι eine briefliche Phrase, die um so eher dem Schreiben des Paulus angehört, als sie im Epheserbrief nicht aufgegriffen wird. Eine entsprechende briefliche Wendung[64] leitet in Röm 1,13; 2Kor 1,8; Gal 1,11; Phil 1,12 und (unter literarkritischer Voraussetzung) m. E. auch in 1Kor 11,3; 15,1; 1Thess 4,13 das Korpus des Briefes, in Röm 11,25; 1Kor 10,1; 12,1 dagegen die Behandlung eines Themas oder eine besondere Mitteilung innerhalb des Briefkorpus ein; der entsprechenden Eröffnung des Briefkorpus in Gal 1,11 und 2Kor 1,8 geht dabei eine sachliche Erörterung voraus, auf die sich Paulus mit γάρ bezieht. Wie es sich in dieser Hinsicht mit 2,1 verhält, mag zunächst offen bleiben, wenn auch die dem Briefeingang relativ nahe Stellung von 2,1 nahelegt, an die förmliche Eröffnung des Briefkorpus zu denken[65], zumal das γάρ auf eine Gedankenführung ähnlich wie im Galaterbrief und zu Beginn des 2. Korintherbriefs hindeutet. Jedenfalls gehört 2,1 dem originalen Brief an, wie auch der Vergleich mit 4,12 nahelegt, und ebenso der folgende ἵνα–Satz in 2,2 (ἵνα παρακληθῶσιν αἱ καρδίαι αὐτῶν), zu dem 4,8; 1Thess 3,2 und 2Thess 2,17 passende Parallelen bieten. Die Fortsetzung von 2,2 sowie 2,3 sind dagegen nach Sprache und Gegenstand ganz der deuteropaulinischen Bearbeitung zuzuweisen (vgl. 1,10b; 2,19; 3,10.14b; Eph 1,17; 3,4; 4,13), während 2,4–5 den originalen Brief passend fortsetzen und sich auch nach Form und Inhalt als paulinisch ausweisen (1Kor 5,3f; Phil 1,27; 1Thess 3,7–10; Röm 16,19; zu τοῦτο λέγω vgl. 1Kor 7,6.35; χαίρω ist zumal angesichts des Glaubens der Adressaten gut paulinisch, fehlt aber im übrigen im Kolosser- und Epheserbrief). Auch sonst verbindet Paulus gerne seine Mahnungen mit einer *captatio benevolentiae* (vgl. 1Kor 11,2ff; 15,1ff; 2Kor 8,7ff; 9,1ff u. ö.).

Aus 1,4 ergibt sich, daß der ἀγών (2,1; vgl. 4,12) des Paulus sich vornehmlich auf die Sorge bezieht, die Adressaten zumal in den nicht von ihm selbst gegründeten Gemeinden möchten sich durch verführerische Reden verleiten lassen, von der festen Norm des Glaubens abzuweichen. παραλογίζεται

---

[64] Parallelen aus Papyrusbriefen bei T. Y. MULLINS, Disclosure. A Literary Form in the New Testament, NT 7, 1964, 44–50; vgl. auch F. SCHNIDER/W. STENGER, Studien zum neutestamentlichen Briefformular, 1987, 50–68. 171f.

[65] Vgl. GNILKA (s. Anm. 29), 107f; M. DIBELIUS, An die Kolosser Epheser. An Philemon, ³1953, 25; LINDEMANN (s. Anm. 33), 36. Wenn WOLTER (s. Anm. 30, 109. 114ff) die Beobachtungen zum Briefstil von 2,1 ignoriert und das Briefkorpus formlos mit 2,6 beginnen läßt, weil er im folgenden den Verfasser im Rahmen der antiken Rhetorik argumentieren sieht (2,6–8 *partitio;* 2,9–15 *probatio;* 2,16–23 *refutatio;* 3,1–4 *peroratio;* 3,5–4,6 *exhortatio*), so folgt er einer wissenschaftlich unbegründeten Mode und übersieht, daß die antike Rhetorik keineswegs auch den antiken Briefstil bzw. der Aufbau der Rede nicht auch den Aufbau des Briefes bestimmt; vgl. C. J. CLASSEN, Paulus und die antike Rhetorik, ZNW 82, 1991, 1–33: „Offenkundig wird der Brief von den antiken Theoretikern als etwas prinzipiell anderes angesehen als die Rede" (6).

ἐν πιθανολογία wäre ein relativ schwacher Ausdruck, wenn es um eine den Glauben bedrohende (christliche oder außerchristliche) Irrlehre ginge; denn πιθανολογία ist die Kunst der überzeugenden Rede, so daß erst παρα-λογίζεται dem Wort einen negativen Sinn gibt. Legt man nun in 2,5 den Ton auf τὴν τάξιν καὶ τὸ στερέωμα τῆς εἰς Χριστὸν πίστεως, denkt Paulus anscheinend an keine den Glauben selbst bedrohende Gefahr, sondern an eine Abweichung *im* Glauben.

Damit stellt sich die Frage nach dem Wesen der kolossischen ,Philoso-phie', die in 2,6–22 bekämpft wird. Betrachtet man sie unter religionsge-schichtlichem Aspekt, vereint sie Unvereinbares miteinander. Einerseits gehört zu ihr eine ,Engelverehrung', die mit ekstatischen Visionen verbun-den ist (2,18) und gegen die der Kolosserbrief immerfort die allen Mächten überlegene Herrschaft Christi aufbietet, in dem alle Schätze der Weisheit und der Gnosis beschlossen sind (2,3.9f.15)[66]. Andererseits beachten die Irr-lehrer wie orthodoxe Juden die synagogalen Speisegebote und Festzeiten (2,16). „Beide Faktoren durchdringen sich seltsam und undurchsichtig"[67]. Alle seit langem ins Uferlose hinein ausgewachsenen Analysen von 2,4–22 kommen nicht über das nüchterne Urteil hinaus: „Eine Lehre, welche das alles in sich vereinigt, kennen wir geschichtlich sonst nicht."[68] Die gelegent-lich gewählte Annahme, zwei Parteien würden abwechselnd bekämpft, ist kein ernstzunehmender Ausweg, und auch das Stichwort ,Synkretismus' hilft nicht weiter; denn diese „synkretistische Verschmelzung an sich mit-einander unvereinbarer religiöser bzw. ,philosophischer' Tendenzen" ist „ohne direkte Parallele"[69] – freilich auch ohne ,indirekte'. Gerne versucht man, beide Positionen dadurch einander anzugleichen, daß man die Speise-regeln in 2,16 (vgl. 2,20) auf eine asketische, womöglich dualistisch begrün-dete Enthaltsamkeit bezieht[70]. Indessen ist von asketischen Verhaltenswei-sen mit keinem Wort die Rede; sie sind durch 2,16 vielmehr ausgeschlossen. Denn bei ,Festtag, Neumond und Sabbat' handelt es sich um die stereotype Aufzählung der jüdischen Feiertage (vgl. Hos 2,13; Hes 45,17 u. ö.), an de-nen übrigens das Fasten ausdrücklich verboten war, und wenn im Zusam-menhang mit dieser Festordnung ,Speise und Trank' genannt werden, aus denen man sich so wenig ein Gewissen machen soll wie aus der Übertretung

---

[66] v. SODEN (s. Anm. 4, 677.687–702) meint, mit der Ausscheidung von 1,15–20; 2,10.15.18 auskommen zu können, um die nach seiner Meinung von dem Interpolator hergestellte Bezie-hung der kolossischen Häresie auf die Gnosis seiner Zeit rückgängig zu machen und den origi-nalen Paulusbrief zurück zu gewinnen.

[67] E. LOHMEYER, Der Brief an die Kolosser und an Philemon, ⁹1953, 3.

[68] C. WEIZSÄCKER, Das apostolische Zeitalter der christlichen Kirche, ³1902, 543.

[69] LINDEMANN (s. Anm. 33), 84.

[70] So zuletzt wieder WOLTER (s. Anm. 30), 141–163.

der jüdischen Feiertagsgebote, so können damit nur die für die Angehörigen
der Synagoge verpflichtenden kultischen Reinheitsgebote gemeint gewesen
sein, also z. B. der Verzehr von Schweinefleisch und von ungeschächtetem
oder im Rahmen des heidnischen Kultes geschlachteten Tieren sowie das
Trinken von Libationswein.

2,16 stellt uns also eine Situation vor Augen, wie sie ähnlich in Röm
14,1–15,7 und in 1Kor 8,1–13; 10,24–11,1 begegnet. Wie in 2,16 kommt Paulus dabei auch im Römerbrief von sich aus auf das Problem zu sprechen und
verweist darum umfassend auf Festtage (Röm 14,5f), Speise (Röm
14,2f.6.15.20f) und Trank (Röm 14,21), während er im 1. Korintherbrief, der
Anfrage aus Korinth entsprechend, die gleiche Problematik nur am Götzenopferfleisch exemplifiziert. Ein Unterschied zu 2,16 ist nur insoweit gegeben, als Paulus in seinen Schreiben nach Rom und Korinth die ‚Starken‘ unter den Adressaten auffordert, die ‚Schwachen‘, die sich noch an die jüdische
Lebensweise gebunden wissen, nicht auszugrenzen bzw. nicht zu verführen, gegen ihr Gewissen zu handeln, während er aus Kolossä gehört haben muß, daß ‚Schwache‘ versuchen, ihre Anschauungen den ‚Starken‘ auf-
zudrängen. Es geht also in Kolossä nicht um eine ‚Irrlehre‘, sondern, wie
schon 2,4f zu erkennen gab, um eine irrige Lebensweise.

Daraus aber folgt, daß der einzigartige und unerklärbare ‚Synkretismus‘
in Kolossä historisch nie existiert hat, sondern sich literarkritisch auflöst,
weil „die metaphysische Begründung der Ascese durch θρησκείᾳ τῶν
ἀγγέλων 2,18 einen in das ursprüngliche Bild hineingemalten, bereits die
Gnosis ankündigenden Zug darstellt"[71]. Der Bearbeiter des Kolosserbriefs
hat in einer Zeit, in der das ‚Judaisieren‘ seine Gemeinde nicht mehr gefähr-
dete, die entsprechende Mahnung des Paulus zu einer Warnung von Irrleh-
rern seiner eigenen Zeit erweitert, wobei er die von Paulus monierten Spei-
setabus als Anknüpfungspunkt nahm und auf die dualistisch-asketischen
Tendenzen der späteren Häretiker zu beziehen versuchte. Daß er dabei die
bis heute auffälligen Verständnisschwierigkeiten seines Textes in Kauf
nahm, spricht dafür, daß er den von ihm vorgefundenen Wortlaut des Briefs
nach Kolossä nicht umgeschrieben, sondern bewahrt hat.

Versucht man unter dieser Voraussetzung zu ermitteln, welche an
2,1–2a.4f anschließenden Sätze zum originalen Briefkorpus gehören, ergibt
sich folgende, positiv wie negativ begründbare Möglichkeit: (2,16) Μὴ οὖν
τις ὑμᾶς κρινέτω ἐν βρώσει καὶ ἐν πόσει ἢ ἐν μέρει ἑορτῆς ἢ νεομηνίας ἢ
σαββάτων. (20) εἰ ἀπεθάνετε σὺν Χριστῷ ἀπὸ τῶν στοιχείων τοῦ κόσμου,
τί ὡς ζῶντες ἐν κόσμῳ δογματίζεθε· (21) μὴ ἅψῃ μηδὲ γεύσῃ μηδὲ θίγῃς,

---

[71] HOLTZMANN (s. Anm. 9, 1886), 296.

(22b) κατὰ τὰ ἐντάλματα καὶ διδασκαλίας τῶν ἀνθρώπων; (3,3) ἀπεθάνετε γὰρ καί ζωὴ ὑμῶν κέκρυπται σὺν τῷ Χριστῷ ἐν τῷ θεῷ· (4) ὅταν ὁ Χριστὸς φανερωθῇ, ἡ ζωὴ ὑμῶν, τότε καὶ ὑμεῖς σὺν αὐτῷ φανερωθήσεσθε ἐν δόξῃ.

‚Positiv‘ ist festzustellen, daß dieser Abschnitt eine durchgehende und zwar eine sprachlich und gedanklich durchgehend paulinische Argumentation enthält, die sich überdies durch nichts als ‚Zitat‘ zu erkennen gibt. Die sachlichen Parallelen aus Röm 14,1–15,7 und 1Kor 8,1–13; 10,24–11,1 wurden bereits genannt. Auch in Gal 4,1–5; 8–11 (vgl. Gal 3,19) deutet Paulus die Rückkehr unter die gesetzliche Lebensweise als Hinwendung zu den στοιχεῖα τοῦ κόσμου. Zu ἐντάλματα καὶ διδασκαλίας τῶν ἀνθρώπων ist Jes 29,13; 1Kor 2,5; 1Thess 2,13 zu vergleichen. Das ‚Sterben mit Christus‘ ist eine genuin paulinische Vorstellung; vgl. Röm 6,1–11. Die Freiheit vom Gesetz und die Erwartung der himmlischen Herrlichkeit korrespondieren auch in Gal 4,1–7. Die Vorstellung der Parusie begegnet sonst nicht im Kolosser- und Epheserbrief, und die Aussage, daß das Leben der Christen mit Christus bei Gott ‚verborgen‘ sei, steht in Spannung zu der Versicherung in 2,12f, die Getauften seien mit Christus schon lebendig gemacht worden. Im einzelnen kann man zu 3,3f z. B. Phil 1,21; 3,20f; Gal 2,20; 1Thess 4,14 vergleichen.

‚Negativ‘ erweist sich, daß die Zusätze zu den oben angeführten originalen Ausführungen des Paulus im Dienst der deuteropaulinischen Absicht stehen, die paulinische Vorlage auf die Bekämpfung der christusfeindlichen ‚Philosophie‘ hin fortzuschreiben. In 2,6f mahnt der Bearbeiter zunächst, an der überkommenen Lehre festzuhalten, und zwar – eines seiner Lieblingsmotive (1,12; 3,15: Eph 1,16; 5,4.20) – in Dankbarkeit. In 2,8 beschreibt er dann die Irrlehre in deutlicher Anknüpfung an den originalen Brief. In 2,9 und 10b.15.18 stellt er den στοιχεῖα τοῦ κόσμου die Macht Christi entgegen, der alle Mächte entmachtet hat, und verschränkt damit in 2,10a.12–14 die Aussage, daß die Gemeinde, durch die Taufe mit ihm verbunden, an diesem Christus ‚volle Genüge‘ hat. Im Hinblick darauf fordert der Verfasser in 3,1–2 die Leser auf, τὰ ἄνω zu suchen, wobei er das συνηγέρθητε von 2,12 wieder aufnimmt und wenig passend zwischen das aufeinander bezogene paulinische ἀπεθάνετε (2,20; 3,3) stellt; τὰ ἐπὶ τῆς γῆς (3,2) ist unpaulinisch, findet sich aber auch in 1,16.20; 3,5; Eph 1,10. 2,17 enthält ebenso wie 2,22a und 2,23 eine für die zweite Hand typische Erläuterung[72], mit der diese Hand in allen drei Fällen den Übergang von der paulinischen Paränese zur eigenen Bekämpfung der Irrlehre findet, die in 2,18 noch einmal charak

---

[72] Vgl. Anm. 52.

terisiert wird. Wenn die Zeichnung der ‚kolossischen Häresie' auch *nach* der vorgeschlagenen literarkritischen Differenzierung noch in manchem unscharf bleibt, muß man bedenken, daß sie den Lesern nicht vorgestellt zu werden brauchte; indessen liegt am Tage, daß wir es mit einer gnostisierenden Richtung zu tun haben.

V

Noch nicht analysiert wurden die Abschnitte (a) 1,21–23; (b) 1,24–29 und (c) 3,5–11.

(a) Da 1,21–22 an den voraufgehenden Hymnus anknüpft, der zweifellos erst dem kanonischen Kolosserbrief angehört, und 1,23 zunächst die paulinische Begrifflichkeit von 1,4–5a aufgreift, um sie für die Bekämpfung der Irrlehre in Dienst zu nehmen, und danach die deuteropaulinische Ergänzung aus 1,5b–6 wiederholt, gehört auch der Abschnitt 1,21–23 zweifellos erst der zweiten Hand an.

(b) Schwieriger ist es, das Urteil über 1,24–29 zu gewinnen. Wenn das γάρ in der förmlichen Eröffnung des originalen Briefkorpus 2,1 ursprünglich ist, muß es wie in Gal 1,11 und 2Kor 1,8 an eine vorhergehende Erörterung anknüpfen, und unter dieser Voraussetzung spricht nichts gegen die Annahme, diese Erörterung innerhalb von 1,24–27 zu finden, zumal mit dem ὅ ἐστιν in 1,24b die schon mehrfach beobachtete, für die zweite Hand typische Wendung begegnet, die stets eine Erläuterung *der paulinischen Vorlage* einführt (vgl. 2,17.22.23; 3,14)[73], und zwar im vorliegenden Fall eine für diese Hand besonders charakteristische Erläuterung (vgl. 1,18; Eph 5,23.29f).

Paulus spielt in 1,24* auf seine gegenwärtige Lage an und setzt voraus, daß die Kolosser um seine Gefangenschaft wissen. Da 1,24* unmittelbar an die Danksagung des Originalbriefes anschließen dürfte, geht der Dank für den Glaubensstand der Kolosser bruchlos über in die Selbstvorstellung des den Adressaten unbekannten Apostels und seines Dienstes. Wie in 1,24* gibt der im Gefängnis liegende Paulus auch in Phil 1,27f; 2,27f seiner Freude Ausdruck, daß trotz seiner apostolischen θλῖψις das Evangelium unter den Heiden seinen Lauf nimmt. Χαίρειν (vgl. 2,5) und πάθημα sind paulinische Lieblingswörter, die im Kolosser- und Epheserbrief bezeichnenderweise sonst nicht verwendet werden. Daß der ‚Leib Christi' um der Gemeinschaft mit dem leidenden Christus willen ein festgesetztes Maß an Leiden ἐν τῇ

---

[73] Der relativische Anschluß ἧς ἐγενόμην ἐγὼ διάκονος (1,25) ist für den Originalbrief durch οὗ ἐγενόμην ἐγὼ διάκονος (vgl. 1,23) zu ersetzen.

σαρκί (vgl. 2Kor 4,11) zu erdulden bzw. zu ‚erfüllen' hat, ist eine Überzeugung, die sich, vermutlich in der Apokalyptik wurzelnd[74], auch sonst bei Paulus findet (Phil 3,10; 1Thess 3,3; 2Kor 1,7; Röm 8,17) und die theologiegeschichtlich seiner ‚Christusmystik' angehört; sie kollidiert also in keiner Weise mit der theologisch ganz anders verwurzelten Vorstellung vom Sühnetod Jesu (vgl. 1,22). Diese Leiden nennt Paulus auch in 2Kor 1,5 παθήμα–τα τοῦ Χριστοῦ (vgl. Gal 6,17; 2Kor 13,4). Und der Gedanke, daß der Apostel diese Leiden stellvertretend für die Gemeinde auf sich zu nehmen hat, begegnet außer in 1,24 auch in 2Kor 1,3–7 (beachte das ὑπέρ in V. 6); 4,10–12 (vgl. 1Kor 4,9f).

1,25 enthält die eigentliche Selbstvorstellung: Gott hat Paulus in seinen Dienst berufen (διάκονος; vgl. 2Kor 3,6; 6,4; 1Kor 3,5 u. ö. sowie 4,7) und die οἰκονομία[75] (1Kor 4,1f[76]; 9,17) übertragen, das Wort Gottes ‚zur Vollendung zu bringen' (πληρῶσαι), was wie in Röm 15,19 bedeutet, es nicht für die Juden zu reservieren, sondern auch unter den Heiden zu verkündigen; 1,25 ist also eine Variante von Gal 1,15f und Ausdruck der fundamentalen Bekehrungs- und Berufungserfahrung des Apostels Paulus. Diese Universalität des Evangeliums ist nicht schon mit diesem selbst gegeben, sondern wurde der Gemeinde in einem besonderen Offenbarungsakt enthüllt. In 1,26–27 beschreibt Paulus die Enthüllung des entsprechenden Geheimnisses mit Hilfe eines ihm auch sonst vertrauten Revelationsschemas (vgl. 1Kor 1,7–10; 15,51; Röm 11,25). Der syntaktische Bruch zu Beginn von 1,26 weist auf den traditionellen Charakter des folgenden Passus hin, den man wie in der Parallele 1Kor 2,7ff mit λαλοῦμεν o. ä. einleiten könnte. Das vor (oder seit) den Äonen verborgen gebliebene Geheimnis, das jetzt den ‚Heiligen' offenbart wurde, ist wie sonst (Röm 11,25; 1Kor 15,51; vgl. Phil 2,11) in Form einer Trias gefaßte und wird mit ὅ ἐστιν[77] förmlich zitiert: Χριστὸς ἐν ὑμῖν (vgl. Röm 8,10; Gal 4,19; 2Kor 13,5). Es öffnet die ἐλπὶς τῆς δόξης (vgl. Röm 5,2) auch für die Heiden.

Die enge Parallelität von 1Kor 2,7–10 und Kol 1,25–27 erlaubt die Annahme, daß es sich bei dem in 1Kor 2,7–10 angesprochenen, wegen 1Kor 3,1f aber nicht ausgesprochenen ‚Geheimnis' um dasselbe ‚Geheimnis' handelt, das Paulus in 1,25–27 auch inhaltlich formuliert. Schon aus diesem Grund kann man 1,24*–27 schwerlich dem Apostel absprechen; denn man nimmt nicht gerne an, daß eine zweite Hand imstande war, ein paulinisches ‚Frag-

---

[74] Vgl. LOHSE (s. Anm. 2), 115f.

[75] In Eph 1,10; 3,2.9 begegnet dieser Begriff in deutlicher Aufnahme von 1,25.

[76] οἰκονόμους μυστηρίων θεοῦ; vgl. 1,26.

[77] ὅ ἐστιν dient nicht zur Erläuterung des Voranstehenden (wie 3,14; 2,17.22 und Anm. 52), sondern ist Zitationsformel und führt das folgende Zitat ein.

ment' so sachgemäß zu vervollständigen. Überdies ergab die vorstehende
Analyse, daß der Abschnitt 1,24–27, von der Glosse am Ende von 1,24 abgesehen, durchgehend paulinisch geprägt ist, und zwar in einer auffallend
prägnanten Weise und ohne daß irgendwo der Eindruck eines ‚Zitates' her-
vorgerufen würde.

Anders verhält es sich mit den Sätzen in 1,28–29, die sich, relativisch an
die Vorlage angeschlossen, in der für die zweite Hand typischen Manier
locker aneinander reihen. Zunächst fällt der unerwartete Plural zu Beginn
von 1,28 auf. Nun beobachten wir in Eph 3,5, daß der Verfasser des Epheserbriefes die ἅγιοι, denen 1,26 zufolge das ‚Geheimnis' offenbart wurde,
mit τοῖς ἁγίοις ἀποστόλοις καὶ προφήταις identifiziert hat. Aus derselben
Identität erklärt sich dann aber auch der Plural in 1,28, und bei den zur Vollkommenheit führenden, ‚in aller Weisheit' (vgl. 1,9; 2,3; Eph 1,8) verkünde-
ten ‚Lehren' handelt es sich demgemäß um die anfängliche apostolisch-pro-
phetische Botschaft. Die zweite Hand bereitet also ihren Widerspruch gegen die Irrlehre vor, wie im einzelnen auch der Vergleich mit 2,2b–3.6–7
zeigt. In diesem Zusammenhang wird zugleich das dreifach herausgestellte
πάντα ἄνθρωπον verständlich, das alle Sonderwege innerhalb und außerhalb des weltweit verkündigten (vgl. 1,6a.23b; 3,11) apostolischen Evangeliums ausschließt. Mit 1,29 leitet die zweite Hand, die sich auch durch die
tautologische Begrifflichkeit zu erkennen gibt, wieder zu ihrer Vorlage über
und kehrt demgemäß zum ‚Ich' des Paulus zurück, wobei sie mit ἀγωνίζειν
(nach 4,12) einen gefälligen Stichwortanschluß zu dem paulinischen ἀγών
(vgl. Phil 1,30; 1Thess 2,2) herstellt. In diesem Zusammenhang ist eine besonders interessante Beobachtung zu machen. Der deuteropaulinische Autor von 1,28–29 schließt sich deutlich an 3,16 und 4,12–13 an. Während an
diesen beiden Stellen aber Paulus die *Gemeinde* auffordert, sich selbst durch
Ermahnen und Lehren in den Stand der Vollkommenheit zu setzen,
schreibt der nachpaulinische Verfasser von 1,28–29 diese Aufgabe den Aposteln bzw. Paulus zu. Diese Beobachtung weist nicht nur darauf hin, daß
1,28–29 nachpaulinisch ist; die von ihr umschlossene Spannung gibt zugleich zu erkennen, daß die Janusköpfigkeit des Kolosserbriefs darauf beruht, daß er überhaupt aus einem paulinischen und einem nachpaulinischen
Teil zusammengesetzt ist und demzufolge *in sich* auch die Entwicklung von
der paulinischen Gemeindeordnung zur nachpaulinischen Traditionsvor-
stellung erkennen läßt.

Es ergibt sich für den Originalbrief des Paulus, daß sich an das Präskript
und die briefliche Danksagung die Selbstvorstellung 1,24*–27 anschließt,
mit der das Briefkorpus, das in 2,1 förmlich eröffnet wird, eng verbunden
ist. Dabei drängt sich 2Kor 1,3–11 nicht nur hinsichtlich der brieflichen

Form, sondern auch wegen des sachlichen Inhalts und der entsprechenden Begrifflichkeit als enge Parallele besonders zum Vergleich auf, und es spricht nichts gegen die Annahme, daß es sich bei den zur Zeit von 2Kor 1,3–11 *überstandenen* θλῖψεις um eben jene Leiden und Nöte (1,24) handelt, aus denen heraus Paulus an die Kolosser wie auch an Philemon schreibt[78].

(c) der Abschnitt 3,5–11 schließlich ist durch das in ihm verarbeitete *traditionelle* Gut bestimmt: In 3,5 und 3,8–9a begegnen zwei Lasterkataloge, in 3,11 eine universalistische Formel, die in 1Kor 12,13 und Gal 3,26–28 (vgl. 1Kor 7,8–24) enge Parallelen hat; auch die Verbindung des Taufgeschehens (3,9b–10) mit der Formel in 3,11 ist traditionell (1Kor 12,13; Gal 3,27f), nicht original paulinisch. Da Lasterkataloge auch in den zweifellos authentischen Paulusbriefen begegnen (Röm 13,13; 1Kor 5,10f; 6,9f; 2Kor 12,20f; Gal 5,19–21; vgl. Röm 1,29–31), läßt sich der Abschnitt 3,5–11 nicht schon wegen seines Formelgutes entweder der Hand des Paulus oder der eines Paulusschülers zuweisen. Allerdings stellt Paulus Lasterkataloge nur in Briefe ein, in denen er konkrete Vorwürfe gegen die Gemeinde erhebt[79], und er gestaltet sie meist mehr oder weniger nach der vorgegebenen Situation. Der sogar verdoppelte Katalog in 3,5.8f, der ganz allgemein und konventionell gehalten ist und in keinem Bezug zum übrigen Brief steht, entspricht deshalb nicht dem sonstigen Umgang des Apostels mit den Gemeinden, geschweige denn mit einer ihm persönlich unbekannten Gemeinde, und er wäre zumal nach der *captatio benevolentiae* in 1,3–5a und in Verbindung mit der Paränese 3,12ff ausgesprochen unpassend. Und an der universalistischen Formel in 3,11 fällt auf, daß in ihr das gewöhnliche ‚Juden und Griechen‘ (vgl. 1Kor 7,19; 12,13; Gal 3,28; 5,6; 6,17) durch ‚περιτομὴ καὶ ἀκροβυστία, βάρβαρος, Σκύθης‘ ergänzt und erweitert wird, eine Beobachtung, die 3,11 in Verbindung mit 1,6a. 23b.28 bringen dürfte. Während Paulus die entsprechenden Formeln in der Regel auf die *Aufhebung des Unterschieds von Juden und Heiden* bezieht, wird die erweiterte Formulierung in 3,11 also anscheinend auf den für den Kolosserbrief bzw. für dessen zweite Hand wichtigen Gesichtspunkt bezogen, daß es nur die *eine*, weltweite, für alle Menschen gleicherweise bestimmte Wahrheit des Evangeliums gibt, entsprechend dem 3,11 abschließenden πάντα καὶ ἐν πᾶσιν Χριστός[80]; ‚Griechen und Barbaren‘ bezeichnet in griechischer Sicht die *gesamte* Völkerwelt (vgl. Röm 1,14).

---

[78] Vgl. zu diesen historischen Zusammenhängen auch Anm. 47.

[79] Zu Röm 13,13 vgl. W. Schmithals, Der Römerbrief, 1988, 479–486.

[80] Die Statistik weist aus, daß der Kolosserbrief 39mal πᾶς benutzt, und zwar 13mal in plerophorer Weise, beides in ungewöhnlicher Häufung im Vergleich mit den authentischen

Das in 3,1–11 durchgehende Satzgefüge mit den lose aneinandergereihten Gliedern entspricht ganz der assoziativen Schreibweise der zweiten Hand, wobei besonders auffällt, daß auch der Gedanke von 3,11 nicht syntaktisch abgehoben wird. Auch im einzelnen verweist manches auf die Hand des Bearbeiters. τὰ ἐπὶ τῆς γῆς (3,5; vgl. 1,16.20; 3,2) ist unpaulinisch. Das traditionelle Schema ‚einst – jetzt‘ (3,7f), das der Bearbeiter schon in 1,21f verwendet hat, ist zwar auch Paulus vertraut (Röm 11,30; 1Kor 6,11; Gal 1,23 u. ö.), doch traut man dem Apostel weniger als der zweiten Hand zu, an das ‚jetzt‘ einen weiteren Lasterkatalog anzuhängen, wie es in 3,7 der Fall ist. In 3,9 greift der Verfasser auf die im Blick auf die Taufe in 2,11 eingeführte Metaphorik zurück (ἀπεκδυσάμενοι), um mit ἐνδυσάμενοι den Anschluß an den originalen Text in 3,12 (ἐνδύσασθε οὖν; vgl. Röm 13,12b.14; Gal 3,27; 1Thess 5,8) vorzubereiten. Die Formulierung in 3,10b (κατ’ εἰκόνα τοῦ κτίσαντος αὐτόν) könnte durch den Christushymnus (1,15) angeregt sein; ἐπίγνωσις wird wie in 1,10b; 2,2 (vgl. 1,6b) deuteropaulinisch auf die Christuserkenntnis bezogen (s. vorne).

Die genannten Gründe reichen aus, um 3,5–11 mit hinreichender Wahrscheinlichkeit dem Bearbeiter des Kolosserbriefes zuzuschreiben.

Das paulinische Schreiben nach Kolossä umfaßt demzufolge: 1,1–5a. 7–8.9a.10a.24*.25–27; 2,1–2a.4–5.16.20–21.22b; 3,3–4.12–14a.15a.16–17; 4,2*–18.[81] Zur äußeren Form dieses Briefes – ein wenig umfangreiches Briefkorpus und ein ausführlicher Briefschluß – ist das selbständige Schreiben Röm 16,1–20 zu vergleichen, das ähnliche Proportionen aufweist. Im einzelnen kann man natürlich über die vorgeschlagenen Abgrenzungen und Zuordnungen streiten. Man sollte aber jedenfalls den Rahmen des Kolosserbriefes unmittelbar für das Lebensbild des Paulus und seiner Mitarbeiter auswerten und zugleich das Problem der kolossischen Häresie, wie es sich im ungeteilten Brief darstellt, als gegenstandslos ansehen.

Paulusbriefen. BUJARD (s. Anm. 36, 159f) und SCHENK (s. Anm. 36, 3332) benutzen diese Beobachtung verständlicherweise als gewichtiges Argument zugunsten des deuteropaulinischen Ursprungs des Kolosserbriefes. In dem rekonstruierten Originalbrief des Paulus, der etwa die Hälfte des Wortbestandes des Kolosserbriefes umfaßt (s. Anm. 81), findet sich πᾶς 10mal, davon 4mal in plerophorer Manier (1,10a; 3,16; 4,12), was dem sonstigen paulinischen Sprachgebrauch entspricht. Diese Beobachtung mag als Beispiel für die in Anm. 36 angesprochene Problematik einer undifferenzierten Zählung stilistischer Phänomene im Kolosserbrief dienen.

[81] Dem Umfang nach sind das ca. 715 Wörter von ca. 1575 Wörtern des kanonischen Kolosserbriefs.

Adresse und Intention des Epheserbriefes

von

Gerhard Sellin

Der Epheserbrief „scheint im Niemandsland geschrieben zu sein"[1]. In der Tat verrät dieses neutestamentliche Schreiben nichts über seinen „Ort" – denn nicht nur der reale Verfasser und sein Ort, sondern auch der Ort der Adressaten ist unbekannt. Dies ist freilich schon eine These, die im I. Teil dieses Beitrages bewiesen und für eine weiterführende Klärung von Veranlassung und Abfassungszweck des Eph (II. Teil) ausgewertet werden soll.

I Die Adresse des Epheserbriefes

1. Der textkritische Befund und seine Bewertung

Zu Eph 1,1b existieren sieben verschiedene Lesarten[2], von denen fünf die Angabe ἐν Ἐφέσῳ enthalten:

---

[1] K. M. Fischer, Tendenz und Absicht des Epheserbriefes (FRLANT 111), Göttingen 1973, S. 202.

[2] Vgl. die Übersicht bei K. Aland (Hg.), Text und Textwert der griechischen Handschriften des Neuen Testaments, II. Die Paulinischen Briefe, Bd. 3: Galaterbrief bis Philipperbrief (Arbeiten zur neutestamentlichen Textforschung 18), Berlin/New York 1991, S. 356f.

(1) τοῖς ἁγίοις πᾶσιν τοῖς οὖσιν ἐν   Ἐφέσῳ   καὶ πιστοῖς ἐν Χρ. Ἰη.[3]
(2) τοῖς ἁγίοις   τοῖς οὖσιν ἐν   Ἐφέσῳ   καὶ πιστοῖς ἐν Χρ. Ἰη.[4]
(3) τοῖς ἁγίοις   τοῖς οὖσιν ἐν τῇ Ἐφέσῳ   καὶ πιστοῖς ἐν Χρ. Ἰη.[5]
(4) τοῖς ἁγίοις   τοῖς   ἐν   Ἐφέσῳ   καὶ πιστοῖς ἐν Χρ. Ἰη.[6]
(5) τοῖς ἁγίοις   τοῖς   ἐν   Ἐφέσῳ οὖσιν καὶ πιστοῖς ἐν

                                                                     Χρ. Ἰη.[7]

(6) τοῖς ἁγίοις   τοῖς οὖσιν   καὶ πιστοῖς ἐν Χρ. Ἰη.[8]
(7) τοῖς ἁγίοις   οὖσιν   καὶ πιστοῖς ἐν Χρ. Ἰη.[9]

Die Lesarten (3), (4) und (5) sind späte singuläre Varianten der Lesart (2). Gerade die besten Textzeugen (p[46] ℵ B) enthalten die Ortsangabe nicht: Lesarten (6) und (7). Nach allen Regeln der Textkritik hat man Lesart (6) als die älteste anzusehen, von der sich Lesart (7) einerseits und Lesart (2) andererseits als Glättungen ableiten lassen. Lesart (1) ist ebenfalls eine Weiterbildung von Lesart (2).

Diese hier thetisch vorgestellte Textgeschichte wird einleuchtend, wenn man die Schwierigkeiten, die die Lesart (6) den Abschreibern bot, und vor allem das Paradigma, das ihnen eine sinnvolle Glättung des aporetischen Textes ermöglichte, erkennt. Es sind die gleichen Motive und Argumentationsmuster, die heutige Exegeten dazu verführen, den glatten Text der Lesart (2) mit der Ortsangabe ἐν Ἐφέσῳ als ursprünglich zu betrachten. Das wird sofort deutlich durch eine interlinear-synoptische Gegenüberstellung der Eph-Adresse mit den Adressen anderer Paulus-Briefe:

Eph 1,1:   τοῖς ἁγίοις   τοῖς οὖσιν (ἐν Ἐφέσῳ) καὶ
                                                            πιστοῖς ἐν Χ.Ι.

Phil 1,1:   πᾶσιν τοῖς ἁγίοις ἐν Χρ. Ἰη. τοῖς οὖσιν ἐν Φιλίπποις
2Kor 1,1b: σὺν τοῖς ἁγίοις πᾶσιν   τοῖς οὖσιν ἐν ὅλῃ τῇ Ἀχαΐᾳ
Röm 1,7:   πᾶσιν   τοῖς οὖσιν ἐν Ῥώμῃ ...
                                                            κλητοῖς ἁγίοις

Die übliche Adresse der Paulus-Briefe (vgl. auch 1Kor 1,2 und 2Kor 1,1a) suggeriert für Eph 1,1 eine Verknüpfung von τοῖς οὖσιν mit τοῖς ἁγίοις. Dann aber ist die Lesart (6) „grammatisch unmöglich", und man müßte damit rechnen, „daß der Autor des Eph bereits im ersten Satz seines im übrigen sorgfältig formulierten Textes einen recht massiven Fehler gemacht

---

[3] ℵ[2] A P u. a.
[4] B[2] D(06) F(010) G(012) K(018) L(020) Ψ(044) und die Mehrheit der Handschriften, insgesamt 580 Zeugen (vgl. Aland [Hg.], s. o. Anm. 2).
[5] Minuskel 1115.
[6] Minuskel 2544.
[7] Minuskel 1149.
[8] ℵ* B* 424c 1739.
[9] p[46].

hat"[10]. Denn: „Das substantivierte Partizip ὤν kann nur stehen, wenn sich außer dem Prädikatsnomen noch weitere Bestimmungen finden."[11] In unserem Fall hätte also der Artikel vor οὖσιν zu fehlen – wie in p[46].[12] Korrekt wäre τοῖς οὖσιν nur, wenn als derartige weitere Bestimmung ἐν Ἐφέσῳ dazugehörte. Was A. Lindemann mit dieser Argumentation unbeabsichtigt erklärt hat, ist tatsächlich die Entstehung der Lesarten (1), (2) und (7) aus der lectio difficilior, Lesart (6), deren syntaktische Korrektheit hier aber noch nicht zur Debatte stehen soll. Alle verbessernden Lesarten sind indirekt geleitet vom Adressenschema, wie es in Röm 1,7; 1Kor 1,2; 2Kor 1,1 und Phil 1,1 vorliegt, wonach τοῖς οὖσιν mit Ortsangabe eine Apposition zu τοῖς ἁγίοις (bzw. τῇ ἐκκλησίᾳ) darstellt. Dies gilt indirekt auch für die Lesart von p[46] (Lesart 7), obwohl sie noch das ursprüngliche Fehlen der Ortsangabe bezeugt: Hier wird der (scheinbare) grammatische Fehler durch Weglassen des Artikels vor οὖσιν behoben[13]. Lesart (1) verrät durch das nachgestellte πᾶσιν am deutlichsten, daß die Abschreiber die Adressen von 2Kor, Phil und Röm vor Augen gehabt haben, als sie änderten. Demgegenüber könnte Lesart (2) der erstmaligen Einfügung von ἐν Ἐφέσῳ (an der für die genannten Paulus-Briefe typischen Stelle) noch näherstehen. Diese Einfügung, die zugleich das Problem der scheinbaren grammatischen Inkorrektheit behob und die im übrigen ebenso vom paulinischen Adressenschema geleitet ist, bestand lediglich darin, daß der Ortsname von der *inscriptio* (oder *subscriptio*) in die *adscriptio* des Präskriptes übernommen wurde. Denn einige Zeit vor unseren ältesten Textzeugen galt Eph bereits als Schreiben des Paulus an die Gemeinde von Ephesus.

2. Die Tradition der Zuschreibung „An die Epheser"

Tertullian[14], Klemens von Alexandrien[15], Irenaeus[16] und der Kanon Muratori verraten, daß der Eph gegen Ende des 2. Jahrhunderts allgemein als

---

[10] A. LINDEMANN, Bemerkungen zu den Adressaten und zum Anlaß des Epheserbriefes, ZNW 67 (1976) 235–251, S. 235f.

[11] F. BLASS/A. DEBRUNNER, Grammatik des neutestamentlichen Griechisch, bearbeitet von FRIEDRICH REHKOPF, 14. Aufl. Göttingen 1976, § 413,4.

[12] Ebd., Anm. 10.

[13] E. FAUST, Pax Christi et Pax Caesaris. Religionsgeschichtliche, traditionsgeschichtliche und sozialgeschichtliche Studien zum Epheserbrief (NTOA 24), Freiburg (Schweiz)/Göttingen 1993, S. 14, hält die Fassung aus p[46] für ursprünglich (u. a. durch irrtümlichen Hinweis auf das angebliche Fehlen des Artikels vor οὖσιν in D). Daraus läßt sich aber nicht mehr die Lesart (6) ableiten.

[14] Adv.Marc. V 11,12; 17,1.

[15] Strom. IV 8; Paed. I 5.

[16] Adv.Haer. V 3,3; 8,1; 14,3; 24,4.

ein von Paulus nach Ephesus gerichtetes Schreiben galt. Um so erstaunlicher ist die Tatsache, daß die Textzeugen der Lesarten (6) und (7), also p[46], B und א vor allem, trotz dieser verbreiteten Kenntnis, ja sogar trotz der *subscriptio,* in der B und א die Ortsangabe selbst bezeugen, die ortsnamenlose „Adresse" im Präskript enthalten. Möglicherweise hat aber Markion die Zuschreibung des Eph nach Ephesus noch nicht gekannt. Die Aussagen Tertullians über Markions Zuschreibung „ad Laodicenos"[17] müssen nicht so verstanden werden, als hätte Markion damit ein auch ihm vorgelegenes Πρὸς Ἐφεσίους ersetzt. Es gibt keinen Grund, warum er dies hätte tun sollen[18]. So ist es gut möglich, daß er für diesen Brief nicht nur eine Adresse im Präskript, sondern überhaupt einen Titel vermißte und aufgrund von Kol 4,16 zu seiner Adresse kam. Daß Ignatius in der *inscriptio* seines Epheserbriefes bewußt eine Beziehung zum paulinischen Eph herstellen wollte und diesen somit als einen Paulus-Brief πρὸς Ἐφεσίους gekannt hätte, ist keineswegs sicher[19]. So bezeugt Markion zwar keine ältere Tradition, nach der Eph als Brief „an die Laodicener" gegolten hätte (er wird diese Adresse vielmehr selber erschlossen haben[20]), wohl aber ist Markion indirekter Zeuge dafür, daß man bei der allmählichen Konstituierung des Corpus Paulinum in dieser Zeit eine Adresse suchte für den seinerzeit adressenlosen Paulus-Brief, für den in anderen Kreisen neben oder nach Markion als Adresse Ephesus erschlossen wurde, woraufhin dann die *inscriptio* πρὸς Ἐφεσίους aufkam[21]. Erst später ist diese Angabe aus der *inscriptio* in das Präskript übertragen worden, wie die Lesart (2) es bezeugt.

---

[17] Adv.Marc. V 11: „Praetereo hic et de alia epistola quam nos ad Ephesios praescriptam habemus, haeretici vero ad Laodicenos." V 17: „Ecclesiae quidem veritate epistolam istam ad Ephesios habemus emissam, non ad Laodicenos, sed Marcion ei titulum aliquando interpolare gestit, quasi et in isto diligentissimus explorator. Nihil autem de titulis interest, cum ad omnes apostolus scripserit, dum ad quosdam."

[18] „Welches Interesse hätte Marcion daran haben können, den Titel eines Paulusbriefes zu ändern, und zwar nur in unserem Falle?" (J. SCHMID, Der Epheserbrief des Apostels Paulus [Biblische Studien XXII, 3/4], Freiburg i. Br., 1928, S. 53f).

[19] Gegen W. SCHENK, Zur Entstehung und zum Verständnis der Adresse des Epheserbriefes, Theologische Versuche 6 (Berlin 1975) 73–78, S. 73f, der sich auf SCHMID (vorige Anm.), S. 26, und H. RATHKE, Ignatius von Antiochien und die Paulusbriefe (TU 99), Berlin 1967, S. 45f, beruft. Vgl. H. PAULSEN, in: W. BAUER/H. PAULSEN, Die Briefe des Ignatius von Antiochia und der Polykarpbrief (HNT 18: Die Apostolischen Väter II), Tübingen 1985, S. 21: „In der Sache berühren sich IgnEph inscr und der Anfang des pln Eph (1,3ff.), ohne daß sich zwingend eine literarische Abhängigkeit (. . .) wird feststellen lassen".

[20] SCHMID (o. Anm. 18), S. 52ff, gegen A. HARNACK, Die Adresse des Epheserbriefes des Paulus, in: Sitzungsberichte der preußischen Akademie der Wissenschaften 1910, II, 696–709, S. 702, und viele andere. Vgl. E. BEST, Recipients and Title of the Letter to the Ephesians: Why and When the Designation „Ephesians"?, ANRW II 25.4 (1987) 3247–3279, S. 3250.

[21] Vgl. die *Conclusion* bei BEST (vorige Anm.), S. 3278f.

3. Erklärungsversuche der Lesart (6) nach dem Schema der Adressen von Phil, 1Kor, 2Kor und Röm

Will man nicht zu Konjekturen[22], die alle willkürlich erscheinen und Einwänden nicht standhalten[23], oder zur Lücken-[24] bzw. Kopien-Hypothese[25] greifen[26], bleibt noch eine Möglichkeit, die ursprüngliche Lesart (6) nach dem paulinischen Adressenschema (Phil, 1Kor, 2Kor, Röm) zu erklären: Das substantivierte Partizip von εἶναι kann in idiomatischer Ausdrucksweise für „dortig" bzw. „derzeitig" stehen; verwiesen wird dafür auf Apg 5,17; 13,1; 14,13; 28,17[27]. Ein solcher Stil, der auch in offiziellen Papyri begegnet, ist als „Kanzleisprache" bezeichnet worden[28]. τοῖς ἁγίοις τοῖς οὖσιν würde dann etwa bedeuten: „den je dortigen Heiligen". Die genannten Stellen aus der Apg sind jedoch keine Analogien zu Eph 1,1, insofern die ersten beiden (5,17; 13,1) das Partizip ὤν lediglich in adjektivischer Funktion verwenden (ἡ οὖσα αἵρεσις – κατὰ τὴν οὖσαν ἐκκλησίαν), der Artikel also nicht zum Partizip gehört, die beiden anderen aber zwar wie Eph 1,1 ein substantiviertes appositionelles ὤν bieten (14,13: τοῦ Διὸς τοῦ ὄντος πρὸ τῆς πόλεως – 28,17: τοὺς ὄντας τῶν Ἰουδαίων πρώτους), jedoch grammatisch insofern völlig korrekt sind, als τοῦ ὄντος bzw. τοὺς ὄντας noch eine prädikative Bestimmung erhält (τοῦ ὄντος *πρὸ τῆς πόλεως* bzw. τοὺς ὄντας ... *πρώτους*). Diese beiden Stellen sind also nur Analogien für die Lesart mit der Ortsangabe ἐν Ἐφέσῳ. Ein *absolutes* ὁ ὤν in appositioneller Stellung ist

---

[22] Z. B. P. EWALD, Die Briefe des Paulus an die Epheser, Kolosser und Philemon (KNT 10, 2. Aufl. 1910), S. 15f: τοῖς ἀγαπητοῖς οὖσιν καὶ πιστοῖς ἐν Χρ. Ἰη.; SCHMID (o. Anm. 18), S. 125ff: τοῖς ἁγίοις καὶ πιστοῖς ἐν Χρ.Ἰη.; R. BATEY, The Destination of Ephesians, JBL 82 (1963), S. 101: τοῖς ἁγίοις τοῖς Ἀσίας καὶ πιστοῖς ἐν Χρ.Ἰη.; A. VAN ROON, The Authenticity of Ephesians (NT Suppl. 39), Leiden 1974, S. 72–85: τοῖς ἁγίοις τοῖς οὖσιν ἐν Ἱεραπόλει καὶ ἐν Λαοδικείᾳ, πιστοῖς ἐν Χρ.Ἰη.; M. SANTER, The Text of Ephesians i. 1, NTS 15 (1968/69) S. 247f: τοῖς ἁγίοις καὶ πιστοῖς τοῖς οὖσιν ἐν Χρ.Ἰη.

[23] Vgl. BEST (o. Anm. 20), S. 3249–3251.

[24] So z. B. E. HAUPT, Die Gefangenschaftsbriefe, Göttingen 1902, S. 50; E. PERCY, Die Probleme der Kolosser- und Epheserbriefe, Lund 1946, S. 462. Ihre Begründung geht auf J. Ussher (1654) zurück.

[25] So z. B. N. A. DAHL, Adresse und Proömium des Epheserbriefes, ThZ 7 (1951) 241–264, S. 241–250; H. SCHLIER, Der Brief an die Epheser, Düsseldorf 1957, S. 31f.

[26] Vgl. die Gründe gegen diese Hypothesen bei SCHMID (o. Anm. 18), S. 116–119; W. G. KÜMMEL, Einleitung in das Neue Testament, 17. Aufl. Heidelberg 1973, S. 312; J. GNILKA, Der Epheserbrief (HThK X/2), 2. Aufl. Freiburg 1977, S. 4f; R. SCHNACKENBURG, Der Brief an die Epheser (EKK X), 1982, S. 38f; BEST (o. Anm. 20), S. 3249f.

[27] K. LAKE/H. J. CADBURY, The Beginnings of Christianity, I/4, London 1933, S. 56; vgl. M. DIBELIUS/H. GREEVEN, An die Kolosser, Epheser, an Philemon (HNT 12), 3. Aufl. 1953, S. 57; SCHNACKENBURG (vorige Anm.), S. 38.

[28] E. MAYSER, Grammatik der griechischen Papyri aus der Ptolemäerzeit, II 1, 1926, 347f.

bisher nicht belegt[29]. So hat J. Schmid unter den bisher vorausgesetzten Prämissen völlig Recht, wenn er schreibt: „Sind die Worte τοῖς οὖσιν ursprünglich, so fordern sie mit Notwendigkeit auch eine Ortsangabe"[30] – allerdings nur, wenn man τοῖς οὖσιν zu τοῖς ἁγίοις zieht – was nicht die einzige Möglichkeit ist.

4. Erklärung der Lesart (6) nach dem Schema der Adresse des Kolosserbriefes

Die *lectio difficilior* (Lesart 6) erweist sich als grammatisch korrekt, wenn man davon ausgeht, daß sie der *Adresse des Kol* nachgebildet[31] ist:

Kol 1,2:   τοῖς ἐν Κολοσσαῖς   ἁγίοις   καὶ πιστοῖς ἀδελφοῖς
                                                                                            ἐν Χριστῷ

Eph 1,1:   τοῖς   ἁγίοις τοῖς οὖσιν καὶ πιστοῖς
                                                                                            ἐν Χριστῷ Ἰη.

καὶ πιστοῖς begegnet nur in diesen beiden Adressen. Es ist gerade dieses Syntagma, das die Adressen des Kol und des Eph von den geläufigen paulinischen Adressen in den Präskripten unterscheidet. Auf den ersten Blick sind es vier Änderungen, die der Verfasser des Eph an seiner Vorlage vorgenommen hat: (1) die Auslassung der Ortsangabe zu ἁγίοις, (2) die Einfügung des Partizips τοῖς οὖσιν, (3) die Auslassung von ἀδελφοῖς, (4) die Komplettierung des einfachen ἐν Χριστῷ (Kol) zu ἐν Χριστῷ Ἰησοῦ.

(1) Die Tatsache, daß die Ortsangabe ἐν Ἐφέσῳ in Lesart (2) an anderer Stelle erscheint, steht der sonst durchgehend zu beobachtenden Beziehung von Eph auf Kol entgegen. Die Texte mit der Ortsangabe ἐν Ἐφέσῳ haben die Adresse des Eph nicht nach dem Paradigma des Kol, sondern nach dem von Phil, Röm, 1 und 2Kor verstanden.

(2) Die Einfügung von τοῖς οὖσιν erweist sich als notwendig aufgrund der Auslassung von ἀδελφοῖς.

(3) Entscheidend ist die Auslassung von ἀδελφοῖς. πιστός erscheint in Kol nur als Adjektiv, und zwar zu ἀδελφοί an unserer Stelle und zu διάκονος in 1,7 und 4,7 (= Eph 6,21), wobei es um die Treue oder Zuverlässigkeit von Epaphras bzw. Tychikos geht. Tychikos wird in Kol 4,7 und Eph 6,21

---

[29] So ist es nicht verwunderlich, daß Origenes bei Eph 1,1 (damit die Lesart von א und B bezeugend) an Ex 3,14 und die platonische Ontologie dachte: „heilig" werden die Adressaten genannt, weil sie mit dem „Seienden" (Gott) verbunden sind (Text bei SCHMID [o. Anm. 18], S. 61f).

[30] O. Anm. 18, S. 115.

[31] W. OCHEL, Die Annahme einer Bearbeitung des Kolosser-Briefes im Epheser-Brief in einer Analyse des Epheser-Briefes untersucht, Diss. Marburg 1934, S. 15–18.

ὁ ἀγαπητὸς *ἀδελφὸς* καὶ *πιστὸς διάκονος* (...) ἐν κυρίῳ genannt. Hätte der Verfasser des Eph es bei dieser Auslassung von ἀδελφοῖς belassen, wäre πιστοῖς bei ihm zu einem Substantiv (wie ἁγίοις) geworden. Absolutes πιστός (2Kor 6,15) bzw. οἱ πιστοί (Apg 10,45; 1Tim 4,3.10) ist schon *terminus technicus* für die Christen. Ein solches οἱ πιστοί wäre neben οἱ ἅγιοι redundant und überflüssig.

(4) An allen drei genannten Stellen in Kol (1,2; 1,7; 4,7) und in Eph 6,21 bezieht sich das ἐν κυρίῳ bzw. ἐν Χριστῷ auf das Substantiv (ἀδελφοί in 1,2; διάκονος in 1,7; ἀδελφός und διάκονος in 4,7; vgl. Eph 6,21). Vorgegeben ist dieser Sprachgebrauch in 1Kor 4,17 (Timotheus als *τέκνον ἀγαπητὸν* καὶ *πιστὸν ἐν κυρίῳ*). Das Adjektiv πιστός hat dabei die Bedeutung von „treu", „zuverlässig", „aufrichtig", „wahrhaftig"[32]. Offenbar kam es dem Verfasser des Eph aber auf diese semantische Komponente in der Adresse nicht an.

Die Partizipialform τοῖς οὖσιν ... πιστοῖς nähert sich dagegen schon der Verbalaussage. Allerdings findet sich πιστεύειν ἐν ... im Neuen Testament nur ein einziges Mal (Mk 1,15: πιστεύειν ἐν τῷ εὐαγγελίῳ)[33]. Etwas häufiger begegnet πίστις mit ἐν: πίστις ἐν Χριστῷ ᾿Ιησοῦ (Gal 3,26; Kol 1,4; 1Tim 3,13; 2Tim 1,13; 3,15) oder πίστις ἐν τῷ κυρίῳ ᾿Ιησοῦ (Eph 1,15). Die Wendung εἶναι πιστὸς ἐν Χριστῷ ᾿Ιησοῦ ist letztlich äquivalent mit „glauben" oder „Glauben haben" oder „gläubig sein an Christus Jesus". Veranlaßt ist diese Formulierung möglicherweise durch Kol 1,4 (vgl. Eph 1,15[34]). Der Partizipialstil, gerade auch mit ὤν, ist eine stilistische Vorliebe des Verfassers (vgl. 2,1.4.5.13.20; 4,18). Eph 2,13 und 4,18 sind genaue Analogien zu unserer Stelle:

1,1:	τοῖς ἁγίοις	τοῖς	οὖσιν καὶ	πιστοῖς
2,13:	ὑμεῖς	οἵ ποτε	ὄντες	μακράν
4,18:	τὴν ἄγνοιαν	τὴν	οὖσαν	ἐν αὐτοῖς

Für einige Exegeten, die die hier vorgeschlagene syntaktische Erklärung der Adresse von Eph 1,1 in Erwägung gezogen haben, bleibt das nachgestellte καί eine unüberwindbare Schwierigkeit. Dieses καί verstärkt jedoch nur die explikative, epexegetische Funktion der partizipialen Apposition. Zunächst ist zu beachten, daß es in Kol 1,2 an der Stelle direkt vor πιστοῖς vorgegeben ist. Eine Umstellung (τοῖς ἁγίοις καὶ τοῖς οὖσιν πιστοῖς ἐν

---

[32] W. BAUER, Griechisch-deutsches Wörterbuch zu den Schriften des Neuen Testaments und der frühchristlichen Literatur, 6. Aufl. hg. von K. ALAND und B. ALAND, 1988, Sp. 1336f.

[33] Sonst steht bei πιστεύειν entweder der Dativ oder εἰς oder πρός.

[34] Kol 1,4: ἀκούσαντες *τὴν πίστιν* ὑμῶν *ἐν Χριστῷ ᾿Ιησοῦ*. Für ἐν Χριστῷ ᾿Ιησοῦ steht Eph 1,15 allerdings ἐν τῷ κυρίῳ ᾿Ιησοῦ, was ein Anklang an Phlm 5 sein könnte (SCHNACKENBURG [o. Anm. 26], 71) oder durch Einfluß von Eph 1,17 zu erklären ist (s. u.).

Χρ.Ἰη.) hätte aus den „Heiligen" und „gläubig Seienden" aber zwei verschiedene Gruppen gemacht, was keinen Sinn ergibt. Es ging dem Verfasser
vielmehr um eine Explikation von οἱ ἅγιοι: „Heilige" sind die, die den
Glauben haben an Jesus Christus[35]. Der Brief richtet sich folglich an alle
Christen. Die Adresse zeigt, daß der Eph ein „katholischer" Brief ist.

Ein entsprechendes explikatives καί begegnet auch an anderen Stellen im
Eph: so in 4,6 (εἷς θεὸς *καὶ* πατὴρ πάντων – „ein Gott, welcher Vater aller
ist"), 1,3 (εὐλογητὸς ὁ θεὸς *καὶ* πατὴρ τοῦ κυρίου ἡμῶν Ἰη.Χρ. – „Gepriesen ist Gott, der der Vater unseres Herrn Jesus Christus ist"[36]) und 5,20
(εὐχαριστοῦντες … τῷ θεῷ *καὶ* πατρί – „indem ihr Gott, dem Vater,
dankt").

Diese „katholische" Adressierung hat einen Nachhall in der Danksagung,
in 1,15: ἡ *καθ᾽ ὑμᾶς* πίστις *ἐν τῷ* κυρίῳ Ἰησοῦ („der bei euch vorhandene
Glaube an den Herrn Jesus Christus"). Das καθ᾽ ὑμᾶς hat die gleiche Funktion wie die partizipiale Formulierung mit εἶναι in 1,1. Statt ἐν Χριστῷ erscheint hier aber ἐν *τῷ κυρίῳ* Ἰησοῦ – was um so auffälliger ist, als in der
Vorlage dieses Verses, Kol 1,4, gerade das ἐν Χριστῷ Ἰησοῦ steht (wie an
allen übrigen Stellen mit πίστις ἐν . . .). Doch erklärt sich diese Besonderheit
wohl durch den Kontexteinfluß aus 1,3 und 1,17, wo die Formel ὁ θεός . . .
τοῦ κυρίου ἡμῶν Ἰη.Χρ. erscheint.

II Die Funktion der ursprünglichen „katholischen"
Adresse des Eph

1. Der Eph als „katholischer" Paulus-Brief

Die ursprüngliche Adresse des Eph enthielt keine Ortsangabe. Dann aber
ist der Eph das einzige Beispiel eines „katholischen" Paulusbriefes[37]. Es ist
seltsam, daß dieses Ergebnis von jenen Exegeten[38], die damit gerade die ge-

---

[35] Man muß also nicht übersetzen: „an die Heiligen, die *auch* gläubig sind an Jesus Christus". Das καί hat keine einschränkende, sondern erklärende Funktion.
[36] Damit ist die These ausgeschlossen, der Genitiv „unseres Herren Jesus Christus" wäre
auch von ὁ θεός abhängig. Zu 1,17, eine Stelle, die jene These zu belegen scheint, s. G. SELLIN,
Über einige ungewöhnliche Genitive im Epheserbrief, ZNW 83 (1992) 85–107, S. 93–96.
[37] In einem Zweig der späteren Textüberlieferung ist auch der Römerbrief dazu geworden,
und zwar im Codex G (und wenigen anderen Zeugen), wo in V. 7 ἐν Ῥώμῃ ausgelassen und
ἀγαπητοῖς θεοῦ durch ἐν ἀγάπῃ θεοῦ ersetzt wurde.
[38] Z. B. SCHMID (o. Anm. 18), S. 37ff; PERCY (o. Anm. 24), S. 449ff; VAN ROON (o. Anm. 22),
S. 72ff.

nuine paulinische Autorschaft des Eph stützen wollen[39], ohne Bedenken hingenommen wird. Nun gibt es auf Seiten der nicht-paulinischen („katholischen") Briefe ein Gegenstück: den 1. Petrusbrief, der nicht nur paulinische Theologoumena über die petrinische Namenstradition in ökumenische Geltung setzen will, sondern sogar Personen des paulinischen (und antiochenischen) Kreises (Silvanus: 1Petr 5,12; Markus: 1Petr 5,13) für „Petrus" okkupiert[40]. Das geschieht aber nicht (wie bei 2Petr, Jak und Jud) in Opposition zum Paulinismus, sondern gerade im Interesse einer ökumenischen Autorisierung paulinischer Theologie. Eph ist das einzige (kanonische) Zeugnis für einen expliziten „katholischen" Anspruch der paulinischen Theologie im Namen des Paulus selbst – sieht man von der Apg und den Pastoralbriefen einmal ab. Die Tatsache, daß der Eph ein „katholischer" Paulus-Brief sein will, ist jedenfalls die formgeschichtliche Lösung des Rätsels, das dieser „Brief" aufgrund seines allgemeinen, jedes konkrete Zeugnis seiner Kommunikationssituation vermeidenden Charakters aufgibt. Damit war er aber ein Fremdkörper im sich herausbildenden Corpus Paulinum (was dann zur nachträglichen Adressierung nach „Ephesus" führte).

2. Versuche, die pragmatische Funktion des Eph zu bestimmen

Der Eph verrät fast nichts über seine Situation, seine Veranlassung und seine Intention. Exegese – sofern sie nicht die hermeneutische und damit historische Dimension ihrer Arbeit völlig aufgibt – muß aber auf eine Beantwortung der Frage nach der pragmatischen Funktion des Textes ausgerichtet sein. Gerade in dieser Hinsicht erweist sich der Eph als verschlossen, abstrakt und spröde[41]. Es handelt sich um eine besondere Form eines „offenen" Briefes[42]. Damit aber ist die pragmatische Fragestellung nicht erledigt.

---

[39] Nach Ephesus könnte Paulus diesen Brief nicht adressiert haben, da er diese Gemeinde sehr gut gekannt hat (1Kor; Apg 18,18ff), Eph 1,15; 3,2 und 4,21 eine persönliche Bekanntschaft des Apostels mit der Gemeinde aber ausschließen.

[40] Die Verwandtschaft des 1Petr mit dem Eph wäre unter diesem Gesichtspunkt einer ausführlicheren Betrachtung wert; vgl. dazu einstweilen J. COUTTS, Eph. 1:3–14 and 1 Pet. 1:3–12, NTS 3 (1956/57) 115–127; H.-M. SCHENKE/K. M. FISCHER, Einleitung in die Schriften des Neuen Testaments, I: Die Briefe des Paulus und Schriften des Paulinismus, Gütersloh 1978, S. 199–216; A. REICHERT, Eine urchristliche Praeparatio ad Martyrium. Studien zur Komposition, Traditionsgeschichte und Theologie des 1. Petrusbriefes (Beiträge zur biblischen Exegese und Theologie 22), Frankfurt u. a. 1989, bes. S. 545ff.

[41] „Der Brief als Ganzes [...] wird wohl immer rätselhaft bleiben" (A. JÜLICHER/E. FASCHER, Einleitung in das Neue Testament, 7. Aufl. Tübingen 1931, S. 142).

[42] Wenn H. CONZELMANN, Der Brief an die Epheser, in: J. BECKER/H. CONZELMANN/G. FRIEDRICH, Die Briefe an die Galater, Epheser, Philipper, Kolosser, Thessalonicher und Philemon (NTD 8), 14. Aufl. Göttingen 1976, 86–124, S. 86, den Eph „eine theoretische theologi-

Die folgende Übersicht neuerer Lösungsversuche[43] ist nach dem Grad ihrer Allgemeinheit bzw. Spezifizierung geordnet:

(1) Man versteht den Eph als abstrakte theologische Abhandlung entweder des Paulus selbst (seine Summa, sein theologisches Testament) oder eines späteren Paulusschülers[44]. Im letzteren Fall müßte aber die Frage beantwortet werden, warum der Verfasser in seiner Situation eine Paulus-Theologie verfaßt habe.

(2) Der Eph sei bei der Konstituierung des Corpus Paulinum als dessen theologische Einleitung verfaßt worden[45]. Es gibt jedoch keinen Hinweis dafür, daß Eph jemals am Anfang des Corpus Paulinum gestanden hätte.

(3) Im Sinne formgeschichtlicher Fragestellung nach dem *Sitz im Leben* wird der Eph häufig mit der Taufe in Verbindung gebracht: Die als Heidenchristen angeredeten Adressaten seien Neugetaufte, der Brief sei eine Tauf-Homilie, eine Tauf-Paränese oder stehe im Zusammenhang mit der Tauf-Liturgie[46]. Dagegen spricht aber die kondensierte, konnotative, elaborierte und theologisch hoch aufgeladene Sprache, die keine Neophyten und Katecheten, sondern Eingeweihte voraussetzt.

(4) Gelegentlich werden Häretiker[47] oder gar Gegner ausgemacht, gegen die sich das Schreiben richte, zum Beispiel Gnostiker[48]. Aber ganz im Unterschied zum Kol, dessen Hauptanliegen die polemische Argumentation

---

sche Abhandlung, welche in Briefform eingekleidet ist" nennt, wird freilich der pragmatische Zweck zu sehr übergangen.

[43] Vgl. die Übersicht bei A. T. LINCOLN, Ephesians (Word Biblical Commentary 42), Dallas, Texas, 1990, S. LXXIX–LXXXVII.

[44] So z.B. SCHLIER (o. Anm. 25), 21f: „eine Mysterienrede", „Weisheitsrede", nicht Kerygma; CONZELMANN (o. Anm. 42), S. 86; vgl. DERS., Paulus und die Weisheit, in: Theologie als Schriftauslegung. Aufsätze zum Neuen Testament (BEvTh 65), 1974, 177–190, S. 180; SCHNACKENBURG (o. Anm. 26), S. 299ff, hebt zwar die Ekklesiologie hervor, schränkt aber ein: „Ein rein spekulatives Interesse, als wollte er [der Verfasser des Eph] nur einen theologischen Traktat über die Kirche schreiben, muß man ausscheiden" (S. 318).

[45] Diese These stammt von E. J. GOODSPEED (in mehreren Veröffentlichungen; ausführlich: The Meaning of Ephesians, Chicago 1933); vgl. C. L. MITTON, The Epistle to the Ephesians, Oxford 1951, S. 45ff.

[46] DAHL (o. Anm. 25), S. 245.261.263f; DERS., Gentiles, Christians, and Israelites in the Epistle to the Ephesians, HThR 79 (1986) 31–39; COUTTS (o. Anm. 40), S. 125ff; vgl. auch PERCY (o. Anm. 24), S. 354 Anm. 24; 447; SCHLIER (o. Anm. 25), S. 17f.21.73; zu einzelnen Teiltexten: G. SCHILLE, Frühchristliche Hymnen, Berlin 1962, S. 65ff.86ff; FISCHER (o. Anm. 1), S. 121ff.

[47] D. G. MEADE, Pseudonymity and Canon. An Investigation into the Relationship of Authorship and Authority in Jewish and Earliest Christian Tradition (WUNT 39), Tübingen 1986, S. 147: „... it seems clear that at least some of the problems of the letter stem from false teaching".

[48] P. POKORNY, Der Epheserbrief und die Gnosis. Die Bedeutung des Haupt-Glieder-Gedankens in der entstehenden Kirche, Berlin 1965, S. 16ff (bes. S. 25); DERS., Der Brief des Paulus an die Epheser (ThHK 10/2), Leipzig 1992, S. 43ff.

gegen eine als „Philosophie" bezeichnete Lehre ist (Kol 2,8ff), vermeidet der Eph überhaupt jede Polemik[49] (und Apologetik)[50].

(5) Neuere Theorien gehen vom möglichen Ort der Adressaten aus. C. E. Arnold stellt das Thema der „Mächte und Gewalten" in den Mittelpunkt und meint, der Brief richte sich an Christen, die aus dem Umkreis der magischen Praktiken des ephesinischen Artemis-Kultes kämen[51]. Allerdings kommt Ephesus selbst als ursprüngliche Adresse nicht in Frage (s. o. Teil I). Die spätere Zuschreibung dorthin (*inscriptio*, Lesart 2) könnte jedoch immerhin der Tatsache Rechnung getragen haben, daß Ephesus als Metonym für die Provinz Asien galt, für die der „katholische" Eph tatsächlich bestimmt gewesen sein könnte. Für den Artemis-Kult als Hintergrund spricht aber wenig, ebenso wie für Magie. Was Arnold als Spezifisches des Eph heraushebt, gilt allgemein für den Hellenismus. Überdies wird damit ein einzelnes Thema des Briefes überbewertet.

(6) A. T. Lincoln denkt stattdessen an die Gemeinden von Hierapolis und Laodicea im Lykos-Tal[52]. Dafür könnte die extensive literarische Verwendung des Kol sprechen[53], weniger freilich die Zuschreibung des Eph nach Laodicea durch Markion[54]. Damit ist freilich für die Bestimmung der pragmatischen Funktion des Eph wenig gewonnen. Das Fehlen einer Adresse (und damit der „katholische" Charakter des Eph) legt es nahe, den Brief an alle Gemeinden im westlichen Kleinasien gerichtet sein zu lassen[55].

(7) Statt von der Ortsbestimmung der Adressaten gehen andere von der theologiegeschichtlichen Situation aus. So behauptet D. G. Meade: „all of the problems of Ephesians stem from one fundamental problem: the loss of

---

[49] Stellen wie Eph 4,14 und 5,6 sind paränetische Topoi und keine konkrete Polemik.

[50] Gerade der irenische Charakter des ganzen Schreibens, der inhaltlich im Thema der „Einheit" (2,11ff; 4,1ff) zum Ausdruck kommt, führt in unserer Frage weiter: s. u. unter (9) bis (11).

[51] C. E. ARNOLD, Ephesians: Power and Magic. The Concept of Power in Ephesians in Light of its Historical Setting (SNTS.MS 63), Cambridge 1989, bes. S. 123f.

[52] LINCOLN (o. Anm. 43), S. LXXXII.

[53] Wahrscheinlich aber war Kolossae (neben Laodicea) zur Entstehungszeit des Kol bereits durch Erdbeben zerstört (A. LINDEMANN, Die Gemeinde von „Kolossä". Erwägungen zum „Sitz im Leben" eines pseudopaulinischen Briefes, WuD 16 [1981] 111–134; einschränkend aber: M. WOLTER, Der Brief an die Kolosser. Der Brief an Philemon [ÖTK 12], 1993, S. 35). Damit wäre auch die reale Adresse des Kol unbekannt. Zumindest aber wurde Laodicea (und Hierapolis) sehr bald wieder aufgebaut (Tacitus, Ann. 14,27,1), so daß das Lykos-Tal allgemein als Adresse in Frage kommen kann.

[54] S. o. bei Anm. 20.

[55] Der Eph ist so das westliche Gegenstück (oder genauer: Vorbild) des „östlicheren" 1Petr (vgl. neben der Erwähnung von Asien [fehlt aber in א*]: Pontus, Galatien, Kappadokien, Bithynien). Eine literarische Abhängigkeit des 1Petr vom Eph wird z. B. behauptet von MITTON (o. Anm. 45), S. 176–197; auch F. CORNELIUS, Die geschichtliche Stellung des Eph, ZRGG 7 (1955), S. 74ff. Doch ist genau so gut mit gemeinsamer Tradition zu rechnen.

Paul as a unifying source of authority"[56]. Aus dieser Situation läßt sich zunächst die Funktion der Paulus-Pseudonymität überhaupt erklären, dann aber auch die Tatsache, daß die Person des Apostels soteriologische Funktion und Würde erhält (Eph 3,1–13)[57]. K. M. Fischer sieht die Probleme der nachpaulinischen Ära in einer Entwicklung zur episkopalen Ordnung der Ortsgemeinden, die theologisch auseinanderdriften, da jede einigende Gesamtinstitution fehlt. Demgegenüber vertrete der Verfasser eine integrative Theologie und hebe die ökumenischen Ämter (Apostel, Propheten) hervor[58]. In der Tat würde dieses Bild von der Situation die „Katholizität" des Eph (seine offene Adresse) gut erklären, wenn auch der Hinweis auf die episkopale Verfassung nur ein *argumentum e silentio* ist[59].

(8) Entscheidend ist aber die Frage, welche Partien des Schreibens die aktuelle Spitze der Ausführungen darstellen. Von einigen Auslegern wird inzwischen die zuvor meist vernachlässigte Paränese (4,1ff), die über die Hälfte des Schreibens ausmacht, wieder stärker beachtet[60], doch steht diese eindeutig in Korrespondenz zum „indikativischen" Teil Kap. 1–3[61]. Die Hauptanliegen kommen in 2,1–3,13 zum Ausdruck, und die Paränese ergänzt und konkretisiert die grundsätzlichen Ausführungen.

(9) Als Abschnitt mit dem zentralen Anliegen des Eph wird zu Recht von den meisten Auslegern 2,11–22 angesehen[62]. In diesem Abschnitt geht es gerade um Versöhnung, Frieden und Einheit. Einige Ausleger sehen den An-

---

[56] MEADE (o. Anm. 47), S. 148. Als Erscheinungen dieser Autoritätslücke und damit als Anlässe des Schreibens werden „anti-Semitism, false teaching, divisions, and moral laxity" genannt (S. 147).

[57] Dies gilt schon für Kol 1,24–29 (s. u. Anm. 75). MEADE (vorige Anm.), S. 150f, hält Kol allerdings für einen genuinen Paulusbrief.

[58] FISCHER (o. Anm. 1), S. 40–48.

[59] Vgl. LINDEMANN (o. Anm. 10), S. 241f.

[60] J. GNILKA, Paränetische Traditionen im Epheserbrief, in: Mélanges Bibliques. FS B. Rigaux, Gembloux 1970, 397–410; H. MERKLEIN, Eph 4,1–5,20 als Rezeption von Kol 3,1–17 (zugleich ein Beitrag zur Pragmatik des Epheserbriefes), in: Kontinuität und Einheit. FS F. Mußner, Freiburg i. Br. 1981, 194–210; U. LUZ, Überlegungen zum Epheserbrief und seiner Paränese, in: Neues Testament und Ethik. FS R. Schnackenburg, Freiburg i. Br. 1989, 376–396; K. T. TSCHO, Die ethischen Weisungen und ihre theologische Begründung im Epheserbrief. Diss. Tübingen 1991; G. SELLIN, Die Paränese des Epheserbriefes, in: Gemeinschaft am Evangelium. FS W. Popkes, Leipzig 1996, 281–300.

[61] Vgl. MERKLEIN (vorige Anm.).

[62] Z. B. H. SCHLIER, Christus und die Kirche im Epheserbrief (BHTh 6), Tübingen 1930, S. 18–60; M. BARTH, Israel und die Kirche im Brief des Paulus an die Epheser (TEH 75), 1959; D. C. SMITH, Jewish and Greek Traditions in Ephesians 2:11–22, Diss. Yale University, 1970; H. MERKLEIN, Christus und die Kirche. Die theologische Grundstruktur des Epheserbriefes nach Eph 2,11–18 (SBS 66), Stuttgart 1973; W. RADER, Church and Racial Hostility. A History of Interpretation of Eph 2:11–22 (BGBE 20), Tübingen 1978; R. SCHNACKENBURG, Zur Exegese von Eph 2,11–22 im Hinblick auf das Verhältnis von Kirche und Israel, in: The New Testament Age. FS B. Reicke, vol. II, Macon, GA, 1984, 467–491; FAUST (o. Anm. 13).

laß des ganzen Eph in einem Auseinanderleben der Heidenchristen und der Judenchristen in der nachpaulinischen Zeit und die Intention des Verfassers in einer Versöhnung und Vereinigung dieser beiden Gruppen. Die überheblichen Heidenchristen, die im Zuge eines nachpaulinischen Antijudaismus antisemitischen Tendenzen offenstanden, werden an die heilsgeschichtlichen Prioritäten der Judenchristen erinnert[63].

(10) Es fragt sich aber, ob diese Sicht dem Text hinreichend gerecht wird. Nicht Judenchristen und Heidenchristen, sondern Israel und die Heiden werden einander gegenübergestellt[64], wobei die Perspektive eine ursprünglich hellenistisch-jüdische universalistische ist: Die Heiden wurden zu Miterben von Israels Verheißungen (2,12). Dazu aber mußte die trennende „Mauer" des Gesetzes beseitigt werden (2,14) – was nach hellenistisch-juden*christlicher* Theologie durch Christus geschah[65]. Das heißt: Die Perspektive ist nicht (nur) eine innerchristlich-ökumenische, sondern eine universal-menschheitliche[66].

(11) Die Thematik der „Eins-heit" beherrscht weite Teile des ganzen Schreibens: 1,10.22f; 2,11–22; 3,6.19; 4,1–16; 5,21–33. Ausgehend vom zentralen Abschnitt 2,11–22 hat E. Faust das wesentliche Anliegen des Eph überzeugend als „Kontrafaktur" erklärt: „Die Ekklesia unter ihrem Haupt

---

[63] Z. B. FISCHER (o. Anm. 1), S. 79ff; MERKLEIN (o. Anm. 60), S. 210: „Manches spricht dafür, daß der Autor des Epheserbriefes sich an ein Heidenchristentum wendet, das aus dem ,gesetzesfreien' paulinischen Evangelium falsche Folgerungen gezogen hatte. Die ,Emanzipation' der heidenchristlichen Kirche vom Gesetz drohte die theologisch-heilsgeschichtliche Bindung der Kirche an Israel in Vergessenheit geraten zu lassen und brachte auf sittlichem Gebiet die Gefahr des Rückfalls in heidnisches Leben mit sich"; ähnlich auch FAUST (o. Anm. 13), S. 182ff. Dagegen aber zu Recht MEADE (o. Anm. 47), S. 144: „... this interest of the author in Judaism and the relation of Jews and Gentiles is more theological than practical ... there is no evidence of any actual conflict between Jewish and Gentile Christian groups".

[64] P. STUHLMACHER, „Er ist unser Friede" (Eph 2,14). Zur Exegese und Bedeutung von Eph 2,14–18, in: Neues Testament und Kirche. FS R. Schnackenburg, Freiburg i. Br. 1974, 337–358, S. 356, versteht Eph 2,14–17 als ein „Modell von Realversöhnung": „Weit entfernt davon, nur eine lebensferne theologische Lehre vorzutragen, zielt unser Ephesertext vielmehr hinein in die Welt des antiken Antisemitismus und der jüdischen Heidenverachtung und verkündet *hier* die Überwindung der Juden und Heiden bislang trennenden Feindschaft durch Christus, den Versöhner." Dagegen ist freilich einzuwenden, daß für den Verfasser des Eph hier keine Realversöhnung mehr aktuell war: Die neue Einheit in Christus wird vorausgesetzt, und Israel ist für ihn keine gegenwärtig relevante Größe mehr (vgl. LINDEMANN [o. Anm. 10], S. 247ff). Daß jedoch „ein heilsgeschichtlicher Vorzug der Juden" überhaupt nicht erkennbar würde (so LINDEMANN, S. 249f), kann man angesichts von Eph 2,12 schwerlich behaupten.

[65] χωρὶς Χριστοῦ in 2,12 bedeutet aber wohl kaum „ohne Messias"-Hoffnung. Die Wendung steht vielmehr antithetisch zu ἐν Χριστῷ Ἰησοῦ (2,13), was auch durch die Gegenüberstellung von τῷ καιρῷ ἐκείνῳ (V. 12) und νυνὶ δέ (V. 13) nahegelegt wird.

[66] Insofern der Verfasser des Eph den *kosmischen* Universalismus des Kol stärker auf die soziale Ebene verlagert, kommt er dem universalen Denken des Paulus im Röm wieder etwas näher. Im übrigen tritt dadurch der politische Aspekt stärker in den Vordergrund, was man dem scheinbar weltentrückten Eph auf den ersten Blick nicht zutraut – doch s. u. Abschnitt (11).

Christus erscheint als universale, soziale Gegengröße zum Imperium Romanum unter seinem kaiserlichen Haupt. Ausschlaggebend für diese Darstellung durch den judenchristlichen Verfasser waren wahrscheinlich seine Negativerfahrungen mit der pax Caesaris nach dem bellum Iudaicum."[67] Die politische Situation im (westlichen) Kleinasien zur Zeit der Flavier scheint so durch die scheinbar zeitlos-abstrakten Ausführungen des Eph hindurch. Das Thema der „Einheit" wird später bei Ignatius zu einem zentralen Schlagwort (ἑνότης[68], ἕνωσις). Es ist bei ihm freilich wesentlich mit dem monarchischen Episkopat verbunden, von dem sich im Eph keine Spuren finden lassen[69].

(12) Nicht nur die Konkurrenz mit dem Imperium in der Einheitstheologie, sondern auch die Nähe zum 1Petr könnte beim Eph an die spätere Zeit der Flavier, an die Zeit Domitians, denken lassen. A. Lindemann hat im zweiten Teil seines Aufsatzes[70] aufgrund von Eph 6,10ff[71] vermutet, Eph setze eine Verfolgungssituation voraus: „Die historische Voraussetzung könnte die domitianische Verfolgung in Kleinasien im Jahre 96 gewesen sein."[72] Ob man Eph 6,10–20 aber mehr als eine dualistische Einschätzung

---

[67] FAUST (o. Anm. 13), S. 482 (der erste Satz ist bei Faust hervorgehoben).

[68] Der *terminus* begegnet im NT nur Eph 4,3.13. Das *Thema* ist aber im Eph unter anderen Ausdrücken beherrschend.

[69] Nach FISCHER (o. Anm. 1), S. 21ff, will der Verfasser des Eph gegen das sich in Kleinasien zu seiner Zeit bereits institutionell durchsetzende Bischofsamt, das „die Struktur des paulinischen Missionsverbandes zerstörte" (S. 39), angehen: Er verschweige die parochialen Ämter (Bischof, Presbyter, Diakon) bewußt und berufe sich auf die ökumenischen Ämter Apostel und Propheten als dem „einzige(n) Fundament der Kirche" (S. 33). Der Jubilar, dem dieser Beitrag gewidmet ist, hat die These aufgestellt, das Apostelamt sei zur Abfassungszeit von Eph eine Gegenwartsgröße (G. KLEIN, Die Zwölf Apostel. Ursprung und Gehalt einer Idee [FRLANT 77], Göttingen 1961, S. 66ff). FISCHER, S. 33–39, hat sich dieser Sicht angeschlossen. Es bleibt dann freilich eine offene Frage, wie die Leitungsstruktur eines solchen Gemeindeverbandes ausgesehen haben sollte (eine „tabula rasa" [FISCHER, S. 38] bleibt die Gegenwart des Eph in Hinsicht auf die Ämter ohnehin). Die Pastoralbriefe setzen z. B. Presbyter, Diakone und Bischöfe voraus (der Titel Apostel wird allein Paulus vorbehalten), ohne die Idee einer Einheit des Paulinismus aufgegeben zu haben. So scheint es mir wahrscheinlicher zu sein, daß auch für Eph das Apostelamt eine ideale Größe der Vergangenheit darstellt und für den Verfasser entscheidend durch das Paulusbild geprägt ist (Eph 3,1–13): vgl. H. MERKLEIN, Das kirchliche Amt nach dem Epheserbrief (StANT 33), München 1973, S. 332ff („Paulus als der Apostel schlechthin").

[70] LINDEMANN (o. Anm. 10), S. 242–244.

[71] Eph 6,10–20 wird neuerdings im Zuge der rhetorischen Analyse wohl zu Recht als *peroratio* verstanden: so z. B. LINCOLN (o. Anm. 43), S. 224.432f. Dann aber ist dieser zuspitzende Schlußabschnitt für die Bestimmung der pragmatischen Funktion besonders wichtig.

[72] LINDEMANN (o. Anm. 10), S. 243. Das Problem der (möglicherweise literarischen) Abhängigkeit des 1Petr von Eph (s. o. Anm. 40 und 55) müßte dabei aber genauer untersucht werden. Zur Verfolgungssituation im 1Petr sowie zur geographischen und historischen Beziehung des 1Petr zum Paulinismus von Kol und Eph („Heilsperfektionismus") vgl. vor allem A. REICHERT (o. Anm. 40), S. 500ff.

der Gegenwart und eine Einschärfung ethischen Widerstandes gegen die Weltmächte entnehmen darf, ist fraglich. Doch ist die *Perspektive* des Martyriums in diesem Abschnitt immerhin impliziert[73]. Daß dieser Kampf mit den „Weltherrschern dieser Finsternis" aber nicht ohne Bezug zur Macht Roms gedacht ist, belegt E. Faust u. a. mit dem Hinweis auf 6,19f, wo der Verfasser die Fesseln des Paulus in diesen Kampf einordnet: Der Eph vertritt „ein antithetisches Selbstverständnis der Kirche gegenüber dem Imperium und den für seinen Bestand als konstitutiv erachteten ‚Mächten'"[74]. Auch wenn Paulus im Umkreis der paulinischen Gemeinden bisher der einzige Märtyrer gewesen sein sollte, so impliziert der Kampf gegen die dämonischen Mächte doch schon die künftige Auseinandersetzung mit dem Römischen Reich. Vom Eph zu Ignatius ist es auch in dieser Hinsicht kein großer Schritt mehr.

III

Das Ergebnis dieser Sichtung der neueren Vorschläge über situativen Anlaß und Intention des Eph ist nicht besonders ermutigend. Immerhin aber lassen sich doch einige Kriterien und Perspektiven für eine Bestimmung der pragmatischen Funktion daraus gewinnen:

(1) Auszugehen ist von dem vor allem textkritisch erhobenen Ergebnis, daß der Eph ein (pseudonymer) *„katholischer" Paulus-Brief* ist. Das erklärt zunächst seinen situationsabstrakten, überregionalen, allgemeingültigen Charakter.

(2) Zu berücksichtigen ist vor allem die Tatsache, daß der Eph sich eng an Kol orientiert, ja diesen in weiten Teilen als literarische Vorlage benutzt und ausschreibt. Deshalb erscheint eine geographische Nähe zum Lykos-Tal naheliegend, wenn auch nicht zwingend. Das intendierte Verbreitungsgebiet des Eph dürfte auf jeden Fall aber das Gebiet der Provinz Asia (westliches Kleinasien) sein.

(3) Der Tod des Apostels, der im Attribut „der Gefangene Christi Jesu" (3,1; vgl. 4,1) anklingt[75], bedeutet für die paulinischen Gemeinden durchaus

---

[73] LINDEMANN (o. Anm. 10) nimmt seine gegenüber seinen sonstigen Äußerungen zum Eph überraschend konkrete Situationierung gegen Ende seines Aufsatzes weitgehend wieder zurück (vgl. S. 250 Anm. 62) und betont nur noch die „Lehre von der Einheit der Kirche" und einen generellen „Synkretismus" als „theologisches Programm" (S. 251).

[74] FAUST (o. Anm. 13), S. 470 (als Zusammenfassung seiner Argumentation S. 431–470).

[75] Eph 3,1–13 knüpft an Kol 1,24–29 an. Dort aber setzt die rätselhafte Wendung ἀντανα–πληρῶ τὰ ὑστερήματα τῶν θλίψεων τοῦ Χριστοῦ („ich fülle das, was an den Leiden Christi noch fehlt, auf") den Tod des Apostels voraus: Was bei Paulus im Vergleich zu den Leiden

ein Problem, insofern eine die einzelnen Gemeinden einigende Autorität fehlt[76]. Mit im Zentrum des Eph (2,1–3,13) steht deshalb der Abschnitt 3,1–13, der die bleibende Bedeutung des Apostels, seine soteriologische Funktion, herausstellt. Das „Geheimnis" ist ihm als Apostel nicht nur mitgeteilt worden (3,2–6), sondern ihm oblag auch die *Durchführung*[77] des offenbarten Heilsplans (3,8ff).

(4) Hauptthema des Eph ist die *Eins-heit*. Diese Einheit besteht in der Kirche, die durch das Wirken des Paulus die Mauer zwischen Juden und Heiden beseitigte. Daß es in dieser Zeit akute Probleme zwischen Judenchristen und Heidenchristen gegeben habe, ist unwahrscheinlich. Anders als Paulus in Röm 9–11 reflektiert der Verfasser aber auch nicht mehr über Israel. Die Theologie der Einheit, insbesondere die Ekklesiologie, hat hellenistisch-jüdische Wurzeln (der pythagoreische Platonismus eines Philon von Alexandrien mit seiner Ontologie), die im Kol und Eph stärker als bei Paulus selbst nachzuweisen sind[78].

(5) Aus rhetorischen Gründen ist Eph 6,10–20 als *peroratio* anzusehen. Daher ist dieser Abschnitt für die Intention des Verfassers als besonders wichtig zu nehmen. Dieser Schlußteil macht deutlich, daß die Einheitstheologie des Schreibens kein verharmlosendes Harmonie-Klischee darstellt.

Christi *noch* fehlt, ist sein eigener Tod (denn bisher sitzt er ja der Brief-Situations-Fiktion nach im Gefängnis). Dieser dem gefangenen Apostel noch bevorstehende Tod erhält dann insofern eine soteriologische Funktion, als er *„für* den Leib Christi, die Kirche" geschieht. „Was an den Leiden Christi noch fehlt", bezieht sich also überhaupt nicht auf etwas, was *bei Christus* noch fehlte, sondern auf die *beim gefangenen Apostel* noch nicht vollzogene Hinrichtung, die die an Christus gemessenen Leiden erst vollständig macht.

[76] Vgl. MEADE (o. Anm. 47 und 56) und FISCHER (o. Anm. 1 und 58).

[77] οἰκονομία (3,2.9) hat in Eph diese Bedeutung: vgl. H. KUHLI, EWNT II, 1221.

[78] Vgl. dazu H. HEGERMANN, Zur Ableitung der Leib-Christi-Vorstellung, ThLZ 85 (1960) 839–842; DERS., Die Vorstellung vom Schöpfungsmittler im hellenistischen Judentum und Urchristentum (TU 82), Berlin 1981; C. COLPE, Zur Leib-Christi-Vorstellung im Epheserbrief, in: Judentum – Urchristentum – Kirche. FS J. Jeremias, Berlin 1964, 172–187; G. SELLIN, Die religionsgeschichtlichen Hintergründe der paulinischen „Christusmystik", ThQ 176 (Tübingen 1969) 7–27, S. 14f.24.26 und passim.

Begründetes Schweigen
Paulus und paulinische Tradition in der Johannesapokalypse

von

JENS-W. TAEGER

„Der auszog, um die Mittelmeerwelt seinem Herrn zu Füßen zu legen, hat zweifellos als Pionier der schnell und mächtig wachsenden jungen Christenheit gewirkt. Dauer hat sein von ihm geplantes Werk nicht gehabt. Es ist in der breiten Flut frühchristlicher Mission untergegangen, in welcher auch die eigenwillige Stimme seiner Theologie verhallte.“[1] Dies Urteil über „das Los des Paulus“[2] begründet E. Käsemann unter anderem mit der Beobachtung: „Die Johannesapokalypse trägt keine Spuren dessen, daß Kleinasien dem Apostel Dank schuldet.“[3] A. Lindemann, der Breite und Intensität der ältesten christlichen Paulusrezeption anders einschätzt und meint, „(d)ie weitaus meisten der vermutlich in *Kleinasien* entstandenen Schriften . . . nehmen auf Paulus positiv Bezug und zeigen auch ein gewisses Bemühen um die Rezeption bzw. Tradition der paulinischen Theologie“, fügt gleichwohl hinzu: „Eine Ausnahme bildet lediglich die Apk, die von Paulus offenbar überhaupt nicht berührt ist.“[4] Das Werk des Sehers, adressiert an Gemeinden in der Asia, im alten paulinischen Missionsgebiet und dessen Umfeld (vgl. 1,4.11) – wahrscheinlich auch in dieser Gegend entstanden –, erwähnt den Apostel nicht. Wie ist dieses Schweigen zu erklären? Indiziert es ein negatives Verhältnis des Apk-Autors zu Paulus und zum Paulinismus der Zeit? Oder aber trügt der nicht selten geäußerte Eindruck, die Apk zeige keine Spur paulinischer Tradition?

---

[1] E. KÄSEMANN, Paulus und der Frühkatholizismus (in: DERS., Exegetische Versuche und Besinnungen II, ³1968, 239–252), 242.

[2] AaO. 243.

[3] AaO. 242; vgl. z. B. G. BORNKAMM, Paulus (UB 119), 1969, 102f.

[4] A. LINDEMANN, Paulus im ältesten Christentum. Das Bild des Apostels und die Rezeption der paulinischen Theologie in der frühchristlichen Literatur bis Marcion (BHTh 58), 1979, 396.

F. C. Baur sah in der Apk nicht nur ein „Zeugniss für die judaistische Re-
action gegen das paulinische Christenthum"; sie richte sich zudem direkt
gegen den Apostel als Urheber einer Lehre, aus der das z. B. in Apk 2,14.20
bekämpfte Christentum hervorgegangen sei. Deshalb werde Paulus in 21,14
aus dem Kreis der Apostel ausgeschlossen und in 2,2 zusammen mit seinen
Gehilfen als Falschapostel etikettiert[5]. Einige der von Baur angeführten Beobachtungen spielen auch dann noch eine Rolle, wenn man sein Geschichtsbild nicht teilt und die Apk vorsichtiger der Richtung „eine(r) mehr oder
weniger bewußte(n) Ignorierung oder Ablehnung des Paulus bzw. des zeitgenössischen Paulinismus" zuweist. Der Verfasser übergehe Paulus, kenne
„nur die zwölf Urapostel"[6] und greife Irrlehrer an, die „nicht ganz unabhängig von den Nachwirkungen paulinischer Theologie"[7] seien. Außerdem
passe zur Ignorierung des Paulus die judenchristliche Herkunft des Johannes, der aus dem syrisch-palästinischen Raum in die Provinz Asia einge-
wandert sei und eschatologische, christologische sowie ekklesiologische
Anschauungen vertrete, die sich von den dort vorherrschenden grundlegend
unterschieden[8].

Dagegen finden andere Ausleger in der Apk durchaus bemerkenswerte
Anklänge an paulinische Überlieferung, unterstellen ihrem Verfasser die
Kenntnis mindestens von Teilen der literarischen Hinterlassenschaft des
Apostels[9], verweisen insbesondere auf die briefliche Rahmung des Werkes,

---

[5] F. C. BAUR, Das Christenthum und die christliche Kirche der drei ersten Jahrhunderte,
[2]1860, 80–83, Zitat: 81.

[6] U. B. MÜLLER, Zur frühchristlichen Theologiegeschichte. Judenchristentum und Paulinismus in Kleinasien an der Wende vom ersten zum zweiten Jahrhundert n. Chr., 1976, 82, ebd.
beide Zitate; vgl. DERS., Die Offenbarung des Johannes (ÖTK 19), [2]1995, 52, wo nur noch von
„Ignorierung" des Paulus die Rede ist. – Zur Deutung von 21,14 im Sinne einer Konzeption
von zwölf Uraposteln s. die Einwände bei G. KLEIN, Die zwölf Apostel. Ursprung und Gehalt
einer Idee (FRLANT 77), 1961, 76–79.

[7] MÜLLER, Theologiegeschichte (s. Anm. 6), 26. J. BECKER, Paulus. Der Apostel der Völker,
1989, 167: In Pergamon und Thyatira (Apk 2,12ff.18ff) „äußert sich paulinisches Christentum.
Gegen dieses zieht mit judenchristlicher Position die Apk zu Felde." Vgl. noch K. BERGER,
Theologiegeschichte des Urchristentums. Theologie des Neuen Testaments, [2]1995, 585ff.595.

[8] MÜLLER, Theologiegeschichte (s. Anm. 6), 46ff (allerdings weise die Apk daneben gewisse
Übereinstimmungen mit Tendenzen des kleinasiatischen Christentums der Zeit auf: 15ff);
DERS., Offb (s. Anm. 6), 49ff, bes. 52. BAUR, Christenthum (s. Anm. 5), 82, meinte, es sei die
Absicht des Apostels Johannes (ihn hält er für den Autor der Apk und diese für eine der ältesten neutestamentlichen Schriften), „die Grundsätze des jerusalemischen Christenthums gegen
die Uebergriffe des paulinischen aufrecht zu erhalten". Zu einer ähnlichen Sicht wie der Mül-
lers vgl. W. BAUER, Rechtgläubigkeit und Ketzerei im ältesten Christentum (BHTh 10), [2]1964,
81f.87f; auch E. LOHSE, The Revelation of John and Pauline Theology (in: B. A. PEARSON, Hg.,
The Future of Early Christianity [FS H. Koester], 1991, 358–366), 365.

[9] Vgl. die Auflistungen bei H. J. HOLTZMANN, Briefe und Offenbarung des Johannes (HNT
4/II), [2]1893, 308; R. H. CHARLES, The Revelation of St. John (ICC), (Nachdr.) 1985, I, lxxxiiiff;
A. E. BARNETT, Paul Becomes a Literary Influence, 1941, 41ff.

die die paulinische und deuteropaulinische Konvention aufnehme[10], wollen
zeigen, daß es sich gut einfügen läßt in „the theological context of Asia Mi-
nor which was greatly determined by Pauline and post-Pauline theology"[11],
glauben starke Gemeinsamkeiten mit Paulus konstatieren zu müssen, dem
Johannes insgesamt „sehr viel näher" stehe „als gemeinhin gedacht"[12]. Angesichts dieser unklaren Forschungslage[13] sollen im folgenden zunächst
stichprobenartig einige der vermeintlich signifikanten Berührungen mit
(deutero)paulinischen Werken und Anschauungen überprüft werden (I).
Anschließend wird unter zwei Aspekten, dem einer aktuellen Auseinandersetzung (II) sowie dem des sachlichen Verhältnisses (III), der Frage nachgegangen, wie die eigenartige Stellung, die die Apk zum Apostel, seinem Werk
und seinen Nachwirkungen einnimmt, zu erklären ist.

I

Die briefliche Rahmung der Apk (1,4.5a; 22,21) zeigt zweifellos eine auffällige Nähe zur paulinischen und deuteropaulinischen Briefkonvention. Johannes übernimmt diese jedoch nicht ungebrochen, sondern modifiziert sie
im einzelnen und schließt das Präskript mit einer – unpaulinischen, jedoch
später belegten (vgl. 2 Tim 4,18; 2 Pt 3,18) – Christusdoxologie (1,5b.6) ab;
vor allem ist eine deutlich andere Autorhaltung erkennbar: der Verfasser des
Werkes tritt zurück, seine Funktion wird im wesentlichen auf die des
Schreibers und Übermittlers reduziert[14] (vgl. 1,11.19 und die Schreibbefehle
in den Sendschreiben 2,1.8 etc. sowie 14,13; 19,9; 21,5). Daß der Apk-Autor
trotz dieser Neuakzentuierung auf die „paulinische" Konvention zurück-

---

[10] Z. B. E. Schüssler Fiorenza, Apokalypsis and Propheteia: Revelation in the Context of
Early Christian Prophecy (in: Dies., The Book of Revelation: Justice and Judgment, 1985,
133–156), 149f; Dies., The Quest for the Johannine School: The Book of Revelation and the
Fourth Gospel (in: Dies., aaO. 85–113), 107; Dies., Das Buch der Offenbarung. Vision einer
gerechten Welt, 1994, 60ff; differenzierter M. Karrer, Die Johannesoffenbarung als Brief. Studien zu ihrem literarischen, historischen und theologischen Ort (FRLANT 140), 1986, 73–83.
Berger, Theologiegeschichte (s. Anm. 7), 600 (vgl. 618), spricht von der Übernahme „des *auch*
bei Paulus vorkommenden Briefformulars" (Hervorhebung von mir).

[11] Schüssler Fiorenza, Apokalypsis (s. Anm. 10), 151.

[12] Berger, Theologiegeschichte (s. Anm. 7), 595 (dies gilt für Berger auch in chronologischer Hinsicht: er vertritt wieder die Frühdatierung der Apk in das Vierkaiserjahr 68/69 [aaO.
616–618]; vgl. zur Datierung noch u. Anm. 75).

[13] Vgl. Karrer, Johannesoffenbarung (s. Anm. 10), 67; Müller, Offb (s. Anm. 6), 389f.

[14] Vgl. dazu die Einzelnachweise bei Karrer, Johannesoffenbarung (s. Anm. 10), 73ff (Zusammenfassung: 82f, in Abgrenzung gegen die Sicht Schüssler Fiorenzas); ihm folgt U. B.
Müller, Apokalyptik im Neuen Testament (in: F. W. Horn, Hg., Bilanz und Perspektiven
gegenwärtiger Auslegung des Neuen Testaments [BZNW 75], 1995, 144–169), 162.

greift, kann nach M. Karrer nur als Orientierung an den Adressaten verstanden werden: er wendet sich an paulinische Gemeinden[15]. Doch ist – abgesehen davon, ob das in der Apk verwendete Briefformular von den kleinasiatischen Empfängern wirklich noch als „paulinisch" und nicht eher als das inzwischen weithin übliche[16] (vgl. 1 Pt) erkannt wurde – zumindest *auch* eine verfasserorientierte Erklärung keineswegs ausgeschlossen. Aufnahme und Umprägung können auf ein bewußtes Sich-Absetzen von (paulinisch oder allgemein) Vertrautem weisen, zumal das vorgeschaltete Incipit – falls es vom Autor stammt – eine klare Leseanweisung für das Präskript gibt: Johannes bezeugt lediglich eine ihm kundgetane Offenbarung Christi (Gen. subj.), die dieser von Gott erhalten hat[17]. Sie ist demnach schon von ihrem Ursprung her jedem anderen Autoritätsanspruch überlegen. Jedenfalls, darin ist Karrer sicher zuzustimmen, wird man Präskript und Schlußgruß der Apk nicht als Ausdruck einer „besondere(n) theologische(n) Paulusnähe oder gar Paulusverehrung"[18] werten dürfen.

Von den drei Würdeprädikationen Christi in der Salutatio (1,5a) scheint die zweite (ὁ πρωτότοκος τῶν νεκρῶν) „im Raum paulinisch bestimmter Theologie formuliert worden"[19] zu sein, wie besonders Kol 1,18 nahelegt (vgl. sachlich 1Kor 15,20; außerdem Röm 8,29 sowie Apg 26,23 [im Munde

---

[15] KARRER, Johannesoffenbarung (s. Anm. 10), 83. – Daß vor dem Briefschluß der Apk sich in 22,15ff eine „Auswertung der Abendmahlstradition" findet, „die gemäß der paulinischen Formtradition am Briefende ihren sachgemäßen Platz hat (vgl. 1 Kor 16,22)", wie neben anderen auch Karrer (254) meint, dürfte kaum zutreffen (vgl. J.-W. TAEGER, Johannesapokalypse und johanneischer Kreis. Versuch einer traditionsgeschichtlichen Ortsbestimmung am Paradigma der Lebenswasser-Thematik [BZNW 51], 1989, 50–54).

[16] Vgl. LOHSE, Revelation (s. Anm. 8), 363.

[17] Die Selbstkennzeichnung der Apk (1,1init) mag terminologisch eine gewisse Vorgeschichte im paulinischen Bereich haben (Gebrauch des Nomens zur Bezeichnung einer Gnadengabe, vgl. 1Kor 14,6.26; so KARRER, Johannesoffenbarung [s. Anm. 10], 97f). Mit dem in Eph 1,17 geäußerten Wunsch, Gott möge den Adressaten den Geist der Weisheit und Offenbarung geben, berührt sich Apk 1,1 zwar in der Vorstellung, die ἀποκάλυψις sei von Gott gegeben (ihr Empfänger ist in der Apk jedoch zunächst Jesus Christus), ist aber von der dortigen Sicht deutlich u. a. dadurch geschieden, daß die Offenbarung – wie der in V. 1 geschilderte abgestufte Vermittlungsweg unterstreicht – allein über Johannes (und sein Werk) den Gläubigen zugänglich wird (zu KARRER, aaO. 98, der allerdings [ebd. Anm. 45] zu Recht die Deutung der Anfangsworte der Apk durch SCHÜSSLER FIORENZA abweist, die mit Bezug auf Gal 1,12.16 meint, Johannes habe so seine eigene prophetische Erfahrung ähnlich der Berufungserfahrung des Paulus charakterisieren wollen: Apokalypsis [s. Anm. 10], 150f).

[18] KARRER, Johannesoffenbarung (s. Anm. 10), 82.

[19] E. SCHÜSSLER FIORENZA, Priester für Gott. Studien zum Herrschafts- und Priestermotiv in der Apokalypse (NTA NF 7), 1972, 202 (203: „Weiterbildung paulinischer Terminologie und Theologie"). Sogar A. JÜLICHER, Einleitung in das Neue Testament, [5+6]1906, 237, der nicht mit einer Kenntnis der paulinischen Literatur seitens des Apk-Autors rechnet, hält diesen Anklang „an die paulinische Ausdrucksweise" für erwähnenswert.

des lukanischen Paulus][20]). Wenn auch im Unterschied zum deuteropaulinischen Text (dort: ἐκ τῶν νεκρῶν) vom Erstgeborenen hier zunächst nur als
dem ersten einer Reihe anderer die Rede ist[21] (und sich Apk 1,5a insofern
enger mit 1Kor 15,20 berührt: „Erstling der Entschlafenen"), wird doch
ähnlich wie in Kol 1,18 die herrschaftliche Stellung Christi betont[22]. Freilich
kommt dieser Aspekt in der Apk erst in der Fortführung durch die dritte
Prädikation („und der Herrscher über die Könige der Erde") voll zum Zuge. Diese Abfolge der Titel aber ist offenkundig durch Ps 88,28 LXX beeinflußt; ebenso spielt wohl bereits der erstgenannte Titel („treuer Zeuge") auf
V. 38 dieses Psalms an[23]. Johannes hat die alttestamentlichen Aussagen ab-
gewandelt, die erste und die dritte Prädikation ganz seinem eigenen theologischen Konzept angepaßt[24]. Deshalb kann es sich bei der mittleren durchaus um eine „selbständige Formulierung"[25] des Apk-Verfassers handeln,
der den „Erstgeborenen" im Psalmwort zum Erstgeborenen τῶν νεκρῶν
umformt. Auf diese Weise unterstreicht er diejenige Bedeutung der Auferstehung Christi für die der Toten, die er dann in der Selbstprädikation
Christi (Apk 1,18) zur Sprache bringt: dieser war tot, ist nun der in alle
Ewigkeiten Lebendige und besitzt als solcher die Schlüssel zum Tod und
zum Hades.

In Apk 20,4–6 ist von der „ersten Auferstehung" die Rede, an der nicht alle Toten, sondern nur Märtyrer teilhaben; sie werden zusammen mit Christus tausend Jahre herrschen, nachdem zuvor die irdische Gegenmacht vernichtet (19,19ff) und der hinter ihr stehende Drache in Fesseln geschlagen
worden ist (20,1–3). Für K. Berger zeigt dies: „Der ‚Erstling der Auferstandenen' 1Kor 15,20f hat damit in Apk 20,4–5 gewissermaßen Brüder und
Mitregenten bekommen", und er hält es im Gegenzug für „legitim, die Auferstehung Jesu nach 1Kor 15,20f; Kol 1,18 als ‚erste Auferstehung' zu be-

---

[20] BERGER, Theologiegeschichte (s. Anm. 7), 596: „Die besondere Vorstellung vom Beginn
der Auferstehung bei und mit Jesus teilen Paulus, Kol, die lukanischen Paulustraditionen und
die ApkJoh." Er hält Apg 26,23 für die traditionsgeschichtlich älteste Stufe (ebd.), doch dürfte
das schwerlich zutreffen.

[21] Vgl. E. SCHWEIZER, Der Brief an die Kolosser (EKK [XII]), 1976, 63f.

[22] Vgl. M. WOLTER, Der Brief an die Kolosser. Der Brief an Philemon (ÖTK 12), 1993, 84;
BERGER, Theologiegeschichte (s. Anm. 7), 596.

[23] Zum alttestamentlichen Bezug vgl. J. FEKKES, Isaiah and Prophetic Traditions in the Book
of Revelation. Visionary Antecedents and their Development (JSNTS 93), 1994, 110–112, und
die dort genannte Literatur.

[24] Das hat umfassend SCHÜSSLER FIORENZA, Priester (s. Anm. 19), 198ff.237ff, gezeigt.

[25] W. MICHAELIS, Art. πρῶτος κτλ. (ThWNT VI, 866–883), 879, 17; SCHÜSSLER FIORENZA,
Priester (s. Anm. 19), 248. Beide rechnen nicht mit einer Übernahme aus Kol 1,18. Zu einer vermeintlichen Verbindung zwischen diesem Text und Apk 3,14 (Christus als „Anfang der Schöpfung Gottes") vgl. T. HOLTZ, Die Christologie der Apokalypse des Johannes (TU 85), ²1971,
146f; MÜLLER, Offb (s. Anm. 6), 135f.

zeichnen"[26]. Doch wird so eine Verbindung zu den (deutero)paulinischen Belegen konstruiert, die durch den Apk-Text nicht gedeckt ist. Hier wird nämlich kein unmittelbarer Zusammenhang zwischen Christus als dem πρωτότοκος τῶν νεκρῶν (1,5) und der ἀνάστασις ἡ πρώτη hergestellt; vielmehr ist diese mittels ihrer näheren Kennzeichnung als „die erste" von der später stattfindenden allgemeinen Totenauferstehung zum Gericht abgesetzt (20,11ff), die auch treugebliebene, im Lebensbuch (des Lammes: zu V. 12.15 vgl. 13,8; 21,27) verzeichnete Christen einschließt[27] und ihrerseits wiederum an die – sachlich auf 1,5 zurückweisende (s. o.) – Vorstellung von 1,18 anknüpft: Tod und Hades geben die Toten heraus (20,13).

Ob Johannes in der dem Präskript angefügten, ungewöhnlich breiten Christusdoxologie (1,5b.6) auf einen bekenntnishaften Tauflobpreis zurückgreift, den er lediglich leicht abwandelt, ist umstritten. Vermutlich wird man eher damit rechnen müssen, daß der Autor in der dreifachen Kennzeichnung des Werkes Christi (V. 5b.6a) Einzeltraditionen zusammenfügt, die einen Bezug zur Taufe haben können, ohne eindeutig in diese Richtung zu weisen[28]. Für die ersten beiden Tatprädikationen finden sich gewisse Entsprechungen im paulinischen Bereich. Die Rede von der Liebe Christi erinnert – in einer als ursprünglich postulierten und von Johannes dann präsentisch abgeänderten Aoristform – an Gal 2,20; Eph 5,25 (vgl. 2,4; 2 Thess 2,16), ist jedoch auch „johanneisch" belegt[29]. Die anschließende Darstellung der Heilstat Christi als Befreiung von den Sünden durch sein Blut hat in ihrer konkreten Formulierung keine neutestamentliche Parallele (vgl. am ehesten noch in der vorpaulinischen Formel Röm 3,25, aus der Abendmahlsüberlieferung Mt 26,28); knüpft diese Deutung des Sterbens Jesu gleichwohl „an ein speziell im paulinischen Einflußbereich aufweisbares theologisches Motiv an"[30], ist sofort hinzuzufügen, daß die Sicht der Befrei-

---

[26] BERGER, Theologiegeschichte (s. Anm. 7), 597, der allerdings ebd. auch zugesteht: „Die Art der Beziehung des Erstgeborenen zu den anderen ist jeweils sehr verschieden." – Die Wendung „Erstling der Auferstandenen" bei Berger ist offenbar durch eine Kombination der Aussagen in 1Kor 15,20+21 gewonnen.

[27] Zum Verständnis der beiden Szenen 20,4ff.11ff vgl. TAEGER, Johannesapokalypse (s. Anm. 15), 163ff.

[28] Mit KARRER, Johannesoffenbarung (s. Anm. 10), 110–112, dessen Einwände gegen die These von P. V. D. OSTEN-SACKEN, „Christologie, Taufe, Homologie" – Ein Beitrag zu Apc Joh 1,5f. (ZNW 58, 1967, 255–266), und deren weitgehende Aufnahme durch SCHÜSSLER FIOREN-ZA, Priester (s. Anm. 19), 203ff, überzeugen.

[29] E. LOHMEYER, Die Offenbarung des Johannes (HNT 16), ³1970, 11; KARRER, Johannes-offenbarung (s. Anm. 10), 112; G. STRECKER, Theologie des Neuen Testaments (bearb., erg. und hg. von F. W. HORN), 1996, 554; sie nennen Joh 13,1.34; 14,21; 15,9.12; doch vgl. noch HOLTZ, Christologie (s. Anm. 25), 69f, der von der folgenden Tatprädikation her urteilt.

[30] J. ROLOFF, Die Offenbarung des Johannes (ZBK.NT 18), 1984,34. STRECKER, ebd., verweist zudem auf die johanneische Überlieferung (z. B. 1 Joh 3,5.9).

ung von den Sünden in der Apk mit der bei Paulus selbst nicht übereinstimmt[31]. An anderer Stelle greift Johannes explizit den Gedanken des Los-
kaufs auf, für den er wie Paulus (und 2 Pt 2,1) das Verb ἀγοράζειν verwendet (Apk 5,9; 14,3f; 1Kor 6,20; 7,23; vgl. das Kompositum in Gal 3,13; 4,5)[32].
Die dritte Tatprädikation schließlich (Apk 1,6a; vgl. 5,10 nach V. 9), die den
neuen Status beschreibt, in den die Christen versetzt sind, basiert auf der –
vom Apk-Autor stark umakzentuierten[33] – Verheißung von Ex 19,6, die
ebenfalls 1 Pt 2,9 zugrunde liegt. Die erwähnten, aus alttestamentlicher und
christlicher Überlieferung stammenden Prädikationen Christi in der Salutatio und in der den gemeinsamen Glauben, den gegenwärtigen Heilsstand,
formulierenden Doxologie werden *auch* Adressaten im Umfeld paulinischer Tradition „verständlich"[34] gewesen sein, doch sicher nicht nur diesen.
Erst recht ist daraus nicht eine auffällige Affinität des Autors zum paulinischen Traditionsbereich abzuleiten.

Das gilt ebenso für andere gemeinsame Elemente, von denen beispielhaft
noch zwei angesprochen seien. „Nur bei Paulus (sc. 2 Kor 11,2; vgl. noch
Eph 5,31f) und in Apk (sc. 19,7–9; 21,2.9; 22,17), nie zuvor im Alten Testament oder im Judentum, gibt es die Vorstellung von der Heilsgemeinde als
Braut."[35] Diese zunächst – läßt man terminologische Differenzen beiseite –
beeindruckende Beobachtung verliert an Aussagekraft, sobald man wahr-
nimmt, daß doch wesentliche Bausteine der von Johannes ausgearbeiteten
Konzeption der Heilsgemeinde als Frau/Braut bzw. Stadt/neues Jerusalem
alttestamentlich und frühjüdisch bereitlagen[36] (nicht in gleicher Weise aller-

---

31 Vgl. ROLOFF, ebd.; SCHÜSSLER FIORENZA, Priester (s. Anm. 19), 219f; KARRER, Johannesoffenbarung (s. Anm. 10), 113.

32 Diese Gemeinsamkeit hebt BERGER, Theologiegeschichte (s. Anm. 7), 601f, hervor. Zum
Loskaufgedanken und seinen Ausdrucksformen vgl. G. BARTH, Der Tod Jesu Christi im Verständnis des Neuen Testaments, 1992, 71ff.

33 Dazu vgl. SCHÜSSLER FIORENZA, Priester (s. Anm. 19), 222ff (zur Aufnahme von Ex 19,6
in außerneutestamentlichen Interpretationstexten: 90ff), sowie im einzelnen anders urteilend
KARRER, Johannesoffenbarung (s. Anm. 10), 113ff, dessen Vermutung (116), Johannes schließe
sich mit der βασιλεία-Vorstellung in 1,6a an eine präsentisch-räumliche Traditionsentwick-
lung (wie Kol 1,13; dort aber: Herrschaftsbereich des Christus) an, zu weit gehen dürfte. Daß
in der Apk *auch* von der βασιλεία Christi die Rede ist (11,15), deutet noch nicht auf eine – den
Apk-Text mit 1 Pt 2,4+5 verbindende – „ausgeprägte Gleichförmigkeit zwischen Christus und
Christen", wie BERGER, Theologiegeschichte (s. Anm. 7), 605, meint, da es hier in 1,6 (und
5,10) betont um die Eingliederung in den Herrschaftsbereich Gottes geht.

34 KARRER, Johannesoffenbarung (s. Anm. 10), 112.

35 BERGER, Theologiegeschichte (s. Anm. 7), 598 (die Stellenangaben stammen von mir), vgl.
607f.

36 Zum alttestamentlichen (bes. Jes 61,10) und frühjüdischen Hintergrund vgl. FEKKES,
Isaiah (s. Anm. 23), 231ff (235f Anm. 29 zum Text von 4 Esr 7,26); O. BÖCHER, Israel und die
Kirche in der Johannesapokalypse (in: DERS., Kirche in Zeit und Endzeit. Aufsätze zur Offen-
barung des Johannes, 1983, 28–57), 33f (34 Anm. 28 zu 4 Esr 7,26; dazu auch A. KAMINKA,

dings beim Element der Hochzeit), weiterhin schon zuvor im johanneischen Bereich das Brautmotiv im Blick auf die, die sich Jesus zuwenden, anklingt (Joh 3,29)[37] und außerdem die Braut in der Apk als Gegenbild zur Hure Babylon (Kap. 17f) entworfen ist.

Die sich auf 2 Kor 1,20 und Apk 3,14; 22,20 stützende Feststellung, „Paulus und ApkJoh legen in exklusiver Gemeinsamkeit Jes 65,16 (Amen) christologisch aus"[38], stellt eine Nähe zwischen den jeweiligen Texten her, die so nicht gegeben ist. Paulus begegnet dem Vorwurf, er sei leichtfertig gewesen (2Kor 1,15ff), mit dem Hinweis auf die Zuverlässigkeit seiner Verkündigung, die der Treue Gottes (V. 18), verkörpert im Sohn Gottes (V. 19), korrespondiert. Denn für die ἐπαγγελίαι Gottes gilt: *in* Christus (ἐν αὐτῷ, V. 20a; vgl. V. 19b) das Ja. Dies anerkennen die Glaubenden (oder die Verkündiger[39]) durch ihr bestätigendes Amen (V. 20b). Das durch das wiederholte „Ja" und „Nein" in V. 17–19 vorbereitete „Ja" in Christus mag Paulus an das traditionelle Amen der Liturgie (vgl. 1Kor 14,16) erinnert haben; ob bei seinen Adressaten ähnliche Assoziationen geweckt wurden, ist fraglich[40]. Den Text aber als christologische Auslegung von Jes 65,16 anzusehen, ist alles andere als überzeugend. Ebensowenig kann Apk 22,20 in seinem engeren Kontext für eine solche Sicht in Anspruch genommen werden. Jesus, der das vorliegende, von Johannes geschriebene Buch bezeugt[41], sichert zu: „Ja, ich komme bald" (V. 20a). Mit seinem ναί beantwortet er die flehentliche Bitte der Gemeinde (22,17: „Komm!") und bestärkt so die Glaubenden. Auf diese Parusieankündigung des Herrn reagiert die Gemeinde (oder für sie sprechend Johannes) mit einem responsorischen „Amen" (vgl. 5,14; 7,12; 19,4)

Beiträge zur Erklärung der Esra-Apokalypse und zur Rekonstruktion ihres hebräischen Urtextes [MGWJ 76, 1932, 121–138], 133f).

[37] Vgl. J. BECKER, Das Evangelium nach Johannes. Kapitel 1–10 (ÖTK 4/1), [3]1991, 183f; J. FREY, Erwägungen zum Verhältnis der Johannesapokalypse zu den übrigen Schriften des Corpus Johanneum (in: M. HENGEL, Die johanneische Frage. Ein Lösungsversuch [WUNT 67], 1993, 326–429), 384 Anm. 354. Anders BERGER, Theologiegeschichte (s. Anm. 7), 615, mit der Begründung: „auch die synoptischen Evangelien kennen den Bräutigam, jedoch noch nicht die Braut"; der Textzusammenhang Joh 3,22ff wird bei ihm aber nicht hinreichend gewürdigt.

[38] BERGER, Theologiegeschichte (s. Anm. 7), 600.

[39] So deutet wieder C. WOLFF, Der zweite Brief des Paulus an die Korinther (ThHK 8), 1989, 36 mit Anm. 43, das „durch uns" (V. 20fin).

[40] Vgl. V. P. FURNISH, II Corinthians (AncB 32A), 1984, 147 (der ebd. im Anschluß an W. THÜSING, Per Christum in Deum. Studien zum Verhältnis von Christozentrik und Theozentrik in den paulinischen Hauptbriefen [NTA NF 1], 1965, 179f, festhält: „Paul does not say that Christ *is* the ,Yes.'"). BERGER, Theologiegeschichte (s. Anm. 7), 600, hingegen meint, mit einer gebräuchlichen Formel werde eine Assoziation verknüpft: „Beim Amen denken wir fortan an die Rolle Jesu Christi."

[41] Vgl. MÜLLER, Offb (s. Anm. 6), 372; das ist auch der Fall, wenn sich ταῦτα (V. 20a) zunächst auf V. 18f zurückbezieht und der dort Bezeugende ebenfalls Jesus ist.

und wiederholt das Anliegen (22,20b), weil die Erfüllung des Zugesagten weiterhin aussteht. Durch den bloßen Bezug des Amens auf das Ja Jesu wird die gebräuchliche liturgische Formel noch nicht christologisch befrachtet[42]. Anders verhält es sich allerdings in Apk 3,14. Die Selbstbezeichnung Jesu in der Botenformel des nach Laodicea gerichteten Sendschreibens als „der Amen, der treue und wahrhaftige Zeuge" nimmt in ihrem ersten Teil eine Gottesprädikation aus Jes 65,16 auf [43], in ihrem zweiten Teil eine der bereits in 1,5a verwendeten Titelprädikationen (vgl. 3,7), die im jetzigen Zusammenhang das Amen zu erläutern bzw. zu bekräftigen scheint. Hier wird im Rahmen der Apk-Tendenz, auch Gottesnamen auf Jesus zu übertragen[44], die alttestamentliche Stelle tatsächlich christologisch ausgelegt und der (der Apk eigene) Titel des „Zeugen" damit verbunden.

Ein Blick auf weitere in der Literatur als notierenswert erwähnte Berührungspunkte zwischen der Apk und (deutero)paulinischer Tradition[45] würde am bislang gewonnenen Bild kaum etwas ändern und könnte im günstigsten Fall nur den von U. Vanni in seinem Forschungsbericht zur Apk formulierten Eindruck bestätigen: „Si le milieu géographique identique suggère une homogénéité spécialement avec Paul et Jean, par contre les points de contact authentiques sont plutôt sporadiques"[46]. Vor allem lassen sich solche Berührungspunkte – mit Ausnahme vielleicht der brieflichen Rahmung – nicht im Sinne einer bewußten Stellungnahme des Apk-Autors zu Paulus bzw. zum paulinischen Erbe interpretieren. So unwahrscheinlich es ist, daß dem mit Gemeinden in der Asia verbundenen Verfasser jede Kenntnis der Person und der Theologie des Paulus fehlte, so deutlich ist doch, daß er von solcher Kenntnis – welches Ausmaß sie auch immer gehabt haben mag – in nennenswertem Umfang keinen Gebrauch machte.

II

Nun vermuten nicht wenige Exegeten, der Apk-Autor bekämpfe in den Sendschreiben christliche Gruppen, bei denen (vergröberte bzw. einseitig

---

[42] Gegen BERGER, Theologiegeschichte (s. Anm. 7), 600, der auch dem primären Antwortcharakter des Ja im Munde Jesu nicht Rechnung trägt.

[43] Vgl. FEKKES, Isaiah (s. Anm. 23), 137–140, und die dort genannte Literatur.

[44] Einen Überblick bietet MÜLLER, Offb (s. Anm. 6), 56f.

[45] Vgl. o. Anm. 9 und bei BERGER, Theologiegeschichte (s. Anm. 7), 595ff.

[46] U. VANNI, L'Apocalypse johannique. État de la question (in: J. LAMBRECHT, Hg., L'Apocalypse johannique et l'Apocalyptique dans le Nouveau Testament [BEThL 53], 1980, 21–46), 32. Entschiedener urteilt LOHSE, Revelation (s. Anm. 8), 365: „no explicit traces of Pauline theology are found in the book of Revelation".

radikalisierte) paulinische Theologie nachwirke; zumindest verträten sie eine ähnliche Position wie die, mit der sich bereits Paulus auseinanderzusetzen hatte[47]. Der gegen die Bileamiten/Nikolaiten (2,14f; vgl. V. 6) sowie die sich eine Prophetin nennende Isebel (V. 20) erhobene Vorwurf, sie lehrten φαγεῖν εἰδωλόθυτα καὶ πορνεῦσαι (2,14; in V. 20 in umgekehrter Reihenfolge; vgl. noch V. 21f)[48], erinnert hinsichtlich des Essens von Götzenopferfleisch an die Anschauung, die in Korinth von den „Starken" verfochten, von Paulus zwar grundsätzlich geteilt, aber mit Rücksicht auf das Gewissen der Anstoßnehmenden kritisch relativiert wurde (1Kor 8; 10). In Korinth berief man sich für diese Praxis auf Erkenntnis (8,1ff). Auch Isebel und ihre Anhänger behaupten, „die Tiefen des Satans" erkannt zu haben (Apk 2,24). Zumeist sieht man in dieser Kennzeichnung der gegnerischen Lehre eine auf Johannes zurückgehende polemische Umformulierung (vgl. 2,9; 3,9: Synagoge des Satans) der eigentlich reklamierten Erkenntnis der Tiefen Gottes, von der Paulus in 1Kor 2,10 spricht[49]. Doch diese Deutung dürfte kaum zutreffen; denn immer sonst in den Sendschreiben, wo Johannes auf eine Selbstcharakterisierung anderer verweist, zitiert er den tatsächlich vorgebrachten Anspruch, selbst wenn er ihn direkt oder indirekt bestreitet (vgl. Apk 2,2b zu den „Aposteln", 2,9b; 3,9a zu den „Juden", 2,20 zur „Prophetin" Isebel). Man wird demnach damit rechnen müssen, daß die Prophetin und ihr Kreis eine tiefgehende Erkenntnis des Satans für sich beanspruchten[50] und daraus ein Überlegenheitsbewußtsein über das Irdisch-Weltliche ableiteten, das es ihnen ermöglichte, so unbefangen inmitten der römisch-hellenistischen Gesellschaft zu leben, wie sie es tun.

Ihnen gegenüber verpflichtet Johannes die Gemeinde(n) auch nicht – wie

---

[47] Vgl. außer den o. in Anm. 5 und 7 Genannten z. B. F. E. A. SIEFFERT, Art. Nicolaiten (RE³ 14, 1904, 63–68), 65; E. SCHÜSSLER FIORENZA, Apocalyptic and Gnosis in Revelation and in Paul (in: DIES., The Book of Revelation [s. Anm. 10], 114–132); R. HEILIGENTHAL, Wer waren die „Nikolaiten"? Ein Beitrag zur Theologiegeschichte des frühen Christentums (ZNW 82, 1991, 133–137), 137; BERGER, Theologiegeschichte (s. Anm. 7), 585f.

[48] Das Unzuchttreiben ist doch wohl im übertragenen Sinne gemeint und sachlich mit dem Essen von Götzenopferfleisch gleichbedeutend (Glaubensabfall, Sich-Einlassen auf die heidnische Gesellschaft), vgl. H. RÄISÄNEN, The Clash Between Christian Styles of Life in the Book of Revelation (in: D. HELLHOLM u. a., Hgg., Mighty Minorities? [FS J. Jervell], StTh 49, 1995, 151–166), 156–158; H. GIESEN, Ermutigung zur Glaubenstreue in schwerer Zeit. Zum Zweck der Johannesoffenbarung (TThZ 105, 1996, 61–76), 70–72.

[49] So SCHÜSSLER FIORENZA, Apocalyptic (s. Anm. 47), 116f.119; MÜLLER, Theologiegeschichte (s. Anm. 6), 22f; BERGER, Theologiegeschichte (s. Anm. 7), 585; RÄISÄNEN, Clash (s. Anm. 48), 158, und viele andere.

[50] Ein solcher Anspruch ist gerade *nicht* mit einem Satans*kult* gleichzusetzen (zu dem Einwand bei MÜLLER, ebd. Anm. 25; RÄISÄNEN, ebd.). Im Sinne des Johannes handelt es sich freilich um eine bloß vermeintliche Erkenntnis des Satans mit sich daraus ergebenden falschen Konsequenzen (vgl. dazu im Abschnitt III zu Apk 12f).

man in der Regel meint 2,24cf entnehmen zu sollen[51] – auf das (in seinem Umfang freilich reduzierte) sog. Aposteldekret (Apg 15,28f) und insofern auf eine die freiere paulinische Praxis zurückdrängende judenchristliche Position. Nichts nötigt dazu, das Apg 15,28 und Apk 2,24 gemeinsame Stichwort βάρος hier als Bezeichnung einer Gesetzeslast zu verstehen. Einer solchen Deutung widerrät zudem der Anschluß in V. 25 (πλὴν ὃ ἔχετε κρατήσατε ἄχρις οὗ ἂν ἥξω), weil die Aufforderung an „die übrigen in Thyatira" (V. 24), das festzuhalten, was sie haben, nicht zum Einhalten eines unverzichtbaren Minimums an gesetzlichen Bestimmungen mahnt, sondern in Erwartung der Parusie Christi zum Bewahren des Heilsstandes (vgl. bes. die sachlich parallele Aussage 3,11[52]), zur Fortführung eines diesem adäquaten Lebens (vgl. 2,19.23b.26a).

Nicht bloß das Wirken einer gegnerischen Gruppe in den Gemeinden, die Gemeinden insgesamt rügt der Seher in den Schreiben nach Sardes (3,1ff), wo vom Tadel nur einige wenige ausgenommen werden (V. 4), und nach Laodicea (V. 14ff). Die Christen in Sardes, die in dem Ruf stehen zu leben, sind in Wahrheit tot (3,1); diejenigen in Laodicea, die von sich behaupten, reich zu sein, reich geworden zu sein und nichts weiter zu bedürfen, erliegen einer Selbsttäuschung (3,17). Vermeintlich ungefährdeter Lebensbesitz (dagegen: V. 3.5) und illusionäres Vollendungsbewußtsein (dagegen: V. 17b–20) können auf ein enthusiastisches Denken schließen lassen, das dem von Paulus in 1Kor 4,8 ironisch kritisierten gleicht[53]. Es ist also die Möglichkeit in Betracht zu ziehen, daß die Fehlentwicklung in diesen beiden Gemeinden und die Lehre (Apk 2,14f.20.24) der an anderen Orten aktiven Gegner, deren nähere Kennzeichnung als Gnostiker sich nicht empfiehlt[54],

[51] So z. B. CHARLES, Revelation (s. Anm. 9), 74; MÜLLER, Theologiegeschichte (s. Anm. 6), 17–21; BECKER, Paulus (s. Anm. 7), 104; H.-J. KLAUCK, Das Sendschreiben nach Pergamon und der Kaiserkult in der Johannesoffenbarung (Bib. 73, 1992, 153–182), 167; RÄISÄNEN, Clash (s. Anm. 48), 156.
[52] Dieser Vers widerlegt die Auffassung, κρατῆσαι (2,25) könne „nur auf das Festhalten an gesetzlichen Bestimmungen gedeutet werden" (W. BOUSSET, Die Offenbarung Johannis, 1966 [= KEK 16, ⁶1906], 221). – Gegen eine Anspielung auf das Aposteldekret: ROLOFF, Offb (s. Anm. 30), 57f; KARRER, Johannesoffenbarung (s. Anm. 10), 201f. Unausgeglichen erscheinen die diesbezüglichen Urteile bei BERGER, Theologiegeschichte (s. Anm. 7): nach der Apk gelte für die Heidenchristen das sog. Aposteldekret (86), sie beziehe sich aber nicht auf dieses, wenngleich es ihrem Verfasser geläufig gewesen sein könne (586), der Teile des Dekrets wieder einführe (622).
[53] Vgl. SCHÜSSLER FIORENZA, Apocalyptic (s. Anm. 47), 119f; MÜLLER, Theologiegeschichte (s. Anm. 6), 39f; DERS., Offb (s. Anm. 6), 125.136.
[54] So zu Recht U. SCHNELLE, Einleitung in das Neue Testament (UTB 1830), 1994, 603; GIESEN, Ermutigung (s. Anm. 48), 68f. Allenfalls läßt sich mit KLAUCK, Sendschreiben (s. Anm. 51), 169, sagen: „ein nachpaulinisches Christentum mit manchen Zügen, die zur späteren Gnosis hin tendieren".

auf dem Boden eines ursprünglich paulinisch geprägten Christentums entstanden sind. Johannes würde sich dann auf seine eigene Art mit nachpaulinischen Strömungen auseinandersetzen, wie es in jeweils anderer Weise
wahrscheinlich in den Past, im 1 Pt und vielleicht im Jud geschieht[55].

Vor dem Hintergrund dieser Kontroverse mag es verständlich erscheinen,
daß sich der Apk-Autor nicht auf Paulus und paulinische Tradition bezieht.
(Ein solcher Erklärungsversuch wäre zumindest der schwer belegbaren Vermutung vorzuziehen, von einem spezifisch paulinischen Einfluß sei in der
Apk deshalb nichts zu spüren, weil die kleinasiatischen Gemeinden inzwischen durch Zuwanderung palästinischer Christen ihren ehemals paulinischen Charakter verloren hätten und in dem Überlieferungsbereich, dem
Johannes entstamme, Name und Theologie des Apostels „nearly unknown"
gewesen seien[56].) Doch auch abseits eines *aktuellen* Konflikts mit möglicherweise „paulinisch" inspirierten Christen mußte der Seher Paulus und
dem Paulinismus der Zeit reserviert gegenüberstehen. Denn beim Kampf
gegen den Einfluß der in Ephesus bislang zwar abgelehnten (2,6), in Pergamon jedoch noch tätigen (V. 14f) und in Thyatira recht erfolgreichen (V. 24)
Gruppen geht es um die Frage, inwieweit Glaubende sich auf die heidnische
Gesellschaft einlassen dürfen; aus diesem Grunde ist der Verfasser vor allem
darum bemüht, seinen Adressaten zu enthüllen, wes Geistes Kind diese Gesellschaft ist.

III

Die Kritik des Johannes gilt nicht in erster Linie den Irrlehrergruppen selbst
(in der Vergangenheit hat er vergeblich versucht, auf die Prophetin einzu-
wirken [2,21]), sondern den Gemeinden, die diesen Leuten Raum geben, sie
gewähren lassen (2,14–16.20.22; vgl. die Anerkennung V. 2.6). Eigenartigerweise werden sie in solchen Gemeinden geduldet, denen der Seher vorab ei-

---

[55] Zu den Gegnern in den Past vgl. MÜLLER, Theologiegeschichte (s. Anm. 6), 67ff; J. RO-
LOFF, Der erste Brief an Timotheus (EKK XV), 1988, 228ff (die in der Apk erwähnten Irrlehrer
seien „weitgehend" mit ihnen „identisch" [238]); gegen eine Deutung des Konflikts als Kontroverse innerhalb des paulinischen Christentums spricht sich M. WOLTER, Die Pastoralbriefe
als Paulustradition (FRLANT 146), 1988, 264f, aus; zur kritischen Auseinandersetzung mit
nachpaulinischer Tradition im 1 Pt vgl. A. REICHERT, Eine urchristliche praeparatio ad martyrium. Studien zur Komposition, Traditionsgeschichte und Theologie des 1. Petrusbriefes (BET
22), 1989, 500ff.557ff; zu den Gegnern im Jud vgl. G. SELLIN, Die Häretiker des Judasbriefes
(ZNW 77, 1986, 206–225), 224f. Die geographische Zuordnung der Past und des Jud bleibt un-
sicher; SCHNELLE, Einleitung (s. Anm. 54), denkt in beiden Fällen an Kleinasien (383f.477).

[56] LOHSE, Revelation (s. Anm. 8), 365.

ne bewährte und bewahrte Glaubenstreue bescheinigt (2,13.19; vgl. dagegen 3,1–3.15ff). Offenkundig ist diesen Adressaten, die der Praxis ihrer Glaubensgenossen nicht Einhalt gebieten, keineswegs bewußt, daß sie damit ihre christliche Identität gefährden. Das weist – ungeachtet des längere Zeit zurückliegenden Einzelschicksals des Antipas (2,13) und zu erwartender begrenzter lokaler Bedrängnisse (V. 10) – auf ein relativ entspanntes Verhältnis zum sozialen Umfeld, das den Glaubenden nicht, wie es ein verbreitetes Interpretationsmuster voraussetzte, als ein aggressives teuflisches System entgegentritt[57]. Weil keine notvolle Krisensituation wahrgenommen wird, toleriert man in Pergamon und Thyatira das – nach Auffassung des Sehers – von Christus Gehaßte (V. 6). Die wiederholte Feststellung, die Gemeinde in Pergamon wohne dort, wo der Thron des Satans stehe bzw. auch der Satan wohne (V. 13), werten viele Ausleger als Hinweis darauf, warum Antipas den Tod fand: er habe den Kaiserkult verweigert. Aber über die Umstände des Martyriums ist dem Sendschreiben nichts zu entnehmen[58]. Eher drängt sich der Eindruck auf, der Autor wolle der Gemeinde überhaupt erst deutlich machen, in welcher Nachbarschaft sie lebt. Da ihre Stadt Residenz des Prokonsuls und religiöses Zentrum der Provinz ist[59], bedarf sie sicher nicht der Erinnerung, in einer Hochburg heidnischer Kulte einschließlich des Kaiserkults zu Hause zu sein; daß jedoch die gerade in Pergamon so augenfällige Verbindung von politischem System und Religion satanisch ist, glaubt Johannes ihr trotz ihrer erwiesenen Unbeugsamkeit einschärfen zu müssen.

Für die in den Sendschreiben vom Autor als Sprachrohr Christi gefällten Urteile liefert der breitangelegte apokalyptische Visionsteil die Begründung

---

[57] Bei der Rekonstruktion des zeitgeschichtlichen Hintergrunds der Apk wird in der neueren Literatur außerdem zu Recht betont, daß von einer Christenverfolgung in Kleinasien im letzten Drittel des ersten Jahrhunderts und um die Jahrhundertwende nicht die Rede sein kann; allenfalls hat es vereinzelte Übergriffe gegeben. Auch vor einer Überbetonung des Kaiserkults in diesem Zusammenhang ist zu warnen; vgl. KLAUCK, Sendschreiben (s. Anm. 51), 164; J.-W. TAEGER, Eine fulminante Streitschrift. Bemerkungen zur Apokalypse des Johannes (in: W. KURZ u. a., Hgg., Krisen und Umbrüche in der Geschichte des Christentums [FS M. Greschat], 1994, 293–311), 293–303; GIESEN, Ermutigung (s. Anm. 48), 61–67; J. ULRICH, Euseb, HistEccl III, 14–20 und die Frage nach der Christenverfolgung unter Domitian (ZNW 87, 1996, 269–289), bes. 277 Anm. 26.286f.

[58] Es gibt keinen Grund, den Todesfall mit dem Kaiserkult in Verbindung zu bringen (L. L. THOMPSON, The Book of Revelation. Apocalypse and Empire, 1990, 173; anders z. B. KLAUCK, Sendschreiben [s. Anm. 51], 160–164), auch nicht von Apk 13 her, denn die dortige Vision bildet (etwa in V. 7a.15b) nicht die Alltagsrealität ab, sondern interpretiert sie im Sinne des Sehers (vgl. u. im Text bei Anm. 70f zu Apk 17,6).

[59] Unklar ist, ob Pergamon zur Zeit der Apk auch noch Provinzhauptstadt war; zur Strukturierung des öffentlichen Raumes dieser Stadt durch den Herrscher- und Kaiserkult sowie zu anderen Kulten und Heiligtümern vgl. die Angaben bei KLAUCK, Sendschreiben (s. Anm. 51), 157ff.

nach; er gewährt einen Blick hinter die Kulissen, zeigt, was nicht vor Augen
liegt. Im hier interessierenden Zusammenhang sind vor allem die vom Satan,
der Bestie und der Hure handelnden Passagen heranzuziehen. In Apk 12f
bietet Johannes die 2,24 entgegengesetzte *angemessene* Tiefenschau des Satans, der den ganzen Erdkreis verführt (12,9). Im Himmel zwar längst entmachtet (V. 7ff), ist er irdisch der Feind all jener, die die Gebote Gottes bewahren und das Zeugnis Jesu haben (V. 17). Ihn besiegt nur, wer sich uner-
schrocken zur Heilstat Christi bekennt (V. 11[60]). In welcher Form der Gegner in Erscheinung tritt und den Glaubenden begegnet, entfaltet Apk 13:
Gegen die Christen kämpft die vom Drachen/Satan abhängige Bestie, das
siegreich überlegene Imperium (V. 7a), das seinen im Kaiserkult gipfelnden
Anspruch erfolgreich durchsetzt (V. 3bf.7bf; vgl. V. 12.14.16). Religiöse
Verehrung empfängt es (V. 4) wie sein Exponent von denen, die nicht im
Lebensbuch des Lammes verzeichnet sind (V. 8[61]), also nach 3,5 keinesfalls
von jenen treuen Gemeindegliedern, die den in den Sendschreiben formulierten Kriterien genügen; allein bei ihnen kommt der dem Tier zuarbeiten-
de Pseudoprophet (vgl. 16,13; 19,20; 20,10) mit seinem Täuschungsmanöver
(13,14) nicht zum Ziel (vgl. V. 9f). Mag die Bestie in manchen Zügen dem
Christuslamm auch fast zum Verwechseln ähnlich erscheinen (V.
3f.7b.11f.14fin), beide sind doch unvereinbar. Wie eingeschobene Hinweise
unterstreichen (13,10c; 14,12), ist die ὑπομονή gefordert und die πίστις betroffen (die kaum zufällig sonst nur in den Sendschreiben nach Pergamon
und Thyatira erwähnt wird: 2,13.19), wenn es gilt, dem gesellschaftlichen
Anpassungsdruck nicht nachzugeben und so dem Gericht Gottes (14,7.10f)
zu entgehen.

Die Entlarvung des satanischen Wesens des Imperiums in Apk 12f ist Teil
einer bereits in den Sendschreiben erkennbaren Aufklärungsstrategie des
Sehers, die in Apk 17f mit der Vision der Hure Babylon und der indirekten
Schilderung ihrer Vernichtung fortgesetzt wird. Eindringlicher als in Apk
13 kommt nun der schier unwiderstehliche, der verhängnisvoll verführerische Zauber zur Sprache, den Rom[62] auf „alle" ausübt (17,2.4; 18,3.23); zu-

---

[60] Zum Verständnis von 12,11 vgl. J.-W. TAEGER, „Gesiegt! O himmlische Musik des Wortes!" Zur Entfaltung des Siegesmotivs in den johanneischen Schriften (ZNW 85, 1994, 23–46),
36f.

[61] Daß in Apk 13 das Tier das Römische Reich verkörpert, kann als gesichert gelten (vgl. nur
MÜLLER, Offb [s. Anm. 6], 247ff); in V. 3.8.12.14.18 wird es (zum Teil indirekt) mit einem
Herrscher identifiziert, in dem es seinen letztgültigen Ausdruck findet. Der Tempuswechsel in
V. 8 (Futur) deutet nach und neben V. 4 deshalb nicht auf eine erst noch zu erwartende Ent-
wicklung (vgl. TAEGER, Streitschrift [s. Anm. 57], 303f), sowenig V. 9f bloß die Zukunft im
Blick hat.

[62] M. RISSI, Die Hure Babylon und die Verführung der Heiligen. Eine Studie zur Apokalypse des Johannes (BWANT 136), 1995, 55ff, kann den Bezug auf die zeitgeschichtliche poli-

gleich wird die hintergründige Beziehung der „großen Stadt" (17,18; 18,10 u. ö.) zur Bestie aus Apk 13, dem irdisch wirkenden Satan, aufgedeckt (17,3.7ff). Der Untergang der Hure, das an ihr vollzogene gerechte Gericht Gottes (18,8; 19,2), bringt ans Licht, daß das ganze System bis in seine letzten Verästelungen hinein gottlos ist (18,9ff); sich auf dieses einzulassen heißt, Unzucht zu treiben (17,2; 18,3; 19,2 u. ö.; vgl. 2,14.20f). In Anbetracht der von Johannes vorgetragenen Gesellschaftsanalyse ist es nur folgerichtig, wenn eine Himmelsstimme auffordert (18,4): „Zieht fort aus ihr (sc. Babylon, die Große [V. 2]), mein Volk, damit ihr nicht teilhabt an ihren Sünden und damit ihr nicht empfangt von ihren Plagen". H.-J. Klauck sieht hier das „Hauptanliegen" des Verfassers „prägnant" artikuliert und schließt aus dem „Zieht fort!" zu Recht: „Das ist auch allen Christen gesagt, die einen kompromißbereiteren Kurs gegenüber der heidnischen Stadtgesellschaft steuern wollten. Was bleibt in einer Stadt wie Pergamon als Option noch übrig? Der Untergrund? Das Ghetto? Die Landkommune?"[63] Der Seher scheint von seinen Adressaten den Auszug aus der Welt zu verlangen, den Paulus in 1Kor 5,9f als Mißverständnis abweist[64].

Tatsächlich dürfte das in der Apk propagierte Weltverhältnis der paulinischen Sicht widersprechen, die fern jeder Tendenz zu einem συσχηματίζε‐σθαι τῷ αἰῶνι τούτῳ (Röm 12,2) doch der Weltflucht wehrt, den Glaubenden zumutet, *in* den vorfindlichen Bezügen als Verwandelte und Erneuerte (vgl. 2Kor 5,17) zu leben. Entsprechend fehlt beim Seher der Gedanke, daß „die Christuswirklichkeit auch in den Raum der Welt zu tragen"[65] sei; ebensowenig kann angesichts der von ihm diagnostizierten „universal corruption"[66] der Gesellschaft das der Gemeinde und dem Wirksamwerden ihrer Verkündigung zugute kommende Bestehen im Urteil der Außenstehenden (vgl. 1Thess 4,12; 1Kor 10,32f) oder die Übereinstimmung mit dem „common sense"[67] von irgendeiner Bedeutung sein. Die unüberbrückbare Kluft zwischen den von der Erde Erkauften (Apk 14,3) und den „Bewohnern der Erde" (13,8.12.14 u. ö.) soll fortbestehen (22,11) und wird durch die in der Apk vorgetragene Weltsicht noch *vertieft*. Erst recht unterscheidet sich Jo-

---

tische Situation nur bestreiten, weil er „eine von der jüdischen verschiedene Interpretation" (56) Babylons annimmt und vor allem 17,9–17 literarkritisch als nicht von Johannes stammende Nachträge ausscheidet (61ff).

[63] KLAUCK, Sendschreiben (s. Anm. 51), 179; vgl. RÄISÄNEN, Clash (s. Anm. 48), 161.

[64] Vgl. KLAUCK, aaO. 182; RÄISÄNEN, ebd. – In inhaltlicher Spannung zu 1Kor 5,10 aber näher bei Apk 18,4 steht 2Kor 6,17. Der Abschnitt 2Kor 6,14–7,1 wird allerdings häufig für unpaulinisch gehalten (vgl. SCHNELLE, Einleitung [s. Anm. 54], 106f).

[65] W. SCHRAGE, Ethik des Neuen Testaments (GNT 4), 1982, 195, zu Paulus; vgl. TAEGER, Johannesapokalypse (s. Anm. 15), 111–113, zu vermeintlichen Missionsaussagen in der Apk.

[66] W. A. MEEKS, The Moral World of the First Christians, 1986, 146.

[67] AaO. 145.

hannes damit vom Paulinismus seiner Zeit, wie er sich etwa in den Past im
„Streben nach Konformität mit den Normen des gesellschaftlichen Um-
felds"[68] äußert. Aber es geht dem Apk-Autor um mehr als nur um die Trennung von „Babylon", nicht bloß – im Gegensatz zu den in einigen Gemeinden wirksamen und geduldeten Strömungen – um die Ermutigung zu sozial
deviantem Verhalten bzw. in Auseinandersetzung mit den „praktischen
Konsequenzen der paulinischen Mission" um die Abwehr einer von ihm ge-
sehenen „Gefahr hellenistischer Nivellierung"[69].

Grundlegender noch will er seine Adressaten auf eine bestimmte Einschätzung des Systems festlegen, denn sie bildet die Basis für alle Abgren-
zungsaussagen seines Werkes. Daß er dabei einer verbreiteten Einstellung
entgegentritt, läßt seine Vision der großen Hure Babylon erkennen (17,1ff):
„Und ich sah die Frau trunken vom Blut der Heiligen und vom Blut der
Zeugen Jesu. Und ich verwunderte mich, als ich sie sah, gewaltig" (V. 6)[70].
Das Verb θαυμάζειν bezeichnet dann in V. 8 (wie zuvor in 13,3) das Verhalten der regimekonformen Erdenbewohner, denen sich Johannes durch
seine Reaktion in gewisser Weise zuordnet. Doch seine Verwunderung hat
– wie schon die singuläre Formulierung ἐθαύμασα . . . θαῦμα μέγα unterstreicht – nichts zu tun mit Faszination, als ob er wie die anderen (vgl. 13,3)
empfänglich wäre für die Reize der Hure, diese eine Anziehungskraft auf
ihn ausüben würde[71]. Außerordentlich erstaunt ist er vielmehr, weil das von
Christenblut trunkene Rom, das der Engel ihm zeigt (17,1.3), eben nicht *das*
Rom ist, das in seiner und seiner Adressaten Erfahrungswelt begegnet. Deshalb reagiert er stellvertretend (vgl. ähnlich sein Weinen in 5,4) für diejenigen, denen sich Rom nicht als Todfeind der Glaubenden darstellt, die nicht
wissen, was der Engel kundtut: daß es getragen wird von der Bestie, der
Ausgeburt des Satans (17,7; vgl. 13,1ff), und die aus mangelnder Einsicht
nicht die notwendigen Konsequenzen (18,4) ziehen.

Diese Sicht des römischen Systems, der für den Entwurf des Johannes
zentrale Bedeutung zukommt, widerstreitet einschlägigen Aussagen im

---

[68] WOLTER, Pastoralbriefe (s. Anm. 55), 255; vgl. H. v. LIPS, Glaube – Gemeinde – Amt.
Zum Verständnis der Ordination in den Pastoralbriefen (FRLANT 122), 1979, 150f.157ff, zum
Aspekt der „Konsolidierung" der Kirche.

[69] BERGER, Theologiegeschichte (s. Anm. 7), 595 (vgl. 602.620); überall dort, wo er diese Gefahr sehe, steuere Johannes „einen Kurs gegen das paulinische Erbe" (ebd.). Ansonsten stehe
die Apk „im Rahmen der Wirkung paulinischen Christentums" (602); doch vgl. dazu bereits
o. I.

[70] Die Übersetzung des V. 6b folgt W. BAUER, Griechisch-deutsches Wörterbuch zu den
Schriften des Neuen Testaments und der frühchristlichen Literatur, hg. v. K. ALAND und B.
ALAND, [6]1988, 715 s.v. θαῦμα. Die Reaktion ist nicht einfach nur stilgemäßer Abschluß des Vi-
sionsberichts (vgl. Dan 7,15; 10,8f; 4 Esr 12,3–5), wie MÜLLER, Offb (s. Anm. 6), 289, meint.

[71] Anders GIESEN, Ermutigung (s. Anm. 48), 74f.

paulinischen Traditionsbereich. Auch wenn Röm 13,1–7 bei Paulus analo-
gielos ist und schon deshalb nicht überbewertet werden darf, zudem die
staatsmetaphysischen Elemente (ἐξουσία . . . ὑπὸ θεοῦ [V. 1]; Apk 13,4 dagegen: die Bestie hat die ἐξουσία vom Drachen/Satan) im Dienst der Paränese stehen und die theologisch primäre Auskunft des Apostels sich in Phil
3,20 mit der Verpflichtung auf die himmlische Gemeinde, nicht die Bürger-
gemeinde, findet[72], so ist doch nicht zu übersehen, daß hier – unbeschadet
der Aufforderung in Röm 12,2 wie des in 13,11 angesprochenen Wissens –
die Christen der vorfindlichen Ordnung jedenfalls nicht entfremdet werden, sondern sich wie jedermann (13,1init) verhalten sollen. Dies gilt verstärkt für die Past, die im Zuge der von ihnen betriebenen Öffnung der Gemeinde auf die Gesellschaft hin die staatlichen Autoritäten in den Blick fassen (Tit 3,1; 1 Tim 2,2), diese zwar weder auf göttliche Anordnung zurückführen noch als Vollstrecker seines Willens darstellen, ihnen gegenüber
gleichwohl eine „positiv-vertrauensvolle Haltung"[73] einnehmen. Müssen
die Past und die Apk in dieser Hinsicht „als Exponenten zweier diametral
verschiedener Stellungnahmen . . . gelten", dann ist nicht nur mit der Möglichkeit zu rechnen, daß die Past „sich . . . polemisch gegen die von der Offb
vertretene Position wenden"[74]; denn es kann umgekehrt nicht ausgeschlossen werden, daß Johannes auf Bestrebungen im zeitgenössischen Paulinismus reagiert und sich entschieden von ihnen absetzt[75]. Der auch an Christen
in der Asia adressierte und in zeitlicher Nähe zur Apk[76] verfaßte 1 Pt bietet
mit dem Röm 13,1–7 eng verwandten Passus 2,13–17 ein weiteres Beispiel
für die Auffassung, die Glaubenden, obschon Fremde (1,1; 2,11) in der Ge-

---

[72] Vgl. G. KLEIN, „Über das Weltregiment Gottes". Zum exegetischen Anhalt eines dogmatischen Lehrstücks (ZThK 90, 1993, 251–283), 259 (unter Berufung auf H. Schlier und K.
Aland), der allerdings (im Anschluß an W. Schmithals) die paulinische Authentie des Textes in
Frage stellt (258f). H.-J. VENETZ, Zwischen Unterwerfung und Verweigerung. Widersprüchli-
ches im Neuen Testament? Zu Röm 13 und Offb 13 (BiKi 43, 1988, 153–163), nennt auch Phil
3,20 (155f) und ordnet Röm 13 in den Zusammenhang weiterer paulinischer Aussagen ein. Die
„gewisse Unvereinbarkeit" zwischen Röm 13 und Apk 13 führt er auf einen „Grundansatz"
zurück, der „in der Erfahrung und in der Betroffenheit der Verfasser liegt" (163), eine nicht unproblematische Erklärung (vgl. TAEGER, Streitschrift [s. Anm. 57], 308f).

[73] ROLOFF, 1 Tim (s. Anm. 55), 115.

[74] AaO. 383.

[75] Nach ROLOFF, aaO. 46, sind die Past „kaum sehr viel später als um das Jahr 100 entstanden", die Apk datiert er „um 90". Eine spätere Ansetzung der Apk (nach Domitian) vertreten
mit zum Teil unterschiedlicher Begründung z. B. H. KRAFT, Die Offenbarung des Johannes
(HNT 16a), 1974, 93f (für die Sendschreiben, deren Verfasser die abschließende Redaktion der
Apk zu verdanken sei [50]); P. VIELHAUER/G. STRECKER, Apokalyptik des Urchristentums.
Einleitung (NTApo II, ⁵1989, 516–547), 532; TAEGER, Johannesapokalypse (s. Anm. 15),
20–22; FREY, Erwägungen (s. Anm. 37), 427 (mittlere trajanische Zeit).

[76] An das 1. Jahrzehnt des 2. Jahrhunderts denkt REICHERT, praeparatio (s. Anm. 55), 73ff
(bes. 93–95).

sellschaft, seien nicht auf Abgrenzung zu dieser fixiert[77] und – um des Herrn willen – loyale Bürger. Die Knechte Gottes (2,16) sollen den Kaiser ehren; er repräsentiert für sie eben nicht jene Rom tragende Bestie, den Handlanger des Satans, als den ihn die Apk den Knechten Gottes (1,1; 19,2; 22,6 u. ö.; vgl. 2,20) vorstellt.

Der Seher Johannes vertritt offenkundig „attitudes and styles of life not compatible with how most Christians were living in the cities of Asia"[78]. Gemessen an dem, was er über das Wesen des Imperiums enthüllt und daraus an Folgerungen für das Weltverhältnis der Glaubenden ableitet, muß man den Eindruck gewinnen, jene Christen stünden in der Gefahr bzw. seien schon im Begriff, in die Falle Roms zu tappen und den Verführungskünsten der Hure zu erliegen. Wie auch immer es um eine „paulinische" Prägung der Adressaten oder der Gegnergruppen in den Gemeinden, wie auch immer es um die Kenntnis des paulinischen Erbes durch den Seher bestellt gewesen sein mag: die Distanz der Apk zu Paulus und zum Paulinismus der Zeit ist in diesem Werk selbst begründet.

---

[77] Vgl. dazu R. FELDMEIER, Die Christen als Fremde. Die Metapher der Fremde in der antiken Welt, im Urchristentum und im 1. Petrusbrief (WUNT 64), 1992, 175–192.

[78] THOMPSON, Book (s. Anm. 58), 132. Dies Urteil ist gerechtfertigt, wenn die o. im Text herangezogenen literarischen Aussagen als „dominant Christian view" (ebd.) gewertet werden dürfen und ihnen die Gemeindewirklichkeit im wesentlichen entspricht, wie Thompson zu zeigen versucht. Auch nach der Darstellung der Apg muß es für Christen eigentlich keinen Konflikt mit dem Imperium geben. So stehen etwa die Notizen, daß Paulus sich auf sein römisches Bürgerrecht beruft (16,37; 22,25; 23,27), „ganz im Dienste des luk Konzepts, Paulus als mustergültiges Glied . . . des römischen Staates und damit die Christen als loyale Bürger im Römischen Reich . . . zu erweisen" (A. WEISER, Die Apostelgeschichte. Kapitel 13–28 [ÖTK 5/2], 1985, 430). – Zu Vermutungen über Hintergründe der negativen Einschätzung des Imperiums durch Johannes, seiner „Zivilisations- und Zeitkritik" (KLAUCK, Sendschreiben [s. Anm. 51], 180), vgl. aaO. 179f sowie den Überblick bei TAEGER, Streitschrift (s. Anm. 57), 309f.

2. Wirkungen paulinischer Theologie und Forschungsgeschichte

Römerbriefauslegungen Martin Luthers

von

Martin Brecht

Nach seinem eigenen Zeugnis bestand die reformatorische Entdeckung Martin Luthers in einem neuen Verständnis der Gerechtigkeit Gottes in Röm 1,17[1]. Dementsprechend hat Luther in der Vorrede zum Neuen Testament von 1522 neben dem Johannesevangelium die Briefe des Paulus und unter ihnen besonders den Römerbrief als „Kern und Mark unter allen [biblischen] Büchern, welche auch billich die ersten sein sollten," bezeichnet[2]. Die Vorrede zum Römerbrief selbst nennt diesen sogleich „das rechte hewbtstuck des newen testaments und das aller lauterst Euangelion"[3]. Insofern verdienen auch Luthers eigene Römerbriefauslegungen Interesse. Dabei denkt man zunächst an seine große Römerbriefvorlesung von 1515/1516[4]. Unbestreitbar gibt es in ihr eindrückliche Abschnitte, die bereits die volle reformatorische Erkenntnis auszusagen scheinen. Daneben finden sich jedoch Reste scholastischer Anschauungen oder zumindest einer ernsten Demut, die offensichtlich noch nicht zum Evangelium gelangt ist. Diese Zwiespältigkeit erweist die Römerbriefvorlesung noch als Dokument eines Übergangs, dessen Beurteilung in der Forschung darum auch ein strittiges Problem ist. Auf Luthers spätere Auslegungen des Römerbriefs hat die Vorlesung offensichtlich kaum einen direkten Einfluß gehabt. In den folgenden Ausführungen soll der ansonsten vielfach interpretierte Text weithin außer Betracht bleiben.

Von Luther gibt es außerdem mehr als 30 Predigten über Texte aus dem Römerbrief[5]. Teilweise handelt es sich dabei um die hergebrachten Epistel-

---

[1] Vgl. WA 54; 185,12–186,20.
[2] WA DB 6; 10,8–13 Welches die rechten und edelsten Bücher des Neuen Testaments sind.
[3] WA DB 7; 2,3f.
[4] WA 56 und WA 57/1.
[5] Vgl. Kurt Aland, Hilfsbuch zum Lutherstudium, [3]1970, S. 153f.

perikopen. Trotz durchaus vorhandener Qualität einzelner Predigten ist dieses Material zeitlich und sachlich so disparat, daß sich ihm keine zusammenhängende Konzeption entnehmen läßt. Unter den Bibel- und Bucheinzeichnungen Luthers beziehen sich 14 auf Stellen aus dem Römerbrief und legen sie aus. Aber dem Genus dieser Einzeichnungen entsprechend ist das spezifische Interesse an der Empfehlung der Bibel vorwaltend und auch für den Skopus der Auslegungen bestimmend[6].

Im folgenden soll die Aufmerksamkeit auf zwei weitere Komplexe von gemeinhin wenig beachteten Römerbriefauslegungen Luthers gelenkt werden, die sich in seiner Übersetzung des Neuen Testaments bzw. in der Schrift „De servo arbitrio" finden. Dabei wird sich dann auch konkret feststellen lassen, worin das Profil von Luthers Römerbriefauslegung besteht und wie es sich mit der Kritik neuerer Exegese ihr gegenüber verhält[7].

Vorrede und Glossen zum Römerbrief in der Übersetzung des Neuen Testaments

Auf die deutsche Übersetzung als Auslegung soll hier im einzelnen nicht eingegangen werden. Lediglich auf einen kaum bemerkten, aber erstaunlichen Sachverhalt sei aufmerksam gemacht: Bei der 1530 auf der Veste Coburg erfolgten Bearbeitung der Übersetzung[8] nahm Luther eine nahezu konsequente Sprachregelung vor, indem er in der Übersetzung, der Vorrede und in den Glossen die wichtige und häufig vorkommende Wortgruppe *rechtfertigen, Rechtfertigung* durch *gerecht machen, Gerechtigkeit* ersetzte. Beispielsweise wird Röm 4,5 nicht mehr von der *Rechtfertigung*, sondern von der *Gerechtmachung des Gottlosen* geredet. Wie ein Blick in die Bibelkonkordanz ausweist, hat Luther im Römerbrief die Wortgruppe *rechtfertigen* fast völlig getilgt. Lediglich Röm 5,18 variiert er analog dem Urtext von *Gerechtigkeit* zu *Rechtfertigung*. Röm 6,7 paßt das forensische *gerechtfertigt* tatsächlich besser als das sonst gebrauchte *gerecht machen*. Eine direkte Begründung für seine Sprachregelung hat Luther nicht gegeben. Die neue Ausdrucksweise spricht nicht gerade für eine einseitig imputative Rechtfertigungslehre.

Gewöhnlich ist dem modernen Benutzer kaum bewußt, daß die heutige Gestalt von Luthers Bibelübersetzung in mancher Hinsicht nur noch ein

---

[6] WA 48; 197–209 (= Nr. 265–278): Röm 1,16; 1,17; 1,20; 3,21; 3,28; 4,25; 8,31; 10,15; 14,7–9; 15,4.

[7] Vgl. u. a. Paul Althaus, Adolf Schlatters Verhältnis zur Theologie Luthers, ZSTh 22, 1953, 245–256.

[8] Vgl. WA 30/II; 439–447 sowie den Variantenapparat zum Römerbrief (WA DB 7).

Torso ist. Von den alten Illustrationen abgesehen fehlen vor allem die Vorreden zu den beiden Testamenten sowie zu den einzelnen biblischen Büchern und die Glossen zum Text. Mit beiden Zugaben wollte Luther ein einheitliches, übereinstimmendes Verstehen der Bibel befördern, indem er historische oder auch aktuelle Situationsangaben anbot, die Bedeutung unverständlicher oder mehrdeutiger Wörter sicherstellte und auf den theologischen Stellenwert bestimmter Stellen hinwies. Trotz der vorgegebenen Knappheit der Kommentierung läßt sich dabei vielfach eine Verständniskonzeption erkennen, zumal nicht selten die Schaltstellen des Textes betroffen sind. Die Vorreden und noch mehr die Glossen waren keineswegs ein für allemal stabil festgelegt. Anläßlich der verschiedenen Übersetzungsrevisionen wurden auch sie möglicherweise verändert oder ergänzt, so daß auch Entwicklungen in Luthers Verständnis erkennbar werden. Wirkungsgeschichtlich sollten die Beigaben zur Bibelübersetzung nicht unterschätzt werden. Neben Luthers Katechismen und Liedern gehörten sie zu seinen verbreitetsten Texten und dürften dementsprechend Luthers Theologie transportiert haben.

Dies gilt neben den Vorreden zu den beiden Testamenten gewiß in erster Linie für die Vorrede zum Römerbrief[9]. Sie besteht zum einen in der berühmt gewordenen Erklärung der paulinischen Begriffe Gesetz, Sünde, Gnade und Gabe, Glaube, Gerechtigkeit Gottes, sowie Fleisch und Geist[10]. Daran schließt sich zum andern ein weit weniger beachteter, aber instruktiver Inhaltsüberblick über die Kapitel des Römerbriefs an[11], dem hier in Verbindung mit den ca. 70 Glossen[12] hauptsächlich das Interesse gelten soll[13].

Luther beginnt die Inhaltsangabe ganz prinzipiell, aber auch verblüffend ‚evangelisch‘[14]:

> „Die weyl eym Euangelischen prediger gepurt, am ersten durch offinbarung des gesetzs und der sunden, alles zustraffen und zu sunden machen, das nicht aus dem geyst und glawben ynn Christo gelebt wirt, damit die menschen zu yhrem eigen erkentnis und iamer gefurt werden, das sie demuttig werden und hulffe begeren, So thut sanct Paulus auch...“

---

[9] WA DB 7; 2–27. Zur Wirkungsgeschichte sei exemplarisch, wenn auch keineswegs erschöpfend auf MARTIN SCHMIDT, Luthers Vorrede zum Römerbrief im Pietismus, in: DERS., Wiedergeburt und neuer Mensch (AGP 2), 1969, 299–330 verwiesen.

[10] WA DB 7; 2,17–13,26.

[11] WA DB 7; 12,27–27,27.

[12] Die Glossen werden im folgenden nach dem Vers des Römerbrieftextes (WA DB 7; 28–79) zitiert, auf den sie sich beziehen.

[13] Daß auch noch die handschriftlichen Randbemerkungen in Luthers Coburg-Testament von 1530 vorhanden sind (WA DB 4; 471–479,20), sei hier vermerkt. In die Darstellung werden sie nur in Auswahl einbezogen.

[14] WA DB 7; 12,27–15,5.

Der evangelische Prediger, als der sich Luther selbst gerade 1522 sehr bewußt verstand[15], meldet sich hier zu Wort. Die Verkündigung des Gesetzes
zur Aufdeckung der Sünde gehört – verbindlich auch für Paulus – unlösbar
zu der des Evangeliums hinzu. Dabei ist jedoch auch das Leben aus dem
Geist und Glauben an Christus als die Alternative durchaus im Blick. Luthers Inhaltsangabe setzt faktisch erst mit Röm 1,18 ein. Außerhalb der
Gnade können nur gottvergessene Verblendung und als deren Folge Ungerechtigkeit angeprangert werden.

Den „Geist, der da heiliget" (1,4), erklärt die Glosse bezeichnend funktio-
nal als den nach Christi Himmelfahrt gegebenen Geist, der die Christen hei-
ligt und Christus als Gottes Sohn in aller Welt in Worten, Wundern und
Zeichen verklärt. Die christologische Dimension dieser Wendung tritt an
dieser Stelle demgegenüber zurück. Zu der schwer verständlichen Wendung
„aus Glauben in Glauben" (1,17) erörterte schon die Römerbriefvorlesung
verschiedene Deutungen[16]. Seit 1530 nahm die Glosse eine Entwicklung
vom schwachen zum starken Glauben an. Die letzte Bearbeitung von 1546
versteht die Wendung dann als eine Kontinuitätsaussage hinsichtlich des
selben Christusglaubens bei allen Glaubenden, wie sie auch in moderner
Auslegung vertreten wird. Diese Deutung wird bereits in Luthers Coburg-
Testament ausführlich erörtert[17]. Die Glosse zu 1,18 hebt auf den Offenba-
rungscharakter des Zornes Gottes ab, da sonst kein Mensch von seiner Ungerechtigkeit wüßte. Die von der modernen Auslegung angenommene apokalyptische Gestimmtheit der Aussage vermochte Luther in diesem Fall bezeichnenderweise nicht wahrzunehmen[18]. Im übrigen gelangt die Glosse
zum selben anthropologischen Urteil wie die Vorrede. Die Glosse zu 1,21
legt sich zugespitzt mit der glaubenslosen Vernunft an, die nur in Verblendung enden kann, „wie denn allen weysen und spitzigen kopffen geschicht".
Die verwandelte „Wahrheit Gottes" (1,25) erklärt die Glosse nicht als verkehrte Aussage über Gott, sondern dem Zusammenhang durchaus angemessen als Götzendienst. Mit einzelnen Begriffen in der Aufzählung der
Ungerechten (1,30f) hatte Luther wie auch andere Ausleger seine Schwierigkeiten. Statt Prahler bot er zunächst sehr konkret „fynantzer" mit der Erklärung: „Die viel newer fundle auff bringen als unter kauffleuten, Juristen
und hoff schrantzen gesehen wird." Seit 1541 wurde der Ausdruck durch das

---

[15] Vgl. Martin Brecht, Martin Luther, Bd. 2, 1986, 64–66 Der Prediger von Wittenberg
(1522–1524).

[16] WA 56; 172,16–173,18.

[17] WA DB 4; 471.

[18] Eigentümlich ist, daß Luther 1541 die innerhalb der deutschen Bibel deplazierte lateinische Zitation von Röm 3,10 zugelassen hat.

richtigere „rhumrettig" ersetzt mit der neuen Erklärung: „Die viel rhümen und gerhümet wollen sein, als weren sie etwas sonderlichs, und sinds doch nicht." Die „Unvernünftigen" (1,31) erklärt Luther anschaulich: „Das man heisst, Ein groben man, Hans unvernunfft mit dem Kopff hindurch etc."[19]

Die Inhaltsangabe konstatiert im 2. Kapitel die Ausweitung des Vorwurfs der Gesetzesübertretung auf die äußerlich Frommen und die heimlichen Sünder, „wie es die Juden waren und alle Heuchler sind"[20]. Luther erhebt den Vorwurf also nicht ausschließlich gegen die Juden, sondern will ihn verallgemeinert wissen gegen alle, die aus eigener Natur und Willen handeln. In ihrer Unbußfertigkeit haben sie den öffentlichen Sündern des 1. Kapitels nichts voraus.

Eine erste (ursprünglich recht umständliche) Glosse sucht das Verhältnis von „Güte, Geduld und Langmütigkeit" (2,4) zu klären, wobei sogar auf den lateinischen und – sonst überaus selten – den hebräischen Sprachgebrauch verwiesen wird[21]. Die Tugend der Langmütigkeit besteht im Zuwarten mit Zorn und Strafe, Geduld im Ertragen äußeren Unrechts. Güte wird zunächst als „liebliche geselschaft unternander und freuntlichs wesen" definiert; ab 1530 wird die „liebliche geselschaft" durch „leibliche wohltat" ersetzt. Zu 2,14f wird dem Tun des Gesetzes „von Natur" eine Glosse über das „naturlich Gesetz" mit Verweis auf die Goldene Regel Mt 7,12 beigegeben. Mehr als eine äußerliche Gesetzeserfüllung wird allerdings bei den Heiden so wenig wie bei den Juden angenommen. Die verklagenden und entschuldigenden Gewissensregungen (2,15) versteht Luther von der Einschätzung her, „das eyne sund grosser ist denn die ander, widder das gesetz". Den Tempelraub (2,22) kann Luther nur übertragen verstehen: „Gottes ist die ehre, die nehmen yhm alle werck heyligen." Zu 2,26 wird erklärt, daß mit „Vorhaut" die unbeschnittenen Heiden gemeint sind. „Geist" (2,29) ist, „was gott ym menschen uber die natur wirckt. Buchstab heyst alles thun der natur on geyst".

Die Zusammenfassung des 3. Kapitels[22] läuft zunächst auf das Urteil von Vers 23 hinaus: „Sie sind allzumal Sünder." Der Vorzug der Juden, Gottes Wort gehabt zu haben (3,2f), wird immerhin ebenso erwähnt[23] wie ihr Un-

---

[19] Auch für die beiden folgenden Begriffe hat sich Luther um die nötigen Erklärungen bemüht, ohne die der Katalog nicht funktionieren konnte.

[20] WA DB 7; 14,6–15,16.

[21] Luther hat Ps 103,8 vor Augen. Aus dieser Stelle stammt die Wendung *Arich appaim*. Wie die Umschreibung *tardus ira* beweist, ist für die Glosse JOHANNES REUCHLIN, De Rudimentis Hebraicis, 1506, p. 68 *Äräch* von Luther eingesehen worden.

[22] WA DB 7; 14,17–15,33.

[23] 1546 hält eine Glosse ähnlich wie schon eine Randbemerkung im Coburg-Testament (WA DB 4; 472,20–26) anerkennend fest: „Wenn sie nicht weren gewest, so hette man die heilige Schrifft nicht."

glaube[24]. Von dem Zitat Ps 51,6 führt Luther nur die passendere erste Hälfte an, „das Gott (ge)recht bleybt ynn seinen wortten". Erneut wird festgehalten, daß alle Menschen Sünder sind und daß das Gesetz niemand zu
rechtfertigen vermag, sondern nur dazu gegeben ist, die Sünde zu erkennen.
Der rechte Weg, gerecht und selig zu werden, wird ohne menschliches Verdienst erreicht durch den Glauben an Christus, der „uns solchs verdienet
hat durch seyn blut und uns eyn gnaden stuel worden von Gott, der uns alle vorige sund vergibt..." Die schwer beladene Argumentation des Paulus
wird von Luther mit Hilfe des Verdienstgedankens vereinfacht, aber auch
persönlich zugespitzt. Die Vorstellung des „Gnadenstuhls" scheint von ihm
nicht als interpretationsbedürftig empfunden worden zu sein. Luther geht
es mit 3,21 um die durch das Evangelium offenbarte, durch das Gesetz und
die Propheten bezeugte, dem Glauben gegebene, allein helfende Gerechtigkeit Gottes. Insofern ist sie auch durch das Gesetz aufgerichtet, obwohl dessen Werke samt ihrem Ruhm hinfällig sind[25].

Mit einer umfangreichen, später etwas gestrafften Glosse zu Röm 3,7
sucht Luther dem aufgrund des Zitats von Ps 51,6 möglichen Fehlschluß,
daß durch das Lügen des Menschen die Wahrheit Gottes herrlicher wird, zu
begegnen. Intendiert ist die Erkenntnis der Sünde gegenüber Gott und seinem Gesetz. Aber die „Werkheiligen" streiten gerade darüber mit Gott und
machen ihn und seine Worte darüber zum Lügner. Ursprünglich hatte Luther dies damit begründet, daß nur „die groben werksund" angesehen würden und nicht „die tieffe heupt erbsund...", von der der Zusammenhang des
Psalms (vgl. Ps 51,7) rede. Ab 1530 muß Luther aber bewußt geworden sein,
daß auf diesen Kontext von Paulus nicht angespielt wird, und er verzichtete
auf die Bezugnahme. Paulus will jedenfalls nicht, daß die Sünde, sondern
daß deren Bekenntnis Gott und seine Gnade preise. Somit bleibt Gott wahrhaftig, die Menschen hingegen, die ihre Sünde nicht bekennen, bleiben Lügner. Ihr Unglaube macht „Gottes Glauben" (vgl. 3,3) nicht zunichte, Gott
setzt sich schließlich doch als wahrhaftig durch. Umfang und Inhalt der
Glosse machen deutlich, wie sehr Luther an einer richtigen Erkenntnis der
Sünde gelegen war[26].

---

[24] Luther hat als Gegensatz zu „wahrhaftig" (3,4) zutreffend zunächst „lügenhafftig" übersetzt, was er jedoch seit 1541 verallgemeinernd durch „falsch" ersetzt und folgendermaßen
glossiert: „Gott helt gewis, Wer aber auff Menschen trawet, der feilet."

[25] Abweichend davon, weil auf das Stichwort „glawben" bezogen, erklärt die Glosse zu 3,31
zu „richten auff": „Der glawb erfullet alle gesetz, die werck erfullen keyn tittel des gesetzs."

[26] Zu erwähnen ist die substantielle Randbemerkung im Coburg-Testament zu Röm 3,20:
„Sola fide iustificamur: quia solus unus est Christus, qui tollit nostra peccata, et nullus alius. Et
hoc non nisi fide potest obtineri" (WA DB 4; 472,26–33).

Dies wird bestätigt durch die folgende Glosse zu 3,23f, die schon durch ihre Einleitung besonders ausgezeichnet ist:

„Merck diß, da er sagt, Sie sind alles sunder etc. ist das hewbtstuck und der mittel platz dißer Epistel und der gantzen schrifft. Nemlich, das alles sund ist, was nicht durch das blut Christi erloset, ym glauben gerechtfertigt wirt, Drumb fasse diesen text wol. Denn hie liegt darnyder aller werck verdienst und rhum, wie er selbs hie saget, und bleybt alleyn lautter gottis gnad und ehre."

Hatte Luther schon eingangs der Vorrede den Römerbrief als „hewbtstuck des newen testaments" qualifiziert, so werden jetzt innerhalb des Briefes als Hauptstück und Mittelplatz die Sünde und die Erlösung durch Christus als die beiden einander ausschließenden Alternativen angegeben. Die Größen sind jedoch nicht gleichwertig: Die Leistung und Bedeutung der Werke ist demontiert. Ausschließlich die reine Gnade und die Ehre Gottes behalten das Feld, zwei an sich durchaus nicht identische Größen, die aber bei Gott nunmehr in eins fallen[27]. Man hat hier das Prinzip von Luthers Schriftauslegung vor sich. 1546 wird zu dem mangelnden Ruhm „an [!] Gott" (3,23) erklärt: „Können in der warheit nicht sagen, Du bist mein Gott, ob sie wol mit dem munde viel von ihm rhümen."[28] Die Glosse versteht Ruhm (doxa!) fälschlich als Aussage des Menschen, kommt dabei aber zu einem in seiner Einfachheit ergreifenden Zeugnis des Glaubens über Gott. Zu den bisher gebliebenen Sünden (3,25) heißt es seit 1533 streng christozentrisch: „Die sünde kundte kein gut werck wegnemen, Es muste Christus und die Vergebung thun." Die Randbemerkungen im Coburg-Testament zu Röm 3,27 und 28 heben hervor, daß es nicht um das Gesetz der Werke, sondern der Täter des Gesetzes gehe. Die Werke aber tragen nichts zur Gerechtigkeit bei, sondern folgen ihr. „Fides autem et verbum praeexistunt et agunt suum officium, i.e. iustificant."[29]

Wie offenkundig für Luther die Offenbarung der Sünde und der Weg des Glaubens zur Gerechtigkeit das Thema des Briefes sind, wird wiederum an der Bemerkung zur Disposition deutlich, vom vierten Kapitel an begegne Paulus „ettlichen eynreden und anspruche(n)" und zwar zunächst dem gängigen Einwand gegen den ohne die Werke rechtfertigenden Glauben, „sol

---

[27] Auf die einzigartige dogmatische Bedeutung dieser Glosse hat MARTIN SCHLOEMANN, Die Mitte der Schrift. Luthers Notabene, in: WOLFGANG ERICH MÜLLER, HARTMUT H.R. SCHULZ (Hgg.), Theologie und Aufklärung, FS Gottfried Hornig, 1992, 29–40 aufmerksam gemacht.

[28] Auf lateinisch wird zudem noch Röm 2,17b zitiert. Dies weckt Zweifel, ob die Glosse Luther zuzuschreiben ist.

[29] WA DB 4; 472,34–473,14.

man denn nu keyn gute werck thun?"[30] Darauf wird das Beispiel des ohne
das Werk der Beschneidung gerechtfertigten Abraham referiert[31] [32]. Wie
diese, „also sind alle gutte werck nur euserlich zeychen, die aus dem glawben folgen, und beweysen als die guten fruchte, das der mensche schon fur
Gott ynwendig rechtfertig sey". Als weiterer Zeugen biete Paulus David
(mit Ps. 32,1f) auf[33], wobei aber noch ausdrücklich festgehalten wird, daß
der Gerechtfertigte dann nicht ohne Werke bleibt. Gegen die Juden und die
Erfüllung des Gesetzes werden als Erben Abrahams die Glaubenden ausge-
geben. Zu dem möglicherweise erklärungsbedürftigen Bezugswort „allem
Samen" (4,16) wird erläutert: „Denn die gleubigen Heiden sind so wol Abrahams samen als die Jüden." Während das Gesetz Zorn anrichtet, vermag
nur der Glaube die verheißene Gnade zu erlangen. Eine Randbemerkung im
Coburg-Testament legt das Glauben auf Hoffnung (Röm 4,18) als die Werke, Akte und Gedanken aus, mit denen der Glaube beschäftigt ist und geübt
wird vor allem eigenen Tun; er faßt nämlich die Werke Gottes, die noch gar
nicht existieren[34]. Röm 4,20 wird in spezifischer Weise praktisch zusammengefaßt: „Wer Gott glewbt, der gibt yhm seyn ehre, als das er warhaff-
tig, almechtig, weyß, gutt sey, alßo erfullet der glawb die ersten drey gepot
und rechtfertiget den menschen fur Got, das ist denn der recht Gottis
dienst." Luthers ansonsten relativ knappes Referat hebt mit 4,23f nur noch
hervor, daß diese Exempel auch um unsertwillen geschrieben seien. Die
Randbemerkung im Coburg-Testament stellt aktualisierend dazu fest: „Ec-
ce non est miraculum sed exemplum."[35]

Im 5. Kapitel[36] handelt nach Luther Paulus mit Friede, Freude, Liebe, Sicherheit, Trotz und Hoffnung von den Früchten und Werken, die aus dem
Glauben kommen. Rechtschaffene Werke folgen aus dem Glauben der Gerechtfertigten. Die sichtlich durch die Diskussionslage der Reformationszeit
bedingte Betrachtungsweise überrascht zunächst. Man wird aber einräumen
müssen, daß man dadurch einen besonderen Blick darauf bekommt, was
Früchte und Werke des Glaubens sind. Die zweite Hälfte des Kapitels hält

---

[30] WA DB 7; 14,34–15,29.

[31] Dasselbe wird auch in der Glosse zu 4,11 ausgesagt. Eine Randbemerkung dazu im Coburg-Testament nennt Abraham „pater fidei summus", weil ohne Werke und vor dem Gesetz
gerechtfertigt, „exemplum omnibus praepositus in iustificandi ratione" (WA DB 4; 474,1–13).

[32] Zur der dem Glauben zugerechneten Gerechtigkeit (Röm 4,5) heißt es in den Randbemerkungen zum Coburg-Testament in Überschreitung der forensischen Situation: „Reputari
est ex gratia acceptum esse" (WA DB 4; 473,25–30).

[33] So auch die Glosse zu 4,6.

[34] WA DB 4; 474,14–35. Entsprechend heißt es zu Röm 4,21: „Fides verbum Dei praesens et
opus futurum eiusdem cogitat" (WA DB 4; 474,36–475,4).

[35] WA DB 4; 475,5–7.

[36] WA DB 7; 16,30–19,16.

Luther für „eyn lustigen außbruch und spaciergang", also für einen Exkurs über die Herkunft von Sünde und Gerechtigkeit, Tod und Leben. An Sünde und Gerechtigkeit als den Erbschaften von Adam bzw. Christus wird sichtbar, daß niemand sich selbst mit Werken aus „sunden zur gerechtigkeyt" zu helfen vermag. Selbst das Gesetz hat hierbei nichts ausgerichtet, sondern die Sünde noch gemehrt und damit „Christus noch nottiger (ge)macht".

„Erfahrung" (5,4) wird konkret so erklärt: „Wenn einer wol versucht ist und kan davon reden als einer, der da bey gewesen ist." In Röm 5,6 ist „nach der Zeit" nicht leicht zu verstehen. Luther nahm eine bereits vorherbestimmte Erlösung der Glaubenden aus der zeitlich befristeten Schwachheit an, tilgte aber diese ihrerseits komplizierte Deutung 1530. Wie zu Röm 3,23 wird auch zu 5,11 mit einer intensiven Aussage über die Gemeinschaft mit Gott ausgeführt, wie das Rühmen Gottes lautet: „Das Got unser sey und wir seyn seyn, und alle gutter gemeyn von yhm und mit yhm haben ynn aller zuversicht." Inwiefern Adam der Typus Christi war (5,14) wird genau erklärt: „Wie Adam uns mit frembder sund on unser schuld verderbet hat, also hat uns Christus mit fremder gnad on unser verdienst selig gemacht."[37] Zu 5,17 weist Luther dann, anders als heutige Auslegung, ausdrücklich darauf hin, daß der Text nach seinem Verständnis von der Erbsünde handelt: „Merck, das er hie von der erbsund redet, wilch komen ist von Adams ungehorsam, da her es alles sundlich ist, was an uns ist." Zu 5,18 wird dann fortgesetzt, daß so wie die Sünde Adams die Gerechtigkeit Christi unser eigen geworden ist.

Das 6. Kapitel beschreibt nach der Vorrede[38] den Streit des Geistes mit dem Fleisch gegen die nach der Rechtfertigung verbleibenden Sünden und Lüste. Die Sünde wird zwar nicht mehr zur Verdammnis angerechnet, aber der Glaube bleibt lebenslang im Streit mit ihr, und darin besteht zugleich die Vollbringung der Taufe. Luther sucht sodann den nicht ganz einfachen Sachverhalt auszulegen, was es heißt, in der Gnade und nicht im Gesetz zu sein (6,14): Gemeint ist nicht ein gesetzloser, willkürlicher Zustand, aber auch nicht ein Zwangszustand, in dem die Sünde sich dann gegen das Gesetz auflehnt. Vielmehr macht die Gnade das Gesetz lieblich, somit existiert keine Sünde mehr, sondern Übereinstimmung mit dem Gesetz. Die Glosse dazu formuliert folgendermaßen: „Solange die gnade regirt, bleybt das gewissen frey und zwingt die sund ym fleysch, Aber onn gnade regirt sie, und das

---

[37] Lazarus Spenglers Lied „Durch Adams Fall ist ganz verderbt menschlich Natur und Wesen" von 1524 (EKG 243; nicht mehr im EG aufgenommen!) formuliert in der zweiten Strophe ganz ähnlich: „Wie uns nun hat ein fremde Schuld / in Adam all verhöhnet, / also hat uns ein fremde Huld / in Christus all versöhnet..."

[38] WA DB 7; 18,17–21,12.

gesetz verdammet das gewissen." Die Freiheit von Sünde und Gesetz besteht im ungezwungenen Tun des Guten, ist somit geistliche Freiheit, die
mit ihrer Erfüllung die Forderung des Gesetzes stillt. Diese Forderung ist
nicht zunichte gemacht, sondern von Christus bezahlt worden. In der geschenkten Freiheit wird dann durchaus dem Gesetz entsprechend gehandelt, aber ohne daß dessen Zwang besteht.

Die Taufe in den Tod Christi (6,4) meint, „das wyr auch (wie er) sterben,
denn wir sterben der sund nicht, das fleysch sterbe denn auch leyplich". Insofern dauert für Luther der Vorgang der Taufe lebenslang an. Deshalb wird
zu 6,12 ausdrücklich festgestellt: „Merck, die heyligen haben noch bose luste ym fleisch, den sie nicht folgen."

Die Vorrede[39] findet dies im Ehegleichnis des 7. Kapitels bestätigt[40].
Wenn der alte Mensch durch den Geist getötet wird, ist das Gewissen frei.
Dies bedeutet freilich nicht, daß es nichts tun soll, sondern es soll, in freier,
aber Luther geläufiger Fortführung des Ehebilds, „nu aller erst recht an
Christo, dem andern man hangen, und frucht bringen des Lebens". Die
Glosse zu 7,4 führt aus: „Der alt Mensch hat das Gewissen mit sunden zu ei-
gen, wie ein Mann sein Weib. Aber wenn der alt Mensch stirbt durch die
Gnade, wird das Gewißen frey von sunden, das jm auch das Gesetz nicht
mehr die sund auffrucken [vorhalten] und den alten Menschen unterthenig
machen kan."

Der Fortgang des Kapitels beschreibt, „wie durch das gesetz die sund sich
nu recht reget und geweltig wirt". Weil die Sünde die Natur des Menschen
ist, ist das Gesetz sein Tod und seine Marter. Die böse Natur kann das gute
Gesetz eben nicht leiden. Das recht verstandene Gesetz bewirkt Erkenntnis
der Sünde, tötet dadurch und macht des ewigen Zorns schuldig. Zur Gerechtigkeit und Seligkeit bedarf es also etwas anderes. Wird hingegen das
Gesetz nicht recht erkannt, meint man vermessen, ihm mit Werken zu
genügen, weil nicht gewußt wird, daß das Gesetz „eyn frey, willig, lustig
hertz" fordert. In nicht ganz angemessener Anspielung auf 2 Kor 3,13–15
wird solchen Heuchlern vorgeworfen, sie sähen Mose nicht recht unter die
Augen, das Tuch liege ihnen davor. Im letzten Teil des Kapitels (7,13ff) geht
es um den Kampf von Geist und Fleisch, wobei am Beispiel des Paulus recht
erkannt werden soll, die Sünde in uns selbst zu töten. Luther nimmt wahr,
daß Paulus 7,21–23 in doppelter Weise vom Gesetz des Fleisches und des
Geistes spricht. Beide streiten mehr oder minder stark lebenslang miteinan-

---

[39] WA DB 7; 20,12–23,13.

[40] Eine Randbemerkung im Coburg-Testament konstatiert, daß Paulus das ganze Gesetz
mit der Aufhebung eines einzelnen Gesetzes aufhebt, damit wir von ihm nicht weiterhin ange-
klagt werden können (WA DB 4; 475,19–24).

der, bis der Mensch ganz geistlich wird. Luther hat bekanntlich in Röm 7 die Situation des gerechtfertigten Menschen beschrieben gesehen. Dies wirkt sich auch in den Glossen aus.

Das Tun des Guten (7,21) wird etwas gewaltsam, aber im Blick auf die vorhergehenden Verse verständlich interpretiert: „Thun heyst hie nicht das werck volbringenn, sonder die luste fulen, das sie sich regen. Volbringen aber ist, on luste leben gantz reyn, das geschicht nit ynn disem leben." Daß auch diese an sich unzutreffende Auslegung einen wesentlichen Aspekt der Wirklichkeit des Christenmenschen erfaßt hat, wird zu konzedieren sein. Der „ynwendige Mensch" (7,23) ist demnach die neue Kreatur, „der geist aus gnaden geporn, wilcher ynn den heyligen streytet widder den euserlichen, das ist vernunfft, synn und alles, was natur am Menschen ist". Gewisse Schwierigkeiten mußte bei Luthers Auffassung das Verständnis des Todesleibes (7,24) machen. Luther erklärt darum Tod hier übertragen als „den iamer und die muhe ynn dem streyt mit der sund". Daß ihn dies einiges Nachdenken gekostet hat, zeigt die ausgefallene Berufung auf Ex 10,17, wo die Heuschreckenplage übertragen als „Tod" bezeichnet wird.

Im 8. Kapitel werden nach der Auffassung der Vorrede[41] die im Streit zwischen Geist und Fleisch befindlichen Christen getröstet, „das sie solch fleysch nicht verdamne". Die Glosse zu 8,1 zeigt, wie das Fleisch als „verdammliches" entgegen dem eigentlich gemeinten Verdammungsurteil von Luther aufgefaßt ist, wobei er immerhin dem Fortgang des Textes präzise gerecht zu werden versucht:

„Ob wol noch sund ym fleysch wutet, so verdampt es doch nicht, darumb das der geyst rechtfertig [= gerecht] ist und dawidder streytt, wo der selb nicht ist, da wirt das gesetz durchs fleysch geschwecht und ubirtretten, das unmuglich ist, das dem menschen das gesetz helffen solt, denn nur zur sund und todt. Darumb sand gott seynen son und lud auff yhn unser sund und halff uns also das gesetz erfullen durch seynen geyst."

Das Fleisch führt also unweigerlich in die verdammende Übertretung des Gesetzes, deren Strafe Christus auf sich genommen hat und dessen Erfüllung der Geist ermöglicht. Eine weitere Glosse erklärt „fleyschlich gsynnet seyn" (8,6) sehr kategorial, „das man nichts nach gotte fragt odder seyn nicht acht, und nichts davon helt". Im folgenden geht es nach Luther dann wieder um die Eigenart von Fleisch und Geist. Solange dem Geist gefolgt und der Sünde widerstrebt wird, bleiben wir Gottes Kinder. Leiden und Kreuz sind geeignet, das Fleisch niederzuhalten. Der Geist und die Kreaturen stehen uns darin bei. Nachträglich stellt Luther fest, daß Röm 6 bis 8

---

[41] WA DB 7; 22,14–23,25.

das ein(z)ige Werk des Glaubens treiben, nämlich den alten Adam zu töten und das Fleisch zu zwingen. Möglicherweise kommt dem in Luthers Theologie mehr Gewicht zu, als gemeinhin angenommen wird.

Wie die älteren Ausleger häufig, hat auch Luther in seiner Vorrede[42] die Bedeutung des Themas Israel im Römerbrief, speziell der Kapitel 9–11, nicht wirklich erfaßt. Nach ihm wird da sehr eindrücklich und auf ähnliche Weise wie in der persönlichen Ablehnung des freien Willens in „De servo arbitrio"[43] „von der ewigen versehung Gottis", gemeint ist die Prädestination, gehandelt, also:

„wer gleuben odder nicht glewben soll, von sunden los oder odder nicht los werden kan, da mit es yhe gar aus unsern henden genomen und alleyn ynn Gottis hand gestellet sey, das wir frum [= gerecht] werden. Und das auch auffs aller hohist nott, denn wyr sind so schwach und ungewiß, das, wenns bey uns stunde, wurde freylich nicht ein mensch selig, Aber nu got gewis ist, das yhm seyn versehen nicht feylet, noch ymand yhm weren kan, haben wyr noch hoffnung widder die sunde."

Die „hochfahrenden Geister" werden vor dem Risiko gewarnt, den „abgrund gottlicher versehung" zu erforschen, dem Leser wird empfohlen, sich an die Ordnung des Römerbriefs in den vorhergehenden Kapiteln zu halten, also die Sünde und die Gnade Christi zu erkennen und danach gegen die Sünde zu streiten. Das 8. Kapitel mit Kreuz und Leiden wird dann lehren, wie tröstlich die Prädestination in Röm 9–11 ist. Ohne Leiden, Kreuz und Todesnot kann man von der Prädestination nicht unbeschadet und ohne heimlichen Zorn gegen Gott handeln. Für Säuglinge ist der starke Wein nichts. „Eyn iglich lere hat yhr maß, zeyt und allter." So hatte auch schon die Römerbriefvorlesung geraten, obwohl in ihr noch die „resignatio ad infernum" empfohlen worden war[44]. Die Vorsicht beim Umgang mit dem Thema der Prädestination scheint also noch zugenommen zu haben.

Zur Vorstellung vom Rest des Gottesvolkes (9,28) bemerkt eine Glosse seit 1530:

„Ob wol das mehrer teil dahin fellet und ungleubig bleibet, wird er sie doch nicht lassen also fallen, sondern die ubrigen erhalten und durch sie sein Wort und Gnade deste reichlicher ausbreiten, da durch sie gerecht und herrlich werden."

Der Anstoß in 9,32 besteht in dem Ärgernis, daß Christus ohne Werke gerecht macht. Die Aussage, daß der Mensch im Gesetz lebe (10,5), muß Luther dahingehend limitieren, daß durch die äußerlichen Werke zwar die

---

[42] WA DB 7; 22,26–25,10.
[43] Vgl. WA 18; 783,17–39.
[44] WA 56; 400,1–10.

äußerliche Strafe vermieden wird, aber vor Gott ist dies nichts. Die mit Werken und nicht mit dem Glauben gerecht werden wollen, glauben nicht an die Heilstat des Sterbens und Auferstehens Christi, heißt es in der Erklärung zu Röm 10,6[45]. Zu Röm 11,2 muß das von Gott ‚versehene‘ (erwählte) Volk mittels einer Einschränkung erklärt werden: „Es ist nicht alles Gottis volck, was Gottis volck heyst, drumb wirts auch nicht alles verstossen, ob das mehrer teyl auch verstossen wurd.“ Die göttliche Erwählung wird von Luther nicht bezweifelt, aber sie gilt als stark limitiert. Dem schwierigen Gedanken von Röm 11,15 entnimmt Luther seit 1541, daß, entsprechend dem vorhergehenden Vers, die „toten“ Juden durch das Beispiel der Heiden zum Leben gereizt werden sollen[46]. Gegen den Sinn des Textes und geradezu harsch gegenüber den Juden ist die Bemerkung zu „Gottes gaben“ (11,29) von 1546: „Gott hat uns seinen Son geschenckt, und durchs Euangelium beruffen, wer den nicht wil hören, dem wird er nichts eigens und sonderlichs machen“ (mit Verweis auf Hebr 6,4ff und 10,26f). Röm 11,32 wird nochmals besonders herausgestellt: „Merck diesen heubtspruch, der alle werck und menschlich gerechtickeyt verdampt unnd allein Gottis barmhertzickeyt hebt, durch den glawben zurlangen.“ Eine andere Gerechtigkeit als die aus dem Glauben kennt Luther nicht, und dadurch ist auch sein reserviertes bis kritisches Urteil über die Juden bestimmt, was freilich nicht sein letztes Wort ihnen gegenüber ist[47].

Das 12. Kapitel lehrt nach der Vorrede[48] den rechten Gottesdienst und macht mit der Anweisung zum Opfer ihrer eigenen Leiber mit Abtötung der Lüste „alle Christen zu pfaffen“, greift also den Gedanken des allgemeinen Priestertums auf. Die Inhaltsangabe nimmt das ekklesiologische Bild vom Leib und den Gliedern nicht auf, sondern spricht von einer Beschreibung des Wandels der Christen „ym geistlichen regiment“, also insgesamt der Werke, die ein Christ tut. Die Sichtweise ist recht individualistisch die des actuosen Glaubens.

„Vernünftiger Gottesdienst“ (12,1) setzt nach der endgültigen Glossierung Glauben und Gotteserkenntnis voraus. Alle Weissagung (12,7), die sich nicht auf Christus richtet, ist dem Glauben nicht ähnlich. Damit ist ein Kriterium gegen Offenbarungen, Poltergeister und fromme Übungen gewonnen. Lehren und Ermahnen (12,7f) muß nach Luthers Auffassung un-

---

[45] Den Schluß dieser Glosse bildet eine exegetisch nicht uninteressante lateinische Floskel: „Emphasis (die Betonung) est in verbo ym hertzen.“

[46] Die seit 1533 entfallene ursprüngliche Glosse hatte partiell dasselbe besagt, war aber derart kompliziert, daß sie kaum verständlich gewesen sein dürfte.

[47] Vgl. unten zu Röm 15,8.

[48] WA DB 7; 24,11–25,17.

terschieden werden, darum wird das Lehren auf die Unwissenden und das Ermahnen auf die bereits Informierten bezogen.

Bezüglich des 13. Kapitels skizziert die Vorrede[49] zunächst schon Luthers Konzeption des weltlichen Regiments, wie sie sich im Herbst 1522 herausgebildet hat. Der Gehorsam gegenüber der Obrigkeit um des Gewissens willen (13,5) wird wegen deren Friedenswahrung geschuldet. Entsprechend wird auch das „Schos geben" (13,6) geradezu treuherzig begründet: „Sehet wie gut es ist, schos geben und gehorchen, das jr damit helffet die Frumen schützen und die Bösen straffen, Darumb lassets euch nicht verdriessen." In der zweiten Hälfte des Kapitels wird nach Meinung der Vorrede alles nach dem Beispiel Christi in der Liebe zusammengefaßt. Nachdem Luther Röm 13,14b ursprünglich einigermaßen zutreffend aufgefaßt hatte, verstand er den Halbvers seit 1533 als Warnung vor übertriebener Askese.

Die Zusammenfassung des 14. Kapitels in der Vorrede[50] liest sich wie Luthers Appell nach seiner Rückkehr von der Wartburg zur Rücksicht auf die Schwachen. Übt man sie nicht, folgen Zwietracht und Verachtung des Evangeliums. Ausdrücklich wird gesagt, daß ein solches Verhalten derzeit nötig sei. Die Glosse zu 14,1 beschreibt gleichfalls das Verhalten von Starken und Schwachen und fordert zu hilfreicher Rücksichtnahme auf. Zu 14,5 wird erklärt, daß unter der Gewißheit der Meinung ein Verhalten zu verstehen ist, das sicher ist, nicht Sünde zu sein. Aufgrund des Röm 14,11 auf Christus bezogenen Zitats aus Jes 45,23 wird 1546 herausgestellt, daß Christus wahrer Gott sein muß. Die Bedeutung des zweideutigen „gemein" (14,14) wird als „unrein" festgestellt. Mit dem „Schatz" (14,16) wird das Evangelium identifiziert, das durch frechen Gebrauch der Freiheit verlästert wird. Röm 14,23c „Was aber nicht aus dem glawben gehet, das ist sunde", stellt Luther als weiteren „heubtspruch" gegen alle Werke, die ohne Glauben getan werden, heraus und warnt vor den Glossen vieler Lehrer, ohne sie jedoch inhaltlich aufzuführen. Die Randbemerkung im Coburg-Testament stellt dazu freimütig positiv fest: „Hic locus definit, quid sit fides, scilicet conscientiam seu fiduciam habere, non esse peccatum amplius."[51]

Röm 15 faßt die Vorrede ziemlich allgemein und wenig spezifisch zusammen[52]. Die moralisch Schwachen (15,1) sollen nach dem Beispiel Christi getragen werden: „Denn also hat Christus mit uns than und thut noch teglich, das er gar viel untugent und boser sitten neben aller unvolkomenheyt an uns tregt und hilfft on unterlaß." Abschließend werden noch die Fürbitte des

---

[49] WA DB 7; 24,18–25,25.
[50] WA DB 7; 24,26–25,34.
[51] WA DB 4; 478,30–479,3.
[52] WA DB 7; 25,35–27,5.

Paulus, seine Ausführungen über sein Amt und die Bitte um die Kollekte
für die Jerusalemer Gemeinde erwähnt. Nicht ohne zeitgeschichtlichen
Hintergrund scheint dabei die sensible Glosse zu Röm 15,25 zu sein:
„Merck die Apostolisch art, wie hofflich und seuberlich sucht sanct Paulus
diese steure bey den Romern." Erstaunlich ist, daß seit 1541 zu Röm 15,8
nun doch festgestellt wird: „Summa summarum dieser Epistel Beide Jüden
und Heiden sollen selig werden etc.", obwohl Christus nicht persönlich zu
den Heiden gesandt war. Zu Röm 15,9 lautet die Randbemerkung im Coburg-Testament selbstkritisch: „At hodie nos gentes magis insanimus in
gratiam Dei, quam olim Iudaei. Tantum abest, ut grati simus. Reducimus
enim Synagogam incredulam et impiam."[53] Zum Dienst des Paulus (15,17)
wird seit 1541 auffallend amtlich vermerkt: „Das ist, das ich sein [Gottes]
priester bin."

Das letzte Kapitel wird entsprechend Luthers damaliger Frontstellung
von der Vorrede als erstaunlich aktuell präsentiert[54]: Die Warnung vor
Menschenlehren mute an, als ob Paulus das Ärgernis der aus Rom kommenden verführerischen

„Canones und decretales und das gantz geschwurm und gewurm menschlicher ge-
setzen und gepotten, die itzt alle welt erseufft und diese Epistel und alle heyllige
schrifft sampt dem glawben vertylget haben, das nichts mehr da blieben ist, denn der
Abgott Bauch, des diener sie hie Sanct Paulus schillt, Gott erlose uns von yhnen,
Amen."

Die Vorrede schließt mit einer Zusammenfassung[55]: Der Römerbrief biete,
was ein Christ wissen soll. Neben fast allen eingangs behandelten Hauptbe-
griffen werden jetzt noch Christus, Gott, gute Werke, Liebe, Hoffnung und
Kreuz genannt sowie das gebotene Verhalten gegen Gerechte oder Sünder,
Starke oder Schwache, Freund oder Feind und uns selbst; das alles biblisch
begründet und mit den Beispielen des Paulus und der Propheten bewiesen.
Paulus habe also anscheinend eine Kurzfassung der ganzen christlichen und
evangelischen Lehre sowie eine Einführung in das Alte Testament bieten
wollen. Ausdrücklich heißt es dazu: „Denn on tzweyfel, wer dise Epistel
wol im hertzen hat, der hat des alten testaments liecht und krafft bey sich."
Dies ist Luther so wichtig, daß er dazu auffordert und dafür Gottes Gnade
erbittet, daß jeder Christ den Römerbrief in allgemeiner und stetiger Übung
hat. Insgesamt wird man dieser Zusammenfassung keine Einseitigkeit oder
Verengung, wohl aber einen interessanten gesamtbiblischen Horizont atte-

---

[53] WA DB 4; 479,4–12.
[54] WA DB 7; 26,19–27,27.
[55] WA DB 7; 26,6–18 bzw. 27,15–27.

stieren können. Die Glossen bestätigen oder bereichern den von der Vorrede gebotenen Aufriß vielfach. Das Schwergewicht der ersten drei Kapitel mit dem Aufweis von Sünde und Gerechtigkeit erhält, entgegen partieller Äußerungen zur Disposition, ein Gegengewicht mit dem in Röm 6–8 dargestellten Werk des Glaubens gegen den alten Adam und das Fleisch. Trotz der Offenheit für das Alte Testament bleibt die christliche Verengung von Röm 9–11. Die fünf letzten Kapitel hat die Disposition nicht eigens zusammengefaßt, die Auslegung wirkt infolgedessen zerfasert. Dennoch wird schließlich der Kompendiencharakter des Römerbriefs behauptet.

Paulus mit seinen Legionen gegen den freien Willen

Als eine der am stärksten dogmatischen Schriften Luthers gilt „De servo arbitrio". Genau besehen trifft dies allerdings nicht zu. Die große Einleitung ausgenommen handelt es sich um eine Erörterung von Bibelstellen für oder gegen den freien Willen. Im letzten Teil der Schrift will Luther, wie versprochen, seine Truppen gegen den freien Willen vorführen[56]. Freilich nicht alle; das wäre in einem kleinen Büchlein unmöglich, hat Luther doch die ganze Bibel auf seiner Seite. Das ist auch nicht nötig, da der freie Wille schon doppelt besiegt ist, einmal, indem bewiesen worden ist, daß alles gegen ihn spricht, was er für sich reklamiert hat, zum andern, weil alles noch gilt, was Erasmus widerlegen wollte. Auch wenn der freie Wille noch nicht besiegt wäre, würde es genügen, ihn mit dem einen oder anderen Geschoß niederzustrecken. Einen schon getöteten Gegner braucht man nicht mehr mit vielen weiteren Geschossen zu durchbohren. Luther kann sich also kürzer fassen. Aus der großen Zahl seiner Heere läßt er die beiden Anführer Paulus und Johannes mit ihren Legionen hervortreten. So kommt es in diesem berühmten Text zu einem Durchgang durch den Römerbrief unter dem Aspekt der Bestreitung des freien Willens. Wie angemessen dies ist, muß sich erweisen.

Eingesetzt wird mit der Offenbarung des Zornes Gottes über alle menschliche Ungerechtigkeit (Röm 1,18)[57]. Für ein Vermögen des freien Willens zum Guten ist hier kein Platz. Was Zorn verdient, steht der Gnade entgegen. Wie der griechische Text ausweist, handelt es sich hierbei um eine Totalaussage über die Menschheit, wie Röm 1,16 das Evangelium die Kraft Gottes zum Heil aller Glaubenden, Juden und Griechen ist. Irgendwelche Ausnahmen aufgrund noch so ausgezeichneter Qualitäten läßt Paulus nicht

---

[56] WA 18; 756,24–757,10.
[57] WA 18; 757,10–759,29.

zu. Die Glaubenden sind gerecht, die Nicht-Glaubenden ungerecht und gottlos. Gott wäre töricht gewesen, hätte er den Menschen die Gerechtigkeit offenbart, die sie schon gekannt hätten. Der freie Wille weiß nicht einmal, was vor Gott gerecht ist, und befindet sich damit unentrinnbar unter dem Zorn, aus dem er sich nicht herauswinden kann. Das zwingende Schlußverfahren wird von der Erfahrung bestätigt: Kein sterblicher Mensch würde den Glauben an den für die Sünden gestorbenen, auferweckten und erhöhten Christus für den Weg zum Heil halten, sondern für die Juden ist es ein Ärgernis und für die Heiden eine Torheit (1 Kor 1,23), mit der der freie Wille nichts anfangen kann. Nur für die Glaubenden ist es Kraft und Weisheit Gottes (1 Kor 1,18).

Aus Röm 1,21 greift Luther den aus dem griechischen Text stammenden Begriff der „dialogismi", also der scharfsinnigen und doch verfinsterten Disputationen heraus, die dem freien Willen ebensowenig etwas bringen wie den Juden ihr religiöser Eifer (Röm 2,27.29; 10,2)[58].

Der Epilog von Röm 3,9 beschließt alle unter die Sünde und läßt keinen Raum für den freien Willen[59]. Irgendwelcher Interpretationsspielraum besteht hierbei nicht. Als Ursache wird auf Röm 1,18 zurückverwiesen. Röm 3,9 wird als weitere Totalaussage über den Menschen qualifiziert. Sodann wird der Schriftbeweis des Paulus 3,10ff überprüft[60]. Es ergeben sich jedoch keine anderen Deutungsmöglichkeiten. Wie sollten die, die Gott nicht kennen und sich nicht um ihn kümmern, auch eine Kraft zum Guten haben? Luther meint, mit der alles Positive ausschließenden Gottesignoranz des Menschen Erasmus seine pessimistische Anthropologie bewiesen zu haben. Es lassen sich auch nicht irgendwelche positiven Potentialitäten feststellen. Der freie Wille zum Guten ist damit von Grund auf aufgehoben.

Indem Gott dem Menschen den Mund verstopft (Röm 3,19f), ist auch für den freien Willen nichts mehr vorzubringen[61]. Die „großartige Aussage" (grandiloquentia), daß kein Werk des Gesetzes rechtfertigt (Röm 3,20), gilt wiederum total für alles menschliche Bemühen, nicht lediglich, wie von Hieronymus und Erasmus in schlimmem Irrtum angenommen, für das Zeremonialgesetz[62]. Aus Röm 1,16 und Gal 3,10 läßt sich beweisen, daß das ganze Gesetz, also auch das Moralgesetz, gemeint ist. Paulus kommt somit in Röm 3,20f und 28 zu einer Zweiteilung in Täter aus dem Geist und Täter aus dem Fleisch, wobei der freie Wille dem Fleisch zugeordnet wird. Der

---

58 WA 18; 759,29–760,16.
59 WA 18; 760,17–39.
60 WA 18; 761,1–763,4.
61 WA 18; 763,5–31.
62 WA 18; 763,32–766,7.

Nutzen des Gesetzes besteht darin, daß es zur Erkenntnis der Sünde führt
(Röm 3,20)[63], was erfahrungsgemäß gerade auch von den Frommen keineswegs immer angenommen wird. Dem seine Sünde nicht kennenden freien
Willen muß sie durchs Gesetz gelehrt werden. Die Rückfrage des Erasmus
nach dem Sinn der zahlreichen biblischen Gesetze findet hier ihre limitie-
rende Antwort. Zu etwas anderem als zur Diagnose ist das Gesetz nicht gegeben und schon gar nicht zur Beschaffung des Heils. Dennoch ist das Gesetz notwendig, denn wenn die Sünden nicht gekannt werden, gibt es keine
Hoffnung.

Die Gerechtigkeit Gottes aus dem Glauben an Christus verkündet Paulus
Röm 3,21ff „mit vollem Vertrauen und Autorität"[64]. Der Gegensatz des
Glaubens an Christus zu den Aktivitäten des freien Willens wird ständig bewußt gemacht. Das Kriterium ist die Sündigkeit aller (Röm 3,23)[65], der auch
die Aktionen des freien Willens unterliegen. „Ehre Gottes" ist für Luther
nach dem Hebräischen zu verstehen als die Anerkennung, die die Glaubenden bei Gott haben. Der freie Wille jedoch bringt es dazu nicht. Die durch
die Gnade geschenkte Gerechtmachung (Röm 3,24) schließt jedes Verdienst
und jede Belohnung und damit auch die geringste Eigenleistung des freien
Willens aus[66], wie sie Erasmus immer noch postuliert hatte. Zugleich wird
damit die Verdienstlehre der Scholastik samt dem Zeugnis der frühen Kir-
chenväter obsolet und als pelagianisch entlarvt.

Die Beispiele Abrahams und Davids (Röm 4,3–7) bestätigen Luthers Auffassung[67]. An den Aussagen über das Zorn schaffende Gesetz (Röm 4,15)
und über die auf alle Menschen gekommene Erbsünde (Röm 5,12 ff) als Argumenten gegen den freien Willen geht Luther lediglich vorüber. Wollte er
nämlich allein bei Paulus alles berücksichtigen, was den freien Willen um-
wirft, müßte er den ganzen Paulus kommentieren[68]. Ausdrücklich gibt Luther zu erkennen, daß er Paulus wegen seiner positiven oder negativen To-
tal- und Allgemeinaussagen wie „Alle, Keiner, Nicht, Niemals, Ohne" be-
wundere, die keine Partikularisierungen zulassen, wenn man nicht eine neue
Grammatik aufbringen will. Luther ist jedenfalls der Meinung, im Gefolge
des Paulus den freien Willen widerlegt zu haben[69].

Um der Kürze willen führt Luther sogleich als „paulinische Schluß-

---

63 WA 18, 766,8–767,18.
64 WA 18; 767,19–768,26.
65 WA 18, 768,27–769,23.
66 WA 18; 769,24–771,23.
67 WA 18; 771,34–772,35.
68 WA 18; 772,36–773,30.
69 WA 18. 773,31–774,16.

schnörkel" (coronis) die wiederum jeweils exklusive Unterscheidung von Fleisch und Geist in Röm 8 an[70]. Die von Erasmus geteilte Vorstellung des Origenes, im Menschen gebe es eine seelische Kraft, die sich zum Geist hinwenden könne, tut Luther als Fabel ab, weil sie nicht mit den paulinischen Totalaspekten vereinbar ist. Schließlich wird noch aus Röm 9 und 10 hinzugefügt, daß weder Juden noch Heiden mit dem freien Willen zur Gerechtigkeit gelangen[71].

Unter der Prämisse von „De servo arbitrio" kam Luthers Verständnis des Römerbriefes zu größter Geschlossenheit und zur Konzentration auf die Alternativen der Rechtfertigungslehre samt der dadurch bedingten Anthropologie. Luther war der Meinung, auch das sonstige paulinische Schrifttum auf seiner Seite zu haben. Daß es für ihn darüber hinaus noch selbständige Themen gebe, ließ er nicht erkennen. Das christliche Leben bleibt nach dieser Konzeption tatsächlich immer von der Gerechtmachung allein aus dem Glauben bestimmt. In den wesentlichen Strukturen liegt dasselbe Verständnis des Römerbriefes bereits in der Vorrede und in den Glossen zur Übersetzung des Römerbriefs vor. Was (vor allem ab Röm 12) darüber hinausgeht, widerspricht dieser Konzeption zumindest nicht. Luthers Römerbriefauslegung bildet eines der großen Interpretationsmodelle biblischer Theologie, an dem sich andere Auffassungen jedenfalls messen und ausweisen müssen. Insofern dürfte es sich gelohnt haben, Luthers Konzeption zusammenfassend zu vergegenwärtigen.

---

[70] WA 18; 774,17–775,18.
[71] WA 18; 775,19–776,3.

Ferdinand Christian Baurs „Paulus" und sein Verhältnis zu Hegel in der Spätzeit

von

HANS CHRISTIAN KNUTH

I. Das Problem

a) Die Vergangenheit und die Gegenwart

Baurs Vorrede zum „Paulus"[1] enthält in nuce die Problematik seiner ganzen Theologie: Ursprung und Wesen verknüpfend[2] ist ihm – wie Hegel[3] – die Vergangenheit Moment und Schlüssel der Gegenwart, ja mehr, ihre Erforschung zugleich der treibende Motor für den Fortschritt des Geistes.[4]

---

[1] 1845/1866/67[2].

[2] P1 S. IV, P2 I S. VI: „die große Frage der Zeit, was es (das Christentum) ursprünglich war und wesentlich ist …" Man beachte bitte stets die Belegung der Stellen in beiden Auflagen. Dies dient dem positiven Aufweis, daß sie nahezu identisch geblieben sind!

[3] HEGEL, Lasson VIII, Band 171 a – 171 d; S. 159 – 166 zitiert bei HEER, S. 111: „Indem wir es mit der Idee des Geistes zu tun haben, und in der Weltgeschichte alles nur als seine Erscheinung betrachten, so beschäftigen wir uns, wenn wir Vergangenheit, wie groß sie auch immer sei, durchlaufen, nur mit Gegenwärtigem."

[4] Im Grunde ist der Geist damit am Ziel seines Weges: P1 S. 1 f, P2 I S. 3 f: „Die nach so großer Anstrengung, nach der mühevollen Arbeit vieler Jahrhunderte errungene Selbständigkeit des Denkens wendet von selbst den Blick in die Vergangenheit zurück, der in der Selbstgewißheit seines Bewußtseins in sich ruhende Geist steht nun erst auf dem Standpunkt, auf welchem er auch auf die Wege zurücksehen kann, die er, durch die Macht der Verhältnisse getrieben, gegangen ist, er geht ihnen nach, um das bewußtlos Gewordene mit dem Bewußtsein der innern Notwendigkeit seines Werdens zu durchlaufen." HEGEL, a.a.O. zitiert bei HEER S. 110: „Der Geist der gegenwärtigen Welt ist der Begriff, den der Geist sich von sich selbst macht; er ist es, der die Welt hält und regiert, und er ist das Resultat der Bemühungen von 6000 Jahren, das, was der Geist durch die Arbeit der Weltgeschichte vor sich gebracht hat und was durch diese Arbeit hat herauskommen sollen. So haben wir die Weltgeschichte zu fassen, worin uns dargestellt wird die Arbeit des Geistes, wie er zur Erkenntnis dessen gekommen ist, was er ist und das herausgearbeitet hat in den verschiedenen dadurch bedingten Sphären."

b) Die Vermittlung der Schriftaussagen mit dem denkenden Bewußtsein

Aber er bedient sich – anders als Hegel[5] – der historischen Bibelkritik und gerät so in eine schwierige Lage: Dem denkenden Bewußtsein drängt sich eine innere Notwendigkeit und Wahrscheinlichkeit der Konsequenz des Ganzen der Sache auf, die sich im exegetischen Einzelfall nicht wiederfindet. Über Einzelnes mag „fort und fort gestritten werden"[6], die totale Einheit des Allgemeinen und Besonderen, die Vermittlung der abstrakten, inneren, mit der konkreten exegetischen Notwendigkeit des Urteils kommt nicht zustande, und Baurs Festhalten an der Schrift vermag dadurch in ganz anderer Schärfe als Hegel das *Problem der Vermittlung* überhaupt *offenzu*halten.

c) Das Verhältnis Baurs zur Hegel

Wenn der bei weitem größte Teil der Forschung behauptet, Baur habe im Alter die Hegelsche Position verlassen, bricht sie eben diesem Problem die Spitze ab, hieße das doch nichts weniger, als daß er zunächst das Einzelne dem Allgemeinen, dann aber das Allgemeine dem Einzelnen aufgeopfert, und damit das Problem von Theologie und Philosophie in ihrem gegenseitigen Verhältnis überhaupt nie radikal anvisiert habe.

Daß dies nicht der Fall ist, zeigt u. a. die Neubearbeitung des Paulus, die ihn bis zu seinem Tode beschäftigte, und die einen minutiösen Vergleich seines Standpunkts vor 1847/50 (dem Zeitraum der behaupteten „Wende") und der späteren Auffassung zuläßt.

Fanden wir ihn im Allgemeinen ganz auf dem Hegelschen Standpunkt, so begegnet uns gleich in der Einleitung eine tiefgehende Korrektur des Hegelschen Geschichtsbildes im Einzelnen: Nicht Griechen und Römer sind die Voraussetzungen, durch deren Negation hindurch sich das Christentum

---

[5] HEGEL, Werke (Gesamtausgabe 1832 – 45) II, S. 418f zitiert bei BLOCH S. 83: Die philologisch aufklärende Bibelkritik „dichtet dem religiösen Glauben an, daß seine Gewißheit sich auf einige historische Zeugnisse gründe, welche als historische Zeugnisse betrachtet freilich nicht den Grad von Gewißheit über ihren Inhalt gewähren würden, den uns Zeitungsnachrichten über irgendeine Begebenheit geben; – daß seine Gewißheit ferner auf dem Zufall der Aufbewahrung dieser Zeugnisse beruhe … und endlich auf der richtigen Auffassung des Sinns toter Worte und Buchstaben. In der Tat aber fällt es dem Glauben nicht ein, an solche Zufälligkeiten seiner Gewißheit zu knüpfen; er ist in seiner Gewißheit unbefangenes Verhältnis zu seinem absoluten Gegenstande, ein reines Wissen desselben, welches nicht Buchstaben, Papier und Abschreiber in sein Bewußsein des absoluten Wesens einmischt und nicht durch solcherlei Dinge sich damit vermittelt." (Zitat von Bloch zusammengezogen).

[6] P1 S. VI, P2 I S. IX.

entfaltet[7], sondern Paulus hat, nachdem Jesus das Bewußtsein und das Prinzip des Christentums zuerst ausgesprochen und betätigt hat, was dann von den Aposteln praktisch realisiert wurde, als erster die jüdisch nationale Partikularität gesprengt, um durch Negierung des Judentums dem Chrtistentum seine universale Geltung zu verschaffen. Der Grundgedanke der Hegelschen Dialektik wird beibehalten; sie wird jedoch viel enger vom tatsächlichen Verlauf der Geschichte abgelesen. Die Negation des Judentums durch Paulus steht für Baur fortan im Mittelpunkt der Untersuchung. Von ihr her wird das Verhältnis zu den andern Aposteln bestimmt, die Quellenfrage angefaßt und Leben und Wirken des Apostels, die geschichtliche Stellung der Briefe und die Entwicklung der paulinischen Lehre in folgerichtigem Fortgang entwickelt.

II. Baurs Paulus (Darstellung und Vergleich der Auflagen von 1845 und 1866/67)

1) Die Methode des Historikers

a) Die Apostelgeschichte

Die souveräne Beherrschung des historischen Handwerks gibt ihm die Möglichkeit, aus der Apostelgeschichte die Positionen der verschiedenen Gegner in diesem Kampfe aufzuzeigen. Sein scharfes Hinsehen auf die Schrift (mit dem er dem Erbe Luthers und der Aufklärung näher steht als Hegel) erkennt zunächst eine Fülle von Widersprüchen im Texte selbst: Die Gütergemeinschaft verträgt sich nicht mit urchristlichen Hausbesitzern[8], die Schärfe der Stephanusrede nicht mit der Geduld der Zuhörer[9]. Die drei Versionen über die Bekehrung des Paulus zeigen, wie pragmatisch jeweils deren Objektivität oder Exclusivität hervorgehoben werden soll[10], der Hinweis auf den ἄγνωστοί θεός neben den vielen bekannten Göttern gibt zwar dem heidnischen Polytheismus, gerade aber nicht dem von Paulus verkündigten Einen Gott sein Recht[11], und der mit Haarschneiden und Festbesuchen mühsam als treuer Jude vor Augen gemalte Apostel verwandelt sich

---

[7] Hegel, a.a.O. IX S. 298; XII, S. 147f; zitiert bei Bloch, S. 323 ff.
[8] P1 S. 30, P2 I S. 36.
[9] P1 S. 53f, P2 I S. 61f.
[10] P1 S. 60, P2 I S. 70.
[11] P1 S. 175, P2 I S. 199.

unversehens dann doch in „den Apostaten vom Gesetz und einen Prediger derselben Apostasie"[12].

Schon deutlich genug, wird es noch widersprüchlicher beim Vergleich der Acta mit anderen Quellen. Nicht durchs Kreuz, wie in den paulinischen Briefen, sondern durch die Auferstehung läßt Paulus in Acta die Christen erlöst sein; dafür ist er von schweren Sorgen heimgesucht, wo er sich Rm 15 und 16 freudig auf Künftiges rüstet[13]. Daß Petrus, nicht Paulus, die Gemeinde in Korinth gegründet hat[14], ist fast so aufschlußreich wie der Vergleich von Acta 15 mit Gal 2[15]. Hier haben sich die Widersprüche nicht nur in Nebenfragen eingeschlichen, sondern beherrschen das Feld des Grundsätzlichen. Während Paulus aufs Schärfste gegen die Legitimierung von Jerusalem her polemisiert, um seine Berufung als Ganze und damit seine Lehre im Einzelnen unabhängig zu erhalten, sieht Acta darin seinen erhabensten Vorzug. War das Konzil nach Acta öffentlich, einig und gegenüber Götzenopferfleisch tolerant, so nach Paulus κατ ἰδίαν, uneins und seine Härte eines Jakobus würdig.

Kaum glaubhafter als die Widersprüche sind jedoch die offensichtlichen Parallelen und Dubletten. Kaum sind die Apostel das erste Mal verherrlicht, überbietet eine zweite Erzählung alles Bisherige[16]: Stephanus stirbt in einer zum sterbenden Erlöser parallel komponierten idealen Szene[17], Petrus und Paulus verkörpern eine wohl einmalige Analogie in der Geschichte. Wie Simon ein Petrus, so wird Saulus ein Paulus, Petrus' Konflikt mit dem Magier Simon wiederholt sich zwischen Paulus und dem Magier Elymas ebenso wie die Proskynese des Cornelius vor Petrus in der der Heiden vor Paulus. Beide heilen einen Lahmen, der dann durch sein Auftreten Aufsehen erregt[18]. Paulus redet nicht paulinisch, sondern petrinisch[19], und ihre Gemeinschaft im Reden und Handeln gipfelt in der Gründung der römischen Gemeinde und ihrem Märtyrertod dortselbst[20]. Erklären kann Baur all das nur damit, daß das paulinische Leben auf Petrus übertragen und von dort auf Paulus reflektiert sei[21]. So zeigt denn auch die Areopagrede mehr stilisiertes Paradigma als historische Wirklichkeit und spiegelt, ebenso wie die Zahlenanga-

---

12 P1 S. 202, P2 I S. 230.
13 P1 S. 177, P2 I S. 203.
14 P1 S. 231ff, P2 I S. 264ff.
15 P1 S. 104ff, P2 I S. 119ff.
16 P1 S. 20, P2 I S. 23f.
17 P1 S. 55, P2 I S. 64f.
18 P1 S. 91ff, P2 I S. 104ff.
19 P1 S. 102, P2 I S. 117.
20 P1 S. 214, P2 I S. 244.
21 P1 S 238, P2 I S. 269f.

ben über die Bekehrten[22], mehr allgemeine, sich später herausstellende Vorgänge, als konkrete Situationen[23].

Neben Widersprüchen, Parallelen, Dubletten und stilisiertem Paradigma, Eigenschaften also des Textes, die uns den Blick für die tatsächlichen Vorgänge vernebeln, gibt es darüber hinaus die Gefahr, Wunder in den Text hineinzulesen, die nicht einmal er behauptet hat. Das geschieht, wenn man die vom Text uneigentlich gebrauchten Bilder verdinglicht[24]. Recht und Unrecht eines solchen Vorgangs läßt sich jedoch meist nicht mehr unmittelbar aus dem Text selber entnehmen, und es ist jetzt deutlich zu machen, von welchen grundsätzlichen Überlegungen her Baur sich ebenfalls zur Kritik genötigt sieht.

Schärfste Kritik übt er am Mythus. Der liegt nach Baur bereits dort vor, wo ein ursprünglich Subjektives und innerlich Gedachtes sich äußerlich objektiviert. Daß sich unerklärbare Eindrücke in Gedanken, diese sich wiederum in die sinnliche Hülle und Gestalt von Worten kleiden, erscheint in innerem und unmittelbarem Zusammenhang mit dem Logischen und ist ein notwendiger Prozeß des Geistes. Echt mythologisch wird da geredet, wo das rein Geistige ohne innere Notwendigkeit eine sinnliche und bildliche Form bekommt. Hier hat die Kritik einzusetzen[25].

So spiegelt sich in dem Bericht von der Gütergemeinschaft die Gesinnung gegenüber den Gütern[26], so daß, wie bei den Berichten über die Wunder des Petrus[27], nach Abschälung der mythischen Übermalung allemal ein historischer Kern erkennbar bleibt. Verfällt das äußere Wunder bei Damaskus der Kritik, so bleibt die Frage nach der Wunderhaftigkeit der inneren, seelischen Vorgänge. Auch hier ist ebenso streng wie im äußeren Bereich daran festzuhalten, daß man von Wunder nur sprechen kann, wenn der Naturzusammenhang zerrissen wird. Entweder gibt es also ein übernatürliches Wunder oder gar keins[28]. Will man jedoch keinen magischen Eingriff annehmen, setzt auch das innere Wunder einen Anknüpfungspunkt voraus, und damit kann alles kausal erklärt werden[29]. Gottes Allmächtigkeit zeigt sich eben nicht in der Unterbrechung, sondern im geordneten Verlauf der

---

[22] P1 S. 37, P2 I S. 44.

[23] P1 S. 167ff, P2 I S. 190ff.

[24] P1 S 69f, P2 I S. 82f: im Text steht ὡσεὶ λεπίδες, d.h. Paulus hatte gar keine wirklichen Schuppen vor Augen, war also nicht blind, seine Heilung also kein Wunder.

[25] P1 S. 67ff, P2 I S. 78ff.

[26] P1 S. 32, P2 I S. 39.

[27] P1 S. 157, P2 I S. 178.

[28] P1 S. 27, P2 I S. 32.

[29] P1 S. 74, P2 I S. 87.

Natur[30]. Hält man jedoch an der magischen Einwirkung fest, so geht auf der einen Seite „durch die Aufopferung der sittlichen Würde" des Menschen unrettbar verloren, was man auf der anderen „durch Verherrlichung der göttlichen Gnade zu gewinnen meint"[31]. Es läge ferner in der Konsequenz der Wundertheorie, daß es heute gar kein Christentum mehr gäbe, da solche Wunder, wie die des NT, nicht mehr passieren[32].

Alle diese Überlegungen sind aber für Baur im Grunde sekundär, da bereits der Charakter der Quellen über ihre mangelnde Historizität genügend Aufschluß gibt. Das gilt jedoch nicht nur für die Wunderberichte. Allgemein ist dort höchste Vorsicht geboten, wo sich bestimmte Tendenzen abzeichnen. Die „idealisierende Tendenz" des Hauptstranges der Erzählung von der Gloriole der Apostel kommt in den Nebenzügen noch stärker zum Ausdruck[33]. Sieht man erst einmal, wozu die Erzählung eines Wunders dient, so wird seine Unwahrscheinlichkeit noch deutlicher[34]. Paulus soll durch die Wunder in seinem Anspruch legitimiert werden[35], jedoch so, daß er der Judenapostel bleibt[36] und Petrus den Vorrang behält[37]. Der Kampf um Anerkennung des paulinischen Apostolats und des petrinischen Primats findet so in Acta sein lebendigstes Zeugnis[38]. Gemeinsam aber sollen sie erscheinen als die Träger des machtvollen Evangeliums[39] und unschuldig von den Juden Verfolgte[40]. Überflüssig zu sagen, daß Baur diese Verfälschung des Paulus-Bildes für Unrecht hält[41] und die ganze Sage erklärt als Übertragung des paulinischen Lebens auf Petrus, von wo sie auf Paulus zurückreflektiert wird[42].

Die so ermittelten Tendenzen macht Baur noch deutlicher, indem er sie in umfassendere Traditionen einordnet. Die Entstellungen lassen sich also nicht erklären aus den betrügerischen Absichten des Verfassers von Acta, sondern stützen sich auf – nach 130–150 Jahren bereits von Sagen entstellte – Traditionen[43], die sich auf bestimmte Interessengruppen zurückführen

---

30 P1 S. 91ff, P2 I S. 104ff.
31 P1 S. 75, P2 I S. 88.
32 P1 S. 96ff, P2 I S. 109ff (Anm. 1).
33 P1 S. 22, P2 I S. 27; vgl. auch P1 S. 29, P2 I S. 35.
34 P1 S. 28, P2 I S. 34.
35 P1 S. 73, P2 I S. 85.
36 P1 S. 199, P2 I S. 227.
37 P1 S. 27, P2 I S. 32.
38 P1 S. 84f, P2 I S. 96f.
39 P1 S. 189, P2 I S. 216.
40 P1 S. 202, P2 I S. 231.
41 P1 S. 208, P2 I S. 237.
42 P1 S. 238f, P2 I S 269f.
43 P1 S 234.

lassen, dann allerdings frei weiter komponiert wurden[44]. Aus den Anfängen
des Glaubens, daß Petrus und Paulus in Rom die Gemeinde gründeten und
auch dort umkamen, entwickeln sich zwei Züge der Sage[45]:

a) Die an den Magier Simon geknüpfte, antipaulinische Sage, die sich auch
in den pseudoclementinischen Homilien findet. Sie schreibt Petrus das Hei-
denapostolat zu und identifiziert Simon mit Paulus. Dahinter stehen Ebio-
niten, die die paulinische Gesetzesfreiheit bekämpfen und ihm seine Apo-
stelwürde bestreiten.

b) Die andere Form stellt die Apostel brüderlich zusammen: Wie im Römischen Clemens und Korinthischen Dionysios werden Beruf, Schicksal
und Märtyrertod in Rom parallelisiert. Diese Parallelität kann ein rivalisie-
rendes Moment in sich tragen, wo Petrus allein, ja besonders herausgestellt
wird wie in SS. Acta Apostolorum Pauli et Petri[46].

Drei Positionen zeichnen sich also ab: eine streng antipaulinische, die paulinische selbst und eine zwischen beiden vermittelnde.

b) Die Briefe des Apostels

Die geistige Landschaft der neutestamentlichen Zeit mit ihren Strömen und
Untiefen liegt nun ausgebreitet vor dem Leser da. Flaches und Tiefes, Gra-
nitfundamente und Sandebenen können unterschieden werden, und Baur
kennt zu jeder Pflanze der urchristlichen Literatur den Mutterboden, dem
sie entstammt. Drei Gruppen von Briefen, Homologumena, wahrscheinlich
echte und sicher unechte Antilegomena, unterscheidet er mit Eusebius und
Marcion.

Über die Echtheit des Galater-, des 1. und 2. Korinther- und des Römerbriefes bestehen keine Zweifel. Aus dem Galaterbrief wird zunächst die
Front erschlossen, gegen die er gerichtet ist[47]. Es ist bezeichnend für Baurs
eigenes streng systematisches Denken, daß er nach einem Thema sucht, um
von dort den ganzen Brief aufzurollen[48]. Hier spiegelt sich die Entwicklung
vom Judentum zum Christentum, von der sinnlichen zur geistigen, von der
beschränkten zur absoluten Religion, von einer niedrigeren zu einer höheren Stufe des religiösen Bewußtseins[49]. Unter diesen Fortschrittsgedanken
werden nun alle Ausführungen über das paulinische Apostolat, über Evan-

---

[44] P1 S. 38, P 2 I S. 45.
[45] P1 S. 216ff, P2 I S. 246ff.
[46] P1 S. 27, P2 I S. 32.
[47] P1 S. 252, P2 I S. 281f.
[48] P1 S. 255, P2 I S. 283.
[49] P1 S. 255, P2 I S. 283.

gelium und Gesetz, Neues und Altes Testament subsumiert, und der Gala-
terbrief ist die wichtige historische Urkunde, „um die ursprüngliche und
wahre Stellung des Apostels zu den ältern Aposteln und ebendamit den
Entwicklungsprozeß des erst im Kampfe mit dem Judentum zum bestimm-
tern Bewußtsein seines wesentlichen Prinzips sich hindurcharbeitenden
Christentums genauer kennenzulernen"[50]. So bleibt denn auch das einzige
Ergebnis der Untersuchung, daß er vom Thema und den Adressaten her den
Brief zeitgeschichtlich einzuordnen versteht.

Ähnlich behandelt er den 1. und 2. Korintherbrief. Bei der Suche nach der
Front stellt sich heraus, daß es jedenfalls nicht die bekannte, judenchristliche sein kann[51]. So wird zunächst das zeitgeschichtliche Kolorit der korinthischen Gemeinde gemalt[52], um auf dem Hintergrund des allgemeinen
griechischen Partikularismus die Entstehung von mehreren Parteien erklär-
lich zu machen. Aus dem Text ergibt sich direkt nur ihre Existenz. Indirekt
läßt sich aus den Repliken, als ein gemeinsames Grundmotiv im Verhältnis
zu Paulus, nur die Ablehnung seines Apostolates erschließen; das jedoch
scheint auf vorwiegend judenchristliches Gedankengut zurückzugehen,
denn es setzt einen jüdischen Messiasbegriff voraus. Die Partei der Apolli-
ner zeigt nur einen geringen Unterschied zu Paulus, es sind wohl im Gefolge ihres alexandrinisch gebildeten Führers die gebildeten Griechen des paulinischen Einflußbereiches. Analog dazu schließt sich die Christuspartei
sehr viel stärker an die Petruspartei an, so daß Baur auch hier eher zwei Seiten einer Partei sieht – Kephaspartei nach ihrem Führer, Christuspartei nach
ihrer konstitutiven Herleitung von Christus selbst – als zwei verschiedene
Parteien.

Paulus kämpft also gegen Judenchristen und gegen Heidenchristen. An
der Kephas- und Christuspartei bekämpft er das sarkische Messiasverständ-
nis, an den Paulinern und Apollinern das vom Christus gelöste Apostolats-
verständnis.

Im Wesentlichen gleiche Verhältnisse spiegelnd wie der erste, zeigt der
zweite Korintherbrief jedoch ein ganz neues Verhältnis des Apostels zu der
Gemeinde. Geschickt wird herausgearbeitet, wie die Folgen des einen den
Ton des anderen Schreibens bestimmen[53].

So zeigt sich Baur auch in der Exegese der Briefe als ein Meister im Herstellen von Bezügen. Was man vor ihm oft genug an dogmatischen Schnüren
aufgehängt hatte (bekanntlich vollstreckt man so Todesurteile), kehrt zurück

---

[50] P1 S. 258f, P2 I S. 287.
[51] P1 S. 261, P2 I S. 289.
[52] P1 S. 261, P2 I S. 289.
[53] P1 S. 327, P2 I S. 331.

und zeigt sich als Ausdruck lebendigsten Lebens, als Spur, die ein um seine Arbeit ringender, ein mit Drohworten abschreckender und mit Demut werbender Apostel und Narr in unendlicher Verzweiflung und rasendem Stolz hinterließ. Und auch die Urgemeinde ist endlich nicht länger die erhabene Versammlung von Musterschülern, sondern zeigt sich in ihrer Gefährdung, von lauernden Abgründen und lockenden Verführungen umgeben, denen sie nur allzugern erlag. Und doch zwingt gerade sie den Apostel in die Knie, ist sie es, mit der sein Wirken steht und fällt, sein Brief und Schild, das Tor zum Heidentum, an dessen Pforte sich so unendlich viel entschied.

Hat man das wirklich gründlich und geziemend gewürdigt, ergibt sich freilich die Frage, ob die Geister, die Baur rief und die solchermaßen nun Anspruch und Anspruch, Leben und Leben, Menschliches und Allzumenschliches durcheinanderwirbeln, nicht doch gebändigt und unterschieden werden müssen, wenn anders das Neue Testament nicht in brodelndem Leben verdampfen soll. Denn das war doch das tiefste Anliegen der Reformation, daß der Anspruch der Schrift, Offenbarungsträgerin zu sein und zu bleiben, nicht dahin aufgelöst wurde, daß man in ihr nur ein überholbares, geschichtlich relativierbares Moment in der sich – sei es in Traditionsbildung, sei es im Fortgang der Geschichte – stets erst entwickelnden Offenbarung sah. Ist nicht der Solus Christus der Reformatoren aufs äußerste gefährdet, wenn Adam ihm nicht mehr als alter Äon, sondern als negiertes Moment desselben Äons gegenübersteht? Muß dann nicht auch der Tag kommen, an dem Christus negiert werden muß, damit der Prozeß nicht steckenbleibt? Oder gibt es ein Kontinuum zwischen Negation und Position, das ja dann der radikalen Geschichtlichkeit entnommen wäre und doch irgendwoanders, nur nicht im Prozeß der Geschichte selbst, seinen Ort hätte?

Welcher Bezug besteht zwischen Baur und dem, was er aus den Kämpfen der Urchristenheit als Wahrheit hervorgehen sieht, wie kommt er zustande und was ist das Kriterium dieser Wahrheit?

2) Die Verstärkung des systematischen Denkens

Noch sind diese Fragen offen, und sie lassen sich auch nicht mehr mit dem Handwerk des Historikers lösen. Aber wir sehen ihn bei der Bearbeitung des Römerbriefes dieselben Methoden anwenden wie vorher. Das „ausgeführte, nach allen Seiten hin entwickelte, seinen ganzen Inhalt explizierende System"[54], wodurch er sich vom Galaterbrief unterscheidet, löst ihn nicht

---

[54] P1 S.332, P2 I S.343.

aus geschichtlicher Bedingtheit heraus[55]. Und doch: Sein Thema ist der Universalismus des Christentums, verbunden mit dem Problem der Prärogative Israels und seiner Ablehnung des Messias[56], und so wie Paulus sich hier von allem Speziellen und Einzelnen zu lösen versucht und sich auf den höchsten Standpunkt, den der religionsgeschichtlichen Betrachtung stellt[57], geht Baur über eine rein historische Interpretation hinaus. Das wird besonders deutlich in der zweiten Auflage, die die systematische Argumentation verstärkt:

1) Der genaue Aufbau des Briefes wird nur hier herausgearbeitet[58].

2) In P1 wird der polemische Charakter des Römerbriefes herausgestellt, und die Adressaten werden als antipaulinische Judenchristen bestimmt. Sie werden in Zusammenhang gebracht mit dem Hirten des Hermas und den ebionitischen Homilien des Clemens[59]. In P2 dagegen wird der dogmatisch-allgemein gehaltene Charakter des Briefes betont[60], und die Adressaten werden, unter Verzicht auf traditionsgeschichtliche Herleitung, als vertrauensvolle, dem Paulus freundlich gesonnene, wie er von theologischen Problemen gequälte Leser bezeichnet[61].

3) In der Auseinandersetzung mit Schott[62] und Kling[63] wird gegen historische Thesen nur der fehlende „echt evangelische Geist" und die andere Totalansicht geltend gemacht.

4) Aber auch bereits im Korintherbrief zeigt sich eine eindeutige Verschiebung. Hatte Baur σάρξ zunächst definiert als „das Judentum mit allen seinen althergebrachten nationalen Vorurteilen"[64], aus der der Christ sich aus einer niedrigeren Stufe des religiösen Bewußtseins herauszuarbeiten hat, so finden wir in der zweiten Auflage dieses Stufenschema verlassen, und an seine Stelle tritt der viel tiefer und grundsätzlicher aufgefaßte Gegensatz von γράμμα und πνεῦμα[65], „das ἀποκτείνειν auf der einen und das ζωοποιεῖν auf der anderen Seite"[66]. Das πνεῦμα ist „als das christliche Prinzip die zur vollen Erkenntnis der Wahrheit aufgeschlossene, über alle bloß äußerliche Vermittlung erhabene, in der Einheit mit Christus mit sich selbst identische

---

[55] P1 S. 338, P2 I S. 350.
[56] P1 S. 342, P2 I S. 351.
[57] P1 S. 355, P2 I S. 375.
[58] P2 I S. 373.
[59] P1 S. 379.
[60] P2 I S. 354 und 373.
[61] Vgl. auch P1 S. 344, Anm. 1 mit P2 I S. 351.
[62] P2 I S. 403ff, Anm. 1.
[63] P2 I S. 409, Anm. 1.
[64] P1 S. 236.
[65] P2 I S. 313 – 318, vgl. auch S. 376.
[66] P2 I S. 316.

absolute Selbstgewißheit des christlichen Bewußtseins"[67]. Indem er den grundsätzlichen Gegensatz von γράμμα und πνεῦμα betont, ist er dem paulinischen Denken sicher näher gekommen als in P1, wo σάρξ die Vorstufe des πνεῦμα war. Das bedeutet jedoch nicht, daß er Hegel nun aufgäbe, obwohl formal für ihn ein neuer Äon beginnt, wo für Hegel nur eine neue Antithese steht, sondern Hegels neue Antithese wird gleichsam zum neuen Äon erhoben, bzw. der neue Äon bleibt für Baur trotz des grundsätzlichen Unterschiedes zum alten Äon doch nur ein Moment des sich antithetisch vorwärtstreibenden Geschichtsprozesses. Hegel wird also in P2 nicht aufgegeben zugunsten genauerer historischer Einsicht, vielmehr verbindet sich seine spekulativ gewonnene Einsicht in den Verlauf der Geschichte mit dem eschatologischen Wahrheitsanspruch der christlichen Offenbarung, womit der Solus Christus der Reformation tatsächlich der Idee untergeordnet wird.

Dieses aus der zweiten Auflage des Paulus gewonnene Urteil soll verglichen werden mit den bisherigen Ergebnissen der Forschung und in den weiteren Umkreis Baurs sonstiger Schriften eingeordnet werden.

III. Das Verhältnis Baurs zu Hegel im Lichte der Forschung und seiner Selbstzeugnisse

Der einzige Forscher, der das zu Hegel bisher Erarbeitete bestätigt, ist E. Barnikol[68]. Zwar hält auch Schneider – gerade für die kirchengeschichtlichen Arbeiten – am Hegelianismus Baurs fest[69], schwächt aber sogleich wieder ab[70], indem er Baur einen anderen Begriff der Spekulation unterstellt, der ihn von Hegel, allerdings nicht erst im Alter, abrücken läßt. Troeltsch[71] hebt den Rückgriff Harnacks auf Kant als bezeichnenden Gegensatz zu Baur hervor und bestätigt damit indirekt, daß das „Baur leitende und haltende Motiv des Wahrheitsgehaltes der Entwicklung, die Idee", nie aufgegeben worden sei.

Was sagen die anderen Forscher? Eduard Zeller behauptet, Baur habe sich in seinen kirchengeschichtlichen Arbeiten von Hegel gelöst und „nicht mehr von der Einheit Gottes und des Menschen und von dem Wissen um

---

[67] P2 I S. 316.
[68] BARNIKOL S. 285.
[69] SCHNEIDER S. 242.
[70] SCHNEIDER S. 248.
[71] TROELTSCH S. 290, vgl. auch SENFT (Senft S. 47), der nachdrücklich davor warnt, Baur ohne Hegel verstehen zu wollen: „so bekäme man Baur den Theologen kaum oder gar nicht zu Gesicht".

diese Einheit, sondern einfach von dem sittlichen und religiösen Bewußtsein" geredet[72]. Jedoch beteuert Baur selbst genau das Gegenteil[73]. Er bekennt sich in seiner Polemik gegen Ewald[74] ausdrücklich zur Philosophie als einem Erfordernis „eines wissenschaftlich gebildeten Theologen". Daß er nicht die Kantische Philosophie, so wie Zeller sie verstand, damit meinte, wird ebenfalls betont: „Man geht also hiermit überhaupt auf das unmittelbare religiöse Gefühl, als die Quelle der Empfänglichkeit für das Christentum zurück." Das wird als subjektive Verengung abgelehnt und dagegen gefragt, „wie sich das Christentum objektiv betrachtet, zu allem demjenigen verhielt, was die religiöse Weltentwicklung bis auf jene Zeit nicht bloß ihrer negativen, sondern auch ihrer positiven Seite nach war"[75].

Der Gegensatz dieser Zeugnisse ist offenkundig und gleichermaßen delikat wie der zwischen Gal 2 und Acta 15. Und in der Tat: Die Verhältnisse sind ähnlich. Schon Baur selbst mußte es ja erleben, wie noch zu seinen Lebzeiten, ja schon seit Strauß' „Leben Jesu", die Hegelsche Philosophie mehr und mehr bekämpft und unterdrückt wurde. Diese Haltung gegen Hegel nahm auch nach seinem Tode nicht ab, sondern fand ihr flammendes Fanal in einer Rede über die Erkenntnistheorie, mit der ausgerechnet Baurs treuester Schüler und Schwiegersohn E. Zeller 1862 in Heidelberg sein Lehramt antrat. Er forderte ausdrücklich, zu Kants kritischem Standpunkt zurückzugehen[76], weshalb man denn auch hier den Beginn des Neukantianismus ansetzt. Offenbar war es ihm aber schmerzlich um den geachteten Lehrer und geliebten Schwiegervater, den er damit natürlich mitverdammt hatte, und so finden wir auch hier den treuen Schüler, der den Äußerungen seines Meisters die Spitze abbricht, um ihn der Nachwelt zu erhalten.

Das verstärkt sich bei Fraedrich, der sich häufiger widerspricht. Es ist schwer nachzuvollziehen, wie Baur seine Hegelsche Geschichtsauffassung von der lückenlosen Kontinuität der Geschichte „ermäßigt" haben kann,

---

[72] ZELLER S. 427f; ferner: „Der Historiker hat sich von der spekulativen Einseitigkeit der hegel'schen Religionsphilosophie befreit, und ebendamit die Möglichkeit gewonnen, die Erscheinungen des religiösen Lebens, mit denen es die Kirchengeschichte zu tun hat, vollständiger, als er dies früher vermocht hätte, in ihrem eigentümlichen Wesen und ihrem gegenseitigen Zusammenhang zu würdigen". Ebda.

[73] Das Christentum S. IV: „Der Standpunkt, auf welchem ich nun schon seit einer längeren Reihe von Jahren stehe, und welchen ich, wie bisher, so auch hier mit aller Festigkeit und Aufrichtigkeit der Überzeugung festhalte, ist zu bekannt, als daß ich mich darüber erst näher zu erklären hätte." Dazu S. VII, Vorrede von 1860, zum Verhältnis der II. zur I. Auflage: „Meine Geschichtsanschauung ist, wie man von selbst erwarten wird, ganz dieselbe geblieben, auch da, wo ich größere Partien neu auszuarbeiten für gut fand".

[74] Das Christentum S. XVII.

[75] Das Christentum S. 7.

[76] DILTHEY-ZELLER S. 447.

ohne sie darum aber aufzugeben[77]. Aber Fraedrich setzt sich nicht nur zwischen zwei, sondern auch auf zwei entgegengesetzte Stühle. Tritt Baur einmal[78] mit der Anerkennung des Rechts und der Bedeutung auch des Individuums „grundsätzlich aus der Hegelschen Geschichtsbetrachtung seiner früheren Zeit" heraus, wird er nicht nur „unhegelsch", sondern sogar „ganz unphilosophisch"[79], so wird das andrerseits bestritten[80].

Die Fraedrichsche Inkonsequenz hätte den Vorzug haben können, daß man hier ein Problem entdeckte, aber die Forschung geht unbeirrbar auf Zellers Spuren. 1911 schreibt A. Schweitzer seine Geschichte der paulinischen Forschung. Er widmet dem Durchbruch Baurs zu neuen Quellen einen ganzen Unterparagraphen. Aber es ist nicht mehr Kant, der Hegel vertreibt, sondern die neuentdeckte Eschatologie[81]. Schwankend wie die Konstatierung der Zäsur ist auch ihre Beurteilung, doch stets wird Baur Unrecht getan[82].

1925 knüpft W. Dilthey direkt an Zeller an. War Baur ausgegangen von „höchst abstrakten Grundideen", so versenkt er sich erst im Alter in „die Gesamtheit aller Lebenserscheinungen des Christentums"[83].

Zeller und Dilthey berufen sich beide – auffälligerweise – auf die ersten Seiten von „Das Christentum ..."[84] und sie scheinen dort tatsächlich be-

---

[77] FRAEDRICH S. 264, vgl. auch S. 320, wo er Köstlin zustimmend zitiert: Hegelsche Spekulation „begegnet uns hier wenigstens nicht so vielfach".

[78] DERS. S. 266, vgl. auch S. 352.

[79] FRAEDRICH S. 267. Das hatte nicht einmal der auf S. XVIII beschworene Zeller behauptet, auch Ritschl hatte lediglich gesagt, „daß diese Betrachtungsweise außer Verhältnis zur Hegelschen Philosophie getreten ist" (FRAEDRICH S. XIV).

[80] Über „Das Christentum ..." schreibt er S. 346: „er operiert noch mit dem Hegelschen Durchbruch der Idee, bei dem die Person freilich etwas Gleichgültiges ist, bei dem, was an einem geschieht, nur als Moment einer neuen Stufe des Gesamtbewußtseins in Betracht kommt".

[81] Obwohl Baur ihre Bedeutung bereits 1845 gebührend hervorgehoben hatte (P1 S. 609ff, S. 614, S. 664), heißt es bei SCHWEITZER S. 17: „Die Eschatologie, die in der ersten Auflage ganz übersehen wurde, erfährt eine ausgiebige Würdigung".

[82] Wie schon bei Fraedrich mit der Behauptung des Umschwungs der Vorwurf Hand in Hand geht, er habe einen, vom „Ermatten der wissenschaftlichen Energie und Forschungskraft" (S. 330) ausgelaugten Rationalisten übriggelassen, so heißt es bei Schweitzer: „Die empirisch aufgenommene paulinische Theologie hat aber nicht mehr den großen Zug der anno 1845 spekulativ konstruierten". (S. 17).

[83] DILTHEY-BAUR S. 429; ferner: „Er ließ die Kategorien, welche er von Hegel aufgenommen hatte, fahren ..." Ebda. Gerade gegen den hier auftauchenden Begriff des Lebens hat sich Baur zeitlebens gewehrt: „Mit dem Ausdruck Leben glaubt man so zwar etwas sehr Tiefes und Bedeutungsvolles zu sagen, sobald man aber die Sache näher betrachtet, ist es entweder etwas sehr Gewöhnliches oder etwas sehr Schiefes." NT-Theol. S. 31.

[84] ZELLER S. 427: „Die Grundanschauung und Grundstimmung, aus welcher das Christentum hervorgegangen ist, ... liegt in einem ... unendlich erhabenen religiösen Bewußtsein, wie es sich in den Seligpreisungen der Bergrede ausspricht; in jener Reinheit und Lauterkeit der sittlichen Gesinnung, auf welche Jesus immer und immer wieder zurückkommt, jener vollkomme-

stätigt zu werden. Liest man jedoch weiter, so zeigt sich, daß Baur keineswegs beabsichtigte, sich dort festnageln zu lassen[85]. Denn die Sittlichkeit Jesu allein hätte nie eine weltgeschichtliche Entwicklung von solchem Umfang und Inhalt hervorgehen lassen können[86]. Erst durch Vermittlung seines individuellen Bewußtseins mit dem nationalen Bewußtsein der Messiasidee konnte sich das Christentum zum allgemeinen Weltbewußtsein erheben[87]. Jedoch war die Gefahr des jüdischen Partikularismus durch Messiasidee und Auferstehung nicht gebannt, bevor Paulus sich dem Judenchristentum antithetisch gegenüberstellte[88]. Diese Antithetik ist schließlich im Johannesevangelium vermittelt[89]. Entwickeln sich hieraus im Stufenschritt die drei Formen der Gnosis[90], so bilden sie als Einheit gesehen wiederum die Antithese zum Montanismus, die, von der katholischen Kirche zunächst lediglich negiert[91], doch im Dogma zu einer neuen Position verhelfen[92]. Aus der an Paulus sich orientierenden dogmatischen Christologie bilden sich wiederum zwei Antithesen, deren eine jeweils die Einheit Christi mit dem Vater, deren andere die Unterordnung betont. Sie finden in Origenes ihre Synthese[93], um jedoch sogleich wieder auseinanderzutreten. Wie der innere Gang der Dogmenbildung, geht auch der äußere der Machtergreifung in ständiger Dialektik voran: Das Christentum als das Kleinste vermittelt sich in Konstantin mit dem Größten, dem Römischen Weltreich[94]. Scharf wird

---

nen Gerechtigkeit, bei der es nicht bloß auf die Tat ankommt, sondern auf die Gesinnung, nicht auf den Buchstaben, sondern auf den Geist …"

DILTHEY: S. 430: „Die allein in der inneren Gesinnung bestehende Sittlichkeit, das war nach den authentischen Aufzeichnungen, die uns in dem Matthäusevangelium erhalten sind, der Grund der neuen Religion, welche Christus der Welt gab. Dem Äußeren wird das Innere, der Tat die Gesinnung, dem Buchstaben der Geist entgegengesetzt. In dem Sittlichen der Gesinnung demnach liegt der bestimmende Maßstab für das Verhältnis der Menschen zu Gott".

[85] Das Christentum S. 35: „Und doch was wäre das Christentum, und was wäre aus ihm geworden, wenn es nichts weiter wäre als eine Religions- und Sittenlehre in dem bisher entwickelten Sinne?"

[86] Das Christentum S. 36.

[87] Das Christentum S. 36.

[88] Das Christentum S. 100.

[89] Das Christentum S. 172.

[90] Noch 1860 sieht BAUR es so (Das Christentum S. 189): „Allein nur in den gnostischen Systemen ist Christus in einen Zusammenhang hineingestellt, in welchem seine Erscheinung und Wirksamkeit, oder das Christentum überhaupt, nur aus dem Gesichtspunkt eines Prozesses aufgefaßt werden kann, in welchem die Weltentwicklung von Anfang bis zu Ende ihren bestimmten, durch den Gegensatz der Prinzipien bedingten Verlauf nimmt."

[91] Das Christentum S. 247.

[92] Das Christentum S. 306.

[93] Das Christentum S. 354.

[94] Das Christentum S. 371.

die geschichtliche Notwendigkeit dieser Synthese gegenüber persönlichen und individuellen Interessen des Kaisers verfochten[95].

Auch die neuere Forschung ist durchweg davon überzeugt, Baur habe in seinem Verhältnis zu Hegel eine Wende durchgemacht.

Karl Barth – höchstwahrscheinlich Zeller folgend[96] – spricht von einem teilweisen Verzicht der Hegelschen Kategorien und sehr unklar von der Möglichkeit der Zeitgenossen, „sich Baurs Wollen und Vollbringen auch in gewisser Ablösung der Sache von jener Form klar zu machen"[97]. Das sagt natürlich nichts aus über Baurs eigene Haltung. Er steht aber mit dieser Hegelbruchrechnung in demselben logischen Widerspruch wie Fraedrich und gerät wie M. Tetz, der den energetischen Durchbruch, durch den die Individuen zu ihrem Rechte kommen sollen, wieder aufgreift[98], in sachlichem Widerspruch zu den bisher genannten Zeugnissen.

Sehr viel vorsichtiger urteilen H. Stephan[99] und H. Liebing[100], die lediglich davon sprechen, daß in den späteren kirchengeschichtlichen Arbeiten der Dreischritt von Thesis, Antithesis und Synthesis zurücktreten könne. Aber auch das ist m. E. bereits wegen der skizzierten Darstellung von „Das Christentum ..." kein Argument für die Aufgabe des Hegelschen Denkens. Nimmt man dazu das explizierte Bekenntnis Baurs zu Hegel in seiner Kirchengeschichte des 19. Jahrhunderts[101] und die noch immer deutlich an Hegel sich anlehnenden entscheidenden Stellen aus seiner Neutestamentlichen Theologie[102], so kann nicht mehr zweifelhaft sein, daß er, ebenso wie in den dogmengeschichtlichen Arbeiten[103], auch sonst an Hegel festgehalten hat[104].

Am wenigsten sagt E. Hirsch[105], der nur von schwächerer Betonung des Allgemeinen dem Besonderen gegenüber spricht. Das kann man ihm zuge-

---

[95] Das Christentum S. 464: „Darin mögen die ihre Befriedigung finden, welchen das kleinlich Persönliche immer höher steht, als der große Gang der Geschichte, und das abenteuerlich Wunderbare mehr gilt als die einfache Wahrheit der geschichtlichen Tatsachen". Ferner: S. 464: „Das Christentum hatte aber überhaupt seine damals erlangte Bedeutung niemand anders zu verdanken, als nur sich selbst ." „Das Christentum war zu einer objektiven Macht der Zeit geworden, die die Notwendigkeit ihrer Anerkennung in sich selbst trug ..."

[96] Daß Baur morgens um 4 Uhr aufstand, kann Barth nur von Zeller haben.

[97] BARTH S. 450.

[98] Tetz, RGG I Sp. 938.

[99] STEPHAN S. 136.

[100] LIEBING S. 316, vgl. auch SCHOLDER S. 443, Anm. 35. KÖPF, LThK II, spricht nur noch vom „Aufweis innerer Zusammenhänge" (Sp. 96).

[101] Kirchengeschichte S. 375.

[102] NT Theol. S. 46; 68; 117; 173!; 176; 205.

[103] Vorlesungen DG I S. 49ff!

[104] Gerade Baur hätte eine philosophische Schizophrenie wohl am fernsten gelegen!

[105] HIRSCH S. 521.

stehen, schließt doch das unbetonte Reden fast immer ein, daß die Sache (in diesem Falle Hegels) selbstverständlich geworden war.

Eine Sonderstellung nimmt R. Bultmann ein: Hatten die bisher erwähnten Forscher, die Baur zum Ahnen ihrer eignen Theologie zu machen suchten, das nur vermocht, indem sie ihn von Hegel lösten, so gibt Bultmann[106] durchaus die bleibende Beziehung zu, allerdings mit einem neuen Akzent: Denn nun geht es nicht nur Baur, sondern auch der Hegelschen Philosophie um „ein neues Verständnis der menschlichen Existenz"[107]. Es kann natürlich nicht bestritten werden, daß es beiden immer auch um ein solches geht, auf der anderen Seite gibt es wohl keine Interpretation, die das Anliegen Baurs so sehr in ihr Gegenteil verkehrt[108]. Es ist bezeichnend für Bultmann, daß seine Interpretation sich auf einige Abschnitte aus dem dritten Teil des Buches, der den Lehrbegriff des Apostels bringt, beschränkt. So erscheint, was für Baur das Resultat eines notwendigen und wirklichen Geschichtsprozesses ist, bei Bultmann abgelöst von diesem Prozeß als Möglichkeit der Existenz. Wo für Baur das Gebot steht, steht für Bultmann das Angebot der Stunde. Damit hängen zwei weitere Mißverständnisse zusammen:

1) In dem Maße, wie das Gewordensein des absoluten Selbstbewußtseins den Blicken entschwindet, tritt es in einen Gegensatz zum Endlichen. Hierbei ist genau auf die Nuancen zu achten, um die sich die von Bultmann angeführten Zitate von seinem eigenen Zwischentext unterscheiden. Nach Bultmann ist das christliche Selbstbewußtsein frei von allem je endlichen Wissen, nach Baur ist es „über alles Beschränkte, Verhüllte, Endliche der alten διαθήκη weit hinaus"[109]: d.h. aber für Baur, daß das Endliche ein notwendiges Moment des Absoluten ist und bleibt, weil das absolute Selbstbewußtsein nicht um sich wissen kann, ohne in das Endliche einzugehen und, es in sich aufnehmend, wieder in sich zurückzukehren.

2) Bultmann kann auf den Weg, den der Geist hinter sich hat, verzichten, weil er einsetzt beim subjektiven Selbstbewußtsein. In ihm ist der objektive Geist ja zur Ruhe gekommen und damit am Ende seines Weges, besser am Ziele angelangt. Hätte Bultmann expliziter nach der Geschichte dieses subjektiven Selbstbewußtseins gefragt, er wäre notwendig zum objektiven Selbstbewußtsein gekommen, hätte er nach dem objektiven Selbstbewußtsein gefragt, wäre er auf dessen Geschichte, die im subjektiven in ihr Ziel kam, gestoßen. So gehört die Ungeschichtlichkeit seiner Interpretation ganz

---

[106] BULTMANN S. 29f.
[107] BULTMANN S. 32.
[108] Epochen S. 151!!
[109] BULTMANN S. 30.

wesentlich zusammen mit ihrer Verengung auf die Frage nach dem Verständnis vom Sein des Menschen.

Es ist das Erregende der Baurschen Theologie, der Gefahr einer solchen Einengung – nach der einen oder andern Seite – stets entgegengetreten zu sein und bleibt Erbe und Verpflichtung aller Späteren:

„Es ist nicht möglich, Ordnung, Zusammenhang und Einheit in die Auffassung des Ganzen zu bringen, und den einzelnen Lehren die ihnen gebührende Stelle anzuweisen, wenn nicht die Rechtfertigungslehre des Apostels mit allem, was zu ihr gehört, als die Darstellung des subjektiven Bewußtseins unterschieden wird von der Betrachtung des objektiven Verhältnisses, in welchem im religiösen Entwicklungsgang der Menschheit das Christentum zum Heidentum und Judentum steht. Je genauer diese objektive Seite von jener subjektiven unterschieden wird, desto deutlicher ist zu sehen, welche Bedeutung neben der letztern auch die erstere für den Apostel hat." (P1 S. 510f, P2 II S. 129)

IV. Schluß

Und doch bleibt auch bei Baur eine Frage ungelöst: Wenn Gott als Geist und Idee das Absolute ist, das sich im Prozeß der Geschichte selbst erst herausstellt, also nicht über dem Prozeß stehend, sondern der Prozeß als Idee selber ist, so bleibt der Uranfang dieses Prozesses ein unerklärbares, ja ein unableitbares Ereignis. Und wäre es sonst nirgends, hier gibt es keine Kausalität mehr, an dieser Stelle zerbricht das Geschichtsbild einer lückenlosen Kontinuität, hier steht das Wunder des Anfangs, die creatio ex nihilo, deren Unergründbarkeit ihre Schatten wirft über jede Stufe der Geschichte bis hin zu ihrem Ende.

Daß wir überhaupt von der Unergründbarkeit der *Geschichte* reden können, haben wir Baur zu verdanken, daß wir von ihrer *Unergründbarkeit* zu reden haben, muß uns über ihn hinausführen!

Literatur

a) Ferdinand Christian Baur:
Das Christenthum und die christliche Kirche der drei ersten Jahrhunderte. 2. neu durchgearbeitete Ausgabe. 1860
Die Epochen der kirchlichen Geschichtsschreibung. 1852
Geschichte der christlichen Kirche, 5. Band, 2. Auflage, hrsg. v. E. Zeller. 1877
Die christliche Gnosis oder die christliche Religions-Philosophie in ihrer geschichtlichen Entwicklung. 1835

Kirchengeschichte des 19. Jahrhunderts. 2. Auflage. 1877
Lehrbuch der christlichen Dogmengeschichte. 1847
Vorlesungen über Neutestamentliche Theologie. Hrsg. von F. F. Baur 1864
Paulus Der Apostel Jesu Christi. Sein Leben und Wirken, seine Briefe und seine Lehre. 1. Auflage 1845, zitiert: P1. 2. Auflage. Hrsg. v. E. Zeller. Band I 1866, P2 I. Band II 1867, P2 II
Vorlesungen über die Dogmengeschichte. Band I 1865. Band III 1867.

b) Sekundär:

ERNST BARNIKOL, Das ideengeschichtliche Erbe Hegels bei und seit Strauß und Baur im 19. Jahrhundert. Sonderdruck aus der Wissenschaftlichen Zeitschrift der Martin-Luther-Universität Halle Wittenberg, Jahrgang X, Heft 1. 1961

KARL BARTH, Die Protestantische Theologie im 19. Jahrhundert, 2. Auflage 1952

ERNST BLOCH, Subjekt – Objekt, Erläuterungen zu Hegel. 1952

RUDOLF BULTMANN, Zur Geschichte der Paulusforschung in: Theologische Rundschau N. F. 1. Jahrgang, Heft 1. 1929, S. 26 – 59

WILHELM DILTHEY, Ferdinand Christian Baur, in: W. DILTHEY, Gesammelte Schriften. IV. Band. 1925, S. 403–432

DERS., Aus Eduard Zellers Jugendjahren, in: W. DILTHEY, Gesammelte Schriften. IV. Band. 1925, S. 433 – 450

GUSTAV FRAEDRICH, Ferdinand Christian Baur. Der Begründer der Tübinger Schule als Theologe, Schriftsteller und Charakter. 1909

FRIEDRICH HEER, Hegel. Ausgewählt und eingeleitet. 1955

GEORG WILHELM FRIEDRICH HEGEL, Vorlesungen über die Philosophie der Religion. 1. und 2. Band, hrsg. v. PH. MARHEINEKE, in: G. W. F. Hegels Werke. Vollständige Ausgabe durch einen Verein von Freunden des Verewigten, 11. und 12. Band. 1832

EMANUEL HIRSCH, Geschichte der neuern evangelischen Theologie. Band 5. 1954

ULRICH KÖPF, Art.: Baur, Ferdinand Christian, in: Lexikon für Theologie und Kirche, Bd. II, 1994; Sp. 95 – 97

HEINZ LIEBING, Historisch – kritische Theologie. Zum 100. Todestag Ferdinand Christian Baurs am 2. Dezember 1860, in: Zeitschrift für Theologie und Kirche 54, 1957, S. 302–317

ERWIN METZKE, Hegels Vorreden. Mit Kommentar zur Einführung in seine Philosophie. 1949

JÜRGEN MOLTMANN, Exegese und Eschatologie der Geschichte, in: Evangelische Theologie. 1962, S. 31 – 66

JÖRG F. SANDBERGER, Spekulative Philosophie und historisch-kritische Bibelauslegung, in: Verkündigung und Forschung 16. Jg.. 1971, S. 89 – 115

ERNST SCHNEIDER, Ferdinand Christian Baur in seiner Bedeutung für die Theologie. 1909

KLAUS SCHOLDER, Ferdinand Christian Baur als Historiker, in: Evangelische Theologie 21, 1961, S. 435 – 458

DERS., Art. Baur, Ferdinand Christian, in: Theologische Realenzyklopädie, Bd. 5, 1980; S. 352 – 359

ALBERT SCHWEITZER, Geschichte der Paulinischen Forschung. 1911

CHRISTOPH SENFT, Wahrhaftigkeit und Wahrheit. Die Theologie des 19. Jahrhunderts zwischen Orthodoxie und Aufklärung (BHT 22). 1956

HORST STEPHAN, Geschichte der evangelischen Theologie seit dem Deutschen Idealismus. 1938

MARTIN TETZ, Baur, Ferdinand Christian, in: RGG³, I. Sp 935 – 938. 1957

ERNST TROELTSCH, Adolf v. Harnack und Ferd. Christian v. Baur, in: Festgabe von Fachgenossen und Freunden A. von Harnack zum siebzigsten Geburtstag dargebracht, S. 282 – 291. 1921

EDUARD ZELLER, Ferdinand Christian Baur, in: Vorträge und Abhandlungen I, S. 354ff. 1865

Werner Georg Kümmel als Paulusforscher
Einige Aspekte

von

OTTO MERK

Blickt man auf das reiche wissenschaftliche Lebenswerk von WERNER GEORG KÜMMEL (*Heidelberg 16. Mai 1905, † Mainz 9. Juli 1995)[1], verbinden sich mit seinem Namen vor allem drei Bereiche: Forschungsgeschichte[2], Einleitungswissenschaft[3] und Jesusforschung[4]. Hinzu aber treten gewichtige Untersuchungen sowohl zur Geschichte des Urchristentums als auch zur Paulusforschung.

Diesem letztgenannten Bereich sollen hier einige Stichworte und damit ein Einstieg in die Bestandsaufnahme dienen, um festzuhalten, was eigentlich eine Monographie erforderte. Sie wollen daran erinnern, welche maßgebenden Einsichten Kümmel bereits in seiner Erstlingsarbeit zur Geltung gebracht hat, die auch in die neuere Paulusforschung explizit und implizit eingegangen sind, wenn freilich dieser Sachverhalt auf den wenigen Seiten eines Festschriftbeitrags nicht entfaltet werden kann.

---

[1] Über den Gelehrten vgl. zuletzt: E. GRÄSSER, Werner Georg Kümmel zum neunzigsten Geburtstag, (ZNW 86, 1995) 3f.; O. MERK, Nestor der Neutestamentler, (Marburger Universitätszeitung Nr. 247 vom 1. Juni 1995) 4; O. BÖCHER, Werner Georg Kümmel zum Gedenken, (ThLZ 120, 1995) 945f.

[2] Vgl. vor allem: W. G. KÜMMEL, Das Neue Testament. Geschichte der Erforschung seiner Probleme, (OA III/3) [1958] ²1970.

[3] P. FEINE – J. BEHM, Einleitung in das Neue Testament, 12., völlig neu bearbeitete Auflage von W.G. KÜMMEL, 1963 bis W.G. KÜMMEL, Einleitung in das Neue Testament, (¹⁷1973) ²¹1983.

[4] W.G. KÜMMEL, Verheißung und Erfüllung. Untersuchungen zur eschatologischen Verkündigung Jesu, (AThANT 6) [1945] ³1956; DERS., Vierzig Jahre Jesusforschung (1950–1990), hg. v. H. Merklein, (BBB 91) ²1994 [als 2. verb. Aufl. des 1985 unter dem Titel „Dreißig Jahre Jesusforschung (1950–1980)" erschienenen Bd. 60 der Reihe ‚BBB'].

Mit seiner bahnbrechenden Dissertation „Römer 7 und die Bekehrung des Paulus" (1929)[5] war der Autor rasch im wissenschaftlichen Gespräch[6]. Aus dem Vorwort der Buchausgabe ist näher zu erfahren: „Der Gedanke, die Frage der Exegese von Röm. 7 einmal gründlich von allen Seiten zu erörtern, tauchte mir auf, als ich im Wintersemester 1925/26 am Marburger neutestamentlichen Seminar bei Prof. R. Bultmann teilnahm, das die Anthropologie des Paulus behandelte" (III).[7] Dieses Werk greift unmittelbar in eine unerledigte, von der liberal-kritischen wie konservativen Theologie exegetisch nicht eingelöste Grundproblematik hinein, die in den 20er Jahren unseres Jahrhunderts zur Bewältigung anstand: „Sobald… die Berechtigung, psychologische Maßstäbe für jede historische Tatsache anzuwenden, fraglich wird, muß auch dieser ganze Gedankenkreis und seine exegetische Grundlage fraglich werden. Dazu kommt, daß die immer erneute Beschäftigung mit der Gedankenwelt des Paulus die Schilderung von Röm. 7 in Widerspruch sowohl mit den Angaben des Paulus über seine vorchristliche Zeit als auch mit seiner Anschauung vom Christenleben finden und auch Spannungen zwischen Röm. 7 und den sonstigen anthropologischen Vorstellungen des Paulus aufdecken mußte. So stehen sich heute eine zuversichtliche Verwendung des Kapitels in seiner psychologischen Deutung und eine immer wieder erneute Bemühung, das eigentliche Wesen des hier Ge-

---

[5] Erschienen in: UNT 17, 1929. Diese Untersuchung wird im folgenden mit ‚Diss.' abgekürzt. Fortlaufende Seitenzahlen im Text beziehen sich auf dieses Werk, soweit nicht anders vermerkt.

[6] Es handelt sich um eine Heidelberger, von M. Dibelius betreute Doktorarbeit. Das Rigorosum fand am 23. Juli 1928 statt, wie Kümmel in dem dem Teildruck der Dissertation beigefügten „Lebenslauf" mitteilt: W.G. KÜMMEL, Das Subjekt des 7. Kapitels des Römerbriefs, Inaugural-Dissertation zur Erlangung der Doktorwürde der Theologischen Fakultät der Universität Heidelberg, (Altenburg/Thür. 1929). – Die Doktorarbeit wurde handschriftlich bei der Fakultät eingereicht.

[7] W.G. KÜMMEL, Rudolf Bultmann als Paulusforscher, in: B. JASPERT (Hg.), Rudolf Bultmanns Werk und Wirkung, 1984, 174–193, hier 176: Bultmanns „wissenschaftliches Werk hat mich in Zustimmung und Ablehnung beeinflußt, seit ich 1925/26 sein Hörer in Marburg war, und nachdem ich 1952 als sein Nachfolger auf den Marburger Lehrstuhl für Neutestamentliche Theologie berufen worden war, bot sich die jahrelange Gelegenheit zu gegenseitigem wissenschaftlichen Austausch" (vgl. auch Anm. 9 ebd.). Vgl. weiter B. JASPERT, Sachliche Exegese. Die Protokolle aus Rudolf Bultmanns Neutestamentlichen Seminaren 1921–1951, (MThS 43, 1996) 39.41. – Kümmel erzählte gelegentlich von einer größeren Seminararbeit, die er zum Thema anläßlich dieses Seminars geschrieben habe. – K. HAACKER, Zum Werdegang des Apostel Paulus. Biographische Daten und ihre theologische Relevanz, (ANRW, Teil II: Principat, Bd. 26.2, 1995) 816 ff. 867 Anm. 242 verweist auf Folgendes: „Das Ergebnis von Kümmels Monographie kündigte sich an in Thesen von R. BULTMANN, Das Problem der Ethik bei Paulus, ZNW 23 (1924) 123–140, hier 130 im Anschluß an W. HEITMÜLLER, ZThK 27 [1917] 139 f.)…". Ist auch der Sachverhalt weiter gespannt, so verweist Vf. tatsächlich häufig auf den genannten Beleg in Bultmanns Aufsatz, z.B. Diss. 124, aber auch 118 Anm. 3; 130.

schilderten festzustellen, gegenüber, ohne daß man zu einer Einigung gekommen wäre" (2)[8].

Das Ergebnis des Werkes, heute zumeist mehr allgemein kurz wiedergegeben, läßt kaum erahnen, welch problembeladener Weg zu diesem Ziel
führte. Ein Wiederbedenken der Ausführungen möge dies etwas verdeutlichen.

Der Aufbau ist methodisch streng durchdacht: I. „Das 7. Kapitel im Zusammenhang des Römerbriefs" (5–13) führt zu der notwendigen Annahme,
daß Röm 7,7–24 zwar von Aussagen über den Gerechtfertigten umrahmt
ist, selbst aber „nicht auch eine Schilderung des Lebens des Gerechtfertigten
sein" kann, vielmehr „7,7–24 eine Apologie des Gesetzes geben will" (11).
„Obwohl der Zweck des Exkurses 7,7 ff. eine Verteidigung des Gesetzes ist,
so zeigt sich doch im Verlauf der Erörterung, daß die ursprünglich als Argument gedachte Schilderung des Kampfes im Menschen unter dem Gesetz
gegen Ende des Kapitels zugleich zu dem in 6,23 verlassenen Thema
zurückkehrt, indem der Mensch von 7,14 ff. in einem gewissen Gegensatz
zu 8,1 ff. dargestellt wird. Soviel läßt sich doch wohl, auch ohne ein näheres
Urteil über das Subjekt von 7,14 ff. abzugeben, sagen" (12). Damit aber
bahnt Kümmel bereits den Weg zur Lösung. Denn ist das „richtig, so ergibt
sich…, daß die 1. Person" nicht einfach als Bekenntnis des Paulus ausgewertet werden kann, „sondern daß, wie Paulus sich in 8,4 ff. mit den Lesern zusammenschließt, so auch in 7,14 ff. von etwas nicht bloß Persönlichem die
Rede sein muß" (ebd.). Im Fazit: „Jede Erklärung des 7. Kapitels des Römerbriefs wird also diese Tatsache nicht übersehen dürfen, will sie das Kapitel als Bestandteil des Briefes verstehen. Sie wird also beachten müssen,
daß es sich um einen sachlichen Zusammenhang, nämlich die Verteidigung
des Gesetzes, nicht um selbstbiographische Nachrichten handelt, daß ferner
die Stellung von [sc. Kap.] 7 zwischen 6 und 8 einen Unterschied des Subjekts (oder seines Zustands) in Kap. 7 und 8 voraussetzt, und daß schließlich
die Schilderung nicht nur persönlich sein kann" (12).

Kap. II. „Grundbegriffe der paulinischen Anthropologie" (14–35) ist
m.W. aus der genannten Seminararbeit erwachsen[9]. „Da aber die nähere
Auslegung von Röm. 7 immer wieder auf die sehr umstrittenen paulinischen
Vorstellungen vom Menschen zurückgreifen muß, wird es zweckmäßig
sein, der Erklärung dieses Kapitels eine kurze Darstellung der paulinischen

---

[8] Die nahezu vollständige Verwertung der einschlägigen Literatur aus dem ersten Drittel
unseres Jahrhunderts (3 f.) zeigt ein wichtiges wissenschaftliches Anliegen Kümmels, das er in
Strenge gegenüber sich selbst in seinen Veröffentlichungen beibehalten hat und auch bei seinen
Schülern in erheblichem Maße voraussetzte.

[9] Vgl. oben Anm. 7.

Anthropologie vorauszuschicken" (13), allerdings kann es nur darum gehen, „die Unterlage für ein Verständnis des 7. Kapitels des Römerbriefs im
Ganzen der paulinischen Anschauungen zu schaffen" (35).

Kap. III. behandelt „Hauptfragen der Interpretation von Röm. 7, abgesehen von der Subjektsfrage" (36–73). Der eingehende exegetische Durchgang
umfaßt Röm 7,1–8,4, untergliedernd in 7,1–4 mit Einschluß von 7,5–6, in
denen Paulus unmittelbar sachlich Röm 6,14ff. aufgreift (41 f.), dann 7,7–13
mit dem gliedernden und in der Sache begründeten Ergebnis: „Der Gedankengang der vorangehenden Verse findet in 7,13 seinen vorläufigen Abschluß" (56). 7,14–24 ist zunächst „eine Fortsetzung der Apologie des Gesetzes in 7,7–13", jedoch ist hier zu nuancieren. Denn „mit keinem Worte
ist bisher versucht worden, das eigentümliche Geschehen, daß das Gesetz
gegen seine eigentliche Bestimmung der Sünde bei der Tötung des Menschen helfen mußte, begreiflich zu machen. Bisher war nur diese *Tatsache*
festgestellt worden" (57). Paulus empfindet wohl die Notwendigkeit einer
Erklärung, „und so folgt dann die vielerörterte Schilderung des Zwiespalts
im Menschen gegenüber dem Gesetz und seinen Forderungen", wobei sich
im Gedankengang dieser Verse „das Interesse nach dem beschriebenen
Zwiespalt hin verschiebt" (57). – 7,25a ist ein Dankruf (aber „keine Antwort") auf die Frage in 7,24. – 7,25b verbindet sachlich mit 7,14–24 (64ff.).
Minutiöse exegetische Nachweisungen ergeben die Notwendigkeit, 8,1–4
zur Sacherklärung von 7,14–24 einzubeziehen (68ff.)[10]. Denn aus ihnen
„geht… bei aller Schwierigkeit im einzelnen… hervor, daß durch Christi
Sendung und Verleihung des Geistes an die Christen diese frei sind von der
Sündenknechtschaft und nach dem Geiste wandeln. Und so erhebt sich von
neuem die Frage, ob die Schilderung von 7,7–24 von denselben Christen
handeln könne bzw. in welcher Beziehung das dort redende Subjekt zu dem
Christen Paulus stehe, der sich in 8,1ff. doch sicher mit einschließt" (73).
Damit aber wird es zwingend, „der bisher zurückgestellten Frage nach dem
Subjekt und damit nach dem eigentlichen Sinn von Kap. 7" nachzugehen
(73).

Kap. IV „Das Subjekt des 7. Kapitels des Römerbriefs" (74–138), identisch mit dem Teildruck der Dissertation[11], wird – was nicht immer in der
nachfolgenden Forschung gesehen wurde – nicht allein aus dem Abschnitt
7,14–24 erhoben, sondern in breiter exegetischer Absicherung herausgearbeitet. Der „Zwiespalt" „ist im Menschen…, aus dem er allein nicht heraus-

---

[10] Vgl. auch Diss. 97 Anm. 3: „Es ist m.E. ein schwerer Fehler der monographischen Dar-
stellungen" (Hinweis auf verschiedene schon damals ältere Beiträge), „daß sie ihre exegetische
Erörterung mit 7,25 abbrechen".

[11] Vgl. zu Anm. 6.

kommt, wie 7,24 zeigt, aus dem jedoch Christus befreien kann. Die Christen sind befreit und können nach dem Geist wandeln (8,1ff). Es wird also, wie diese Inhaltsangabe zeigt, die Seinsweise des in 7,7–13 geschilderten Subjekts in 7,14ff. zum Beweis für die Möglichkeit der geschilderten Sündenwirkung verwandt. Wenn also dieser Beweis einen Sinn haben soll, so muß das Subjekt in 7,14ff. das gleiche sein wie in 7,7–13, ohne daß man voraussetzen müßte, es sei auch beidemale derselbe Zustand des Subjekts geschildert" (90). Kann aber, wie Kümmel im einzelnen nachweist, „7,7–13 nicht auf Paulus bezogen werden", so muß dies auch für 7,14ff. gelten (97). Gerade der Zusammenhang 7,14ff.; 8,1ff. „macht es… unmöglich, in 7,14ff. eine Beschreibung des gegenwärtigen Zustandes des Paulus und damit der Christen zu sehen" (98), also nicht im Sinne Augustins und der Reformatoren (Luther für 7,7ff. nur teilweise [77 Anm. 2]) zu lesen, sondern im Sachanliegen anknüpfend an Tertullian und Origenes (77ff.) zu verstehen. Aber auch der Inhalt bestätigt dies, der weder konfessionell noch psychologisch zurechtgebogen werden darf (99ff.103ff.). „Überhaupt aber sehe ich keine Berechtigung, mit… psychologischen Argumenten einen Text erklären zu wollen" (103). Im Ergebnis: Das „präsentische Ich" in Röm 7,14ff. „kann" „nicht im gewöhnlichen Sinn zur Beschreibung eigener Zustände verwandt sein, sondern muß irgendwie ‚rhetorische' Bedeutung haben" (104), wofür ihm W. HEITMÜLLER[12] und besonders W. BOUSSET[13] maßgebende Hinweise geben. Boussets Feststellung „Das ἐγώ in Röm. 7 spiegelt nicht die persönlichste Erfahrung des Paulus wider, sondern das Erleben des menschlichen Ich überhaupt von der Höhe der gegenwärtigen Glaubenserfahrung des Paulus spekulativ betrachtet"[14], veranlaßt KÜMMEL zu der Konsequenz: „Von dieser Erkenntnis aus muß nun ein Verständnis des Abschnitts gesucht werden" (119)[15]. – Die weitere Untersuchung zeigt, daß die „Annahme einer Stilform für Röm. 7,7–25" nicht nur möglich ist, sondern auch begründet werden kann. Auszugehen ist wiederum von 7,7–13: „Der Gedanke… ist…, daß das Gesetz, weil es der Sünde zur Handhabe dienen muß, nur zum Tode führen kann" (vgl. 7,10b.11). Paulus stellt in dem Zusammenhang von 7,7–13 fest, „daß der Mensch am Leben ist, wenn kein Gesetz

---

[12] W. HEITMÜLLER, Die Bekehrung des Paulus, (ZThK 27, 1917, 136–153) 140.151f.

[13] W. BOUSSET, Jesus der Herr, (FRLANT, N.F.8, 1916) 50f.; doch vgl. schon A. WABNITZ, (Révue théologique de Montauban, 1888); DERS., La conversion de Saul de Tarse, (RThQR 14, 1905) 385–437, bes. 421; A. WESTPHAL, De epistolae Pauli ad Romanos septimo capite (7–25). Commentatio critico-theologica. Thèse de Montauban, Tolosae 1888; vgl. die Recherchen KÜMMELS, Diss., 118 Anm. 2.

[14] W. BOUSSET, aaO (Anm. 13), 50f.; bei KÜMMEL, Diss., 118f.

[15] Vgl. auch die W. G. KÜMMEL, Diss., 118 Anm. 3 Genannten, bes. R. BULTMANN, Ethik (Anm. 7, 130); A. JÜLICHER, Der Brief an die Römer, (SNT III, [3]1917) 279.

existiert, aber er stirbt, d. h. von Gott getrennt wird, sobald durch das Gesetz die Sünde in ihm Gewalt bekommt. Paulus geht also von einer psychologischen Tatsache aus, aber benutzt sie zur Schilderung des ‚objektiven Seins des Unerlösten‘“ (124)[16]. „Darum darf man νεϰϱά, ἔζων, ἀνέζησεν und ἀπέθανον nicht in das Bewußtsein des geschilderten Menschen verlegen, sondern muß die Termini als Aussagen über das Sein des Menschen in seiner Beziehung zu Gott, soweit es durch die Sünde bestimmt ist oder nicht, verstehen. Durch diese Schilderung des Menschen in seiner Beziehung zu Gesetz und Sünde erweist Paulus die Unschuld des Gesetzes am Tode des Menschen. Vielmehr hat das Gesetz die Sünde als widergöttliches Wesen ans Licht gestellt“ (124 f.). Daraufhin „folgt in 7,14–24 die Erklärung für das in 7,7–13 geschilderte Verhältnis von Sünde und Gesetz“, die im ‚Ich‘ den unerlösten Menschen „in einem ewigen Zwiespalt“ charakterisiert (125). – Ist aber der in Kap. 7 „geschilderte Mensch ἐν Χϱιστῷ 8,1, so ist er befreit und hat die Antwort auf die Frage 7,24 gefunden“ (126). Dieser Gesamtnachweis ermöglicht das Fazit: „Ich glaube also nach dem Dargelegten, daß das Verständnis von Röm. 7,7–25 als Stilform die Schwierigkeiten beseitigt, die sich jeder anderen Erklärung widersetzen, und daß dies Verständnis durchaus auch von den ersten Lesern geteilt werden konnte“ (126)[17]. – Diesem Verständnis fügt sich auch, daß in 7,7–13 im Aorist und in 7,14–24 im Präsens argumentiert wird: „Denn in 7,7–13 wird, ausgehend von einer psychologischen Tatsache, geschildert, wie der Mensch durch die Sünde, die das Gesetz benützt, dem Tode verfällt. Es ist also ein Geschehen geschildert. In 7,14–24 aber wird das Wesen des Gesetzes und des Menschen benützt, um das Geschehen von 7,7ff. zu erklären. Es wird also ein Tatbestand dargestellt, darum das Präsens“ (126). – Weitere Absicherungen zur Stilform in der 1. Person Sing., zur Erklärung des gesamten Kapitels 7 aufgrund dieser verwendeten Stilform und deren Relation zur anders gearteten sonstigen paulinischen Anthropologie, darunter wichtige Hinweise auf Röm 1,18ff.; 2 für die „Schilderung des Menschen ohne Christus“ und auf den Sachverhalt, daß Paulus in seinem Denken nicht in ein festgefügtes System ‚gepreßt‘ werden kann (137f.), beschließen Kap. IV.

Kap. V. „Die Bekehrung des Paulus“, der ursprünglichen Dissertation zugefügt, bestätigt, daß Röm 7 als „biographischer Text“ und damit für die Erklärung des ‚Damaskusgeschehens‘ entfällt (139–160)[18].

Diese in ihrem Ergebnis wie in ihrer methodischen exegetisch-theologi-

---

[16] Zitat im Zitat: R. BULTMANN, Ethik (Anm. 7) 130.
[17] Mit ausdrücklichem Verweis auf W. WREDE, Paulus, (RVI, 5.6, ²1907) 83.
[18] W. G. KÜMMEL, Diss., 153 Anm. 1: „Damit fällt aber auch das Recht, die ganze Theologie des Paulus von der aus Röm. 7 abgeleiteten vorchristlichen Erfahrung aus zu entwickeln“.

schen Durchführung wichtige Dissertation ist KÜMMELS Hauptwerk zur
Paulusforschung geblieben, das 1965 in den Vereinigten Staaten nachge-
druckt wurde[19] und in „Römer 7 und das Bild des Menschen im Neuen Testament. Zwei Studien"[20] einen erneuten Nachdruck zusammen mit W.G.
KÜMMELS Untersuchung „Das Bild des Menschen im Neuen Testament"[21]
in deren ins Deutsche rückübersetzten erweiterten englischen Fassung[22] er-
hielt. An seiner erarbeiteten Auslegung konnte Kümmel – von kleineren
Korrekturen, Modifizierungen und Präzisierungen abgesehen – festhalten
und auch auf vielfache Zustimmung verweisen[23]. Aber er erfuhr besonders
darin auch Widerspruch, daß sich durch seine Sicht Röm 7,14ff. nicht mit
der sonstigen paulinischen Anthropologie in Übereinstimmung bringen lasse[24]. Doch hatte er diesen ‚Widerspruch' schon in seiner Dissertation gleichsam vorab aufgefangen mit dem Nachweis, daß Röm 7,14ff. nicht isoliert
unter nur anthropologischem Gesichtspunkt gesehen werden darf, so daß er
in seiner Untersuchung über das ‚Menschenbild' diese Seite seiner Argumentation weiter begründend erneut einbringen konnte[25]. – Eine Zusammenfassung der Problemlage von Röm 7 bietet er in seiner ‚Theologie des
Neuen Testaments'[26].

Auffälligerweise ist KÜMMEL bei der Aufarbeitung der weiteren einschlägigen Forschung nicht näher auf seine Rezensenten eingegangen, die sich
weithin verständnisvoll zu seiner allseits begründeten Lösung der Schwierigkeiten von Röm 7 äußerten[27].

---

[19] Dort: Lexington Kentucky. The American Librarian Association, 1965.

[20] in: TB 53, hg. v. G. Sauter, 1974. Im folgenden zitiert: Röm 7 u. d. Bild des Menschen; dazu O. MERK, (ThLZ 102, 1977) 821–823.

[21] Ursprünglich: AThNT 13, 1948.

[22] W.G. KÜMMEL, Man in the New Testament. Translated by John J. Vincent. Revised and
enlarged edition, London 1963.

[23] W.G. KÜMMEL, Röm 7 u. d. Bild des Menschen, 186 Anm. 59; weitere Vertreter der Zustimmung bei O. MERK, (Anm. 20) 821. Die Reihe läßt sich bis in die unmittelbare Gegenwart
erweitern.

[24] Ebd. 187ff. und 220 in Ergänzungen zu Anm. 59ff.

[25] Ebd. (Anm. 24).

[26] W.G. KÜMMEL, Die Theologie des Neuen Testaments nach seinen Hauptzeugen, (GNT
3, [1969] 5 1987) bes. 156–161.

[27] Wichtig sind die weiterführenden Beiträge bei K. STAAB, (ThRv 29, 1930) 497f. mit dem
Hinweis auf Didymus von Alexandrien, der als erster die Stilform in Röm 7 erkannt habe; E.
JACOB, (MGWJ 75, 1931) 334 mit Verweis auf C.G. MONTEFIORE, Judaism and St. Paul, Lon-
don 1914, 102f. als weiteren Vorläufer von Kümmels Sicht. Deutlich ablehnend ist H. STRATH-
MANN, (ThG 24, 1930) 314f., der hinter Kümmels Deutung den „genius loci" (gemeint ist ohne
Namensnennung R. Bultmann [im Verbund mit M. Dibelius]) vermutet und erklärt: Röm 7 als
„Schilderung des Nichtchristen vom christlichen Standpunkt aus" bringe im Ergebnis kein
hilfreiches Verstehen des Apostels. Äußerst kritisch äußert sich K.H. RENGSTORF, (PBL 73,
1930/31) 312 zur von Kümmel erarbeiteten Stilform: „Leider ist die Behandlung dieser wichtigen Frage viel zu knapp; das beigebrachte hellenistische Material ist von geringem Umfang,

Auseinandergesetzt dagegen hat er sich mit R. BULTMANNS These, die dieser in „Römer 7 und die Anthropologie des Paulus" im Anschluß an Kümmels Sicht entfaltete, aber in der Sache auch an seinen Aufsatz über „Das Problem der Ethik bei Paulus" anknüpfte[28]. Nachdem Bultmann festgehalten hat: „Die neuste Monographie, die m.W. dies Problem [sc. Römer 7] zum Thema hat, die von W.G. KÜMMEL, hat die Fragen mit mustergültiger Vorsicht und Sorgfalt und mit richtigem Urteil behandelt"[29], stellt er seinerseits heraus, „daß es sich bei Röm 7,7–25 um transsubjektive Vorgänge handelt", denn das Tun des Menschen ziele auf „die eschatologischen Möglichkeiten ζωή und θάνατος" und erlaube, „Röm 7 in seiner Einheit mit 5,12–21 zu verstehen"[30]. Damit wird – wie KÜMMEL sachgemäß folgert – „die transsubjektive Tendenz" der menschlichen Existenz „überhaupt" aufgedeckt. Das aber widerspricht seiner Meinung nach dem Wortlaut von Röm 7,14ff., weil in diesem Abschnitt „die Tatsache besonders betont ist, dass dieser Mensch um seine Sündenverlorenheit und darum um das Tun des Bösen, um seine Nichterfüllung der Gesetzesforderung Gottes weiss". Das ist der „Zug des Wissens um den eigenen verzweifelten Zustand"[31]. Kann hier auch nicht diese Diskussion weiterverfolgt werden[32], so ist doch ein m.W. letzter Hinweis Kümmels zu Röm 7 noch aufzunehmen. In seinem Aufsatz „Die Botschaft des Römerbriefs"[33] hebt er in der Besprechung

---

und die wenigen rabbinischen Stellen sind leider völlig mißverstanden". Die Dissertation bietet „in ihrem gegenwärtigen Zustande… mehr Anregung als eine wirklich begründete Lösung des behandelten Problems". Mit diesen Feststellungen blieb Rengstorf allein. Vgl. weiter die auch internationalen Besprechungen von M.-J. LAGRANGE, (RB 39, 1930) 618f.; B.S. EASTON, (AThR 12, 1930) 455–457; C.A. SCOTT, (JThS 32, 1931) 294f.; A.E. GARVIE, (ET 42, 1930/31) 328f.; A. OEPKE, (ThLBl 51, 1930) 214f. – In den Rezensionen zum ‚Menschenbild' (1948) bleibt als springender Punkt der Erörterung das Verhältnis von Röm 7,14ff. im gesamtpaulinischen Zeugnis; vgl. z.B. A.N. WILDER, (JBL 29, 1949) 239f., K. STENDAHL, (SvTK 25, 1949) 59–63, bes. 61.

[28] R. BULTMANN, Römer 7 und die Anthropologie des Paulus, (Imago Dei. Gustav Krüger zum 70. Geburtstag, 1932) 53–62 (= DERS., Exegetica, 1967, 198–209); DERS., Ethik (Anm. 7).

[29] R. BULTMANN, Römer 7, 53 bzw. 198.

[30] R. BULTMANN, Römer 7, 59.62 bzw. 205.209.

[31] W.G. KÜMMEL, Römer 7 u. d. Bild des Menschen, 191 u. Anm. 69 und Ergänzung 220.

[32] Vgl. jedoch die umfassende Aufarbeitung zu BULTMANNS anthropologischem Ansatz bei E. KIVEKÄS, Rudolf Bultmann, teologinen anthropologia. Die theologische Anthropologie Rudolf Bultmanns. Zusammenfassung, (SFThL 79, 1967) z.B. 187.190f.201 u.ö., und die Überblicke z.B. bei K. KERTELGE, Exegetische Überlegungen zum Verständnis der paulinischen Anthropologie nach Römer 7, (ZNW 62, 1971) 105ff.; M. MEISER, Paul Althaus als Neutestamentler. Eine Untersuchung der Werke, Briefe, unveröffentlichten Manuskripte und Randbemerkungen, (CThM, Reihe A 15, 1993) 203ff. („Römer 7 in der Diskussion"). Zur neueren exegetischen Diskussion vgl. U. SCHNELLE, Neutestamentliche Anthropologie. Jesus-Paulus-Johannes, (BTh 18, 1991) 79ff.; R. WEBER, Die Geschichte des Gesetzes und das Ich in Römer 7,7–8,4, (NZSTh 29, 1987) 147–179.

[33] W.G. KÜMMEL, Die Botschaft des Römerbriefs, (ThLZ 99, 1974) 481–488.

von E. KÄSEMANNS Kommentar „An die Römer"[34] zum einschlägigen Textabschnitt hervor: „Zum Verständnis von 7,14ff. betont Käsemann richtig,
daß ‚hier die Ebene des Moralischen und psychologisch Erfahrbaren überschritten ist' (S. 190) und schließt sich deswegen R. Bultmanns Meinung an,
daß wir nach diesem Text mit der Intention, mit unserm Tun das Leben zu
beschaffen, faktisch stets den Tod bewirken (S. 192); aber dagegen spricht,
wie schon mehrfach gezeigt worden ist, nicht nur der Sprachgebrauch, sondern auch der Zusammenhang mit 7,7ff."[35]

Insgesamt ist festzuhalten: KÜMMELS Dissertation hat sich bei selbstverständlich auch weiterführenden Modifikationen im einzelnen[36] als Basisun-
tersuchung zum Verständnis von Röm 7 in der neutestamentlichen Wissenschaft durchgesetzt. Sie ist auch heute nach fast 70 Jahren ihres Erscheinens
die notwendige Grundlage für alle weitere Erörterung dieses umstrittenen
Kapitels[37], auch wenn gegenwärtig, wovor KÜMMEL als exegetischen Rückfall gewarnt hat, die alte Frage nach psychologischen Elementen in Röm 7
und auch Erwägungen zur Bekehrung des Paulus anhand dieses Kapitels
Platz greifen und damit liberale und religionspsychologische Aspekte der
Jahrhundertwende (1900) erneut begegnen. Das anregend Neue solcher
Fragestellungen wird man – auch selbstkritisch – doch stärker an KÜMMELS
Votum auszurichten haben[38]. Denn einen solchen Rückfall sah er durch
nicht konsequente Beachtung des unmittelbaren Kontextes von Röm 7 wie
auch des Gesamtzusammenhangs paulinischer Theologie veranlaßt[39], aber
auch darin, daß nicht genau genug die Argumentation des Apostels in den
Blick trete, die ergibt, daß in Röm 7 nicht nur vom Menschen die Rede ist,
sondern der Zusammenhang von Sünde, Gesetz und Tod im Hinblick auf
den Menschen grundstürzend aufgewiesen wird. – Möglicherweise war
KÜMMEL selbst zu moderat mit seiner Feststellung: „Es scheint mir also
durchaus möglich, ja notwendig, die Frage zu stellen, ob in Röm. 7 persönliche Erinnerungen die Darstellung bestimmen und wer Subjekt der Schilderung ist" (119 Anm. 1), die falsche Folgerungen aus seinen Ausführungen
möglich machte und macht. Hier ist in der Sache öfter E. LOHMEYERS Vo-

---

[34] E. KÄSEMANN, An die Römer, (HNT 8a, 1973).

[35] Vgl. (Anm. 33) 487.

[36] Vgl. etwa W.G. KÜMMEL, „Individualgeschichte" und „Weltgeschichte" in Gal 2,15–21,
(Heilsgeschehen und Geschichte. Bd. 2. Ges. Aufs. 1965–1976, hg. v. E. Gräßer u. O. Merk,
MThS 16, 1978) 130ff., bes. 135f. u. Anm. 31 im kritischen Gespräch mit G. Klein und seinem
pointierten Verständnis der ‚Heilsgeschichte'.

[37] Vgl. zuletzt U. SCHNELLE, Neutestamentliche Anthropologie. Ein Forschungsbericht,
(ANRW, Teil II: Principat, Bd., 26.3, 1996) 2658–2714, hier: 2684f.

[38] Vgl. im übrigen U. SCHNELLE, (Anm. 37) 2685f.; O. MERK, (ThR 53, 1988) 81.

[39] Vgl. W.G. KÜMMEL, Diss., 96 Anm. 3; 97 Anm. 3; 98.111.142 Anm. 4.

tum, auf das Kümmel kritisch verweist, mit Kümmels Sicht verbunden worden: „Deshalb läßt sich die Frage weder stellen noch beantworten, ob in Röm 7 Erinnerungen an persönliche Erlebnisse die Darstellung bestimmen, ob hier der Jude oder der Christ spricht. Das Kapitel gibt vielmehr Gesichtspunkte an, aus dem jedes empirische Ich gültig, d. h. ,vor Gott' beurteilt werden muß"[40].

Ein erneuter Durchgang durch KÜMMELS Dissertation läßt über die Erörterung von Römer 7 hinaus im Rückblick zugleich erkennen, daß nahezu alle von ihm in einem langen Gelehrtenleben behandelten Themen paulinischer Theologie bereits hier genannt oder auch diskutiert sind.

Dies liegt aber auch wieder nahe, wenn man wie er umfassend Röm 7 in den Gesamtkontext des Römerbriefs hineinstellt[41] und die exegetisch-theologische Untersuchung in weiten Partien exegesen- und forschungsgeschichtlich absichert.

Ohne Einzelheiten zu explizieren, sei auf das bleibende Gespräch mit seinen Lehrern verwiesen. Das nach dem Ableben von MARTIN DIBELIUS zu Ende geführte Paulusbüchlein in der Sammlung Göschen[42] hat KÜMMEL nach eigenem Bekunden im Sinne seines Lehrers abgeschlossen und dabei auch wichtige Gesichtspunkte aus seiner Dissertation thematisch zu behandeln gehabt[43]. Nicht nur diese Ergänzung zeigt, wie er selbst eigenständig durch diesen Lehrer und Freund geprägt ist[44]. – Das Gespräch mit RUDOLF BULTMANN ist intensiv in Zustimmung und Kritik[45]. 1934 betont KÜMMEL als zentral für den theologischen Aufbruch nach dem Ersten Weltkrieg wie schon in seiner Dissertation: „Man fragte… aus sachlicher Beteiligung nach dem inneren Zusammenhang der paulinischen Gedanken", wobei man un-

---

[40] So E. LOHMEYER, Grundlagen paulinischer Theologie, (BHTh 1, 1929) 43 Anm. 1.

[41] So wie er in seinem späteren Aufsatz „Πάρεσις und ἔνδειξις. Ein Beitrag zum Verständnis der paulinischen Rechtfertigungslehre" (in: Heilsgeschehen und Geschichte [Bd. 1]. Ges. Aufs. 1933–1964, hg. v. E. Gräßer, O. Merk, u. A. Fritz, MThS 3, 1965) 260–270 mit der speziellen, auch philologischen Fragestellung zugleich die theologische Deutung des Rechtfertigungsgeschehens im Röm vielfach angeht und darin 7,13 einbezieht (267).

[42] M. DIBELIUS – W.G. KÜMMEL, Paulus, (SG 1160) [1951] ⁴1970, zugefügt 103 bis Schluß.

[43] Vgl. (Anm. 42) bes. 108 f., aber auch 101 ff.

[44] Vgl. W.G. KÜMMEL, Martin Dibelius als Theologe, (ThLZ 74, 1949, 129–140 = HuG [Bd. 1], s. Anm. 41) 192–206, bes. 194.201 f., mit dem er sich auch in wichtigen Einsichten zum Verstehen des geschichtlichen Handels Gottes einig weiß; DERS., Art. Dibelius, Martin (1883–1947), (TRE 8, 1981) 726–729.

[45] Vgl. W.G. KÜMMEL, (Anm. 7). Bes. hinsichtlich einer Konzeption der ,Heilsgeschichte' gingen die Wege auseinander (ebd., 191 Anm. 58). Die dort angeführte einschlägige Untersuchung KÜMMELS: „Heilsgeschichte im Neuen Testament?" ([= HuG, Bd. 2 (Anm. 36)] 157–176, bes. 166 ff.), betrifft fast eingehender die Konzeption von G. KLEIN. – In der ,Jesus-Paulus-Debatte' sieht KÜMMEL eine weitaus stärkere Kontinuität zwischen Jesus und Paulus, so sehr er das Sachanliegen BULTMANNS in dieser Frage anerkennt (vgl. die gleichbetitelten Aufsätze „Jesus und Paulus", (HuG [Bd. 1], s. Anm. 41) 81–106.439–456.

ter den „synthetischen Versuchen" als „bedeutendste[n]... BULTMANNS
Paulusartikel in der zweiten Auflage der RGG [sc. Bd. IV, 1930, 1019–1045]
wird bezeichnen dürfen"[46], um dann nach weitreichendem Überblick über
die paulinische Eschatologie unter Einbezug von BULTMANNS und A.
SCHWEITZERS Konzeption zugleich in Fortführung seiner eigenen Dissertation zu entfalten: „Alle ernsthafte Anthropologie wird den Menschen immer als geschichtliches, nicht naturhaftes Wesen verstehen, und die Bibel
hat den Menschen nie anders gesehen als in Gottes Geschichte hineingestellt"[47]. Die Entfaltung des göttlichen Heilshandelns ist das Anliegen des
Paulus, und darum ist die paulinische „Christuspredigt... Ausdruck des
Glaubens an die Wende der Zeiten in Christus",[48] wie KÜMMEL vielfach
nachweist und wie es sich im Paulus-Teil seiner ‚Theologie des Neuen Testaments' unmittelbar spiegelt[49]. Denn hier geht es um die Vorordnung des
eschatologischen Heilshandelns Gottes im Christusgeschehen, ehe die Anthropologie dargelegt und „das Heil in Christus" als „Rettung und Erlösung", „Befreiung von den Geistermächten", „Befreiung vom Gesetz",
„Rechtfertigung", „Versöhnung" entfaltet und anschließend „Gottes Heilsgabe und die Aufgabe des Christen" bedacht wird. Es ist noch einmal der
Nachweis der untrennbaren Zusammengehörigkeit von Röm 7,7–25 und
8,1 ff., und „diese Sicht des Menschen entspringt nicht einem irgendwie begründeten Pessimismus oder Dualismus, sondern ist die Folge der Gewißheit, daß die Christen aus dieser Lage durch Gott befreit sind und daß
jeder Mensch aus dieser Lage durch Gott befreit werden kann. Das Bild des
Menschen, das Paulus kennzeichnet, ist also nur die Kehrseite seiner Botschaft von der Erlösung des Menschen durch Christus"[50].

Abschließend ist auf das seinen weiteren Arbeiten inhärente hermeneutische Anliegen der Dissertation zu verweisen, das der streng exegetischen
Untersuchung eigen ist[51] und das KÜMMEL auch in seiner Paulusforschung –
hier sicher mit dem Jubilar in Übereinstimmung -durchgehalten und in spä-
ten Jahren noch einmal hinsichtlich eines ihn persönlich besonders bewegenden Abschnitts aus dem Römerbrief zusammengefaßt hat[52]: „Denn uns

---

[46] W.G. KÜMMEL, Die Bedeutung der Enderwartung für die Lehre des Paulus, (HuG
[Bd. 1], s. Anm. 41) 36 ff. Zitat 37.

[47] Ebd., (Anm. 46) 47.

[48] W.G. KÜMMEL, Die Eschatologie der Evangelien. Ihre Geschichte und ihr Sinn, (HuG
[Bd. 1], s. Anm. 41) 48 ff. Zitat 59.

[49] W.G. KÜMMEL, Theologie (Anm. 26) 121–227.

[50] Ebd., (Anm. 49) 165.

[51] Vgl. z. B. W.G. KÜMMEL, Diss., 108; O. MERK, (Anm. 20) 822.

[52] W.G. KÜMMEL, Die Probleme von Römer 9–11 in der gegenwärtigen Forschungslage,
(HuG, Bd. 2 [s. Anm. 36) 245 ff. Zitat 260; vgl. auch M. DIBELIUS, Auslegen und Einlegen (Dt-
PfBl 41, 1937) 629–631.

begegnet dieser Text ja nicht nur, ja nicht einmal primär als historisches Do-kument, obwohl er das zunächst unzweifelhaft ist, sondern uns begegnet dieser Text ebenso, ja in betonter Weise, als Teil des Neuen Testaments und damit als ein Text, der uns als Christen anreden und Weisung geben will und soll. Darum kann es nicht allein unsere Aufgabe sein, den geschichtli-chen Sinn des Textes zu erfragen, wir müssen auch danach fragen und be-tont danach fragen, was uns und überhaupt den Menschen von heute dieser Text heute zu sagen hat, in welcher Weise er uns für unsere Probleme blei-bend gültige Weisung geben will. Eine Antwort auf diese Frage, oder mög-licherweise auch die Erkenntnis der Unmöglichkeit einer solchen Antwort, können wir aber nur gewinnen, wenn wir den geschichtlich verstandenen Text mit unseren Fragen *konfrontieren* und gegebenenfalls in unsere Spra-che oder auch in Beziehung zu unsern anders gearteten Fragen transponie-ren. Aber ein Doppeltes muß uns dabei immer bewußt bleiben: Wir dürfen den Paulus nicht sagen lassen, *was* wir hören möchten oder *wie* wir es hören möchten, wir dürfen eine Antwort auf unsere Fragen nicht *erzwingen*; und: Die Antwort, die wir geben, darf *in der Sache* dem von Paulus Gesagten nicht widersprechen, wenn es eine Antwort des Paulus bleiben soll".

3. Beiträge systematischer Theologie

Die Souveränität des Evangeliums
Einige Erwägungen im Anschluß an Römer 1,16

von

MICHAEL BEINTKER

I

„Ich schäme mich des Evangeliums nicht." Mit dieser sehr persönlich klingenden Äußerung in Röm 1,16a vollzieht Paulus den Übergang von den einleitenden Darlegungen des Römerbriefes zur kräftigen Intonation des Briefthemas in 1,16b–17. Der Satz schließt gut an die Bemerkungen in den Versen 13–14 zu den Besuchsabsichten des Apostels und zu seiner spezifischen Verpflichtung zur Verkündigung des Evangeliums an[1]. Zugleich gestattet er den nahtlosen Übergang zum eigentlichen Thema, indem er eine Begründung herausfordert und diese auf der Stelle mit zwei durch ein erklärendes γάρ strukturierten Aussagen erhält: Ich schäme mich des Evangeliums nicht, (1) denn es ist Gottes Kraft zum Heil, jedem der glaubt ..., (2) denn in ihm wird Gottes Gerechtigkeit offenbart ... Das bedeutungsvolle Thema des Römerbriefes wird für einen Augenblick zur Begründung für die sehr persönlich gehaltene Aussage, daß sich der Apostel des Evangeliums nicht schämt. Natürlich ist es von dieser Aussage ablösbar. Ein richtiges

---

[1] Es ist nicht zu beanstanden, wenn die Verse 1,16–17 wegen ihres programmatischen Charakters als für sich selbst sprechende Aussagen kommentiert werden (so z.B. bei E. KÄSEMANN, An die Römer, ⁴1980 [=HNT 8a], 18ff.). Das bewahrt das Verständnis von 1,16a von vornherein vor psychologisierenden Engführungen. Andererseits kann die Brückenfunktion von 1,16a zum vorangehenden Text besser sichtbar werden, wenn man die Verse 16–17 als Höhepunkt des 1,8–17 umfassenden Proömiums liest (so z.B. bei O. MICHEL, Der Brief an die Römer, ¹⁴1977 [= KEK 4], 78ff.; H. SCHLIER, Der Römerbrief, 1977 [= HThK 6], 33ff.; U. WILCKENS, Der Brief an die Römer, Bd. 1: Röm 1–5, 1978 [= EKK VI/1], 75ff.). Insbesondere O. Michel hat den konfessorischen Charakter der Verse 14f. herausgestellt und diese mit 16a verklammert. Er spricht von mehreren „Bekenntnissätze[n]", deren Sprache und Stil „feierlich und proklamatorisch" sind und die sich darin von den vorangehenden Versen 8–13 unterscheiden (aaO., 84f.).

Thema gewinnt nämlich seine Evidenz nicht durch die Bewährung an den individuellen Befindlichkeiten seiner Interpreten, sondern durch den Stoff, den Inhalt, dem es gewidmet ist.

Aber es ist eben auch bemerkenswert, daß das Thema des Römerbriefes – das Evangelium der sich uns schenkenden Gerechtigkeit Gottes – geeignet ist, Schwierigkeiten aus dem Wege zu räumen, die sich im Zusammenhang mit seiner kerygmatischen Proklamation und Entfaltung ergeben. Offenbar *kann* man sich des Evangeliums schämen, so daß die Versicherung angebracht zu sein scheint, man schäme sich seiner nicht. Es ist denkbar, daß einen das Evangelium in Verlegenheit bringt, einem Gefühlszustand aussetzt, der als peinlich, ja als blamabel empfunden wird. Wir müssen hier sehr behutsam und vorsichtig formulieren. Denn obwohl man sich des Evangeliums schämen kann bzw. Affekte erleidet, die dem Schamgefühl zumindest nahestehen, wird man sich schwerlich zu diesem Sachverhalt bekennen. Man wird ihn wahrscheinlich nicht einmal durchschauen wollen. Man wird die Schwierigkeiten mit dem Evanglium mit sekundären, tertiären, quartären Auskünften motivieren, weil sich ja schon das Eingeständnis eines solchen Affekts „nicht gehört". Und umgekehrt: Wem das Evangelium zur tragenden und alles bergenden Dimension seines Daseins und damit des Daseins der Welt geworden ist, wer sich auf Jesus Christus gegründet wissen und als in ihm verwurzelt empfangen darf, dem müßten beklemmende Gemütszustände im Zusammenhang mit dem Evangelium eigentlich fremd geworden sein. In der Sprache der Affektwahrnehmung formuliert: Ein solcher Mensch müßte sich durch eine getröstete, fröhliche Gelassenheit auszeichnen und sich am Evangelium freuen. Wer sich des Evangeliums schämt, hat es vielleicht noch nicht erfaßt. Und wenn er es erfaßt hat – genauer: wenn er sich von der Souveränität des Evangeliums hat berühren lassen –, kann er sich dessen nicht schämen.

Es erleichtert die Interpretation von 1,16a, daß die Exegeten mit großer Einmütigkeit einer psychologisierenden Deutung widerraten. Gemeint ist eine Deutung, die nach mutmaßlichen biographischen Beweggründen Ausschau hält, die den Apostel zu einer solchen Aussage veranlaßt haben könnten, etwa in dem Sinne, daß er den Verdacht habe ausräumen müssen, er scheue vor einem Besuch der Welthauptstadt zurück und habe sich aus Furcht vor den dort ansässigen Bildungseliten (vgl. die σοφοί in Vers 14) bisher nicht nach Rom gewagt[2]. Demgegenüber ist zu beachten: Die „Scham

---

[2] Zu Beispielen für eine solche Interpretation vgl. die Hinweise bei O.MICHEL, Zum Sprachgebrauch von ἐπαισχύνομαι in Röm. 1,16, in: Glaube und Ethos. Fschr. für Professor D. G. Wehrung, 1940, 36–53, hier: 36ff.; G. HEROLD, Zorn und Gerechtigkeit Gottes bei Paulus. Eine Untersuchung zu Röm. 1,16–18, 1973 (= EHS.T 14), 17ff.

des Gläubigen"[3] interessiert den Apostel genaugenommen herzlich wenig. Vielmehr intendiert er auf der Linie der rhetorischen Argumentationsfigur einer Litotes eine positive, gesteigerte Bekenntnisaussage: *Ja, ich bekenne mich zum Evangelium* ...[4]. Der Hauptton der Aussage rückt dann auf das Christusbekenntnis, das auch in allen denkbaren Konfliktsituationen bewährt werden will und bewährt werden kann.

Vor allem der gründlichen Untersuchung von Otto Michel zum Sprachgebrauch von ἐπαισχύνομαι[5] ist es zu verdanken, daß sich der Verzicht auf psychologisierende Hintergrundannahmen allgemein durchgesetzt hat. Gegenüber dem Ärgernis des Wortes vom Kreuz, wie er es in 1. Kor 1,18ff. angesprochen hat, rekurriert Paulus auf die prinzipielle Bekenntnissituation, zu der das Evangelium provoziert: „Inhaltlich ist 1. Kor. 1,23–25 eine vollere Ausführung und Erläuterung des in Röm. 1,16 angedeuteten Gedankens. Psychologische Hilfskonstruktionen zu Röm. 1,16 sind daher abzulehnen."[6] Eine gewichtige Parallele zu 1,16 fand Michel in Mk 8,38: „Denn wer sich meiner und meiner Worte schämt in diesem ehebrecherischen und frevlerischen Geschlecht, dessen wird sich auch der Menschensohn schämen, wenn er kommen wird in der Herrlichkeit seines Vaters [...]" (vgl. Lk 9,26). Aussagen wie diese und ähnliche (2. Tim 1,8) verweisen auf die geprägte Bekenntnissprache des Urchristentums. So kam Michel zu der Schlußfolgerung, daß das „Sich schämen" mit der Verleugnung des Evangeliums gleichzusetzen sei[7]. Das „Sich nicht schämen" entspreche hingegen einem feierlichen ὁμολογῶ[8], muß also als „eine negative Formulierung für das positive Ereignis des 'Bekennens' in einer bestimmten geschichtlichen Situation der Anfechtung (ὁμολογεῖν)"[9] verstanden werden. So weit ich sehe, hat sich diese – stichhaltig begründete – Interpretation allgemein durchgesetzt[10]. Es

---

3 Vgl. O. GLOMBITZA, Von der Scham des Gläubigen. Erwägungen zu Röm. 1,14–17, NT 4, 1960, 74–80.

4 Vgl. P. STUHLMACHER, Gerechtigkeit Gottes bei Paulus, ²1966 (= FRLANT 87), 78: „οὐκ ἐπαισχύνομαι entstammt der urchristlichen Bekenntnissprache. Positiv könnte Paulus auch sagen: ὁμολογῶ τὸ εὐαγγέλιον."

5 Vgl. Anm. 2.

6 MICHEL, aaO. (Anm. 2), 48.

7 AaO., 42f., 47f.

8 MICHEL, Brief an die Römer (Anm. 1), 86; vgl. DERS., Zum Sprachgebrauch (Anm. 2), 42f.

9 MICHEL, Brief an die Römer (Anm. 1), 86.

10 Eine gewichtige Ausnahme bildet die voluminöse Untersuchung von G. HEROLD, der das forensische „Zuschandenwerden" (= confundor) hinter der Aussage von 1,16a vermutet und sich auf die Niederlage im Rechtsprozeß – hier vor dem Forum Gottes – bezieht, aus der das Evangelium befreit (vgl. aaO. [Anm. 2], bes. 24ff., 119ff.). Diese unmittelbar rechtfertigungstheologische Deutung ist interessant, läßt sich aber im Blick auf die Bedeutungskomponenten von ἐπαισχύνεσθαι schwerlich durchhalten. Sie hat sich nicht behaupten können.

handelt sich um ein „Bekenntniswort" (Kertelge)[11]. Es liege hier „eine geprägte Formel der Bekenntnissprache vor, welche in pathetischer Negation
ein ὁμολογεῖν ersetzt" (Käsemann)[12]. „Sich nicht schämen" sei nicht psychologisch im Sinne von Furchtlosigkeit gemeint – wiewohl Paulus keinerlei Scheu kenne, wenn es um das Evangelium geht –, es müsse hier vielmehr
als „gesteigertes Äquivalent zu homologein" gelesen werden (Wilckens)[13].

Die konfessorisch-assertorische Transformation des „Sich nicht schämen" kommt zweifellos der Intention des Paulus sehr nahe. Schon wegen
ihrer erhellenden Klarheit leuchtet sie unmittelbar ein. Sie gestattet Objektivität und führt über die Willkür psychologischer Indizienbeweise hinaus,
indem sie grundsätzlich auf die Situation des Bekennens und damit implizit
auf die Gefahr des Verleugnens, der Bekenntnisverweigerung als einer
strukturellen Konfliktsituation des Glaubens aufmerksam macht.

II

Strukturell vorgezeichnete Konfliktsituationen sind demnach von den Bio-
graphien der Menschen zu unterscheiden, die diese durchleben. Deshalb
empfiehlt es sich nicht, 1,16a psychologisierend auf mutmaßliche subjektive
Befindlichkeiten des Apostels hin abzuklopfen. Auf diese Weise würde der
Bekenntnischarakter der Aussage verschwimmen und sie zu einer individuellen Selbstbeschreibung herabgemindert, so stark auf die konfessorische
Verfassung ihres Sprechers zugespitzt, daß sich andere Menschen im Horizont einer solchen Selbstbeschreibung gar nicht erst wahrzunehmen brauchen. Die psychologisierende Interpretation verleitet also dazu, das „Sich
nicht schämen" das – gelöste – Problem des Apostels sein zu lassen, das uns,
indem wir es psychologisierend durchschaut haben, nicht länger zu interessieren braucht.

Aber mit der Einsicht in die interpretatorische Fragwürdigkeit des Psy-
chologisierens sind wir die psychologische Fragestellung nicht einfach los.
Mir scheint, daß die verständliche Aversion gegen eine Fixierung auf den
Schamaspekt und die damit vollzogene Umkehrung des „Sich nicht schämen" in ein *gesteigertes* (!) Bekennen des Guten zuviel getan hat. Das Bekennen führt in Konfliktsituationen und will sich in ihnen bewähren. Auch
wenn diese Konfliktsituationen strukturelle, transsubjektive Prägungen auf-

---

[11] K. Kertelge, „Rechtfertigung" bei Paulus. Studien zur Struktur und zum Bedeutungsgehalt des paulinischen Rechtfertigungsbegriffs, 1967 (= NTA NF 3), 85.
[12] Käsemann, An die Römer (Anm. 1), 19.
[13] Wilckens, Brief an die Römer (Anm. 1), 82.

weisen, bleibt doch der Sachverhalt, daß wir es mit konkreten Menschen, differenziert agierenden Individuen, zu tun haben, die solche Konflikte durchleben und durchleiden, sie meistern oder auch an ihnen scheitern. Hier gehören Emotionen und Affekte zur Natur der Sache. Die neutestamentliche Überlieferung hat sich nicht gescheut, den seinen Herrn verleugnenden Petrus in Tränen ausbrechen (Mk 14,72) oder den Sympathisanten Nikodemus bei Nacht, also inkognito, das Gespräch mit Jesus suchen zu lassen (Joh 3,2). Fraglos geraten mit solchen Schilderungen markante Schamkonstellationen in den Blick. Es bedarf sehr häufig des Mutes, sich öffentlich für Jesus zu erklären. Und wenn wir an das Martyrium des Stephanus denken, so hat der Bericht des Lukas offensichtlich größten Wert darauf gelegt, daß dieser Wahrheitszeuge selbst in der Stunde des Todes keinen Millimeter von seinem Christusbekenntnis zurückgewichen ist (vgl. Act 7,54–59).

Es ist in semantischer und in materialer Hinsicht keineswegs bedeutungslos, daß Paulus eben nicht von einem ὁμολογεῖν, sondern von einem οὐκ ἐπαισχύνεσθαι spricht. So stark sich beide Bedeutungsrichtungen hier auch überschneiden: die unterschiedlichen Nuancierungen sollten nicht verschüttet werden. Das Bekennen erfordert Mut. Er ist nicht eo ipso gegeben. Aber er wird geschenkt, wenn sich der Bekennende auf Christus, auf das Evangelium stützt. Und der Mut kann verfliegen, wie weggeblasen sein, um angstvollen Ausweichmanövern und Versteckspielen zu weichen, die sich immer weiter vom Evangelium entfernen und eben deshalb auch immer intensiver durchprobiert werden müssen. Das sind Bezüge, die durch das semantische Relief des „Sich nicht schämen" sehr profiliert hindurchschimmern, während sie hinter einem allzu exponierten Bekenntnisschema leicht verblassen. Ulrich Wilckens hat zu Recht die besondere Wahl des Wortes ἐπαισχύνεσθαι akzentuiert, die gerade dann gewürdigt werden kann, wenn der konfessorische Traditionshintergrund herausgearbeitet wurde[14]. Er führt dazu aus: „Wer sich zum Evangelium bekennt, ist sich bewußt, daß er eine Sache vertritt, die den Interessen und Urteilsmaßstäben der Umwelt nicht konform ist (vgl. 12,2), von dieser als 'Unsinn' und 'Ärgernis' abqualifiziert (1. Kor 1,22) und vielfach bekämpft und verfolgt (1. Thess 2,14–16) wird. Wer das Evangelium verkündigt, ist also einem Druck gesellschaftlicher Verachtung und Feindschaft ausgesetzt, so daß sich seiner 'nicht zu schämen' eines besonderen Mutes bedarf."[15]

Man kann sich fragen, ob der Exeget hier lediglich die historische Pro-

---

[14] WILCKENS, aaO. (Anm. 1), 82.
[15] Ebd.

blemebene anspricht, ob er sich also trotz des Präsens der Aussagen lediglich auf die Verhältnisse im frühchristlichen Rom, Korinth oder Thessalonich bezieht, oder ob er bewußt situationstransparent formuliert hat und
die aufbrechende Konfliktfront als eine der communio viatorum bis zum
Advent des Gottesreichs mitgegebene sichtbar zu machen sucht. Die Frage
ist durch die Beobachtung veranlaßt, daß die zeitgenössischen Theologien
in der Regel den Eindruck nähren, solche Konflikte habe es einmal gegeben,
heute jedoch seien sie, pluralismusbereite Toleranz vorausgesetzt,
grundsätzlich vermeidbar bzw. für den Fall, daß es doch noch Restbestände
solcher Konfliktmassen gebe, durch geschliffene Reflexions- und Vermitt-
lungskunst zu überwinden. Immerhin kennen wir beeindruckende theologische Projekte, die die vermuteten Harmonien zwischen dem Evangelium
und dem modernen Selbstverständnis so geschickt konstruieren, daß es
schwerfällt, überhaupt noch Unterschiede oder gar Gegensätze zwischen
dem Evangelium und dem Selbstverständnis seiner säkularen Adressaten
auszumachen. Wer dann von einem „Druck gesellschaftlicher Verachtung
und Feindschaft" spricht, wirkt obsolet oder wie ein exotischer Gast aus einer fremden Welt.

Natürlich kann es nicht die Sache des Exegeten sein, paulinische Verhältnisse in die undurchsichtige Gegenwart zu projizieren. Aber man darf Ulrich Wilckens wohl unterstellen, daß er als Kommentator der uns beschäftigenden Stelle auch mit den Erfahrungen unseres Saeculums formulierte und
damit mögliche *aktuelle* Bekenntnisfälle vor Augen hatte, als er einen
„Druck gesellschaftlicher Verachtung und Feindschaft" apostrophierte.

III

Ist das Evangelium immer wieder auch der Verachtung und Feindschaft
ausgesetzt, dann muß das diejenigen, die sich in seinem Lebenshorizont bewegen oder zumindest bewegen wollen, verunsichern. Menschen bevorzugen in der Regel den Konsens, die Konfliktvermeidung, die Harmonie. Ihre
Äußerungen sind bevorzugt auf Akzeptanz und Zustimmung abgestellt.
Wer das Evangelium als kostbar schätzt, wird verständlicherweise wünschen, daß es seine Mitmenschen ebenfalls als etwas Kostbares wahrnehmen. Die Schamzone des Glaubens, wenn man das so ausdrücken darf, wird
gewiß nicht schon dann tangiert, wenn die Mitmenschen nicht einfach nachvollziehen können, daß man vom Evangelium lebt. Verletzt wird sie aber sicher dann, wenn Spott ins Spiel kommt, wenn der Glaube als ein antiquier-
tes Relikt diffamiert oder der Eindruck erzeugt wird, der glaubende Mensch

sei ein Hinterweltler, der den Segnungen der Modernisierung durch die Regression in voraufklärerische Verhaltensmuster ausweiche. Daß dann Scham erzeugt werden kann und daß, wenn man nicht stark genug ist, sich über solcherlei Einwände hinwegzusetzen, zugleich auch Scham verborgen, überspielt und durch mancherlei Gegenstrategien aus dem Feld geschlagen werden muß, liegt in der Natur der Sache. Man muß sich nur von der psychopathologischen Engführung des Schamverständnisses, seiner Reduktion auf die berühmt-berüchtigten Paradigmen des Errötens, lösen und man wird mühelos nachvollziehen, daß wir auch in den gewöhnlichsten Alltagssituationen relativ rasch von den Affekten der Scham heimgesucht und „irritiert" werden[16]. Die das Individuum destruktiv heimsuchenden, überbordenden Schamaufwallungen brauchen an dieser Stelle nicht zu interessieren. Es genügt die Beschäftigung mit ganz gängigen, jedem Menschen hinreichend vertrauten Phänomenen der Verunsicherung: der Scheu, sich zu exponieren, dem Verzagtsein, der Vereinsamung aufgrund abweichender Überzeugungen, der Furcht, versagen zu können oder als inkompetent zu erscheinen[17]. Man sollte nicht leugnen, daß uns solche Phänomene ständig zu schaffen machen. Vermutlich sind sie sogar in ihren theologischen und theologiegeschichtlich relevanten Auswirkungen kaum zu überschätzen.

IV

Die Frage nach der Vermittelbarkeit von Glaubenserkenntnis an das Wahrheitsbewußtsein der Zeit hat die Theologie immer umgetrieben. Von der Art, wie diese Frage aufgenommen und geklärt wird, hängt viel ab. Das Evangelium drängt in das Leben der Menschen, es will sich hörbar machen, es will unsere Gefangenschaften aufbrechen und uns in unseren Ängsten der

---

[16] Für die Sondierungen zu den vielschichtigen Phänomenen der Scham verdanke ich folgenden Arbeiten mancherlei wichtige Aufschlüsse: L. WURMSER, Die Maske der Scham. Die Psychoanalyse von Schamaffekten und Schamkonflikten. Übers. v. U. DALLMEYER, 1990; G. H. SEIDLER, Der Blick des Anderen. Eine Analyse der Scham, 1995; M. HILGERS, Scham. Gesichter eines Affekts, 1996.

[17] Eine der Hauptthesen der Arbeit von M. Hilgers besagt, daß es nicht das Schamgefühl schlechthin, sondern eine „Reihe von *unterschiedlichen Affekten gibt, die sich zur Familie der Schamgefühle zählen lassen:* Verlegenheit, Schüchternheit, Scham angesichts abbrechender Kompetenz, Abhängigkeitsscham, Intimitätsscham, Scham gegenüber der Diskrepanz zwischen einem (Selbst-)Ideal und dem Istzustand." Schließlich entstünden Schamgefühle „im Zusammenhang mit empfundener Schuldhaftigkeit […], und Scham tritt infolge von Demütigung und Erniedrigung auf." (aaO. [Anm. 16], 11). Es sei davon auszugehen, daß Scham zunächst kein pathologisches Gefühl, sondern vielmehr ein „wichtiger Regulationsmechanismus des Selbst" und seiner Beziehungen zu den anderen sei (ebd.).

österlichen Gegenwart unseres Herrn vergewissern. Es will uns im Raum der göttlichen Gnade verwurzeln, in dem uns die „herrliche Freiheit der Kinder Gottes" (Röm 8,21) tragen wird. Wenn das gehört und erkannt werden soll, dann bedarf es immer neuer Erkenntnis- und Übersetzungsarbeit, des Engagements für Evidenz und hermeneutische Klarheit. Das Evangelium ist kein Absurdum, sondern die lebensrettende Gotteskraft (1,16b). Was das heißt, läßt sich gedanklich darstellen, didaktisch entziffern und hermeneutisch profilieren. Und wir sagen gewiß nicht zuviel, wenn wir das als die zentrale Aufgabe theologischer Arbeit charakterisieren.

Wenn wir hier auf der Linie des Apostels weiterdenken, müßte diese Arbeit von der ganz selbstverständlichen Voraussetzung aus aufgenommen werden, daß auf das Evangelium Verlaß ist. Mag es auch immer wieder neu unsere Nachfragen auf sich ziehen, ja wahrscheinlich sogar auf unsere Nachfragen warten, so kann doch grundsätzlich darauf vertraut werden, daß wir das Evangelium nicht erfinden müssen bzw. uns auf Konstruiertes beziehen, sondern es mit der alles gründenden Dimension des Daseins zu tun haben. Theologie soll also nicht von der Bezweifelbarkeit und Strittigkeit ihres Gegenstandes her betrieben werden, sondern von der ganz selbstverständlichen Voraussetzung aus, daß unsere Welt ohne das schöpferische und barmherzige Gegenüber des dreieinigen Gottes nicht sachgemäß zu verstehen ist. Defizitär und reduktionistisch wäre dann jene Wirklichkeitsdeutung, die sich die Zusagen des Evangeliums nicht gefallen ließe und sich kleinmütig vor ihnen abriegelte, die dem Evangelium nicht zutraute, daß es die Kraft hat, sich wirklichkeitserschließend und -erneuernd den Menschen vernehmbar zu machen.

Der Konjunktiv ist bewußt gewählt. Denn wir sollten nicht übersehen, daß heute ein theologischer Denk- und Argumentationsstil dominiert, der von dieser Sichtweise spürbar abgerückt ist und die Strittigkeit und Bezweifelbarkeit des Evangeliums in den Rang eines leitenden Theorieaxioms erhoben hat. Aus der Tatsache, daß es den Menschen der von der europäischen Aufklärung durchgeformten Zivilisation immer schwerer fällt, die Wahrnehmungsperspektive des Evangeliums zu erfassen, wird monokausal gefolgert, daß die Wahrnehmungsperspektive des Evangeliums, wie sie Paulus ausformuliert und die Reformation in ihrer ursprünglichen Leuchtkraft wiederentdeckt hat, nicht mehr zu tragen vermag und deshalb in der ihr durch Paulus verliehenen Fassung zu verabschieden sei[18]. Eine mentalitäts- und ideengeschichtlich unbestreitbare Entwicklung wird gleichsam ge-

---

[18] Das wird zweifellos vornehmer ausgedrückt. Natürlich sagt man das nicht so. Man sagt nicht, daß man Paulus für überholt hält. Man behandelt ihn einfach so.

schichtstheologisch festgeschrieben. Die Neuzeit mit den von ihren theologischen Interpreten vermuteten intellektuellen und sozialgeschichtlichen Parametern avanciert zum Gesetz der Interpretation. Das eigene Mißtrauen gegenüber der befreienden Dynamik des Evangeliums arbeitet sich fundamentaltheologisch ab, um sich dann mühsam und überanstrengt an den farblosen Destillaten diffiziler Reflexionsanstrengungen festzuhalten. Ein nennenswerter Erfolg war diesen Strategien bisher nicht beschieden. Vielleicht haben sie die wissenschaftliche Selbstachtung derjenigen fördern können, denen die Wissenschaftsfähigkeit der Theologie als alleiniges Denkkriterium gilt. Aber die erhoffte Abbremsung der Erosion der Volkskirche, die nicht wenige sogar noch genüßlich zu analysieren und zu beschreiben vermögen, hat das nicht herbeigeführt. Vor allem aber ist auf diesem Wege häufig der kommunikative Kontakt zwischen der akademischen Theologie und der Gemeinde zerbrochen. Während sich die einen am höchsten Theoriedesign delektierten, bastelten sich die anderen notgedrungen „Heimwerkertheologien" mit zweifelhaften Plausibilitätseffekten zurecht. Merkwürdigerweise arbeiten sich beide grundverschieden geprägte Seiten wechselseitig in die Hände, indem sie die Orientierungsfähigkeit der Theologie schwächen und die Theologieverdrossenheit[19] bzw. die verbreitete Erwartungslosigkeit gegenüber theologischer Arbeit weiter stärken.

Das reflektierende Subjekt (im nachcartesianischen Sinne) bürdet sich die Beweislast für den Wahrheitsanspruch des Evangeliums auf. Obwohl es gewichtige theologische Gründe gibt, die gegen diesen intellektuellen Größenwahn sprechen, fällt unser Denken ihm immer wieder zum Opfer. Theologen, die hier zum Widerspruch neigen, werden von der heute regierenden Theologiegeschichtsschreibung als anachronistisch eingestuft und als notorische Störer des liberalen Geistes der Neuzeit der intellektuellen Verachtung ausgesetzt. Der wohl Prominenteste unter den so Kritisierten hat gelegentlich darauf hingewiesen, daß sich der Mensch nicht als der Atlas gerieren dürfe, „dem das Himmelsgewölbe zu tragen verordnet sei"[20]. Das machte er sowohl im Hinblick auf die Selbstüberschätzung unserer Gestal-

---

[19] Vgl. hierzu auch die Stellungnahme der Theologischen Kommission des Bundes der Evangelischen Kirchen in der DDR: Die Gemeinde braucht die Theologie – zur Kritik der „Theologieverdrossenheit" [1988], ZdZ 43, 1989, 81–83.

[20] K. BARTH, Die Unordnung der Welt und Gottes Heilsplan. Vortrag, gehalten an der Weltkirchenkonferenz in Amsterdam am 23. August 1948, zitiert nach: DERS., Gottes Freiheit für den Menschen. Eine Auswahl der Vorträge, Vorreden und kleinen Schriften, 1970, 279–286, Zitat: 282. Zuvor hieß es: „Wir sollen den Gedanken gleich an diesem ersten Tag unserer Beratungen gänzlich fahren lassen, als ob die Sorge für die Kirche und für die Welt unsere Sorge sein müsse. Beladen mit diesem Gedanken, würden wir nichts ausrichten, würden wir die Unordnung in Kirche und Welt nur noch vermehren können." (ebd.).

tungsverantwortung als auch im Hinblick auf die Selbstüberschätzung unserer Gedankenkraft geltend. Wer die Zusagen des Evangeliums von der Konstitutionskompetenz seines Denkens abhängig macht – davon also, daß er sie ordentlich denken kann –, wird sich schwerlich noch das Evangelium zugesagt sein lassen können. Dieser Mensch ist mit seinem Reflexionsanspruch der Gnade Gottes und sich selbst im Wege. Er, der dem Angebot der Gnade grundsätzlich mißtraut, wird „immer der sein, der wohl Alles, der – ein wahrer Atlas – gerne die ganze Welt tragen, der aber unter keinen Umständen getragen sein will und der darum zuletzt und zutiefst immer ein Feind der Gnade und ein Hasser und Verleugner seiner wirklichen Bedürftigkeit sein wird".[21]

Mit der Attitüde, daß es die Wahrheit des Evangeliums garantieren könne, hat sich das erkennende Subjekt hoffnungslos übernommen. Je intensiver es auf die eigene Gewißheit reflektiert, desto eher läuft es Gefahr, daß ihm die Gewißheit entgleitet. Je mehr es sich auf die subjektive Möglichkeit der Gewißheit versteift, desto stärker programmiert es sich auf Ungewißheit. Der totalitäre Verifikationsanspruch hält sich die rettenden, heilsamen Zusagen des Evangeliums auf Distanz. Er kann sie nicht an die eigene Trostbedürftigkeit heranlassen. Ja, er muß die eigene Trostbedürftigkeit stolz negieren. Da das Risiko des Vertrauens zu hoch scheint, bleibt Skepsis als theologischer Dauerzustand. Das erkennende Subjekt kann sich aus seiner kognitiven Selbstfixierung nur erlösen lassen; es ist viel zu gebrechlich, um diesen zwanghaften Zustand von sich aus zu überwinden.

V

Die Gewißheit des Glaubens ist selbst auf dem raffiniertesten Wege nicht herstellbar. Sie wird uns geschenkt, sie wird uns genommen, sie wird verdunkelt oder leuchtet auf: wir haben es jedenfalls mit einem Sachverhalt zu tun, den wir nicht erzwingen können. Wer Gewißheit erzwingen will, verfällt noch auf höchstem denkerischen Niveau der Werkgerechtigkeit, der

---

[21] KD II/1, 151. – Die Aussage steht im Kontext von Barths berühmter Kritik an der sogenannten natürlichen Theologie und dem damit intendierten Nachweis, daß die natürliche Theologie auf Selbstrechtfertigung und Gnadenfeindschaft aufbaue und in sie münden müsse. Es ist wohl kein Zufall, daß Günter Klein in einer Predigtmeditation zum diesbezüglichen locus classicus den inzwischen völlig unzeitgemäßen, aber gerade deshalb hochaktuellen Gedanken riskieren konnte, daß sich der sich vor Gott in die Religion flüchtende Mensch zum „Heger Gottes" aufwerfe: „er garantiert Gott. Der toll gewordene Mensch will Gott über sein, seinerseits für ihn aufkommen, selber der Übergott." (G. KLEIN, Jubilate – 28.4. 1996: Apostelgeschichte 17,22–28a [28b-34], GPM 50, 1996, 217–223, Zitat: 222).

Gerechtigkeit aus dem Werk eigenen Denkens. Die Gewißheit des Glaubens will sich einstellen, und sie *wird* sich einstellen, wenn sich der Mensch dazu überwinden kann – pneumatologisch und damit präziser: wenn er sich dazu überwinden *läßt* –, sein ganzes Vertrauen auf Gott zu richten. Daß der Gerechte aus Glauben leben wird (Röm 1,17 mit Hab 2,4), besagt ja auch, daß der Reflektierende und Verifizierende nur aus Glauben leben kann, daß ihm an dieser Stelle Erkenntnis nur *geschenkt* wird, während ihm unter dem Zugriff seiner Reflexion das Evangelium in den Händen zerrinnt.

Es ist ebenso einfach wie schwierig, sich von der Einsicht leiten zu lassen, daß wir uns mit Gewißheit *beschenken* lassen dürfen. Einfach ist es, weil sich das Evangelium über unsere Skepsis hinwegsetzt und uns die Augen für den höchst unverdienten Vorgang öffnet, daß Gott ausgerechnet *uns* liebt. Wir werden unaufdringlich von ihm angesprochen, ohne daß wir uns überhaupt fragen müssen, kraft welcher anthropologischer oder religiöser Sonderkonditionen gerade *wir* sein Interesse finden. Alles, was Menschen an dieser Stelle tun können, besteht in einer bedingungslos vertrauenden Erwiderung dieser bedingungslosen Liebe, einer Erwiderung, die nicht nachgibt und auch in den qualvollen Zweifeln der Gottesfinsternis nicht von Gott läßt. Das ist einfach, insofern der Zwang, das Entscheidende selber leisten zu müssen, von uns fällt. Aber eben darin besteht zugleich auch die Schwierigkeit mit dem Evangelium: Der Weg, den es zu unser aller Heil beschreitet, erscheint als zu leicht, zu einfach, zu billig. Er gerät sogleich in Konflikt mit unseren Vorstellungen und Vorverständnissen. Dieser Konflikt begleitet das Evangelium von Anfang an, seit der das fromme Vorverständnis störenden Gemeinschaft Jesu mit den Zöllnern und Sündern. Die Schwierigkeit mit dem Evangelium weist einen epochenübergreifenden Gesamtcharakter auf, ganz unabhängig davon, daß dann auch epochenspezifische Schwierigkeiten mit ihm sichtbar gemacht werden können. Strittig war das Evangelium schon immer. Und strittig wird es bis zum eschatologischen Advent des Gekreuzigten und Auferstandenen auch bleiben.

Da sich heutzutage anthropologische Argumentationen einer besonderen theologischen Wertschätzung erfreuen, sei der Versuch gemacht, die Strittigkeit des Evangeliums anthropologisch zu motivieren: Der Mensch erträgt es nicht, sich im Kern seines Personseins als Empfangenden zu begreifen. Es sei betont: im Kern seines Personseins, um das gängige Mißverständnis auszuschließen, hier solle die rechtverstandene Aktivität des Menschen überhaupt attackiert werden. Ein zentrales Phänomen dessen, was die Tradition Sünde nennt (und wofür uns heute die Worte zu fehlen scheinen), besteht ja darin, daß die Relationen von Aktivität und Passivität vertauscht werden: Wo wir aktiv und engagiert in Erscheinung treten sollen und können, tun wir nichts. Und wo wir uns zu unserem eigenen Heil ganz als Empfangende verstehen dürfen, da entfalten wir die ungeahntesten Aktivitäten.

Das Evangelium mutet uns zu, uns das Handeln Gottes schlicht gefallen zu lassen. Wir können uns das Geliebtwerden nicht erarbeiten, sondern dürfen uns einfach lieben lassen. Wir können unser Dasein nicht rechtfertigen, weil unser Dasein bereits *gratis* gerechtfertigt ist. Wir können uns nicht selber vergeben, sondern sind existentiell davon abhängig, daß ein anderer sich uns zuwendet und das lösende Wort ausspricht. Wir können uns nicht von der Last unserer Vergangenheit lösen, wenn nicht die Verwandlung an uns gewirkt wird, die der Apostel mit dem Vorgang einer Neuschöpfung verglichen hat (2. Kor 5,17; Gal 6,15). Wir sind der Macht des Todes nicht gewachsen, wenn nicht ein anderer für uns eintritt und uns in sein Auferstehungsleben hineinnimmt. Selbst unsere kühnsten und erhellendsten Gedankengebäude werden seine Herrlichkeit nie erreichen, wenn er sie nicht segnet und es sich gefallen läßt, durch sie – *auch* durch sie – vernehmbar zu werden. Denn merkwürdigerweise bevorzugt *er* es, sich durch die Torheit des Kerygmas, durch das Schwache und von der Welt Verachtete bezeugen zu lassen (1. Kor 1,21.27f.), „damit sich vor Gott kein Fleisch rühme" (1. Kor 1,29).

Man kann auch sagen: Das Evangelium mutet uns zu, uns vor Gott als Bettler zu verstehen, als Menschen also, die nichts haben und darauf angewiesen sind, daß ihnen alles gegeben wird. Und das genau ist die Wurzel aller Kontroversen. Denn wer erträgt es schon, sich als Bettler zu erkennen? Irgendein Können, irgendeine Fähigkeit, irgendeine Habe muß uns doch bleiben, damit wir die Schande unserer Abhängigkeit bedecken können! Mit der Würde, die der Mensch sich selber zubilligt, ist es unvereinbar, in dieser Form von Gott abhängig zu sein. Vermutlich ist es die Abhängigkeitsscham, der Verlust der Autarkie im innersten Kern des Personseins, die letztlich dafür verantwortlich ist, daß Menschen sich des Evangeliums schämen können. Wenn wir aber *vor Gott* in der Rolle der Bettler dastehen, dann ist die Scham deplaziert. Hier gilt erst recht das, was Luther hinsichtlich des Problems der Würdigkeit des Abendmahlsempfangs in Erinnerung rief: „Wer betteln will, der darf sich nicht schämen. Scham ist ein unnützer Hausgenosse in eines armen Bettlers Haus. So lobt auch Christus selbst einen unverschämten Bettler Luk 11,8."[22] Gemeint ist dies: Das Problem der Würdigkeit existiert in der rechtfertigungstheologischen Perspektive gar nicht: Christus teilt sich mir Unwürdigem so mit, daß ich durch ihn würdig werde.[23]

---

[22] M. LUTHER, Ermahnung zum Sakrament des Leibes und des Blutes unseres Herrn [1530], WA 30. II, 595–626, Zitat: 622 (Wortlaut nach: Martin Luther – Taschenausgabe 3, ¹1981, 170).
[23] Vgl. ebd.

VI

Bei Günter Klein haben wir gelesen:

„Das Kreuz ist das Ende der Religion. Alle Religion ist auf Überhöhung des Lebens und Verklärung des Seins aus, und selbst den Tod zelebriert sie noch als weihevolle Lebensfeier. Diese Praktiken sind nun als schauerliche Lebenslüge entlarvt. Mit dem Kreuz Christi hat Gott die Welt entzaubert und den Menschen auf den Nullpunkt zurückgeworfen, wo er wieder wird, was er zu seinem Unheil nie bleiben wollte: auf Gottes Erbarmen angewiesenes Geschöpf."[24]

Diese Aussage findet sich im Rahmen einer an der Kreuzestheologie des Paulus orientierten Erläuterung des Kreuzes Christi. Sie ist provokant und unbequem. Sie war es damals, als Klein sie niederschrieb. Sie ist es erst recht heute, wo sich gegenüber den Erwartungen an die Religion als Heilmittel der Krisen des Christentums ein eklatanter Wandel vollzogen hat. Wer wird es heute noch wagen, das Kreuz als das Ende der Religion zu betrachten? Wieder einmal hat der ideengeschichtliche Kreislauf, in den die theologische Arbeit sich gerne verwickelt, eine Situation geschaffen, in der das Evangelium durch Religion unsichtbar gemacht wird.

Vielleicht, so werden viele einwenden, ist die schroffe Alternative zwischen dem Kreuz und der Religion vermeidbar, durch differenzierende Denkbestimmungen sogar zu überwinden. Man kann das an sich wünschenswert finden. Wenn jedoch die Religion auf den Platz des Kreuzes drängt, wenn sie das Leiden wegzelebriert und die Lebenslügen kultiviert, wenn sie die Erbarmungswürdigkeit der menschlichen Existenz mit frommem Augenaufschlag schönredet, dann sind Konfrontationen unausbleiblich: Konfrontationen zwischen dem Evangelium und der *Religion im Gewande des Christentums.* Und das nicht etwa aus Freude am Konfrontieren. Nein, das Motiv zum Widerspruch erwächst aus dem Engagement für den Menschen, dem das Evangelium gilt und der das Evangelium zu seinem eigenen Heil erfahren soll. Zu seinem Unheil wollte er nie ein „auf Gottes Erbarmen angewiesenes Geschöpf" bleiben. Zu seinem Heil darf und soll er sich als ein solches Geschöpf erkennen.

Man kann die das Evangelium bezeugen wollende Theologie der Rechtfertigung des Sünders solo Christo sola fide getrost eine Bettler-Theologie nennen, eine Theologie von Bettlern für Bettler. Solange nicht deutlich ist, daß wir vor Gott mit restlos leeren Händen stehen, werden wir für seine

---

[24] G. KLEIN, Bekenntnis im Widerstreit, in: DERS., Ärgernisse. Konfrontationen mit dem Neuen Testament, 1970, 138–172, Zitat: 154.

Gaben unempfänglich sein, weil wir – vorangetrieben von falschen Scham-
gefühlen – der Autosuggestion verfallen, das Evangelium sei, damit es überhaupt zur Wirkung kommen könne, auf unsere Nachhilfe angewiesen. Das
Evangelium hat es nicht nötig, durch menschliche Künste stabilisiert und
gestärkt zu werden. Die Kraft des Evangeliums zum Heil, zur Errettung für
jeden, der glaubt, wird sich nur zeigen, wenn der Mensch seine Armut nicht
überspielt, wenn er sein theologisches, geistliches, ethisches Ausgebrannt-
sein einzuräumen vermag. Das Evangelium ist souverän. Aber die Souveränität des Evangeliums springt über – auf die, die sich von ihm beschenken
lassen. „Laß dir an meiner Gnade genügen; denn meine Kraft ist in den
Schwachen mächtig. Darum will ich mich am allerliebsten rühmen meiner
Schwachheit, auf daß die Kraft Christi bei mir wohne." (2. Kor 12,9)

Das Problem des Fundamentalismus und das Fundament des Glaubens

von

MARTIN HONECKER

I. Zum Begriff des „Fundamentalismus"

„Fundamentalismus" ist ein negativ besetztes Wort im theologischen Diskurs. Thomas Meyer spricht in einem Essay „Fundamentalismus" von einem „weltweiten Aufstand gegen die Moderne".[1] Fundamentalismus gilt als Inbegriff radikaler Gegenmodernisierung und als die Aufklärung bekämpfende antimodernistische Religiosität. „Fundamentalismus" ist freilich gleichzeitig ein höchst problematischer und unklarer Begriff. Der Begriff wird überdies in höchst unterschiedlichen Zusammenhängen und Kontexten gebraucht. Im Islam, im Judentum, im Hinduismus, in den christlichen Konfessionen und Denominationen gibt es inhaltlich sehr unterschiedliche Auffassungen über das, was fundamental, unaufgebbar sei. Fundamentalistische Strömungen finden sich außerdem in der Politik, in ökologischen wie in sozialistischen Gruppen. Der französische Journalist Gilles Kepel hat seinen Reportagen über „Radikale Moslems, Christen und Juden auf dem Vormarsch" den Titel gegeben: „Die Rache Gottes".[2] Der gemeinsame Nenner aller dieser Bewegungen scheint die prinzipielle Ablehnung der Aufklärung, der „offenen" Gesellschaft und des Pluralismus zu sein. Fundamentalismus beschreibt dann eine unbestimmte, diffuse Negation der Grundlagen von Aufklärung und Modernisierung und die Flucht in nicht mehr hinterfragbare Gewißheiten. Das Phänomen des Fundamentalismus

---

[1] THOMAS MEYER, Fundamentalismus. Aufstand gegen die Moderne, Hamburg 1989. THOMAS MEYER (Hg.), Fundamentalismus in der modernen Welt. ed. suhrkamp, NF 526, Frankfurt/Main 1989.

[2] GILLES KEPEL, Die Rache Gottes, München 1991.

ist, so verstanden, Indiz und Folge der Dialektik von Aufklärung und Moderne. Der Prozeß der Modernisierung mit den Konsequenzen von Demokratie, Pluralismus, Toleranz und Relativismus löst Widersprüche und Reaktionen aus. Insbesondere der islamische Fundamentalismus, der jüdische Fundamentalismus der „Gush Emunim" und der „Cach"-Partei des Rabbiner Kahany in Israel, aber auch der protestantische Fundamentalismus in den USA werden folglich als Modelle und Repräsentanten des Fundamentalismus begriffen und analysiert. Es zeigt sich jedoch allein schon in dieser Nebeneinanderstellung der verschiedenen Bewegungen, wie unterschiedlich die Erscheinungsformen des Fundamentalismus sind. Ob man sich am Koran als der Offenbarung Gottes im Buch, ob man sich am Land Israel, ob man sich am Papst oder am protestantischen Schriftprinzip orientiert, das macht Inhalte des Fundamentalismus völlig different. Was Fundamentalismus als gemeinsames Kennzeichen aller dieser Strömungen und Bewegungen meint, ist also zunächst einmal zu klären. Formal und hypothetisch kann man Fundamentalismus bestimmen als eine Weltanschauung, die kompromißlos religiöse bzw. quasireligiöse Prinzipien (fundamentals) mitsamt deren Anwendung auf das gesellschaftliche (politische) Leben vertritt und eine kritische Prüfung der Prinzipien und ihrer gesellschaftlichen (politischen) Implikationen grundsätzlich ablehnt. Eine derartige pragmatische Definition des Begriffs Fundamentalismus benennt folgende Elemente der Begriffsbestimmung: Fundamentalismus ist eine „Welt-Anschauung" im strengen Wortsinn, eine Gesamtsicht von Wirklichkeit. Für die Deutung der Welt grundlegend sind absolute, letzte Prinzipien, eben „Fundamentals". Inhaltlich können diese Prinzipien je nach Religion oder Quasi-Religion, im Sinne einer Ideologie, sehr unterschiedlich, sogar miteinander verglichen gegensätzlich sein. Fundamentalismus ist ferner keinesfalls bloß eine reine Theorie, sondern er intendiert gesellschaftliche, politische Praxis. Fundamentalistische Weltanschauung schließt somit die Praxis der Lebensführung und Lebensgestaltung ein. Die Folgen dieser praktischen Einstellung sind Kompromißunfähigkeit und Intoleranz. Fundamentalistische Einstellung verschließt sich schließlich gegen Kritik und macht sich immun gegen Einwände von außen wie gegen Selbstkritik. Ein in dieser Weise eng definierter Begriff von Fundamentalismus ist daher mit Traditionalismus oder mit Konservativismus gleichzusetzen. Für die evangelische Sicht besagt dies deswegen, daß nicht der Pietismus als solcher oder die Evangelikalen mit dem Fundamentalismus identifiziert werden dürfen. Eine solche Identifikation führt zu weitreichenden und kaum noch zu klärenden und zu behebenden Mißverständnissen. Nicht jeder Fromme und Gläubige ist schon allein deshalb ein Fundamentalist, nur weil er eine Überzeugung vertritt und einen Standpunkt einnimmt! Es ist außerordentlich fragwürdig, wenn man Glaubensaussagen bereits dann apriori für fundamentalistisch erklärt und hält sofern sie nicht prinzipiell alles relativieren und tolerieren. Der Islam als solcher wird dann apriori für fundamentalistisch erklärt, ohne daß die unterschiedlichen Auffassungen im Islam selbst ins Blickfeld kommen können. Auch der römische Katholizismus, der Papst, der Vatikan sind dann schon an sich fundamentalistisch. Dabei sind fundamentalistisch im eigentlichen Sinne spezifisch antimodernistische Bewegungen im Katholizismus. Der katholische Fundamentalismus ist eine aus der Modernitätskrise von Kirche und Theologie im 19. und 20. Jahrhundert zu verstehende Reaktion auf eine Autoritätskrise und auf religiöse Verunsicherung.[3] Der katholische Fundamentalismus stützt sich freilich nicht auf die Autorität der Bibel, sondern auf die Autorität des Papstes. Der protestantische Fundamentalismus hingegen erklärt: Die Bibel sagt es mir so; der katholische Fundamentalist hingegen behauptet: Der Papst und die Tradition des Lehramtes sagen es mir so. Das beste Beispiel für den katholischen Fundamentalismus ist der Fall des Bischofs Marcel Lefevbre. Der katholische Fundamentalismus bezieht gegen die Progressiven in Kirche und Theologie die Position der Tradition; er ist traditionalistisch und betont den Widerspruch der katholischen Tradition gegen den Geist der Aufklärung, gegen Veränderungen der kirchlichen Praxis im Kirchenrecht und in der Frömmigkeit und vor allem gegen den Wandel der Moral. Fundamentalistische Einsprüche im Katholizismus bekämpfen vornehmlich Entwicklungen in der Moraltheologie und im kirchlichen, im liturgischen Leben im Gefolge des 2. Vatikanischen Konzils. Die „autonome" Moral ist ihr Feind, die päpstliche Lehrtradition ihr Argument und die Bewahrung der kirchlichen Tradition ihr Ziel. Genug der Problemklärung. Die geschichtlich von der Auseinandersetzung mit der Aufklärung geprägte und durch die Modernisierungskrise in Glaube, Theologie und Kirche ausgelöste Reaktion des Fundamentalismus ist jedenfalls zunächst einmal sozialwissenschaftlich zu interpretieren.

II. Sozialwissenschaftliche Erklärung des Fundamentalismus

Soziologische Deutung hat häufig fundamentalistische Bewegungen mit faschistischen Bewegungen verglichen. Dies ist außerordentlich problematisch. Auch differenziert die sozialwissenschaftliche Forschung nicht immer

---

[3] Vgl. KLAUS KIENZLER (Hg.), Der neue Fundamentalismus. Rettung oder Gefahr für Gesellschaft und Religion, Düsseldorf 1990; Reinhard Frieling (Hg.), Die Kirchen und ihre Konservativen, Bensheimer Hefte 62, Göttingen 1984.

klar zwischen Fundamentalismus und Populismus. Martin Riesebrodt hat
anhand eines Vergleichs der Entstehung des protestantischen Fundamentalismus in den USA zwischen den Jahren 1910 und 1928 mit der Formierung
der Protestbewegung der iranischen Schiiten in den Jahren 1961 bis 1979
den Fundamentalismus als „patriarchalische Protestbewegung" beschrieben
und analysiert.[4] Die Analyse ist plausibel. Ausgelöst wurden nämlich beide
Protestbewegungen durch den Prozeß rapider Urbanisierung. Geleitet wurden sie von religiösen Intellektuellen. Fundamentalismus ist also eine städti-
sche Bewegung, die auf Auswirkungen der Modernisierung und Urbanisierung reagiert. Die Auflösung personalistisch-patriarchalischer Ordnungs-
vorstellungen und deren Ersetzung durch versachlichte Beziehungen, sowie
der Vorgang der Individualisierung wirkt sich tiefgreifend auf die Qualität
und Gestalt aller Institutionen und Interaktionen aus. Erfahren und faßbar
wird diese Veränderung vor allem in der Beziehung zwischen den Ge-
schlechtern. Da diese Auseinandersetzung Vorgänge der Emanzipation betrifft, nimmt sie oft die Form eines Generationenkonflikts an. In den USA
war der fundamentalistische Protest eine Reaktion auf die Krisenerfahrung
des 1. Weltkriegs und auf die öffentliche Verbreitung der Darwinschen
Evolutionstheorie, vor allem in den Schulen. Eine geschichtliche Krisenerfahrung und eine wissenschaftliche Infragestellung der religiösen Weltanschauung trafen hier zusammen.[5] Charakteristisch für den amerikanischen
Protestantismus ist zudem die Trennung von Kirche und Staat. Es gibt
außerdem kein System hierokratischer Herrschaft. Deshalb ergreift der
Fundamentalismus vor allem die Laien. Da in den amerikanischen Denominationen die Geistlichen weithin von ihrer Klientel abhängig sind – auch,
aber nicht nur finanziell – gibt es Rückwirkungen auf die Auswahl der
Amtsträger. Träger fundamentalistischer Überzeugungen war 1910 bis 1928
eine Mittelschicht, vornehmlich von Zuwanderer in die Stadt, die durch die
soziale und lokale Mobilität in ihrer Orientierung verunsichert waren. Die
Geistlichen der fundamentalistischen Denominationen wurden sodann an
Bibelschulen und Seminaren ausgebildet und geschult; sie wurden also nicht
von den wissenschaftlichen Studiengängen akademischer Theologie geprägt.
Die fundamentalistische Weltdeutung war außerdem von einer starken Xe-
nophobie beeinflußt, die manichäisch die eigene Position als „gut" von der
Gefährdung durch „schlechte" Einflüsse fremder Theologie, in der Zeit des
1. Weltkriegs in den USA vor allem der deutschen Theologie, sich abgrenz-

---

[4] MARTIN RIESEBRODT, Fundamentalismus als patriarchalische Protestbewegung, Tübingen
1990.

[5] Vgl. RIESEBRODT, aaO., Der protestantische Fundamentalismus in den USA. 1910–1928,
S. 40–122.

te. Bedrohlich erlebt wurde insbesondere die Veränderung der Familien-
struktur. Die Veränderung wie der gesamte Prozeß gesellschaftlichen Wandels wurde und wird mithilfe einer Verschwörungstheorie erklärt. Fremde
Einflüsse unterhöhlen die moralische und religiöse Grundlage der Gesellschaft. Vor allem die weibliche Sexualität wird als Einfallstor des Verfalls
bewertet. Die innerkirchliche Mobilisierung der Fundamentalisten ist also
weithin das Resultat einer Ablehnung des Strukturwandels gesellschaftlicher und religiöser, kirchlicher Institutionen. Gegen einen Struktur- und
Wertewandel werden traditionelle Werte und Weltdeutungen verteidigt.
Fundamentalisten sind allerdings nicht technikfeindlich. Bei der Mobilisierung des Protestes können sie sich durchaus moderner technischer Mittel
bedienen. Die Nutzung moderner Kommunikationsmittel und Technik
kann einhergehen mit Aufrechterhaltung eines patriarchalischen Moralis-
mus und einer rigorosen Sozialmoral. Der Fundamentalismus hat seinen gesellschaftlichen Ort in sozialmoralischen Milieus, in denen Enttäuschung,
zum Teil auch ökonomischer Abstieg und Verlust an gesellschaftlichem
Einfluß dominieren. Angesichts der Erfahrung von Anomie und gesellschaftlicher Desintegration ist der Fundamentalismus ein Versuch von Kri-
senbewältigung durch den Rückgriff auf Tradition. Im Anschluß an M. Rie-
sebrodts sozialwissenschaftlicher Analyse ging es bislang darum, auslösende
Faktoren fundamentalistischer Weltdeutung und Moral zu erkennen. Der
Fundamentalismus ist eine Antwort auf den Schock der Moderne und ein
Versuch, Dämme zu errichten zum Schutz von Moral, Kultur und Religion.
Wer diese auslösenden gesellschaftlichen Ursachen des Fundamentalismus
nicht beachtet, kann in den theologischen Lehren und in der Behauptung
von „Fundamentalien", unantastbaren Grundlagen des Glaubens, lediglich
Aberglaube und Irrtum entdecken. Damit wird aber die Intention und die
Wirkmächtigkeit fundamentalistischen Gedankengutes verkannt.

III. Protestantischer Fundamentalismus

Nach allgemeiner Charakteristik fundamentalistischer Weltanschauung und
fundamentalistischen Denkens ist erst seine Theologie, seine Lehre wenigstens kurz zu skizzieren.[6] Fundamentalistische Theologie ist nicht an eine
organisatorisch faßbare Gruppe gebunden. Sie berührt sich vielfach mit der
Prinzipienlehre der altprotestantischen Orthodoxie, sowohl der lutheri-
schen, wie der reformierten Theologie, vor allem in der Lehre von der Hei-

---

[6] Vgl. WILFRIED JOEST, Art. Fundamentalismus TRE XI, 1983, S. 732–738.

ligen Schrift. Eine schlichte Bibelgläubigkeit, welche in der historisch-kriti-
schen Bibelforschung bloß einen Abfall des Glaubens der Väter erkennen
konnte, gehört zu den Voraussetzungen der Entstehung des Fundamentalismus. Generell ist eine konservative Bibelgläubigkeit – besonders beispielsweise am presbyterianischen theologischen Seminar in Princeton (USA) –
eine Quelle des Fundamentalismus. Erweckungsbewegung und der Ruf zur
persönlichen Heiligung in Evangelisation und Mission breiteten diese
Frömmigkeit aus. Eine weitere Wurzel war die Endzeiterwartung der prä-
und postmilleniaristischen Eschatologie. Die Theologie des Liberalismus
und des Modernismus gerät in solcher endzeitlich-eschatologischer Perspektive unter das Verdikt des Abfalls vom Glauben. Gegen die kritische
Bibelwissenschaft, gegen die Erkenntnisse moderner Naturwissenschaften,
vor allem gegen die Evolutionstheorie und gegen die Anpassung des Christentums an die kulturelle Entwicklung wird die Eigenart des Bibelbuches
als unfehlbares, in jeder Hinsicht „wörtlich" zu nehmendes Gotteswort gelehrt. Vorbereitet von der Erweckungsbewegung und vom Milleniarismus
erschien in den Jahren 1910–1915 die Schriftenreihe: „The fundamentals. A
Testimony to the Truth". Als unverbrüchliche Grundlagen des Glaubens,
als „Fundamentalien" werden in dieser Veröffentlichung fünf Prinzipien genannt:

1. Die Anerkennung der Verbalinspiriertheit der Schrift und damit ihrer
Fehlerlosigkeit, ihrer „inerrancy". 2. Die Zustimmung zur Jungfrauenge-
burt als Bedingung der übernatürlichen Herkunft und der Gottessohnschaft
Jesu. 3. Die Überzeugung von dem im Kreuzestod Jesu vollzogenen stell-
vertretenden Sühneopfer. 4. Die Anerkennung der leiblichen Auferstehung
Jesu. 5. Die Erwartung der unmittelbaren Wiederkunft Christi. Aus diesen
„fundamentals" als Prinzipien lassen sich sodann weitere Glaubenssätze wie
die Göttlichkeit Jesu Christi oder eine eschatologisch gefärbte Geschichtsdeutung ableiten. Für diese Geschichtsdeutung steht exemplarisch das
außerhalb des normalen Literaturbetriebs vertriebene Buch von Hal Lindsay, The Late Great Planet Earth, von dem seit den siebziger Jahren des 20.
Jahrhunderts mehrere 10 Millionen Exemplare verkauft wurden. Lindsay
erklärt die Auseinandersetzung der USA mit Nationalsozialismus und
Kommunismus anhand einer fundamentalistischen Bibelauslegung als apo-
kalyptisches, endzeitliches Drama zwischen Amerika und den gottlosen
Mächten der Erde. Der Fundamentalismus ist also keineswegs, wie er selbst
gelegentlich vorgibt, apolitisch. In den USA bildet der Fundamentalismus
die geistige und politische Basis der „Moral Majority".

Analysiert man die Lehre des Fundamentalismus so zeigt sich einerseits,
daß sie *nach* der Aufklärung bewußt auf die Lehrgrundlagen der Orthodo-

xie zurückgreift. Besonders evident wird dies in der Lehre von der Schrift als theologischem Erkenntnisprinzip. Die altprotestantische Orthodoxie setzte Schrift und Wort Gottes ineins. Alles was die Schrift lehrt ist daher wahres Wort Gottes, und darum grundsätzlich historischer Kritik entzogen. Die Lehre von der Verbalinspiriertheit des Bibelwortes stützt diesen Anspruch auf göttliche Autorität der Schrift. Die kritische Bibelwissenschaft, die Kanonskritik, Quellenscheidung, Literarkritik lösten diese Auffassung von der Schrift als dem theologischen Erkenntnisprinzip auf. Schrift und Wort Gottes sind seitdem deshalb zu unterschieden. Dogmengeschichtliche Untersuchung stellten überdies das supranaturale Verständnis der Zweinaturenlehre in der Christologie, eine als Rechtsgeschäft verstandene Satisfaktionstheorie und eine kritischer Prüfung entzogene Theologie der Heilstatsachen in Frage. Das vor der Aufklärung errichtete dogmatische Theoriegebäude der Orthodoxie erweist sich in der Gegenwart als brüchig und einsturzgefährdet. Den Fundamentalismus kann man in dieser Hinsicht als Versuch der Restauration einer theologischen Ruine begreifen. Andererseits führt die fundamentalistische Konzeption nicht nur unausweichlich in einen Konflikt mit der „modernen" Bibelwissenschaft und Glaubenslehre, sondern ebenfalls mit der neuzeitlichen Wissenschaft überhaupt. Der Konflikt trat besonders zu Tage im Streit zwischen Naturwissenschaft und Schöpfungsglaube und wurde exemplarisch 1925 in Dayton (Tennessee) im vielbeachteten Affenprozeß (Scopes Trial) ausgefochten anhand von Darwins Evolutionstheorie. Gerade diese Auseinandersetzung brandmarkte in der Öffentlichkeit den Fundamentalismus weltweit als antimodernistische Protestbewegung.

IV. Fundamentalismus und Fundament des Glaubens

Lohnt sich überhaupt eine theologische, eine wissenschaftliche Diskussion mit dem Fundamentalismus? Bei dem Bemühen, zwischen Intention und Anlaß fundamentalistischen Protestes und inhaltlicher Formulierung der fundamentalistischen Theorie zu unterscheiden, wird – dies war so die Ausgangsfrage – die Auseinandersetzung mit dieser Konzeption auch theologisch unausweichlich. Denn was wäre eine Alternative? Eine denkbare Alternative zum Fundamentalismus, der immerhin den Anspruch auf Wahrheit aufrechterhält, ist prinzipieller Relativismus. Postmoderne Beliebigkeit behauptet heute „anything goes", man kann alles vertreten, auch theologisch. In einer Erlebnisgesellschaft und in einer Erlebniskirche, die sich ausschließlich am individuellen Befinden und an der Betroffenheit, der Nachfrage orientiert, ist der Fundamentalismus allein schon deshalb von vornherein verdächtig, weil er überhaupt einen Standpunkt vertritt und auf unantastbare Grundlagen sich beruft. Das Gespenst des Fundamentalismus wiederum eignet sich dann als Schreckbild, um kritische Rückfragen an relativistische Beliebigkeit als Ausdruck von Rechthaberei und Intoleranz, kurzum als „fundamentalistisch", und das heißt reaktionär, unaufgeklärt und nicht diskussionswürdig abzutun und zu diskreditieren. Für dieses Verfahren gibt es Anschauungsmaterial in der jüngsten Geschichte evangelischer Landeskirchen. Exemplarisch erwähnt seien Kontroversen innerhalb der rheinischen Landeskirche. Die Debatte um die Neubestimmung des Verhältnisses von Kirche und Israel wurde gelegentlich so geführt, daß „neue" exegetische Einsichten gegen abweichende Stimmen und Äußerungen geltend gemacht wurden. Die Erkenntnisse historisch-kritischer Exegese können dann mit wissenschaftlichem Anspruch gegen eine schlichte Berufung auf Bibeltexte ausgespielt werden. Die Debatte um das Verhältnis von Israel und Kirche ist sicherlich notwendig und dringlich. Die Christenheit hat allen Anlaß zur Neubesinnung, zum Umdenken, zur Wiederentdeckung biblischer Erkenntnisse. Nun wird gelegentlich verkannt, daß diese Debatte nicht unter Berufung auf einen biblischen Positivismus geführt und entschieden werden kann, sei dieser historisch-kritisch begründet oder bloß fundamentalistisch in Anspruch genommen. Hermeneutische Reflexion, theologiegeschichtliche Kenntnisse und das Bemühen um ein eigenes theologisches Urteil sind darüberhinaus für eine Klärung dieses Problems unerläßlich, eines Problems, das an die Wurzeln christlichen Glaubens rührt (vgl. Röm. 11,17–24). Die Frage nach einer theologischen Begründung richtet sich genauso an das Diskussionspapier „Sexualität und Lebensformen", das 1996 Synode und Kirchenleitung der Evangelischen Kirche im Rheinland Gemeinden und Kirchenkreisen vorgelegt haben. Neben einer Reihe kritischer Anfragen an Einzelaussagen ist hier wiederum gerade der Schriftgebrauch der besonders strittige Punkt. Die Mißachtung der Theologiegeschichte und der Mangel an Beachtung der kulturellen Gestaltung von Ehe und Familie, einschließlich der kirchlichen Trauung, wird nämlich auch hier ersetzt durch historisch-kritische Rekonstruktion einer gesamtbiblischen Sicht von Sexualität. Bei beiden Beispielen ist die Kritik von evangelikaler und pietistischer Seite, teilweise unter fundamentalistischer Verwendung biblischer Aussagen, eine begreifliche und verständliche Reaktion auf eine bloße theologische Anpassung an Stimmung und Anforderungen des Zeitgeistes. Die unvermittelte unmittelbare Berufung auf die Autorität der Bibel gibt freilich noch nicht eine zureichende Antwort auf die realen Schwierigkeiten und Herausforderungen. Geschichtliche und kulturelle Erwägungen sind deshalb erforderlich und notwendig. Allein lediglich gesellschaftliche, historische und kulturelle Erklärungen und Deutungen geben auch keine zureichende Antwort auf die theologische Fragestellung.

Für eine theologische Orientierung bietet sich exemplarisch eine Orientierung am 1. Korintherbrief an. Der 1. Korintherbrief leistet freilich, so wenig wie andere neutestamentliche Texte, eine unmittelbare Widerlegung des Fundamentalismus. Schon die Absicht des Fundamentalismus, auf die Modernisierungsfolgen der Aufklärung zu reagieren und gegen sie zu protestieren, liegt der Urchristenheit gänzlich fern. Die Reflexion heutiger Fragen im Lichte des 1. Korintherbriefs hat jedoch den einen Vorzug, daß dieser Brief selbst noch kein Schriftprinzip vertreten konnte, weil es noch gar keine kanonische Autorität gab. Der Brief gibt vielmehr ein Beispiel einer lebendigen, unabgeschlossenen Auseinandersetzung in Korinth.

Berührungspunkte zwischen der Situation der korinthischen Gemeinde und der Realität eines gesellschaftlichen und theologischen Pluralismus in der heutigen evangelischen Christenheit finden sich am Anfang in den Ausführungen zu den Schismata in der Gemeinde (1. Kor. 1,10–17). Wie man den Begriff „Schismata" übersetzt, ob mit Spaltungen, Parteien, Cliquen oder Fraktionsbildung, mag offenbleiben. Deutlich ist jedenfalls, daß Paulus allen Anlaß hat angesichts der Differenzen in Korinth, die Christen zu mahnen, in demselben Denken und in derselben Überzeugung sich „zurechtbringen" zu lassen, d. h. „zum rechten Stand und zur selben Denk- und Handlungsweise zurückfinden".[7] Der Apostel Paulus appelliert an den Grundkonsens der Christen. Dieser Grundkonsens ist freilich kein dogmatisches System, keine Beachtung einer theologisch korrekten Sprache und Redeweise, sondern er bezieht sich auf eine Person, auf Jesus Christus. Inhaltlich ist dieser Grundkonsens formuliert im Bekenntnis zum gekreuzigten und auferstandenen Jesus (1. Kor. 15,3f.), im Bekenntnis zum Herrsein Jesu Christi (1. Kor. 12,3) und im Zeugnis christlicher Freiheit: „Alles ist euer, ihr aber seid Christi, Christus aber ist Gottes" (1. Kor. 3,22f.). Das Wort vom Kreuz als Grund und Kriterium des Christseins (1. Kor. 1,18ff.) und die verborgene Weisheit des Evangeliums (1. Kor. 2,6–16) nötigen weiterhin theologische Erkenntnis und Argumentation zur Bescheidenheit und zur Selbstkritik. Nimmt man die paulinischen Überlegungen zur Kenntnis, so folgt daraus die Unterscheidung von Opus dei und Opus hominis, von Gottes Handeln und Menschenwerk, von Gottes Wort und Menschenwort. Das ist, formal betrachtet, eine antifundamentalistische Überlegung.

---

[7] WOLFGANG SCHRAGE, Der erste Brief an die Korinther, EKK VII,1 Zürich, Braunschweig, Neukirchen-Vluyn, 1991, S. 140.

Gleichwohl ist die antifundamentalistische Paränese dennoch verbunden
mit der Anerkennung eines Fundaments. Paulus beschreibt dieses Fundament in Metaphern. Besonders in 1. Korinther 3,5–17 finden sich gehäuft
Metaphern. Zwei Bildkreise, das Bild von der Pflanzung (3,6–8) und das
vom Bau (3,10–15), werden noch um das Bild des Tempels ergänzt (3,16f.).
Die Verschiedenheit der Gaben und der Aufgaben bildet keinen Widerspruch zur Einheit in Christus. Das Bild vom Bau in 1. Kor. 3,10–15 ist allerdings in seiner metaphorischen Übersteigerung verwirrend: Paulus
schreibt den Korinthern:[8]

„Nach der mir geschenkten Gnade habe ich als sachkundiger Baumeister
das Fundament gelegt, ein anderer hat darauf aufgebaut. Jeder aber sehe zu,
wie er darauf aufbaut. Denn ein anderes Fundament kann niemand legen als
das, was gelegt ist, und das ist Jesus Christus. Wenn aber jemand auf das
Fundament Gold, Silber, Edelsteine, Holz, Heu, Stroh aufbaut – eines jeden
Werk wird offenbar werden. Denn der Tag wird es offenbar machen, denn
er wird mit Feuer in Erscheinung treten, und wie eines jeden Werk beschaffen ist, das Feuer wird's erproben. Wenn jemandes Werk, das er aufgebaut
hat, Bestand haben wird, wird er Lohn empfangen. Wenn jemandes Werk
verbrennen wird, wird er Schaden erleiden, er selbst aber wird errettet werden, doch (nur) wie einer, der durchs Feuer (entronnen ist)" (1. Kor.
3,10–15).

Das Bild, dessen Paulus sich bedient, ist beim ersten Blick nicht einheitlich; es verbindet auch verschiedene Vorstellungen und setzt unterschiedliche Akzente. Ausgangspunkt ist die Aufgabe des Apostels: Er ist beauftragt,
die Gemeinde zu erbauen. Es geht dabei nicht um individuelle, persönliche
Erbauung, sondern um die Gemeinde. Diese Gemeinde ist freilich nicht
Werk und Ergebnis des Handelns des Apostels, sondern Werk und Eigen-
tum Gottes. Menschen sind also nur „Mitarbeiter" Gottes, nicht Konstruk-
teure einer idealen Kirche. Daher unterscheidet Paulus zwischen Fundament und dem darauf errichteten Gebäude. Mit dem Verweis auf das Fundament bringt er die unüberholbare, zeitliche und sachliche Vorgabe der
Kreuzesbotschaft zum Ausdruck. Das „Fundament" ist „gelegt". Das
„Fundament" ist der gekreuzigte Jesus Christus; er ist das fundamentum es-
sentiale und hat deshalb ein Prae vor aller apostolischen Predigt und vor allem kirchlichen „Gemeindeaufbau". Paulus hat nicht den Grund gelegt; er
findet ihn vor. Auf diesem Fundament wird freilich weitergebaut. Das Bild
wechselt daher. Mit der Aufzählung der unterschiedlichen Elemente, nämlich Gold, Silber, Edelsteine, Holz, Heu, Stroh, wird das „Wie" des Aufbaus

---

[8] Übersetzung nach Schrage, S. 286ff.

der Gemeinde und die Verantwortung der Bauenden angesprochen. Die Sache überlagert freilich das Bild.[9] Das Bauwerk wirkt angesichts der verwendeten Materialien postmodern. Zunächst werden drei Edelmetalle genannt. Diese Baustoffe symbolisieren Beständigkeit, Dauer, Haltbarkeit. Die damals (und zum Teil heute noch) wichtigsten Baustoffe werden jedoch überhaupt nicht erwähnt, z. B. Steine, Ziegel, Lehm. In der zweiten Dreierreihe – Holz, Heu, Stroh – wird nur leicht brennbares Material genannt. Die Wahl dieser Materialien weist voraus auf das Gericht durch das Feuer. Das ganze Bild ist künstlich. Denn Kostbarkeit und Brennbarkeit sind die Kriterien für die Auswahl des Baumaterials. Jede allegorische Ausdeutung dieses phantastischen Bauwerks ist freilich spekulativ. Die Probe auf die Solidität und Standfestigkeit des Gebäudes kommt im Tag des Gerichts. Alle menschliche und kirchliche Tätigkeit steht, daran erinnert der Apostel, unter einem eschatologischen Vorbehalt. Das letzte Urteil steht noch aus. Deshalb kann es für den Christen zwar Gewißheit im Vertrauen auf Gottes Zusage im Evangelium geben, aber keine Sicherheit hinsichtlich dessen, was er selbst tut, baut und zustandebringt. Die Vorstellung vom Gerichtsfeuer, in dem die Beschaffenheit eines Werkes offenbar wird, stammt aus der Tradition der Apokalyptik. Paulus verzichtet freilich darauf, das Gerichtsgeschehen näher auszumalen. Die Möglichkeit eines doppelten Ausgangs im Gericht wird mit „Lohn empfangen" oder „Schaden erleiden" benannt. Es gibt jedoch beim Apostel auch die Erwartung, daß sogar jemand, der Schaden erleidet, errettet werden kann wie einer, der durchs Feuer gegangen ist. In der kirchlichen Tradition war 1. Kor. 3,15 lange Zeit dictum probans für die Fegefeuerlehre.[10] Das „wie durch das Feuer hindurch" kann jedoch auch eine sprichwörtliche Redensart sein, wonach der Betreffende nur mit knapper Not dem Feuer entkommen ist. Ziel des Apostels ist es, die Korinther vor securitas zu warnen und den Vorrang der Gnade auch im Gericht festzuhalten. Soviel als Erinnerung an die paulinische Rede vom Fundament.

Kehren wir zum Thema Fundamentalismus zurück: „Fundamentum", Grund des Glaubens, ist nach 1. Korinther 3 nicht der Glaube der Korinther, sind auch nicht die Glaubensvorstellungen der Urchristenheit. Fundament ist vielmehr allein Jesu Christus. „Fundamental" ist die Gründung des Glaubens in Jesus Christus, im Evangelium. Dieses Fundament kann nicht zur Disposition gestellt werden. Von diesem Fundament zu unterscheiden sind jedoch die Handlungen und Tätigkeiten der Christen, in denen sie auf diesem Fundament weiterbauen. Eine derartige Unterschei-

---

9 Vgl. SCHRAGE aaO. S. 299.
10 Vgl. SCHRAGE aaO., S. 304. Zur Auslegungs- und Wirkungsgeschichte von 1. Kor. 3,15 im Gedanken des Purgatoriums siehe SCHRAGE, S. 307f.

dung von Fundament und Gebäude setzt die paulinische und reformatorische Unterscheidung von Glaube und Werk voraus. Diese Grundunterscheidung wehrt jeder Moralisierung und Vergesetzlichung, eine Versuchung sowohl für Fundamentalisten als auch für manche der antifundamentalistischen Kritiker. Und schließlich setzt die Eschatologie allem zeitlosen Heilswissen Grenzen. Fundamentalistische Theorie, aber auch rein am Historischen ausgerichtete kritische Exegese biblischer Texte, verkennen die Unabgeschlossenheit und damit die Zeitlichkeit aller theologischen Erkenntnis. Der Beitrag einer Auslegung paulinischer Texte kann somit nicht einfach darin bestehen, den fundamentalistischen Bibelgebrauch als falsch und unhaltbar zu widerlegen. Eine kritische Auseinandersetzung mit fundamentalistischer Auslegung der Bibel ist zwar nötig. Aber Destruktion allein beseitigt nicht die Intention und den Anlaß von christlichem, protestantischem Fundamentalismus. Intendiert ist nämlich im Fundamentalismus die Bewahrung der Autorität der Schrift, ist das Bestehen auf einem Fundament des Glaubens. Vom Apostel sich zeigen und sagen lassen, kann man in diesem Diskurs, was denn das unantastbare Fundament ist. Fundament ist nicht die Schrift als solche, sondern sie ist nur Zeugnis des Evangeliums und Quelle des Glaubens. Fundament ist auch nicht eine Glaubenslehre, sondern allein Jesus Christus, der Grund und Zeuge des Glaubens. Das ist nicht einfach eine andere Position, sondern vor allem eine andere Fragestellung als die des auf die Moderne reagierenden Fundamentalismus.

Der kleine Beitrag aus der Sicht evangelischer Gesellschaftslehre und Sozialethik, mit welchem dem Ausleger des Neuen Testaments und dem hermeneutisch engagierten Theologen Dank und Verbundenheit bekundet wird, schließt daher mit einer Frage an den Exegeten: Könnte nicht ein wesentlicher Beitrag der Exegese bei der Klärung von Zeitfragen darin bestehen, statt Konzeptionen und Programme zu legitimieren, sie – wie man so sagt – biblisch zu „begründen", zu einem theologischen Perspektivenwechsel anzuleiten?

„Der Vorsprung der Sünde vor dem Gesetz"

Systematische Erwägungen zum paulinischen Sündenverständnis unter besonderer Berücksichtigung von Rm 5$_{12ff}$ und Rm 7

von

ECKHARD LESSING

Mit der Wendung „Der Vorsprung der Sünde vor dem Gesetz"[1] hat der Jubilar einen zentralen Gesichtspunkt des paulinischen Sündenverständnisses hervorgehoben. Die Ausführungen wie die präzisierenden Abgrenzungen, insbesondere von Wilckens und Stuhlmacher, lassen jedoch eine Frage entstehen: Wie ist Sünde zu denken, damit sich nicht, gewissermaßen unter der Hand, der Vorsprung der Sünde in eine gedankliche Vorrangstellung des Gesetzes auflöst, so daß eine Verständigung über das Gesetz wichtiger wird als über die Sünde? Der Jubilar betont die Moralisierung des paulinischen Sündenbegriffes als das maßgeblichste Mißverständnis. Durch sie wird Sünde zur bloßen Schuld, ihre Gewalt steht nicht mehr zureichend im Blickfeld. Gerade wenn zuzugeben ist, daß im theologischen Kontext dieses Mißverständnis immer wieder – leider immer noch – im Vordergrund steht, erübrigt es sich nicht, dem „Vorsprung" der Sünde *eigens* nachzugehen.

Wenn ich Klein recht verstehe, impliziert seine Wendung eine kritische Anfrage an die Sündenlehre, wie sie sich unter dem Einfluß Augustins im Bereich der westlichen Kirche entwickelt hat. Sie hat ihre Eigenart darin, daß im Anschluß besonders an Rm 5$_{12ff}$ nach der *Entstehung*, von ihr aus nach dem *Wesen* der Sünde gefragt worden ist. Noch heutige Bestimmungen der Sünde als Selbstseinwollen des Menschen, als Selbstrechtfertigung, Selbstbehauptung oder Eigenmächtigkeit, interpretierend hinzugesetzte Worte wie: Grund-, Haupt- oder Ursünde, lassen den Einfluß Augustins erkennen. Sie teilen, mehr oder weniger deutlich, die Rolle, die dieser der

---

[1] Art. Gesetz III, in: TRE 13, 67.

Begierde für das Verständnis der Sünde zugeschrieben hat – unter eigentümlicher Vernachlässigung von Rm 7$_7$.

Augustins groß angelegter Versuch, die paulinischen Aussagen zu systematisieren, ist unbestreitbar von kaum abzuschätzender Bedeutung. Besteht jedoch Anlaß, von einem „Vorsprung der Sünde" zu reden, muß überlegt werden, ob die Frage nach der Entstehung der Sünde zum Leitfaden der Überlegung genommen werden darf. Denn offenkundig setzt diese Frage voraus, daß ausreichendes Wissen über das, was Sünde ist, tatsächlich möglich ist. Solches Wissen hätte mindestens eine Eingrenzung, wenn nicht eine gedankliche Verunmöglichung des „Vorsprungs der Sünde" zur Folge. Von diesem läßt sich logisch klar doch wohl nur dann sprechen, wenn die *prinzipielle Undefinierbarkeit* der Sünde zugegeben wird.

Nun ist natürlich evident, daß „prinzipiell undefinierbar" nicht heißen kann „überhaupt nicht definierbar". Was überhaupt nicht definierbar ist, ist unbekannt. Von ihm muß geschwiegen werden. Von der Sünde ist aber nicht zu schweigen. Im Gegenteil! Gemäß der paulinischen Argumentation in Rm 5 und 7 gibt es zwei Gründe, weshalb von der Sünde zu reden ist: Der Tod ist in die Welt gekommen, das Gesetz ermöglicht die Anrechnung der Sünde. Während im ersten Fall nur eine vermittelte Rede von der Sünde möglich ist, erfordert der zweite direktere Aussagen, wenngleich nicht außer acht zu lassen ist, daß auch er vermittelt ist, nämlich durch das Evangelium. Wir haben infolgedessen drei Gedanken (die im folgenden in sieben Einzelpunkte gegliedert werden) zu erwägen: warum ist weder (a) vom Gesetz aus noch (b) vom Tod aus ein zureichender Begriff der Sünde möglich, warum führen sie gleichwohl zur Sünde hin? (c) Welche Erkenntnis gewährt das Evangelium?

Die Eigenart der paulinischen Gedankenführung bringt es mit sich, daß diese Gesichtspunkte nicht einfach nacheinander abgehandelt werden können. Sie erscheinen im Laufe der Darlegungen vielmehr immer wieder in neuer Beleuchtung, vor allem aufgrund von Rückfragen, die Paulus stellt. Dem ist Rechnung zu tragen. Wir versuchen gleichwohl, zunächst einmal den Zusammenhang von Sünde, Gesetz und Tod aus sich heraus zu verstehen, stellen also das Verhältnis Sünde – Evangelium ans Ende. Das ist ratsam, weil dann, wenn das Evangelium zu voreilig in die Betrachtung einbezogen wird, der „Vorsprung der Sünde vor dem Gesetz" unzulässig abgeschwächt werden könnte.

In diesem Sinne weisen wir den Gedanken ab, Sünde ließe sich zwar nicht von jedermann, aber vom Glauben aus begrifflich fassen. Dem Glauben wäre dann eine eigentümliche, besondere Leistungskraft zuzeigen[2].

---

[2] Im folgenden können aus Raumgründen keine exegetischen Einzelnachweise gebracht

1. Wenn man einer Definition der Sünde entgehen will, ist es notwendig, sich zunächst einmal dem Verhältnis von Sünde und Gesetz zuzuwenden.

Wie bereits gesagt, zeichnet sich die Möglichkeit einer Definition der Sünde hier am ehesten ab. Gesetze bieten Definitionen und, falls Gesetzesübertretung schon toto coelo Sünde wäre, wäre diese auch definierbar.

Definitionsfähig bliebe die Sünde auch in einem zweiten Fall. Es könnte sein, daß Sünde aufgrund des richtigen bzw. falschen Gebrauchs des Gesetzes eindeutig bestimmbar wäre. Sünde hieße Mißbrauch des Gesetzes. Am Umgang mit dem Gesetz würde sich zeigen, ob jemand ein Sünder ist oder nicht. Durch richtigen Gebrauch des Gesetzes wäre der „Vorsprung der Sünde" auch hier einholbar. Er bliebe etwas vorläufiges.

Hat jedoch diese Wendung recht, muß „Gesetz" so gedacht werden können, daß es das Wesen der Sünde nicht verstellt. Ein Versuch in dieser Richtung dürfte offenbar von der Definitionskraft des Gesetzes nicht einfach absehen. Denn es gibt keinen Anlaß, Gesetzesübertretung oder Mißbrauch des Gesetzes etwa nicht als Sünde zu bezeichnen.

Damit zeichnet sich eine doppelte Aufgabe ab. Einerseits muß das Gesetz

---

werden. Weil die Darlegungen an einem zentralen Punkt Kleins Ausführungen zu Rm 5₁₂ff (vgl. dazu G. KLEIN, Bibelkritik als Predigthilfe. Gesammelte Meditationen, Gütersloh 1971, 127–140) widersprechen, sei darauf an dieser Stelle kurz eingegangen. Klein betont zu Rm 5₁₃f: „(E)rst in der Begegnung des Menschen mit dem Gesetz gewinnt das Urteil eschatologischen Charakter und wird die Menschheit zur adamitischen." (ebd. 133) U. E. wird bei Klein nicht klar, daß Paulus im ganzen Abschnitt Rm 5₁₂ff *erst* von Sünde und Tod und dann vom Gesetz und vom Sünder, und zwar nicht im Sinne einer Klimax, spricht. V. 15f wiederholen insoweit den Gedanken von V. 12(–14). Das Verhältnis von Sünde und Tod hat gegenüber dem von Gesetz und Sünder Priorität. Kleins Satz wäre daher zu ergänzen: In der „Begegnung . . . (*mit dem Tod* und) mit dem Gesetz gewinnt . . .". Es würde dadurch zugleich ersichtlich werden, daß der entscheidende Gedankenfortschritt von Rm 5ff gegenüber dem ersten Teil des Römerbriefs (es handelt sich um mehr als eine „Konsequenz" [vgl. ebd. 128]) in der Aufnahme des Themas Tod – Leben besteht. Infolgedessen können wir Klein nicht beipflichten, wenn er durch V. 18f die zentrale Bedeutung der Gesetzesfrage bestätigt findet. Die Eigenart der Verse besteht vielmehr darin, daß Paulus, vorbereitet durch V. 17, erst nachträglich eigens auf die beiden Täter Adam und Christus blickt. Denn natürlich soll die Abfolge: Übertretung – Tod/Gerechtigkeit – Rechtfertigung mit der Vorrangstellung des Themas Tod – Leben nicht aufgegeben werden. Das Problem von Rm 5₁₂ff bestünde dann darin, daß hier zwei Gedankenreihen miteinander verknüpft wurden. In den Äußerungen zu Gesetz, Ungehorsam, Verdammnis und ihrem Gegensatz nimmt Paulus die Ausführungen der vorangegangenen Kapitel auf, in denen zu Sünde, Tod und Leben bringt er eine Perspektive zur Geltung, die vorher noch ausgeblendet war und in die das bisher Gesagte einzuzeichnen ist. Die Komplexität des Gedankens resultiert daraus, daß Paulus an der Differenz zwischen Juden und Heiden nicht einfach vorbeigehen kann. Einerseits sind sie beide Nachfahren Adams, andererseits gehören Juden und Gesetz in spezifischem Sinn zusammen. Darauf muß Paulus Rücksicht nehmen. Er bringt darum die Heiden implizit in der Zeit zwischen Adam und Moses unter, wozu man vielleicht Gen 4–11 assoziieren darf. V. 13f ist deshalb im Licht von Rm 2₁₁ff zu verstehen. Wie eng Juden und Heiden trotz notwendiger Differenzierung auch in bezug auf das Gesetz zusammengehören, wird erst in Rm 7₇ff deutlich, wo das Gesetz in das Licht des Gegensatzes von Tod und Leben gerückt wird.

sowohl im Hinblick auf seine unmittelbare Geltung wie im Hinblick auf seinen Gebrauch durchaus in Anspruch genommen werden können. Wir dürfen gleich hinzufügen: Anders kommen wir offenbar nicht zur Erkenntnis der Sünde. Auf der anderen Seite ist die Leistungskraft des Gesetzes immer wieder zurückzunehmen, weil sie eine Macht über die Sünde anzeigt, die in Anbetracht des „Vorsprungs der Sünde" nicht existiert.

Die Konsequenz könnte lauten: Es gibt einen bleibenden circulus vitiosus zwischen Sünde und Gesetz. Wenn wir vorblicken: Das wäre eine Katastrophe für das Evangelium, solange dieses gegen die Sünde *und* das Gesetz antritt und sie entmächtigt. Denn wir blieben gefangen in dem Widereinander von Definitionsfähigkeit der Sünde aufgrund des Gesetzes und der Definitionslosigkeit der Sünde. Es würde uns so gefangen nehmen, daß die Zeit für das Evangelium knapp wird.

Die Frage muß daher heißen: Traut die Gedankenfigur des circulus vitiosus dem Gesetz vielleicht zuviel zu und dem „Vorsprung der Sünde", schließlich dem Evangelium zu wenig? Läßt sich der Zirkel mindestens in seinen verheerenden Konsequenzen vermeiden? Blicken wir dazu genauer auf die Leistungskraft des Gesetzes wie die Manifestation des „Vorsprungs der Sünde".

2. Die besondere Leistungskraft des Gesetzes besteht darin, daß der Mensch im Falle seiner Übertretung wie im Falle des Mißbrauchs des Gesetzes überhaupt seine Schuld erkennt. Das Gesetz behaftet den Menschen bei seiner Verantwortlichkeit.

Daß das jedoch für die Erkenntnis der Sünde zuwenig bedeutet, ergibt sich daraus, daß hiermit auf die Folgen der Übertretung wie des Mißbrauchs des Gesetzes noch gar nicht eingegangen ist.

Gemäß den Ausführungen in Rm 5_{12ff} ist die Folge der Übertretung Adams – wie aller Menschen, die wie Adam handeln – der Tod. Zum Verständnis dieses Sachverhalts muß man sich klar machen, daß zwischen Ursache und Folge keine Äquivalenz besteht. Eigentlich schließt die Folge die bleibende Möglichkeit der Ursache sogar aus. Die Folgen der Adamstat sind um vieles größer, als sich aus ihr direkt ableiten läßt. Wenn der Tod wirklich die Folge der Übertretung Adams ist, kann dem Gesetz also von vornherein keine zureichende Erkenntnis der Sünde zugetraut werden. Die Sünde hat a priori einen unheilvollen Vorsprung. Es gibt eine Disproportionalität zwischen Sünde und Gesetz. Der eigentliche Gegner des Evangeliums ist mehr der Tod als das Gesetz[3].

---

[3] Um der fehlenden Proportionalität willen ist es nicht möglich, den Tod im strengen Wortsinn als Strafe für die Übertretung Adams zu verstehen. Strafe setzt immer Proportionalität ir-

Das Gesetz ist dementsprechend merkwürdig zweideutig. Auf der einen Seite behaftet es den Menschen bei seiner Verantwortlichkeit; es läßt ihn seine Fehlbarkeit erkennen. Auf der anderen Seite läßt es ihn in bezug auf die Konsequenzen seiner Taten im Stich. Es bietet höchstenfalls die Möglichkeit der Sühne an. Aber auch sie kann Geschehenes nicht ungeschehen machen und gewährt darum nicht mehr als eine – freilich durchaus nicht geringzuschätzende – Erleichterung.

Im Zuge unseres Argumentationsganges neigt sich von der Wahrnehmung des Todes aus die Waage beträchtlich auf die Seite der Definitionslosigkeit der Sünde. Denn es muß offenkundig gesagt werden: Der Zusammenhang zwischen Sünde und Tod ist ursprünglicher als der von Sünde und Gesetz. Solange der Tod regiert, kann – weil wir trotzdem leben – das Gesetz nicht mehr als die instrumentelle Bedeutung, auf die Sünde hinzuweisen, haben. Existentieller gesprochen: Das Gesetz bildet nur den Anfangspunkt für die Sündenerkenntnis. Ob sich freilich vom Tod her die Definitionslosigkeit der Sünde tatsächlich ergibt, ist noch offen. Die Sünde ist nicht der Tod. Was heißt also Tod?

3. Der Begriff des Todes bereitet hier einige Schwierigkeiten. Paulus versteht unter ihm nicht nur den geistlichen, sondern auch den natürlichen Tod. Wenn dies dazu nötigen würde, Tod und Endlichkeit gleichzusetzen, wäre der paulinische Gedanke eigentlich nur unter Annahme eines spekulativ zu behauptenden vorgeschichtlichen Falles, auf den das Christusgeschehen zu beziehen wäre, einleuchtend zu machen. Anders denn als endliche Wesen können Kreaturen nicht vorgestellt werden. Wenn andererseits der natürliche Tod begründet ausgeklammert werden könnte, droht „Tod" zu einem bloßen Sinnbild zu werden. Er verlöre seinen die Sünde beleuchtenden Machtcharakter. Beiden Abwegen läßt sich zureichend wohl nur unter der Voraussetzung entgegentreten, daß Tod zunächst einmal nicht als ein Faktum (s. aber u. 4.) zu verstehen ist, das hinzunehmen und zu erleiden ist, sondern als ein Aktivum: Der Tod tötet; er ist ein Gegenspieler zum Leben, der der Merkmale des Lebens nicht völlig entbehrt. Das Wort veranlaßt demzufolge, alle denkbaren Formen des Todes unter ihm zu befassen. Und sofern der Tod eine Wirkung der Sünde ist, besorgte diese das Töten des Todes, und zwar in der Weise, daß der Tod nicht einfach nur der absolute Gegensatz zum Leben ist, sondern als solcher im Leben bedrohend wirksam ist. So gedacht wird es möglich, den Tod selbst als eine „Lebensmacht" zu begreifen, die den physischen Tod ebenso bezeichnen kann wie alle die

---

gendwie voraus. Der Gedanke einer Adam widerfahrenen unmenschlichen Strafe Gottes richtet sich im theologischen Kontext selbst.

Weisen menschlichen (kreatürlichen) Verhaltens, die im wörtlichen oder übertragenen Sinn töten und also tödlich sind. Die Perfidie der Sünde besteht dementsprechend darin, daß sie nicht einfach mit einer perfekten Wirkung konfrontiert. Vor ihr könnte man sich mit Künsten, z. B. der ars moriendi, schützen. Sie konfrontiert mit einer u. U. sehr lebensvollen, sublimen Macht zum Töten. Sofern und soweit diese Macht gegenwärtig ist, ist Sünde da. Diese Macht entspricht der Unbestimmtheit der Sünde. Denn die „Lebensmacht" des Todes ist ebenfalls nicht zureichend bestimmbar. In der Regel erweist sie sich erst im Nachhinein als federführend.

4. Daß der Tod an der Unbestimmtheit der Sünde partizipiert, bedeutet noch nicht, daß diese prinzipiell definitionslos ist. Denn Sünde könnte nun heißen, dem Tod als Lebensmacht Eingang zu verschaffen. Das wäre zwar eine weitergehende Formulierung als: Sünde ist Gesetzesübertretung oder Mißbrauch des Gesetzes; sie würde auch der Moralisierung der Sünde abträglicher sein. Sie könnte aber so an das Gesetz zurückgebunden werden, daß als Maxime entstünde: Mensch unterlasse es, dem Tod Macht zu geben. Es wäre dann durchaus nicht so, wie wir zunächst behauptet haben: das Verhältnis von Sünde und Tod ist ursprünglicher als das von Gesetz und Tod. Vielmehr wäre es umgekehrt. Erneut würden wir zudem in einen Zirkel verstrickt. Denn die Unbestimmtheit der Sünde wäre immer noch größer als – nun – der Tod, obwohl er ohne Zweifel näher bei der Unbestimmtheit der Sünde steht als das Gesetz.

Damit hier ein Weiterkommen möglich ist, ist noch einmal auf die Adamstat und seine Folge, den Tod, zurückzukommen. Wir müssen bemerken, daß Tod an sich nur im Einzelfall die Wirkung der Gesetzesübertretung oder des Gesetzesmißbrauch sein kann, auch dann, wenn er viele Male oder gar generell zu konstatieren wäre. Steht die Folge aber in keinem proportionalen Verhältnis zur Ursache, dann schließt das die Konsequenz ein, daß der Blick sich vom Schema Ursache – Folge lösen kann. Der Mensch steht aufgrund der Gesetzesübertretung oder des Gesetzesmißbrauchs überrascht und erschrocken vor dem, was seine Taten auslösen. Es ist von solcher Gewalt, daß irgendwelche Maximen der Lebensführung gar nicht mehr erhoben werden können. Der Tod wird eine schlechthinnige Gegenmacht zum Leben und bleibt es, solange die Sünde regiert. Erst in dieser Perspektive ist der Tod ein Faktum. Er ist es nicht von vornherein, sondern erst wenn zuvor seine Aktivität erkannt worden ist. Als Faktum aber bedingt der Tod die Definitionslosigkeit der Sünde. Oder anders: Eine Definition der Sünde verneint ihren Vorsprung[4].

---

[4] Von hier aus scheint mir die eigentliche Bedeutung von Rm 5 und 6 deutlich zu werden.

Erwägen wir die Konsequenzen für unseren Gedankengang. Als Zwischenergebnis ist festzuhalten: (1) Die Sünde behält einen Vorsprung auch gegenüber dem Tod. Anders wäre Tod kein geschichtlicher Begriff, würden Aktiv und Passiv in ihm nicht zusammenkommen können. Insofern bleibt die Sünde auch in Anbetracht des Todes unbestimmt; sie ist definitionslos. (2) Sie muß darüber hinaus gerade vom Tod her als *prinzipiell* definitionslos bezeichnet werden. Denn wenn Sünde tatsächlich den Tod wirkt, setzt er auch einen Endpunkt, der die Frage nach seinem Ursprung erübrigt. (3) Wenn er einen solchen setzt, erübrigt sich auch jedes Nachdenken über einen eventuell bestehenden Zirkel. Auch er ist zu Ende. Der Tod *wird* zu einer Analogie der Sünde.

Daß dieses Zwischenergebnis kein Endergebnis sein kann, läßt sich an mehreren Punkten festmachen: (1) wir leben, obwohl der Tod einen Endpunkt setzt. Das Verhältnis von Leben und Tod bedarf also noch weiteren Nachdenkens. (2) Das Gesetz gilt; es gibt weiterhin Übertretung des Gesetzes und dessen Mißbrauch. Wie ist diese Geltung in Anbetracht des Todes zu verstehen? Schließlich und vor allem aber (3): Das Evangelium will die Sünde entmächtigen. Wie soll das möglich sein, wenn die Sünde definitionslos ist? Auch über die Sünde ist offenbar noch nicht alles gesagt.

5. Der unter (1) genannte Punkt läßt sich nach den bisherigen Ausführungen kurz beantworten. Weil der Tod als eine „Lebensmacht" zu verstehen war und weil er dies auch dann ist, wenn er als Gegenspieler des Lebens begriffen werden muß, setzt das Nachdenken den Begriff des Lebens stillschweigend voraus. Es geht um den Tod im Leben, freilich so, daß die Grenze des Lebens wirklich vor Augen tritt. Das Leben hat insofern eine bleibende ontologische Vorrangstellung vor dem Tod. Diese Vorrangstellung kann allerdings nicht in ein Wissen um das, was Leben ist, umgemünzt werden. Denn es gibt die Realität des Todes. Es ist naheliegend, das Leben selbst von hier aus als eine Gnade zu verstehen.

6. Aufgrund der Vorrangstellung des Lebens gibt es die Geltung des Gesetzes. Es steht allerdings, insofern es die Realität des Todes gibt, im Spannungsfeld von Leben und Tod. Insoweit es zum Leben gehört, kann das Gesetz von Paulus „heilig, gerecht und gut" (Rm 7$_{12}$) genannt werden. Weil es in den Machtbereich des Todes geraten ist, muß andererseits – wie in Rm 7$_{7ff}$ ausgeführt – der Zwiespalt des Lebens unter dem Gesetz beschrieben werden.

Beide Gesichtspunkte hängen dadurch zusammen, daß der Zwiespalt un-

---

Diese beiden Kapitel klammern die Gesetzesfrage zwar nicht aus, aber sie klammern sie ein, weil die Differenz zwischen Tod und Leben mit, ja vor allem, erwogen werden muß, wenn das Wesen der Sünde hinlänglich erfaßt werden soll.

ter dem Gesetz dann und gerade dann entsteht, wenn das Gesetz die in Rm
7_{12} enthaltenen Beifügungen erhalten muß. Erst auf der Basis des Lebensbe-
griffes kann Klarheit über die Bedeutung dieser Beifügungen entstehen, weil
sie bei der Betrachtung der Gesetzesübertretung und des Gesetzesmißbrauchs zwar vorausgesetzt, aber nur reduziert reflektiert werden können. Zum genaueren Verständnis dieses Punktes sind die paulinischen Aussagen etwas näher in Augenschein zu nehmen.

Paulus denkt bei Gesetz in Rm 7_{12} gewiß allererst an die Thora. Aber die
ganzen vorhergehenden Ausführungen bringen die Unterschiede zwischen
dem Gesetz der Juden und dem der Heiden eigentümlich in die Schwebe, so
daß sich die Folgerung nahelegt: Die Bezeichnungen „heilig, gerecht, gut"
sind nichts anderes als ein analytisches Urteil. Das Gesetz, das von der Sünde mißbraucht wird, ist immer schon das gerechte, heilige und gute Gesetz.
Andernfalls verdiente es seinen Namen nicht.

Nach der in Rm 7_6 getroffenen Unterscheidung zwischen Geist und
Buchstaben, aber auch schon aufgrund der Unterschiede des heidnischen
vom jüdischen Gesetz, können allerdings die Beifügungen im Sinne eines
analytischen Urteils allein nicht ausreichend verstanden werden. Es bedarf
der Kraft des Geistes, damit das Gesetz wirklich als das erkannt wird, wozu
es da ist: „Zum Leben gegeben" (Rm 7_{10}). Deshalb ist eine Prüfung des Gesetzes unabdingbar. Die Beifügungen müssen folglich auch im Sinne eines
synthetischen Urteils begriffen werden. Das ist ohne Distanz zum Phänomen des Gesetzes selbst nicht möglich. Es muß in seiner Funktion für das
Leben gewürdigt und diesbezüglich beurteilt werden können. Der erforder-
lichen Probe muß sich auch die Thora unterwerfen.

Analytisches und synthetisches Urteil schließen sich nicht aus. Sie vereini-
gen sich, weil die Lebensdienlichkeit des Gesetzes weder Selbstzweck noch
Mittel zum Zweck ist. Das Gesetz als heiliges, gerechtes und gutes will
Wirklichkeit sein. Wenn das nur aufgrund einer Prüfung durch den Geist
geschehen kann und damit das synthetische Urteil letztlich über dem analytischen steht, weist das auf den Vorrang des Evangeliums vor dem Gesetz
hin und natürlich auch darauf, daß der Buchstabe des Gesetzes mit dem
Evangelium selbst nichts zu schaffen hat.

Aber bevor diesem Vorrang des Evangeliums nachgegangen werden kann,
ist noch zweierlei zu sehen. (a) Ist mit Gesetz nur das für den oder vom
Menschen gesetzte Gesetz gemeint oder auch das, was mit dem Begriff Na-
turgesetz bezeichnet wird? (b) Die noch wichtigere Frage ist: Wie verhält
sich die Lebensdienlichkeit des Gesetzes zum Ende des unter die Sünde ge-
ratenen Gesetzes (Rm 7_6)? Wir wollen zeigen, daß die erste Frage die Beantwortung der zweiten vorbereiten kann.

Ad (a): Augustin hat mit Recht im Rahmen seiner Sündenlehre die naturale Seite der Wirklichkeit (*Erb*-Sünde) mitbetont. Aufgrund der hier vertre-
tenen These ist sie allerdings anders zu verstehen: Wenn der Anfang der
Sündenerkenntnis aufgrund des heiligen, gerechten und guten Gesetzes geschieht, darf dessen Verständnis nicht eingeengt werden.

Zwischen den Gesetzesarten in Natur und Geschichte besteht nun insofern kein Unterschied, als es in allen Fällen um verbindliche Gesetze geht,
deren Übertretung wie deren Mißbrauch vergleichbare Folgen zeitigen.
Gleiche Variabilität haben die Gesetzesarten allerdings nicht. Die Naturge-
setze rücken vielmehr einen Aspekt in den Vordergrund, der dort zwar
nicht fehlt, aber doch nicht in gleicher Weise hervortritt. Sie stellen nämlich
vor die Frage, wieviel Abstand und wieviel Abstandslosigkeit geboten ist.
Wer in zu hohem Maße Abstand von den Naturgesetzen nimmt, verspielt
die naturale Existenz der Lebewesen; wer sich in zu hohem Maße abstands-
los verhält, verspielt die Würde des Menschen wie die Würde anderer Kreaturen. Die hier zutagetretenden differenzierten Möglichkeiten sind das Einfallstor für die Sünde. Oder etwas prinzipieller gesagt: Das Verhältnis von
Natur und Kultur kann im Rahmen der Sündenlehre keineswegs übergangen werden.

Ad (b): Steht das Problem von Abstand und Abstandslosigkeit im Zentrum, muß es das Bestreben sein, für beides das richtige Maß zu finden. Das
impliziert in bezug auf den Gesetzesbegriff eine bemerkenswerte Bedeu-
tungsveränderung. Während das Verhältnis von Abstand und Abstandslosigkeit in präskriptivem Sinn verstanden werden muß, ist das gefundene
Maß deskriptiv zu erfassen. Solange bei der Deskription verblieben werden
kann, bedarf es der Präskription eigentlich nicht, weil ein Einklang gefunden worden ist, der die Frage von Abstand und Abstandslosigkeit erübrigt.
In diesem Fall ist die Lebensdienlichkeit des Gesetzes erreicht. Das Sein im
Geist impliziert das Maß des Gesetzes[5].

In dem oft als mißglückt bezeichneten Beispiel des Paulus Rm 7_{1ff} scheint
dies der springende Punkt zu sein. Das Gesetz, das unter die Sünde geraten
ist, ist das präskriptiv verstandene Gesetz. Aber damit ist noch nichts über
das dem Menschen dienliche, nur deskriptiv zu erfassende Maß gesagt, das
in Gesetzesformulierungen enthalten ist, in deren sprachlicher Gestalt aber
oft nicht zweifelsfrei heraustritt und darum die Unterscheidung von Geist

---

[5] Daß das Gesetz Lebensmaß sein kann, läßt sich gut von Luthers Erklärungen des Deka-
logs im Kleinen Katechismus her verstehen. Was hier jeweils in der zweiten Hälfte (aus guten
Gründen unter Ausnahme der Erklärungen zum 1. und 6. Gebot) angeführt wird, verlangt
mehr als Vorschriften. Luther überholt auf diese Weise den ursprünglichen Wortlaut, ohne ihn
als solchen zu negieren.

und Buchstabe erforderlich macht. Für den Sünder kann es nach Paulus nichts Dringlicheres geben, als von der Präskription des Gesetzes frei zu werden. Über das vom Gesetz intendierte Maß ist damit aber noch nichts festgestellt. Es wird im Lebensprozeß dargestellt – wenn ihm nicht im Tod ein Gegenspieler entstanden wäre, der verhindert, daß das Gesetz das Maß ist. Darum vermag das Gesetz den Vorsprung der Sünde nicht einzuholen, obschon es – nicht weniger als das Leben – letztlich ein Zeichen der Gnade ist.

7. In den beiden zuletzt behandelten Gesichtspunkten (5 und 6) wiederholte sich eine gewisse Unabgeschlossenheit des Gedankengangs. Wenn es nicht unmöglich ist, aufgrund der ontologischen Vorrangstellung des Lebens dieses als eine Gnade zu verstehen, so muß es die Gnade auch wirklich geben. Wenn das, was Gesetz im Lebenszusammenhang heißt, allein aufgrund eines analytischen wie eines synthetischen Urteils feststellbar und sein intendiertes Maß eine Möglichkeit ist, so muß der Grund dafür ebenfalls angegeben werden können. Aber auch die Unabgeschlossenheit des früheren Gedankengangs ist zu erinnern. Wenn der Tod in keinem proportionalen Verhältnis zur Gesetzesübertretung steht, so setzt das offenbar voraus, vom Tod nicht wegsehen zu müssen. Ebenso kann der Gedanke, daß das Gesetz nur das Eingangstor für die Sündenerkenntnis ist, nicht als selbstverständlich betrachtet werden. Denn normalerweise begnügt sich der Mensch mit der Erkenntnis der Schuld. Schließlich ist die Ausgangsthese vom „Vorsprung der Sünde vor dem Gesetz" an sich ungeheuerlich, denn sie vermindert einen Zugriff auf das Phänomen der Sünde. In solchem Zugriff zeigt sich aber üblicherweise die Kraft menschlichen Denkens.

Die Gedankenführung des Paulus läßt nun keinen Zweifel darüber, daß im Evangelium der Schlüssel für die offengebliebenen Fragen zu erblicken ist. Er läßt auch keinen Zweifel daran, daß unter allen Fragen der Entmächtigung der Sünde durch das Evangelium die zentrale Bedeutung zukommt und diese Entmächtigung die des Gesetzes impliziert. Wie tut das Evangelium das?

Paulus bestimmt in eigentümlicher Parallelität die Entmächtigung der Sünde durch das Evangelium von dessen Wirkungen her, zunächst von dem Ende des dem Tode verfallenen alten Leibes (Rm 6_{6ff}) aus, sodann von dem Ende des Gesetzes (Rm 7_6) her. Sind die Wirkungen der Sünde getilgt, ist diese selbst nicht mehr mächtig. Diese Entmächtigung erfolgt von seiten des Evangeliums aus also so, daß dieses seinerseits den Kampf vom Ende her aufnimmt. In diesem Sinne rekurriert Paulus in Rm 6 auf den Tod und die Auferstehung Jesu und zuvor schon auf die Rechtfertigung des Sünders.

Das heißt nun allerdings nicht, daß die Sünde mit dem Christusgeschehen ihrer Existenz schlechthin verlustig geht. Wohl aber heißt es, daß die Existenz der Sünde soweit zurückgedrängt wird, daß sie zu einer Spottgeburt wird. Jeder Versuch einer Definition der Sünde kann dieser Spottgeburt nur dienlich sein. Er ruft sie ins Leben zurück und setzt die Trias von Sünde, Gesetz und Tod wieder in Kraft. Zirkelhaftes Denken, das sich beim Bedenken der Sünde wiederholt als Gefahr einstellte, gehört darum in Wahrheit auf die Seite der Sünde. Sie ist es, die ständig das gleiche Spiel wiederholt und in den Kreislauf von Gesetz und Tod verstrickt. Erkenntnis der Sünde besteht darum in der Erkenntnis ihrer Wirksamkeit, nicht aber in der Erkenntnis ihrer selbst.

Daß die Sünde durch das Evangelium entmächtigt ist, ergibt sich daraus, daß das Leben, das die Sünde samt ihren Folgen nicht aufheben konnte, als Verheißung vor Augen tritt. Erst aufgrund der Entmächtigung der Sünde kann das Wort „Leben" eigentlich wieder in den Mund genommen werden, ist es eine Gnade zu leben. Diese Gnade schließt die Möglichkeit, das Gesetz des Geistes nicht übertreten zu müssen und folglich den rechten Gebrauch des Gesetzes ein. Allerdings: die Sünde ist, wenn auch entmächtigt, immer noch auf dem Plan. Deshalb zeigt sich an der Lebenswirklichkeit, daß das Gesetz immer noch von der Sünde korrumpiert ist und der Tod eine Macht. Gerade am Gesetz, in dem sich die Lebenswirklichkeit kristallisiert, bleibt aber insofern deutlich, daß Sünde und Evangelium gegeneinander stehen und daß darum der Triumph des Evangeliums jetzt nicht in Herrlichkeit geschehen, sondern nur erlitten werden kann.

Säen zum ewigen Leben

von

HINRICH STOEVESANDT

„Täuscht euch nicht: Gott läßt sich nicht zum Gespött machen. Denn was der Mensch sät, das wird er auch ernten: wer auf sein Fleisch sät, wird vom Fleisch Verderben ernten; wer aber auf den Geist sät, wird vom Geist ewiges Leben ernten" – so Galater 6,7f. Das Theologische Wörterbuch paraphrasiert – oder dekretiert: „Gott gestaltet das Weltende zur Welternte, in der der Ertrag des menschlichen Tuns festgestellt und zu Gericht und Heil über ihn entschieden wird [. . .]. Der Mensch erntet dabei den Ertrag seines Tuns, wobei [. . .] die Entsprechung, welche zwischen Saat und Ernte stattfindet, hervorgehoben wird. Die Unvermeidlichkeit und Gerechtigkeit dieses Geschehens kommt darin zum Ausdruck Gl 6,7ff [. . .]. Das erkennbare Gesetz der Entsprechung zwischen Saat und Ernte enthält motivierende Kraft für das Handeln des Menschen im gegenwärtigen Äon."[1] „Saat und Ernte wird in Gl 6,7f auf die Entscheidung des Menschen angesichts des Kerygmas bezogen: der Mensch kann entweder auf das Fleisch oder auf den Geist säen. Diese so verschiedene Aussaat wird eine grundverschiedene eschatologische Ernte zeitigen."[2]

Man reibt sich die Augen: Ein „erkennbares Gesetz" dieses Inhalts als Schlüssel für Gottes letztes Wort über den Menschen und seine Geschichte – bedarf es eines Apostels Jesu Christi zur Verkündung dieses „Gesetzes"? „Der Ertrag des menschlichen Tuns", „die Entscheidung des Menschen", sei es denn „angesichts des Kerygmas", nach paulinischer Lehre in letzter Instanz ausschlaggebend dafür, worauf mit dem Menschen, mit der Menschheit alles hinausläuft?

---

[1] FR. HAUCK, Art. θερίζω, ThWNT III, 133, 2ff.
[2] S. SCHULZ, Art. σπείρω, ThWNT VII, 546, 41–547.4.

Kein Zweifel: Der Rückgriff des Apostels auf die sprichwörtliche Rede vom Kausalgefälle von der Saat zur Ernte, die auf elementarer, allgemein zugänglicher Erfahrung beruht und hier durch den warnenden Hinweis auf die Ignorierung dieses Gefälles als Verächtlichmachung Gottes verstärkt wird, begünstigt diese Auslegung, ja scheint sie zu erzwingen. Die vielfach vorgeprägte und von Paulus hier (vgl. auch 2Kor 9,6) aufgegriffene Erfahrungsweisheit als solche ist durch die zitierten Paraphrasen adäquat wiedergegeben. Ebenso trifft es zu, daß Paulus ihr durch die vorangestellte Mahnung V. 7a sowie (um hier nur dies zu nennen) durch die Einführung der Kategorie ζωὴ αἰώνιος in V. 8b theologisch-eschatologische Dignität verleiht. Ferner ist unbestreitbar, daß der Doppelvers, der freilich in seinem sentenzartigen Charakter seine unmittelbare Umgebung überragt, durch seinen paränetisch bestimmten engeren Kontext (ob man zu diesem im prägnanten Sinne nur die beiden folgenden Verse 9 und 10 oder auch die vorangehenden ab V. 6 bzw. noch weiter zurück rechnet[3]) sich begründend auf menschliches Handeln bezieht. Durch die Adhortation, nicht nachzulassen im ποιεῖν (V. 10: im ἐργάζεσθαι) τὸ ἀγαθόν, konkretisiert Paulus in V. 9a das „Säen" ethisch und knüpft in V. 9b das korrespondierende „Ernten", das nach V. 8 eschatologisch zu verstehen ist, an die synonyme Bedingung, in diesem Tun nicht zu ermatten.

„Was der Mensch sät, das wird er auch ernten" – die in diese einprägsame und selbstevidente Formel gefaßte Regel, mit oder ohne eschatologischen Horizont, aber nie ohne ethische Pointe mit direkter adhortativer Spitze, kann wohl als ein _menschheitliches Credo_ gelten. ‚Geglaubt' wird sie allgemein, und ohne ein wenig ‚Glauben' geht es dabei nicht ab. Sie wird ja keineswegs einfach durch die Erfahrung verifiziert. Stets ist ihre Gültigkeit gefährdet, oft wird sie durchkreuzt von der gegenläufigen Erfahrung, daß gute Taten sich nicht auszahlen, während Rücksichtslose sich durchsetzen, Erfolge haben und als die Begünstigten dastehen. Die Anfechtung durch diese

---

[3] Ersteres, meist nur durch die Textabgrenzung ausgedrückt, ist wohl die Meinung mehrerer neuerer Kommentatoren: CHR. MAURER, in: Prophezei, 1943, 192; A. OEPKE, ThHK 9, ²1957, 154; FR. MUSSNER, HThK 9, 1974, 403; J. BECKER, NTD 8, ¹⁴1976, 77. V. 7f. in direkter gedanklicher Verbindung mit der vorausgehenden Mahnung, insbesondere mit deren Konkretion in V. 6, ja als fulminante Einschärfung gerade dieser Konkretion zu verstehen, ist alte Tradition. Sie findet sich in den Kommentaren von LUTHER, WA 40/II, 159–161, und CALVIN, CR 78 (= Calvini opera 50), 261f., ebenso im 19. Jahrhundert bei J. CHR. K. VON HOFMANN, Die heilige Schrift neuen Testaments II/1, Nördlingen 1863, 206 („Wer nämlich thut, was dort [scil. in V. 6] gefordert war [also die Lehrenden materiell unterstützt], der wendet, was er besitzt, auf den Geist"). In dieser Tradition stehen die Auslegungen von H. W. BEYER/P. ALTHAUS, NTD 8, ⁹1962, 52 („So haben die Worte in Vers 7 und 8 einen ganz bestimmten, erdenwirklichen Sinn"), wohl auch, wenn auch weniger explizit, H. SCHLIER, KEK 7, ¹⁴1971, 275ff., und D. LÜHRMANN, ZBK NT 7, 1978, 97.

Erfahrung, wie sie in Ps 73,3–16 und Jer 12,1f. klassisch beschrieben ist, hat ebenso menschheitliche Dimensionen. Jenes ‚Credo' steht in beständigem Konflikt mit dieser Anfechtung. Gleichwohl besitzt es seine eigene Erfahrungsbasis. Banal: „Jeder ist seines Glückes Schmied." Und wenn der ‚Glaube' daran hundertmal individuell und kollektiv Lügen gestraft wird, ja gänzlich erlöschen und dem Eindruck einer alles verzehrenden Sinnlosigkeit weichen kann, so richtet er sich doch auch hartnäckig wieder auf, verbindet sich gar mit seinem Widerspiel oder erhebt sich siegreich über dieses. Jedenfalls nach ihrer negativen Seite schließt ja die Sentenz samt der in ihr ausgesprochenen quasi-glaubensmäßigen Gesamtanschauung die Sichtweise eines generellen Pessimismus nicht aus: Läßt sich im Blick auf das Individuum oft – wahrhaftig nicht immer! – dem Selbst- oder Fremdeindruck, daß ein Mensch sich sein verunglücktes Leben selber eingebrockt habe, noch dies oder jenes entgegensetzen, so drängt sich im Kollektiven die Einsicht, daß die Menschen in kleineren oder größeren Formationen und schließlich die Menschheit als ganze sich ihre Krisen mit akut drohender Untergangsperspektive offenen oder meist geschlossenen Auges selber bereitet hat, förmlich auf. Sie bildet nachgerade ein Ferment des öffentlichen Bewußtseins. Und je deutlicher sich die mannigfaltigsten Krisen zur allgemeinen Untergangsperspektive ballen, desto mehr gewinnt diese Einsicht ‚eschatologische' Züge: Die Menschheit, in freilich unterschiedlicher Verteilung der Verantwortlichkeiten, ist offenkundig dabei, über den bösen Ausgang ihrer Geschichte endgültig zu entscheiden. Aber in allen ethischen Impulsen, die dieser Entscheidung entgegenwirken wollen, meldet sich auch die positive Seite jenes profan-religiösen Credo wieder zu Wort: In die Hand des Menschen ist es gelegt, in den Wirkungsbereich seiner endlich einmal guten Taten ist es gestellt, einer Wende zum Besseren vorzuarbeiten. Und es hieße, ein breites Spektrum der Wirklichkeit ausblenden, wollte man die Augen davor verschließen, daß auch diese positive Seite des menschheitlichen Credo wenigstens partiell und zeitweise ihre Bestätigung in der Erfahrung findet. Ohne diesen immer wieder aufbrechenden Glauben und die Bestätigungen, die ihm zuteil werden, gäbe es nur ein Versinken in dumpfem Fatalismus.

Das Gesagte mag bei aller Kürze genügen, um anschaulich zu machen, welche Saiten die Sentenz aus dem Galaterbrief zum Schwingen bringen kann, die, wenn auch unterschiedlich leicht ansprechbar, zur Grundausstattung eines jeden Menschen gehören. Was sich in diesen Worten ausspricht bzw. in ihnen wiedererkennbar ist, ist unbeschränkt zugängliches Gemeingut: erfahrungsgesättigte und zugleich erfahrungsresistente Furcht und Hoffnung von elementar glaubensmäßigem Charakter. Paulus, so will es scheinen, befindet sich auf dieser Strecke seines apostolischen Denkweges, mag sie auch nur eine kurze Teilstrecke sein, einmal im Einklang mit dem Fühlen und Denken, Fürchten und Hoffen von Herrn und Frau Jedermann, nur daß er ihm durch den feierlich-drohenden Verweis auf Gott und auf die eschatologische Perspektive noch zusätzliches Gewicht verleiht, wie um das Denken auf dieser Linie vorsorglich sicherzustellen gegen Einwände seitens jener gegenläufigen Erfahrung: Wenn es erfahrungsmäßig nicht aufgeht, daß böses Tun zu einem bösen, gutes Tun zu einem guten Ende führt, so sorgt Gott jenseits der Grenze irdischer Erfahrung dafür, daß die Regel definitiv ins Recht gesetzt wird! Es müßte leichtfallen, den Apostel diesbezüglich unter ideologiekritischen Verdacht zu stellen, wie das denn zu Recht jedem geschieht, der sich in das unendliche menschheitliche Gespräch über die letztgültigen Prinzipien des Weltlaufs mengt. Solche Kritik bringt aber den Kritisierten gewöhnlich nicht zum Schweigen, zumal wenn er ein solches Maß von Plausibilität für sich geltend machen kann, wie es jener allgemeinen Regel, aller Einwände unerachtet, nun einmal eigen ist. Ein hinreichendes Zeugnis dafür, daß es sich so verhält, dürfte allein schon die durchschnittliche kirchliche Verkündigung aller Zeiten und so gewiß gerade auch der unseren sein, sofern der ethische Appell mit dem Nachdruck auf den jeweils entsprechenden Folgen des guten und des bösen Tuns der Grundton ist, in den zu fallen sie keine Gelegenheit versäumt.

Die eingangs angeführten Paraphrasen von Gal 6,7f. sind (vermehrbare) Beispiele dafür, daß es auch der exegetischen Fachwissenschaft nicht unbedingt auffällig und näherer Nachfrage wert scheint, den Apostel Paulus jedenfalls auf kürzeren Teilstrecken seines Denkens in solchem Einklang mit dem anzutreffen, was man ebensogut sagen kann, ohne gerade ein Apostel Jesu Christi zu sein. Man verspürt bei der Umschau in der Fachliteratur längst nicht immer auch nur ein Stutzen darüber, Paulus hier in einem Ton reden zu hören, wie er für den „Bereich des Adam" bezeichnend ist, wo sich, um eine Formulierung von _Hans Weder_ aufzunehmen, „das menschliche Subjekt wesentlich als Täter" versteht[4]. Weder fährt fort: „Genau dies gilt jedoch auch vom Bereich des _Gesetzes,_ welches den Menschen fundamental als Täter definiert und ihn nur in der Weise des Agierens Subjekt sein lässt."[5] Übereinstimmend damit beschreibt _Günter Klein_ die Grundeinstellung des durch das _Gesetz_ bestimmten Lebens als „eine Leistungsideologie [. . .], für welche die Legitimation des Daseins in die Zuständigkeit des Menschen fällt. Ihr gilt das Gelingen des Lebens, die Identität des Sub-

---

[4] H. WEDER, Gesetz und Sünde. Gedanken zu einem qualitativen Sprung im Denken des Paulus, in: NTS 31, 1985, 357–376: 364 (zu Röm 5,15–18).

[5] Ebd. Hervorhebung von mir.

jekts mit sich selbst, als Funktion des eigenen Einsatzes. Aus den Taten resultiert das Sein, und des Lebens Sinn scheint auf in des Lebens Leistung."[6] Diese Grundeinstellung aber ist so wenig auf Tora-Observanz beschränkt, so wenig „eine differentia specifica Israels"[7], daß sich, wie es oben in anderen Worten geschehen ist, behaupten läßt: „Nun ist es wohl das Geschick alles Denkens, auf der Ebene des Gesetzes verlaufen zu müssen."[8] Gibt sich dieses Denken als theologisches, so ist die Gleichung unvermeidlich: Das (im genannten Sinne) gesetzliche Denken ist ein Fall, vermutlich zumindest im christlichen Bereich der virulenteste Fall, von *natürlicher Theologie*[9].

Gal 6,7f. ein Schlüsselsatz nomistischer und also natürlicher Theologie – und dies zusammen mit den Folgeversen 9f. nahezu als Schlußwort ausgerechnet des Galaterbriefes, bevor Paulus dann ganz am Schluß eigenhändig die Feder ergreift (V. 11), um noch einmal in die Hauptlinie seiner gerade in diesem Brief so unerbittlich vorgetragenen ‚Theologie' zurückzulenken und mit dem Zuspruch der „Gnade unseres Herrn Jesus Christus" an seine Brüder in Galatien zu enden (V. 18)?! Wenn das nicht, mindestens, Stutzen erregen und eine nähere Nachfrage auslösen muß! Insgesamt ist ja eben der Galaterbrief vehementeste Verkündigung der Rechtfertigungsbotschaft, Explikation der paulinischen Rechtfertigungslehre – und in deren Kehrseite schroffer Einspruch gegen das gesetzliche Denken und Verhalten in den galatischen Gemeinden selbst, und über sie hinaus so grundsätzlich wie nur möglich.[10] *Hans Weder* beschreibt im Zuge einer Auslegung von Röm

---

[6] G. KLEIN, Art. Gesetz III, TRE 13, 58–75: 69,19–22.

[7] AaO., 69,45f.

[8] H. WEDER, aaO., 370. Beiläufig diagnostiziert Weder auch eine „latente Gesetzlichkeit der exegetischen Wissenschaft" (360).

[9] Diese hat bekanntlich ihren Namen daher, daß sie ihre Erkenntnisgrundlagen in der ‚Natur', d. h. in dem Menschen natürlicherweise, ohne besondere Offenbarung, zugänglichen Gegebenheiten sucht und findet. KARL BARTH hat (KD II/1, 158) diesem Namen darüber hinaus noch eine weitere beachtliche Deutung gegeben: „Kurzum: man kann zum Lob der natürlichen Theologie nichts Einfacheres aber auch nichts Durchschlagenderes sagen als das, was ihr mit tiefster Weisheit gewählter Name sagt, daß sie eben *natürliche* Theologie ist, d. h. diejenige Theologie, *von der der Mensch von Natur herkommt*, von *der* Natur her, die er auch als Christ durchaus nicht los wird, die er vielmehr auch als Christ betätigt, die er als Christ sogar ganz besonders triumphal, förmlich abschließend, betätigt: in der Verbürgerlichung und das heißt Verharmlosung, noch mehr: in der Nutzbarmachung des Evangeliums für den Streit gegen die Gnade, der seine eigene tiefste und innerste Wirklichkeit ist."

[10] G. KLEIN, Werkruhm und Christusruhm im Galaterbrief und die Frage nach einer Entwicklung des Paulus. Ein hermeneutischer und exegetischer Zwischenruf, in: W. SCHRAGE (Hg.), Studien zum Text und zur Ethik des Neuen Testaments. Festschrift zum 80. Geburtstag von Heinrich Greeven, BZNW 47, Berlin/New York 1986, 196–211, hat überzeugend dargetan, daß der auf den ersten Blick wie ein Residuum gesetzlichen Denkens wirkende (und gelegentlich als solches ausgespielte) Vers Gal 6,4 in Wahrheit keineswegs aus dem Duktus der Rechtfertigungslehre herausfällt. Auf Gal 6,7f. geht Klein nicht ein.

5,12–21, die mutatis mutandis auch am Galaterbrief durchgeführt werden
könnte, den Schritt von dem (bekämpften) gesetzlichen Denken zur Rechtfertigungsbotschaft, der Quintessenz des Evangeliums, als „qualitativen
Sprung im Denken des Paulus"[11]. Und *Günter Klein* sieht in Gal 3,12 die
„nach V. 11 [. . .] sich aufdrängende Frage: warum [. . .] das Gesetz mit dem
Glauben unvereinbar sei", folgendermaßen beantwortet: „weil es das Leben
als Resultat des Tuns und damit dem Glauben schroff widersprechend definiert."[12]

Ist Gal 6,7f. ein jäher Rückfall des Paulus, tut er dort einen „qualitativen
Sprung" zurück?[13] Die Frage stellen heißt doch wohl, die Notwendigkeit
einer positiven Antwort als nicht eben wahrscheinlich einschätzen. Aber
daß sie ein in der Tat vorhandenes Problem scharf markiert, liegt auf der
Hand.

Es läßt sich unschwer identifizieren als ein alle Theologie seit je auf Schritt
und Tritt begleitendes Grundproblem. Ob man es, je in etwas anderer Akzentuierung, als das Problem des Verhältnisses von Evangelium und Gesetz,
von Rechtfertigung und Heiligung, von Zuspruch und Anspruch, von Indikativ und Imperativ[14] oder, etwas akademisch-abstrakt, von Dogmatik und
Ethik bezeichnet: im Kern geht es immer um dasselbe Problem. Es ist durch
die biblischen, gerade auch die paulinischen Texte unausweichlich gestellt.
Es ist von Anfang an jedem Versuch, vom christlichen Glauben zusammen-
hängend Rechenschaft abzulegen, vorgegeben. Es steht hinter jeder Predigt,
jeder Lebensäußerung der Kirche. Es kommt in der Kirchengeschichte bis
zum heutigen Tage nicht zur Ruhe. Es darf auch gar nicht zur Ruhe kommen, denn die Ruhe könnte nur bedeuten, daß man sich der für den Glauben konstitutiven Beunruhigung durch das nun einmal nicht homogenisier-
bare Wort Gottes entzogen hätte. Immer hat es tiefgreifende Folgen für das
Leben jedes Christen wie für Wirken und Gestalt der Kirche, was auf dem
mit jenen Polaritäten bezeichneten Feld geschieht: ob etwa der eine Pol den
anderen aufsaugt. Über kurz oder lang pflegt das so auszugehen, daß es das
Evangelium ist, welches, womöglich unbemerkt, im Gesetz verschwindet;

---

[11] AaO., 357 (Überschrift) und passim.

[12] G. KLEIN, Sündenverständnis und theologia crucis bei Paulus, in: C. ANDRESEN/G.
KLEIN (Hg.), Theologia crucis – Signum crucis. Festschrift für Erich Dinkler zum 70. Geburtstag, Tübingen 1979, 249–282: 272.

[13] Daß sich im Blick auf andere Paulus-Stellen ähnlich fragen ließe, kann hier außer Betracht
bleiben. Von dieser einen Stelle her fällt ein hinreichend markantes Schlaglicht auf das Ganze
der paulinischen Theologie.

[14] Diese besonders in der exegetischen Literatur gebräuchliche Version des Begriffspaars ist
theologisch nicht ganz unbedenklich; vgl. H. WEDER, aaO., 371, und H. STOEVESANDT, Meditation über Gal 5,16–24, in: GPM 28, 1973/74, 393–408: 396 mit Anm. 6.

wo zunächst das Umgekehrte zu geschehen scheint, steht meistens die Hintertür schon offen, durch die das Gesetz nur desto ungezähmter wieder eindringt: Indem man es zwar coram Deo für neutralisiert hält, beugt man sich für den faktischen Lebensvollzug nur um so mehr einem Gesetz oder Gesetzessurrogat zweifelhafter Herkunft – in der so seltsamen wie hartnäckigen Illusion (die man zugleich *als* Illusion durchschaut zu haben dogmatisch vorgibt), man lebe normalerweise denn doch nicht so direkt coram Deo, sondern ein bißchen abseits davon, in einem reichlich raumausfüllenden Bereich, wo der Mensch nun eben doch „wesentlich als Täter"[15] in Betracht kommt und sich, tant bien que mal, in diese Rolle als seine wesentliche Lebensrolle fügt. Man kennt ja die Predigten, die dogmatisch ganz korrekt sind, die eigentliche Leidenschaft des Predigers aber erst verraten (und das aufmerksamste Gehör finden), wenn es darum geht zu sagen, was denn nun zu tun und zu lassen sei.

Als Problem, als Denkaufgabe kommt die Frage nach dem rechten Verhältnis der beiden Pole, solange es Theologie gibt, nicht zur Ruhe, es sei denn, sie lasse sich für eine Weile durch die Schwerkraft des ‚Gesetzes' und seiner Selbstevidenz verdrängen. Der Versuche, Zuspruch und Anspruch (oder welcher Nomenklatur man sich bedienen will) in eine leidliche, möglichst vielen Texten, möglichst vielen systematischen Gesichtspunkten gerecht werdende Balance zu bringen, ist bei Exegeten und Dogmatikern, bei kirchlichen Praktikern, ja bei jedem denkenden Christen kein Ende, des offenen Blickes auf das angesprochene Problem *darf* kein Ende sein. Nur gerät bekanntlich – Berufsrisiko der Theologen! – dabei fortwährend aus den Augen, daß dieses Gedankenspiel ein Spiel mit dem Feuer ist. Man ringt miteinander um Annäherung an die Wahrheit oder Irrtum; die Kampfpreise sind oft nicht mehr als kirchliche – oder gar bloß kirchenpolitische, wenn nicht ganz gewöhnlich politische – Durchsetzung, akademisches Ansehen und dergleichen gar sehr zeitliche Güter mehr, während es doch laut der Rechtfertigungslehre – und ebenso, auf andere Weise und in ungeklärtem Verhältnis dazu, laut eines Textes wie Gal 6,7f. – höchst real um Tod und Leben geht.

Die Entscheidung über Tod und Leben trifft *Gott*. Das sagt die Rechtfertigungslehre – und das sagt schließlich nachdrücklich genug auch Gal 6,7f. als Repräsentant aller mit ihm die Pointe teilenden paulinischen und außerpaulinischen biblischen Aussagen. Die Spannung zwischen dem einen und dem anderen Focus seiner Aussagen, mit denen allein schon Paulus, ja der Galaterbrief, dieses nämliche sagt, stellt jene unerschöpfliche Denkaufgabe

---

[15] Siehe Anm. 4.

der Theologie. Aber die grundlegende Voraussetzung, daß Gott die Entscheidung trifft, schließt ein, daß jedenfalls nicht die optimale Lösung dieser Denkaufgabe der Ort ist, an dem die Entscheidung fällt, weil sie überhaupt an keinem irdischen Ort fällt, wiewohl – dafür steht Gal 6,7f. – jeder irdische Ort, auch der unserer theologischen Lösungsversuche, aufs handgreiflichste im Schatten und im Licht der eschatologischen Entscheidung Gottes steht.

Anscheinend überhaupt kein irritierendes und eines besonderen Lösungsversuchs bedürftiges Problem haben merkwürdigerweise ausgerechnet die *Reformatoren* in unserem Doppelvers gefunden, wenn sie mit einer anderweitig ausgearbeiteten Generallösung rasch darüber hinweggingen. *Luther* in seinem großen Galaterkommentar wird temperamentvoll, weil ihm die Stelle Anlaß gibt, die apostolische Autorität für das gute Recht der Pfarrer auf angemessene Besoldung durch die Gemeinde bzw. aus säkularisiertem Kirchengut geltend zu machen.[16] Zu der Frage, ob wir durch gute Werke das ewige Leben verdienen – „Id enim Paulus videtur hoc loco asserere" – verweist er kurzerhand auf frühere Ausführungen und erklärt, solche resümierend, hier nur lapidar: „Valde autem opus est exhortari, exemplo Pauli, credentes ad bene operandum, hoc est, ad exercendam fidem bonis operibus, ea enim nisi sequantur fidem, certissimum signum est fidem non esse veram."[17] Gute Werke als verläßliches Zeichen für wahren Glauben, dieser seinerseits als (programmwidrig dann doch irgendwie meritorische?) Mitursache des ewigen Lebens – das dürfte schwerlich eine rechtfertigungstheologisch suffiziente Auskunft sein. Differenzierter und in eine Richtung weisend, in der weiterzugehen der Mühe wert sein könnte, *Calvin:* Zu Unrecht berufen sich die Papisten auf Gal 6,8 für ihre Lehre von der „iustitia operum". Wenn nämlich, nach dieser Stelle, das ewige Leben ein Lohn (merces) ist, folgt daraus noch lange nicht „vel operibus nos iustificari, vel opera salutis meritoria esse". Vielmehr ist es reine Gnade, daß Gott die Werke, die er uns umsonst geschenkt hat, solcher Ehre würdigt, daß er ihnen unverdienten Lohn verspricht.[18]

---

[16] WA 40/II, 159–162; vgl. oben Anm. 3.

[17] WA 40/II, 162,18–23.

[18] AaO. (Anm. 3), 262: „Quandoquidem et hoc gratuitum est, quod Deus tanto honore quae nobis gratis donavit opera dignatur, ut illis indebitam mercedem promittat." – Auf einer ähnlichen Linie suchen auch neuere Ausleger einen Ausgleich, z. B. H. RIDDERBOS, Paulus. Ein Entwurf seiner Theologie (dt. von E.-W. Pollmann), Wuppertal 1970, 130f. (nicht direkt im Blick auf Gal 6,7f.): „Die Rechtfertigung kommt allein aus Gnade, aber auch die Werke sind vor Gott angenehm, weil sie aus Christus sind, durch seinen Tod und seine Auferstehung im Glauben gewirkt", oder K. STALDER, Das Werk des Geistes in der Heiligung bei Paulus, Zürich 1962, 466f., in einer etwas schwerfälligen Paraphrase von Gal 6,8: „Auf den Geist sähen [sic!]

Ob es überhaupt angebracht ist, eine ‚Lösung' im Sinne eines die Spannung überbrückenden Ausgleichs zu suchen? Oder könnte es am Ende der Sache angemessener sein, bei der Feststellung einer „notwendige[n], eine[r] unaufgebbare[n] Antinomie" zwischen ‚Indikativ' und ‚Imperativ' bzw. zwischen Rechtfertigung durch Christus und Gericht nach den Werken stehenzubleiben und (wobei freilich nach dem Recht der Verknüpfung dieses Gedankens mit zwei ‚Eigenschaften' Gottes noch eigens zu fragen wäre) zu erklären: „Es ist letztlich die den biblischen Gottesglauben beherrschende Antinomie, daß Gott gerecht *und* gnädig ist, die in dem formalen Widerspruch zwischen Rechtfertigung aus Glauben und Gericht nach dem Werk bei Paulus sichtbar wird, und wir können diesen Widerspruch [...] nicht [...] in ein logisch widerspruchsloses System auflösen"[19]? So gewiß das Denken durch die beiden – sei es denn: logisch – auseinanderstrebenden Linien des apostolischen Zeugnisses herausgefordert ist: der Widerspruch, mit dem dieser Apostel Jesu Christi die ursprünglichen und alle späteren Adressaten des Galaterbriefs konfrontiert, ist von anderem Kaliber als eine logische Unstimmigkeit, die nach Möglichkeit zu mildern oder zu beseitigen wäre. Es ist in erster Instanz der schlechthin heilvolle Widerspruch, der das Evangelium von Jesus Christus selbst ist: der Widerspruch gegen das ‚gesetzliche' Denken und Existieren, das doch, ernstgenommen, des Menschen höchste Ehre, ja die einzige ehrenhafte unter den ihm eigenen Möglichkeiten ist, der Widerspruch gegen das quasi-automatische ruinöse Zurückschnellen der Galater, kaum daß sie das Evangelium vernommen und aufgenommen hatten, in jene alte, nur noch ernsthafter gewordene Lebensweise (Gal 3,1) – der Widerspruch gegen die Galater und alle, die es ihnen gleichtun[20]. Gegen wen nicht?! Der Widerspruch kommt aus unvergleichlich viel

---

meint, daß wir, hörend auf das, was der Heilige Geist bezeugt, bedenken, daß wir durch Christus gerechtfertigt sind, um im Gehorsam gegen Gott schon jetzt das gerechtfertigte eschatologische Leben führen zu dürfen, und es also tatsächlich leben. So werden wir vom Geist auch im Gericht Enthüllung und Erfüllung dieses Lebens ernten. Hier geht es also um die Rettung kraft der Rechtfertigung in Jesus Christus, deren Wirklichkeit der Heilige Geist in uns zur Geltung bringt. Auf sein Fleisch säen, bedeutet: sein Leben auf die Selbstbehauptung des Menschen aufbauen, der ein Agent der Sünde geworden ist. Da kann nur Verderben geerntet werden."

[19] W. G. KÜMMEL, Die Theologie des Neuen Testaments nach seinen Hauptzeugen (NTD Ergänzungsreihe. Bd. 3), Göttingen [2]1972, 202.206.

[20] Beachtenswert sind hier einige Sätze (zu Gal 5,5) aus dem letzten, erst posthum erschienenen Aufsatz von HELLMUT TRAUB (1904–1994): Worauf hoffen wir eigentlich?, in: M. BEINTKER/E. MAURER/H. STOEVESANDT/H. G. ULRICH (Hg.), Rechtfertigung und Erfahrung. Für Gerhard Sauter zum 60. Geburtstag, Gütersloh 1995, 185–207: 192: „Das Entscheidende dabei ist, daß wir, jeder, und jeder auf seine Weise, ebenso denken wie die Galater. Im Zusammenhang setzt Paulus das Zwingende des jüdischen Gesetzes mit dem Zwingenden aller religiösen und so auch moralischen Hoffnungsgestaltung gleich. [...] Ohne vorausgesetzte, mit- bzw. nachfolgende Ethik gibt es menschlich kein lebendiges ‚Hoffen'."

größerer Höhe als jede denkbare Kritik an der Gesetzlichkeit angesichts ihrer notorischen Schattenseiten, ihrer peinlichen moralischen und ästhetischen Begleiterscheinungen. Der Widerspruch lautet schlicht dahin, daß die Voraussetzungen der gesetzlichen Daseinsweise durch Christus obsolet geworden sind, weil in seinem Tod ich selbst, das sich als Täter bestimmende Subjekt (und was für eines könnte ich sonst sein?), mitgekreuzigt und gestorben bin (Gal 2,18; 6,14; vgl. 5,24). Die Stelle dieses Ich hat Christus eingenommen (2,20): unvordenkliches, kategorial von allem anderen Geschehen und schon gar von allem menschlichen Handeln und dessen Resultaten unterschiedenes Ereignis, alleinige Tat Gottes, exklusiv Gegenstand der Verkündigung, zentrale Botschaft des Apostels. Der Widerspruch gegen die gedankliche und lebensmäßige Ignorierung dieses Ereignisses ist notwendige Kehrseite, mehr: ist genuine Gestalt dieser Botschaft. Er ist – vollauf ‚logisch‘ – ihr eigenes Implikat und, unabtrennbar von der assertorischen Zusage, selber Ansage, ja Konstituierung des Heils als eines völligen Novums, ja Fremdkörpers im Repertoire der menschlichen Möglichkeiten. Der Widerspruch, der damit gegen das menschliche Wesen *an sich,* wie es ohne dieses Novum, wie es auf sich selbst gestellt existiert, dieser Widerspruch ist fundamental und kennt keinen Kompromiß: „Denn wenn durch das Gesetz Gerechtigkeit kommt, dann ist Christus vergeblich gestorben" (2,21). Jene Gerechtigkeit aber, in der „der Mensch nicht aus Werken des Gesetzes gerechtfertigt wird, sondern durch Glauben an Jesus Christus" (2,16), ist identisch mit der Freiheit, zu der Christus uns befreit hat (5,1).

Der oben angeklungene Spitzensatz paulinischer Rechtfertigungstheologie – oder darf man sagen: der Satz, der die *Voraussetzung* der dem Menschen widerfahrenden Rechtfertigung ausspricht? –, Gal 2,20a, lautet: „Ich lebe, aber nicht mehr ich, sondern Christus lebt in mir"; seine Fortsetzung, V. 20b, aber macht klar, daß damit das Leben „im Fleisch", die Existenz, in der der Mensch Subjekt von Handlungen ist, der Mensch, als den wir uns und einander kennen, mitnichten ausgelöscht ist, wie der ‚Widerspruch erster Instanz‘ formal-logisch oder enthusiastisch annehmen lassen könnte. Ihm wohnt, so wie es in Galatien unverzüglich an den Tag gekommen ist, jederzeit sprungbereit die Neigung inne, das im Geist (‚auf dem Boden der Rechtfertigungslehre‘) Begonnene „im Fleisch vollenden" zu wollen (3,3) – wobei „Geist" hier für den Glauben an Jesus Christus und die in diesem Glauben empfangene Rechtfertigung steht und „Fleisch" (anders als in dem neutralen Gebrauch für irdisches Dasein überhaupt wie 2,20b) für die prompt wieder auflebende, weil dem Menschen wurzelhaft innewohnende Überzeugung, ohne ein gewisses Maß an menschlicher Mitwirkung könne es doch wohl bei der Rechtfertigung nicht mit rechten Dingen zugehen. Der apostolische Widerspruch gegen diese Überzeugung ist genau der, von dem bisher die Rede war. Ein partieller Rückfall in die Gesetzlichkeit, das schärft Paulus ein, ist ein totaler.

Ist der Widerspruch, den Paulus in *Gal 6,7f.* gegen seine Adressaten erhebt, noch einmal eine sinnidentische Gestalt jenes einen fundamentalen Widerspruchs? Diese Gestalt könnte dann mit einem gewissen Recht die „einer allgemeinen drohenden Verwarnung"[21] genannt werden – wer es denn nicht lassen kann, weiterhin „auf das Fleisch zu säen", wer also die geschenkte Rechtfertigung ausschlägt, ist selber schuld und muß die Folgen tragen! Daß die Stichworte hier wie in 3,2 „Fleisch" und „Geist" lauten, legt es nahe, die Lösung des denkerischen Problems auf dieser Linie zu suchen, wie es denn, sofern das Problem nicht einfach überspielt wird, nicht selten geschieht.[22] Aber wird damit nicht letztlich, auf einer höheren Ebene, das Problem ebenfalls überspielt, daß der kompromißlose Rechtfertigungstheologe Paulus hier so unzweideutig, korrespondierend mit „Fleisch" und „Geist", „Verderben" und „ewiges Leben" mit dem „Säen", also mit der Lebenstat des Menschen, zusammenbringt? Entkommt man der Konsequenz, daß hier nun doch die in erster Instanz in dieser Funktion abgewiesenen „Werke" in letzter Instanz den Ausschlag für die Entscheidung über Verderben oder Leben geben, der Konsequenz eines unauflösbaren Selbstwiderspruchs des Apostels, ja einer „unaufgebbaren Antinomie"[23] in der den Menschen zugewendeten Wahrheit Gottes selbst?

Unzweideutig genug verweist ja der Kontext ab 6,1 auf ein sehr irdisches, unspektakulär alltägliches Verhalten im Gemeindeleben und (V. 10a) über dieses hinaus, also auf ein handfestes, allen Augen wahrnehmbares „Tun des Guten" (V. 9f.), als Veranschaulichung dessen, was man sich bei „Säen auf den Geist" – und im Gegenbild bei „Säen auf das Fleisch" – etwa denken könne. Muß zuguterletzt, weil es irdisch nun einmal nicht gut anders geht, auch Paulus im Fleische vollenden, was er im Geist begonnen hat? Wird also die Rechtfertigungslehre, eben erst mit solchem Nachdruck eingeschärft, nun plötzlich relativiert – was nach 3,1–5 bedeuten würde, sie zu annullieren[24]? Fällt das letzte Wort des Apostels mit dem zusammen, was schon immer das erste Wort des Gesetzes gewesen ist? Dann wäre die Verwirrung und Unsicherheit, die die christliche Theologie und kirchliche Verkündi-

---

21 So H. SCHLIER, aaO. (Anm. 3), 276.
22 Exemplarisch: die in Anm. 18 angeführte Auslegung von K. STALDER.
23 Vgl. oben bei Anm. 19.
24 Oder, anders gesagt: Das Evangelium wäre dann „bloß ein Abklatsch des Gesetzes" (H. WEDER, aaO. [Anm. 4], 375, Anm. 36).

gung in allen Phasen ihrer Geschichte irritierend begleitet, biblisch, ja paulinisch begründet!

Der zunächst so bestechend wirkende Versuch, in der Rede von Fleisch
und Geist in Gal 6,8 auf der Linie von 3,3 noch einmal die Selbstrechtfertigung durch das Tun von Gesetzeswerken bzw. die Rechtfertigung durch
den Glauben an Christus ausgesprochen zu finden, führt aus dem Dilemma,
das er lösen möchte, nicht hinaus. Sollte es nicht besser sein, mit einem
zweiten Widerspruch des Apostels gegen die Galater zu rechnen, der mit
dem ersten in der polemischen Stoßrichtung nicht identisch ist, dafür aber
dessen positive Pointe teilt, daß in dem Widerspruch selber eine unableitbare, von keiner menschlichen Voraussetzung her erwartbare *Zusage* liegt?

Der Widerspruch gegen die Galater in zweiter Instanz zielt, die Verwechselbarkeit mit der Sprache des Gesetzes nicht scheuend, ja in unbekümmertem Einklang mit ihr[25], durchaus auf ihr moralisch tadelnswertes Verhalten[26] und potentiell auf die (diesen Adressaten wohl nicht direkt unterstellte) Meinung, dank der geschehenen und verbürgten Rechtfertigung sei das
menschliche Verhalten coram Deo, eschatologisch, indifferent. (Nach der in
Röm 6,1 bekämpften absurden Konsequenz aus der Rechtfertigungslehre
wäre die Sünde ja sogar dem Heil förderlich.) Der Widerspruch, den Paulus
hier erhebt, koinzidiert in der Tat nicht einfach mit dem ersten. ‚Heiligung‘
geht für ihn nicht in ‚Rechtfertigung‘ auf und ist auch nicht einfach deren
(von uns zu ziehende) Konsequenz.

Aber gerade der Doppelvers Gal 6,7f., der durch die enge Verbindung von
irdischem Tun und eschatologischem Heil oder Unheil das Problem des
Verhältnisses von ‚Rechtfertigung und Heiligung‘ so scharf ins Licht treten
läßt, wirft auch seinerseits ein Licht darauf: das Licht des Evangeliums. Die
formal perfekte Symmetrie der beiden Satzhälften von V. 8, also des Säens
auf das eigene Fleisch, dem die Ernte des Verderbens, und des Säens auf den
Geist, dem die Ernte des ewigen Lebens folgt, birgt ja in der Sache die
größtmögliche Asymmetrie in sich. Fleisch und Geist sind überhaupt nicht
kommensurabel, gerade indem sie nach 5,17 lebenslang einander widerstrei-

---

[25] Vgl. die entspannte Art, wie Paulus in Gal 5,23 von der „Frucht des Geistes", die in
menschlichen Verhaltens- und Handlungsweisen besteht, bzw. (so dürfte nach dem Singular
καρπός der grammatisch nicht vorbereitete Plural zu verstehen sein) von den in diesen Handlungsweisen begriffenen Menschen gelassen feststellt: „Gegen die von dieser Art (κατὰ τῶν
τοιούτων) ist das Gesetz nicht."

[26] Der Lasterkatalog unter dem Leitwort „Werke des Fleisches" in 5,19–21, für beliebige Erweiterung offen (V. 21: καὶ τὰ ὅμοια τούτοις), aber schon ein gehöriges Spektrum von Lebensgebieten umfassend, läßt an Drastik nichts zu wünschen übrig. Daß die Einzelheiten wohl
nicht auf konkrete Mißstände in den galatischen Gemeinden gemünzt sind, sondern traditionellen Schemata entsprechen, spielt für das Grundsätzliche keine Rolle.

ten und den Menschen dabei nicht den Herrn seiner Taten sein lassen. Das Fleisch[27] ist der Mensch selbst mit seinem ganzen Streben und Wollen, und es steht ihm doch zugleich wie eine Fremdmacht, stärker als sein Wille, dirigierend und dominierend gegenüber, ohne daß er sich davon distanzieren könnte. Er ist ja, auf die ganze Summe seiner Möglichkeiten und deren Verwirklichungen gesehen, nicht auch noch etwas anderes als Fleisch. Er trägt keinen göttlichen Funken, keinen unsterblichen Kern in sich. Wie sollte ausgerechnet Paulus das Prophetenwort Jes 40,6 erweichen wollen: „Alles Fleisch ist Gras" – *denn nur* „das Wort unseres Gottes bleibt in Ewigkeit" (V. 8)? Einen anderen Saatboden (um den Bildwechsel zu Gal 6,8 mitzuvollziehen) als sein Fleisch hat der Mensch nicht. Was er sät, von der Höchstform der Moralität[28] in der strengen Gesetzesobservanz bis zu dem Abgrund der mannigfachen Immoralität, den der Lasterkatalog 5,19–21 aufreißt[29], sät er mangels einer Alternative auf *diesen* Boden. Säen auf den Geist gehört, anders als immerhin doch eine schier unendliche Vielfalt achtbarster moralischer Vollbringungen, nicht in das Repertoire seiner Möglichkeiten, weil der *Geist* nicht zu diesem gehört. Der ist vielmehr (vgl. 3,3) von ganz anderswoher, in göttlicher Spontaneität, in das Dasein und die Welt des Menschen getreten. Er ist die Repräsentanz jenes Handelns Gottes, das den Namen Jesus Christus trägt. Er, dieser Fremde, ist es, der, die Sendung des Sohnes vergegenwärtigend, in unseren Herzen „Abba Vater" ruft (4,6).

Daß Paulus vom „Säen auf den Geist" sprechen kann, als wäre dem Menschen neben dem ihm sozusagen natürlichen Saatboden ein zweiter zur Wahl gestellt, setzt die alles andere als ,natürliche' Gegenwart des Geistes voraus. Es setzt m. a. W. die unverbrüchliche Gültigkeit des – die Rechtfertigung zusagenden – Evangeliums voraus, also etwas ganz anderes, als daß dem Repertoire seiner Möglichkeiten eine anderweitig nicht zu erhoffende Erweiterung widerfährt, von der der Mensch nun hoffentlich durch entsprechendes Verhalten auch Gebrauch macht, widrigenfalls er sie verscherzen würde. Freilich, wer auf den Geist sät, tut bestimmte und nicht einmal

---

[27] In meiner in Anm. 14 genannten Meditation zu Gal 5,16–24 habe ich (401) „Fleisch" in dem Sinne, wie Paulus hier davon handelt, zu umschreiben versucht als „das Verhalten in absentia Dei" und „das Signum – das Wesen *und die Würde* – der moralischen Welt als solcher".

[28] Bei Moralität ist zu denken an die ganze Spannweite, die da reicht von den unnötigen und einengenden sowie den (nicht säuberlich davon zu trennenden) wohltuenden und lebensförderlichen Regeln des zwischenmenschlichen Zusammenlebens bis hin zu dem neuerdings hochgemut proklamierten ,Weltethos', das gleich auch noch als höchstes Wahrheitskriterium herhalten muß.

[29] Jedem, der das hier für erkenntnisfördernd hält, steht es frei, den Wechsel und das Durcheinanderwogen, die Vermischungen und Absonderungen der hier bei der Moralität und ihrem Widerspiel mitlaufenden Elemente psychologisch zu veranschaulichen. Schwer dürfte das nicht fallen.

so sehr besondere Dinge. Von solchen ist im engeren Kontext die Rede; es könnten wohl auch andere genannt werden, wie denn die in 5,22f. ebenso ohne Prätention der Vollständigkeit aufgezählten Aspekte der „Frucht des Geistes" nichts anderes als bestimmte Haltungen und Verhaltensweisen sind, die übrigens insgemein auch unter den Menschen angesehen sind und dortselbst zuweilen Ansehen einbringen. Sehr wohl steht das alles auch im Horizont der Ethik und gar keiner besonders anspruchsvollen. Von einem dem ‚Zuspruch' Gottes folgenden oder zur Seite gehenden ‚Anspruch' zu reden bringt hier leicht einen falschen Ton hinein.

Der richtige Ton ist ein menschlich unerschwinglich hoher: „ewiges Leben". Man kann vieles, man kann sonst fast alles erwerben und wieder verscherzen. Das ewige Leben gehört nicht dazu. In diesem Urteil stimmt sogar unser Alltagsverstand, der seinen Gipfel in der theologia naturalis hat, mit der Rechtfertigungstheologie überein. Das ewige Leben liegt ebenso abseits dessen, was ein Mensch ernsthaft erstreben kann, wie Säen auf den Geist außerhalb dessen, was er tun kann. So gibt es keine Taten und Verhaltensweisen, denen jemand im Unterschied zu anderen Taten und Verhaltensweisen die Qualifikation zusprechen kann, mit ihnen werde auf den Geist, zum ewigen Leben gesät. Das ewige Leben ist seinem biblischen Begriff nach die göttliche Ratifikation der göttlichen Rechtfertigungstat. Es steht aber nicht abseits, in einem unerreichbar verschlossenen Jenseits dem gegenwärtigen Leben gegenüber. Im Umgang gewöhnlicher Menschen miteinander, die Fleisch sind und ihr ‚Lebenswerk' oder die Belanglosigkeiten, die ihre Lebenstage anfüllen, auf nichts anderes als Fleisch und also zum Verderben zu säen vermögen, in, mit und unter ihrem vielleicht einmal herausragenden, vielleicht lebenslang ganz unscheinbaren Tun läßt sich das ewige Leben schmecken und wird ihrem (doch wohl nicht etwa sündlosen!) Tun der Rang ewiger Bedeutung, eines Säens zum ewigen Leben zugesprochen, ohne daß unsereiner darauf den Finger legen könnte. *Gott,* „der den endgültigen Spruch fällen wird", ist ja kraft seines Geistes diesem gegenwärtigen Leben gegenwärtig. „Dabei wird er unterscheiden zwischen dem, was jedermann an mir sehen, was auch ich an mir wahrnehmen und in mir erleben kann – das wird für ihn nicht ins Gewicht fallen –, und dem, was von mir verborgen, was sogar für mich selber an mir undurchdringlich ist" – ich füge hinzu: was er mir zugelegt hat und was sich dann und wann sogar in meinen Taten spiegeln durfte – „das wird er durch Christus ins Licht rücken lassen."[30] *Calvin*[31] hatte ganz recht: Das Leben, das diesen Namen verdient,

---

[30] G. KLEIN, Aspekte ewigen Lebens im Neuen Testament. Ein theologischer Annäherungsversuch, in: ZThK 82, 1985, 48–70: 64 (zu 1Kor. 4,3–5).

[31] Vgl. oben bei Anm. 18.

ist mehr, ist etwas ganz anderes als seine Leistungen, weil es eben mehr und etwas ganz anderes ist als das von uns gelebte Leben: das Leben, in dem, ohne zuvor unsere Zustimmung einzuholen, Christus an unsere Stelle getreten ist. Aber darum ist doch das, was der Mensch in seinem Leben tut, nicht belanglos. Dem Entsetzen, in alle Ewigkeit die Summe seiner Leistungen sein zu müssen, ist das Leben durch heilsame φϑορά entrissen – und ebenso dem anderen Entsetzen, daß alles Getane für nichts war. Und das beides gilt wie für das Getane auch für die das Tun steuernde Moral mit ihrer jämmerlichen Unzulänglichkeit, mit ihrer gleichwohl evidenten Unentbehrlichkeit und ihrer unheimlichen Tendenz, einen in die Irre zu führen.

Applicatio ad hominem theologum: Wir werden ja hoffentlich nicht zu viel von dem in unserer Macht Stehenden unterlassen, um als Prediger, Exegeten, Dogmatiker oder was wir eben sind dem uns gesagten Wort nachzuspüren, damit nicht Gottes Wahrheit unseretwegen bei den Menschen verkannt und unsere Theologie den Engeln zum Gelächter wird. Für unsereinen, dessen Berufskrankheit damit berührt wird, gilt ja wohl *zuerst,* erschreckend und sehr tröstlich zugleich, daß Gott sich nicht zum Gespött machen läßt. Unsere Arbeit steht unter höchstem Anspruch. Aber was dabei herauskommt: Spricht nicht die Theologiegeschichte und schon der kleine Ausschnitt daraus, den einer in den paar Jahrzehnten seiner aktiven Teilnahme miterleben oder gar ein wenig mitgestalten kann, recht erschütternd von der φϑορά, die dem allen beschieden ist[32], sei es auch nur in der milden Form des Verstaubens und Vergessen- oder, etwas weniger milde, des Mißdeutetwerdens und der unerwünschten Wirkungen? Ist aber in dem, was herauskommt, Wahrheit: unbeschadet des Vergessenwerdens bei denen, die es sich lieber hätten merken sollen, unvergängliche, ewigkeitsbeständige Wahrheit – und einzig in der Hoffnung, daß dem so sei, gründet das Daseinsrecht der Theologie –, dann hat es nicht an unserem heißen Bemühen gelegen[33].

---

[32] Daß dem, was wir machen, nicht gleich auch noch ewige Dauer beschieden ist, das hat wahrhaftig auch einen recht tröstlichen Aspekt – was sich wiederum, exempli causa, an dem Gemächte von uns Theologen sehr schön von selber veranschaulicht!

[33] Anders als die Auslegungstradition von LUTHER bis ALTHAUS (s. Anm. 3) halte ich es für einen viel zu engen Blickwinkel, Gal 6,7f. als Einschärfung der Mahnung von V. 6 zu lesen. Doch möchte ich mit den anderen Autoren dieses Bandes als κατηχούμενος GÜNTER KLEINS ihm als einem, der mir ein hochgeschätzter κατηχῶν ist, gern eine Dankesgabe auf den Tisch legen, mag sie auch hinter den in Gal 6,6 geforderten πάντα ἀγαϑά gar sehr zurückbleiben.

4. Predigten

Tertius – ein Briefeschreiber in dem Herrn
Predigt

*Ich, Tertius, der ich diesen Brief geschrieben
habe, grüße euch in dem Herrn.* (Römer 16,22)

von

AKO HAARBECK

I.

Lohnt es, über einen solchen Vers nachzudenken? Es gibt doch großartige, wichtige Sätze genug im Römerbrief. Ich denke an Römer 1,16: *„Das Evangelium ist eine Kraft Gottes",* – oder an Römer 3,23f: *„Wir sind allzumal Sünder und mangeln des Ruhms, den wir vor Gott haben sollten und werden ohne unser Verdienst gerecht, allein durch Gottes Gnade."* Oder Römer 5,1: *„Nun wir denn sind gerecht geworden durch den Glauben, haben wir Frieden mit Gott."* Oder Römer 8: *„Welche der Geist Gottes treibt, die sind Gottes Kinder."* Das sind bedenkenswerte Sätze. Auch Römer 12, wo davon die Rede ist, daß wir unser ganzes Leben als vernünftigen Gottesdienst gestalten sollen – aber Römer 16,22? *„Ich Tertius, der ich diesen Brief geschrieben habe, grüße euch in dem Herrn."* Was sollen wir damit? Jedenfalls sollen wir die schöne Erfahrung machen, daß man die Bibel nicht nur in den fett gedruckten Stellen lesen und auslegen soll, es lohnt auch, auf die Seitenwege zu gehen. Gott will durch die Bibel zu uns sprechen, wo immer wir sie aufschlagen. Zu dem *„Allein die Schrift"* gehört eben auch das andere: *„Die ganze Schrift",* das Alte und das Neue Testament, die fett gedruckten und die überlesenen Verse. Und darum mag es wichtig sein, daß wir einmal einen Vers miteinander bedenken, über den wir vermutlich noch nie eine Auslegung gehört oder gelesen haben. Und wir sind miteinander gespannt: Was will denn Gott der Herr uns durch solch einen Vers heute sagen.

Ich war auch gespannt, als ich mich ans Hören und Nachdenken begab.

Und natürlich blieb ich zu allererst hängen an drei Worten, die oft bei Paulus zu finden sind. Sie wissen vermutlich sofort, welche drei Worte das sind: *„In dem Herrn."* Das scheint ja eine ganz besondere Rolle zu spielen, daß hier einer *„in dem Herrn"* grüßt, oder heißt es vielleicht: *Ich, Tertius, der ich in dem Herrn bin, grüße euch?* Jedenfalls hält Tertius – außer der Angabe, daß er den von Paulus diktierten Brief geschrieben hat – nur dieses *„in dem Herrn"* für mitteilenswert. Wir kennen diese Wendung aus vielen Stellen bei dem Apostel Paulus: *„Freuet euch in dem Herrn allewege, abermals sage ich, freuet euch"* (Phil. 4,4). *„Meine lieben Geschwister, steht fest in dem Herrn"* (Phil. 4,1). Immer wieder dieses *„in dem Herrn".* Wenn wir über uns selbst etwas erzählen, in was für Verpflichtungen wir sind, und ob wir in Amt und Würden sind, und ob wir in Detmold oder in Lemgo oder wo immer wohnen, und in welcher Umwelt und in welchen Verbindungen wir leben – wir finden das alles wichtig, und es spielt ja auch eine Rolle, aber wenn wir die Notiz des Tertius lesen, stellt sich noch eine ganz andere Frage: Ob wir auch sagen können: Ich bin *„in dem Herrn";* ich begegne dem anderen „in dem Herrn". Worin wir sonst sind, entscheidet offenbar im Maßstab der Ewigkeit nicht. Wie gut, wenn wir in der Kirche sind oder in der Gemeinschaft oder im CVJM oder im 3.-Welt-Laden, aber am Ende zählt, ob wir „im Herrn" sind.

Was das heißt? Es gibt eine schöne Auslegung von Karl Barth. Dort lese ich: „Im Herrn, das ist wie ein großes Haus, in dem man leben darf, beschützt von ihm, umgeben von den Schwestern und Brüdern, umgeben vom Geist Christi, regiert von dort. In Christus sein, das heißt, im Haus des Glaubens an den einen Herrn leben." Das ist eine anschauliche Auslegung. Ich will es heute gern auch einmal anders sagen: Es gibt doch den Ausdruck in unserer Sprache, daß wir von einem Menschen sagen: der ist „in seinem Element". Und damit beschreiben wir, jetzt ist er ganz er selber, jetzt tut er, was er gerne tut. Der Fisch ist in seinem Element, wenn er schwimmen kann. Weh dem Fisch, der nicht mehr im Wasser sein darf. Der Vogel ist in seinem Element, wenn er fliegen kann. Weh dem Vogel, der die Luft nicht mehr hat. Weh dem Christen, der nicht *„in Christus"* sein kann. Denn in ihm sind wir in unserem Element, ganz wir selber, ganz fröhlich, ganz lebendig, ganz voll Liebe. Tertius sagt von sich, daß er *„in dem Herrn"* schreibt und grüßt. Auch wir sind jetzt *„in dem Herrn"* zusammen, und dies ist unser Element: Gottes Gnade zu rühmen, auf sein Wort zu hören und ihm im Glauben entgegenzugehen. Ist es unser Element? Ist es nicht das Allerwichtigste, daß man in guten Verhältnissen lebt oder in Gesundheit oder dergleichen? Wie komme ich dazu, zu sagen, entscheidend sei in jedem Menschenleben, daß es „im Herrn" gelebt und beendet wird?

II.

Tertius, du hast uns gegrüßt. Nun erzähl uns, warum dir das so wichtig ist, das *„in dem Herrn Sein"*. Wir sind zurückgewiesen auf diesen Vers Römer 16,22: *„Ich, Tertius, der ich diesen Brief geschrieben habe, grüße euch in dem Herrn."* Wir fangen an nachzudenken. Wer mag denn dieser Tertius sein? Kommt er sonst in der Bibel vor? Nein, die Bibel sagt sonst nichts über ihn. Kommt er in den Geschichtsbüchern des römischen Reiches vor? Nein, ganz sicher nicht! Da spielt er überhaupt keine Rolle. Wer ist denn dieser Tertius? Wir müßten es doch wissen, wenn wir von ihm etwas erzählen sollen. Immerhin wissen wir: Er kann lesen und schreiben. Aber ob er einen anständigen Schulabschluß hat? Schon das weiß ich nicht. Ich kenne ihn nämlich ebensowenig wie Sie. Tertius, – das ist so ein Unbekannter, ein Irgendjemand. Er hat ja auch einen sehr merkwürdigen Namen. Manche von uns, wenn sie ein bißchen Lateinisch gelernt haben, wissen: Tertius, das ist eigentlich kein Name. Tertius ist eine Zahl, im Grunde eine Zumutung. Tertius heißt auf deutsch „der Dritte", also sozusagen: Die Nummer 3. Es gibt Ausleger, die sagen: Solche Namen hat man am liebsten den Sklaven gegeben. Die Söhne und Töchter der Freien, die bekamen einen wohlklingenden Namen. Darüber dachte man natürlich auch nach: Wie soll das Kind heißen? Claudius soll es heißen oder Claudia oder Livius oder Livia oder Drusus oder Drusilla. Da gab es viele wohlklingende Namen, die wir bis heute kennen: Markus, Antonius.

Was ist dagegen ein Tertius, die Nummer 3! Nummer 3, komm mal her, feg das Zimmer aus! Nummer 4 – du solltest endlich in den Garten gehen! He, Nummer 5, wirds bald? Die Wasserkrüge sind leer! Offenbar ist Tertius, die Nummer 3, so einer, den keiner recht kennt, der auch keine Rolle spielt – ein Sklave, ein Werkzeug auf zwei Beinen, vielleicht ein gewesener Sklave? Und nun grüßt dieser Namenlose, dieser Unbekannte *„in dem Herrn"*. Dabei ist mir was Schönes aufgegangen: Der namenlose Tertius, die Nummer 3, hat begriffen: Ich bin gar nicht namenlos, ich habe einen Namen, und den kann mir niemand nehmen. Ich kann mich freuen, daß mein Name im Himmel geschrieben ist. Gewiß, ich heiße Tertius. Aber was spielt das für eine Rolle? ER kennt mich, und der Apostel Paulus kennt mich, dieser Mann Gottes. Und Schwestern kennen mich und Brüder. Ich bin wer, *„in dem Herrn"*.

Wir haben Gott sei Dank keine Sklaven mehr. Und wir haben allen irgendeinen bürgerlichen Namen. Aber wer kennt denn unsere Namen in 100 Jahren noch? Was spielen wir denn in der Gegenwart für eine Rolle? Was tragen wir bei zu den großen Entscheidungen der Zeit? Was können wir

ausrichten gegen die Gewalt, den Haß, den Hunger in der Welt? Manche
von uns, denke ich, kennen auch diese Anfechtung – daß man sich auf einmal so überflüssig vorkommt! Wer kennt mich denn wirklich? Meine Angst
und meine Sehnsucht und mein Verlangen, geliebt zu werden und meine
Enttäuschung über die Welt und über mich selbst? Und all meine Hoffnung
und meine Verzweiflung, – wen interessiert das denn eigentlich? Ich bin
doch nur einer von vielen. Nummer 3, Nummer 27, Nummer 3698 – was
macht das schon aus? Jawohl, für drei Jahre oder vielleicht für 30, wer weiß,
steht dann da noch auf dem Grabstein mein Name. Ein paar Menschen werden noch kommen und an mich denken. Und dann sterben sie auch. Und
dann ist alles namenlos. So sind wir ja im Grunde dran. Unbekannt, nicht in
den Schlagzeilen, und selbst wenn wir in den Schlagzeilen der Welt wären –
in wenigen Jahren doch vergessen.

Aber jetzt kommt so einer, der heißt Tertius, Nummer 3, und sagt: Du,
Schwester, du, Bruder – ich bin auch so ein Namenloser. Aber mein Name
ist im Himmel geschrieben. Mich kennt mein Herr und Gott, und die Geschwister kennen mich. Und mein Leben hat Wert und Würde. Ich bin Jemand. *„Woher weißt du das, Tertius?"* Er beginnt zu erzählen: Ich hab's
gehört, als ich in Korinth, wo ich damals lebte, über den Markt ging. Da
hörte ich, wie einer sagte: Hab keine Angst, Gott läßt dir sagen: *„Ich habe
dich bei deinem Namen gerufen, du gehörst mir."* Und ich denke: Was?
Schon wieder? Schon wieder soll ich einem gehören? Da höre ich den Red-
ner sagen: Du, Gott der Herr, der kennt dich, der hat seinen Sohn für dich
geschickt. Und für dich ist er gestorben und für dich auferstanden. Und seinen Geist will er dir geben, seine Kraft zum Leben und zum Lieben und
zum Loben. Dein Leben kann ganz anders werden! Viele hörten dem Red-
ner zu. Ich auch. Immer wieder. Und allmählich habe ich verstanden: Das
gilt mir. Mich hat Gott geschaffen, und mich hat er erlöst, und mich will er
brauchen. Und jetzt freue ich mich, daß ich namenloser Mensch einen Namen bekommen habe.

Das ist das erste, warum das „In dem Herrn Sein" so wichtig ist. Da
braucht man keine Minderwertigkeitsgefühle mehr zu haben. Und da muß
man sich auch nicht immer wieder wichtig machen und aller Welt beweisen,
was man doch für ein Mordskerl ist. „In dem Herrn" wächst vielmehr diese
stille, großartige Gewißheit: Gott will mich, Gott kennt mich, Gott vergibt
mir. Und dann wächst die andere: Den anderen Menschen ist er auch gut,
auch denen, die mir's oft so schwer machen, die hat Gott auch geschaffen,
und auch für die hat er Jesus geschickt, und auch die will er in seiner Gemeinde haben. Plötzlich sieht die ganze Welt anders aus! *„Ich Tertius, der
ich diesen Brief geschrieben habe, grüße euch in dem Herrn."*

III.

Den Brief des Paulus hat Tertius geschrieben – auf Pergament, Zeile für Zeile. Er ist kein Sklave mehr, er ist offenbar ein Freigelassener. Ist sein Herr gestorben? Brauchte er keinen mehr? Konnte er den Sklaven nicht mehr durchfüttern? Wir wissen das alles nicht. Wir wissen nur: Tertius ist jetzt offenbar ein freier Mann. Das klingt gut. Aber ich denke: Ein Sklave sein, ist schlimm. Freigelassen werden, kann noch schlimmer sein. Wer sorgt dann für den Sklaven? Wo soll der eigentlich Arbeit finden? Was soll er nun eigentlich machen? Familie hat er nicht. Er ist ja nur ein Sklave gewesen, irgendwohin verkauft. Und nun ist er plötzlich freigelassen. Nun muß er für sich selber sorgen. Nun muß er von seiner Freiheit einen richtigen Gebrauch machen. Was ist das für ein Problem, plötzlich in Freiheit leben zu müssen! Tertius ist anscheinend von der Stadt, in der er als Sklave gelebt hat – es muß ja wohl Rom gewesen sein, wieso soll er sonst Menschen in Rom grüßen? – weggefahren nach Korinth. Dort hat er sich ein neues Leben aufbauen wollen. Ich denke mir, dort ist er zum Hafen gegangen. Da brauchte man noch am ehesten Leute. Und da konnte er Säcke schleppen, Schiffe entladen und beladen. Ein hartes, rauhes Handwerk; aber man konnte davon leben. Eines Tages lernte er Christen kennen, hörte selbst das Evangelium und wurde getauft. Die Freude des Glaubens wuchs in ihm. Aber am Hafen gibt es oft lange Wartezeiten. Kein Schiff kommt. Die anderen sagen: Tertius, jetzt wird mal erst gesoffen. Aber Tertius sagt: *„Nein, ich nicht mehr."* Was? Was ist denn mit dir los? *„Ich hab mein Leben geändert. Ich bin Christ geworden."* Was, du bist religiös geworden? Gelächter, Spott, Ärger. Dann kommt das Schiff. Tertius arbeitet, sogar wenn niemand aufpaßt. Nach getaner Arbeit muß man feiern, und abends warten die leichten Mädchen. Aber Tertius macht das alles nicht mehr mit. Sag mal, Tertius, gehörst du noch zu uns? Die anderen schneiden ihn. Der paßt nicht mehr! Der ist fromm geworden. Und wenn er versucht, den anderen von seiner Freude zu sagen, dann grienen die nur . . . Ja, es war schön, als der Glaube zu ihm kam. Aber die Wirklichkeiten in der Welt sind anders: Nun wird er ausgelacht, man sorgt dafür, daß er keine Arbeit bekommt. Hunger meldet sich, das wüste Leben hat seinen Reiz verloren. Auch mit dem Freund, dem Septimus, klappt es nicht mehr so recht, seit der eine kleine Gruppe zum Umsturz der Verhältnisse gegründet hat. Tertius sagt ihm: Das ist der falsche Weg. Der führt zu nichts. Die Herzen müssen anders werden. Die Umstürzler haben nur bitter gelacht.

„Ich, Tertius, der ich diesen Brief geschrieben habe, grüße euch in dem Herrn." Liebe Gemeinde, es ist oft nicht so leicht, in dem Herrn zu sein. Es

kann nicht anders sein, als daß Tertius das auch erfahren hat. Und jetzt verstehe ich auf einmal dieses *„In dem Herrn"* neu. Ich verstehe: Tertius kann sich nur halten als Christ, wenn er *„in der Gemeinde"* bleibt und wenn diese Gemeinde sich bewährt als eine Gemeinschaft, die vom Geist Christi geprägt und bewegt ist. Da müssen jetzt andere auch für den Tertius geradestehen, bis er wieder eine Arbeit gefunden hat. Der Mann muß satt werden. Der Mann braucht Menschen, die für ihn beten. Der Mann braucht Menschen, die sich auf ihn freuen, wenn er kommt. Er muß erfahren dürfen: Ich habe alte Kameraden verloren, aber ich habe Schwestern und Brüder gewonnen. So bedeutet das *„in dem Herrn"* ja im Neuen Testament immer auch *„in der Gemeinschaft der Christen"*, *„in der Gemeinde Jesu Christi"*, in dem Herrschaftsbereich, wo man auf ihn hört und ihm dienen will. Es gibt auf die Dauer kein fröhliches Christsein ohne die Gemeinschaft der Glaubenden, in der man miteinander teilt, sich einander mitteilt, einander trägt – *„einer trage des anderen Last"* (Gal. 6,2), hat Paulus den Galatern geschrieben.

Es kann passieren, daß die erste Freude: Ich bin bekannt bei Gott, ich bin *er*kannt und geliebt von ihm – daß sie einer tiefen Resignation weicht, wenn wir in der Gemeinschaft der Christen davon nichts spüren, wenn niemand sich darüber freut, wenn niemand auch nur zur Kenntnis nimmt, daß ich da bin, wenn niemand sagt: Du, ich brauche dich. Tertius ist ein gefährdeter Mann in der Großstadt, in der Hafenstadt Korinth. Er kann als Christ nur überleben *„in dem Herrn"*, in der Gemeinde der Glaubenden. Darum ist es so wichtig, daß wir die Gemeinschaft der Glaubenden ernstnehmen, daß wir einander ernstnehmen, uns untereinander helfen, daß wir die Mahnungen beachten, die Paulus immer wieder den Christen eingeschärft hat: *„Einer achte den anderen höher als sich selbst ... Herberget gern ... Freuet euch mit den Fröhlichen und weinet mit den Weinenden ..."*, und wie alle diese Sätze Römer 12 und folgende heißen.

Ich weiß: Oft ist die Gemeinde so lau und so anonym und so arm an warmer Menschlichkeit, daß wir eine „echte" Gemeinde suchen, in der wir glaubwürdiges Christsein, herzliche Liebe und Fröhlichkeit finden. Wie verständlich ist solch ein Wunsch. Dennoch laßt uns vorsichtig sein, daß wir die christliche Kirche nicht immer mehr auflösen in lauter Kreise und Konventikel und Gruppen! Es kommt darauf an, daß wir in der großen Gemeinschaft der Christen voneinander lernen und einander ermahnen, gemeinschaftsfähig zu werden. Es kommt darauf an, daß wir in unseren Gemeinden dazu beitragen, daß Tertius dort zuhause sein kann.

IV.

Was immer man über Tertius vermuten kann, er ist sicher kein bedeutender Mann gewesen. Aber mit gesundem Selbstbewußtsein formuliert er: *„Ich, Tertius, der ich diesen Brief geschrieben habe . . .“*. Fast möchte man meinen, der Verfasser des Römerbriefes ist gar nicht der Apostel Paulus, sondern eben Tertius. Ich, Tertius, der ich diesen Brief geschrieben habe . . . Wie schön! Tertius ist richtig stolz auf diesen Brief – ich hab ihn doch geschrieben, lesen wir! Und er hat ja recht, er hat ihn geschrieben. Paulus mit seiner Augenkrankheit hätte es ja ohne den Tertius nicht geschafft. Allerdings: Tertius ohne den Paulus sicher auch nicht. Er ist nicht der große Apostel, Gott hat ihn vielmehr zum Sekretär bestimmt. Nur diese Aufgabe nimmt er wahr. Ein Unbekannter, aber doch bei Gott bekannt und bei den Geschwistern, ein Heimatloser und doch zu Hause in der Gemeinde. Nun – das dritte: Ein Unbedeutender und doch unentbehrlich.

Ich liebe diese Gestalten in der Bibel, sie begegnen uns ganz oft, die keinen großen Namen haben und doch unentbehrlich sind für das Werk Gottes. Ich verstehe, wenn vielen Christen die Mutter Jesu ganz wichtig ist – Maria, die den Heiland Gottes empfangen und zur Welt bringen durfte. Aber vergessen wir nicht den Josef! Er steht meist im Hintergrund, aber doch sorgt er im rechten Augenblick dafür, daß die Flucht nach Ägypten gelingt. Und ich freue mich, daß der Esel da ist. Was hätten Maria und Josef eigentlich gemacht ohne ihn? Tertius leistet sogar gleich eine doppelte Arbeit: Die Kunst zu schreiben stellt er in den Dienst Jesu. Und noch etwas tut er: Wir meinen wohl, das sei ja nun gar nicht viel. Aber doch, auch das Zweite wiegt viel: Tertius *grüßt*. Die Christen, die den Brief lesen, bekommen einen Gruß von Tertius. Ist das nichts? Tertius schreibt ja nicht: Hallo, Leute! oder Servus! oder Tschüs! Er grüßt, und das bedeutet: Er wünscht den anderen Gutes.

Wenn Christen einen Gruß sprechen, dann ist das immer auch ein Gebet. Auf Wiedersehen – das ist doch ein Gebet. Guten Morgen, guten Tag, guten Abend, gute Nacht – lauter Bitten, die dem Gegrüßten deutlich machen: Ich wünsch dir Gutes, ich meine es gut mit dir, ich bete für dich, daß dir Gutes geschieht. In vielen alten Grüßen merkt man es noch deutlicher: Adieu, Gott befohlen, grüß dich Gott. Das sind kleine Dinge, gewiß, aber haben Sie es einmal erlebt, wie es ist, wenn ein Bekannter grußlos an Ihnen vorbeirauscht? Das kann einen den ganzen Tag ärgern. Hat der was gegen mich? Was hab ich ihm nur getan? – Tertius ist ein Christ, der das scheinbar Geringe wie selbstverständlich tut, und es steckt etwas Großes darin. *„Ich grüße euch, ich, der ich diesen Brief geschrieben habe.“*

Das ist das Dritte, was ich heute weitersagen will: Hier ist ein unbedeutender Mensch, einer, wie wir es sind, einer von ganz vielen. Aber das, was
er kann, tut er für Jesus. Seine Begabung und sein Können stellt er in den
Dienst. Vielleicht fangen wir an zu überlegen: Was ist eigentlich meine Begabung, was kann ich? Kann ich gut rechnen, kann ich gut singen, kann ich
lachen, kann ich zuhören? Was ist meine Begabung, womit kann ich meinem Herrn unter den Menschen dienen? Bei Tertius ist es nicht nur die
natürliche Begabung, sondern es ist auch die Gabe, die Gott in ihm weckt,
nämlich, daß er grüßen kann! Jesus bringt es fertig, daß Menschen etwas
können, was sie vorher nicht konnten, er schenkt Charismen (= Gnadengaben), wie die Bibel solche Gottesgeschenke nennt. Denken Sie z. B. an Martin Luther. Der ist von Natur wohl ein eher melancholischer Mensch gewesen. Aber welche Freude strahlt er aus! Und welche Freude vermittelt er!
Das ist eine Gnadengabe von Gott her, wenn einer fröhlich sein kann, der es
von Natur nicht ist, wenn jemand dem anderen zuhören kann, der von Natur ganz ungeduldig war, wenn jemand verzeihen kann, der eigentlich
zurückschlagen wollte. Ich, Tertius, grüße euch. Jesus hat in mir eine neue
Fähigkeit entdeckt und geweckt: Ich kann anderen etwas Gutes zu wünschen *„in dem Herrn"*. Die Gnade ist nicht ohne Gnadengabe. Und wer
nichts tut für den Herrn, wer die Gnadengabe nicht nutzt, der wird leicht
auch die Gnade verlieren.

Noch eines zum Schluß: Wenn Sie versuchen, anderen das Evangelium
weiterzusagen, machen Sie das ähnlich wie Tertius. Und sagen Sie den Leuten drei Dinge, die Sie unbedingt wissen müssen, nachdem Gott in Jesus uns
erschienen ist, sagen Sie ihnen: Du, dein Leben ist wertvoller als du denkst,
du hast einen Namen bei Gott. Und das andere: Du, dein Leben ist gefährdeter als du ahnst in der Großstadt des Lebens. *Du brauchst die Gemeinschaft der Christen,* sonst gehst du unter. Und das dritte: Du, dein Leben ist
nötiger als du meinst. *Gott will deine Mitarbeit,* bis der Tag kommt, an dem
er sein Reich vollendet.

Wie gut, wenn wir uns am Jüngsten Tag nicht schämen müssen vor ihm,
weil wir doch *„in dem Herrn"* haben leben dürfen!

AMEN.

Narren um Christi willen
Predigt über 1Kor 4,8–10[1]

von

EBERHARD JÜNGEL

Gnade sei mit Euch und Friede von Gott, unserem Vater, und dem Herrn Jesus Christus. Amen.

Die heutige Predigt hat eine *Vorgabe* – vorgegeben zwar nicht von dem, der im Gottesdienst eigentlich das Sagen hat oder doch haben sollte, vorgegeben also nicht vom dreieinigen Gott, vorgegeben aber immerhin von der sich dem lieben Gott besonders nahe wissenden Evangelischen Studentengemeinde zu Tübingen. Die Predigerinnen und Prediger der Universitätsgottesdienste dieses Semesters sollen – so die Vorgabe – der hier um 11 Uhr versammelten Tübinger Christenheit eine ihnen besonders eindrückliche biblische Gestalt vor Augen führen und – anhand eines Textes heiliger Schrift, versteht sich – nacherzählen, wie diese Person „ihr Leben im Glauben versteht". Soweit die Vorgabe.

Unser Leben im Glauben – das ist ein Thema! Das kann sich sehen lassen! Und hören! *Unser Leben im Glauben* – das klingt konkret, sehr viel konkreter jedenfalls als unsere *Lehre* vom Glauben. *Unser Leben im Glauben* – das verheißt zumindest interessantere Predigten, verspricht jedenfalls deren Unterhaltungswert um einiges zu steigern.

Doch nun will es zwar nicht das Schicksal, aber immerhin der Predigtplan, daß in diesem Semester auch ein ordentlicher Professor für Dogmatik auf dieser Kanzel steht: ein Christenmensch also, der von Amts wegen in ganz besonderer Weise für die Reinheit der christlichen Lehre, für die *pura doctrina evangelii* zuständig ist. Und eben deshalb bringt ihn besagte Vorgabe in nicht geringe Verlegenheit. Denn zur reinen Lehre gehört der Auftrag, nicht dies oder das, sondern *Christus* zu verkündigen, den *gekreuzig-*

---

[1] Die Predigt wurde am 5. Mai 1996 im Universitätsgottesdienst in der Tübinger Stiftskirche gehalten.

ten *Christus* (1Kor 1,23), *ihn allein* und nichts sonst (1Kor 2,2). *Ihn allein* und nicht etwa das eigene Glaubensleben oder die eigene Frömmigkeit. „Wir verkündigen nicht uns selbst, sondern Jesus Christus" (2Kor 4,5) deklariert in der ihm eigenen Monotonie der Apostel Paulus. Und wenn die ganze gottesdienstliche Veranstaltung überhaupt einen Sinn hat, dann deshalb, weil in ihr nicht Menschenworte, sondern Gottes Wort wirken soll: „Darum danken wir auch Gott ohne Unterlaß dafür", schreibt wiederum der monotone Apostel, „daß Ihr das Wort der göttlichen Predigt ... nicht als Menschenwort aufgenommen habt, sondern als das, was es in Wahrheit ist, als Gottes Wort, das in Euch wirkt, die Ihr glaubt" (1Thess 2,13).

Offensichtlich kennt der Apostel die fromme Versuchung, von den großen Taten Gottes möglichst schnell auf die religiöse Erfahrung überzugehen und statt Geschichten vom lieben Gott lieber Geschichten vom lieben Ich zu erzählen. Dieser frommen Versuchung setzt er sein monotones *Christus allein, allein der Gekreuzigte* entgegen.

Unser Leben im Glauben einerseits – allein der Gekreuzigte andererseits: was nun, liebe Gemeinde? Der Professor für Dogmatik steht selbstverständlich auf der Seite des monotonen Apostels. Doch mein liebes Ich, das ja auch nicht ganz unfromm ist, zieht's zur Studentengemeinde. Was nun? Was tun? Da steh ich nun, ich armer Tor ...

Armer Tor? Narr also! Narr in Christo gar – das ist's, liebe Gemeinde. Das hilft mir heraus aus meiner Verlegenheit. In die Narrenrolle war ich schon immer vernarrt. Und Narren kommen in der heiligen Schrift reichlich vor, wenn auch solche und solche: mal werden sie gelobt, sehr viel häufiger werden sie getadelt. Sei's drum! „Mein Ehrgeiz geht auf eine bunte Jacke."

Und nun, gelobt sei Gott, nennt ausgerechnet der monotone Apostel sich seinerseits einen Narren. Paulus, der sich am Anfang seiner Briefe gern einigermaßen feierlich einführt, *Paulus, durch den Willen Gottes berufener Apostel*, stellt sich den Korinthern pointiert als *Narr* vor. Als ein *Narr um Christi willen*, versteht sich.

Das *Christus allein* kommt also zu seinem Recht, die reine Lehre kommt zu ihrem Recht. Doch die Studentengemeinde mit ihrem Interesse an einer biblischen Gestalt und deren Glaubensleben kommt ebenfalls zu ihrem Recht. Denn dieser Narr erzählt ja zweifellos von seinem *Glaubensleben*, dies aber wiederum so, daß es in seinem Glaubensleben gerade nicht um sein Ich geht, sondern in gewohnter Monotonie *allein um Christus:* „Ich lebe, doch nun *nicht* ich, sondern *Christus* lebt in mir" schreibt er den behexten Galatern (2,20). Eine Paradoxie, weiß Gott! Doch Narren verstehen sich auf solche Paradoxien. Ein Narr ist selber so etwas wie ein personifiziertes Paradox. Und das Paradox, sagt Kierkegaard, ist „des Denkens Leidenschaft", so daß ein „Denker ohne Paradox" wie ein „leidenschaftsloser Liebhaber" wirkt: „ein mittelmäßiger Patron". Da ziehen wir doch das Paradox vor, das personifizierte zumal. „Oh, wär ich doch ein Narr. Mein Ehrgeiz geht auf eine bunte Jacke."

Schauen wir also dem närrischen Leben des Apostels ein wenig zu! Im 1. Korintherbrief, im 4. Kapitel erzählt er davon. Wenn es dabei ein wenig turbulent zugeht, mitunter auch bissig und spitz, dann wissen wir nun, warum. Narren arbeiten mit allen Mitteln. Ihre Sprache ist vieldeutig. Aber ihre Pointen sind eindeutig. Narren verstehen es, auf vieldeutige Weise eindeutig zu werden.

Der Apostel schreibt (1 Kor 4,8–10):

„Ihr seid ja schon satt geworden. Ihr seid ja schon reich geworden. Ihr seid ja – im Gegensatz zu uns! – wie Könige. Ach, würdet Ihr doch wirklich herrschen wie Könige, damit auch wir mit Euch Könige wären.

Denn mir scheint, Gott habe uns Apostel zu den Allerletzten gemacht, wie Todgeweihte. Denn zum Schauspiel sind wir geworden für die Welt, für Engel und Menschen. Wir sind Narren um Christi willen.

Ihr aber seid klug in Christus. Wir sind schwach. Ihr aber seid stark. Ihr hoch geehrt, wir aber verachtet ". Amen.

Theater, liebe Gemeinde – das Wort steht wirklich da: *Theater* soll das Leben der Apostel gewesen sein, das Leben des Apostels Paulus zumal. *Apostolisches Theater . . .*

Was ist gemeint? Was wird uns da vorgeführt? Vergleichen wir das *apostolische* ein wenig mit dem *weltlichen* Theater!

Von einem erfolgreichen Schauspiel erwartet man, daß es zumindest *spannend* ist. Und wenn es um Spannung geht, kann der Apostel durchaus mithalten. Spannend ist sein Leben allemal. Jedenfalls dann, wenn nicht allein der Unterhaltungswert darüber entscheidet, was *spannend* genannt zu werden verdient.

Wirklich spannend wird eine Geschichte nämlich erst dann, wenn sie in sich spannungsreich ist, wenn sich in ihr konfliktreiche Spannungen aufbauen und dann mehr oder weniger kunstvoll verarbeitet werden.

Das Leben des Apostels ist von solchen konfliktreichen Spannungen geradezu stigmatisiert. In Korinth zum Beispiel hat die von ihm selbst gegründete Gemeinde gegen ihn Front gemacht: eine geistlich überreiche Gemeinde, die ihre Herzen zum Herrn erhoben hat und nun mit ihrem Herrn in dessen Himmel zu sein wähnt – gegen einen doch recht poweren Paulus, der als apostolische Gestalt nicht gerade *bella figura* macht. Eine weltoffene Kirche – gegen einen in seiner Monotonie offensichtlich geistlich sterilen Apostel. Eine lebendige Gemeinde – gegen einen morbiden Versager.

Und so stehen sie sich nun gegenüber: die Korinther wie Könige – der Apostel wie der letzte Dreck. Oder, wie Paulus statt dessen im selben Atemzug auch sagen kann: die Korinther wie Weise – der Apostel wie ein Narr. Welch ein Gegensatz! Welch eine Spannung! Welch ein Theater!

Ungewöhnliches Theater auf jeden Fall! Schon das Publikum ist bemerkenswert. Kein Kammerstück vor ausgesuchten Zuschauern, kein erlesenes Auditorium für esoterische Darbietungen! Nein, ein Stück *für jedermann*. Die *ganze Welt* sieht zu. Das apostolische Theater geht *alle Welt* an.

Alle Welt – das ist in diesem Fall allerdings nicht nur unsere *Menschenwelt*. Ein Schauspiel nicht nur für Menschen, sondern auch für überirdische Wesen, ein Schauspiel für *Engel* und Menschen soll sich da abspielen, wo der Apostel auftritt. Seltsam, diese Engel ... Die Menschheit müßte doch eigentlich genügen.

Ein Schauspiel für die *Menschenwelt*, für den ganzen bewohnten Erdkreis, erleben wir noch heutzutage alle Jahre wieder, wenn der Papst am Ostermorgen auf dem Petersplatz zu Rom erscheint und in allen möglichen Sprachen die Völker der Welt grüßt, um schließlich urbi et orbi, der Stadt und dem Erdkreis, den apostolischen Segen zu erteilen. Was sich da abspielt, beansprucht ebenfalls, jeden anzugehen, alle Welt. Aber eben nur die *Menschenwelt*.

Der Apostel hingegen hat ein noch größeres Publikum. Seinem Auftritt sehen nicht nur Menschen, sondern eben auch Engel zu. Was für ein Publikum! Wer wünschte sich dergleichen nicht? Ganz egal, ob wir nun eine große Rolle spielen oder nur uns selbst darstellen – Zuschauer, bei denen wir Anerkennung finden, wollen wir alle haben. Denn Anerkennung braucht der Mensch. Anerkennung braucht er wie das tägliche Brot. Und wenn wir bei unserer Suche nach Anerkennung nun sogar ein weltweites Publikum hätten, ein Publikum gar von *Engeln* und Menschen und also grenzenlose Anerkennung fänden: ach, das müßte schön sein ...

Alles andere als schön, liebe Gemeinde, war das, was der Apostel Paulus erleben mußte, als er zum Schauspiel wurde für alle Welt. Und das hat wohl mit den Engeln zu tun, die bei den Reaktionen des Publikums offensichtlich den Ton angeben.

Die gelehrten Ausleger unseres Textes können mit den Engeln allerdings nichts Rechtes anfangen. Die gelehrte Theologie kann schon seit Jahrhunderten mit Engeln nichts Rechtes anfangen. Sehr zum Schaden der Theologie. Doch diesmal haben die Gelehrten recht. Denn mit *den* Engeln, die der Apostel zu seinen Zuschauern zählt und die er sogar dem Papst voraus hat, mit *diesen* Engeln kann man wirklich nichts anfangen.

Engel kann man sie eigentlich nur unter Vorbehalt nennen. Denn was es mit diesem engelhaften Publikum des apostolischen Theaters auf sich hat, das ist eine ausgesprochen *wüste Sache*. Wie wüst, das läßt ein erneuter Vergleich mit dem Papst schnell deutlich werden.

Wenn das päpstliche Schauspiel in Rom, wenn der urbi et orbi geltende Auftritt des Papstes zu Ende ist, dann braust auf dem Petersplatz unüberhörbarer *Beifall* auf. *Eviva il Papa* kann man dann hören. Und es wird geklatscht und gejubelt – wie in einem richtigen Theater. Und der alte Mann im weißen Gewand wird von diesem Beifall sichtbar erfreut. Es ist ihm zu gönnen.

Ganz anders geht das apostolische Theater zu Ende. Der Apostel kann sich keines Beifalls erfreuen. Sein weltweites Publikum applaudiert nicht. Keine Engel, die Beifall klatschen. Keine Menschen, die Beifall klatschen. Die Engel, die sogenannten Engel sorgen vielmehr für einen ausgesprochenen Eklat. Und das menschliche Publikum macht's ihnen nach. Es wird gezischt und gepfiffen, gebuht und gebrüllt. Und wenn jemand lacht aus der Menschen oder der Engel Ordnungen, dann ist es ein boshaftes, ein vernichtendes Gelächter, wie es wohl die Gladiatoren hören mußten, wenn sie in der Arena versagten und den Bestien preisgegeben wurden.

Apostolisches Theater? Ein Mißerfolg sondersgleichen! Eine Fehlinszenierung! Oder sollte das Ganze *Absicht* gewesen sein?

Der Regisseur dieser Fehlinszenierung, der Verantwortliche für diesen Mißerfolg ist immerhin kein geringerer als Gott. Das behauptet jedenfalls der Apostel. Man bedenke: Gott selber verantwortlich für den Mißerfolg des von ihm selber berufenen Apostels! Gott selber verantwortlich dafür, daß der Name Gottes in Mißkredit zu geraten droht. Paradoxer geht's nicht. Man bedenke: der allmächtige und ewigreiche Gott auf der Seite eines nach weltlichen Maßstäben in jeder Hinsicht versagenden und zudem auch noch an Koliken leidenden Mannes! Närrischer geht's nicht. Und das alles auch noch *um Christi willen!*

Die Person Jesu Christi soll also gut stehen für diese ganze närrische Paradoxie. Sein seltsamer Apostel wagt in der Tat zu behaupten, daß Gottes Hoheit ganz unten zu finden ist; daß seine Heiligkeit am profansten aller Örter, an einem Galgen entdeckt werden will, um von dort aus die gottlose Welt für sich zu gewinnen. *Uns* also will er gewinnen. Und ausgerechnet ein Galgen, ausgerechnet das Kreuz Jesu Christi soll das Mittel sein, mit dem wir durch und durch profanen Menschen zur Lebensgemeinschaft mit Gott durch und durch geheiligt werden. Sagt Paulus.

Welch ein Anspruch, welch eine Anmaßung! Der dreimal Heilige – wird er nicht entsetzlich profanisiert, entehrt, ja gelästert, wenn der Apostel sich das Heil und die Heiligung der Welt von einem Hingerichteten, eben: von dem Gekreuzigten verspricht? Ist dem denn nichts mehr heilig – werden der fromme Jude und der religiös faszinierte Grieche angesichts dieses apostolischen Theaters empört fragen. Will der denn die ganze Welt auf den Kopf stellen?

In der Tat, liebe Gemeinde, das alles ist entweder ein groteskes Mißverständnis oder aber, wie Friedrich Nietzsche scharfsinnig erkannte, „die Umwertung aller antiken Werte". Doch wenn Nietzsche recht hat, wenn der Apostel also in eine von Gott selbst ins Werk gesetzte Umwertung aller Werte verstrickt ist, dann, ja dann ist es wahrhaftig kein Wunder, daß Paulus darüber zum *Narren* geworden ist.

In Korinth hingegen wollte man *weise* sein. In Korinth hielt man es mit dem *Gott in der Höhe,* der auch auf Erden nur durch das in dieser Welt *Höchste* repräsentiert werden sollte. Gott als höchstes Gut, Gott als höchster Wert – das galt es der Welt vor Augen zu führen. In diesem Sinne wollten auch die Korinther Darsteller Jesu Christi sein, Darsteller aber eben nicht des Gekreuzigten, sondern des Erhöhten, des zur Rechten des allmächtigen Vaters erhöhten Herrn.

Und man war offensichtlich mit Eifer bei der Sache in Korinth. Eine überaus *lebendige Gemeinde,* eine nach allen Seiten *offene Kirche* sah es als ihr Privileg an, im eigenen Leben und mit dem eigenen Leben den zur Darstellung zu bringen, der aufgefahren ist gen Himmel, sitzend zur Rechten Gottes, des allmächtigen Vaters. Sein elender Tod galt allenfalls als Durchgangsstadium zur ewigen Herrlichkeit. Mehr war das Kreuz nicht wert. Und also war der Gekreuzigte auch keiner Darstellung wert. In Korinth faszinierte der strahlende Gottessohn. Jesus Christ Superstar. Oder um es etwas klassischer auszudrücken: „Jugendlich, von allen Erdenmalen / frei, in der Vollendung Strahlen / schwebet hier der Menschheit Götterbild".

Die Korinther sahen den Himmel offen. Sie sahen *mehr* als die ungläubige Welt zu sehen vermag. Und nicht nur das, sie rühmten sich zugleich, selber an diesem idealen Leben schon jetzt und hier Anteil zu haben. Wie der Herr, so seine Gemeinde. Wie sein Leben, so unser Leben. So lautete ihre – theologisch ja durchaus überzeugende – Devise.

Und siehe, schon stellen sie nicht mehr nur das ewige Leben ihres erhöhten Herrn, sondern zugleich sich selber dar. Die Darstellung Jesu Christi durch seine Gemeinde gerät nun zwangsläufig zur Selbstdarstellung. Wenn gilt: wie der Herr, so seine Gemeinde, dann muß sich die Herrlichkeit seines ewigen Lebens ja in unserem irdischen Leben ausweisen, dann müssen auch wir so herrlich leben wie er: geistlich reich – fast wie der ewigreiche Gott selbst; allzeit überlegen und potent – fast wie der Allmächtige, der Omnipotente selbst; allemal alles besser wissend – fast wie der Allwissende selbst.

Fast wie der Ewigreiche, Allmächtige und Allwissende selbst – wer so existiert, liebe Gemeinde, der hat schon jetzt teil an der endzeitlichen Königsherrschaft Gottes. Der hungert und dürstet nicht mehr nach Gerechtigkeit. Der ist längst satt. Der wird dann durch nichts und niemanden mehr angefochten. Der ist geistlich reich. Eben in jeder Hinsicht überlegen – wie Könige.

Im Verhältnis zu solchen Königen wirkt der Apostel allenfalls wie ein Hofnarr. Nein, er wirkt nicht nur so wie . . ., er *mußte* zum Narren werden. „Notwendigkeit liegt auf mir" sagt er selbst (1Kor 9,16). *Um Christi willen* mußte er zum Narren werden.

Als solcher aber hält er den vermeintlichen Königen den Spiegel vor. Narren haben ja genau diese Freiheit: einer verblendeten Gesellschaft auf närrische, aber unmißverständliche Weise die Wahrheit zu sagen. Und die Wahrheit ist in unserer Welt nicht selten das Gegenteil einer verlogenen Wirklichkeit. Wer in dieser Welt die Wahrheit sagen will, der muß die Welt auf den Kopf stellen. Narren stellen immer die Welt auf den Kopf. Sie tun es im doppelten Sinne des Wortes. Denn oft entdeckt erst eine auf den Kopf gestellte Welt, *daß* sie überhaupt *einen Kopf* hat, einen *Kopf,* den zu benutzen für sie die Rettung bedeuten könnte. Bei Hofe war der Narr sogar häufig der einzige, der es sich erlauben konnte, seinen Kopf zu benutzen und auf seine närrische Weise die rettende Wahrheit zu sagen. In den modernen Diktaturen haben – wenigstens hier und da – Künstler und Kirchen diese Narrenrolle übernommen. Paulus, Narr um Christi willen, führt uns auf seine närrische Weise vor Augen, was es in Wahrheit heißt, Jesus Christus darzustellen.

Und da lernt man zuerst, daß man Jesus Christus *nur gemeinsam* darstellen kann. Ein einzelner kann das alleine nicht. Auch der Apostel kann das alleine nicht. Deshalb bezieht er – wie in einem modernen Theaterstück – das Publikum in seinen eigenen Auftritt ein. Das apostolische Theater ist kein Ein-Mann-Theater. Als Narr um Christi willen bemüht sich der Apostel vielmehr, aus den vermeintlichen *echte* Darsteller Jesu Christi zu machen. Und zu diesem Zwecke verwickelt er sie in höchst bissige Dialoge. Seine Briefe sind voll davon.

Zeugen Jesu Christi wollt Ihr sein? Recht so! Ich bin's auch.

Ihr seht *mehr* von der *Wirklichkeit* als die ungläubige Welt und könnt deshalb auch *mehr darstellen*? Recht so! Ich kann's auch.

Ihr meint, *mehr vom Himmel* wahrzunehmen und in Korinth das *Himmelreich* darstellen zu können? Eia, wär'n wir da!

Das jedenfalls kann ich, Paulus, durch den Willen Gottes berufener Apostel, nicht. Noch nicht!

Aber was ich kann, das könnt auch Ihr lernen. Denn auch ich nehme *mehr von der Wirklichkeit* wahr als die ungläubige Welt: freilich nicht *mehr vom Himmel,* sondern *mehr von der Erde.* Ich sehe einen *Gekreuzigten* und *in ihm,* aber eben *nur in ihm* den Himmel auf Erden, auf einer Erde, die an allen Ecken und Enden noch sehr erlösungsbedürftig ist und die ja selber an allen Ecken und Enden nach Erlösung schreit. Sie wird bekommen, sie wird in Gottes Namen bekommen, wonach sie verlangt. Unsere Welt wird erlöst werden – wenn der Herr kommt. Bis dahin aber gilt es, der Erde treu zu bleiben. Wir sind, liebe Gemeinde, noch längst nicht irdisch genug. Wer an den Gekreuzigten glaubt, der entdeckt immer noch mehr von unserer Erde.

Und wem sich dieses *Mehr an Erde* erschließt, der merkt, *wie* erlösungsbedürftig noch alles ist: um uns herum, aber auch in uns, tief in uns selbst. Da werden die Satten erneut ansprechbar auf die, die da hungert und dürstet nach der Gerechtigkeit. Da werden die geistlich Reichen nicht nur bei anderen, sondern auch in sich selbst klaffende Abgründe an geistlicher Armut entdecken: Anfechtungen, die man sich einzugestehen hat, um dann mit brüderlicher oder schwesterlicher Hilfe gemeinsam de profundis nach Gott zu rufen. Da entdecken die Wissenden und Weisen, wie mißbrauchbar und verführbar die Vernunft ist, die uns doch von allen anderen Kreaturen unterscheiden soll. „Er nennt's Vernunft und braucht's allein, / nur tierischer als jedes Tier zu sein".

Und schließlich: Menschen, denen sich im Zeichen des Kreuzes ein *Mehr an Erde* erschließt, entdecken, wie sehr sie in eigene und fremde Schuld verstrickt sind. Mögen sie leben wie Könige und wie Königinnen: im Zeichen des Kreuzes nehmen sie sich nur noch als auf Gnade angewiesene Sünder wahr.

Ein auf Gnade angewiesener Sünder zu *sein,* das macht freilich wenig her. Es demütigt. Das schmeckt uns nicht. Aber zu *entdecken,* daß man auf Gnade angewiesen ist und bleibt, auf die uns mit Gott versöhnende und uns unserer kommenden Erlösung gewiß machende Gnade, das ist eine *rettende* Entdeckung. Das ist eine *befreiende* Wahrheit, herrlicher als alle Könige und Königinnen dieser Welt.

Zum Leben eines Christen gehört beides: jene demütigende Wirklichkeit und diese befreiende Wahrheit. Das Evangelium mutet uns zu, die Spannung zwischen beidem auszuhalten. Paulus hat das versucht. Man kann darüber, wie gesagt, zum Narren werden. Aber das wäre einer, der mit Fug und Recht ein *heiliger Narr* genannt zu werden verdient. Geheiligt zur Lebensgemeinschaft mit Gott. Und eben deshalb dazu geheiligt, die Welt, die gottlose Welt auf den Kopf zu stellen. Shakespeare's kecker Ausruf ist diesmal wirklich ein *frommer,* ist jedenfalls *mein* frommer Wunsch: *Oh wär' ich doch ein Narr! Mein Ehrgeiz geht auf eine bunte Jacke!* Amen.

„Er knetet uns wieder aus Erde und Lehm"

Predigt über Röm 9,14–24.
Akademischer Gottesdienst Jena 4.2. 1996

von

Michael Trowitzsch

Gott hat alle beschlossen unter den Ungehorsam, auf daß er sich aller erbarme. (Röm 11,32)

Was sollen wir denn hierzu sagen? Ist denn Gott ungerecht? Das sei ferne! Denn er spricht zu Mose: „Welchem ich gnädig bin, dem bin ich gnädig; und wessen ich mich erbarme, des erbarme ich mich." So liegt es nun nicht an jemandes Wollen oder Laufen, sondern an Gottes Erbarmen. Denn die Schrift sagt zum Pharao: „Ebendarum habe ich dich erweckt, daß ich an dir meine Macht erzeige, auf daß mein Name verkündigt werde in allen Landen." So erbarmt er sich nun, wessen er will, und verstockt, welchen er will. Nun sagst du zu mir: Was beschuldigt er uns dann noch? Wer kann denn seinem Ratschluß widerstehen? Ja, lieber Mensch, wer bist du denn, daß du mit Gott rechten willst? Spricht auch ein Werk zu seinem Meister: Warum machst du mich so? Hat nicht ein Töpfer Macht, aus einem Klumpen zu machen ein Gefäß zu Ehren und das andre zu Unehren? Derhalben, wiewohl Gott wollte Zorn erzeigen und kundtun seine Macht, hat er mit großer Geduld getragen die Gefäße des Zorns, die da zugerichtet sind zur Verdammnis, auf daß er kundtäte den Reichtum seiner Herrlichkeit an den Gefäßen der Barmherzigkeit, die er zuvor bereitet hat zur Herrlichkeit – – Das sind wir, die er berufen hat, nicht allein aus den Juden, sondern auch aus den Heiden. (Röm 9,14–24)

Nein, kein „Amen" jetzt, liebe Gemeinde! Dieser Predigttext wird nicht mit „Amen" beschlossen. Andere ja, dieser nicht. Denn dies ist alles vorläufig, dies ist kein Resultat, sondern gerade ein Zwischenergebnis, ein Zwischenwort in einer unmöglichen Geschichte. Die Worte, die wir gehört ha-

ben, sind wie eine betonte Pause in einem Musikstück, ein Haltepunkt voll
innerer Spannung – dies ist eine *Fermate*. Die Fermate bedeutet Stille – aber
sie gehört zum Stück, sie ist ein unverwechselbares Schweigen. Eine Unterbrechung, eine Pause: ganz und gar erfüllt vom Vorangehenden, konzentriert, dramatisch, ganz dicht, nahezu unendlich. Es gibt auch Fermaten in
den biblischen Texten, es gibt auch dort schweigende Worte: erfüllt vom
Vorangehenden oder erwartungsvoll bestimmt vom erst noch Folgenden.

Es gibt auch ein Schweigen Gottes, ganz dicht, vielleicht ganz schrecklich.
Wir sprechen davon bei Erfahrungen absoluter Sinnlosigkeit. Ich brauche
dazu nichts zu sagen. Niemandem bleiben diese Erfahrungen erspart. Wir
fürchten sie. Wir fragen dann in der Situation selbst und vielleicht ein Leben
lang: „Warum?". Nur ein tiefes Schweigen antwortet. Wir mögen es vielleicht als geradezu panische Stille empfinden.

Was nun den Texten des Neuen Testaments diesen kraftvollen Trost gibt,
das ist die Einholung des Schweigens Gottes in das übermächtige Evangelium Christi. Immer klarer wird, je mehr man sich in diese Texte vertieft, daß
es kein Schweigen Gottes geben kann, das nicht erfüllt wäre vom Evangelium. Auch das Schweigen Gottes handelt ebendavon. Wir kennen vergleichbare Situationen: es wird manchmal genau *von etwas* geschwiegen, es
wird dann beredt geschwiegen. Gottes Schweigen bleibt umgeben und
durchdrungen von tröstender Sprache. Auch wo er nicht spricht, bekundet
er sich als derselbe. Denn Gott bleibt immer der barmherzige Vater Jesu
Christi. Und sein Schweigen ist auch noch von ihm.

Liebe Gemeinde, heute werden wir noch einen Schritt darüber hinaus ge-
führt. Mit unserem Predigttext – und wirklich nur mit dem Recht dieses
Textes – wagen wir uns noch weiter vor, vielleicht einen letzten möglichen
Schritt. Der führt in etwas unausdenkbar Positives, ins Geheimnis: in die
Werkstatt unseres Gottes, die Werkstatt des Töpfers, des Meisters vom An-
fang. Dort erwartet uns eine merkwürdige Unordnung.

Es gibt für diese Verstörung und Unordnung ein äußeres Anzeichen: im
vorletzten Vers bricht der Satz im griechischen Urtext jäh ab – zum Zeichen
dafür, daß gedanklich kein Durchkommen ist, so schön ist das Wahrgenommene. Die gedankliche Rechnung geht nicht auf. Sogar Paulus kommt ins
Stolpern. Das Evangelium läßt ihn stolpern, vielleicht erschrecken, so hell
ist es. Der Satz bricht um: Ausdruck einer wunderbaren sachlichen Unordnung.

Eine andere Verstörung ist schon vorausgegangen. Ich erwähne sie nur
gerade. Schon längst hat das Evangelium – wegen der Auferweckung Christi – die Kategorien von „Leben" und „Tod" durcheinandergebracht. Paulus wird das an späterer Stelle im Römerbrief noch einmal aufnehmen: „Le-

ben wir, so leben wir dem Herrn; sterben wir, so sterben wir dem Herrn!"
(Röm 14,8). Das heißt nichts anderes, als daß es Wichtigeres gibt als Leben
und Tod.

Aber hier – hier zerbrechen noch tiefere Unterscheidungen: die von „erwählt" und „verworfen". *Beides* dient dem Erbarmen! Der Text eröffnet eine ungeheuerliche Entdeckung! Nicht nur Gottes Schweigen ist eine Variante seiner Verheißung – mehr noch: Gottes *Verwerfen* ist auch noch von
ihm und hat also einen letzten Sinn des Erbarmens! Sein Schweigen, sein
Seufzen, sein Verstocken, sein Verhärten, sein Verwerfen – es ist alles auch
noch von ihm, dem auf jede Weise gnädigen Gott! Er ist größer als unser
Herz und sein Friede ist höher als alle Vernunft! Auch sein Verwerfen kann
das Evangelium nicht dementieren. Vielmehr wohnt es verborgen auch
noch ihm inne. Sein *Verwerfen* ist auch noch evangelisch!

Liebe Gemeinde, hast du das verstanden? – Ich auch nicht. Dies ist eine
ganz *unmögliche* Geschichte! Was geben wir da für einen merkwürdigen
Werkstattbericht? Zu unseren Gunsten, im Interesse des Erbarmens, bringt
unser Gott alles, alle Gedanken, alle Gefühle, durcheinander. Wie soll man
diesen Gott nennen? Er ist ein evangelischer Anarchist. Über seiner Werkstatt flattert fröhlich die schwarze Flagge der Anarchie. –

Daß Gottes Verwerfen auch noch evangelisch ist, auch noch dem Erbarmen dient – das lesen wir vom Kreuz Christi ab: vom Kreuz und vom Himmel über Golgatha. Über diese Schädelstätte wölbt sich ein ungeheures
Schweigen des Himmels, da die Sonne sich verfinstert von der sechsten bis
zur neunten Stunde. Da wird *der Eine* vom Bösen zusammengehauen, die
Dämonen fahren auf ihn zu, da wird *das eine* Gefäß des Zorns zubereitet.

Es ist ganz still – aber hörst du im Inneren des Geschehens das Gedränge,
die Qual, den Lärm, den Fluch? Da wird die Sünde ganz mächtig, aber – eine Unterbrechung, eine Wende, ein Abbruch, ein Geheimnis, ein Wunder
wie die Erschaffung der Welt – aber die Gnade wird noch mächtiger. Da er-
eignet sich eine unmögliche Geschichte. Da kommt, Gott sei Dank, alles gezielt durcheinander: das Oberste kehrt sich zuunterst, aber das Unterste
nicht zuoberst. Gott geht in die Tiefe.

Die in uns allen sitzende Angst vor einer endgültigen Dunkelheit von der
sechsten bis zur unendlichen Stunde, jenes Grauen, wie es uns manchmal im
Traum oder in jähen Begegnungen mit der Grenze des Menschlichen an-
rühren mag, die letzte Negation, die in der Tiefe unseres Bewußtseins und
unseres Unbewußten festsitzt – das ist alles nicht stark genug und zum Ver-
schwinden bestimmt und einzuklammern. Das eine Gefäß des Zorns enthält
das alles in sich, dieser Eine, nur dieser Eine trägt es alles und trägt es fort in
das Licht von Ostern.

Es ist ganz still auf Golgatha, und doch finden sich alle Möglichkeiten der Sprache Gottes wieder. „Jahve brüllt von Zion", erschrickt Amos. Ist dieses schreckliche Brüllen nicht auch am Karfreitag zu hören – die Strenge, der Zorn? Auf Golgatha *schweigt* Gott aber auch, er seufzt. Darf man das sagen? Darf man sogar sagen: er weint?

Hier atmet unhörbar das letzte Wort des Erbarmens. Zu Ostern wird es Klang annehmen. Ja, hier flüstert er auch das Wort der Liebe zu seinen Geschöpfen. Soll man auch von einem Flüstern Gottes reden, von einer leisen, klaren Stimme der Versöhnung und sogar von einem freundlichen Raunen und Brummen des lieben Vaters „Abba" (Röm 8,15) – so wie jemand vielleicht ein Leben lang beschützt wird vom gütigen Brummen seines Vater, das er manchmal im Inneren zu hören meint? In allen Tonarten und Nuancen ist die Sprache Gottes evangelisch – es ist alles barmherzig. Warum wir das sagen können? Wegen der Wende vom Kreuz Christi zu seiner Auferweckung. „Ist also Gott ungerecht? – Aber nein!"

An seiner wichtigsten Stelle handelt unser Werkstattbericht von dem *einen* Gefäß des Zorns. Ist Gott ungerecht? Der doch seines eigenen Sohnes nicht verschont hat, so sagt der Apostel, sondern hat ihn für uns alle dahingegeben (Röm 8,32)... Für uns alle. Das *eine* Gefäß des Zorns – damit *wir alle* zu Gefäßen des Erbarmens werden. In diesem unmöglichen Werkstattbericht stehen *wir* geschrieben. Wir finden uns dort wieder. Die Gefäße der Barmherzigkeit, diese schöne Keramik – „das sind wir, die er berufen hat, nicht allein aus den Juden, sondern auch aus den Heiden."

Also beginnt er schon, seine Gerechtigkeit zu *erweisen,* indem er nämlich an uns arbeitet: so arbeitet, „daß ihm die Haut raucht", sagt Luther. Er formt uns, dich und mich. Ich bin schon im Bau. Du bist ein Werkstück, eine kleine Baustelle. Wir werden ausgearbeitet zu Gefäßen der Barmherzigkeit. Wie heißt seine Werkstatt? Sie heißt zunächst: Sonntagsgottesdienst. Im Sonntagsgottesdienst werden wir *geformt.*

Er hat schon begonnen, uns als Gefäße des Erbarmens zu formen. Er allein „knetet uns wieder aus Erde und Lehm", er allein „bespricht unsern Staub" (Paul Celan). Mit dem Erweis seiner Gerechtigkeit wird er weit kommen. Wie weit? Sehr weit. Er hat den Weg schon angetreten. Er sammelt uns ein. Er geht durch die Geschichte. Er begegnet dem Schmerz, der in alles Geschichtliche eingeschlossen und von ihm unabtrennbar ist. Er gewinnt unsere Herzen. Er verwandelt das Leben und seine Gestalten. Was sind die Gestalten des Lebens? Ein Mann, eine Frau, ein Kind, ein Tod.

„In Langmut", sagt unser Predigttext, in Geduld trägt er uns – Jahr um Jahr – mit all dem, was da in uns lügt und mordet, mit dem Schmutz und mit all dem Müll, den wir in uns herumtragen. Er läßt uns nicht fallen. Vielmehr hat er schon begonnen, uns zu berufen und uns zu taufen und uns bei unserem Namen zu rufen und uns mit sich vertraut zu machen und ein wenig Glauben bei uns zu erwecken, ein wenig Hoffnung, ein wenig Liebe, und manchmal sogar große Hoffnung, ein Zutrauen über den Tod hinaus, und wahrhaftige Feindesliebe und Glauben zunächst wie ein Senfkorn, das aber wächst und Berge versetzt und Herzen versetzt. Er hat schon begonnen mit seinen gründlichen Verwandlungen – an uns, die wir in dieser oder jener Weise gefühlstot sind oder gedankentot oder ichtot oder alles zusammen, die wir immer wieder Anfänge brauchen. Menschen werden angeschlagen, Menschen zerbrechen. Er ist der Meister des Anfangs, der Varianten des Anfangs. Ein Gefäß macht er aus uns, das seine Stärke und Kraft aufnehmen kann – so daß wir uns *seiner* rühmen. Mag sein, daß er uns dabei in eine harte Schule nimmt.

Wie weit wird er kommen? Sehr weit. Bis zu *allen Menschen*. „Er hat *alle* beschlossen unter den Unglauben", so schreibt Paulus (wir haben es vorhin in der Schriftlesung gehört), und dann – nach einem Moment der Atemlosigkeit – fügt er etwas hinzu. Es ist aber, als würde damit ein Abgrund überbrückt: „Er hat alle beschlossen unter den Unglauben – auf daß er sich *aller* erbarme!" Das Beschließen unter den Unglauben ist auch noch von unserem Gott. Es hat auch noch den Sinn des Erbarmens. Kann es mehr geben?! Was für ein universaler evangelischer Satz! „Auf daß er sich aller erbarme!" Ein kräftiger Trost, ein Glück, mächtig genug, Füchse und Wölfe zum Heulen zu bringen (und Menschen allemal). „Ist denn Gott ungerecht? – Ach, was!" Ja, er hat schon begonnen, die Gefäße des Erbarmens zu formen. Bis wie weit wird er kommen? Auch bis zu *den Toten*. „Ihm leben sie alle!" Er entmächtigt jenen anderen, Widerlichen, von dem man in einer Epoche unserer Geschichte gesagt hat, er sei ein Meister aus Deutschland. Dessen Reich, der Rachen des Todes, wird *alle* herausgeben müssen. Wie weit wird er kommen? Sehr weit. Bis in die Totenwelt, bis zu den Ermordeten von Buchenwald, aber auch bis zu den friedlich Entschlafenen, bis zu den Opfern, aber bis zu den Tätern auch, bis zu den gequälten Kindern, bis zu den durch eigene Hand Umgekommenen. Wird er dorthin einen Weg finden? Ja. Der Choral weiß es und sagt es schön: „Weg hast du allerwegen, an Mitteln fehlt dir's nicht." Oder an anderer Stelle (wir haben es vorhin gesungen): „Er weiß viel tausend Weisen, zu retten aus dem Tod."

Wie weit wird er kommen? Bis in jede Vergangenheit: bis zu Kain und Esau und dem Pharao des Auszugs, bis zu Petrus, dem Verleugner, bis zu Pilatus, dem Zyniker, bis zu Maria, zu Maria Magdalena, zu Johannes, zu Nikodemus, zu Ananias und Saphira, bis zu Judas, bis zu Athanasius und Arius und Luther, bis zu Dietrich Bonhoeffer, der heute vor 90 Jahren geboren wurde, bis zu deinem kürzlich verstorbenen Vater, bis zu der von dir geliebten Großmutter, bis zu dem Kind, das du verloren hast. „Ihm leben sie alle!" Wie weit wird er kommen? Sehr weit. Eine unendliche, eine unmögliche – eine wirkliche Geschichte!

„Ist denn Gott ungerecht? – Unsinn!" Er ist der Gott der barmherzigen Verwandlung. Er ist der Gott des Erbarmens. Er folgt seinem Stern. Er formt Gefäße des Erbarmens: uns heute, aber jene gestern auch und jene morgen auch...

Sehr weit wird er kommen mit dem Erweis seiner Barmherzigkeit, der alte Meister vom Anfang, der Meister des Endes. Bis zum neuen Jerusalem. Bis in den Himmel. Bis dahin, daß der Tod nicht mehr sein wird noch Leid noch Geschrei noch Schmerz. Bis dahin, daß alle Tränen abgewischt werden von unseren Augen. Bis dahin – siehe! –, daß *alles* neu wird. Wie weit? Sehr weit. Bis in die Ewigkeit. Bis in Fluten des Glücks. Bis hinein in Fluten und Meere und Tiefen des göttlichen Lichts. Liebe Gemeinde, welch eine Tiefe des Reichtums! Welch ein Reichtum an Menschen, die er alle haben will! Wieviel Weisheit und Gotteserkenntnis und heitere Anarchie! Wie unbegreiflich barmherzig sind seine Gerichtsurteile und wie unerforschlich seine Wege! Ja, das stimmt: „Sein Tun ist lauter Segen, sein Gang ist lauter Licht!" Wie weit wird er kommen auf diesem Gang? Sehr weit. Sehr weit ins lautere Licht. Ihm sei Ehre in Ewigkeit! –

Heute nacht tauchte ich ein in einen tiefen Traum. Wie schon so oft machte ich einen Besuch in der Werkstatt. Ich fragte den Töpfer: „In dieser Baustellenstadt, aus dieser hier im Februar versammelten frierenden Gemeinde – formst du da eigentlich Gefäße des *Erbarmens*?" Er ließ sich aber nicht in der Arbeit unterbrechen, die Arbeit sollte nicht ruhen. Er sah mich nur an, als wollte er sagen: „Dasselbe hast du mich nun schon so oft gefragt. Du verstehst es ja doch wieder nicht. Es ist ja zu schön für dich." „Liebst du eigentlich diese Gemeinde?", fragte ich beharrlich. Er hatte keine Lust zu reden und brummte nur. „Brummst du zustimmend oder ablehnend?", fragte ich. Da brummte er nochmal, ich glaube zustimmend – ja.

Weg hast du allerwegen, an Mitteln fehlt dir's nicht.
Dein Tun ist lauter Segen, dein Gang ist lauter Licht.
Dein Werk kann niemand hindern, dein Arbeit darf nicht ruhn,
wenn du, was deinen Kindern ersprießlich ist, willst tun.

Schriftenverzeichnis Günter Klein (in Auswahl)

1957   Die hermeneutische Struktur des Kirchengedankens bei Cyprian, ZKG 68, 1957, 48–68

Besprechung von: E. Haenchen, Die Apostelgeschichte (= KEK III, 1956[10]), ZKG 68, 1957, 362–371

1958   Anzeige von: J. Munck, Christus und Israel (1956), ZKG 69, 1958, 182

1960   Art. Maranatha, in: RGG[3], IV, 732f

Art. Marcion, 2., in: RGG[3], IV, 742

Art. Messias, IV. Im NT, in: RGG[3], IV, 906f

Anzeige von: R. Bultmann, Geschichte und Eschatologie (1958), ZKG 71, 1960, 177

Besprechung von: H. Baltensweiler, Die Verklärung Jesu (1959), MPTh 49, 1960, 51f

Wunderglaube und Neues Testament (= Das Gespräch 28), Wuppertal 1960 [1967[5]]

1961   Die zwölf Apostel. Ursprung und Gehalt einer Idee (= FRLANT NF 59), Göttingen 1961

Galater 2,6–9 und die Geschichte der Jerusalemer Urgemeinde, ZThK 57, 1960, 275–295

Art. Paraklet, in: RGG[3], V, 102

Meditation über Lk 5,1–11, GPM 15, 1961, 201–205

Art. Rechtfertigung, I. Im NT, in: RGG[3], V, 825–828

Meditation über Lk 17,11–19, GPM 15, 1961, 255–259

1962   Art. Simon, 2. von Kyrene, in: RGG[3], VI, 38

Art. Simon, 3. Magus, in: RGG[3], VI, 38f

Art. Simon, 5. Zelotes, in: RGG[3], VI, 39f

Meditation über Röm 5,1–5, GPM 16, 1962, 135–140

Die Verleugnung des Petrus. Eine traditionsgeschichtliche Untersuchung, ZThK 58, 1961, 285–328

Anzeige von: E.A. Judge, The social Pattern of the Christian Groups in the First Century. Some Prolegomena to the Study of New Testament Ideas of social obligation (1960), ZKG 73, 1962, 210

Offenbarung als Geschichte? Marginalien zu einem theologischen Programm, MPTh 51, 1962, 65–88

Art. Andronikus 1. und 2., BHH I, 93

Art. Apostel, BHH I, 111f

Meditation über Eph 5,15–21, GPM 16, 1962, 319–323

Besprechung von: E. Haenchen, Die Apostelgeschichte (1961[13]), ZKG 73, 1962, 358–363

1963   Meditation über Joh 13,31–35, GPM 17, 1963, 146–152

Römer 4 und die Idee der Heilsgeschichte, EvTh 23, 1963, 424–447

Besprechung von: F. Obrist, Echtheitsfragen und Deutung der Primatsstelle Mt 16,18f in der deutschen protestantischen Theologie der letzten dreißig Jahre (1961), ZKG 74, 1963, 142–144

Meditation über Mk 4,26–29, GPM 17, 1963, 320–326

1964   Art. Lügenapostel, BHH II, 1109

Art. Matthias, BHH II, 1174

Meditation über Hebr 2,10–18, GPM 18, 1964, 137–143

Individualgeschichte und Weltgeschichte bei Paulus. Eine Interpretation ihres Verhältnisses im Galaterbrief, EvTh 24, 1964, 126–165

Meditation über I Joh 2,12–17, GPM 18, 1964, 349–357

Lukas 1,1–4 als theologisches Programm, in: Zeit und Geschichte. Dankesgabe an Rudolf Bultmann zum 80. Geburtstag, hg.v. Erich Dinkler, Tübingen 1964, 193–216; auch in: Das Lukas-Evangelium. Die redaktions- und kompositionsgeschichtliche Forschung (= WdF CCLXXX), hg. v. G. Braumann, Darmstadt 1974, 170–203

Besprechung von: O. Cullmann, Petrus, Jünger – Apostel – Märtyrer (1960[2]), MPTh 53, 1964, 374–376

Theologie des Wortes Gottes und die Hypothese der Universalgeschichte (= BEvTh 37), München 1964

Die Taufe – heilsnotwendig? Erwägungen zu einem evangelischen Sakrament, KiZ 19, 1964, 557f

Die Prüfung der Zeit (Lk 12,54–56), ZThK 61, 1964, 373–390

Exegetische Probleme in Röm 3,21–4,25. Antwort an U. Wilckens, EvTh 24, 1964, 676–683

1965   „Das Leben ist der Güter höchstes nicht...", KiZ 20, 1965, 50f

Meditation über Mt 11,16–24, GPM 19, 1965, 370–377

Art. Philippus, BHH III, 1453f

1966 Die Bibel will kritische Leser. Eine Demonstration an Lk 5,1–11, in: G. Klein – W. Marxsen – W. Kreck, Bibelkritik und Gemeindefrömmigkeit, Gütersloh 1966 [1967²], 11–31

Meditation über II Kor 4,7–18, GPM 20, 1966, 234–241

Heil und Geschichte nach Römer 4, NTS 13, 1966/67, 43–47

1967 Predigt über Hebr 12,18–25, ThPr 2, 1967, 58–64

Meditation über Joh 14,15–21, GPM 21, 1967, 224–228

Der Synkretismus als theologisches Problem in der ältesten christlichen Apologetik, ZThK 64, 1967, 40–82

Bekenntnis im Widerstreit. Informationen von Günter Klein und Walter Künneth, Gütersloh 1967

Die Berufung des Petrus, ZNW 58, 1967, 1–44

Zum Prozeß Jesu. Mit Beiträgen von Josef Blinzler, Günter Klein, Paul Winter (= Arbeiten der Melanchthon-Akademie Köln 3), hg. v. W. Koch, Weiden 1967

Gottes Gerechtigkeit als Thema der neuesten Paulus-Forschung, VF 12,2/1967, 1–11

1968 Meditation über I Joh 5,1–5, GPM 22, 1968, 205–212

Dramatischer Zweifrontenkampf (Besprechung von: R. Bultmann, Exegetica, 1967), EK 1, 1968, 346f

G. Klein – W. Kreck – O.H. Pesch – K.H. Schelkle, Entmythologisierung des Evangeliums, hg. v. O. Baumhauer, Kevelaer 1968

1969 Meditation über Joh 6,22–29, GPM 23, 1969, 132–138

Rekonstruktion und Interpretation. Gesammelte Aufsätze zum Neuen Testament (= BEvTh 50), München 1969

Das Ärgernis des Kreuzes, in: Streit um Jesus. Vorträge und Bibelarbeit in der Arbeitsgruppe „Streit um Jesus" des 14. Deutschen Evangelischen Kirchentags Stuttgart 1969, hg. v. F. Lorenz, Stuttgart-Berlin 1969, 61–71

Der Grund christlicher Hoffnung (Besprechung von: U. Luz, Das Geschichtsverständnis des Paulus, 1968; P. Stuhlmacher, Das paulinische Evangelium I, 1968), in: EK 2, 1969, 736f

1970 Ärgernisse. Konfrontationen mit dem Neuen Testament, München 1970

Meditation über Röm 5,12–21, GPM 24, 1970, 21–31

Art. Apokalyptik; Apostel; Gnosis; Legende; Neues Testament; Paulus; Petrus; Wunder, in: Lexikon für junge Erwachsene, hg. v. H. D. Bastian, Stuttgart 1970

Zur Sache der Theologie (Besprechung von: E. Käsemann, Paulinische Perspektiven [1969]), EK 3, 1970, 679–681

„Reich Gottes" als biblischer Zentralbegriff, EvTh 30, 1970, 642–670; auch in: A. Hertz – E. Iserloh – G. Klein – J. B. Metz – W. Pannenberg, Gottesreich und Menschenreich: ihr Spannungsverhältnis in Geschichte und Gegenwart, Regensburg 1971, 7–50; englisch: The Biblical Understanding of „The Kingdom of God" (Interpretation. A Journal of Bible and Theology 26, 1972, 387–418)

1971   Meditation über Lk 24,1–12, GPM 25, 1971, 181–196

Meditation über Mt 10,7–15, GPM 25, 1971, 275–285

Bibelkritik als Predigthilfe. Gesammelte Meditationen, Gütersloh 1971

Bibel und Heilsgeschichte. Die Fragwürdigkeit einer Idee, ZNW 62, 1971, 1–47; auch in: F. H. Tenbruck – G. Klein – E. Jüngel – A. Sand, Spricht Gott in der Geschichte? [Editiones Herder], Freiburg 1972, 95–153

Vorwort zu: Verkündigung und Forschung 15,2/1970, 1f

Predigten, Gütersloh 1971

„Das wahre Licht scheint schon". Beobachtungen zur Zeit- und Geschichtserfahrung einer urchristlichen Schule, ZThK 68, 1971, 261–326

1972   Meditation über I Kor 1,18–25, GPM 26, 1972, 101–109

Die Verfolgung der Apostel, Lukas 11,49, in: Neues Testament und Geschichte. Historisches Geschehen und Deutung im Neuen Testament. Oscar Cullmann zum 70. Geburtstag, hg.v. H. Baltensweiler – B. Reicke, Zürich-Tübingen 1972, 113–124

Meditation über Jak 2,14–24 (26), GPM 26, 1972, 308–320

Zum Ziel des Theologiestudiums (aus Arbeitspapieren von L. Goppelt, G. Klein, G. Kretschmar, T. Rendtorff, D. Rössler), in: Reform der theologischen Ausbildung 9, hg.v. T. Rendtorff – H. Reiss, Stuttgart u.a. 1972, 54f

1973   Meditation über Joh 14,23–27, GPM 27, 1973, 278–285

Gesellschaft und christlicher Anspruch. Eine Diskussion über „Jesus Menschensohn" zwischen Rudolf Augstein, Ernst Ludwig Ehrlich, Adolf Holl, Eugen Kogon, Günter Klein, Rudolf Pesch, Gerhard Szczesny, Gisela Uellenberg und Heinz Zahrnt, Bad Honnef – Darmstadt 1973

Apokalyptische Naherwartung bei Paulus, in: Neues Testament und christliche Existenz. Festschrift für Herbert Braun zum 70. Geburtstag am 4. Mai 1973, hg.v. H. D. Betz – L. Schottroff, Tübingen 1973, 241–262

Meditation über Lk 10, (23–24) 25–37, GPM 27, 1973, 393–401

Bibelarbeit über Markus 10,13–16, in: Die Kinder im Evangelium (= PSA 10), hg.v. G. Krause, Stuttgart-Göttingen 1973, 12–30

Ende des Vernehmens? Hans Alberts Herausforderung an die Theologie, in: Festschrift für Ernst Fuchs, hg.v. G. Ebeling – E. Jüngel – G. Schunack, Tübingen 1973, 203–218

1974 Brisanz der Rechtfertigung (Besprechung von: E. Käsemann, An die Römer [HNT 8a], 1973), EK 7, 1974, 244f

Erbarmen mit den Juden! Zu einer „historisch-materialistischen" Paulusdeutung, EvTh 34, 1974, 201–218

Meditation über Röm 9,30 – 10,4, GPM 28, 1974, 366–374

Rudolf Bultmann – ein Lehrer der Kirche. Zum 90. Geburtstag des Marburger Theologen, DtPfrBl 74, 1974, 615–619

Christusglaube und Weltverantwortung als Interpretationsproblem neutestamentlicher Theologie, VF 18,2/1973 (1974), 45–76

Aufsatzbände und Festschriften. Eine Sammelanzeige, VF 18,2/1973 (1974), 76–83

1975 Meditation über Mt 21,28–32, GPM 29, 1975, 155–163

1976 Meditation über Röm 8,24–30, GPM 30, 1976, 59–66

Präliminarien zum Thema „Paulus und die Juden", in: Rechtfertigung. Festschrift für Ernst Käsemann zum 70. Geburtstag, hg.v. J. Friedrich – W. Pöhlmann – P. Stuhlmacher, Tübingen-Göttingen 1976, 229–243

Christlicher Kurzschluß mit der Politik? Über die Bedeutung des Glaubens im politischen Handeln, EK 9, 1976, 459–463

Christliche Werte – Maximen unseres Handelns?, in: G. Klein – W. Schmithals – R. v.Weizsäcker – H. Filbinger – G. Stoltenberg, Glaube und Freiheit verpflichtet, Evangelischer Arbeitskreis der CDU/CSU, o.J. (1976), 7–14

Meditation über Lk 1,26–38, GPM 31, 1977, 22–29

Righteousness in the NT, IDB. Supplementary Volume, 1976, 750–752

Romans, Letter to the (ebd. 752–754)

1977 Paul's Purpose in Writing the Epistle to the Romans, in: The Romans Debate, hg.v. K.P. Donfried, Minneapolis 1977, 32–49

1978 Meditation über Apk 21,1–7, GPM 32, 1978, 189–196

Der Mensch als Thema neutestamentlicher Theologie, ZThK 75, 1978, 336–349

Rudolf Bultmann, in: Theologen des Protestantismus im 19. und 20. Jahrhundert, Bd. II, hg.v. M. Greschat, Stuttgart 1978, 400–419; auch in: Gestalten der Kirchengeschichte, Bd. 10,2: Die neueste Zeit IV, hg.v. M. Greschat, Stuttgart u.a. 1986, 52–69

1979 Sündenverständnis und theologia crucis bei Paulus, in: Theologia crucis – Signum crucis. Festschrift für E. Dinkler zum 70. Geburtstag, hg.v. C. Andresen – G. Klein, Tübingen 1979, 249–282; dort auch: Vorwort Vf

Meditation über Mk 12,28–34, GPM 33, 1979, 389–396

Festschriften und Aufsatzbände. Eine Sammelanzeige, VF 24,1/1979, 89–96

Einführung zu: P. Vielhauer, Oikodome. Aufsätze zum Neuen Testament, Bd. 2, hg.v. G. Klein (= TB 65), München 1979, IX – XIV

1980 Meditation über Röm 3,21–28, GPM 34, 1980, 409–419

1981 Nachwort zu einem Vorwort, GPM 35, 1981, 242–244

1982 Meditation über I Kor 15,50–58, GPM 36, 1982, 188–196

Ein Stück aus dem Tollhaus. Predigt über 1. Petrus 2,1–10, in: Vom Amt des Laien in Kirche und Theologie. Festschrift für Gerhard Krause zum 70. Geburtstag, hg.v. H. Schröer – G. Müller, Berlin– New York 1982, 85–91

Art. Eschatologie. IV. Neues Testament, in: TRE X, 270–299

„Christlicher Antijudaismus". Bemerkungen zu einem semantischen Einschüchterungsversuch, ZThK 79, 1982, 411–450

1983 Meditation über Joh 8, (21–26a) 26b-30, GPM 37, 1983, 149–156

1984 Meditation über I Petr 4,7–11, GPM 38, 1984, 327–332

Neues Testament – enzyklopädisch, VF 29,1/1984, 75–85

Art. Gesetz. III. Neues Testament, in: TRE XIII, 58–75

1985 Aspekte ewigen Lebens im Neuen Testament. Ein theologischer Annäherungsversuch, ZThK 82, 1985, 48–70

Meditation über Lk 13, (1–5) 6–9, GPM 39, 1985, 491–499

1986 Meditation über I Tim 1,12–17, GPM 40, 1986, 337–347

Der Friede Gottes und der Friede der Welt. Eine exegetische Vergewisserung am Neuen Testament, ZThK 83, 1986, 325–355

Werkruhm und Christusruhm im Galaterbrief und die Frage nach einer Entwicklung des Paulus. Ein hermeneutischer und exegetischer Zwischenruf, in: Studien zum Text und zur Ethik des Neuen Testaments. Festschrift zum 80. Geburtstag von Heinrich Greeven (= BZNW 47), hg.v. W. Schrage, Berlin– New York 1986, 196–211

1987 Meditation über Lk 23,33–49, GPM 41, 1987, 192–199

1988 Ein Sturmzentrum der Paulusforschung, VF 33,1/1988, 40–56

Meditation über Gal 5,1–6, GPM 42, 1988, 438–444

1989 Antipaulinismus in Philippi. Eine Problemskizze, in: Jesu Rede von Gott und ihre Nachgeschichte im frühen Christentum. Beiträge zur Verkündigung Jesu und zum Kerygma der Kirche. Festschrift für Willi Marxsen zum 70. Geburtstag, hg.v. D.-A. Koch – G. Sellin – A. Lindemann, Gütersloh 1989, 297–313

1990   Meditation über Jak 1,12–18, GPM 44, 1990, 150–156

1991   Meditation über Mk 10,2–9 (10–16), GPM 45, 1991, 397–404

1992   Meditation über Eph 2,4–10, GPM 46, 1992, 339–345

       Ansprache in der Trauerfeier für Erich Dinkler am 2.7. 1981, in: E. Dinkler, Im Zeichen des Kreuzes (= BZNW 61), Berlin – New York 1992, 26–32

1993   Meditation über Lk 15,1–3.11b-32, GPM 47, 1993, 295–301

       „Über das Weltregiment Gottes". Zum exegetischen Anhalt eines dogmatischen Lehrstücks, ZThK 90, 1993, 251–283

1994   Meditation über Röm 7,14–25a, GPM 48, 1994, 404–410

1995   Meditation über Lk 7, 36–50, GPM 49, 1995, 332–337

1996   Meditation über Act 17, 22–28a (28b-34), GPM 50, 1996, 217–223

       Meditation über Lk 2, (1–14) 15–20, GPM 51, 1996, 56–61

1997   Rudolf Bultmann – ein unerledigtes theologisches Vermächtnis, ZThK 94, 1997, 177-201

       Meditation über I Kor 4,1–5, GPM 51, 1997/98

       Eschatologie und Schöpfung. Eine kosmische Liturgie im dritten Evangelium, in: Eschatologie und Schöpfung, Festschrift für Erich Gräßer zum 70. Geburtstag, hg.v. M. Evang – H. Merklein – M. Wolter, Berlin – New York 1997

Bibelstellenregister

erarbeitet von Friederike F. Spengler

1. Altes Testament

Gen

2,3	63
4–11	287
12,1	122
16,5	18
22,18	21

Ex

3,14	176
10,17	217
17,1–7	29
19,6	193
32,12	98
33,19	86
35,21	11
35,24	11

Lev

18	10

Num

3,7f	11
4,43	11
4,47	11
7,5	11
8,15	11
8,26	11
12,6–8	105
18,31	18
20,1–11	29

Jos

4,26	98
23,14	98

II Sam

7,14	71

I Chr

9,19	11
9,31	11
23,24	11
23,28	11

II Chr

15,7	18

Esr

4,38	98

Hi

14,13	98

Ps

2,7	71
9,8	98
32,1f	214
32,11 [33,11]	98
36,8 [37,8]	98
51,6f	212
73,3–16	299
88,28 (LXX)	191
88,38 (LXX)	191
101,12 [102,12]	98

3. Pseudepigraphen

Namensregister

erarbeitet von Friederike F. Spengler